中华人民共和国国家统计局贸易外经统计司
中华人民共和国商务部市场运行调节司 编
中 国 商 业 联 合 会 信 息 部

Compiled by
Department of Trade and External Economic Relations Statistics,
National Bureau of Statistics of China
Department of Market Operation Regulation, Ministry of Commerce of China
China General Chamber of Commerce Information Department

2008

中国零售和餐饮连锁企业统计年鉴

STATISTICAL YEARBOOK OF CHINA CHAIN STORES OF RETAIL TRADES AND CATERING SERVICES

(京)新登字 041 号

图书在版编目(CIP)数据

中国零售和餐饮连锁企业统计年鉴—2008/中华人民共和国国家统计局贸易外经统计司
中华人民共和国商务部市场运行调节司　中国商业联合会信息部编
—北京:中国统计出版社,2008.9
ISBN 978—7—5037—5521—7

Ⅰ.中…
Ⅱ.国…
Ⅲ.①零售企业—连锁经营—统计资料—中国—2008—年鉴
②餐饮企业—连锁经营—统计资料—中国—2008—年鉴
Ⅳ.F721.7—66　F719.6—66

中国版本图书馆 CIP 数据核字(2008)第 121041 号

中国零售和餐饮连锁企业统计年鉴—2008

作　者/中华人民共和国国家统计局贸易外经统计司
中华人民共和国商务部市场运行调节司
中国商业联合会信息部
责任编辑/马　平　崔晓红　刘晓燕
装帧设计/艺编广告·杨超
出版发行/中国统计出版社
通信地址/北京市西城区月坛南街 57 号　邮政编码/100826
办公地址/北京市丰台区西三环南路甲 6 号
电　话/邮购(010)63376907　书店(010)68783172
印　刷/北京顺义振华印刷厂
开　本/880×1230mm　1/16
字　数/1650 千字
印　张/52.25
版　别/2008 年 9 月第 1 版
版　次/2008 年 9 月第 1 次印刷
书　号/ISBN 978—7—5037—5521—7/F·2748
定　价/370.00 元

《中国零售和餐饮连锁企业统计年鉴—2008》

编辑委员会

编辑说明 PREFACE

一、《中国零售和餐饮连锁企业统计年鉴—2008》是反映我国限额以上零售和餐饮连锁企业情况的资料性工具书。旨在通过大量、丰富、详实、具体和权威的统计数据，全面系统和多角度地反映我国连锁零售和餐饮业发育和发展的规模、水平。需要说明的是，为便于读者的阅读与使用，本年鉴在上年出版的基础上进行了全面改版与调整。

二、本年鉴分为六部分：第一部分，零售企业综合篇；第二部分，零售企业地区篇；第三部分，餐饮企业综合篇；第四部分，餐饮企业地区篇；第五部分，连锁零售企业情况；第六部分，连锁餐饮企业情况。同时，还附有主要统计指标解释。

三、本年鉴资料均为限额以上连锁零售和餐饮企业的统计数据。限额以上连锁零售企业的统计范围为2007年度年销售额500万元及以上、年末从业人员60人及以上的企业；限额以上连锁餐饮企业统计范围为2007年度年营业收入200万元及以上、年末从业人员40人及以上的企业。西藏自治区未进行调查。全国性数据均不包括台湾省、香港特别行政区和澳门特别行政区。

四、年鉴中的时期数据为2007年年度数据，时点数据为2007年年末数据。

目录

CONTENTS

第一部分　零售企业综合篇

第二部分　零售企业地区篇

第三部分　餐饮企业综合篇

第四部分　餐饮企业地区篇

第一部分

零售企业综合篇

1－1 连锁零售企业总体情况

项目	单位	合计		直营店		加盟店	
		2007年	2006年	2007年	2006年	2007年	2006年
一、连锁总店数	个	1729	—	—	—	—	—
二、门店总数	个	145366	128924	83679	76776	61687	52148
1.市	个	91548	82493	57073	51514	34475	30979
2.县及县以下	个	53818	46431	26606	25262	27212	21169
三、年末营业面积	平方米	100440175	89789895	91094982	81398805	9345193	8391090
四、年末从业人员	人	1861901	1870613	1487076	1528758	374825	341855
五、商品购进总额	万元	159170180	134474421	147102708	122944747	12067473	11529675
#统一配送商品购进额	万元	125424078	105657448	116991803	97113684	8432275	8543764
#自有配送中心配送商品购进额	万元	90570314	77297145	84656126	70713824	5914187	6583321
非自有配送中心配送商品购进额	万元	17073174	13840324	16674613	13529621	398561	310703
六、商品销售总额	万元	177543447	149521808	164097763	136213489	13445684	13308320
#零售额	万元	130668188	107647754	119057012	96183668	11611176	11464087
1.市	万元	101212318	83529175	92420898	74660679	8791420	8868496
2.县及县以下	万元	29455870	24118579	26636114	21522988	2819756	2595591

1—2 连锁零售企业基本情况

项　　目	连锁总店数（个）	门店数（个）		年末从业人员（人）		年末营业面积（平方米）	
	2007年	2007年	2006年	2007年	2006年	2007年	2006年
总　　计	**1729**	**145366**	**128924**	**1861901**	**1870613**	**100440175**	**89789895**
一、按登记注册类型分							
内资企业	1577	130608	115832	1536338	1587883	88009391	80245421
国有企业	135	11035	10719	111840	103144	8945575	7501746
集体企业	36	2519	2121	11202	11170	627506	423711
股份合作企业	28	1142	1029	11658	10498	412536	361126
联营企业	7	605	529	17587	19053	352524	342348
国有联营企业	4	386	313	2901	2095	44194	34138
集体联营企业	1	3	5	65	95	8000	14000
国有与集体联营企业	2	216	211	14621	16863	300330	294210
其他联营企业							
有限责任公司	586	49247	43288	493865	456268	19262401	17079030
国有独资公司	21	1725	1795	30724	31138	2235059	1894065
其他有限责任公司	565	47522	41493	463141	425130	17027342	15184965
股份有限公司	209	41208	38631	588918	745172	49593595	46862081
私营企业	561	23909	18762	293881	236404	8576808	7480420
私营独资企业	32	1707	1332	46403	15784	524812	462901
私营合伙企业	17	648	534	7836	6212	295695	239037
私营有限责任公司	480	20641	16210	227043	202564	7255194	6322285
私营股份有限公司	32	913	686	12599	11844	501107	456197
其他企业	15	943	753	7387	6174	238446	194959
港、澳、台商投资企业	47	3528	2803	68740	59929	2335143	1983502
港澳台商合资经营企业	31	1558	1263	44035	38778	1640606	1470967
港澳台商合作经营企业	3	1642	1278	8829	6587	90021	72065
港、澳、台商独资经营企业	12	313	247	15773	14461	588516	424470
港、澳、台商投资股份有限公司	1	15	15	103	103	16000	16000
外商投资企业	105	11230	10289	256823	222801	10095641	7560972
中外合资经营企业	61	9729	8763	154261	137796	6844884	4922411
中外合作经营企业	22	975	1052	54913	49567	1455659	1258729
外资企业	21	502	452	47442	35229	1791477	1376482
外商投资股份有限公司	1	24	22	207	209	3621	3350
二、按行业分							
批发业	**206**	**43270**	**38420**	**294260**	**449874**	**38098079**	**33995404**
农畜产品批发	1	2	2	349	349	5000	5000
食品、饮料及烟草制品专门批发	28	2756	2121	15131	11627	515378	437275
纺织、服装及日用品批发	12	4414	3753	20705	17489	118573	105912
文化、体育用品及器材批发	12	899	887	16493	16638	683915	668180
医药及医疗器材批发	29	4330	4319	17330	17066	382763	355909
矿产品、建材及化工产品批发	108	29735	26451	213123	377231	35903177	32143316
机械设备、五金交电及电子产品批发	10	413	296	7146	5502	177956	125932
贸易经纪与代理							
其他批发	6	721	591	3983	3972	311317	153880
零售业	**1523**	**102096**	**90504**	**1567641**	**1420739**	**62342096**	**55794491**
综合零售	669	47629	39688	990412	909034	39873761	35518981
食品、饮料及烟草制品专门零售	107	5903	4998	34572	31386	529563	469115
纺织、服装及日用品专门零售	90	10972	9660	83110	47565	964538	705794

1—2 续表1

项目	连锁总店数（个）	门店数（个）		年末从业人员（人）		年末营业面积（平方米）	
	2007年	2007年	2006年	2007年	2006年	2007年	2006年
文化、体育用品及器材专门零售	70	2903	2905	26353	26305	840457	794874
医药及医疗器材专门零售	344	22244	21090	130461	122381	2413363	2168020
汽车、摩托车、燃料及零配件专门零售	67	8627	8962	81903	78236	9333406	9219521
家用电器及电子产品专门零售	147	3419	2829	207778	193263	7492226	6053613
五金、家具及室内装修材料专门零售	23	137	129	11604	11182	888409	858793
无店铺及其他零售	6	262	243	1448	1387	6373	5780
三、按业态分							
百货商店	109	6064	5353	193695	177147	10896477	9378958
超级市场	490	25185	21066	707303	654477	27307169	24500729
专业店	773	68967	63992	675962	805764	54893820	49691250
其中：加油站	103	21323	20551	190213	177808	32525240	30401697
专卖店	170	20540	18005	134970	93645	1692105	1328710
便利店	103	17126	13817	92360	78929	1725241	1437804
仓储会员店	4	51	48	4725	3795	162834	132114
家居建材商店	15	80	82	8134	8268	752194	961564
其他	65	7353	6561	44752	48588	3010335	2358766
直营门店合计	**—**	**83679**	**76776**	**1487076**	**1528758**	**91094982**	**81398805**
一、按登记注册类型分							
内资企业	—	78063	72485	1237087	1323292	80329611	73469140
国有企业	—	9851	9526	101215	92922	8361593	6845835
集体企业	—	373	357	6905	7513	513429	327307
股份合作企业	—	523	421	8889	7874	233172	208110
联营企业	—	367	263	3884	3071	98036	92355
国有联营企业	—	300	197	2278	1369	38006	26425
集体联营企业	—	3	5	65	95	8000	14000
国有与集体联营企业	—	64	61	1541	1607	52030	51930
其他联营企业	—						
有限责任公司	—	21904	20645	407014	371309	16332837	14664136
国有独资公司	—	855	821	29754	30094	2195644	1870435
其他有限责任公司	—	21049	19824	377260	341215	14137193	12793701
股份有限公司	—	30438	29369	475004	630894	46878476	44390354
私营企业	—	14080	11445	227839	204171	7698299	6762494
私营独资企业	—	717	467	12130	10057	456083	418173
私营合伙企业	—	280	249	7000	5681	275722	224771
私营有限责任公司	—	12737	10408	197693	177746	6532753	5717485
私营股份有限公司	—	346	321	11016	10687	433741	402065
其他企业	—	527	459	6337	5538	213769	178549
港、澳、台商投资企业	—	2492	1952	59615	52149	2085593	1749354
港澳台商合资经营企业	—	1480	1225	39659	35142	1460933	1297222
港澳台商合作经营企业	—	776	551	4610	2946	46168	33586
港、澳、台商独资经营企业	—	236	176	15346	14061	578492	418546
港、澳、台商投资股份有限公司	—						
外商投资企业	—	3124	2339	190374	153317	8679778	6180311
中外合资经营企业	—	2266	1547	112537	92223	5936514	4019701
中外合作经营企业	—	332	318	30188	25656	948166	780778
外资企业	—	502	452	47442	35229	1791477	1376482
外商投资股份有限公司	—	24	22	207	209	3621	3350

1—2 续表 2

项　　目	连锁总店数（个）	门店数（个）		年末从业人员（人）		年末营业面积（平方米）	
	2007 年	2007 年	2006 年	2007 年	2006 年	2007 年	2006 年
二、按行业分							
批发业	—	**28562**	**26043**	**250342**	**403342**	**36571089**	**32682635**
农畜产品批发	—	2	2	349	349	5000	5000
食品、饮料及烟草制品专门批发	—	1221	1087	10650	8804	372313	337501
纺织、服装及日用品批发	—	2285	1864	11756	9473	43632	33191
文化、体育用品及器材批发	—	629	633	16007	16183	674137	658001
医药及医疗器材批发	—	841	749	5681	5328	115568	104890
矿产品、建材及化工产品批发	—	22772	21043	195149	354262	34921190	31290660
机械设备、五金交电及电子产品批发	—	392	268	7006	5165	139118	105332
贸易经纪与代理	—						
其他批发	—	420	397	3744	3778	300131	148060
零售业	—	**55117**	**50733**	**1236734**	**1125416**	**54523893**	**48716170**
综合零售	—	21816	20334	804122	737263	34762719	30953700
食品、饮料及烟草制品专门零售	—	3687	3294	27361	24908	443922	402352
纺织、服装及日用品专门零售	—	2853	1663	31645	24296	674871	439387
文化、体育用品及器材专门零售	—	2843	2818	25272	25186	795117	768104
医药及医疗器材专门零售	—	12414	11441	94944	86646	1771168	1558349
汽车、摩托车、燃料及零配件专门零售	—	8221	8542	78589	73994	8630305	8509417
家用电器及电子产品专门零售	—	2917	2305	161886	140706	6555768	5224769
五金、家具及室内装修材料专门零售	—	136	126	11551	11120	884638	855022
无店铺及其他零售	—	230	210	1364	1297	5385	5070
三、按业态分							
百货商店	—	1674	1509	160863	147408	10156463	8661313
超级市场	—	13567	12392	586533	537561	23654026	21247808
专业店	—	48669	45701	561591	686762	51334420	46443874
其中：加油站	—	20787	20144	187129	173659	31993010	29789560
专卖店	—	8073	6076	66902	54013	1248117	898088
便利店	—	7345	7092	61226	56477	1024713	936675
仓储会员店	—	24	21	4671	3741	162314	131594
家居建材商店	—	71	71	7270	7396	658486	836263
其他	—	4256	3914	38020	35400	2856443	2243190
加盟门店分计	—	**61687**	**52148**	**374825**	**341855**	**9345193**	**8391090**
一、按登记注册类型分							
内资企业	—	52545	43347	299251	264591	7679780	6776281
国有企业	—	1184	1193	10625	10222	583982	655911
集体企业	—	2146	1764	4297	3657	114077	96404
股份合作企业	—	619	608	2769	2624	179364	153016
联营企业	—	238	266	13703	15982	254488	249993
国有联营企业	—	86	116	623	726	6188	7713
集体联营企业	—						
国有与集体联营企业	—	152	150	13080	15256	248300	242280
其他联营企业	—						
有限责任公司	—	27343	22643	86851	84959	2929564	2414894
国有独资公司	—	870	974	970	1044	39415	23630
其他有限责任公司	—	26473	21669	85881	83915	2890149	2391264
股份有限公司	—	10770	9262	113914	114278	2715119	2471727
私营企业	—	9829	7317	66042	32233	878509	717926

1—2 续表3

项目	连锁总店数（个）	门店数（个）		年末从业人员（人）		年末营业面积（平方米）	
	2007年	2007年	2006年	2007年	2006年	2007年	2006年
私营独资企业	—	990	865	34273	5727	68729	44728
私营合伙企业	—	368	285	836	531	19973	14266
私营有限责任公司	—	7904	5802	29350	24818	722441	604800
私营股份有限公司	—	567	365	1583	1157	67366	54132
其他企业	—	416	294	1050	636	24677	16410
港、澳、台商投资企业	—	1036	851	9125	7780	249550	234148
港澳台商合资经营企业	—	78	38	4376	3636	179673	173745
港澳台商合作经营企业	—	866	727	4219	3641	43853	38479
港、澳、台商独资经营企业	—	77	71	427	400	10024	5924
港、澳、台商投资股份有限公司	—	15	15	103	103	16000	16000
外商投资企业	—	8106	7950	66449	69484	1415863	1380661
中外合资经营企业	—	7463	7216	41724	45573	908370	902710
中外合作经营企业	—	643	734	24725	23911	507493	477951
外资企业	—						
外商投资股份有限公司	—						
二、按行业分							
批发业	**—**	**14708**	**12377**	**43918**	**46532**	**1526990**	**1312769**
农畜产品批发	—						
食品、饮料及烟草制品专门批发	—	1535	1034	4481	2823	143065	99774
纺织、服装及日用品批发	—	2129	1889	8949	8016	74941	72721
文化、体育用品及器材批发	—	270	254	486	455	9778	10179
医药及医疗器材批发	—	3489	3570	11649	11738	267195	251019
矿产品、建材及化工产品批发	—	6963	5408	17974	22969	981987	852656
机械设备、五金交电及电子产品批发	—	21	28	140	337	38838	20600
贸易经纪与代理	—						
其他批发	—	301	194	239	194	11186	5820
零售业	**—**	**46979**	**39771**	**330907**	**295323**	**7818203**	**7078321**
综合零售	—	25813	19354	186290	171771	5111042	4565281
食品、饮料及烟草制品专门零售	—	2216	1704	7211	6478	85641	66763
纺织、服装及日用品专门零售	—	8119	7997	51465	23269	289667	266407
文化、体育用品及器材专门零售	—	60	87	1081	1119	45340	26770
医药及医疗器材专门零售	—	9830	9649	35517	35735	642195	609671
汽车、摩托车、燃料及零配件专门零售	—	406	420	3314	4242	703101	710104
家用电器及电子产品专门零售	—	502	524	45892	52557	936458	828844
五金、家具及室内装修材料专门零售	—	1	3	53	62	3771	3771
无店铺及其他零售	—	32	33	84	90	988	710
三、按业态分							
百货商店	—	4390	3844	32832	29739	740014	717645
超级市场	—	11618	8674	120770	116916	3653143	3252921
专业店	—	20298	18291	114371	119002	3559400	3247376
其中：加油站	—	536	407	3084	4149	532230	612137
卖店	—	12467	11929	68068	39632	443988	430622
便利店	—	9781	6725	31134	22452	700528	501129
仓储会员店	—	27	27	54	54	520	520
家居建材商店	—	9	11	864	872	93708	125301
其他	—	3097	2647	6732	13188	153892	115576

1—3 连锁零售企业

项目	商品购进总额		统一配送商品购进额	
	2007 年	2006 年	2007 年	2006 年
总计	**159170180**	**134474421**	**125424078**	**105657448**
一、按登记注册类型分				
内资企业	137767821	117874650	108049967	92266998
国有企业	14019975	12551214	12062391	10628156
集体企业	347612	305842	245209	209926
股份合作企业	170897	151269	129150	111233
联营企业	1278908	1336798	751702	719208
国有联营企业	112256	97395	112256	97395
集体联营企业	6850	9841	6850	9841
国有与集体联营企业	1159803	1229563	632597	611973
其他联营企业				
有限责任公司	22819984	18878295	17705983	14428211
国有独资公司	2723249	2252546	470414	396066
其他有限责任公司	20096735	16625748	17235568	14032145
股份有限公司	85436572	73318042	65261412	56268772
私营企业	13474100	11150238	11687362	9723477
私营独资企业	472729	382987	441318	351623
私营合伙企业	275920	245069	273399	242922
私营有限责任公司	11814140	9690817	10195949	8344666
私营股份有限公司	911310	831366	776696	784266
其他企业	219774	182953	206758	178015
港、澳、台商投资企业	4118046	3380630	3385470	2863108
港澳台商合资经营企业	3113774	2594004	2690055	2296577
港澳台商合作经营企业	138570	99861	138570	99861
港、澳、台商独资经营企业	846844	669186	537986	449090
港、澳、台商投资股份有限公司	18859	17580	18859	17580
外商投资企业	17284313	13219141	13988642	10527343
中外合资经营企业	10655715	7702944	7857332	5476023
中外合作经营企业	4655213	3925215	4478789	3751133
外资企业	1968498	1585616	1647636	1294820
外商投资股份有限公司	4886	5366	4886	5366
二、按行业分				
批发业	**56932698**	**46743428**	**49468681**	**41402364**
农畜产品批发	7673	7673	7673	7673
食品、饮料及烟草制品专门批发	1226082	956582	1197909	938103
纺织、服装及日用品批发	371511	315634	371511	315634
文化、体育用品及器材批发	1710358	1534838	1704775	1529085
医药及医疗器材批发	435227	341152	423753	336334
矿产品、建材及化工产品批发	51984462	42517359	44579768	37219914
机械设备、五金交电及电子产品批发	455850	389695	452594	386653
贸易经纪与代理				
其他批发	741536	680494	730698	668968
零售业	**102237482**	**87730994**	**75955397**	**64255085**
综合零售	48828883	40633262	33336881	27582598
食品、饮料及烟草制品专门零售	979792	872984	796338	721115
纺织、服装及日用品专门零售	2404759	1968527	2264854	1863731

经营情况

单位:万元

自有配送中心配送商品购进额		非自有配送中心配送商品购进额		商品销售总额		零售额	
2007年	2006年	2007年	2006年	2007年	2006年	2007年	2006年
90570314	**77297145**	**17073174**	**13840324**	**177543447**	**149521808**	**130668188**	**107647754**
83248099	70229416	12163063	11054523	151598510	129247276	109350890	90778634
9366169	8136912	1326746	1253860	15246905	13134581	10201577	8895387
208843	173257	36366	36669	387701	333725	327511	286129
77333	69446	14602	2786	181607	152137	173867	147042
670695	648991			1324475	1349746	1116828	1146150
31248	27178			134536	100730	54281	36846
6850	9841			7711	11754	2192	3667
632597	611973			1182228	1237262	1060355	1105637
11416931	9081939	2344771	1944441	25956009	21958222	21025431	17756276
458189	393972	9743		2838009	2334397	2229681	1823590
10958742	8687967	2335028	1944441	23118000	19623825	18795750	15932686
52851029	44993156	7457975	6794742	93665945	79835142	62815859	51335467
8572404	7054957	860611	914835	14581488	12276829	13452609	11014596
398436	317614	3796	4152	439301	348139	438979	347784
126756	98472	119154	116049	301143	253389	301143	253389
7677805	6317507	466576	412080	12868936	10737550	11873961	9746078
369407	321364	271085	382554	972108	937751	838526	667346
84697	70758	121992	107191	254381	206894	237208	197587
2129581	1806235	752195	646820	5320364	4390565	4310056	3535326
1484974	1263610	701541	623021	3732312	3104336	3353407	2754372
87916	76062	50654	23799	212703	174510	115325	85830
537832	448983			1356491	1094139	834004	688879
18859	17580			18859	17580	7321	6245
5192634	5261495	4157916	2138981	20624573	15883967	17007242	13333795
3558723	3845492	2360150	731822	11698900	8778555	10290280	7907007
1397378	1191516	476782	363019	6220677	5116805	4036758	3455337
235067	222877	1317564	1040384	2698467	1981879	2673675	1964722
1466	1610	3420	3756	6530	6729	6530	6729
37673603	**31449993**	**7951643**	**7272706**	**60470210**	**50791997**	**35396131**	**27095585**
7673	7673			7673	7673	7673	7673
1136038	890752	61871	47351	1557868	1206146	319034	269441
347849	307555	23662	8079	521253	482380	268771	239950
1704775	1529085			1661942	1498678	747896	688060
361749	296604	18163	6638	428033	343392	282639	205985
33222496	27599035	7829615	7191792	54770023	45940292	32859924	24871272
394689	350173			705183	624562	345899	324579
498335	469117	18332	18846	818235	688876	564296	488625
52896711	**45847152**	**9121531**	**6567618**	**117073237**	**98729811**	**95272057**	**80552170**
18152770	14910247	5320556	4332259	60992070	51623823	51338721	43244364
724623	669257	37406	21889	1119894	972404	1029648	903264
1877391	1598982	32402	23538	2863993	2326049	2609259	2112368

1—3 续表1

项目	商品购进总额		统一配送商品购进额	
	2007年	2006年	2007年	2006年
文化、体育用品及器材专门零售	783164	656122	637742	503458
医药及医疗器材专门零售	2408672	2192917	2132867	1843208
汽车、摩托车、燃料及零配件专门零售	22444222	22474233	16499498	14790853
家用电器及电子产品专门零售	23490278	18026899	19769681	16406762
五金、家具及室内装修材料专门零售	853526	866143	475973	504920
无店铺及其他零售	44188	39905	41562	38440
三、按业态分				
百货商店	14972752	12443322	6719173	5508955
超级市场	31517207	26265009	24719453	20396642
专业店	100910855	85517308	83491239	70555425
其中:加油站	52522643	45551096	40907073	34215048
专卖店	4851424	4232246	4455606	3870821
便利店	2256305	1834656	2009281	1699456
仓储会员店	305027	218010	158065	99956
家居建材商店	430348	540741	217436	345497
其他	3926262	3423130	3653826	3180697
直营门店合计	**147102708**	**122944747**	**116991803**	**97113684**
一、按登记注册类型分				
内资企业	128840337	109427950	101495948	85729363
国有企业	13627047	12161994	11847019	10412171
集体企业	274722	246786	203921	171694
股份合作企业	153340	132395	112571	94039
联营企业	415273	406234	325897	269831
国有联营企业	107110	92191	107110	92191
集体联营企业	6850	9841	6850	9841
国有与集体联营企业	301312	304202	211937	167799
其他联营企业				
有限责任公司	21312072	17724511	16370965	13398017
国有独资公司	2708440	2244319	460592	390362
其他有限责任公司	18603631	15480192	15910373	13007656
股份有限公司	80157083	67975508	61458229	51972910
私营企业	12693426	10601569	10971840	9233256
私营独资企业	445034	364727	418101	336408
私营合伙企业	273051	243009	271791	241925
私营有限责任公司	11116787	9182634	9558006	7890821
私营股份有限公司	858555	811200	723943	764103
其他企业	207374	178953	205507	177445
港、澳、台商投资企业	3771493	3090372	3128047	2639561
港澳台商合资经营企业	2848395	2373860	2513806	2143144
港澳台商合作经营企业	81419	51161	81419	51161
港、澳、台商独资经营企业	841680	665351	532822	445256
港、澳、台商投资股份有限公司				
外商投资企业	14490877	10426425	12367808	8744760
中外合资经营企业	9019538	5870829	7393756	4654041
中外合作经营企业	3497955	2964615	3321531	2790533
外资企业	1968498	1585616	1647636	1294820
外商投资股份有限公司	4886	5366	4886	5366

单位:万元

自有配送中心配送商品购进额		非自有配送中心配送商品购进额		商品销售总额		零售额	
2007年	2006年	2007年	2006年	2007年	2006年	2007年	2006年
418847	337042	101397	85810	798757	658811	670896	551369
1859518	1625963	94745	79154	2912962	2522954	2611281	2321069
13620909	12163656	1696028	1529612	23643731	21052907	17916993	15534662
15937825	14202833	1751866	424449	23589779	18484302	18051764	14885792
263266	300733	87131	70908	1025767	977501	917210	888222
41562	38440			126285	111059	126285	111059
4387628	3525577	767138	619827	18007382	14818441	15127320	12466024
13373861	11033370	3580078	3026565	40125986	34433463	33320719	28377495
66224538	56986214	10546416	8306782	105733217	88676164	71772585	58122596
29614404	23887806	8227681	7428389	54864220	46620548	37583166	29523224
3312930	2838543	340379	428944	5808951	4895371	4745664	3912999
736811	689929	701849	509255	2656934	2230822	2466036	2057968
12376	7383	145689	92263	336960	248113	336960	248113
89340	97970			595909	574821	593732	572022
2432831	2118160	991624	856687	4278108	3644613	2305171	1890537
84656126	**70713824**	**16674613**	**13529621**	**164097763**	**136213489**	**119057012**	**96183668**
77726510	64408729	11912127	10877917	141782794	119731007	101260547	83005288
9203012	7972900	1324475	1252611	14829593	12712871	9826768	8506612
181373	149248	22548	22446	306532	265869	257490	227084
75007	62554	6973	2011	167128	138983	159878	134266
244995	199614			432907	409641	251798	248944
26208	21974			128010	95409	47755	31525
6850	9841			7711	11754	2192	3667
211937	167799			297186	302478	201851	213752
10370819	8299608	2220971	1855302	24160479	20535406	19664144	16705849
457582	388267	527		2823156	2326460	2216386	1816647
9913237	7911341	2220444	1855302	21337324	18208946	17447758	14889202
49523830	40978462	7449215	6786703	87880919	73836348	58091967	46495492
8043959	6676088	765953	851655	13763727	11630249	12780132	10494708
393015	314990	3796	4152	406525	326130	406203	325775
125283	97633	119080	115949	298268	251396	298268	251396
7176056	5952079	371992	349000	12135829	10134666	11286137	9269884
349606	311387	271085	382554	923106	918057	789524	647654
83515	70255	121992	107191	241509	201641	228371	192334
1994725	1693834	629628	535673	4812657	3975459	3911265	3221335
1431292	1221324	578974	511874	3360867	2810451	2981962	2461586
30765	27362	50654	23799	102775	74934	102775	74934
532668	445148			1349015	1090075	826528	684815
4934891	4611261	4132859	2116031	17502312	12507023	13885201	9957044
3345269	3236438	2335093	708872	10012392	6591967	8603772	5720419
1353089	1150336	476782	363019	4784923	3926449	2601224	2265175
235067	222877	1317564	1040384	2698467	1981879	2673675	1964722
1466	1610	3420	3756	6530	6729	6530	6729

1—3 续表2

项目	商品购进总额		统一配送商品购进额	
	2007年	2006年	2007年	2006年
二、按行业分				
批发业	**55808998**	**45868740**	**48550470**	**40724085**
农畜产品批发	7673	7673	7673	7673
食品、饮料及烟草制品专门批发	1143586	898755	1132109	887799
纺织、服装及日用品批发	253946	217292	253946	217292
文化、体育用品及器材批发	1706681	1531290	1703977	1528305
医药及医疗器材批发	185033	156094	174497	151753
矿产品、建材及化工产品批发	51411617	42021895	44191898	36910091
机械设备、五金交电及电子产品批发	376927	364235	373671	361193
贸易经纪与代理				
其他批发	723536	671505	712698	659979
零售业	**91293709**	**77076007**	**68441334**	**56389600**
综合零售	42456057	35536192	29108703	24267375
食品、饮料及烟草制品专门零售	823162	760105	675954	625260
纺织、服装及日用品专门零售	2070670	1689542	1933105	1586871
文化、体育用品及器材专门零售	767843	638550	622589	486322
医药及医疗器材专门零售	2118952	1909530	1915152	1651440
汽车、摩托车、燃料及零配件专门零售	21390304	21443609	15765425	14081728
家用电器及电子产品专门零售	20780016	14201320	17913880	13156133
五金、家具及室内装修材料专门零售	851049	864555	473496	503332
无店铺及其他零售	35656	32605	33031	31140
三、按业态分				
百货商店	14245806	11813836	6458926	5289503
超级市场	26351528	22187699	21183138	17651809
专业店	95966024	79669078	79983400	65882580
其中:加油站	51967082	44971285	40644474	33934462
专卖店	4249996	3741670	3889810	3398912
便利店	1794038	1480573	1596185	1381109
仓储会员店	299777	213530	152815	95477
家居建材商店	400552	504496	187641	309253
其他	3794985	3333864	3539888	3105043
加盟门店合计	**12067473**	**11529675**	**8432275**	**8543764**
一、按登记注册类型分				
内资企业	8927484	8446700	6554018	6537634
国有企业	392928	389220	215372	215985
集体企业	72890	59056	41288	38233
股份合作企业	17557	18874	16579	17194
联营企业	863636	930565	425806	449377
国有联营企业	5145	5203	5145	5203
集体联营企业				
国有与集体联营企业	858491	925361	420660	444173
其他联营企业				
有限责任公司	1507912	1153784	1335018	1030194
国有独资公司	14809	8228	9823	5705
其他有限责任公司	1493104	1145556	1325195	1024489
股份有限公司	5279489	5342534	3803183	4295862

单位:万元

自有配送中心配送商品购进额		非自有配送中心配送商品购进额		商品销售总额		零售额	
2007年	2006年	2007年	2006年	2007年	2006年	2007年	2006年
36847622	**30830951**	**7896651**	**7240702**	**59289704**	**49832224**	**34803874**	**26632269**
7673	7673			7673	7673	7673	7673
1078992	846521	53117	41278	1497906	1151342	278473	216745
241666	209996	12280	7296	333234	307032	213222	187360
1703977	1528305			1657405	1494246	743548	683811
161029	140674	6866	5219	182328	163319	126379	95728
32858185	27312941	7806056	7168062	54201685	45448469	32609531	24660719
315766	324713			608500	580255	260753	291607
480334	460128	18332	18846	800973	679887	564296	488625
47808504	**39882873**	**8777962**	**6288919**	**104808059**	**86381265**	**84253138**	**69551399**
16029051	13242559	5014053	4074724	53667703	45276705	44096467	37003750
606062	573844	36711	21712	951577	849471	868935	786833
1803283	1524856	30111	22319	2479212	1998674	2239995	1795767
416840	330608	93835	84604	785478	646167	658960	539509
1666135	1456922	90205	76070	2533061	2160612	2277916	1970686
12886835	11454531	1696028	1529612	22416319	19887126	16914498	14578756
14104000	10967681	1729889	408972	20845598	14497252	16174609	11898959
263266	300733	87131	70908	1022224	974089	914871	885970
33031	31140			106886	91171	106886	91171
4252194	3429021	759468	612838	17066135	13946143	14191541	11601110
11546928	9567945	3383604	2860803	34360214	29461067	27596695	23439002
62807446	52390041	10479152	8256664	100494879	82452347	68079340	53464781
29351806	23607220	8227681	7428389	54149344	45923013	37095117	29029890
3025877	2578252	318761	420749	5067684	4247087	4156705	3401330
550569	571192	612182	435980	2088775	1787695	1950685	1680129
7126	2904	145689	92263	331583	242805	331583	242805
89340	97970			561975	541303	561003	539665
2376646	2076500	975758	850324	4126517	3535042	2189459	1814846
5914187	**6583321**	**398561**	**310703**	**13445684**	**13308320**	**11611176**	**11464087**
5521589	5820687	250937	176606	9815716	9516269	8090343	7773345
163157	164012	2271	1249	417311	421710	374809	388775
27470	24010	13818	14223	81169	67856	70021	59045
2326	6892	7629	775	14478	13155	13989	12776
425700	449377			891568	940105	865030	897206
5039	5203			6526	5321	6526	5321
420660	444173			885042	934784	858504	891884
1046111	782331	123800	89140	1795530	1422817	1361287	1050427
607	5705	9216		14854	7938	13295	6944
1045505	776627	114584	89140	1780677	1414879	1347993	1043484
3327199	4014694	8760	8039	5785026	5998794	4723893	4839975

1—3 续表3

项目	商品购进总额		统一配送商品购进额	
	2007年	2006年	2007年	2006年
私营企业	780673	548669	715522	490221
私营独资企业	27695	18260	23217	15216
私营合伙企业	2870	2060	1609	997
私营有限责任公司	697353	508183	637943	453846
私营股份有限公司	52755	20166	52753	20163
其他企业	12399	4000	1251	570
港、澳、台商投资企业	346553	290258	257423	223547
港澳台商合资经营企业	265379	220144	176249	153433
港澳台商合作经营企业	57151	48700	57151	48700
港、澳、台商独资经营企业	5164	3834	5164	3834
港、澳、台商投资股份有限公司	18859	17580	18859	17580
外商投资企业	2793436	2792716	1620834	1782582
中外合资经营企业	1636178	1832116	463576	821982
中外合作经营企业	1157258	960600	1157258	960600
外资企业				
外商投资股份有限公司				
二、按行业分				
批发业	**1123700**	**874688**	**918211**	**678279**
农畜产品批发				
食品、饮料及烟草制品专门批发	82496	57827	65800	50304
纺织、服装及日用品批发	117565	98342	117565	98342
文化、体育用品及器材批发	3677	3549	798	781
医药及医疗器材批发	250194	185057	249255	184581
矿产品、建材及化工产品批发	572845	495465	387870	309823
机械设备、五金交电及电子产品批发	78923	25460	78923	25460
贸易经纪与代理				
其他批发	18000	8989	18000	8989
零售业	**10943773**	**10654987**	**7514063**	**7865485**
综合零售	6372826	5097070	4228178	3315223
食品、饮料及烟草制品专门零售	156630	112880	120385	95855
纺织、服装及日用品专门零售	334088	278985	331749	276861
文化、体育用品及器材专门零售	15320	17573	15153	17136
医药及医疗器材专门零售	289720	283387	217715	191768
汽车、摩托车、燃料及零配件专门零售	1053918	1030624	734073	709125
家用电器及电子产品专门零售	2710262	3825580	1855802	3250629
五金、家具及室内装修材料专门零售	2477	1588	2477	1588
无店铺及其他零售	8531	7300	8531	7300
三、按业态分				
百货商店	726947	629486	260247	219452
超级市场	5165679	4077310	3536315	2744834
专业店	4944831	5848231	3507838	4672845
其中:加油站	555561	579811	262599	280586
专卖店	601428	490576	565796	471909
便利店	462267	354082	413096	318347
仓储会员店	5250	4480	5250	4480
家居建材商店	29795	36244	29795	36244
其他	131276	89266	113938	75654

单位:万元

自有配送中心配送商品购进额		非自有配送中心配送商品购进额		商品销售总额		零售额	
2007年	2006年	2007年	2006年	2007年	2006年	2007年	2006年
528445	378869	94658	63180	817761	646580	672477	519888
5421	2624			32777	22009	32777	22009
1473	840	74	100	2875	1994	2875	1994
501749	365428	94584	63080	733107	602884	587824	476193
19802	9977			49002	19694	49002	19692
1182	504			12872	5253	8837	5253
134856	112400	122567	111147	507708	415106	398791	313991
53682	42286	122567	111147	371445	293886	371445	292786
57151	48700			109928	99576	12550	10896
5164	3834			7476	4064	7476	4064
18859	17580			18859	17580	7321	6245
257743	650234	25057	22950	3122261	3376945	3122041	3376751
213454	609054	25057	22950	1686507	2186589	1686507	2186589
44289	41180			1435754	1190356	1435534	1190162
825980	**619043**	**54992**	**32004**	**1180506**	**959774**	**592257**	**463316**
57046	44231	8754	6073	59963	54804	40561	52696
106183	97559	11382	783	188019	175348	55549	52591
798	781			4537	4432	4349	4249
200720	155930	11297	1419	245705	180073	156260	110257
364312	286094	23559	23730	568338	491823	250393	210553
78923	25460			96684	44307	85146	32972
18000	8989			17261	8989		
5088207	**5964279**	**343568**	**278699**	**12265178**	**12348546**	**11018919**	**11000770**
2123718	1667688	306503	257535	7324367	6347119	7242254	6240614
118561	95413	695	178	168316	122934	160713	116431
74108	74126	2291	1219	384781	327375	369264	316601
2007	6434	7563	1205	13278	12644	11935	11860
193384	169041	4540	3085	379900	362342	333365	350384
734073	709125			1227412	1165781	1002495	955906
1833824	3235152	21977	15477	2744182	3987051	1877155	2986833
				3543	3413	2339	2252
8531	7300			19399	19889	19399	19889
135434	96557	7670	6989	941247	872298	935780	864914
1826933	1465425	196474	165763	5765772	4972397	5724024	4938493
3417091	4596173	67264	50118	5238339	6223818	3693245	4657815
262599	280586			714877	697534	488049	493334
287053	260291	21618	8195	741267	648284	588959	511669
186241	118736	89667	73275	568159	443127	515351	377840
5250	4480			5376	5308	5376	5308
				33934	33518	32729	32357
56186	41660	15866	6363	151591	109571	115712	75691

1—4 按行业与登记注册类型分连锁零售企业基本情况

内资企业

项目	连锁总店数（个）	门店数（个）		年末从业人员（人）		年末营业面积（平方米）	
	2007年	2007年	2006年	2007年	2006年	2007年	2006年
总　　计	**1577**	**130608**	**115832**	**1536338**	**1587883**	**88009391**	**80245421**
批发业	**201**	**42065**	**37917**	**279262**	**445379**	**36997888**	**33936898**
农畜产品批发	1	2	2	349	349	5000	5000
食品、饮料及烟草制品专门批发	28	2756	2121	15131	11627	515378	437275
纺织、服装及日用品批发	10	3790	3309	15015	13479	66473	65212
文化、体育用品及器材批发	12	899	887	16493	16638	683915	668180
医药及医疗器材批发	29	4330	4319	17330	17066	382763	355909
矿产品、建材及化工产品批发	106	29169	26407	203918	376849	34871086	32141510
机械设备、五金交电及电子产品批发	9	398	281	7043	5399	161956	109932
贸易经纪与代理							
其他批发	6	721	591	3983	3972	311317	153880
零售业	**1376**	**88543**	**77915**	**1257076**	**1142504**	**51011503**	**46308523**
综合零售	576	43510	36116	735168	682504	30879057	27791499
食品、饮料及烟草制品专门零售	98	4372	3665	28252	25847	444912	394821
纺织、服装及日用品专门零售	74	3889	2749	60148	25010	596210	437651
文化、体育用品及器材专门零售	68	2874	2877	26062	25930	828017	782622
医药及医疗器材专门零售	339	21927	20819	127529	119910	2366469	2126584
汽车、摩托车、燃料及零配件专门零售	63	8451	8803	79373	76041	8953406	8974821
家用电器及电子产品专门零售	143	3171	2565	194527	181859	6449828	5331719
五金、家具及室内装修材料专门零售	10	94	87	4711	4161	487581	463476
无店铺及其他零售	5	255	234	1306	1242	6023	5330
直营门店合计	**—**	**78063**	**72485**	**1237087**	**1323292**	**80329611**	**73469140**
批发业	**—**	**27795**	**25935**	**238337**	**401550**	**35521898**	**32671629**
农畜产品批发	—	2	2	349	349	5000	5000
食品、饮料及烟草制品专门批发	—	1221	1087	10650	8804	372313	337501
纺织、服装及日用品批发	—	2084	1800	8956	8063	26532	23991
文化、体育用品及器材批发	—	629	633	16007	16183	674137	658001
医药及医疗器材批发	—	841	749	5681	5328	115568	104890
矿产品、建材及化工产品批发	—	22206	20999	185944	353880	33889099	31288854
机械设备、五金交电及电子产品批发	—	392	268	7006	5165	139118	105332

1—4 续表1

内资企业

项目	连锁总店数（个）	门店数（个）		年末从业人员（人）		年末营业面积（平方米）	
	2007年	2007年	2006年	2007年	2006年	2007年	2006年
贸易经纪与代理	—						
其他批发	—	420	397	3744	3778	300131	148060
零售业	**—**	**50268**	**46550**	**998750**	**921742**	**44807713**	**40797511**
综合零售	—	19232	18146	603340	567145	27153141	24560536
食品、饮料及烟草制品专门零售	—	2674	2422	22685	20760	370649	338124
纺织、服装及日用品专门零售	—	2415	1250	24058	17366	509092	378603
文化、体育用品及器材专门零售	—	2814	2790	24981	24811	782677	755852
医药及医疗器材专门零售	—	12097	11173	92012	84208	1724274	1517119
汽车、摩托车、燃料及零配件专门零售	—	8045	8383	76059	71799	8250305	8264717
家用电器及电子产品专门零售	—	2675	2101	149735	130402	5528730	4518235
五金、家具及室内装修材料专门零售	—	93	84	4658	4099	483810	459705
无店铺及其他零售	—	223	201	1222	1152	5035	4620
加盟门店合计	**—**	**52545**	**43347**	**299251**	**264591**	**7679780**	**6776281**
批发业	**—**	**14270**	**11982**	**40925**	**43829**	**1475990**	**1265269**
农畜产品批发	—						
食品、饮料及烟草制品专门批发	—	1535	1034	4481	2823	143065	99774
纺织、服装及日用品批发	—	1706	1509	6059	5416	39941	41221
文化、体育用品及器材批发	—	270	254	486	455	9778	10179
医药及医疗器材批发	—	3489	3570	11649	11738	267195	251019
矿产品、建材及化工产品批发	—	6963	5408	17974	22969	981987	852656
机械设备、五金交电及电子产品批发	—	6	13	37	234	22838	4600
贸易经纪与代理	—						
其他批发	—	301	194	239	194	11186	5820
零售业	**—**	**38275**	**31365**	**258326**	**220762**	**6203790**	**5511012**
综合零售	—	24278	17970	131828	115359	3725916	3230963
食品、饮料及烟草制品专门零售	—	1698	1243	5567	5087	74263	56697
纺织、服装及日用品专门零售	—	1474	1499	36090	7644	87118	59048
文化、体育用品及器材专门零售	—	60	87	1081	1119	45340	26770
医药及医疗器材专门零售	—	9830	9646	35517	35702	642195	609465
汽车、摩托车、燃料及零配件专门零售	—	406	420	3314	4242	703101	710104
家用电器及电子产品专门零售	—	496	464	44792	51457	921098	813484
五金、家具及室内装修材料专门零售	—	1	3	53	62	3771	3771
无店铺及其他零售	—	32	33	84	90	988	710

1—4 续表 2—1

国有企业

项　目	连锁总店数（个）	门店数（个）		年末从业人员（人）		年末营业面积（平方米）	
	2007 年	2007 年	2006 年	2007 年	2006 年	2007 年	2006 年
总　计	**135**	**11035**	**10719**	**111840**	**103144**	**8945575**	**7501746**
批发业	**33**	**5220**	**4705**	**45973**	**39546**	**3961253**	**2208927**
农畜产品批发							
食品、饮料及烟草制品专门批发	6	48	47	1595	1693	5556	5446
纺织、服装及日用品批发							
文化、体育用品及器材批发	5	398	405	12940	13119	600892	586352
医药及医疗器材批发	4	170	146	624	580	23588	19123
矿产品、建材及化工产品批发	17	4284	3797	27541	20773	3283217	1551506
机械设备、五金交电及电子产品批发							
贸易经纪与代理							
其他批发	1	320	310	3273	3381	48000	46500
零售业	**102**	**5815**	**6014**	**65867**	**63598**	**4984322**	**5292819**
综合零售	22	771	811	26513	24797	1005644	957840
食品、饮料及烟草制品专门零售	7	153	150	677	820	5257	5427
纺织、服装及日用品专门零售	1	14	16	218	232	3799	4034
文化、体育用品及器材专门零售	30	1891	1911	10934	11013	278261	265856
医药及医疗器材专门零售	25	1180	1169	9766	9215	126589	114011
汽车、摩托车、燃料及零配件专门零售	17	1806	1957	17759	17521	3564772	3945651
家用电器及电子产品专门零售							
五金、家具及室内装修材料专门零售							
无店铺及其他零售							
直营门店合计	**—**	**9851**	**9526**	**101215**	**92922**	**8361593**	**6845835**
批发业	**—**	**4891**	**4392**	**45334**	**39163**	**3945153**	**2193627**
农畜产品批发	—						
食品、饮料及烟草制品专门批发	—	48	47	1595	1693	5556	5446
纺织、服装及日用品批发	—						
文化、体育用品及器材批发	—	397	404	12936	13115	600792	586252
医药及医疗器材批发	—	132	108	569	523	22088	17623
矿产品、建材及化工产品批发	—	3994	3523	26961	20451	3268717	1537806
机械设备、五金交电及电子产品批发	—						

1—4 续表 2—2

国有企业

项目	连锁总店数（个）	门店数（个）		年末从业人员（人）		年末营业面积（平方米）	
	2007 年	2007 年	2006 年	2007 年	2006 年	2007 年	2006 年
贸易经纪与代理	—						
其他批发	—	320	310	3273	3381	48000	46500
零售业	**—**	**4960**	**5134**	**55881**	**53759**	**4416440**	**4652208**
综合零售	—	648	677	23530	22279	932734	838386
食品、饮料及烟草制品专门零售	—	146	133	649	767	4957	4937
纺织、服装及日用品专门零售	—	14	16	218	232	3799	4034
文化、体育用品及器材专门零售	—	1884	1903	10834	10893	277461	264956
医药及医疗器材专门零售	—	681	676	4189	4092	71020	61515
汽车、摩托车、燃料及零配件专门零售	—	1587	1729	16461	15496	3126469	3478380
家用电器及电子产品专门零售	—						
五金、家具及室内装修材料专门零售	—						
无店铺及其他零售	—						
加盟门店合计	**—**	**1184**	**1193**	**10625**	**10222**	**583982**	**655911**
批发业	**—**	**329**	**313**	**639**	**383**	**16100**	**15300**
农畜产品批发	—						
食品、饮料及烟草制品专门批发	—						
纺织、服装及日用品批发	—						
文化、体育用品及器材批发	—	1	1	4	4	100	100
医药及医疗器材批发	—	38	38	55	57	1500	1500
矿产品、建材及化工产品批发	—	290	274	580	322	14500	13700
机械设备、五金交电及电子产品批发	—						
贸易经纪与代理	—						
其他批发	—						
零售业	**—**	**855**	**880**	**9986**	**9839**	**567882**	**640611**
综合零售	—	123	134	2983	2518	72910	119454
食品、饮料及烟草制品专门零售	—	7	17	28	53	300	490
纺织、服装及日用品专门零售	—						
文化、体育用品及器材专门零售	—	7	8	100	120	800	900
医药及医疗器材专门零售	—	499	493	5577	5123	55569	52496
汽车、摩托车、燃料及零配件专门零售	—	219	228	1298	2025	438303	467271
家用电器及电子产品专门零售	—						
五金、家具及室内装修材料专门零售	—						
无店铺及其他零售	—						

1—4 续表 3—1

集体企业

项目	连锁总店数（个）	门店数（个）		年末从业人员（人）		年末营业面积（平方米）	
	2007 年	2007 年	2006 年	2007 年	2006 年	2007 年	2006 年
总计	**36**	**2519**	**2121**	**11202**	**11170**	**627506**	**423711**
批发业	**5**	**278**	**272**	**1072**	**1051**	**216620**	**67080**
农畜产品批发	1	2	2	349	349	5000	5000
食品、饮料及烟草制品专门批发	1	2	3	95	90	70	80
纺织、服装及日用品批发							
文化、体育用品及器材批发							
医药及医疗器材批发							
矿产品、建材及化工产品批发	2	246	246	561	561	10200	9900
机械设备、五金交电及电子产品批发							
贸易经纪与代理							
其他批发	1	28	21	67	51	201350	52100
零售业	**31**	**2241**	**1849**	**10130**	**10119**	**410886**	**356631**
综合零售	20	2098	1707	9042	8976	377485	323556
食品、饮料及烟草制品专门零售	4	31	32	222	282	2670	2680
纺织、服装及日用品专门零售	2	26	27	261	259	4546	4596
文化、体育用品及器材专门零售	2	12	10	140	137	2332	2206
医药及医疗器材专门零售	1	38	37	158	158	3393	3133
汽车、摩托车、燃料及零配件专门零售							
家用电器及电子产品专门零售	1	5	5	232	232	20000	20000
五金、家具及室内装修材料专门零售							
无店铺及其他零售	1	31	31	75	75	460	460
直营门店合计	**—**	**373**	**357**	**6905**	**7513**	**513429**	**327307**
批发业	**—**	**80**	**74**	**681**	**660**	**210480**	**61140**
农畜产品批发	—	2	2	349	349	5000	5000
食品、饮料及烟草制品专门批发	—	2	3	95	90	70	80
纺织、服装及日用品批发	—						
文化、体育用品及器材批发	—						
医药及医疗器材批发	—						
矿产品、建材及化工产品批发	—	48	48	170	170	4060	3960
机械设备、五金交电及电子产品批发	—						

1—4 续表3—2

集体企业

项目	连锁总店数（个）	门店数（个）		年末从业人员（人）		年末营业面积（平方米）	
	2007年	2007年	2006年	2007年	2006年	2007年	2006年
贸易经纪与代理	—						
其他批发	—	28	21	67	51	201350	52100
零售业	**—**	**293**	**283**	**6224**	**6853**	**302949**	**266167**
综合零售	—	178	170	5206	5783	271044	234628
食品、饮料及烟草制品专门零售	—	30	31	219	279	2632	2642
纺织、服装及日用品专门零售	—	25	26	252	248	4396	4446
文化、体育用品及器材专门零售	—	12	10	140	137	2332	2206
医药及医疗器材专门零售	—	12	10	100	99	2085	1785
汽车、摩托车、燃料及零配件专门零售	—						
家用电器及电子产品专门零售	—	5	5	232	232	20000	20000
五金、家具及室内装修材料专门零售	—						
无店铺及其他零售	—	31	31	75	75	460	460
加盟门店合计	**—**	**2146**	**1764**	**4297**	**3657**	**114077**	**96404**
批发业	**—**	**198**	**198**	**391**	**391**	**6140**	**5940**
农畜产品批发	—						
食品、饮料及烟草制品专门批发	—						
纺织、服装及日用品批发	—						
文化、体育用品及器材批发	—						
医药及医疗器材批发	—						
矿产品、建材及化工产品批发	—	198	198	391	391	6140	5940
机械设备、五金交电及电子产品批发	—						
贸易经纪与代理	—						
其他批发	—						
零售业	**—**	**1948**	**1566**	**3906**	**3266**	**107937**	**90464**
综合零售	—	1920	1537	3836	3193	106441	88928
食品、饮料及烟草制品专门零售	—	1	1	3	3	38	38
纺织、服装及日用品专门零售	—	1	1	9	11	150	150
文化、体育用品及器材专门零售	—						
医药及医疗器材专门零售	—	26	27	58	59	1308	1348
汽车、摩托车、燃料及零配件专门零售	—						
家用电器及电子产品专门零售	—						
五金、家具及室内装修材料专门零售	—						
无店铺及其他零售	—						

1—4 续表4—1

股份合作企业

项目	连锁总店数（个）	门店数（个）		年末从业人员（人）		年末营业面积（平方米）	
	2007年	2007年	2006年	2007年	2006年	2007年	2006年
总计	**28**	**1142**	**1029**	**11658**	**10498**	**412536**	**361126**
批发业	**1**	**3**	**12**	**15**	**64**	**500**	**1650**
农畜产品批发							
食品、饮料及烟草制品专门批发							
纺织、服装及日用品批发	1	3	12	15	64	500	1650
文化、体育用品及器材批发							
医药及医疗器材批发							
矿产品、建材及化工产品批发							
机械设备、五金交电及电子产品批发							
贸易经纪与代理							
其他批发							
零售业	**27**	**1139**	**1017**	**11643**	**10434**	**412036**	**359476**
综合零售	9	516	479	6528	5784	279478	263010
食品、饮料及烟草制品专门零售	3	60	44	1070	950	21270	9646
纺织、服装及日用品专门零售	1	3	3	30	30	200	200
文化、体育用品及器材专门零售	3	42	36	1344	1432	72354	57957
医药及医疗器材专门零售	9	507	444	2560	2119	34660	24589
汽车、摩托车、燃料及零配件专门零售	1	2	2	58	58	2987	2987
家用电器及电子产品专门零售	1	9	9	53	61	1087	1087
五金、家具及室内装修材料专门零售							
无店铺及其他零售							
直营门店合计	**—**	**523**	**421**	**8889**	**7874**	**233172**	**208110**
批发业	**—**	**3**	**12**	**15**	**64**	**500**	**1650**
农畜产品批发	—						
食品、饮料及烟草制品专门批发	—						
纺织、服装及日用品批发	—	3	12	15	64	500	1650
文化、体育用品及器材批发	—						
医药及医疗器材批发	—						
矿产品、建材及化工产品批发	—						
机械设备、五金交电及电子产品批发	—						

1—4 续表4—2

股份合作企业

项　　目	连锁总店数（个）	门店数（个）		年末从业人员（人）		年末营业面积（平方米）	
	2007年	2007年	2006年	2007年	2006年	2007年	2006年
贸易经纪与代理	—						
其他批发	—						
零售业	**—**	**520**	**409**	**8874**	**7810**	**232672**	**206460**
综合零售	—	71	63	5074	4430	147888	136420
食品、饮料及烟草制品专门零售	—	56	42	1038	942	20970	9486
纺织、服装及日用品专门零售	—	3	3	30	30	200	200
文化、体育用品及器材专门零售	—	27	16	674	799	32100	39191
医药及医疗器材专门零售	—	352	274	1947	1490	27440	17089
汽车、摩托车、燃料及零配件专门零售	—	2	2	58	58	2987	2987
家用电器及电子产品专门零售	—	9	9	53	61	1087	1087
五金、家具及室内装修材料专门零售	—						
无店铺及其他零售	—						
加盟门店合计	**—**	**619**	**608**	**2769**	**2624**	**179364**	**153016**
批发业	**—**						
农畜产品批发	—						
食品、饮料及烟草制品专门批发	—						
纺织、服装及日用品批发	—						
文化、体育用品及器材批发	—						
医药及医疗器材批发	—						
矿产品、建材及化工产品批发	—						
机械设备、五金交电及电子产品批发	—						
贸易经纪与代理	—						
其他批发	—						
零售业	**—**	**619**	**608**	**2769**	**2624**	**179364**	**153016**
综合零售	—	445	416	1454	1354	131590	126590
食品、饮料及烟草制品专门零售	—	4	2	32	8	300	160
纺织、服装及日用品专门零售	—						
文化、体育用品及器材专门零售	—	15	20	670	633	40254	18766
医药及医疗器材专门零售	—	155	170	613	629	7220	7500
汽车、摩托车、燃料及零配件专门零售	—						
家用电器及电子产品专门零售	—						
五金、家具及室内装修材料专门零售	—						
无店铺及其他零售	—						

1－4　续表 5－1

联营企业

项　目	连锁总店数（个）	门店数（个）		年末从业人员（人）		年末营业面积（平方米）	
	2007 年	2007 年	2006 年	2007 年	2006 年	2007 年	2006 年
总　计	**7**	**605**	**529**	**17587**	**19053**	**352524**	**342348**
批发业	**2**	**5**	**7**	**206**	**237**	**13831**	**19831**
农畜产品批发							
食品、饮料及烟草制品专门批发							
纺织、服装及日用品批发							
文化、体育用品及器材批发							
医药及医疗器材批发							
矿产品、建材及化工产品批发	2	5	7	206	237	13831	19831
机械设备、五金交电及电子产品批发							
贸易经纪与代理							
其他批发							
零售业	**5**	**600**	**522**	**17381**	**18816**	**338693**	**322517**
综合零售							
食品、饮料及烟草制品专门零售	1	53	41	375	262	10600	8200
纺织、服装及日用品专门零售							
文化、体育用品及器材专门零售							
医药及医疗器材专门零售	3	381	317	2617	1904	37163	29407
汽车、摩托车、燃料及零配件专门零售							
家用电器及电子产品专门零售	1	166	164	14389	16650	290930	284910
五金、家具及室内装修材料专门零售							
无店铺及其他零售							
直营门店合计	**—**	**367**	**263**	**3884**	**3071**	**98036**	**92355**
批发业	**—**	**5**	**7**	**206**	**237**	**13831**	**19831**
农畜产品批发	—						
食品、饮料及烟草制品专门批发	—						
纺织、服装及日用品批发	—						
文化、体育用品及器材批发	—						
医药及医疗器材批发	—						
矿产品、建材及化工产品批发	—	5	7	206	237	13831	19831
机械设备、五金交电及电子产品批发	—						

1—4　续表 5—2

联营企业

项　目	连锁总店数（个）	门店数（个）		年末从业人员（人）		年末营业面积（平方米）	
	2007 年	2007 年	2006 年	2007 年	2006 年	2007 年	2006 年
贸易经纪与代理	—						
其他批发	—						
零售业	**—**	**362**	**256**	**3678**	**2834**	**84205**	**72524**
综合零售	—						
食品、饮料及烟草制品专门零售	—	53	41	375	262	10600	8200
纺织、服装及日用品专门零售	—						
文化、体育用品及器材专门零售	—						
医药及医疗器材专门零售	—	295	201	1994	1178	30975	21694
汽车、摩托车、燃料及零配件专门零售	—						
家用电器及电子产品专门零售	—	14	14	1309	1394	42630	42630
五金、家具及室内装修材料专门零售	—						
无店铺及其他零售	—						
加盟门店合计	**—**	**238**	**266**	**13703**	**15982**	**254488**	**249993**
批发业	**—**						
农畜产品批发	—						
食品、饮料及烟草制品专门批发	—						
纺织、服装及日用品批发	—						
文化、体育用品及器材批发	—						
医药及医疗器材批发	—						
矿产品、建材及化工产品批发	—						
机械设备、五金交电及电子产品批发	—						
贸易经纪与代理	—						
其他批发	—						
零售业	**—**	**238**	**266**	**13703**	**15982**	**254488**	**249993**
综合零售	—						
食品、饮料及烟草制品专门零售	—						
纺织、服装及日用品专门零售	—						
文化、体育用品及器材专门零售	—						
医药及医疗器材专门零售	—	86	116	623	726	6188	7713
汽车、摩托车、燃料及零配件专门零售	—						
家用电器及电子产品专门零售	—	152	150	13080	15256	248300	242280
五金、家具及室内装修材料专门零售	—						
无店铺及其他零售	—						

1—4 续表 6—1

有限责任公司

项目	连锁总店数（个）	门店数（个）		年末从业人员（人）		年末营业面积（平方米）	
	2007 年	2007 年	2006 年	2007 年	2006 年	2007 年	2006 年
总计	**586**	**49247**	**43288**	**493865**	**456268**	**19262401**	**17079030**
批发业	**54**	**11634**	**9750**	**39267**	**40601**	**1473393**	**1255969**
农畜产品批发							
食品、饮料及烟草制品专门批发	15	2024	1453	8904	6061	163793	113605
纺织、服装及日用品批发	3	298	311	1037	1120	21117	23765
文化、体育用品及器材批发	3	412	402	2192	2149	69477	69963
医药及医疗器材批发	11	2203	2328	8602	8659	138596	123272
矿产品、建材及化工产品批发	15	6288	4961	16564	20676	1012153	859344
机械设备、五金交电及电子产品批发	4	50	49	1478	1517	54290	58740
贸易经纪与代理							
其他批发	3	359	246	490	419	13967	7280
零售业	**532**	**37613**	**33538**	**454598**	**415667**	**17789008**	**15823061**
综合零售	227	21235	18093	335046	302952	14048094	12592833
食品、饮料及烟草制品专门零售	44	2237	1892	11684	11315	170955	159210
纺织、服装及日用品专门零售	22	295	286	4350	4361	62875	49942
文化、体育用品及器材专门零售	12	169	180	2559	2564	93763	91399
医药及医疗器材专门零售	168	12819	12450	64831	63371	1204527	1146000
汽车、摩托车、燃料及零配件专门零售	5	30	28	573	518	45793	44738
家用电器及电子产品专门零售	48	739	521	33077	28132	1879708	1461834
五金、家具及室内装修材料专门零售	4	49	48	2338	2331	281900	276005
无店铺及其他零售	2	40	40	140	123	1393	1100
直营门店合计	**—**	**21904**	**20645**	**407014**	**371309**	**16332837**	**14664136**
批发业	**—**	**1966**	**1785**	**15046**	**13024**	**489272**	**460204**
农畜产品批发	—						
食品、饮料及烟草制品专门批发	—	858	794	5885	4508	58080	46485
纺织、服装及日用品批发	—	41	36	247	220	5065	4245
文化、体育用品及器材批发	—	143	149	1710	1698	59799	59884
医药及医疗器材批发	—	353	309	2379	2107	38528	34836
矿产品、建材及化工产品批发	—	467	400	3120	2781	273329	257154
机械设备、五金交电及电子产品批发	—	46	45	1454	1485	51690	56140

1—4　续表 6—2

有限责任公司

项　　目	连锁总店数（个）	门店数（个）		年末从业人员（人）		年末营业面积（平方米）	
	2007 年	2007 年	2006 年	2007 年	2006 年	2007 年	2006 年
贸易经纪与代理	—						
其他批发	—	58	52	251	225	2781	1460
零售业	**—**	**19938**	**18860**	**391968**	**358285**	**15843565**	**14203932**
综合零售	—	11822	11130	297849	271475	12576061	11417428
食品、饮料及烟草制品专门零售	—	1140	1055	8400	7789	142393	132859
纺织、服装及日用品专门零售	—	240	236	4164	4103	57296	45246
文化、体育用品及器材专门零售	—	156	162	2523	2518	92943	90437
医药及医疗器材专门零售	—	5759	5676	43204	41595	776968	745175
汽车、摩托车、燃料及零配件专门零售	—	24	23	382	335	37423	36368
家用电器及电子产品专门零售	—	735	517	33022	28070	1877708	1459834
五金、家具及室内装修材料专门零售	—	49	48	2338	2331	281900	276005
无店铺及其他零售	—	13	13	86	69	873	580
加盟门店合计	**—**	**27343**	**22643**	**86851**	**84959**	**2929564**	**2414894**
批发业	**—**	**9668**	**7965**	**24221**	**27577**	**984121**	**795765**
农畜产品批发	—						
食品、饮料及烟草制品专门批发	—	1166	659	3019	1553	105713	67120
纺织、服装及日用品批发	—	257	275	790	900	16052	19520
文化、体育用品及器材批发	—	269	253	482	451	9678	10079
医药及医疗器材批发	—	1850	2019	6223	6552	100068	88436
矿产品、建材及化工产品批发	—	5821	4561	13444	17895	738824	602190
机械设备、五金交电及电子产品批发	—	4	4	24	32	2600	2600
贸易经纪与代理	—						
其他批发	—	301	194	239	194	11186	5820
零售业	**—**	**17675**	**14678**	**62630**	**57382**	**1945443**	**1619129**
综合零售	—	9413	6963	37197	31477	1472033	1175405
食品、饮料及烟草制品专门零售	—	1097	837	3284	3526	28562	26351
纺织、服装及日用品专门零售	—	55	50	186	258	5579	4696
文化、体育用品及器材专门零售	—	13	18	36	46	820	962
医药及医疗器材专门零售	—	7060	6774	21627	21776	427559	400825
汽车、摩托车、燃料及零配件专门零售	—	6	5	191	183	8370	8370
家用电器及电子产品专门零售	—	4	4	55	62	2000	2000
五金、家具及室内装修材料专门零售	—						
无店铺及其他零售	—	27	27	54	54	520	520

1—4 续表7—1

股份有限公司

项目	连锁总店数（个）	门店数（个）		年末从业人员（人）		年末营业面积（平方米）	
	2007年	2007年	2006年	2007年	2006年	2007年	2006年
总计	**209**	**41208**	**38631**	**588918**	**745172**	**49593595**	**46862081**
批发业	**77**	**18560**	**17706**	**163511**	**338579**	**30919339**	**30047028**
农畜产品批发							
食品、饮料及烟草制品专门批发	2	358	324	3439	2794	321909	298194
纺织、服装及日用品批发							
文化、体育用品及器材批发	1	7	7	48	115	1920	2100
医药及医疗器材批发	4	186	193	705	738	12447	12727
矿产品、建材及化工产品批发	68	17987	17161	158750	334396	30534613	29685657
机械设备、五金交电及电子产品批发	1	8	7	416	415	450	350
贸易经纪与代理							
其他批发	1	14	14	153	121	48000	48000
零售业	**132**	**22648**	**20925**	**425407**	**406593**	**18674256**	**16815053**
综合零售	52	10992	9375	238025	229871	10881712	9731364
食品、饮料及烟草制品专门零售	7	381	333	6191	5181	135723	131545
纺织、服装及日用品专门零售	5	1205	1072	4229	4212	56419	52283
文化、体育用品及器材专门零售	3	396	385	6825	6405	275851	264201
医药及医疗器材专门零售	30	2495	2540	15038	14776	296007	288358
汽车、摩托车、燃料及零配件专门零售	25	6396	6605	55418	53088	5053355	4721141
家用电器及电子产品专门零售	9	780	610	99549	92892	1961146	1612118
五金、家具及室内装修材料专门零售	1	3	5	132	168	14043	14043
无店铺及其他零售							
直营门店合计	**—**	**30438**	**29369**	**475004**	**630894**	**46878476**	**44390354**
批发业	**—**	**17905**	**17213**	**158736**	**333186**	**30679296**	**29801015**
农畜产品批发	—						
食品、饮料及烟草制品专门批发	—	117	84	2277	1846	294137	272220
纺织、服装及日用品批发	—						
文化、体育用品及器材批发	—	7	7	48	115	1920	2100
医药及医疗器材批发	—	78	80	435	448	8127	8242
矿产品、建材及化工产品批发	—	17681	17021	155407	330241	30326662	29470103
机械设备、五金交电及电子产品批发	—	8	7	416	415	450	350

1—4 续表 7—2

股份有限公司

项　　目	连锁总店数（个）	门店数（个）		年末从业人员（人）		年末营业面积（平方米）	
	2007 年	2007 年	2006 年	2007 年	2006 年	2007 年	2006 年
贸易经纪与代理	—						
其他批发	—	14	14	153	121	48000	48000
零售业	**—**	**12533**	**12156**	**316268**	**297708**	**16199180**	**14589339**
综合零售	—	2831	2808	167425	164806	9379520	8374192
食品、饮料及烟草制品专门零售	—	215	192	5077	4416	118159	120898
纺织、服装及日用品专门零售	—	557	208	2307	1577	33509	25989
文化、体育用品及器材专门零售	—	390	374	6694	6257	273271	258965
医药及医疗器材专门零售	—	1714	1709	11784	11527	247966	229678
汽车、摩托车、燃料及零配件专门零售	—	6219	6422	53653	51107	4819139	4508890
家用电器及电子产品专门零售	—	605	441	69249	57912	1317344	1060455
五金、家具及室内装修材料专门零售	—	2	2	79	106	10272	10272
无店铺及其他零售	—						
加盟门店合计	**—**	**10770**	**9262**	**113914**	**114278**	**2715119**	**2471727**
批发业	**—**	**655**	**493**	**4775**	**5393**	**240043**	**246013**
农畜产品批发	—						
食品、饮料及烟草制品专门批发	—	241	240	1162	948	27772	25974
纺织、服装及日用品批发	—						
文化、体育用品及器材批发	—						
医药及医疗器材批发	—	108	113	270	290	4320	4485
矿产品、建材及化工产品批发	—	306	140	3343	4155	207951	215554
机械设备、五金交电及电子产品批发	—						
贸易经纪与代理	—						
其他批发	—						
零售业	**—**	**10115**	**8769**	**109139**	**108885**	**2475076**	**2225714**
综合零售	—	8161	6567	70600	65065	1502192	1357172
食品、饮料及烟草制品专门零售	—	166	141	1114	765	17564	10647
纺织、服装及日用品专门零售	—	648	864	1922	2635	22910	26294
文化、体育用品及器材专门零售	—	6	11	131	148	2580	5236
医药及医疗器材专门零售	—	781	831	3254	3249	48041	58680
汽车、摩托车、燃料及零配件专门零售	—	177	183	1765	1981	234216	212251
家用电器及电子产品专门零售	—	175	169	30300	34980	643802	551663
五金、家具及室内装修材料专门零售	—	1	3	53	62	3771	3771
无店铺及其他零售	—						

1—4 续表 8—1

私营企业

项目	连锁总店数（个）	门店数（个）		年末从业人员（人）		年末营业面积（平方米）	
	2007年	2007年	2006年	2007年	2006年	2007年	2006年
总计	**561**	**23909**	**18762**	**293881**	**236404**	**8576808**	**7480420**
批发业	**28**	**6299**	**5399**	**29068**	**25161**	**406752**	**333213**
农畜产品批发							
食品、饮料及烟草制品专门批发	3	258	228	948	849	17850	16750
纺织、服装及日用品批发	6	3489	2986	13963	12295	44856	39797
文化、体育用品及器材批发	3	82	73	1313	1255	11626	9765
医药及医疗器材批发	10	1771	1652	7399	7089	208132	200787
矿产品、建材及化工产品批发	2	359	235	296	206	17072	15272
机械设备、五金交电及电子产品批发	4	340	225	5149	3467	107216	50842
贸易经纪与代理							
其他批发							
零售业	**533**	**17610**	**13363**	**264813**	**211243**	**8170056**	**7147207**
综合零售	242	7558	5439	117510	107964	4178640	3824135
食品、饮料及烟草制品专门零售	32	1457	1173	8033	7037	98437	78113
纺织、服装及日用品专门零售	43	2346	1345	51060	15916	468371	326596
文化、体育用品及器材专门零售	17	334	332	3795	4079	103256	99403
医药及医疗器材专门零售	98	4093	3513	30430	26471	613858	483321
汽车、摩托车、燃料及零配件专门零售	15	217	211	5565	4856	286499	260304
家用电器及电子产品专门零售	81	1459	1241	46620	43312	2280757	1937270
五金、家具及室内装修材料专门零售	4	21	19	965	822	137638	136165
无店铺及其他零售	1	125	90	835	786	2600	1900
直营门店合计	**—**	**14080**	**11445**	**227839**	**204171**	**7698299**	**6762494**
批发业	**—**	**2944**	**2451**	**18311**	**15208**	**183246**	**134042**
农畜产品批发	—						
食品、饮料及烟草制品专门批发	—	195	158	790	659	14350	13150
纺织、服装及日用品批发	—	2040	1752	8694	7779	20967	18096
文化、体育用品及器材批发	—	82	73	1313	1255	11626	9765
医药及医疗器材批发	—	278	252	2298	2250	46825	44189
矿产品、建材及化工产品批发	—	11		80		2500	
机械设备、五金交电及电子产品批发	—	338	216	5136	3265	86978	48842

1—4　续表 8—2

私营企业

项　　目	连锁总店数（个）	门店数（个）		年末从业人员（人）		年末营业面积（平方米）	
	2007 年	2007 年	2006 年	2007 年	2006 年	2007 年	2006 年
贸易经纪与代理	—						
其他批发	—						
零售业	**—**	**11136**	**8994**	**209528**	**188963**	**7515053**	**6628452**
综合零售	—	3641	3264	102558	96608	3753551	3471339
食品、饮料及烟草制品专门零售	—	1034	928	6927	6305	70938	59102
纺织、服装及日用品专门零售	—	1576	761	17087	11176	409892	298688
文化、体育用品及器材专门零售	—	315	302	3651	3907	102370	98497
医药及医疗器材专门零售	—	2922	2329	26767	22439	520484	405130
汽车、摩托车、燃料及零配件专门零售	—	213	207	5505	4803	264287	238092
家用电器及电子产品专门零售	—	1294	1100	45263	42153	2253761	1919729
五金、家具及室内装修材料专门零售	—	21	19	965	822	137638	136165
无店铺及其他零售	—	120	84	805	750	2132	1710
加盟门店合计	**—**	**9829**	**7317**	**66042**	**32233**	**878509**	**717926**
批发业	**—**	**3355**	**2948**	**10757**	**9953**	**223506**	**199171**
农畜产品批发	—						
食品、饮料及烟草制品专门批发	—	63	70	158	190	3500	3600
纺织、服装及日用品批发	—	1449	1234	5269	4516	23889	21701
文化、体育用品及器材批发	—						
医药及医疗器材批发	—	1493	1400	5101	4839	161307	156598
矿产品、建材及化工产品批发	—	348	235	216	206	14572	15272
机械设备、五金交电及电子产品批发	—	2	9	13	202	20238	2000
贸易经纪与代理	—						
其他批发	—						
零售业	**—**	**6474**	**4369**	**55285**	**22280**	**655003**	**518755**
综合零售	—	3917	2175	14952	11356	425089	352796
食品、饮料及烟草制品专门零售	—	423	245	1106	732	27499	19011
纺织、服装及日用品专门零售	—	770	584	33973	4740	58479	27908
文化、体育用品及器材专门零售	—	19	30	144	172	886	906
医药及医疗器材专门零售	—	1171	1184	3663	4032	93374	78191
汽车、摩托车、燃料及零配件专门零售	—	4	4	60	53	22212	22212
家用电器及电子产品专门零售	—	165	141	1357	1159	26996	17541
五金、家具及室内装修材料专门零售	—						
无店铺及其他零售	—	5	6	30	36	468	190

1—4　续表 9—1

其他企业

项　目	连锁总店数（个）	门店数（个）		年末从业人员（人）		年末营业面积（平方米）	
	2007 年	2007 年	2006 年	2007 年	2006 年	2007 年	2006 年
总　计	**15**	**943**	**753**	**7387**	**6174**	**238446**	**194959**
批发业	**1**	**66**	**66**	**150**	**140**	**6200**	**3200**
农畜产品批发							
食品、饮料及烟草制品专门批发	1	66	66	150	140	6200	3200
纺织、服装及日用品批发							
文化、体育用品及器材批发							
医药及医疗器材批发							
矿产品、建材及化工产品批发							
机械设备、五金交电及电子产品批发							
贸易经纪与代理							
其他批发							
零售业	**14**	**877**	**687**	**7237**	**6034**	**232246**	**191759**
综合零售	4	340	212	2504	2160	108004	98761
食品、饮料及烟草制品专门零售							
纺织、服装及日用品专门零售							
文化、体育用品及器材专门零售	1	30	23	465	300	2200	1600
医药及医疗器材专门零售	5	414	349	2129	1896	50272	37765
汽车、摩托车、燃料及零配件专门零售							
家用电器及电子产品专门零售	2	13	15	607	580	16200	14500
五金、家具及室内装修材料专门零售	1	21	15	1276	840	54000	37263
无店铺及其他零售	1	59	73	256	258	1570	1870
直营门店合计	**—**	**527**	**459**	**6337**	**5538**	**213769**	**178549**
批发业	**—**	**1**	**1**	**8**	**8**	**120**	**120**
农畜产品批发	—						
食品、饮料及烟草制品专门批发	—	1	1	8	8	120	120
纺织、服装及日用品批发	—						
文化、体育用品及器材批发	—						
医药及医疗器材批发	—						
矿产品、建材及化工产品批发	—						
机械设备、五金交电及电子产品批发	—						

1—4 续表 9—2

其他企业

项目	连锁总店数（个）	门店数（个）		年末从业人员（人）		年末营业面积（平方米）	
	2007年	2007年	2006年	2007年	2006年	2007年	2006年
贸易经纪与代理	—						
其他批发	—						
零售业	**—**	**526**	**458**	**6329**	**5530**	**213649**	**178429**
综合零售	—	41	34	1698	1764	92343	88143
食品、饮料及烟草制品专门零售	—						
纺织、服装及日用品专门零售	—						
文化、体育用品及器材专门零售	—	30	23	465	300	2200	1600
医药及医疗器材专门零售	—	362	298	2027	1788	47336	35053
汽车、摩托车、燃料及零配件专门零售	—						
家用电器及电子产品专门零售	—	13	15	607	580	16200	14500
五金、家具及室内装修材料专门零售	—	21	15	1276	840	54000	37263
无店铺及其他零售	—	59	73	256	258	1570	1870
加盟门店合计	**—**	**416**	**294**	**1050**	**636**	**24677**	**16410**
批发业	**—**	**65**	**65**	**142**	**132**	**6080**	**3080**
农畜产品批发	—						
食品、饮料及烟草制品专门批发	—	65	65	142	132	6080	3080
纺织、服装及日用品批发	—						
文化、体育用品及器材批发	—						
医药及医疗器材批发	—						
矿产品、建材及化工产品批发	—						
机械设备、五金交电及电子产品批发	—						
贸易经纪与代理	—						
其他批发	—						
零售业	**—**	**351**	**229**	**908**	**504**	**18597**	**13330**
综合零售	—	299	178	806	396	15661	10618
食品、饮料及烟草制品专门零售	—						
纺织、服装及日用品专门零售	—						
文化、体育用品及器材专门零售	—						
医药及医疗器材专门零售	—	52	51	102	108	2936	2712
汽车、摩托车、燃料及零配件专门零售	—						
家用电器及电子产品专门零售	—						
五金、家具及室内装修材料专门零售	—						
无店铺及其他零售	—						

1—4 续表 10—1

港、澳、台商投资企业

项目	连锁总店数（个）	门店数（个）		年末从业人员（人）		年末营业面积（平方米）	
	2007 年	2007 年	2006 年	2007 年	2006 年	2007 年	2006 年
总计	**47**	**3528**	**2803**	**68740**	**59929**	**2335143**	**1983502**
批发业	**4**	**690**	**503**	**5993**	**4495**	**70191**	**58506**
农畜产品批发							
食品、饮料及烟草制品专门批发							
纺织、服装及日用品批发	2	624	444	5690	4010	52100	40700
文化、体育用品及器材批发							
医药及医疗器材批发							
矿产品、建材及化工产品批发	1	51	44	200	382	2091	1806
机械设备、五金交电及电子产品批发	1	15	15	103	103	16000	16000
贸易经纪与代理							
其他批发							
零售业	**43**	**2838**	**2300**	**62747**	**55434**	**2264952**	**1924996**
综合零售	26	1065	852	53068	47468	2027200	1798213
食品、饮料及烟草制品专门零售	4	1307	1057	5087	4296	75090	63847
纺织、服装及日用品专门零售	10	237	200	2777	2297	134833	38724
文化、体育用品及器材专门零售							
医药及医疗器材专门零售	3	229	191	1815	1373	27829	24212
汽车、摩托车、燃料及零配件专门零售							
家用电器及电子产品专门零售							
五金、家具及室内装修材料专门零售							
无店铺及其他零售							
直营门店合计	**—**	**2492**	**1952**	**59615**	**52149**	**2085593**	**1749354**
批发业	**—**	**252**	**108**	**3000**	**1792**	**19191**	**11006**
农畜产品批发	—						
食品、饮料及烟草制品专门批发	—						
纺织、服装及日用品批发	—	201	64	2800	1410	17100	9200
文化、体育用品及器材批发	—						
医药及医疗器材批发	—						
矿产品、建材及化工产品批发	—	51	44	200	382	2091	1806
机械设备、五金交电及电子产品批发	—						

1—4 续表10—2

港、澳、台商投资企业

项目	连锁总店数（个）	门店数（个）		年末从业人员（人）		年末营业面积（平方米）	
	2007年	2007年	2006年	2007年	2006年	2007年	2006年
贸易经纪与代理	—						
其他批发	—						
零售业	**—**	**2240**	**1844**	**56615**	**50357**	**2066402**	**1738348**
综合零售	—	978	809	48605	43782	1842677	1622578
食品、饮料及烟草制品专门零售	—	864	710	3758	3255	66237	56868
纺织、服装及日用品专门零售	—	169	134	2437	1947	129659	34690
文化、体育用品及器材专门零售	—						
医药及医疗器材专门零售	—	229	191	1815	1373	27829	24212
汽车、摩托车、燃料及零配件专门零售	—						
家用电器及电子产品专门零售	—						
五金、家具及室内装修材料专门零售	—						
无店铺及其他零售	—						
加盟门店合计	**—**	**1036**	**851**	**9125**	**7780**	**249550**	**234148**
批发业	**—**	**438**	**395**	**2993**	**2703**	**51000**	**47500**
农畜产品批发	—						
食品、饮料及烟草制品专门批发	—						
纺织、服装及日用品批发	—	423	380	2890	2600	35000	31500
文化、体育用品及器材批发	—						
医药及医疗器材批发	—						
矿产品、建材及化工产品批发	—						
机械设备、五金交电及电子产品批发	—	15	15	103	103	16000	16000
贸易经纪与代理	—						
其他批发	—						
零售业	**—**	**598**	**456**	**6132**	**5077**	**198550**	**186648**
综合零售	—	87	43	4463	3686	184523	175635
食品、饮料及烟草制品专门零售	—	443	347	1329	1041	8853	6979
纺织、服装及日用品专门零售	—	68	66	340	350	5174	4034
文化、体育用品及器材专门零售	—						
医药及医疗器材专门零售	—						
汽车、摩托车、燃料及零配件专门零售	—						
家用电器及电子产品专门零售	—						
五金、家具及室内装修材料专门零售	—						
无店铺及其他零售	—						

1—4　续表 11—1

外商投资企业

项　　目	连锁总店数（个）	门店数（个）		年末从业人员（人）		年末营业面积（平方米）	
	2007 年	2007 年	2006 年	2007 年	2006 年	2007 年	2006 年
总　　计	**105**	**11230**	**10289**	**256823**	**222801**	**10095641**	**7560972**
批发业	**1**	**515**		**9005**		**1030000**	
农畜产品批发							
食品、饮料及烟草制品专门批发							
纺织、服装及日用品批发							
文化、体育用品及器材批发							
医药及医疗器材批发							
矿产品、建材及化工产品批发	1	515		9005		1030000	
机械设备、五金交电及电子产品批发							
贸易经纪与代理							
其他批发							
零售业	**104**	**10715**	**10289**	**247818**	**222801**	**9065641**	**7560972**
综合零售	67	3054	2720	202176	179062	6967504	5929269
食品、饮料及烟草制品专门零售	5	224	276	1233	1243	9561	10447
纺织、服装及日用品专门零售	6	6846	6711	20185	20258	233495	229419
文化、体育用品及器材专门零售	2	29	28	291	375	12440	12252
医药及医疗器材专门零售	2	88	80	1117	1098	19065	17224
汽车、摩托车、燃料及零配件专门零售	4	176	159	2530	2195	380000	244700
家用电器及电子产品专门零售	4	248	264	13251	11404	1042398	721894
五金、家具及室内装修材料专门零售	13	43	42	6893	7021	400828	395317
无店铺及其他零售	1	7	9	142	145	350	450
直营门店合计	**—**	**3124**	**2339**	**190374**	**153317**	**8679778**	**6180311**
批发业	**—**	**515**		**9005**		**1030000**	
农畜产品批发	—						
食品、饮料及烟草制品专门批发	—						
纺织、服装及日用品批发	—						
文化、体育用品及器材批发	—						
医药及医疗器材批发	—						
矿产品、建材及化工产品批发	—	515		9005		1030000	
机械设备、五金交电及电子产品批发	—						

1—4 续表 11—2

外商投资企业

项　　目	连锁总店数（个）	门店数（个）		年末从业人员（人）		年末营业面积（平方米）	
	2007 年	2007 年	2006 年	2007 年	2006 年	2007 年	2006 年
贸易经纪与代理	—						
其他批发	—						
零售业	**—**	**2609**	**2339**	**181369**	**153317**	**7649778**	**6180311**
综合零售	—	1606	1379	152177	126336	5766901	4770586
食品、饮料及烟草制品专门零售	—	149	162	918	893	7036	7360
纺织、服装及日用品专门零售	—	269	279	5150	4983	36120	26094
文化、体育用品及器材专门零售	—	29	28	291	375	12440	12252
医药及医疗器材专门零售	—	88	77	1117	1065	19065	17018
汽车、摩托车、燃料及零配件专门零售	—	176	159	2530	2195	380000	244700
家用电器及电子产品专门零售	—	242	204	12151	10304	1027038	706534
五金、家具及室内装修材料专门零售	—	43	42	6893	7021	400828	395317
无店铺及其他零售	—	7	9	142	145	350	450
加盟门店合计	**—**	**8106**	**7950**	**66449**	**69484**	**1415863**	**1380661**
批发业	**—**						
农畜产品批发	—						
食品、饮料及烟草制品专门批发	—						
纺织、服装及日用品批发	—						
文化、体育用品及器材批发	—						
医药及医疗器材批发	—						
矿产品、建材及化工产品批发	—						
机械设备、五金交电及电子产品批发	—						
贸易经纪与代理	—						
其他批发	—						
零售业	**—**	**8106**	**7950**	**66449**	**69484**	**1415863**	**1380661**
综合零售	—	1448	1341	49999	52726	1200603	1158683
食品、饮料及烟草制品专门零售	—	75	114	315	350	2525	3087
纺织、服装及日用品专门零售	—	6577	6432	15035	15275	197375	203325
文化、体育用品及器材专门零售	—						
医药及医疗器材专门零售	—		3		33		206
汽车、摩托车、燃料及零配件专门零售	—						
家用电器及电子产品专门零售	—	6	60	1100	1100	15360	15360
五金、家具及室内装修材料专门零售	—						
无店铺及其他零售	—						

1—5 按行业与登记注册

内资企业

项　　目	商品购进总额		统一配送商品购进额	
	2007 年	2006 年	2007 年	2006 年
总　　计	**137767821**	**117874650**	**108049967**	**92266998**
批发业	**55859617**	**46618199**	**48395600**	**41277136**
农畜产品批发	7673	7673	7673	7673
食品、饮料及烟草制品专门批发	1226082	956582	1197909	938103
纺织、服装及日用品批发	262238	223734	262238	223734
文化、体育用品及器材批发	1710358	1534838	1704775	1529085
医药及医疗器材批发	435227	341152	423753	336334
矿产品、建材及化工产品批发	51039512	42501611	43634819	37204165
机械设备、五金交电及电子产品批发	436991	372115	433735	369073
贸易经纪与代理				
其他批发	741536	680494	730698	668968
零售业	**81908204**	**71256451**	**59654367**	**50989862**
综合零售	33238577	28185313	21157843	17849778
食品、饮料及烟草制品专门零售	850925	724546	705185	590412
纺织、服装及日用品专门零售	1619521	1290202	1479616	1185406
文化、体育用品及器材专门零售	765550	643702	631676	501070
医药及医疗器材专门零售	2354318	2150025	2078513	1800316
汽车、摩托车、燃料及零配件专门零售	21782461	22056899	15837737	14373519
家用电器及电子产品专门零售	20877026	15778226	17543339	14462951
五金、家具及室内装修材料专门零售	377074	389265	180331	189604
无店铺及其他零售	42753	38273	40128	36807
直营门店合计	**128840337**	**109427950**	**101495948**	**85729363**
批发业	**54806804**	**45805916**	**47548275**	**40661262**
农畜产品批发	7673	7673	7673	7673
食品、饮料及烟草制品专门批发	1143586	898755	1132109	887799
纺织、服装及日用品批发	196701	170218	196701	170218
文化、体育用品及器材批发	1703193	1528090	1700489	1525105
医药及医疗器材批发	177499	139857	166963	135515
矿产品、建材及化工产品批发	50466667	42006146	43246948	36894342
机械设备、五金交电及电子产品批发	376927	364235	373671	361193

类型分连锁零售企业经营情况

单位:万元

自有配送中心配送商品购进额		非自有配送中心配送商品购进额		商品销售总额		零售额	
2007年	2006年	2007年	2006年	2007年	2006年	2007年	2006年
83248099	**70229416**	**12163063**	**11054523**	**151598510**	**129247276**	**109350890**	**90778634**
37524967	**31324765**	**7951643**	**7272706**	**59310904**	**50614664**	**34870797**	**27059725**
7673	7673			7673	7673	7673	7673
1136038	890752	61871	47351	1557868	1206146	319034	269441
238576	215655	23662	8079	366076	340884	238563	217074
1704775	1529085			1661942	1498678	747896	688060
361749	296604	18163	6638	428033	343392	282639	205985
33201992	27583286	7829615	7191792	53784754	45922034	32372118	24864534
375829	332593			686324	606982	338578	318334
498335	469117	18332	18846	818235	688876	564296	488625
45723132	**38904651**	**4211420**	**3781817**	**92287606**	**78632612**	**74480093**	**63718909**
12664830	10658358	2395338	2001178	41156610	35445189	34906653	29735956
633470	538554	37406	21889	958032	788779	868845	720721
1322762	1116559	26858	17613	2255032	1819675	2147471	1741465
418847	337042	101397	85810	774850	643503	652563	538867
1828259	1600443	81141	69440	2849353	2469425	2547671	2267541
13592925	12163656	1244411	1268068	22973778	20654412	17428031	15237895
15143343	12369886	320005	313585	20781696	16279232	15485805	13030081
78569	83346	4864	4234	413823	422828	318622	336813
40128	36807			124432	109570	124432	109570
77726510	**64408729**	**11912127**	**10877917**	**141782794**	**119731007**	**101260547**	**83005288**
36769873	**30768127**	**7896651**	**7240702**	**58246635**	**49761150**	**34285861**	**26602654**
7673	7673			7673	7673	7673	7673
1078992	846521	53117	41278	1497906	1151342	278473	216745
184421	162921	12280	7296	275435	254216	183014	164483
1700489	1525105			1653907	1491109	740367	680993
153496	124436	6866	5219	175726	146811	126055	95227
32837680	27297193	7806056	7168062	53216416	45430212	32121725	24653981
315766	324713			608500	580255	260753	291607

1—5 续表1

内资企业

项目	商品购进总额		统一配送商品购进额	
	2007年	2006年	2007年	2006年
贸易经纪与代理				
其他批发	723536	671505	712698	659979
零售业	**74033534**	**63622034**	**53947674**	**45068102**
综合零售	29396957	25211328	18247052	15686402
食品、饮料及烟草制品专门零售	726654	627479	589935	498864
纺织、服装及日用品专门零售	1556542	1244744	1418977	1142073
文化、体育用品及器材专门零售	746075	620991	616523	483934
医药及医疗器材专门零售	2060418	1864006	1857261	1606428
汽车、摩托车、燃料及零配件专门零售	19739641	20003888	14114762	12642007
家用电器及电子产品专门零售	18223263	12517643	15735562	11692569
五金、家具及室内装修材料专门零售	374597	387677	177854	188016
无店铺及其他零售	34221	30973	31596	29507
加盟门店合计	**8927484**	**8446700**	**6554018**	**6537634**
批发业	**1052814**	**812283**	**847325**	**615874**
农畜产品批发				
食品、饮料及烟草制品专门批发	82496	57827	65800	50304
纺织、服装及日用品批发	65538	53517	65538	53517
文化、体育用品及器材批发	3677	3549	798	781
医药及医疗器材批发	250194	185057	249255	184581
矿产品、建材及化工产品批发	572845	495465	387870	309823
机械设备、五金交电及电子产品批发	60064	7880	60064	7880
贸易经纪与代理				
其他批发	18000	8989	18000	8989
零售业	**7874670**	**7634417**	**5706693**	**5921761**
综合零售	3666025	2893078	2747411	2091821
食品、饮料及烟草制品专门零售	120899	94451	111878	88931
纺织、服装及日用品专门零售	62978	45458	60639	43333
文化、体育用品及器材专门零售	15320	17573	15153	17136
医药及医疗器材专门零售	289454	282907	217715	191488
汽车、摩托车、燃料及零配件专门零售	938840	899025	618995	577526
家用电器及电子产品专门零售	2653763	3260584	1807777	2770382
五金、家具及室内装修材料专门零售	2477	1588	2477	1588
无店铺及其他零售	8531	7300	8531	7300

单位:万元

自有配送中心配送商品购进额		非自有配送中心配送商品购进额		商品销售总额		零售额	
2007年	2006年	2007年	2006年	2007年	2006年	2007年	2006年
480334	460128	18332	18846	800973	679887	564296	488625
40956637	**33640602**	**4015476**	**3637216**	**83536159**	**69969857**	**66974686**	**56402635**
10728807	9138158	2227113	1873535	36921504	31928910	30792687	26360974
520043	447448	36711	21712	827866	691944	746063	630194
1294699	1085983	24567	16394	2143727	1726728	2051683	1658192
416840	330608	93835	84604	757275	626411	637048	523138
1634876	1431402	76601	66636	2464964	2104035	2209818	1914109
11869950	10432144	1244411	1268068	20668125	18544228	15347295	13337587
13357543	9614980	298028	298108	18042580	12798729	13613716	10549796
78569	83346	4864	4234	410280	419416	316283	334561
31596	29507			105033	89681	105033	89681
5521589	**5820687**	**250937**	**176606**	**9815716**	**9516269**	**8090343**	**7773345**
755094	**556638**	**54992**	**32004**	**1064269**	**853514**	**584936**	**457071**
57046	44231	8754	6073	59963	54804	40561	52696
54156	52734	11382	783	90641	86668	55549	52591
798	781			4537	4432	4349	4249
200720	155930	11297	1419	245705	180073	156260	110257
364312	286094	23559	23730	568338	491823	250393	210553
60064	7880			77825	26727	77825	26727
18000	8989			17261	8989		
4766495	**5264049**	**195945**	**144602**	**8751447**	**8662756**	**7505407**	**7316274**
1903544	1497522	158879	123719	4130449	3431129	4048336	3324624
110054	88489	695	178	125853	93844	118470	87535
28063	30577	2291	1219	111305	92947	95788	83273
2007	6434	7563	1205	13278	12644	11935	11860
193384	169041	4540	2804	379606	361679	333070	349720
618995	577526			1129188	1058338	904271	848462
1785800	2754906	21977	15477	2739116	3480503	1872089	2480285
				3543	3413	2339	2252
8531	7300			19399	19889	19399	19889

1—5 续表 2—1

国有企业

项目	商品购进总额		统一配送商品购进额	
	2007 年	2006 年	2007 年	2006 年
总计	**14019975**	**12551214**	**12062391**	**10628156**
批发业	**7438231**	**6168239**	**7305918**	**6071574**
农畜产品批发				
食品、饮料及烟草制品专门批发	440784	354960	439944	354270
纺织、服装及日用品批发				
文化、体育用品及器材批发	1552287	1394443	1552287	1394443
医药及医疗器材批发	58907	61155	56164	59867
矿产品、建材及化工产品批发	4911258	3910193	4782528	3815507
机械设备、五金交电及电子产品批发				
贸易经纪与代理				
其他批发	474995	447488	474995	447488
零售业	**6581744**	**6382975**	**4756473**	**4556581**
综合零售	1292971	1233089	1100468	1013763
食品、饮料及烟草制品专门零售	36300	23133	29905	21897
纺织、服装及日用品专门零售	3048	2882		
文化、体育用品及器材专门零售	335824	332820	254266	230142
医药及医疗器材专门零售	104801	81374	90863	72459
汽车、摩托车、燃料及零配件专门零售	4808800	4709678	3280971	3218321
家用电器及电子产品专门零售				
五金、家具及室内装修材料专门零售				
无店铺及其他零售				
直营门店合计	**13627047**	**12161994**	**11847019**	**10412171**
批发业	**7436371**	**6167016**	**7304906**	**6070758**
农畜产品批发				
食品、饮料及烟草制品专门批发	440784	354960	439944	354270
纺织、服装及日用品批发				
文化、体育用品及器材批发	1552096	1394258	1552096	1394258
医药及医疗器材批发	50526	44512	48630	43629
矿产品、建材及化工产品批发	4910437	3909562	4781707	3814876
机械设备、五金交电及电子产品批发				

单位:万元

自有配送中心配送商品购进额		非自有配送中心配送商品购进额		商品销售总额		零售额	
2007年	2006年	2007年	2006年	2007年	2006年	2007年	2006年
9366169	**8136912**	**1326746**	**1253860**	**15246905**	**13134581**	**10201577**	**8895387**
6839333	**5650535**	**413882**	**374340**	**8114492**	**6718976**	**4464976**	**3734821**
390982	314539	48962	39731	638076	519142	2617	1874
1552287	1394443			1491577	1350660	679812	626568
56164	59867			36676	40708	25665	21948
4364905	3434198	364920	334609	5392411	4351184	3243830	2644294
474995	447488			555752	457282	513052	440137
2526836	**2486377**	**912865**	**879520**	**7132412**	**6415605**	**5736601**	**5160566**
326943	319400	1568	767	1537782	1364956	1353297	1162856
26561	15154			36257	26259	34960	25444
				9551	9096	9551	9096
184167	149009	43532	55446	334140	329446	277044	268422
73667	63093	16537	8754	125234	108870	120821	106553
1915497	1939721	851227	814552	5089448	4576978	3940928	3588195
9203012	**7972900**	**1324475**	**1252611**	**14829593**	**12712871**	**9826768**	**8506612**
6838321	**5649718**	**413882**	**374340**	**8112902**	**6717915**	**4464378**	**3734375**
390982	314539	48962	39731	638076	519142	2617	1874
1552096	1394258			1491389	1350477	679812	626568
48630	43629			29477	23753	24744	21000
4364084	3433567	364920	334609	5391607	4350753	3243830	2644294

1—5 续表 2—2

国有企业

项　　目	商品购进总额		统一配送商品购进额	
	2007 年	2006 年	2007 年	2006 年
贸易经纪与代理				
其他批发	474995	447488	474995	447488
零售业	**6190676**	**5994977**	**4542113**	**4341413**
综合零售	1225519	1166646	1038188	951912
食品、饮料及烟草制品专门零售	36057	22731	29864	21710
纺织、服装及日用品专门零售	3048	2882		
文化、体育用品及器材专门零售	331516	327515	254113	229977
医药及医疗器材专门零售	80825	73290	66927	64423
汽车、摩托车、燃料及零配件专门零售	3509654	3364388	2156858	2044404
家用电器及电子产品专门零售				
五金、家具及室内装修材料专门零售				
无店铺及其他零售				
加盟门店合计	**392928**	**389220**	**215372**	**215985**
批发业	**1860**	**1223**	**1012**	**816**
农畜产品批发				
食品、饮料及烟草制品专门批发				
纺织、服装及日用品批发				
文化、体育用品及器材批发	191	185	191	185
医药及医疗器材批发	848	406		
矿产品、建材及化工产品批发	821	631	821	631
机械设备、五金交电及电子产品批发				
贸易经纪与代理				
其他批发				
零售业	**391068**	**387997**	**214360**	**215168**
综合零售	56450	56443	55017	55251
食品、饮料及烟草制品专门零售	243	402	42	187
纺织、服装及日用品专门零售				
文化、体育用品及器材专门零售	153	165	153	165
医药及医疗器材专门零售	23976	8084	23936	8036
汽车、摩托车、燃料及零配件专门零售	195167	191304	20134	19930
家用电器及电子产品专门零售				
五金、家具及室内装修材料专门零售				
无店铺及其他零售				

单位:万元

自有配送中心配送商品购进额		非自有配送中心配送商品购进额		商品销售总额		零售额	
2007年	2006年	2007年	2006年	2007年	2006年	2007年	2006年
474995	447488			555752	457282	513052	440137
2364691	**2323182**	**910594**	**878270**	**6716691**	**5994955**	**5362390**	**4772237**
313949	307518	1568	767	1466373	1295749	1283769	1095270
26519	15110			35965	25787	34669	24972
				9551	9096	9551	9096
184014	148844	43532	55446	329477	324648	273099	264202
52661	56918	14266	7505	102412	83756	98048	81489
791384	765805	851227	814552	3677834	3296265	2570774	2339753
163157	**164012**	**2271**	**1249**	**417311**	**421710**	**374809**	**388775**
1012	**816**			**1590**	**1061**	**598**	**447**
191	185			188	183		
				598	447	598	447
821	631			804	431		
162145	**163195**	**2271**	**1249**	**415722**	**420649**	**374212**	**388329**
5731	5282			58869	58404	58869	58404
42	44			292	472	292	472
153	165			365	350	365	350
21006	6174	2271	1249	22822	25114	22773	25064
20134	19930			235150	228866	193689	196596

1—5　续表 3—1

集体企业

项　　目	商品购进总额		统一配送商品购进额	
	2007 年	2006 年	2007 年	2006 年
总　　计	**347612**	**305842**	**245209**	**209926**
批发业	**53816**	**51324**	**44706**	**43199**
农畜产品批发	7673	7673	7673	7673
食品、饮料及烟草制品专门批发	810	494		
纺织、服装及日用品批发				
文化、体育用品及器材批发				
医药及医疗器材批发				
矿产品、建材及化工产品批发	27000	24311	18700	16680
机械设备、五金交电及电子产品批发				
贸易经纪与代理				
其他批发	18332	18846	18332	18846
零售业	**293796**	**254518**	**200504**	**166727**
综合零售	257641	222267	166791	136527
食品、饮料及烟草制品专门零售	5459	3782	3017	1731
纺织、服装及日用品专门零售	5050	3931	5050	3931
文化、体育用品及器材专门零售	2074	1320	2074	1320
医药及医疗器材专门零售	1621	1507	1621	1507
汽车、摩托车、燃料及零配件专门零售				
家用电器及电子产品专门零售	21502	21217	21502	21217
五金、家具及室内装修材料专门零售				
无店铺及其他零售	448	495	448	495
直营门店合计	**274722**	**246786**	**203921**	**171694**
批发业	**33316**	**32564**	**31756**	**30039**
农畜产品批发	7673	7673	7673	7673
食品、饮料及烟草制品专门批发	810	494		
纺织、服装及日用品批发				
文化、体育用品及器材批发				
医药及医疗器材批发				
矿产品、建材及化工产品批发	6500	5551	5750	3520
机械设备、五金交电及电子产品批发				

单位:万元

自有配送中心配送商品购进额		非自有配送中心配送商品购进额		商品销售总额		零售额	
2007 年	2006 年	2007 年	2006 年	2007 年	2006 年	2007 年	2006 年
208843	**173257**	**36366**	**36669**	**387701**	**333725**	**327511**	**286129**
18503	**15953**	**26202**	**27246**	**58990**	**57881**	**27812**	**26382**
7673	7673			7673	7673	7673	7673
				1093	764	138	208
10830	8280	7870	8400	30430	27901	20001	18501
		18332	18846	19793	21543		
190339	**157304**	**10164**	**9423**	**328711**	**275844**	**299699**	**259748**
156627	127104	10164	9423	285173	237110	257649	221234
3017	1731			6208	4037	6208	4037
5050	3931			9185	8274	9185	8274
2074	1320			2513	2357	2513	2357
1621	1507			2831	2429	2637	2429
21502	21217			22116	20886	20822	20666
448	495			685	751	685	751
181373	**149248**	**22548**	**22446**	**306532**	**265869**	**257490**	**227084**
12373	**10353**	**19382**	**19686**	**35890**	**36881**	**10812**	**10782**
7673	7673			7673	7673	7673	7673
				1093	764	138	208
4700	2680	1050	840	7330	6901	3001	2901

1—5 续表3—2

集体企业

项　　目	商品购进总额		统一配送商品购进额	
	2007年	2006年	2007年	2006年
贸易经纪与代理				
其他批发	18332	18846	18332	18846
零售业	**241406**	**214222**	**172166**	**141654**
综合零售	205588	182274	138601	111604
食品、饮料及烟草制品专门零售	5237	3590	2984	1693
纺织、服装及日用品专门零售	4985	3868	4985	3868
文化、体育用品及器材专门零售	2074	1320	2074	1320
医药及医疗器材专门零售	1572	1459	1572	1459
汽车、摩托车、燃料及零配件专门零售				
家用电器及电子产品专门零售	21502	21217	21502	21217
五金、家具及室内装修材料专门零售				
无店铺及其他零售	448	495	448	495
加盟门店合计	**72890**	**59056**	**41288**	**38233**
批发业	**20500**	**18760**	**12950**	**13160**
农畜产品批发				
食品、饮料及烟草制品专门批发				
纺织、服装及日用品批发				
文化、体育用品及器材批发				
医药及医疗器材批发				
矿产品、建材及化工产品批发	20500	18760	12950	13160
机械设备、五金交电及电子产品批发				
贸易经纪与代理				
其他批发				
零售业	**52390**	**40296**	**28338**	**25073**
综合零售	52053	39993	28190	24923
食品、饮料及烟草制品专门零售	222	192	33	38
纺织、服装及日用品专门零售	65	63	65	63
文化、体育用品及器材专门零售				
医药及医疗器材专门零售	49	48	49	48
汽车、摩托车、燃料及零配件专门零售				
家用电器及电子产品专门零售				
五金、家具及室内装修材料专门零售				
无店铺及其他零售				

单位:万元

自有配送中心配送商品购进额		非自有配送中心配送商品购进额		商品销售总额		零售额	
2007年	2006年	2007年	2006年	2007年	2006年	2007年	2006年
		18332	18846	19793	21543		
169000	**138894**	**3166**	**2760**	**270642**	**228988**	**246678**	**216302**
135434	108844	3166	2760	227590	190701	205114	178235
2984	1693			5984	3844	5984	3844
4985	3868			8988	8084	8988	8084
2074	1320			2513	2357	2513	2357
1572	1459			2766	2365	2571	2365
21502	21217			22116	20886	20822	20666
448	495			685	751	685	751
27470	**24010**	**13818**	**14223**	**81169**	**67856**	**70021**	**59045**
6130	**5600**	**6820**	**7560**	**23100**	**21000**	**17000**	**15600**
6130	5600	6820	7560	23100	21000	17000	15600
21340	**18410**	**6998**	**6663**	**58069**	**46856**	**53021**	**43445**
21192	18260	6998	6663	57583	46410	52535	42999
33	38			223	192	223	192
65	63			197	190	197	190
49	48			66	64	66	64

1—5 续表4—1

股份合作企业

项　　目	商品购进总额		统一配送商品购进额	
	2007年	2006年	2007年	2006年
总　　计	**170897**	**151269**	**129150**	**111233**
批发业	**1064**	**1584**	**1064**	**1584**
农畜产品批发				
食品、饮料及烟草制品专门批发				
纺织、服装及日用品批发	1064	1584	1064	1584
文化、体育用品及器材批发				
医药及医疗器材批发				
矿产品、建材及化工产品批发				
机械设备、五金交电及电子产品批发				
贸易经纪与代理				
其他批发				
零售业	**169833**	**149685**	**128086**	**109649**
综合零售	78375	74753	44303	41029
食品、饮料及烟草制品专门零售	17610	13953	17610	13953
纺织、服装及日用品专门零售	643	30		
文化、体育用品及器材专门零售	24802	31263	24462	30204
医药及医疗器材专门零售	36524	21061	30393	16485
汽车、摩托车、燃料及零配件专门零售	11317	7977	11317	7977
家用电器及电子产品专门零售	561	647		
五金、家具及室内装修材料专门零售				
无店铺及其他零售				
直营门店合计	**153340**	**132395**	**112571**	**94039**
批发业	**1064**	**1584**	**1064**	**1584**
农畜产品批发				
食品、饮料及烟草制品专门批发				
纺织、服装及日用品批发	1064	1584	1064	1584
文化、体育用品及器材批发				
医药及医疗器材批发				
矿产品、建材及化工产品批发				
机械设备、五金交电及电子产品批发				

单位:万元

自有配送中心配送商品购进额		非自有配送中心配送商品购进额		商品销售总额		零售额	
2007 年	2006 年	2007 年	2006 年	2007 年	2006 年	2007 年	2006 年
77333	**69446**	**14602**	**2786**	**181607**	**152137**	**173867**	**147042**
1064	**1584**			**1217**	**1985**	**1217**	**1985**
1064	1584			1217	1985	1217	1985
76269	**67862**	**14602**	**2786**	**180390**	**150152**	**172650**	**145057**
30240	30125	5093	2286	90707	77431	90707	77431
16580	13936			20490	15820	14088	11858
				770	645	770	645
792	8460	8209		30126	26659	30123	26610
28657	15342	1300	500	26328	20907	25303	20304
				11327	7878	11327	7878
				641	812	332	331
75007	**62554**	**6973**	**2011**	**167128**	**138983**	**159878**	**134266**
1064	**1584**			**1217**	**1985**	**1217**	**1985**
1064	1584			1217	1985	1217	1985

1—5 续表 4—2

股份合作企业

项目	商品购进总额		统一配送商品购进额	
	2007 年	2006 年	2007 年	2006 年
贸易经纪与代理				
其他批发				
零售业	**152276**	**130811**	**111507**	**92455**
综合零售	77505	74010	43433	40286
食品、饮料及烟草制品专门零售	16580	13936	16580	13936
纺织、服装及日用品专门零售	643	30		
文化、体育用品及器材专门零售	13350	17665	13010	17022
医药及医疗器材专门零售	32320	16546	27167	13234
汽车、摩托车、燃料及零配件专门零售	11317	7977	11317	7977
家用电器及电子产品专门零售	561	647		
五金、家具及室内装修材料专门零售				
无店铺及其他零售				
加盟门店合计	**17557**	**18874**	**16579**	**17194**
批发业				
农畜产品批发				
食品、饮料及烟草制品专门批发				
纺织、服装及日用品批发				
文化、体育用品及器材批发				
医药及医疗器材批发				
矿产品、建材及化工产品批发				
机械设备、五金交电及电子产品批发				
贸易经纪与代理				
其他批发				
零售业	**17557**	**18874**	**16579**	**17194**
综合零售	870	743	870	743
食品、饮料及烟草制品专门零售	1030	18	1030	18
纺织、服装及日用品专门零售				
文化、体育用品及器材专门零售	11453	13598	11453	13183
医药及医疗器材专门零售	4204	4515	3226	3251
汽车、摩托车、燃料及零配件专门零售				
家用电器及电子产品专门零售				
五金、家具及室内装修材料专门零售				
无店铺及其他零售				

单位:万元

自有配送中心配送商品购进额		非自有配送中心配送商品购进额		商品销售总额		零售额	
2007 年	2006 年	2007 年	2006 年	2007 年	2006 年	2007 年	2006 年
73943	**60970**	**6973**	**2011**	**165911**	**136998**	**158661**	**132281**
29840	29725	4693	2011	89812	76455	89812	76455
16580	13936			19460	15803	13057	11840
				770	645	770	645
792	4719	2281		21274	18310	21274	18262
26731	12591			22627	17095	22088	16870
				11327	7878	11327	7878
				641	812	332	331
2326	**6892**	**7629**	**775**	**14478**	**13155**	**13989**	**12776**
2326	**6892**	**7629**	**775**	**14478**	**13155**	**13989**	**12776**
400	400	400	275	895	977	895	977
				1030	18	1030	18
	3741	5929		8852	8349	8849	8349
1926	2751	1300	500	3702	3812	3215	3433

1—5 续表 5—1

联营企业

项目	商品购进总额		统一配送商品购进额	
	2007 年	2006 年	2007 年	2006 年
总计	**1278908**	**1336798**	**751702**	**719208**
批发业	**86283**	**80058**	**86283**	**80058**
农畜产品批发				
食品、饮料及烟草制品专门批发				
纺织、服装及日用品批发				
文化、体育用品及器材批发				
医药及医疗器材批发				
矿产品、建材及化工产品批发	86283	80058	86283	80058
机械设备、五金交电及电子产品批发				
贸易经纪与代理				
其他批发				
零售业	**1192625**	**1256740**	**665420**	**639150**
综合零售				
食品、饮料及烟草制品专门零售	6552	3041	6552	3041
纺织、服装及日用品专门零售				
文化、体育用品及器材专门零售				
医药及医疗器材专门零售	45436	31337	45436	31337
汽车、摩托车、燃料及零配件专门零售				
家用电器及电子产品专门零售	1140638	1222363	613432	604773
五金、家具及室内装修材料专门零售				
无店铺及其他零售				
直营门店合计	**415273**	**406234**	**325897**	**269831**
批发业	**86283**	**80058**	**86283**	**80058**
农畜产品批发				
食品、饮料及烟草制品专门批发				
纺织、服装及日用品批发				
文化、体育用品及器材批发				
医药及医疗器材批发				
矿产品、建材及化工产品批发	86283	80058	86283	80058
机械设备、五金交电及电子产品批发				

单位:万元

自有配送中心配送商品购进额		非自有配送中心配送商品购进额		商品销售总额		零售额	
2007年	2006年	2007年	2006年	2007年	2006年	2007年	2006年
670695	**648991**			**1324475**	**1349746**	**1116828**	**1146150**
6850	**9841**			**91417**	**86457**	**11257**	**14486**
6850	9841			91417	86457	11257	14486
663845	**639150**			**1233058**	**1263289**	**1105571**	**1131664**
6552	3041			6143	2848	6143	2848
43861	31337			51485	30169	45871	30169
613432	604773			1175430	1230271	1053557	1098646
244995	**199614**			**432907**	**409641**	**251798**	**248944**
6850	**9841**			**91417**	**86457**	**11257**	**14486**
6850	9841			91417	86457	11257	14486

1—5 续表 5—2

联营企业

项目	商品购进总额		统一配送商品购进额	
	2007 年	2006 年	2007 年	2006 年
贸易经纪与代理				
其他批发				
零售业	**328990**	**326176**	**239614**	**189773**
综合零售				
食品、饮料及烟草制品专门零售	6552	3041	6552	3041
纺织、服装及日用品专门零售				
文化、体育用品及器材专门零售				
医药及医疗器材专门零售	40291	26134	40291	26134
汽车、摩托车、燃料及零配件专门零售				
家用电器及电子产品专门零售	282147	297002	192771	160599
五金、家具及室内装修材料专门零售				
无店铺及其他零售				
加盟门店合计	**863636**	**930565**	**425806**	**449377**
批发业				
农畜产品批发				
食品、饮料及烟草制品专门批发				
纺织、服装及日用品批发				
文化、体育用品及器材批发				
医药及医疗器材批发				
矿产品、建材及化工产品批发				
机械设备、五金交电及电子产品批发				
贸易经纪与代理				
其他批发				
零售业	**863636**	**930565**	**425806**	**449377**
综合零售				
食品、饮料及烟草制品专门零售				
纺织、服装及日用品专门零售				
文化、体育用品及器材专门零售				
医药及医疗器材专门零售	5145	5203	5145	5203
汽车、摩托车、燃料及零配件专门零售				
家用电器及电子产品专门零售	858491	925361	420660	444173
五金、家具及室内装修材料专门零售				
无店铺及其他零售				

单位:万元

自有配送中心配送商品购进额		非自有配送中心配送商品购进额		商品销售总额		零售额	
2007 年	2006 年	2007 年	2006 年	2007 年	2006 年	2007 年	2006 年
238145	**189773**			**341490**	**323184**	**240541**	**234458**
6552	3041			6143	2848	6143	2848
38822	26134			44959	24848	39345	24848
192771	160599			290388	295487	195053	206762
425700	**449377**			**891568**	**940105**	**865030**	**897206**
425700	**449377**			**891568**	**940105**	**865030**	**897206**
5039	5203			6526	5321	6526	5321
420660	444173			885042	934784	858504	891884

1—5 续表 6—1

有限责任公司

项目	商品购进总额		统一配送商品购进额	
	2007 年	2006 年	2007 年	2006 年
总计	**22819984**	**18878295**	**17705983**	**14428211**
批发业	**2533255**	**2065277**	**2473839**	**1995333**
农畜产品批发				
食品、饮料及烟草制品专门批发	395137	307144	382116	297261
纺织、服装及日用品批发	46864	53001	46864	53001
文化、体育用品及器材批发	42681	37616	37098	31863
医药及医疗器材批发	203246	143973	198502	143973
矿产品、建材及化工产品批发	1501858	1211919	1465791	1157611
机械设备、五金交电及电子产品批发	106098	108991	106098	108991
贸易经纪与代理				
其他批发	237371	202634	237371	202634
零售业	**20286729**	**16813018**	**15232144**	**12432878**
综合零售	13565723	11300157	9457576	7818950
食品、饮料及烟草制品专门零售	326812	261758	281845	225823
纺织、服装及日用品专门零售	154676	118062	71293	55050
文化、体育用品及器材专门零售	126752	103309	102726	82410
医药及医疗器材专门零售	1123598	1080905	976895	852835
汽车、摩托车、燃料及零配件专门零售	88680	78620	88680	78620
家用电器及电子产品专门零售	4556089	3515870	4089974	3144584
五金、家具及室内装修材料专门零售	333122	345488	154503	167224
无店铺及其他零售	11278	8849	8653	7383
直营门店合计	**21312072**	**17724511**	**16370965**	**13398017**
批发业	**2031620**	**1666471**	**2003056**	**1625368**
农畜产品批发				
食品、饮料及烟草制品专门批发	378117	296041	371949	289955
纺织、服装及日用品批发	43961	45485	43961	45485
文化、体育用品及器材批发	35708	31052	33004	28067
医药及医疗器材批发	68059	42837	63315	42837
矿产品、建材及化工产品批发	1178979	946761	1164032	914729
机械设备、五金交电及电子产品批发	103938	107451	103938	107451

单位:万元

自有配送中心配送商品购进额		非自有配送中心配送商品购进额		商品销售总额		零售额	
2007 年	2006 年	2007 年	2006 年	2007 年	2006 年	2007 年	2006 年
11416931	**9081939**	**2344771**	**1944441**	**25956009**	**21958222**	**21025431**	**17756276**
1946375	**1540152**	**312236**	**272934**	**2788588**	**2242221**	**804356**	**632376**
369438	289885	12677	7376	475664	319819	96436	83699
46864	53001			59439	58533	10070	4176
37098	31863			40693	36785	37496	33699
187561	142730	9743		239416	178567	195700	138064
1175976	892053	289815	265557	1545813	1246844	321761	237151
106098	108991			196571	203945	103346	99423
23340	21629			230992	197729	39546	36165
9470556	**7541787**	**2032536**	**1671508**	**23167421**	**19716002**	**20221075**	**17123900**
5004791	4039765	1752268	1450776	16113015	13922407	14025836	12070641
222778	187652	30242	16031	395500	327059	366837	307561
43523	38073	23941	13168	191191	138584	125332	90829
92249	71715	6206	5722	131423	112147	101108	88308
839600	720824	48866	45926	1424299	1246675	1204285	1122888
73991	78620	14688		101753	86126	76040	63788
3119653	2325188	156324	139884	4439763	3501532	4044030	3081735
65318	72568			359742	371069	266871	287748
8653	7383			10737	10403	10737	10403
10370819	**8299608**	**2220971**	**1855302**	**24160479**	**20535406**	**19664144**	**16705849**
1511018	**1193051**	**277526**	**250691**	**2267173**	**1821200**	**619764**	**516134**
368026	288652	3923	1303	461640	310662	82442	74629
43961	45485			49969	51282	10070	4176
33004	28067			32846	29400	29967	26632
62307	42216	527		80665	47596	63481	42284
890956	665341	273076	249388	1230526	988059	290005	231627
103938	107451			194297	202325	101072	97803

1—5 续表 6—2

有限责任公司

项目	商品购进总额		统一配送商品购进额	
	2007 年	2006 年	2007 年	2006 年
贸易经纪与代理				
其他批发	219371	193645	219371	193645
零售业	**19280452**	**16058040**	**14367908**	**11772649**
综合零售	12696447	10752231	8706279	7339269
食品、饮料及烟草制品专门零售	275038	226197	238670	194841
纺织、服装及日用品专门零售	149287	113806	67654	52515
文化、体育用品及器材专门零售	125233	102229	101206	81330
医药及医疗器材专门零售	974904	927364	842559	720009
汽车、摩托车、燃料及零配件专门零售	73007	65243	73007	65243
家用电器及电子产品专门零售	4548687	3510491	4082572	3139205
五金、家具及室内装修材料专门零售	333122	345488	154503	167224
无店铺及其他零售	6028	4369	3403	2904
加盟门店合计	**1507912**	**1153784**	**1335018**	**1030194**
批发业	**501635**	**398805**	**470783**	**369965**
农畜产品批发				
食品、饮料及烟草制品专门批发	17020	11103	10167	7306
纺织、服装及日用品批发	2903	7516	2903	7516
文化、体育用品及器材批发	3486	3364	607	596
医药及医疗器材批发	135187	101136	135187	101136
矿产品、建材及化工产品批发	322879	265158	301759	242882
机械设备、五金交电及电子产品批发	2160	1540	2160	1540
贸易经纪与代理				
其他批发	18000	8989	18000	8989
零售业	**1006277**	**754978**	**864235**	**660229**
综合零售	771219	537816	653241	469571
食品、饮料及烟草制品专门零售	51774	35562	43176	30983
纺织、服装及日用品专门零售	5389	4256	3639	2534
文化、体育用品及器材专门零售	1519	1080	1519	1080
医药及医疗器材专门零售	147784	152829	134336	132826
汽车、摩托车、燃料及零配件专门零售	15673	13377	15673	13377
家用电器及电子产品专门零售	7402	5379	7402	5379
五金、家具及室内装修材料专门零售				
无店铺及其他零售	5250	4480	5250	4480

单位：万元

自有配送中心配送商品购进额		非自有配送中心配送商品购进额		商品销售总额		零售额	
2007 年	2006 年	2007 年	2006 年	2007 年	2006 年	2007 年	2006 年
5340	12640			213730	188740	39546	36165
8859801	**7106557**	**1943445**	**1604611**	**21893306**	**18714206**	**19044380**	**16189715**
4567722	3772590	1668129	1391339	15150418	13188383	13117916	11398048
179701	156773	30242	16031	327017	280236	302074	262933
43405	37962	21651	12105	181628	132768	115769	85013
92249	71715	4687	4642	129859	111027	100885	87972
717963	599241	47971	44971	1205458	1049513	1022246	928381
58319	65243	14688		81016	70712	55303	48374
3119653	2325188	148922	134506	4430954	3496072	4036104	3076821
65318	72568			359742	371069	266871	287748
3403	2904			5361	5096	5361	5096
1046111	**782331**	**123800**	**89140**	**1795530**	**1422817**	**1361287**	**1050427**
435356	**347100**	**34709**	**22243**	**521415**	**421021**	**184592**	**116242**
1413	1233	8754	6073	14024	9157	13994	9070
2903	7516			9470	7251		
607	596			4349	4249	4349	4249
125254	100515	9216		158751	130971	132220	95780
285020	226712	16739	16170	315286	258785	31756	5524
2160	1540			2274	1620	2274	1620
18000	8989			17261	8989		
610755	**435231**	**89091**	**66897**	**1274115**	**1001796**	**1176695**	**934185**
424999	264801	76984	58420	941535	725323	886858	663891
43077	30879			68483	46823	64764	44629
119	111	2291	1063	9563	5816	9563	5816
		1519	1080	1564	1120	223	336
121638	121582	895	955	217755	196307	180952	193652
15673	13377			20737	15414	20737	15414
		7402	5379	8808	5459	7927	4914
5250	4480			5376	5308	5376	5308

1—5 续表7—1

股份有限公司

项目	商品购进总额		统一配送商品购进额	
	2007年	2006年	2007年	2006年
总计	**85436572**	**73318042**	**65261412**	**56268772**
批发业	**44952838**	**37619115**	**37713093**	**32467177**
农畜产品批发				
食品、饮料及烟草制品专门批发	323433	240637	319673	236737
纺织、服装及日用品批发				
文化、体育用品及器材批发	2400	3987	2400	3987
医药及医疗器材批发	53669	41365	53669	41365
矿产品、建材及化工产品批发	44502313	37266686	37277166	32130175
机械设备、五金交电及电子产品批发	60185	54914	60185	54914
贸易经纪与代理				
其他批发	10838	11526		
零售业	**40483734**	**35698927**	**27548319**	**23801594**
综合零售	14580296	12605304	7927670	6792285
食品、饮料及烟草制品专门零售	279734	254494	194456	166110
纺织、服装及日用品专门零售	35162	33670	35162	33670
文化、体育用品及器材专门零售	113679	54528	113679	54528
医药及医疗器材专门零售	327588	309633	260809	234609
汽车、摩托车、燃料及零配件专门零售	15921083	16272148	11851611	10388094
家用电器及电子产品专门零售	9220581	6163842	7159320	6126992
五金、家具及室内装修材料专门零售	5613	5308	5613	5308
无店铺及其他零售				
直营门店合计	**80157083**	**67975508**	**61458229**	**51972910**
批发业	**44646434**	**37353398**	**37559190**	**32355256**
农畜产品批发				
食品、饮料及烟草制品专门批发	273889	204001	270481	200441
纺织、服装及日用品批发				
文化、体育用品及器材批发	2400	3987	2400	3987
医药及医疗器材批发	17147	14755	17147	14755
矿产品、建材及化工产品批发	44281975	37064215	37208976	32081160
机械设备、五金交电及电子产品批发	60185	54914	60185	54914

单位:万元

自有配送中心配送商品购进额		非自有配送中心配送商品购进额		商品销售总额		零售额	
2007年	2006年	2007年	2006年	2007年	2006年	2007年	2006年
52851029	**44993156**	**7457975**	**6794742**	**93665945**	**79835142**	**62815859**	**51335467**
28033180	**23540688**	**7167242**	**6583469**	**47217730**	**40629775**	**28995324**	**22136060**
319441	236492	232	244	366516	306148	166780	131180
2400	3987			2893	3645	1399	1361
12075	10516			53436	43432	16925	14784
27639080	23234779	7167010	6583225	46714118	40200513	28775269	21950102
60185	54914			69069	63716	23253	26310
				11698	12322	11698	12322
24817849	**21452468**	**290733**	**211273**	**46448215**	**39205367**	**33820535**	**29199407**
5820444	4991556	139361	97165	19414499	16788320	15586939	13261454
194456	166110			260347	220018	242533	207670
35162	33670			95722	87767	94057	85412
76753	53742			114575	56800	88009	43447
244950	217072	10299	10618	425107	372675	391256	347722
11358804	9924269	141073	103489	16702286	14941661	12489577	10837682
7087280	6066049			9429276	6730968	4923940	4411295
				6402	7159	4225	4725
49523830	**40978462**	**7449215**	**6786703**	**87880919**	**73836348**	**58091967**	**46495492**
27915799	**23455377**	**7167242**	**6583469**	**46936526**	**40374114**	**28775309**	**21916449**
270249	200197	232	244	340825	280026	153597	105058
2400	3987			2893	3645	1399	1361
12075	10516			18804	16364	11730	10724
27570890	23185764	7167010	6583225	46493236	39998042	28573632	21760674
60185	54914			69069	63716	23253	26310

1—5 续表 7—2

股份有限公司

项目	商品购进总额		统一配送商品购进额	
	2007 年	2006 年	2007 年	2006 年
贸易经纪与代理				
其他批发	10838	11526		
零售业	**35510649**	**30622111**	**23899040**	**19617654**
综合零售	12122808	10594047	6209897	5467412
食品、饮料及烟草制品专门零售	227267	212477	141989	124094
纺织、服装及日用品专门零售	22805	15545	22805	15545
文化、体育用品及器材专门零售	112857	53672	112857	53672
医药及医疗器材专门零售	256430	223603	245668	217559
汽车、摩托车、燃料及零配件专门零售	15206789	15590417	11268422	9843875
家用电器及电子产品专门零售	7558558	3928629	5894266	3891779
五金、家具及室内装修材料专门零售	3136	3720	3136	3720
无店铺及其他零售				
加盟门店合计	**5279489**	**5342534**	**3803183**	**4295862**
批发业	**306404**	**265717**	**153903**	**111921**
农畜产品批发				
食品、饮料及烟草制品专门批发	49544	36636	49192	36296
纺织、服装及日用品批发				
文化、体育用品及器材批发				
医药及医疗器材批发	36522	26610	36522	26610
矿产品、建材及化工产品批发	220338	202471	68189	49015
机械设备、五金交电及电子产品批发				
贸易经纪与代理				
其他批发				
零售业	**4973085**	**5076816**	**3649280**	**4183940**
综合零售	2457488	2011257	1717773	1324873
食品、饮料及烟草制品专门零售	52467	42017	52467	42017
纺织、服装及日用品专门零售	12358	18125	12358	18125
文化、体育用品及器材专门零售	822	857	822	857
医药及医疗器材专门零售	71158	86030	15141	17050
汽车、摩托车、燃料及零配件专门零售	714293	681731	583189	544219
家用电器及电子产品专门零售	1662023	2235213	1265054	2235213
五金、家具及室内装修材料专门零售	2477	1588	2477	1588
无店铺及其他零售				

单位:万元

自有配送中心配送商品购进额		非自有配送中心配送商品购进额		商品销售总额		零售额	
2007年	2006年	2007年	2006年	2007年	2006年	2007年	2006年
				11698	12322	11698	12322
21608031	**17523085**	**281972**	**203234**	**40944393**	**33462234**	**29316657**	**24579043**
4535402	3914816	130601	89126	16643525	14468498	12822149	10950977
141989	124094			225740	193026	209418	181805
22805	15545			59356	37782	57691	35427
75931	52886			113643	55931	87077	42578
234063	204859	10299	10618	334833	270914	308588	253016
10775616	9380050	141073	103489	15843177	14139465	11813924	10213091
5822226	3830835			7721260	4292873	4015924	2899677
				2859	3746	1887	2473
3327199	**4014694**	**8760**	**8039**	**5785026**	**5998794**	**4723893**	**4839975**
117381	**85311**			**281204**	**255661**	**220015**	**219611**
49192	36296			25691	26122	13183	26122
				34632	27068	5195	4060
68189	49015			220882	202471	201637	189428
3209818	**3929383**	**8760**	**8039**	**5503822**	**5743133**	**4503878**	**4620364**
1285041	1076740	8760	8039	2770975	2319822	2764790	2310477
52467	42017			34607	26992	33115	25865
12358	18125			36366	49986	36366	49986
822	857			932	869	932	869
10887	12213			90274	101761	82668	94706
583189	544219			859109	802196	675653	624591
1265054	2235213			1708016	2438095	908016	1511619
				3543	3413	2339	2252

1—5 续表 8—1

私营企业

项 目	商品购进总额		统一配送商品购进额	
	2007 年	2006 年	2007 年	2006 年
总 计	**13474100**	**11150238**	**11687362**	**9723477**
批发业	**784596**	**629598**	**770698**	**618210**
农畜产品批发				
食品、饮料及烟草制品专门批发	56382	50342	56176	49836
纺织、服装及日用品批发	214311	169149	214311	169149
文化、体育用品及器材批发	112990	98792	112990	98792
医药及医疗器材批发	119404	94659	115418	91129
矿产品、建材及化工产品批发	10801	8445	4351	4135
机械设备、五金交电及电子产品批发	270708	208211	267452	205169
贸易经纪与代理				
其他批发				
零售业	**12689504**	**10520641**	**10916664**	**9105267**
综合零售	3384354	2673794	2385164	1973027
食品、饮料及烟草制品专门零售	178458	164385	171800	157856
纺织、服装及日用品专门零售	1420941	1131628	1368111	1092756
文化、体育用品及器材专门零售	133018	106463	105069	88466
医药及医疗器材专门零售	672225	585458	630026	552389
汽车、摩托车、燃料及零配件专门零售	952581	988475	605158	680507
家用电器及电子产品专门零售	5890474	4813457	5612008	4524683
五金、家具及室内装修材料专门零售	35039	36469	16915	15072
无店铺及其他零售	22413	20511	22413	20511
直营门店合计	**12693426**	**10601569**	**10971840**	**9233256**
批发业	**571466**	**504700**	**562021**	**498199**
农畜产品批发				
食品、饮料及烟草制品专门批发	49735	43134	49735	43134
纺织、服装及日用品批发	151676	123149	151676	123149
文化、体育用品及器材批发	112990	98792	112990	98792
医药及医疗器材批发	41767	37754	37871	34295
矿产品、建材及化工产品批发	2494		200	
机械设备、五金交电及电子产品批发	212804	201871	209548	198829

单位:万元

自有配送中心配送商品购进额		非自有配送中心配送商品购进额		商品销售总额		零售额	
2007 年	2006 年	2007 年	2006 年	2007 年	2006 年	2007 年	2006 年
8572404	**7054957**	**860611**	**914835**	**14581488**	**12276829**	**13452609**	**11014596**
679662	**566013**	**32082**	**14717**	**1028518**	**873173**	**559937**	**509419**
56176	49836			66565	56077	47145	48284
190649	161070	23662	8079	305419	280365	227276	210913
112990	98792			126779	107588	29190	26432
105949	83491	8420	6638	98505	80686	44349	31189
4351	4135			10566	9136		
209547	168689			420683	339322	211978	192601
7892742	**6488944**	**828529**	**900118**	**13552970**	**11403656**	**12892672**	**10505177**
1324052	1150409	412747	366563	3635433	2981649	3512225	2869024
163527	150930	7164	5859	233089	192739	198078	161303
1239027	1040886	2917	4445	1948613	1575309	1908576	1547209
62813	52796	14050	10642	121073	96133	112765	89763
553500	512640	4139	3642	737236	636237	700667	586014
244632	221045	237423	350027	1068963	1041769	910159	740353
4272828	3330949	145227	154707	5662033	4749102	5403825	4381054
9951	8778	4864	4234	43188	41539	43034	41279
22413	20511			103344	89179	103344	89179
8043959	**6676088**	**765953**	**851655**	**13763727**	**11630249**	**12780132**	**10494708**
484447	**448203**	**18619**	**12515**	**801186**	**722428**	**402799**	**408273**
49735	43134			55945	40578	39354	34807
139396	115853	12280	7296	224249	200949	171727	158322
112990	98792			126779	107588	29190	26432
30484	28076	6339	5219	46780	59098	26101	21219
200				2300			
151643	162349			345133	314215	136428	167494

1—5 续表8—2

私营企业

项目	商品购进总额		统一配送商品购进额	
	2007年	2006年	2007年	2006年
贸易经纪与代理				
其他批发				
零售业	**12121960**	**10096869**	**10409819**	**8735057**
综合零售	2992498	2366722	2035546	1701722
食品、饮料及烟草制品专门零售	159923	145508	153297	139551
纺织、服装及日用品专门零售	1375775	1108614	1323534	1070145
文化、体育用品及器材专门零售	131646	104591	103863	86615
医药及医疗器材专门零售	632039	557429	591095	525484
汽车、摩托车、燃料及零配件专门零售	938874	975863	605158	680507
家用电器及电子产品专门零售	5764627	4718827	5497348	4439066
五金、家具及室内装修材料专门零售	35039	36469	16915	15072
无店铺及其他零售	19132	17691	19132	17691
加盟门店合计	**780673**	**548669**	**715522**	**490221**
批发业	**213130**	**124897**	**208677**	**120012**
农畜产品批发				
食品、饮料及烟草制品专门批发	6647	7208	6441	6702
纺织、服装及日用品批发	62635	46001	62635	46001
文化、体育用品及器材批发				
医药及医疗器材批发	77638	56904	77547	56834
矿产品、建材及化工产品批发	8307	8445	4151	4135
机械设备、五金交电及电子产品批发	57904	6340	57904	6340
贸易经纪与代理				
其他批发				
零售业	**567543**	**423772**	**506845**	**370210**
综合零售	325320	246276	291558	216461
食品、饮料及烟草制品专门零售	15162	16261	15130	15688
纺织、服装及日用品专门零售	45166	23014	44577	22611
文化、体育用品及器材专门零售	1373	1872	1206	1851
医药及医疗器材专门零售	36649	25629	35394	24505
汽车、摩托车、燃料及零配件专门零售	13707	12613		
家用电器及电子产品专门零售	125847	94630	114660	85617
五金、家具及室内装修材料专门零售				
无店铺及其他零售	3281	2820	3281	2820

单位:万元

自有配送中心配送商品购进额		非自有配送中心配送商品购进额		商品销售总额		零售额	
2007年	2006年	2007年	2006年	2007年	2006年	2007年	2006年
7559512	**6227885**	**747334**	**839139**	**12962542**	**10907821**	**12377333**	**10086435**
1145488	1004665	344819	313334	3266408	2636310	3196548	2589174
145719	132803	6469	5681	207558	170400	174718	141952
1223505	1028608	2917	4289	1883433	1538353	1858914	1519927
61781	51125	13935	10517	119508	94177	111199	87806
521082	492075	4065	3542	695698	604807	660721	556403
244632	221045	237423	350027	1054771	1029908	895967	728491
4172743	3255430	130652	144609	5524783	4646938	5306182	4309185
9951	8778	4864	4234	43188	41539	43034	41279
19132	17691			89321	74598	89321	74598
528445	**378869**	**94658**	**63180**	**817761**	**646580**	**672477**	**519888**
195214	**117810**	**13463**	**2202**	**227333**	**150745**	**157138**	**101146**
6441	6702			10620	15499	7791	13478
51253	45218	11382	783	81171	79417	55549	52591
75466	55415	2081	1419	51725	21588	18248	9971
4151	4135			8266	9136		
57904	6340			75551	25107	75551	25107
333230	**261059**	**81195**	**60978**	**590428**	**495835**	**515339**	**418743**
165418	132039	65736	50321	297969	279695	281767	247378
14435	15510	695	178	21218	19347	19047	16360
15522	12278		156	65179	36955	49662	27282
1031	1671	115	125	1565	1957	1565	1957
32418	20565	74	100	37841	28573	36250	26754
				14192	11861	14192	11861
100085	75519	14575	10098	137250	102164	97642	71869
3281	2820			14023	14581	14023	14581

1—5 续表 9—1

其他企业

项　　目	商品购进总额		统一配送商品购进额	
	2007 年	2006 年	2007 年	2006 年
总　　计	**219774**	**182953**	**206758**	**178015**
批发业	**9535**	**3005**		
农畜产品批发				
食品、饮料及烟草制品专门批发	9535	3005		
纺织、服装及日用品批发				
文化、体育用品及器材批发				
医药及医疗器材批发				
矿产品、建材及化工产品批发				
机械设备、五金交电及电子产品批发				
贸易经纪与代理				
其他批发				
零售业	**210239**	**179948**	**206758**	**178015**
综合零售	79218	75948	75871	74198
食品、饮料及烟草制品专门零售				
纺织、服装及日用品专门零售				
文化、体育用品及器材专门零售	29400	14000	29400	14000
医药及医疗器材专门零售	42525	38751	42471	38696
汽车、摩托车、燃料及零配件专门零售				
家用电器及电子产品专门零售	47182	40831	47102	40704
五金、家具及室内装修材料专门零售	3300	2000	3300	2000
无店铺及其他零售	8614	8418	8614	8418
直营门店合计	**207374**	**178953**	**205507**	**177445**
批发业	**250**	**125**		
农畜产品批发				
食品、饮料及烟草制品专门批发	250	125		
纺织、服装及日用品批发				
文化、体育用品及器材批发				
医药及医疗器材批发				
矿产品、建材及化工产品批发				
机械设备、五金交电及电子产品批发				

单位:万元

自有配送中心配送商品购进额		非自有配送中心配送商品购进额		商品销售总额		零售额	
2007年	2006年	2007年	2006年	2007年	2006年	2007年	2006年
84697	**70758**	**121992**	**107191**	**254381**	**206894**	**237208**	**197587**
				9953	**4196**	**5918**	**4196**
				9953	4196	5918	4196
84697	**70758**	**121992**	**107191**	**244429**	**202698**	**231290**	**193391**
1733		74138	74198	80001	73316	80001	73316
		29400	14000	41000	19961	41000	19961
42402	38630			56833	51462	56833	51462
28648	21711	18454	18993	52437	45661	39299	36354
3300	2000			4492	3061	4492	3061
8614	8418			9666	9236	9666	9236
83515	**70255**	**121992**	**107191**	**241509**	**201641**	**228371**	**192334**
				325	**170**	**325**	**170**
				325	170	325	170

1—5 续表9—2

其他企业

项目	商品购进总额		统一配送商品购进额	
	2007年	2006年	2007年	2006年
贸易经纪与代理				
其他批发				
零售业	**207124**	**178828**	**205507**	**177445**
综合零售	76593	75398	75109	74198
食品、饮料及烟草制品专门零售				
纺织、服装及日用品专门零售				
文化、体育用品及器材专门零售	29400	14000	29400	14000
医药及医疗器材专门零售	42037	38182	41982	38126
汽车、摩托车、燃料及零配件专门零售				
家用电器及电子产品专门零售	47182	40831	47102	40704
五金、家具及室内装修材料专门零售	3300	2000	3300	2000
无店铺及其他零售	8614	8418	8614	8418
加盟门店合计	**12399**	**4000**	**1251**	**570**
批发业	**9285**	**2880**		
农畜产品批发				
食品、饮料及烟草制品专门批发	9285	2880		
纺织、服装及日用品批发				
文化、体育用品及器材批发				
医药及医疗器材批发				
矿产品、建材及化工产品批发				
机械设备、五金交电及电子产品批发				
贸易经纪与代理				
其他批发				
零售业	**3114**	**1120**	**1251**	**570**
综合零售	2625	550	762	
食品、饮料及烟草制品专门零售				
纺织、服装及日用品专门零售				
文化、体育用品及器材专门零售				
医药及医疗器材专门零售	489	570	489	570
汽车、摩托车、燃料及零配件专门零售				
家用电器及电子产品专门零售				
五金、家具及室内装修材料专门零售				
无店铺及其他零售				

单位:万元

自有配送中心配送商品购进额		非自有配送中心配送商品购进额		商品销售总额		零售额	
2007年	2006年	2007年	2006年	2007年	2006年	2007年	2006年
83515	**70255**	**121992**	**107191**	**241184**	**201471**	**228046**	**192164**
971		74138	74198	77378	72816	77378	72816
		29400	14000	41000	19961	41000	19961
41982	38126			56211	50735	56211	50735
28648	21711	18454	18993	52437	45661	39299	36354
3300	2000			4492	3061	4492	3061
8614	8418			9666	9236	9666	9236
1182	**504**			**12872**	**5253**	**8837**	**5253**
				9628	**4026**	**5593**	**4026**
				9628	4026	5593	4026
1182	**504**			**3244**	**1227**	**3244**	**1227**
762				2623	500	2623	500
420	504			622	727	622	727

1—5 续表10—1

港澳台商投资企业

项目	商品购进总额		统一配送商品购进额	
	2007年	2006年	2007年	2006年
总计	**4118046**	**3380630**	**3385470**	**2863108**
批发业	**148636**	**125228**	**148636**	**125228**
农畜产品批发				
食品、饮料及烟草制品专门批发				
纺织、服装及日用品批发	109272	91900	109272	91900
文化、体育用品及器材批发				
医药及医疗器材批发				
矿产品、建材及化工产品批发	20504	15749	20504	15749
机械设备、五金交电及电子产品批发	18859	17580	18859	17580
贸易经纪与代理				
其他批发				
零售业	**3969410**	**3255402**	**3236834**	**2737880**
综合零售	3765954	3037484	3033377	2520094
食品、饮料及烟草制品专门零售	80020	118600	80020	118469
纺织、服装及日用品专门零售	88124	70941	88124	70941
文化、体育用品及器材专门零售				
医药及医疗器材专门零售	35313	28376	35313	28376
汽车、摩托车、燃料及零配件专门零售				
家用电器及电子产品专门零售				
五金、家具及室内装修材料专门零售				
无店铺及其他零售				
直营门店合计	**3771493**	**3090372**	**3128047**	**2639561**
批发业	**77750**	**62823**	**77750**	**62823**
农畜产品批发				
食品、饮料及烟草制品专门批发				
纺织、服装及日用品批发	57245	47075	57245	47075
文化、体育用品及器材批发				
医药及医疗器材批发				
矿产品、建材及化工产品批发	20504	15749	20504	15749
机械设备、五金交电及电子产品批发				

单位:万元

自有配送中心配送商品购进额		非自有配送中心配送商品购进额		商品销售总额		零售额	
2007年	2006年	2007年	2006年	2007年	2006年	2007年	2006年
2129581	**1806235**	**752195**	**646820**	**5320364**	**4390565**	**4310056**	**3535326**
148636	**125228**			**197150**	**177333**	**45707**	**35860**
109272	91900			155177	141496	30208	22877
20504	15749			23114	18258	8178	6738
18859	17580			18859	17580	7321	6245
1980945	**1681006**	**752195**	**646820**	**5123214**	**4213232**	**4264349**	**3499466**
1787086	1472001	746651	640896	4861608	3947760	4020907	3257496
80020	118469			106376	144529	106376	144529
82580	65017	5544	5924	113140	84461	94976	60959
31259	25520			42090	36482	42090	36482
1994725	**1693834**	**629628**	**535673**	**4812657**	**3975459**	**3911265**	**3221335**
77750	**62823**			**80913**	**71073**	**38386**	**29615**
57245	47075			57799	52816	30208	22877
20504	15749			23114	18258	8178	6738

1—5 续表 10—2

港澳台商投资企业

项目	商品购进总额		统一配送商品购进额	
	2007 年	2006 年	2007 年	2006 年
贸易经纪与代理				
其他批发				
零售业	**3693744**	**3027548**	**3050297**	**2576738**
综合零售	3499511	2818268	2856064	2367589
食品、饮料及烟草制品专门零售	74896	114725	74896	114594
纺织、服装及日用品专门零售	84024	66179	84024	66179
文化、体育用品及器材专门零售				
医药及医疗器材专门零售	35313	28376	35313	28376
汽车、摩托车、燃料及零配件专门零售				
家用电器及电子产品专门零售				
五金、家具及室内装修材料专门零售				
无店铺及其他零售				
加盟门店合计	**346553**	**290258**	**257423**	**223547**
批发业	**70886**	**62405**	**70886**	**62405**
农畜产品批发				
食品、饮料及烟草制品专门批发				
纺织、服装及日用品批发	52027	44825	52027	44825
文化、体育用品及器材批发				
医药及医疗器材批发				
矿产品、建材及化工产品批发				
机械设备、五金交电及电子产品批发	18859	17580	18859	17580
贸易经纪与代理				
其他批发				
零售业	**275667**	**227853**	**186537**	**161142**
综合零售	266443	219216	177313	152505
食品、饮料及烟草制品专门零售	5124	3875	5124	3875
纺织、服装及日用品专门零售	4100	4762	4100	4762
文化、体育用品及器材专门零售				
医药及医疗器材专门零售				
汽车、摩托车、燃料及零配件专门零售				
家用电器及电子产品专门零售				
五金、家具及室内装修材料专门零售				
无店铺及其他零售				

单位:万元

自有配送中心配送商品购进额		非自有配送中心配送商品购进额		商品销售总额		零售额	
2007 年	2006 年	2007 年	2006 年	2007 年	2006 年	2007 年	2006 年
1916976	**1631011**	**629628**	**535673**	**4731744**	**3904386**	**3872879**	**3191720**
1732341	1430643	624084	529749	4489154	3655473	3648452	2965209
74896	114594			93826	133633	93826	133633
78480	60254	5544	5924	106674	78798	88510	56396
31259	25520			42090	36482	42090	36482
134856	**112400**	**122567**	**111147**	**507708**	**415106**	**398791**	**313991**
70886	**62405**			**116237**	**106260**	**7321**	**6245**
52027	44825			97378	88680		
18859	17580			18859	17580	7321	6245
63970	**49995**	**122567**	**111147**	**391470**	**308846**	**391470**	**307746**
54746	41358	122567	111147	372455	292287	372455	292287
5124	3875			12550	10896	12550	10896
4100	4762			6466	5663	6466	4563

1—5 续表11—1

外商投资企业

项目	商品购进总额		统一配送商品购进额	
	2007年	2006年	2007年	2006年
总计	**17284313**	**13219141**	**13988642**	**10527343**
批发业	**924445**		**924445**	
农畜产品批发				
食品、饮料及烟草制品专门批发				
纺织、服装及日用品批发				
文化、体育用品及器材批发				
医药及医疗器材批发				
矿产品、建材及化工产品批发	924445		924445	
机械设备、五金交电及电子产品批发				
贸易经纪与代理				
其他批发				
零售业	**16359868**	**13219141**	**13064196**	**10527343**
综合零售	11824352	9410465	9145661	7212727
食品、饮料及烟草制品专门零售	48847	29838	11133	12234
纺织、服装及日用品专门零售	697114	607384	697114	607384
文化、体育用品及器材专门零售	17614	12420	6066	2387
医药及医疗器材专门零售	19041	14516	19041	14516
汽车、摩托车、燃料及零配件专门零售	661761	417334	661761	417334
家用电器及电子产品专门零售	2613253	2248673	2226343	1943811
五金、家具及室内装修材料专门零售	476452	476878	295642	315316
无店铺及其他零售	1435	1633	1435	1633
直营门店合计	**14490877**	**10426425**	**12367808**	**8744760**
批发业	**924445**		**924445**	
农畜产品批发				
食品、饮料及烟草制品专门批发				
纺织、服装及日用品批发				
文化、体育用品及器材批发				
医药及医疗器材批发				
矿产品、建材及化工产品批发	924445		924445	
机械设备、五金交电及电子产品批发				

单位：万元

自有配送中心配送商品购进额		非自有配送中心配送商品购进额		商品销售总额		零售额	
2007年	2006年	2007年	2006年	2007年	2006年	2007年	2006年
5192634	**5261495**	**4157916**	**2138981**	**20624573**	**15883967**	**17007242**	**13333795**
				962156		**479627**	
				962156		479627	
5192634	**5261495**	**4157916**	**2138981**	**19662418**	**15883967**	**16527615**	**13333795**
3700853	2779888	2178567	1690185	14973852	12230875	12411161	10250912
11133	12234			55485	39097	54427	38015
472049	417406			495822	421913	366812	309944
				23906	15308	18333	12502
		13604	9714	21519	17047	21519	17047
27984		451617	261544	669954	398496	488963	296767
794482	1832947	1431861	110864	2808084	2205070	2565959	1855711
184697	217387	82267	66674	611943	554673	598588	551409
1435	1633			1853	1490	1853	1490
4934891	**4611261**	**4132859**	**2116031**	**17502312**	**12507023**	**13885201**	**9957044**
				962156		**479627**	
				962156		479627	

1—5 续表 11—2

外商投资企业

项目	商品购进总额		统一配送商品购进额	
	2007 年	2006 年	2007 年	2006 年
贸易经纪与代理				
其他批发				
零售业	**13566432**	**10426425**	**11443363**	**8744760**
综合零售	9383994	7425689	7842206	6141830
食品、饮料及烟草制品专门零售	19279	15940	8789	9841
纺织、服装及日用品专门零售	430104	378619	430104	378619
文化、体育用品及器材专门零售	17614	12420	6066	2387
医药及医疗器材专门零售	19041	14235	19041	14235
汽车、摩托车、燃料及零配件专门零售	633777	417334	633777	417334
家用电器及电子产品专门零售	2556753	1683677	2178318	1463565
五金、家具及室内装修材料专门零售	476452	476878	295642	315316
无店铺及其他零售	1435	1633	1435	1633
加盟门店合计	**2793436**	**2792716**	**1620834**	**1782582**
批发业				
农畜产品批发				
食品、饮料及烟草制品专门批发				
纺织、服装及日用品批发				
文化、体育用品及器材批发				
医药及医疗器材批发				
矿产品、建材及化工产品批发				
机械设备、五金交电及电子产品批发				
贸易经纪与代理				
其他批发				
零售业	**2793436**	**2792716**	**1620834**	**1782582**
综合零售	2440358	1984777	1303455	1070897
食品、饮料及烟草制品专门零售	29568	13898	2344	2393
纺织、服装及日用品专门零售	267010	228765	267010	228765
文化、体育用品及器材专门零售				
医药及医疗器材专门零售		280		280
汽车、摩托车、燃料及零配件专门零售				
家用电器及电子产品专门零售	56500	564996	48025	480247
五金、家具及室内装修材料专门零售				
无店铺及其他零售				

单位:万元

自有配送中心配送商品购进额		非自有配送中心配送商品购进额		商品销售总额		零售额	
2007 年	2006 年	2007 年	2006 年	2007 年	2006 年	2007 年	2006 年
4934891	**4611261**	**4132859**	**2116031**	**16540157**	**12507023**	**13405574**	**9957044**
3535424	2651080	2153510	1667515	12152388	9607172	9589697	7627209
8789	9841			26763	21605	25925	20717
430104	378619			228812	193148	99802	81179
				23906	15308	18333	12502
		13604	9434	21519	16610	21519	16610
		451617	261544	641640	398496	460649	296767
746457	1352701	1431861	110864	2803018	1698522	2560894	1349163
184697	217387	82267	66674	611943	554673	598588	551409
1435	1633			1853	1490	1853	1490
257743	**650234**	**25057**	**22950**	**3122261**	**3376945**	**3122041**	**3376751**
257743	**650234**	**25057**	**22950**	**3122261**	**3376945**	**3122041**	**3376751**
165429	128808	25057	22670	2821464	2623703	2821464	2623703
2344	2393			28722	17492	28502	17298
41945	38787			267010	228765	267010	228765
			280		437		437
48025	480247			5066	506548	5066	506548

1—6　按行业与业态分连锁零售企业基本情况

百货商店

项　　目	连锁总店数（个）	门店数（个）		年末从业人员（人）		年末营业面积（平方米）	
	2007年	2007年	2006年	2007年	2006年	2007年	2006年
总　　计	**109**	**6064**	**5353**	**193695**	**177147**	**10896477**	**9378958**
批发业	**1**	**4**	**3**	**120**	**105**	**3600**	**2800**
农畜产品批发							
食品、饮料及烟草制品专门批发							
纺织、服装及日用品批发							
文化、体育用品及器材批发							
医药及医疗器材批发							
矿产品、建材及化工产品批发							
机械设备、五金交电及电子产品批发	1	4	3	120	105	3600	2800
贸易经纪与代理							
其他批发							
零售业	**108**	**6060**	**5350**	**193575**	**177042**	**10892877**	**9376158**
综合零售	101	5957	5265	192326	176155	10851754	9350157
食品、饮料及烟草制品专门零售	3	57	42	396	233	13426	6241
纺织、服装及日用品专门零售	2	30	29	228	221	4663	4643
文化、体育用品及器材专门零售	1	9	9	122	127	1700	1700
医药及医疗器材专门零售							
汽车、摩托车、燃料及零配件专门零售							
家用电器及电子产品专门零售	1	7	5	503	306	21334	13417
五金、家具及室内装修材料专门零售							
无店铺及其他零售							
直营门店合计	**—**	**1674**	**1509**	**160863**	**147408**	**10156463**	**8661313**
批发业	**—**	**4**	**3**	**120**	**105**	**3600**	**2800**
农畜产品批发	—						
食品、饮料及烟草制品专门批发	—						
纺织、服装及日用品批发	—						
文化、体育用品及器材批发	—						
医药及医疗器材批发	—						
矿产品、建材及化工产品批发	—						
机械设备、五金交电及电子产品批发	—	4	3	120	105	3600	2800

1—6　续表1

百货商店

项　　目	连锁总店数（个）	门店数（个）		年末从业人员（人）		年末营业面积（平方米）	
	2007年	2007年	2006年	2007年	2006年	2007年	2006年
贸易经纪与代理	—						
其他批发	—						
零售业	**—**	**1670**	**1506**	**160743**	**147303**	**10152863**	**8658513**
综合零售	—	1573	1422	159519	146419	10112778	8632550
食品、饮料及烟草制品专门零售	—	51	41	371	230	12388	6203
纺织、服装及日用品专门零售	—	30	29	228	221	4663	4643
文化、体育用品及器材专门零售	—	9	9	122	127	1700	1700
医药及医疗器材专门零售	—						
汽车、摩托车、燃料及零配件专门零售	—						
家用电器及电子产品专门零售	—	7	5	503	306	21334	13417
五金、家具及室内装修材料专门零售	—						
无店铺及其他零售	—						
加盟门店合计	**—**	**4390**	**3844**	**32832**	**29739**	**740014**	**717645**
批发业	**—**						
农畜产品批发	—						
食品、饮料及烟草制品专门批发	—						
纺织、服装及日用品批发	—						
文化、体育用品及器材批发	—						
医药及医疗器材批发	—						
矿产品、建材及化工产品批发	—						
机械设备、五金交电及电子产品批发	—						
贸易经纪与代理	—						
其他批发	—						
零售业	**—**	**4390**	**3844**	**32832**	**29739**	**740014**	**717645**
综合零售	—	4384	3843	32807	29736	738976	717607
食品、饮料及烟草制品专门零售	—	6	1	25	3	1038	38
纺织、服装及日用品专门零售	—						
文化、体育用品及器材专门零售	—						
医药及医疗器材专门零售	—						
汽车、摩托车、燃料及零配件专门零售	—						
家用电器及电子产品专门零售	—						
五金、家具及室内装修材料专门零售	—						
无店铺及其他零售	—						

1—6 续表 2—1

超级市场

项目	连锁总店数（个）	门店数（个）		年末从业人员（人）		年末营业面积（平方米）	
	2007 年	2007 年	2006 年	2007 年	2006 年	2007 年	2006 年
总计	**490**	**25185**	**21066**	**707303**	**654477**	**27307169**	**24500729**
批发业	**5**	**656**	**501**	**5648**	**4146**	**414329**	**354663**
农畜产品批发							
食品、饮料及烟草制品专门批发	4	611	469	5580	4082	412644	353313
纺织、服装及日用品批发							
文化、体育用品及器材批发							
医药及医疗器材批发							
矿产品、建材及化工产品批发	1	45	32	68	64	1685	1350
机械设备、五金交电及电子产品批发							
贸易经纪与代理							
其他批发							
零售业	**485**	**24529**	**20565**	**701655**	**650331**	**26892840**	**24146066**
综合零售	462	24126	20200	691875	642001	26615797	23893819
食品、饮料及烟草制品专门零售	12	302	264	7423	6154	177481	172059
纺织、服装及日用品专门零售							
文化、体育用品及器材专门零售	2	14	18	208	170	10125	9925
医药及医疗器材专门零售	5	42	41	1215	1157	23988	18086
汽车、摩托车、燃料及零配件专门零售	1	32	32	169	189	19200	19200
家用电器及电子产品专门零售	3	13	10	765	660	46249	32977
五金、家具及室内装修材料专门零售							
无店铺及其他零售							
直营门店合计	**—**	**13567**	**12392**	**586533**	**537561**	**23654026**	**21247808**
批发业	**—**	**218**	**145**	**4044**	**2921**	**320584**	**291903**
农畜产品批发	—						
食品、饮料及烟草制品专门批发	—	218	145	4044	2921	320584	291903
纺织、服装及日用品批发	—						
文化、体育用品及器材批发	—						
医药及医疗器材批发	—						
矿产品、建材及化工产品批发	—						
机械设备、五金交电及电子产品批发	—						

1－6　续表2－2

超级市场

项　　目	连锁总店数（个）	门店数（个）		年末从业人员（人）		年末营业面积（平方米）	
	2007年	2007年	2006年	2007年	2006年	2007年	2006年
贸易经纪与代理	—						
其他批发	—						
零售业	**—**	**13349**	**12247**	**582489**	**534640**	**23333442**	**20955905**
综合零售	—	12983	11909	573144	526484	23070375	20711104
食品、饮料及烟草制品专门零售	—	266	238	6991	5984	163555	164733
纺织、服装及日用品专门零售	—						
文化、体育用品及器材专门零售	—	14	18	208	170	10125	9925
医药及医疗器材专门零售	—	41	40	1212	1153	23938	17966
汽车、摩托车、燃料及零配件专门零售	—	32	32	169	189	19200	19200
家用电器及电子产品专门零售	—	13	10	765	660	46249	32977
五金、家具及室内装修材料专门零售	—						
无店铺及其他零售	—						
加盟门店合计	**—**	**11618**	**8674**	**120770**	**116916**	**3653143**	**3252921**
批发业	**—**	**438**	**356**	**1604**	**1225**	**93745**	**62760**
农畜产品批发	—						
食品、饮料及烟草制品专门批发	—	393	324	1536	1161	92060	61410
纺织、服装及日用品批发	—						
文化、体育用品及器材批发	—						
医药及医疗器材批发	—						
矿产品、建材及化工产品批发	—	45	32	68	64	1685	1350
机械设备、五金交电及电子产品批发	—						
贸易经纪与代理	—						
其他批发	—						
零售业	**—**	**11180**	**8318**	**119166**	**115691**	**3559398**	**3190161**
综合零售	—	11143	8291	118731	115517	3545422	3182715
食品、饮料及烟草制品专门零售	—	36	26	432	170	13926	7326
纺织、服装及日用品专门零售	—						
文化、体育用品及器材专门零售	—						
医药及医疗器材专门零售	—	1	1	3	4	50	120
汽车、摩托车、燃料及零配件专门零售	—						
家用电器及电子产品专门零售	—						
五金、家具及室内装修材料专门零售	—						
无店铺及其他零售	—						

1—6 续表 3—1

专业店(含加油站)

项　　目	连锁总店数(个)	门店数(个)		年末从业人员(人)		年末营业面积(平方米)	
	2007 年	2007 年	2006 年	2007 年	2006 年	2007 年	2006 年
总　　计	**773**	**68967**	**63992**	**675962**	**805764**	**54893820**	**49691250**
批发业	**157**	**33450**	**29697**	**245970**	**400007**	**35341720**	**31835763**
农畜产品批发	1	2	2	349	349	5000	5000
食品、饮料及烟草制品专门批发	12	1172	745	4688	3135	65100	48794
纺织、服装及日用品批发	2	19	19	158	161	2265	2265
文化、体育用品及器材批发	10	712	713	9985	9832	343564	327308
医药及医疗器材批发	21	3209	3128	14331	14180	304775	298796
矿产品、建材及化工产品批发	100	27464	24339	207161	364485	34357170	30938668
机械设备、五金交电及电子产品批发	8	262	197	5576	4097	159656	113532
贸易经纪与代理							
其他批发	3	610	554	3722	3768	104190	101400
零售业	**616**	**35517**	**34295**	**429992**	**405757**	**19552100**	**17855487**
综合零售	9	232	197	1864	1512	36671	34303
食品、饮料及烟草制品专门零售	37	1080	995	5228	4744	75841	73559
纺织、服装及日用品专门零售	40	762	756	7555	7619	109497	96682
文化、体育用品及器材专门零售	56	2707	2689	22589	22199	685812	650856
医药及医疗器材专门零售	285	19102	18207	110725	104437	2077804	1881784
汽车、摩托车、燃料及零配件专门零售	61	8359	8701	79082	75391	9152744	9041368
家用电器及电子产品专门零售	118	3127	2590	197568	184592	7030118	5700215
五金、家具及室内装修材料专门零售	7	56	54	4999	4896	381050	374150
无店铺及其他零售	3	92	106	382	367	2563	2570
直营门店合计	**—**	**48669**	**45701**	**561591**	**686762**	**51334420**	**46443874**
批发业	**—**	**23321**	**21343**	**215599**	**372726**	**34079693**	**30727553**
农畜产品批发	—	2	2	349	349	5000	5000
食品、饮料及烟草制品专门批发	—	319	284	2178	1834	31848	25054
纺织、服装及日用品批发	—	19	19	158	161	2265	2265
文化、体育用品及器材批发	—	546	550	9816	9666	336864	320728
医药及医疗器材批发	—	491	457	3615	3518	72250	67982
矿产品、建材及化工产品批发	—	21333	19502	190549	349864	33413568	30118012
机械设备、五金交电及电子产品批发	—	241	169	5436	3760	120818	92932

1—6 续表 3—2

专业店(含加油站)

项 目	连锁总店数(个)	门店数(个)		年末从业人员(人)		年末营业面积(平方米)	
	2007 年	2007 年	2006 年	2007 年	2006 年	2007 年	2006 年
贸易经纪与代理	—						
其他批发	—	370	360	3498	3574	97080	95580
零售业	**—**	**25348**	**24358**	**345992**	**314036**	**17254727**	**15716321**
综合零售	—	170	137	1652	1322	32381	30446
食品、饮料及烟草制品专门零售	—	983	912	4835	4466	70807	69672
纺织、服装及日用品专门零售	—	651	650	6999	7004	100699	90037
文化、体育用品及器材专门零售	—	2663	2629	21627	21230	640892	624526
医药及医疗器材专门零售	—	10146	9523	78049	71567	1482432	1322285
汽车、摩托车、燃料及零配件专门零售	—	7962	8281	75773	71149	8450243	8331264
家用电器及电子产品专门零售	—	2625	2066	151676	132035	6093660	4871371
五金、家具及室内装修材料专门零售	—	56	54	4999	4896	381050	374150
无店铺及其他零售	—	92	106	382	367	2563	2570
加盟门店合计	**—**	**20298**	**18291**	**114371**	**119002**	**3559400**	**3247376**
批发业	**—**	**10129**	**8354**	**30371**	**27281**	**1262027**	**1108210**
农畜产品批发	—						
食品、饮料及烟草制品专门批发	—	853	461	2510	1301	33252	23740
纺织、服装及日用品批发	—						
文化、体育用品及器材批发	—	166	163	169	166	6700	6580
医药及医疗器材批发	—	2718	2671	10716	10662	232525	230814
矿产品、建材及化工产品批发	—	6131	4837	16612	14621	943602	820656
机械设备、五金交电及电子产品批发	—	21	28	140	337	38838	20600
贸易经纪与代理	—						
其他批发	—	240	194	224	194	7110	5820
零售业	**—**	**10169**	**9937**	**84000**	**91721**	**2297373**	**2139166**
综合零售	—	62	60	212	190	4290	3857
食品、饮料及烟草制品专门零售	—	97	83	393	278	5034	3887
纺织、服装及日用品专门零售	—	111	106	556	615	8798	6645
文化、体育用品及器材专门零售	—	44	60	962	969	44920	26330
医药及医疗器材专门零售	—	8956	8684	32676	32870	595372	559499
汽车、摩托车、燃料及零配件专门零售	—	397	420	3309	4242	702501	710104
家用电器及电子产品专门零售	—	502	524	45892	52557	936458	828844
五金、家具及室内装修材料专门零售	—						
无店铺及其他零售	—						

1—6　续表 4—1

加油站

项　　目	连锁总店数（个）	门店数（个）		年末从业人员（人）		年末营业面积（平方米）	
	2007 年	2007 年	2006 年	2007 年	2006 年	2007 年	2006 年
总　　计	**103**	**21323**	**20551**	**190213**	**177808**	**32525240**	**30401697**
批发业	**67**	**14350**	**13208**	**136501**	**126441**	**25726883**	**23708797**
农畜产品批发							
食品、饮料及烟草制品专门批发							
纺织、服装及日用品批发							
文化、体育用品及器材批发							
医药及医疗器材批发							
矿产品、建材及化工产品批发	66	14336	13194	136348	126320	25678883	23660797
机械设备、五金交电及电子产品批发							
贸易经纪与代理							
其他批发	1	14	14	153	121	48000	48000
零售业	**36**	**6973**	**7343**	**53712**	**51367**	**6798357**	**6692900**
综合零售	1	5	2	84	64	4700	4200
食品、饮料及烟草制品专门零售							
纺织、服装及日用品专门零售							
文化、体育用品及器材专门零售							
医药及医疗器材专门零售							
汽车、摩托车、燃料及零配件专门零售	35	6968	7341	53628	51303	6793657	6688700
家用电器及电子产品专门零售							
五金、家具及室内装修材料专门零售							
无店铺及其他零售							
直营门店合计	**—**	**20787**	**20144**	**187129**	**173659**	**31993010**	**29789560**
批发业	**—**	**14052**	**13071**	**134633**	**124419**	**25566312**	**23509094**
农畜产品批发	—						
食品、饮料及烟草制品专门批发	—						
纺织、服装及日用品批发	—						
文化、体育用品及器材批发	—						
医药及医疗器材批发	—						
矿产品、建材及化工产品批发	—	14038	13057	134480	124298	25518312	23461094
机械设备、五金交电及电子产品批发	—						

1—6 续表 4—2

加油站

项目	连锁总店数（个）	门店数（个）		年末从业人员（人）		年末营业面积（平方米）	
	2007年	2007年	2006年	2007年	2006年	2007年	2006年
贸易经纪与代理	—						
其他批发	—	14	14	153	121	48000	48000
零售业	**—**	**6735**	**7073**	**52496**	**49240**	**6426698**	**6280466**
综合零售	—	2	2	64	64	4200	4200
食品、饮料及烟草制品专门零售	—						
纺织、服装及日用品专门零售	—						
文化、体育用品及器材专门零售	—						
医药及医疗器材专门零售	—						
汽车、摩托车、燃料及零配件专门零售	—	6733	7071	52432	49176	6422498	6276266
家用电器及电子产品专门零售	—						
五金、家具及室内装修材料专门零售	—						
无店铺及其他零售	—						
加盟门店合计	**—**	**536**	**407**	**3084**	**4149**	**532230**	**612137**
批发业	**—**	**298**	**137**	**1868**	**2022**	**160571**	**199703**
农畜产品批发	—						
食品、饮料及烟草制品专门批发	—						
纺织、服装及日用品批发	—						
文化、体育用品及器材批发	—						
医药及医疗器材批发	—						
矿产品、建材及化工产品批发	—	298	137	1868	2022	160571	199703
机械设备、五金交电及电子产品批发	—						
贸易经纪与代理	—						
其他批发	—						
零售业	**—**	**238**	**270**	**1216**	**2127**	**371659**	**412434**
综合零售	—	3		20		500	
食品、饮料及烟草制品专门零售	—						
纺织、服装及日用品专门零售	—						
文化、体育用品及器材专门零售	—						
医药及医疗器材专门零售	—						
汽车、摩托车、燃料及零配件专门零售	—	235	270	1196	2127	371159	412434
家用电器及电子产品专门零售	—						
五金、家具及室内装修材料专门零售	—						
无店铺及其他零售	—						

1—6 续表5—1

专卖店

项目	连锁总店数（个）	门店数（个）		年末从业人员（人）		年末营业面积（平方米）	
	2007年	2007年	2006年	2007年	2006年	2007年	2006年
总计	**170**	**20540**	**18005**	**134970**	**93645**	**1692105**	**1328710**
批发业	**21**	**5257**	**4556**	**24511**	**20807**	**141150**	**129250**
农畜产品批发							
食品、饮料及烟草制品专门批发	7	663	637	3246	2725	16184	16644
纺织、服装及日用品批发	10	4395	3734	20547	17328	116308	103647
文化、体育用品及器材批发	1	105	92	352	329	3478	3999
医药及医疗器材批发	2	78	77	211	272	4800	4580
矿产品、建材及化工产品批发							
机械设备、五金交电及电子产品批发							
贸易经纪与代理							
其他批发	1	16	16	155	153	380	380
零售业	**149**	**15283**	**13449**	**110459**	**72838**	**1550955**	**1199460**
综合零售	3	373	383	3666	3809	36753	45038
食品、饮料及烟草制品专门零售	36	2604	2241	11879	11623	106755	89660
纺织、服装及日用品专门零售	45	10161	8858	74791	39256	819048	580589
文化、体育用品及器材专门零售	8	126	142	1231	1487	54377	46407
医药及医疗器材专门零售	31	1598	1500	10029	9215	154674	139492
汽车、摩托车、燃料及零配件专门零售	3	29	18	379	371	17942	15624
家用电器及电子产品专门零售	20	241	198	6330	5430	303606	242752
五金、家具及室内装修材料专门零售	2	26	19	1319	861	55200	37998
无店铺及其他零售	1	125	90	835	786	2600	1900
直营门店合计	**—**	**8073**	**6076**	**66902**	**54013**	**1248117**	**898088**
批发业	**—**	**3024**	**2576**	**15245**	**12502**	**63131**	**52930**
农畜产品批发	—						
食品、饮料及烟草制品专门批发	—	663	637	3246	2725	16184	16644
纺织、服装及日用品批发	—	2266	1845	11598	9312	41367	30926
文化、体育用品及器材批发	—	1	1	35	40	400	400
医药及医疗器材批发	—	78	77	211	272	4800	4580
矿产品、建材及化工产品批发	—						
机械设备、五金交电及电子产品批发	—						

1—6 续表5—2

专卖店

项目	连锁总店数（个）	门店数（个）		年末从业人员（人）		年末营业面积（平方米）	
	2007年	2007年	2006年	2007年	2006年	2007年	2006年
贸易经纪与代理	—						
其他批发	—	16	16	155	153	380	380
零售业	**—**	**5049**	**3500**	**51657**	**41511**	**1184986**	**845158**
综合零售	—	123	109	1562	1254	16189	12999
食品、饮料及烟草制品专门零售	—	1249	1136	8097	7697	73445	60486
纺织、服装及日用品专门零售	—	2161	975	23917	16628	538759	321407
文化、体育用品及器材专门零售	—	110	115	1112	1337	53957	45967
医药及医疗器材专门零售	—	999	846	8141	7183	124356	106215
汽车、摩托车、燃料及零配件专门零售	—	20	18	374	371	17342	15624
家用电器及电子产品专门零售	—	241	198	6330	5430	303606	242752
五金、家具及室内装修材料专门零售	—	26	19	1319	861	55200	37998
无店铺及其他零售	—	120	84	805	750	2132	1710
加盟门店合计	**—**	**12467**	**11929**	**68068**	**39632**	**443988**	**430622**
批发业	**—**	**2233**	**1980**	**9266**	**8305**	**78019**	**76320**
农畜产品批发	—						
食品、饮料及烟草制品专门批发	—						
纺织、服装及日用品批发	—	2129	1889	8949	8016	74941	72721
文化、体育用品及器材批发	—	104	91	317	289	3078	3599
医药及医疗器材批发	—						
矿产品、建材及化工产品批发	—						
机械设备、五金交电及电子产品批发	—						
贸易经纪与代理	—						
其他批发	—						
零售业	**—**	**10234**	**9949**	**58802**	**31327**	**365969**	**354302**
综合零售	—	250	274	2104	2555	20564	32039
食品、饮料及烟草制品专门零售	—	1355	1105	3782	3926	33310	29174
纺织、服装及日用品专门零售	—	8000	7883	50874	22628	280289	259182
文化、体育用品及器材专门零售	—	16	27	119	150	420	440
医药及医疗器材专门零售	—	599	654	1888	2032	30318	33277
汽车、摩托车、燃料及零配件专门零售	—	9		5		600	
家用电器及电子产品专门零售	—						
五金、家具及室内装修材料专门零售	—						
无店铺及其他零售	—	5	6	30	36	468	190

1—6 续表 6—1

便利店

项　　目	连锁总店数（个）	门店数（个）		年末从业人员（人）		年末营业面积（平方米）	
	2007 年	2007 年	2006 年	2007 年	2006 年	2007 年	2006 年
总　　计	**103**	**17126**	**13817**	**92360**	**78929**	**1725241**	**1437804**
批发业	**4**	**298**	**258**	**517**	**440**	**20950**	**18024**
农畜产品批发							
食品、饮料及烟草制品专门批发	4	298	258	517	440	20950	18024
纺织、服装及日用品批发							
文化、体育用品及器材批发							
医药及医疗器材批发							
矿产品、建材及化工产品批发							
机械设备、五金交电及电子产品批发							
贸易经纪与代理							
其他批发							
零售业	**99**	**16828**	**13559**	**91843**	**78489**	**1704291**	**1419780**
综合零售	81	15441	12504	83113	70769	1539824	1292091
食品、饮料及烟草制品专门零售	14	642	482	4102	3945	108752	85824
纺织、服装及日用品专门零售	1	8	8	35	26	580	580
文化、体育用品及器材专门零售							
医药及医疗器材专门零售	3	737	565	4593	3749	55135	41285
汽车、摩托车、燃料及零配件专门零售							
家用电器及电子产品专门零售							
五金、家具及室内装修材料专门零售							
无店铺及其他零售							
直营门店合计	**—**	**7345**	**7092**	**61226**	**56477**	**1024713**	**936675**
批发业	**—**	**9**	**9**	**82**	**79**	**3197**	**3400**
农畜产品批发	—						
食品、饮料及烟草制品专门批发	—	9	9	82	79	3197	3400
纺织、服装及日用品批发	—						
文化、体育用品及器材批发	—						
医药及医疗器材批发	—						
矿产品、建材及化工产品批发	—						
机械设备、五金交电及电子产品批发	—						

1—6 续表 6—2

便利店

项目	连锁总店数（个）	门店数（个）		年末从业人员（人）		年末营业面积（平方米）	
	2007年	2007年	2006年	2007年	2006年	2007年	2006年
贸易经纪与代理	—						
其他批发	—						
零售业	**—**	**7336**	**7083**	**61144**	**56398**	**1021516**	**933275**
综合零售	—	6429	6319	53718	49478	885680	826171
食品、饮料及烟草制品专门零售	—	390	367	3607	3635	94536	75529
纺织、服装及日用品专门零售	—						
文化、体育用品及器材专门零售	—						
医药及医疗器材专门零售	—	517	397	3819	3285	41300	31575
汽车、摩托车、燃料及零配件专门零售	—						
家用电器及电子产品专门零售	—						
五金、家具及室内装修材料专门零售	—						
无店铺及其他零售	—						
加盟门店合计	**—**	**9781**	**6725**	**31134**	**22452**	**700528**	**501129**
批发业	**—**	**289**	**249**	**435**	**361**	**17753**	**14624**
农畜产品批发	—						
食品、饮料及烟草制品专门批发	—	289	249	435	361	17753	14624
纺织、服装及日用品批发	—						
文化、体育用品及器材批发	—						
医药及医疗器材批发	—						
矿产品、建材及化工产品批发	—						
机械设备、五金交电及电子产品批发	—						
贸易经纪与代理	—						
其他批发	—						
零售业	**—**	**9492**	**6476**	**30699**	**22091**	**682775**	**486505**
综合零售	—	9012	6185	29395	21291	654144	465920
食品、饮料及烟草制品专门零售	—	252	115	495	310	14216	10295
纺织、服装及日用品专门零售	—	8	8	35	26	580	580
文化、体育用品及器材专门零售	—						
医药及医疗器材专门零售	—	220	168	774	464	13835	9710
汽车、摩托车、燃料及零配件专门零售	—						
家用电器及电子产品专门零售	—						
五金、家具及室内装修材料专门零售	—						
无店铺及其他零售	—						

1—6 续表 7—1

仓储会员店

项　　目	连锁总店数（个）	门店数（个）		年末从业人员（人）		年末营业面积（平方米）	
	2007 年	2007 年	2006 年	2007 年	2006 年	2007 年	2006 年
总　　计	**4**	**51**	**48**	**4725**	**3795**	**162834**	**132114**
批发业							
农畜产品批发							
食品、饮料及烟草制品专门批发							
纺织、服装及日用品批发							
文化、体育用品及器材批发							
医药及医疗器材批发							
矿产品、建材及化工产品批发							
机械设备、五金交电及电子产品批发							
贸易经纪与代理							
其他批发							
零售业	**4**	**51**	**48**	**4725**	**3795**	**162834**	**132114**
综合零售	3	13	10	4636	3706	161974	131254
食品、饮料及烟草制品专门零售							
纺织、服装及日用品专门零售							
文化、体育用品及器材专门零售							
医药及医疗器材专门零售							
汽车、摩托车、燃料及零配件专门零售							
家用电器及电子产品专门零售							
五金、家具及室内装修材料专门零售							
无店铺及其他零售	1	38	38	89	89	860	860
直营门店合计	**—**	**24**	**21**	**4671**	**3741**	**162314**	**131594**
批发业	**—**						
农畜产品批发	—						
食品、饮料及烟草制品专门批发	—						
纺织、服装及日用品批发	—						
文化、体育用品及器材批发	—						
医药及医疗器材批发	—						
矿产品、建材及化工产品批发	—						
机械设备、五金交电及电子产品批发	—						

1—6 续表 7—2

仓储会员店

项目	连锁总店数（个）	门店数（个）		年末从业人员（人）		年末营业面积（平方米）	
	2007 年	2007 年	2006 年	2007 年	2006 年	2007 年	2006 年
贸易经纪与代理	—						
其他批发	—						
零售业	**—**	**24**	**21**	**4671**	**3741**	**162314**	**131594**
综合零售	—	13	10	4636	3706	161974	131254
食品、饮料及烟草制品专门零售	—						
纺织、服装及日用品专门零售	—						
文化、体育用品及器材专门零售	—						
医药及医疗器材专门零售	—						
汽车、摩托车、燃料及零配件专门零售	—						
家用电器及电子产品专门零售	—						
五金、家具及室内装修材料专门零售	—						
无店铺及其他零售	—	11	11	35	35	340	340
加盟门店合计	**—**	**27**	**27**	**54**	**54**	**520**	**520**
批发业	**—**						
农畜产品批发	—						
食品、饮料及烟草制品专门批发	—						
纺织、服装及日用品批发	—						
文化、体育用品及器材批发	—						
医药及医疗器材批发	—						
矿产品、建材及化工产品批发	—						
机械设备、五金交电及电子产品批发	—						
贸易经纪与代理	—						
其他批发	—						
零售业	**—**	**27**	**27**	**54**	**54**	**520**	**520**
综合零售	—						
食品、饮料及烟草制品专门零售	—						
纺织、服装及日用品专门零售	—						
文化、体育用品及器材专门零售	—						
医药及医疗器材专门零售	—						
汽车、摩托车、燃料及零配件专门零售	—						
家用电器及电子产品专门零售	—						
五金、家具及室内装修材料专门零售	—						
无店铺及其他零售	—	27	27	54	54	520	520

1－6 续表8－1

家居建材店

项　　目	连锁总店数（个）	门店数（个）		年末从业人员（人）		年末营业面积（平方米）	
	2007年	2007年	2006年	2007年	2006年	2007年	2006年
总　　计	**15**	**80**	**82**	**8134**	**8268**	**752194**	**961564**
批发业							
农畜产品批发							
食品、饮料及烟草制品专门批发							
纺织、服装及日用品批发							
文化、体育用品及器材批发							
医药及医疗器材批发							
矿产品、建材及化工产品批发							
机械设备、五金交电及电子产品批发							
贸易经纪与代理							
其他批发							
零售业	**15**	**80**	**82**	**8134**	**8268**	**752194**	**961564**
综合零售	1	25	26	2848	2843	300035	514919
食品、饮料及烟草制品专门零售							
纺织、服装及日用品专门零售							
文化、体育用品及器材专门零售							
医药及医疗器材专门零售							
汽车、摩托车、燃料及零配件专门零售							
家用电器及电子产品专门零售							
五金、家具及室内装修材料专门零售	14	55	56	5286	5425	452159	446645
无店铺及其他零售							
直营门店合计	**—**	**71**	**71**	**7270**	**7396**	**658486**	**836263**
批发业	**—**						
农畜产品批发	—						
食品、饮料及烟草制品专门批发	—						
纺织、服装及日用品批发	—						
文化、体育用品及器材批发	—						
医药及医疗器材批发	—						
矿产品、建材及化工产品批发	—						
机械设备、五金交电及电子产品批发	—						

1—6 续表 8—2

家居建材店

项目	连锁总店数(个)	门店数(个)		年末从业人员(人)		年末营业面积(平方米)	
	2007 年	2007 年	2006 年	2007 年	2006 年	2007 年	2006 年
贸易经纪与代理	—						
其他批发	—						
零售业	**—**	**71**	**71**	**7270**	**7396**	**658486**	**836263**
综合零售	—	17	18	2037	2033	210098	393389
食品、饮料及烟草制品专门零售	—						
纺织、服装及日用品专门零售	—						
文化、体育用品及器材专门零售	—						
医药及医疗器材专门零售	—						
汽车、摩托车、燃料及零配件专门零售	—						
家用电器及电子产品专门零售	—						
五金、家具及室内装修材料专门零售	—	54	53	5233	5363	448388	442874
无店铺及其他零售	—						
加盟门店合计	**—**	**9**	**11**	**864**	**872**	**93708**	**125301**
批发业	**—**						
农畜产品批发	—						
食品、饮料及烟草制品专门批发	—						
纺织、服装及日用品批发	—						
文化、体育用品及器材批发	—						
医药及医疗器材批发	—						
矿产品、建材及化工产品批发	—						
机械设备、五金交电及电子产品批发	—						
贸易经纪与代理	—						
其他批发	—						
零售业	**—**	**9**	**11**	**864**	**872**	**93708**	**125301**
综合零售	—	8	8	811	810	89937	121530
食品、饮料及烟草制品专门零售	—						
纺织、服装及日用品专门零售	—						
文化、体育用品及器材专门零售	—						
医药及医疗器材专门零售	—						
汽车、摩托车、燃料及零配件专门零售	—						
家用电器及电子产品专门零售	—						
五金、家具及室内装修材料专门零售	—	1	3	53	62	3771	3771
无店铺及其他零售	—						

1－6 续表 9－1

其他

项 目	连锁总店数（个）	门店数（个）		年末从业人员（人）		年末营业面积（平方米）	
	2007 年	2007 年	2006 年	2007 年	2006 年	2007 年	2006 年
总 计	**65**	**7353**	**6561**	**44752**	**48588**	**3010335**	**2358766**
批发业	**18**	**3605**	**3405**	**17494**	**24369**	**2176330**	**1654904**
农畜产品批发							
食品、饮料及烟草制品专门批发	1	12	12	1100	1245	500	500
纺织、服装及日用品批发							
文化、体育用品及器材批发	1	82	82	6156	6477	336873	336873
医药及医疗器材批发	6	1043	1114	2788	2614	73188	52533
矿产品、建材及化工产品批发	7	2226	2080	5894	12682	1544322	1203298
机械设备、五金交电及电子产品批发	1	147	96	1450	1300	14700	9600
贸易经纪与代理							
其他批发	2	95	21	106	51	206747	52100
零售业	**47**	**3748**	**3156**	**27258**	**24219**	**834005**	**703862**
综合零售	9	1462	1103	10084	8239	330953	257400
食品、饮料及烟草制品专门零售	5	1218	974	5544	4687	47308	41772
纺织、服装及日用品专门零售	2	11	9	501	443	30750	23300
文化、体育用品及器材专门零售	3	47	47	2203	2322	88443	85986
医药及医疗器材专门零售	20	765	777	3899	3823	101762	87373
汽车、摩托车、燃料及零配件专门零售	2	207	211	2273	2285	143520	143329
家用电器及电子产品专门零售	5	31	26	2612	2275	90919	64252
五金、家具及室内装修材料专门零售							
无店铺及其他零售	1	7	9	142	145	350	450
直营门店合计	**—**	**4256**	**3914**	**38020**	**35400**	**2856443**	**2243190**
批发业	**—**	**1986**	**1967**	**15252**	**15009**	**2100884**	**1604049**
农畜产品批发	—						
食品、饮料及烟草制品专门批发	—	12	12	1100	1245	500	500
纺织、服装及日用品批发	—						
文化、体育用品及器材批发	—	82	82	6156	6477	336873	336873
医药及医疗器材批发	—	272	215	1855	1538	38518	32328
矿产品、建材及化工产品批发	—	1439	1541	4600	4398	1507622	1172648
机械设备、五金交电及电子产品批发	—	147	96	1450	1300	14700	9600

1—6　续表 9—2

其他

项　　目	连锁总店数（个）	门店数（个）		年末从业人员（人）		年末营业面积（平方米）	
	2007 年	2007 年	2006 年	2007 年	2006 年	2007 年	2006 年
贸易经纪与代理	—						
其他批发	—	34	21	91	51	202671	52100
零售业	**—**	**2270**	**1947**	**22768**	**20391**	**755559**	**639141**
综合零售	—	508	410	7854	6567	273244	215787
食品、饮料及烟草制品专门零售	—	748	600	3460	2896	29191	25729
纺织、服装及日用品专门零售	—	11	9	501	443	30750	23300
文化、体育用品及器材专门零售	—	47	47	2203	2322	88443	85986
医药及医疗器材专门零售	—	711	635	3723	3458	99142	80308
汽车、摩托车、燃料及零配件专门零售	—	207	211	2273	2285	143520	143329
家用电器及电子产品专门零售	—	31	26	2612	2275	90919	64252
五金、家具及室内装修材料专门零售	—						
无店铺及其他零售	—	7	9	142	145	350	450
加盟门店合计	**—**	**3097**	**2647**	**6732**	**13188**	**153892**	**115576**
批发业	**—**	**1619**	**1438**	**2242**	**9360**	**75446**	**50855**
农畜产品批发	—						
食品、饮料及烟草制品专门批发	—						
纺织、服装及日用品批发	—						
文化、体育用品及器材批发	—						
医药及医疗器材批发	—	771	899	933	1076	34670	20205
矿产品、建材及化工产品批发	—	787	539	1294	8284	36700	30650
机械设备、五金交电及电子产品批发	—						
贸易经纪与代理	—						
其他批发	—	61		15		4076	
零售业	**—**	**1478**	**1209**	**4490**	**3828**	**78446**	**64721**
综合零售	—	954	693	2230	1672	57709	41613
食品、饮料及烟草制品专门零售	—	470	374	2084	1791	18117	16043
纺织、服装及日用品专门零售	—						
文化、体育用品及器材专门零售	—						
医药及医疗器材专门零售	—	54	142	176	365	2620	7065
汽车、摩托车、燃料及零配件专门零售	—						
家用电器及电子产品专门零售	—						
五金、家具及室内装修材料专门零售	—						
无店铺及其他零售	—						

1—7 按行业与业态分

百货商店

项　　目	商品购进总额		统一配送商品购进额	
	2007 年	2006 年	2007 年	2006 年
总　　计	**14972752**	**12443322**	**6719173**	**5508955**
批发业	**3256**	**3042**		
农畜产品批发				
食品、饮料及烟草制品专门批发				
纺织、服装及日用品批发				
文化、体育用品及器材批发				
医药及医疗器材批发				
矿产品、建材及化工产品批发				
机械设备、五金交电及电子产品批发	3256	3042		
贸易经纪与代理				
其他批发				
零售业	**14969496**	**12440280**	**6719173**	**5508955**
综合零售	14915998	12398898	6666973	5468303
食品、饮料及烟草制品专门零售	7137	5107	6179	4591
纺织、服装及日用品专门零售	4870	4063	4870	4063
文化、体育用品及器材专门零售	1132	1070	792	856
医药及医疗器材专门零售				
汽车、摩托车、燃料及零配件专门零售				
家用电器及电子产品专门零售	40360	31142	40360	31142
五金、家具及室内装修材料专门零售				
无店铺及其他零售				
直营门店合计	**14245806**	**11813836**	**6458926**	**5289503**
批发业	**3256**	**3042**		
农畜产品批发				
食品、饮料及烟草制品专门批发				
纺织、服装及日用品批发				
文化、体育用品及器材批发				
医药及医疗器材批发				
矿产品、建材及化工产品批发				

连锁零售企业经营情况

单位:万元

自有配送中心配送商品购进额		非自有配送中心配送商品购进额		商品销售总额		零售额	
2007 年	2006 年	2007 年	2006 年	2007 年	2006 年	2007 年	2006 年
4387628	**3525577**	**767138**	**619827**	**18007382**	**14818441**	**15127320**	**12466024**
				3820	3530	3820	3530
				3820	3530	3820	3530
4387628	**3525577**	**767138**	**619827**	**18003562**	**14814911**	**15123500**	**12462494**
4339306	3488989	766538	618867	17945379	14765148	15065317	12412731
2901	1488			8813	4256	8813	4256
4270	3103	600	960	5237	4988	5237	4988
792	856			1602	1470	1602	1470
40360	31142			42532	39049	42532	39049
4252194	**3429021**	**759468**	**612838**	**17066135**	**13946143**	**14191541**	**11601110**
				3820	**3530**	**3820**	**3530**

1—7 续表1

百货商店

项　　目	商品购进总额		统一配送商品购进额	
	2007年	2006年	2007年	2006年
机械设备、五金交电及电子产品批发	3256	3042		
贸易经纪与代理				
其他批发				
零售业	**14242550**	**11810794**	**6458926**	**5289503**
综合零售	14174894	11757072	6396120	5239758
食品、饮料及烟草制品专门零售	6836	4916	6066	4552
纺织、服装及日用品专门零售	4870	4063	4870	4063
文化、体育用品及器材专门零售	1132	1070	792	856
医药及医疗器材专门零售				
汽车、摩托车、燃料及零配件专门零售				
家用电器及电子产品专门零售	40360	31142	40360	31142
五金、家具及室内装修材料专门零售				
无店铺及其他零售				
加盟门店合计	**726947**	**629486**	**260247**	**219452**
批发业				
农畜产品批发				
食品、饮料及烟草制品专门批发				
纺织、服装及日用品批发				
文化、体育用品及器材批发				
医药及医疗器材批发				
矿产品、建材及化工产品批发				
机械设备、五金交电及电子产品批发				
贸易经纪与代理				
其他批发				
零售业	**726947**	**629486**	**260247**	**219452**
综合零售	726646	629294	260134	219413
食品、饮料及烟草制品专门零售	301	192	112	38
纺织、服装及日用品专门零售				
文化、体育用品及器材专门零售				
医药及医疗器材专门零售				
汽车、摩托车、燃料及零配件专门零售				
家用电器及电子产品专门零售				
五金、家具及室内装修材料专门零售				
无店铺及其他零售				

单位:万元

自有配送中心配送商品购进额		非自有配送中心配送商品购进额		商品销售总额		零售额	
2007年	2006年	2007年	2006年	2007年	2006年	2007年	2006年
				3820	3530	3820	3530
4252194	3429021	759468	612838	17062315	13942613	14187721	11597580
4193266	3383339	758868	611878	16988344	13879644	14115631	11536232
2788	1449			8516	4064	8516	4064
4270	3103	600	960	5237	4988	5237	4988
792	856			1602	1470	1602	1470
40360	31142			42532	39049	42532	39049
135434	**96557**	**7670**	**6989**	**941247**	**872298**	**935780**	**864914**
135434	**96557**	**7670**	**6989**	**941247**	**872298**	**935780**	**864914**
135322	96518	7670	6989	940951	872106	935483	864721
112	38			296	192	296	192

1—7 续表 2—1

超级市场

项　　目	商品购进总额		统一配送商品购进额	
	2007 年	2006 年	2007 年	2006 年
总　　计	**31517207**	**26265009**	**24719453**	**20396642**
批发业	**375494**	**284455**	**363322**	**275269**
农畜产品批发				
食品、饮料及烟草制品专门批发	370794	280455	358622	271269
纺织、服装及日用品批发				
文化、体育用品及器材批发				
医药及医疗器材批发				
矿产品、建材及化工产品批发	4700	4000	4700	4000
机械设备、五金交电及电子产品批发				
贸易经纪与代理				
其他批发				
零售业	**31141712**	**25980553**	**24356131**	**20121374**
综合零售	30765108	25633092	24108920	19941000
食品、饮料及烟草制品专门零售	222231	205375	118820	99892
纺织、服装及日用品专门零售				
文化、体育用品及器材专门零售	7746	3817	7746	3817
医药及医疗器材专门零售	37166	39796	21866	21137
汽车、摩托车、燃料及零配件专门零售	64862	30273	64862	30273
家用电器及电子产品专门零售	44601	68200	33919	25254
五金、家具及室内装修材料专门零售				
无店铺及其他零售				
直营门店合计	**26351528**	**22187699**	**21183138**	**17651809**
批发业	**311002**	**237760**	**305519**	**232300**
农畜产品批发				
食品、饮料及烟草制品专门批发	311002	237760	305519	232300
纺织、服装及日用品批发				
文化、体育用品及器材批发				
医药及医疗器材批发				
矿产品、建材及化工产品批发				

单位:万元

自有配送中心配送商品购进额		非自有配送中心配送商品购进额		商品销售总额		零售额	
2007年	2006年	2007年	2006年	2007年	2006年	2007年	2006年
13373861	**11033370**	**3580078**	**3026565**	**40125986**	**34433463**	**33320719**	**28377495**
359010	**272893**	**4312**	**2376**	**422229**	**352494**	**196850**	**153050**
354310	268893	4312	2376	417673	351600	194497	153050
4700	4000			4556	894	2353	
13014851	**10760477**	**3575766**	**3024189**	**39703757**	**34080969**	**33123869**	**28224445**
12896188	10645401	3571553	3020920	39246689	33728162	32681935	27881974
105502	88219	4213	3269	259279	224376	244145	214040
1680	1430			9806	3608	9806	3608
7155	21137			41971	39041	41971	39041
				64862	30273	64862	30273
4326	4290			81150	55510	81150	55510
11546928	**9567945**	**3383604**	**2860803**	**34360214**	**29461067**	**27596695**	**23439002**
304270	**231706**	**1249**	**594**	**384829**	**320895**	**174190**	**122432**
304270	231706	1249	594	384829	320895	174190	122432

1—7 续表 2—2

超级市场

项目	商品购进总额		统一配送商品购进额	
	2007 年	2006 年	2007 年	2006 年
机械设备、五金交电及电子产品批发				
贸易经纪与代理				
其他批发				
零售业	**26040526**	**21949939**	**20877619**	**17419509**
综合零售	25506419	21539693	20481381	17182303
食品、饮料及烟草制品专门零售	218596	199784	115185	94301
纺织、服装及日用品专门零售				
文化、体育用品及器材专门零售	7746	3817	7746	3817
医药及医疗器材专门零售	37166	39796	21866	21137
汽车、摩托车、燃料及零配件专门零售	64862	30273	64862	30273
家用电器及电子产品专门零售	44601	68200	33919	25254
五金、家具及室内装修材料专门零售				
无店铺及其他零售				
加盟门店合计	**5165679**	**4077310**	**3536315**	**2744834**
批发业	**64492**	**46696**	**57803**	**42969**
农畜产品批发				
食品、饮料及烟草制品专门批发	59792	42696	53103	38969
纺织、服装及日用品批发				
文化、体育用品及器材批发				
医药及医疗器材批发				
矿产品、建材及化工产品批发	4700	4000	4700	4000
机械设备、五金交电及电子产品批发				
贸易经纪与代理				
其他批发				
零售业	**5101187**	**4030614**	**3478512**	**2701865**
综合零售	5097552	4025023	3474878	2696274
食品、饮料及烟草制品专门零售	3635	5591	3635	5591
纺织、服装及日用品专门零售				
文化、体育用品及器材专门零售				
医药及医疗器材专门零售				
汽车、摩托车、燃料及零配件专门零售				
家用电器及电子产品专门零售				
五金、家具及室内装修材料专门零售				
无店铺及其他零售				

单位:万元

自有配送中心配送商品购进额		非自有配送中心配送商品购进额		商品销售总额		零售额	
2007年	2006年	2007年	2006年	2007年	2006年	2007年	2006年
11242659	**9336239**	**3382355**	**2860209**	**33975385**	**29140171**	**27422505**	**23316569**
11105870	9213207	3368796	2853015	33437112	28720940	26936511	22940845
101868	82628	4213	3269	251912	219050	236778	208714
1680	1430			9806	3608	9806	3608
7155	21137			41971	39041	41971	39041
				64862	30273	64862	30273
4326	4290			81150	55510	81150	55510
1826933	**1465425**	**196474**	**165763**	**5765772**	**4972397**	**5724024**	**4938493**
54740	**41187**	**3063**	**1782**	**37400**	**31599**	**22660**	**30618**
50040	37187	3063	1782	32844	30705	20307	30618
4700	4000			4556	894	2353	
1772193	**1424238**	**193411**	**163981**	**5728372**	**4940798**	**5701364**	**4907876**
1768558	1418647	193411	163981	5721005	4935472	5693997	4902549
3635	5591			7367	5326	7367	5326

1—7 续表 3—1

专业店(含加油站)

项 目	商品购进总额		统一配送商品购进额	
	2007 年	2006 年	2007 年	2006 年
总 计	**100910855**	**85517308**	**83491239**	**70555425**
批发业	**53147036**	**43481713**	**45723556**	**38169227**
农畜产品批发	7673	7673	7673	7673
食品、饮料及烟草制品专门批发	243673	197475	242824	196779
纺织、服装及日用品批发	41019	43437	41019	43437
文化、体育用品及器材批发	814837	697466	814837	697466
医药及医疗器材批发	301612	231765	290138	226947
矿产品、建材及化工产品批发	50837607	41473081	43437288	36177636
机械设备、五金交电及电子产品批发	394689	350173	394689	350173
贸易经纪与代理				
其他批发	505926	480643	495088	469117
零售业	**47763819**	**42035596**	**37767683**	**32386198**
综合零售	219812	166223	212582	163267
食品、饮料及烟草制品专门零售	268480	240957	239383	221965
纺织、服装及日用品专门零售	167946	129258	83576	63220
文化、体育用品及器材专门零售	655984	551478	544170	437270
医药及医疗器材专门零售	2078821	1893515	1855173	1592275
汽车、摩托车、燃料及零配件专门零售	21551751	21578754	15608581	13914718
家用电器及电子产品专门零售	22298920	16933965	18869379	15619481
五金、家具及室内装修材料专门零售	510418	531068	345777	365088
无店铺及其他零售	11687	10378	9061	8913
直营门店合计	**95966024**	**79669078**	**79983400**	**65882580**
批发业	**52295738**	**42807814**	**45056255**	**37679516**
农畜产品批发	7673	7673	7673	7673
食品、饮料及烟草制品专门批发	234929	188796	234244	188170
纺织、服装及日用品批发	41019	43437	41019	43437
文化、体育用品及器材批发	810551	693485	810551	693485
医药及医疗器材批发	89622	62190	79087	57848
矿产品、建材及化工产品批发	50294842	40996429	43077417	35884625

单位:万元

自有配送中心配送商品购进额		非自有配送中心配送商品购进额		商品销售总额		零售额	
2007年	2006年	2007年	2006年	2007年	2006年	2007年	2006年
66224538	**56986214**	**10546416**	**8306782**	**105733217**	**88676164**	**71772585**	**58122596**
35071461	**29203606**	**7122191**	**6534291**	**56243660**	**47186889**	**34005876**	**25878202**
7673	7673			7673	7673	7673	7673
185497	152048	57327	44731	273242	223766	52555	50991
36165	39417	4854	4020	41809	44419	1449	1487
814837	697466			792430	691078	344805	306972
279472	218066	8420	6638	316099	255486	205685	146028
32858041	27269646	7051590	6478902	53590183	44893436	32525038	24580429
394689	350173			630203	576913	334963	316637
495088	469117			592020	494117	533709	467985
31153077	**27782608**	**3424225**	**1772491**	**49489557**	**41489276**	**37766709**	**32244394**
211083	162024	1499	1243	300711	192818	272780	178375
230471	211889	2121	2445	239011	211186	212795	193948
79018	59399	1968	2047	232688	190619	160972	132928
356412	293656	98031	81360	671664	556956	562934	461614
1662451	1443934	59587	43833	2477482	2168969	2187755	1970889
13176829	11822773	1464249	1184630	22636736	20142541	17042633	14917591
15257125	13579257	1709639	386026	22329617	17439459	16831418	13888542
170626	200764	87131	70908	589421	575086	483195	488865
9061	8913			12228	11642	12228	11642
62807446	**52390041**	**10479152**	**8256664**	**100494879**	**82452347**	**68079340**	**53464781**
34436208	**28743956**	**7090860**	**6504852**	**55377665**	**46491681**	**33542273**	**25523106**
7673	7673			7673	7673	7673	7673
182608	147730	51636	40440	260523	207130	42664	36376
36165	39417	4854	4020	41809	44419	1449	1487
810551	693485			788137	687163	341018	303558
71218	51008	6339	5219	106897	90284	62769	43641
32521729	27000365	7028031	6455173	53052598	44417632	32299669	24375401

1—7 续表 3—2

专业店(含加油站)

项目	商品购进总额		统一配送商品购进额	
	2007 年	2006 年	2007 年	2006 年
机械设备、五金交电及电子产品批发	315766	324713	315766	324713
贸易经纪与代理				
其他批发	490315	471654	479477	460128
零售业	**43670287**	**36861264**	**34927145**	**28203064**
综合零售	218049	166038	212132	163082
食品、饮料及烟草制品专门零售	230629	208135	206548	191696
纺织、服装及日用品专门零售	164889	126340	80719	60501
文化、体育用品及器材专门零售	637655	530563	530163	421930
医药及医疗器材专门零售	1800856	1624176	1649845	1415008
汽车、摩托车、燃料及零配件专门零售	19482227	19525743	13858902	12183206
家用电器及电子产品专门零售	19588658	13108385	17013577	12368852
五金、家具及室内装修材料专门零售	510418	531068	345777	365088
无店铺及其他零售	11687	10378	9061	8913
加盟门店合计	**4944831**	**5848231**	**3507838**	**4672845**
批发业	**851298**	**673899**	**667301**	**489711**
农畜产品批发				
食品、饮料及烟草制品专门批发	8744	8679	8580	8609
纺织、服装及日用品批发				
文化、体育用品及器材批发	798	781	798	781
医药及医疗器材批发	204457	153338	203518	152862
矿产品、建材及化工产品批发	542766	476653	359871	293011
机械设备、五金交电及电子产品批发	78923	25460	78923	25460
贸易经纪与代理				
其他批发	15612	8989	15612	8989
零售业	**4093533**	**5174332**	**2840537**	**4183134**
综合零售	1764	185	450	185
食品、饮料及烟草制品专门零售	37851	32822	32835	30269
纺织、服装及日用品专门零售	3057	2919	2857	2719
文化、体育用品及器材专门零售	14175	15777	14008	15340
医药及医疗器材专门零售	273519	266226	201792	174867
汽车、摩托车、燃料及零配件专门零售	937561	899025	617716	577526
家用电器及电子产品专门零售	2710262	3825580	1855802	3250629
五金、家具及室内装修材料专门零售				
无店铺及其他零售				

单位:万元

自有配送中心配送商品购进额		非自有配送中心配送商品购进额		商品销售总额		零售额	
2007年	2006年	2007年	2006年	2007年	2006年	2007年	2006年
315766	324713			533519	532606	249817	283665
479477	460128			576409	485129	533709	467985
28371238	**23646085**	**3388292**	**1751813**	**45117213**	**35960666**	**34537067**	**27941676**
210633	161839	1499	1243	292321	187218	264391	172775
197636	181763	2121	2445	223474	200211	200539	185291
78283	57718		1010	225449	184451	153733	127860
355437	288893	90583	80280	655436	541769	548767	447790
1482227	1288444	55048	40749	2115137	1823188	1871543	1636705
11427150	10091261	1464249	1184630	20302972	18032357	14933786	13017282
13423301	10344105	1687661	370549	19585436	13452408	14954264	10901709
170626	200764	87131	70908	589421	575086	483195	488865
9061	8913			12228	11642	12228	11642
3417091	**4596173**	**67264**	**50118**	**5238339**	**6223818**	**3693245**	**4657815**
635253	**459650**	**31331**	**29440**	**865995**	**695208**	**463603**	**355096**
2889	4318	5691	4291	12719	16636	9890	14615
798	781			795	779	607	596
200720	150821	2081	1419	202600	148694	142592	101886
336312	269282	23559	23730	537586	475804	225368	205028
78923	25460			96684	44307	85146	32972
15612	8989			15612	8989		
2781839	**4136523**	**35933**	**20678**	**4372344**	**5528610**	**3229642**	**4302718**
450	185			8389	5600	8389	5600
32835	30126			15537	10975	12255	8657
736	1682	1968	1037	7239	6168	7239	5068
976	4763	7448	1080	11931	10739	10588	9956
180224	155490	4540	3085	357563	342069	311430	330472
617716	577526			1128985	1058338	904068	848462
1833824	3235152	21977	15477	2744182	3987051	1877155	2986833

1—7 续表4—1

加油站

项目	商品购进总额		统一配送商品购进额	
	2007年	2006年	2007年	2006年
总计	**52522643**	**45551096**	**40907073**	**34215048**
批发业	**38305667**	**30868632**	**31097833**	**25754027**
农畜产品批发				
食品、饮料及烟草制品专门批发				
纺织、服装及日用品批发				
文化、体育用品及器材批发				
医药及医疗器材批发				
矿产品、建材及化工产品批发	38294829	30857105	31097833	25754027
机械设备、五金交电及电子产品批发				
贸易经纪与代理				
其他批发	10838	11526		
零售业	**14216976**	**14682465**	**9809240**	**8461021**
综合零售	3856	2956		
食品、饮料及烟草制品专门零售				
纺织、服装及日用品专门零售				
文化、体育用品及器材专门零售				
医药及医疗器材专门零售				
汽车、摩托车、燃料及零配件专门零售	14213120	14679509	9809240	8461021
家用电器及电子产品专门零售				
五金、家具及室内装修材料专门零售				
无店铺及其他零售				
直营门店合计	**51967082**	**44971285**	**40644474**	**33934462**
批发业	**38094886**	**30667327**	**31039201**	**25706179**
农畜产品批发				
食品、饮料及烟草制品专门批发				
纺织、服装及日用品批发				
文化、体育用品及器材批发				
医药及医疗器材批发				
矿产品、建材及化工产品批发	38084048	30655801	31039201	25706179

单位:万元

自有配送中心配送商品购进额		非自有配送中心配送商品购进额		商品销售总额		零售额	
2007 年	2006 年	2007 年	2006 年	2007 年	2006 年	2007 年	2006 年
29614404	**23887806**	**8227681**	**7428389**	**54864220**	**46620548**	**37583166**	**29523224**
21658259	**17031293**	**6875482**	**6325636**	**40026762**	**33658882**	**26040888**	**19495709**
21658259	17031293	6875482	6325636	40015065	33646560	26029190	19483387
				11698	12322	11698	12322
7956146	**6856512**	**1352199**	**1102753**	**14837458**	**12961666**	**11542278**	**10027515**
				2298	2069	2298	2069
7956146	6856512	1352199	1102753	14835160	12959597	11539980	10025446
29351806	**23607220**	**8227681**	**7428389**	**54149344**	**45923013**	**37095117**	**29029890**
21599627	**16983445**	**6875482**	**6325636**	**39815982**	**33457578**	**25849352**	**19307448**
21599627	16983445	6875482	6325636	39804284	33445256	25837654	19295126

1—7 续表 4—2

加油站

项目	商品购进总额		统一配送商品购进额	
	2007 年	2006 年	2007 年	2006 年
机械设备、五金交电及电子产品批发				
贸易经纪与代理				
其他批发	10838	11526		
零售业	**13872196**	**14303958**	**9605273**	**8228283**
综合零售	2542	2956		
食品、饮料及烟草制品专门零售				
纺织、服装及日用品专门零售				
文化、体育用品及器材专门零售				
医药及医疗器材专门零售				
汽车、摩托车、燃料及零配件专门零售	12852768	13278615	8588388	7205896
家用电器及电子产品专门零售				
五金、家具及室内装修材料专门零售				
无店铺及其他零售				
加盟门店合计	**555561**	**579811**	**262599**	**280586**
批发业	**210780**	**201304**	**58632**	**47848**
农畜产品批发				
食品、饮料及烟草制品专门批发				
纺织、服装及日用品批发				
文化、体育用品及器材批发				
医药及医疗器材批发				
矿产品、建材及化工产品批发	210780	201304	58632	47848
机械设备、五金交电及电子产品批发				
贸易经纪与代理				
其他批发				
零售业	**344780**	**378507**	**203967**	**232738**
综合零售	1314			
食品、饮料及烟草制品专门零售				
纺织、服装及日用品专门零售				
文化、体育用品及器材专门零售				
医药及医疗器材专门零售				
汽车、摩托车、燃料及零配件专门零售	228388	246908	88889	101139
家用电器及电子产品专门零售				
五金、家具及室内装修材料专门零售				
无店铺及其他零售				

单位:万元

自有配送中心配送商品购进额		非自有配送中心配送商品购进额		商品销售总额		零售额	
2007年	2006年	2007年	2006年	2007年	2006年	2007年	2006年
				11698	12322	11698	12322
7752179	**6623775**	**1352199**	**1102753**	**14333362**	**12465436**	**11245765**	**9722442**
				1969	2069	1969	2069
6735294	5601388	1352199	1102753	13224838	11518964	10137241	8775970
262599	**280586**			**714877**	**697534**	**488049**	**493334**
58632	**47848**			**210780**	**201304**	**191536**	**188261**
58632	47848			210780	201304	191536	188261
203967	**232738**			**504096**	**496230**	**296513**	**305073**
				329		329	
88889	101139			405543	388787	197960	197630

1—7 续表5—1

专卖店

项目	商品购进总额		统一配送商品购进额	
	2007年	2006年	2007年	2006年
总计	**4851424**	**4232246**	**4455606**	**3870821**
批发业	**849453**	**696032**	**842220**	**689094**
农畜产品批发				
食品、饮料及烟草制品专门批发	297826	233562	296175	232378
纺织、服装及日用品批发	330491	272197	330491	272197
文化、体育用品及器材批发	5583	5753		
医药及医疗器材批发	1522	3515	1522	3515
矿产品、建材及化工产品批发				
机械设备、五金交电及电子产品批发				
贸易经纪与代理				
其他批发	214031	181005	214031	181005
零售业	**4001971**	**3536214**	**3613386**	**3181727**
综合零售	127080	119399	56451	52136
食品、饮料及烟草制品专门零售	291979	227863	248721	206019
纺织、服装及日用品专门零售	2184402	1805308	2176408	1796448
文化、体育用品及器材专门零售	64487	56814	52939	37565
医药及医疗器材专门零售	155518	133883	138071	123410
汽车、摩托车、燃料及零配件专门零售	275340	384899	275340	384899
家用电器及电子产品专门零售	875353	783476	637643	556678
五金、家具及室内装修材料专门零售	5400	4060	5400	4060
无店铺及其他零售	22413	20511	22413	20511
直营门店合计	**4249996**	**3741670**	**3889810**	**3398912**
批发业	**729010**	**594922**	**724655**	**590753**
农畜产品批发				
食品、饮料及烟草制品专门批发	297826	233562	296175	232378
纺织、服装及日用品批发	212927	173855	212927	173855
文化、体育用品及器材批发	2704	2985		
医药及医疗器材批发	1522	3515	1522	3515
矿产品、建材及化工产品批发				

单位:万元

自有配送中心配送商品购进额		非自有配送中心配送商品购进额		商品销售总额		零售额	
2007 年	2006 年	2007 年	2006 年	2007 年	2006 年	2007 年	2006 年
3312930	**2838543**	**340379**	**428944**	**5808951**	**4895371**	**4745664**	**3912999**
609381	**504030**	**18808**	**4059**	**1079507**	**868590**	**362305**	**320563**
296175	232378			385633	247802	58101	55871
311683	268138	18808	4059	479443	437961	267322	238463
				6621	6421	3742	3653
1522	3515			3896	3191	2553	1936
				203914	173215	30587	20640
2703549	**2334513**	**321571**	**424885**	**4729444**	**4026782**	**4383359**	**3592436**
45590	42667	10861	9469	196875	208630	196875	208630
241678	201055	2716	2488	372445	302793	337595	273234
1794103	1536480	29834	20531	2570700	2094547	2387682	1938558
27868	17151	3366	4450	76620	67033	62181	57814
75934	64497	35158	35321	192685	147174	181610	144300
10662	5437	231779	344982	344205	396753	275646	197638
482001	444716	7859	7644	866548	715595	832558	678265
3300	2000			6022	5078	5868	4818
22413	20511			103344	89179	103344	89179
3025877	**2578252**	**318761**	**420749**	**5067684**	**4247087**	**4156705**	**3401330**
503198	**406471**	**7426**	**3276**	**887746**	**689589**	**303015**	**264320**
296175	232378			385633	247802	58101	55871
205501	170579	7426	3276	291425	262613	211774	185873
				2879	2768		
1522	3515			3896	3191	2553	1936

1—7 续表 5—2

专卖店

项目	商品购进总额		统一配送商品购进额	
	2007 年	2006 年	2007 年	2006 年
机械设备、五金交电及电子产品批发				
贸易经纪与代理				
其他批发	214031	181005	214031	181005
零售业	**3520986**	**3146748**	**3165155**	**2808159**
综合零售	83556	78321	12927	11058
食品、饮料及烟草制品专门零售	204677	174170	192257	166430
纺织、服装及日用品专门零售	1853607	1529422	1847517	1522306
文化、体育用品及器材专门零售	63341	55018	51793	35768
医药及医疗器材专门零售	141861	119691	124426	109268
汽车、摩托车、燃料及零配件专门零售	274060	384899	274060	384899
家用电器及电子产品专门零售	875353	783476	637643	556678
五金、家具及室内装修材料专门零售	5400	4060	5400	4060
无店铺及其他零售	19132	17691	19132	17691
加盟门店合计	**601428**	**490576**	**565796**	**471909**
批发业	**120444**	**101110**	**117565**	**98342**
农畜产品批发				
食品、饮料及烟草制品专门批发				
纺织、服装及日用品批发	117565	98342	117565	98342
文化、体育用品及器材批发	2879	2768		
医药及医疗器材批发				
矿产品、建材及化工产品批发				
机械设备、五金交电及电子产品批发				
贸易经纪与代理				
其他批发				
零售业	**480985**	**389466**	**448231**	**373567**
综合零售	43524	41078	43524	41078
食品、饮料及烟草制品专门零售	87302	53693	56464	39589
纺织、服装及日用品专门零售	330795	275887	328892	274142
文化、体育用品及器材专门零售	1146	1796	1146	1796
医药及医疗器材专门零售	13657	14192	13645	14142
汽车、摩托车、燃料及零配件专门零售	1279		1279	
家用电器及电子产品专门零售				
五金、家具及室内装修材料专门零售				
无店铺及其他零售	3281	2820	3281	2820

单位:万元

自有配送中心配送商品购进额		非自有配送中心配送商品购进额		商品销售总额		零售额	
2007年	2006年	2007年	2006年	2007年	2006年	2007年	2006年
				203914	173215	30587	20640
2522679	**2171781**	**311335**	**417473**	**4179937**	**3557498**	**3853691**	**3137010**
11194	8694	1733	2364	158459	165389	158459	165389
185885	161466	2045	2488	273091	231856	242563	206482
1720731	1464036	29511	20348	2193395	1773426	2025895	1627110
26836	15480	3252	4325	75273	65128	60834	55909
64216	52262	35158	35321	173827	129676	162751	126802
9383	5437	231779	344982	344002	396753	275443	197638
482001	444716	7859	7644	866548	715595	832558	678265
3300	2000			6022	5078	5868	4818
19132	17691			89321	74598	89321	74598
287053	**260291**	**21618**	**8195**	**741267**	**648284**	**588959**	**511669**
106183	**97559**	**11382**	**783**	**191761**	**179001**	**59291**	**56244**
106183	97559	11382	783	188019	175348	55549	52591
				3742	3653	3742	3653
180870	**162732**	**10236**	**7413**	**549506**	**469284**	**529668**	**455426**
34396	33973	9128	7105	38416	43242	38416	43242
55793	39589	671		99354	70937	95033	66752
73372	72445	323	182	377305	321121	361788	311448
1031	1671	115	125	1347	1905	1347	1905
11718	12235			18859	17498	18859	17498
1279				203		203	
3281	2820			14023	14581	14023	14581

1—7 续表 6—1

便利店

项　　目	商品购进总额		统一配送商品购进额	
	2007 年	2006 年	2007 年	2006 年
总　　计	**2256305**	**1834656**	**2009281**	**1699456**
批发业	**19882**	**11940**	**6381**	**4528**
农畜产品批发				
食品、饮料及烟草制品专门批发	19882	11940	6381	4528
纺织、服装及日用品批发				
文化、体育用品及器材批发				
医药及医疗器材批发				
矿产品、建材及化工产品批发				
机械设备、五金交电及电子产品批发				
贸易经纪与代理				
其他批发				
零售业	**2236423**	**1822716**	**2002900**	**1694928**
综合零售	2076033	1635120	1844741	1509485
食品、饮料及烟草制品专门零售	104072	135435	102077	134117
纺织、服装及日用品专门零售	236	180		
文化、体育用品及器材专门零售				
医药及医疗器材专门零售	56082	51981	56082	51325
汽车、摩托车、燃料及零配件专门零售				
家用电器及电子产品专门零售				
五金、家具及室内装修材料专门零售				
无店铺及其他零售				
直营门店合计	**1794038**	**1480573**	**1596185**	**1381109**
批发业	**5922**	**5488**	**2264**	**1802**
农畜产品批发				
食品、饮料及烟草制品专门批发	5922	5488	2264	1802
纺织、服装及日用品批发				
文化、体育用品及器材批发				
医药及医疗器材批发				
矿产品、建材及化工产品批发				

单位:万元

自有配送中心配送商品购进额		非自有配送中心配送商品购进额		商品销售总额		零售额	
2007年	2006年	2007年	2006年	2007年	2006年	2007年	2006年
736811	**689929**	**701849**	**509255**	**2656934**	**2230822**	**2466036**	**2057968**
6149	**4284**	**232**	**244**	**20683**	**13265**	**13668**	**9391**
6149	4284	232	244	20683	13265	13668	9391
730662	**685645**	**701617**	**509011**	**2636251**	**2217557**	**2452369**	**2048577**
586496	511076	699268	507347	2426581	2000647	2256745	1843674
88920	124099	2350	1664	102128	131264	88082	119257
				237	85	237	85
55246	50470			107305	85561	107305	85561
550569	**571192**	**612182**	**435980**	**2088775**	**1787695**	**1950685**	**1680129**
2032	**1558**	**232**	**244**	**6284**	**5801**	**3303**	**1928**
2032	1558	232	244	6284	5801	3303	1928

1—7 续表 6—2

便利店

项　　目	商品购进总额		统一配送商品购进额	
	2007 年	2006 年	2007 年	2006 年
机械设备、五金交电及电子产品批发				
贸易经纪与代理				
其他批发				
零售业	**1788116**	**1475086**	**1593921**	**1379307**
综合零售	1633199	1291669	1440797	1197649
食品、饮料及烟草制品专门零售	97935	130484	96142	129381
纺织、服装及日用品专门零售				
文化、体育用品及器材专门零售				
医药及医疗器材专门零售	54648	50972	54648	50316
汽车、摩托车、燃料及零配件专门零售				
家用电器及电子产品专门零售				
五金、家具及室内装修材料专门零售				
无店铺及其他零售				
加盟门店合计	**462267**	**354082**	**413096**	**318347**
批发业	**13960**	**6452**	**4117**	**2726**
农畜产品批发				
食品、饮料及烟草制品专门批发	13960	6452	4117	2726
纺织、服装及日用品批发				
文化、体育用品及器材批发				
医药及医疗器材批发				
矿产品、建材及化工产品批发				
机械设备、五金交电及电子产品批发				
贸易经纪与代理				
其他批发				
零售业	**448307**	**347630**	**408979**	**315621**
综合零售	442834	343451	403944	311836
食品、饮料及烟草制品专门零售	2764	2334	2563	2120
纺织、服装及日用品专门零售	236	180		
文化、体育用品及器材专门零售				
医药及医疗器材专门零售	1434	1009	1434	1009
汽车、摩托车、燃料及零配件专门零售				
家用电器及电子产品专门零售				
五金、家具及室内装修材料专门零售				
无店铺及其他零售				

单位:万元

自有配送中心配送商品购进额		非自有配送中心配送商品购进额		商品销售总额		零售额	
2007年	2006年	2007年	2006年	2007年	2006年	2007年	2006年
548537	**569635**	**611950**	**435736**	**2082491**	**1781894**	**1947383**	**1678201**
407419	398128	609624	434250	1879871	1570161	1758808	1478475
84137	119662	2326	1486	94600	125350	80554	113342
54648	49884			104900	84094	104900	84094
186241	**118736**	**89667**	**73275**	**568159**	**443127**	**515351**	**377840**
4117	**2726**			**14399**	**7463**	**10365**	**7463**
4117	2726			14399	7463	10365	7463
182125	**116010**	**89667**	**73275**	**553760**	**435663**	**504986**	**370376**
179077	112948	89643	73098	546711	430486	497937	365199
1411	1821	24	178	3216	2923	3216	2923
				237	85	237	85
598	586			2405	1467	2405	1467

1—7　续表 7—1

仓储会员店

项　　目	商品购进总额		统一配送商品购进额	
	2007 年	2006 年	2007 年	2006 年
总　　计	**305027**	**218010**	**158065**	**99956**
批发业				
农畜产品批发				
食品、饮料及烟草制品专门批发				
纺织、服装及日用品批发				
文化、体育用品及器材批发				
医药及医疗器材批发				
矿产品、建材及化工产品批发				
机械设备、五金交电及电子产品批发				
贸易经纪与代理				
其他批发				
零售业	**305027**	**218010**	**158065**	**99956**
综合零售	296374	210627	149412	92573
食品、饮料及烟草制品专门零售				
纺织、服装及日用品专门零售				
文化、体育用品及器材专门零售				
医药及医疗器材专门零售				
汽车、摩托车、燃料及零配件专门零售				
家用电器及电子产品专门零售				
五金、家具及室内装修材料专门零售				
无店铺及其他零售	8653	7383	8653	7383
直营门店合计	**299777**	**213530**	**152815**	**95477**
批发业				
农畜产品批发				
食品、饮料及烟草制品专门批发				
纺织、服装及日用品批发				
文化、体育用品及器材批发				
医药及医疗器材批发				
矿产品、建材及化工产品批发				

单位:万元

自有配送中心配送商品购进额		非自有配送中心配送商品购进额		商品销售总额		零售额	
2007 年	2006 年	2007 年	2006 年	2007 年	2006 年	2007 年	2006 年
12376	**7383**	**145689**	**92263**	**336960**	**248113**	**336960**	**248113**
12376	**7383**	**145689**	**92263**	**336960**	**248113**	**336960**	**248113**
3723		145689	92263	328099	239365	328099	239365
8653	7383			8861	8748	8861	8748
7126	**2904**	**145689**	**92263**	**331583**	**242805**	**331583**	**242805**

1—7 续表 7—2

仓储会员店

项目	商品购进总额		统一配送商品购进额	
	2007 年	2006 年	2007 年	2006 年
机械设备、五金交电及电子产品批发				
贸易经纪与代理				
其他批发				
零售业	**299777**	**213530**	**152815**	**95477**
综合零售	296374	210627	149412	92573
食品、饮料及烟草制品专门零售				
纺织、服装及日用品专门零售				
文化、体育用品及器材专门零售				
医药及医疗器材专门零售				
汽车、摩托车、燃料及零配件专门零售				
家用电器及电子产品专门零售				
五金、家具及室内装修材料专门零售				
无店铺及其他零售	3403	2904	3403	2904
加盟门店合计	**5250**	**4480**	**5250**	**4480**
批发业				
农畜产品批发				
食品、饮料及烟草制品专门批发				
纺织、服装及日用品批发				
文化、体育用品及器材批发				
医药及医疗器材批发				
矿产品、建材及化工产品批发				
机械设备、五金交电及电子产品批发				
贸易经纪与代理				
其他批发				
零售业	**5250**	**4480**	**5250**	**4480**
综合零售				
食品、饮料及烟草制品专门零售				
纺织、服装及日用品专门零售				
文化、体育用品及器材专门零售				
医药及医疗器材专门零售				
汽车、摩托车、燃料及零配件专门零售				
家用电器及电子产品专门零售				
五金、家具及室内装修材料专门零售				
无店铺及其他零售	5250	4480	5250	4480

单位:万元

自有配送中心配送商品购进额		非自有配送中心配送商品购进额		商品销售总额		零售额	
2007年	2006年	2007年	2006年	2007年	2006年	2007年	2006年
7126	**2904**	**145689**	**92263**	**331583**	**242805**	**331583**	**242805**
3723		145689	92263	328099	239365	328099	239365
3403	2904			3485	3440	3485	3440
5250	**4480**			**5376**	**5308**	**5376**	**5308**
5250	**4480**			**5376**	**5308**	**5376**	**5308**
5250	4480			5376	5308	5376	5308

1—7 续表 8—1

家居建材商店

项　　目	商品购进总额		统一配送商品购进额	
	2007 年	2006 年	2007 年	2006 年
总　　计	**430348**	**540741**	**217436**	**345497**
批发业				
农畜产品批发				
食品、饮料及烟草制品专门批发				
纺织、服装及日用品批发				
文化、体育用品及器材批发				
医药及医疗器材批发				
矿产品、建材及化工产品批发				
机械设备、五金交电及电子产品批发				
贸易经纪与代理				
其他批发				
零售业	**430348**	**540741**	**217436**	**345497**
综合零售	92641	209726	92641	209726
食品、饮料及烟草制品专门零售				
纺织、服装及日用品专门零售				
文化、体育用品及器材专门零售				
医药及医疗器材专门零售				
汽车、摩托车、燃料及零配件专门零售				
家用电器及电子产品专门零售				
五金、家具及室内装修材料专门零售	337707	331015	124796	135771
无店铺及其他零售				
直营门店合计	**400552**	**504496**	**187641**	**309253**
批发业				
农畜产品批发				
食品、饮料及烟草制品专门批发				
纺织、服装及日用品批发				
文化、体育用品及器材批发				
医药及医疗器材批发				
矿产品、建材及化工产品批发				

单位:万元

自有配送中心配送商品购进额		非自有配送中心配送商品购进额		商品销售总额		零售额	
2007 年	2006 年	2007 年	2006 年	2007 年	2006 年	2007 年	2006 年
89340	**97970**			**595909**	**574821**	**593732**	**572022**
89340	**97970**			**595909**	**574821**	**593732**	**572022**
				165586	177483	165586	177483
89340	97970			430323	397338	428147	394539
89340	**97970**			**561975**	**541303**	**561003**	**539665**

1—7 续表 8—2

家居建材商店

项目	商品购进总额		统一配送商品购进额	
	2007 年	2006 年	2007 年	2006 年
机械设备、五金交电及电子产品批发				
贸易经纪与代理				
其他批发				
零售业	**400552**	**504496**	**187641**	**309253**
综合零售	65322	175069	65322	175069
食品、饮料及烟草制品专门零售				
纺织、服装及日用品专门零售				
文化、体育用品及器材专门零售				
医药及医疗器材专门零售				
汽车、摩托车、燃料及零配件专门零售				
家用电器及电子产品专门零售				
五金、家具及室内装修材料专门零售	335230	329427	122319	134184
无店铺及其他零售				
加盟门店合计	**29795**	**36244**	**29795**	**36244**
批发业				
农畜产品批发				
食品、饮料及烟草制品专门批发				
纺织、服装及日用品批发				
文化、体育用品及器材批发				
医药及医疗器材批发				
矿产品、建材及化工产品批发				
机械设备、五金交电及电子产品批发				
贸易经纪与代理				
其他批发				
零售业	**29795**	**36244**	**29795**	**36244**
综合零售	27319	34657	27319	34657
食品、饮料及烟草制品专门零售				
纺织、服装及日用品专门零售				
文化、体育用品及器材专门零售				
医药及医疗器材专门零售				
汽车、摩托车、燃料及零配件专门零售				
家用电器及电子产品专门零售				
五金、家具及室内装修材料专门零售	2477	1588	2477	1588
无店铺及其他零售				

单位:万元

自有配送中心配送商品购进额		非自有配送中心配送商品购进额		商品销售总额		零售额	
2007年	2006年	2007年	2006年	2007年	2006年	2007年	2006年
89340	**97970**			**561975**	**541303**	**561003**	**539665**
				135195	147378	135195	147378
89340	97970			426780	393925	425808	392286
				33934	**33518**	**32729**	**32357**
				33934	**33518**	**32729**	**32357**
				30391	30105	30391	30105
				3543	3413	2339	2252

1—7 续表 9—1

其他

项目	商品购进总额		统一配送商品购进额	
	2007 年	2006 年	2007 年	2006 年
总计	**3926262**	**3423130**	**3653826**	**3180697**
批发业	**2537576**	**2266246**	**2533202**	**2264246**
农畜产品批发				
食品、饮料及烟草制品专门批发	293907	233150	293907	233150
纺织、服装及日用品批发				
文化、体育用品及器材批发	889938	831620	889938	831620
医药及医疗器材批发	132092	105872	132092	105872
矿产品、建材及化工产品批发	1142155	1040278	1137781	1038278
机械设备、五金交电及电子产品批发	57906	36481	57906	36481
贸易经纪与代理				
其他批发	21579	18846	21579	18846
零售业	**1388685**	**1156884**	**1120624**	**916451**
综合零售	335838	260178	205163	146107
食品、饮料及烟草制品专门零售	85893	58248	81159	54531
纺织、服装及日用品专门零售	47305	29718		
文化、体育用品及器材专门零售	53815	42942	32095	23950
医药及医疗器材专门零售	81085	73743	61675	55061
汽车、摩托车、燃料及零配件专门零售	552269	480307	550715	460963
家用电器及电子产品专门零售	231046	210116	188381	174207
五金、家具及室内装修材料专门零售				
无店铺及其他零售	1435	1633	1435	1633
直营门店合计	**3794985**	**3333864**	**3539888**	**3105043**
批发业	**2464070**	**2219715**	**2461776**	**2219715**
农畜产品批发				
食品、饮料及烟草制品专门批发	293907	233150	293907	233150
纺织、服装及日用品批发				
文化、体育用品及器材批发	889938	831620	889938	831620
医药及医疗器材批发	86355	74153	86355	74153
矿产品、建材及化工产品批发	1116775	1025466	1114481	1025466

单位:万元

自有配送中心配送商品购进额		非自有配送中心配送商品购进额		商品销售总额		零售额	
2007 年	2006 年	2007 年	2006 年	2007 年	2006 年	2007 年	2006 年
2432831	**2118160**	**991624**	**856687**	**4278108**	**3644613**	**2305171**	**1890537**
1627602	**1465181**	**806100**	**731735**	**2700311**	**2367230**	**813613**	**730849**
293907	233150			460637	369713	214	138
889938	831620			862891	801178	399349	377435
80755	75023	9743		108037	84715	74401	58021
359755	325389	778025	712889	1175285	1045961	332533	290843
				71160	44119	7116	4412
3246		18332	18846	22301	21543		
805229	**652979**	**185524**	**124952**	**1577798**	**1277383**	**1491559**	**1159689**
70384	60091	125148	82150	382150	311569	371385	302132
55152	42508	26007	12023	138219	98529	138219	98529
				55131	35809	55131	35809
32095	23950			39066	29745	34373	26864
58733	45925			93518	82209	92639	81279
433417	335446			597929	483341	533852	389160
154013	143428	34369	30779	269932	234691	264107	224426
1435	1633			1853	1490	1853	1490
2376646	**2076500**	**975758**	**850324**	**4126517**	**3535042**	**2189459**	**1814846**
1601914	**1447260**	**796884**	**731735**	**2629359**	**2320727**	**777273**	**716953**
293907	233150			460637	369713	214	138
889938	831620			862891	801178	399349	377435
80755	69914	527		64932	53336	60733	49650
336456	312577	778025	712889	1149088	1030837	309861	285319

1—7 续表 9—2

其他

项目	商品购进总额		统一配送商品购进额	
	2007 年	2006 年	2007 年	2006 年
机械设备、五金交电及电子产品批发	57906	36481	57906	36481
贸易经纪与代理				
其他批发	19190	18846	19190	18846
零售业	**1330915**	**1114150**	**1078111**	**885329**
综合零售	302649	236796	187232	134327
食品、饮料及烟草制品专门零售	62155	40656	57422	36939
纺织、服装及日用品专门零售	47305	29718		
文化、体育用品及器材专门零售	53815	42942	32095	23950
医药及医疗器材专门零售	80241	71983	60831	53310
汽车、摩托车、燃料及零配件专门零售	552269	480307	550715	460963
家用电器及电子产品专门零售	231046	210116	188381	174207
五金、家具及室内装修材料专门零售				
无店铺及其他零售	1435	1633	1435	1633
加盟门店合计	**131276**	**89266**	**113938**	**75654**
批发业	**73506**	**46531**	**71426**	**44531**
农畜产品批发				
食品、饮料及烟草制品专门批发				
纺织、服装及日用品批发				
文化、体育用品及器材批发				
医药及医疗器材批发	45738	31719	45738	31719
矿产品、建材及化工产品批发	25379	14812	23299	12812
机械设备、五金交电及电子产品批发				
贸易经纪与代理				
其他批发	2389		2389	
零售业	**57770**	**42735**	**42512**	**31123**
综合零售	33189	23382	17931	11780
食品、饮料及烟草制品专门零售	23737	17592	23737	17592
纺织、服装及日用品专门零售				
文化、体育用品及器材专门零售				
医药及医疗器材专门零售	844	1761	844	1751
汽车、摩托车、燃料及零配件专门零售				
家用电器及电子产品专门零售				
五金、家具及室内装修材料专门零售				
无店铺及其他零售				

单位：万元

自有配送中心配送商品购进额		非自有配送中心配送商品购进额		商品销售总额		零售额	
2007年	2006年	2007年	2006年	2007年	2006年	2007年	2006年
				71160	44119	7116	4412
858		18332	18846	20651	21543		
774732	**629240**	**178874**	**118589**	**1497158**	**1214315**	**1412185**	**1097893**
64468	54674	118498	75787	343645	281460	333743	272934
31414	24916	26007	12023	96864	66651	96864	66651
				55131	35809	55131	35809
32095	23950			39066	29745	34373	26864
57889	45195			92739	81129	92263	80559
433417	335446			597929	483341	533852	389160
154013	143428	34369	30779	269932	234691	264107	224426
1435	1633			1853	1490	1853	1490
56186	**41660**	**15866**	**6363**	**151591**	**109571**	**115712**	**75691**
25688	**17921**	**9216**		**70951**	**46503**	**36339**	**13896**
	5109	9216		43105	31379	13668	8371
23299	12812			26197	15124	22671	5524
2389				1650			
30497	**23739**	**6650**	**6363**	**80640**	**63068**	**79373**	**61796**
5916	5417	6650	6363	38505	30109	37642	29198
23737	17592			41355	31878	41355	31878
844	730			779	1081	377	720

1—8 按登记注册类型与业态分连锁零售企业基本情况

百货商店

项目	连锁总店数（个）	门店数（个）		年末从业人员（人）		年末营业面积（平方米）	
	2007年	2007年	2006年	2007年	2006年	2007年	2006年
总计	**109**	**6064**	**5353**	**193695**	**177147**	**10896477**	**9378958**
内资企业	94	5955	5259	167528	154494	9282864	7998031
国有企业	7	96	85	12252	11603	584282	538389
集体企业	8	384	318	2397	2632	114744	111316
股份合作企业	3	207	208	735	740	24500	26500
联营企业							
有限责任公司	22	1152	1038	36860	33648	1927722	1568035
股份有限公司	24	3221	2932	94712	84634	5863749	5041369
私营企业	29	625	510	19400	20167	740067	693422
其他企业	1	270	168	1172	1070	27800	19000
港、澳、台商投资企业	7	64	56	14672	12178	812564	679759
外商投资企业	8	45	38	11495	10475	801049	701168
直营门店合计	**—**	**1674**	**1509**	**160863**	**147408**	**10156463**	**8661313**
内资企业	—	1570	1420	136525	126338	8630250	7367786
国有企业	—	66	67	9734	9596	516952	426889
集体企业	—	60	63	1767	2151	93621	94768
股份合作企业	—	12	13	335	340	13000	15000
联营企业	—						
有限责任公司	—	589	525	36072	32938	1897418	1546131
股份有限公司	—	581	523	70505	62042	5427252	4655966
私营企业	—	250	221	17652	18551	667007	619032
其他企业	—	12	8	460	720	15000	10000
港、澳、台商投资企业	—	59	51	12843	10595	725164	592359
外商投资企业	—	45	38	11495	10475	801049	701168
加盟门店合计	**—**	**4390**	**3844**	**32832**	**29739**	**740014**	**717645**
内资企业	—	4385	3839	31003	28156	652614	630245
国有企业	—	30	18	2518	2007	67330	111500
集体企业	—	324	255	630	481	21123	16548
股份合作企业	—	195	195	400	400	11500	11500
联营企业	—						
有限责任公司	—	563	513	788	710	30304	21904
股份有限公司	—	2640	2409	24207	22592	436497	385403
私营企业	—	375	289	1748	1616	73060	74390
其他企业	—	258	160	712	350	12800	9000
港、澳、台商投资企业	—	5	5	1829	1583	87400	87400
外商投资企业	—						

1—8 续表1

超级市场

项目	连锁总店数（个）	门店数（个）		年末从业人员（人）		年末营业面积（平方米）	
	2007年	2007年	2006年	2007年	2006年	2007年	2006年
总计	**490**	**25185**	**21066**	**707303**	**654477**	**27307169**	**24500729**
内资企业	424	22294	18530	494109	463436	20235606	18417371
国有企业	11	280	312	11020	9976	389854	384459
集体企业	9	415	146	3159	2900	155007	110618
股份合作企业	7	318	280	5915	5171	256678	238210
联营企业	1	53	41	375	262	10600	8200
有限责任公司	173	10091	8392	242492	218785	10825057	9645151
股份有限公司	28	6518	5996	144321	147948	5283698	4998647
私营企业	193	4570	3336	86300	77956	3238008	2955825
其他企业	2	49	27	527	438	76704	76261
港、澳、台商投资企业	15	423	364	33392	31600	1150888	1065085
外商投资企业	51	2468	2172	179802	159441	5920675	5018273
直营门店合计	**—**	**13567**	**12392**	**586533**	**537561**	**23654026**	**21247808**
内资企业	—	11943	11008	425031	400754	17865233	16398597
国有企业	—	280	297	11020	9940	389854	382234
集体企业	—	122	112	2649	2776	144091	107838
股份合作企业	—	68	59	4861	4217	136588	123120
联营企业	—	53	41	375	262	10600	8200
有限责任公司	—	6202	5680	223841	204007	9782635	8882036
股份有限公司	—	2411	2397	102851	107473	4328454	4073855
私营企业	—	2799	2413	79001	71687	2999168	2746671
其他企业	—	8	9	433	392	73843	74643
港、澳、台商投资企业	—	382	331	31046	29533	1056061	977135
外商投资企业	—	1242	1053	130456	107274	4732732	3872076
加盟门店合计	**—**	**11618**	**8674**	**120770**	**116916**	**3653143**	**3252921**
内资企业	—	10351	7522	69078	62682	2370373	2018774
国有企业	—		15		36		2225
集体企业	—	293	34	510	124	10916	2780
股份合作企业	—	250	221	1054	954	120090	115090
联营企业	—						
有限责任公司	—	3889	2712	18651	14778	1042422	763115
股份有限公司	—	4107	3599	41470	40475	955244	924792
私营企业	—	1771	923	7299	6269	238840	209154
其他企业	—	41	18	94	46	2861	1618
港、澳、台商投资企业	—	41	33	2346	2067	94827	87950
外商投资企业	—	1226	1119	49346	52167	1187943	1146197

1—8　续表2

专业店

项　　目	连锁总店数（个）	门店数（个）		年末从业人员（人）		年末营业面积（平方米）	
	2007年	2007年	2006年	2007年	2006年	2007年	2006年
总　　计	**773**	**68967**	**63992**	**675962**	**805764**	**54893820**	**49691250**
内资企业	748	67354	62937	643681	784935	52293338	48576736
国有企业	95	8967	8501	76017	68514	7289953	6125698
集体企业	11	351	349	1758	1777	43503	42733
股份合作企业	11	326	251	2852	2523	98643	75101
联营企业	4	221	218	14827	17100	314161	314041
有限责任公司	261	21291	19196	121525	111703	4393866	3818558
股份有限公司	136	27271	26529	328563	495034	36736679	35319615
私营企业	224	8687	7643	96352	86700	3379583	2846754
其他企业	6	240	250	1787	1584	36950	34236
港、澳、台商投资企业	9	446	407	2755	2455	50923	46025
外商投资企业	16	1167	648	29526	18374	2549559	1068489
直营门店合计	**—**	**48669**	**45701**	**561591**	**686762**	**51334420**	**46443874**
内资企业	—	47103	44748	530643	667309	48767148	45361636
国有企业	—	8018	7558	68620	61059	6783061	5593421
集体企业	—	126	123	1300	1316	35905	35295
股份合作企业	—	208	113	1719	1411	53269	50935
联营企业	—	69	68	1747	1844	65861	71761
有限责任公司	—	6830	6612	79686	73216	3143401	2735246
股份有限公司	—	25977	25358	289996	450818	35609202	34286294
私营企业	—	5671	4704	85843	76131	3041499	2556448
其他企业	—	204	212	1732	1514	34950	32236
港、澳、台商投资企业	—	405	368	2522	2212	33073	29315
外商投资企业	—	1161	585	28426	17241	2534199	1052923
加盟门店合计	**—**	**20298**	**18291**	**114371**	**119002**	**3559400**	**3247376**
内资企业	—	20251	18189	113038	117626	3526190	3215100
国有企业	—	949	943	7397	7455	506892	532277
集体企业	—	225	226	458	461	7598	7438
股份合作企业	—	118	138	1133	1112	45374	24166
联营企业	—	152	150	13080	15256	248300	242280
有限责任公司	—	14461	12584	41839	38487	1250465	1083312
股份有限公司	—	1294	1171	38567	44216	1127477	1033321
私营企业	—	3016	2939	10509	10569	338084	290306
其他企业	—	36	38	55	70	2000	2000
港、澳、台商投资企业	—	41	39	233	243	17850	16710
外商投资企业	—	6	63	1100	1133	15360	15566

1—8 续表3

加油站

项目	连锁总店数（个）	门店数（个）		年末从业人员（人）		年末营业面积（平方米）	
	2007年	2007年	2006年	2007年	2006年	2007年	2006年
总计	**103**	**21323**	**20551**	**190213**	**177808**	**32525240**	**30401697**
内资企业	101	21206	20450	187988	175914	32191440	30197197
国有企业	25	3340	2904	23372	19233	5609658	4576748
集体企业							
股份合作企业							
联营企业	2	5	7	206	237	13831	19831
有限责任公司	5	243	209	2457	2197	204587	192534
股份有限公司	68	17581	17293	161618	153987	26273614	25323584
私营企业	1	37	37	335	260	89750	84500
其他企业							
港、澳、台商投资企业							
外商投资企业	2	117	101	2225	1894	333800	204500
直营门店合计	**—**	**20787**	**20144**	**187129**	**173659**	**31993010**	**29789560**
内资企业	—	20670	20043	184904	171765	31659210	29585060
国有企业	—	3154	2702	22644	17649	5262028	4193018
集体企业	—						
股份合作企业	—						
联营企业	—	5	7	206	237	13831	19831
有限责任公司	—	243	209	2457	2197	204587	192534
股份有限公司	—	17231	17088	159262	151422	26089014	25095177
私营企业	—	37	37	335	260	89750	84500
其他企业	—						
港、澳、台商投资企业	—						
外商投资企业	—	117	101	2225	1894	333800	204500
加盟门店合计	**—**	**536**	**407**	**3084**	**4149**	**532230**	**612137**
内资企业	—	536	407	3084	4149	532230	612137
国有企业	—	186	202	728	1584	347630	383730
集体企业	—						
股份合作企业	—						
联营企业	—						
有限责任公司	—						
股份有限公司	—	350	205	2356	2565	184600	228407
私营企业	—						
其他企业	—						
港、澳、台商投资企业	—						
外商投资企业	—						

1—8 续表4

专卖店

项目	连锁总店数（个）	门店数（个）		年末从业人员（人）		年末营业面积（平方米）	
	2007年	2007年	2006年	2007年	2006年	2007年	2006年
总　计	**170**	**20540**	**18005**	**134970**	**93645**	**1692105**	**1328710**
内资企业	150	12782	10557	106033	66818	1269713	1016550
国有企业	10	218	214	1102	1074	44717	36515
集体企业	1	2	3	95	90	70	80
股份合作企业	3	148	148	1020	1017	10670	11193
联营企业	2	331	270	2385	1691	27763	20107
有限责任公司	57	3746	3356	22846	22284	404303	354461
股份有限公司	7	1525	1351	5315	5049	90203	74228
私营企业	67	6754	5166	71761	34528	633726	478666
其他企业	3	58	49	1509	1085	58261	41300
港、澳、台商投资企业	10	833	611	8188	6071	187247	80968
外商投资企业	10	6925	6837	20749	20756	235145	231192
直营门店合计	**—**	**8073**	**6076**	**66902**	**54013**	**1248117**	**898088**
内资企业	—	7432	5596	56415	45621	1063949	827164
国有企业	—	113	109	885	867	40837	32735
集体企业	—	2	3	95	90	70	80
股份合作企业	—	148	148	1020	1017	10670	11193
联营企业	—	245	154	1762	965	21575	12394
有限责任公司	—	1997	1831	16801	15456	340734	277577
股份有限公司	—	562	186	2400	1472	47716	29424
私营企业	—	4323	3129	31990	24707	545022	423173
其他企业	—	42	36	1462	1047	57325	40588
港、澳、台商投资企业	—	368	189	5088	3261	148923	46144
外商投资企业	—	273	291	5399	5131	35245	24780
加盟门店合计	**—**	**12467**	**11929**	**68068**	**39632**	**443988**	**430622**
内资企业	—	5350	4961	49618	21197	205764	189386
国有企业	—	105	105	217	207	3880	3780
集体企业	—						
股份合作企业	—						
联营企业	—	86	116	623	726	6188	7713
有限责任公司	—	1749	1525	6045	6828	63569	76884
股份有限公司	—	963	1165	2915	3577	42487	44804
私营企业	—	2431	2037	39771	9821	88704	55493
其他企业	—	16	13	47	38	936	712
港、澳、台商投资企业	—	465	422	3100	2810	38324	34824
外商投资企业	—	6652	6546	15350	15625	199900	206412

1—8 续表5

便利店

项目	连锁总店数（个）	门店数（个）		年末从业人员（人）		年末营业面积（平方米）	
	2007年	2007年	2006年	2007年	2006年	2007年	2006年
总计	**103**	**17126**	**13817**	**92360**	**78929**	**1725241**	**1437804**
内资企业	93	15918	12794	81086	69827	1549943	1284838
国有企业	6	440	463	3456	3590	33455	37039
集体企业	3	677	668	2295	2335	62860	61208
股份合作企业	1	27	17	744	675	16000	4503
联营企业							
有限责任公司	40	10185	8881	51279	46110	940444	820836
股份有限公司	4	1703	848	7215	3847	177857	102670
私营企业	37	2799	1834	15142	12478	309627	251882
其他企业	2	87	83	955	792	9700	6700
港、澳、台商投资企业	5	656	499	6415	5027	111400	94300
外商投资企业	5	552	524	4859	4075	63898	58666
直营门店合计	**—**	**7345**	**7092**	**61226**	**56477**	**1024713**	**936675**
内资企业	—	6400	6296	50893	47970	864371	796480
国有企业	—	340	351	2963	3073	27575	30910
集体企业	—	24	24	898	956	28480	27180
股份合作企业	—	23	15	712	667	15700	4343
联营企业	—						
有限责任公司	—	5238	5106	36106	33141	583556	535989
股份有限公司	—	46	46	783	781	32534	27519
私营企业	—	707	736	8618	8692	172906	166919
其他企业	—	22	18	813	660	3620	3620
港、澳、台商投资企业	—	615	494	6127	4991	109104	94015
外商投资企业	—	330	302	4206	3516	51238	46180
加盟门店合计	**—**	**9781**	**6725**	**31134**	**22452**	**700528**	**501129**
内资企业	—	9518	6498	30193	21857	685572	488358
国有企业	—	100	112	493	517	5880	6129
集体企业	—	653	644	1397	1379	34380	34028
股份合作企业	—	4	2	32	8	300	160
联营企业	—						
有限责任公司	—	4947	3775	15173	12969	356888	284847
股份有限公司	—	1657	802	6432	3066	145323	75151
私营企业	—	2092	1098	6524	3786	136721	84963
其他企业	—	65	65	142	132	6080	3080
港、澳、台商投资企业	—	41	5	288	36	2296	285
外商投资企业	—	222	222	653	559	12660	12486

1—8 续表 6

仓储会员店

项　目	连锁总店数（个）	门店数（个）		年末从业人员（人）		年末营业面积（平方米）	
	2007年	2007年	2006年	2007年	2006年	2007年	2006年
总　计	**4**	**51**	**48**	**4725**	**3795**	**162834**	**132114**
内资企业	1	38	38	89	89	860	860
国有企业							
集体企业							
股份合作企业							
联营企业							
有限责任公司	1	38	38	89	89	860	860
股份有限公司							
私营企业							
其他企业							
港、澳、台商投资企业							
外商投资企业	3	13	10	4636	3706	161974	131254
直营门店合计	**—**	**24**	**21**	**4671**	**3741**	**162314**	**131594**
内资企业	—	11	11	35	35	340	340
国有企业	—						
集体企业	—						
股份合作企业	—						
联营企业	—						
有限责任公司	—	11	11	35	35	340	340
股份有限公司	—						
私营企业	—						
其他企业	—						
港、澳、台商投资企业	—						
外商投资企业	—	13	10	4636	3706	161974	131254
加盟门店合计	**—**	**27**	**27**	**54**	**54**	**520**	**520**
内资企业	—	27	27	54	54	520	520
国有企业	—						
集体企业	—						
股份合作企业	—						
联营企业	—						
有限责任公司	—	27	27	54	54	520	520
股份有限公司	—						
私营企业	—						
其他企业	—						
港、澳、台商投资企业	—						
外商投资企业	—						

1—8　续表7

家居建材店

项　　目	连锁总店数（个）	门店数（个）		年末从业人员（人）		年末营业面积（平方米）	
	2007年	2007年	2006年	2007年	2006年	2007年	2006年
总　　计	**15**	**80**	**82**	**8134**	**8268**	**752194**	**961564**
内资企业	6	56	59	4024	3920	459866	674747
国有企业							
集体企业							
股份合作企业							
联营企业							
有限责任公司	3	39	41	3076	3047	315935	531824
股份有限公司	1	3	5	132	168	14043	14043
私营企业	2	14	13	816	705	129888	128880
其他企业							
港、澳、台商投资企业							
外商投资企业	9	24	23	4110	4348	292328	286817
直营门店合计	**—**	**71**	**71**	**7270**	**7396**	**658486**	**836263**
内资企业	—	47	48	3160	3048	366158	549446
国有企业	—						
集体企业	—						
股份合作企业	—						
联营企业	—						
有限责任公司	—	31	33	2265	2237	225998	410294
股份有限公司	—	2	2	79	106	10272	10272
私营企业	—	14	13	816	705	129888	128880
其他企业	—						
港、澳、台商投资企业	—						
外商投资企业	—	24	23	4110	4348	292328	286817
加盟门店合计	**—**	**9**	**11**	**864**	**872**	**93708**	**125301**
内资企业	—	9	11	864	872	93708	125301
国有企业	—						
集体企业	—						
股份合作企业	—						
联营企业	—						
有限责任公司	—	8	8	811	810	89937	121530
股份有限公司	—	1	3	53	62	3771	3771
私营企业	—						
其他企业	—						
港、澳、台商投资企业	—						
外商投资企业	—						

1—8 续表 8

其他

项　　目	连锁总店数（个）	门店数（个）		年末从业人员（人）		年末营业面积（平方米）	
	2007 年	2007 年	2006 年	2007 年	2006 年	2007 年	2006 年
总　　计	**65**	**7353**	**6561**	**44752**	**48588**	**3010335**	**2358766**
内资企业	61	6211	5658	39788	44364	2917201	2276288
国有企业	6	1034	1144	7993	8387	603314	379646
集体企业	4	690	637	1498	1436	251322	97756
股份合作企业	3	116	125	392	372	6045	5619
联营企业							
有限责任公司	29	2705	2346	15698	20602	454214	339305
股份有限公司	9	967	970	8660	8492	1427366	1311509
私营企业	9	460	260	4110	3870	145909	124991
其他企业	1	239	176	1437	1205	29031	17462
港、澳、台商投资企业	1	1106	866	3318	2598	22121	17365
外商投资企业	3	36	37	1646	1626	71013	65113
直营门店合计	**—**	**4256**	**3914**	**38020**	**35400**	**2856443**	**2243190**
内资企业	—	3557	3358	34385	32217	2772162	2167691
国有企业	—	1034	1144	7993	8387	603314	379646
集体企业	—	39	32	196	224	211262	62146
股份合作企业	—	64	73	242	222	3945	3519
联营企业	—						
有限责任公司	—	1006	847	12208	10279	358755	276523
股份有限公司	—	859	857	8390	8202	1423046	1307024
私营企业	—	316	229	3919	3698	142809	121371
其他企业	—	239	176	1437	1205	29031	17462
港、澳、台商投资企业	—	663	519	1989	1557	13268	10386
外商投资企业	—	36	37	1646	1626	71013	65113
加盟门店合计	**—**	**3097**	**2647**	**6732**	**13188**	**153892**	**115576**
内资企业	—	2654	2300	5403	12147	145039	108597
国有企业	—						
集体企业	—	651	605	1302	1212	40060	35610
股份合作企业	—	52	52	150	150	2100	2100
联营企业	—						
有限责任公司	—	1699	1499	3490	10323	95459	62782
股份有限公司	—	108	113	270	290	4320	4485
私营企业	—	144	31	191	172	3100	3620
其他企业	—						
港、澳、台商投资企业	—	443	347	1329	1041	8853	6979
外商投资企业	—						

1—9　按登记注册类型与业态分连锁零售企业经营情况

百货商店　　　　单位:万元

项目	商品购进总额		统一配送商品购进额	
	2007年	2006年	2007年	2006年
总计	**14972752**	**12443322**	**6719173**	**5508955**
内资企业	12265081	10293693	4283026	3589141
国有企业	835575	749554	772314	698561
集体企业	92174	78613	35036	21277
股份合作企业	2353	2457	2013	2243
联营企业				
有限责任公司	2650020	2160340	413092	319425
股份有限公司	8068894	6871658	2840565	2339974
私营企业	612355	429321	219507	207661
其他企业	3710	1750	500	
港、澳、台商投资企业	1417844	1103469	1288588	997067
外商投资企业	1289828	1046161	1147560	922746
直营门店合计	**14245806**	**11813836**	**6458926**	**5289503**
内资企业	11644451	9745240	4040518	3384106
国有企业	786289	699585	723028	648592
集体企业	81712	70841	28802	16739
股份合作企业	1953	2057	1613	1843
联营企业				
有限责任公司	2613108	2155010	385546	316908
股份有限公司	7552350	6393011	2683800	2194559
私营企业	607080	423536	217230	205465
其他企业	1960	1200	500	
港、澳、台商投资企业	1311527	1022436	1270849	982651
外商投资企业	1289828	1046161	1147560	922746
加盟门店合计	**726947**	**629486**	**260247**	**219452**
内资企业	620630	548453	242508	205036
国有企业	49286	49969	49286	49969
集体企业	10462	7772	6233	4538
股份合作企业	400	400	400	400
联营企业				
有限责任公司	36913	5329	27546	2517
股份有限公司	516544	478648	156765	145416
私营企业	5275	5785	2277	2196
其他企业	1750	550		
港、澳、台商投资企业	106317	81033	17739	14416
外商投资企业				

1—9 续表1

百货商店

项目	自有配送中心配送商品购进额		非自有配送中心配送商品购进额	
	2007年	2006年	2007年	2006年
总计	**4387628**	**3525577**	**767138**	**619827**
内资企业	3272350	2679596	81368	64919
国有企业	87473	72828		
集体企业	35036	21277		
股份合作企业	2013	2243		
联营企业				
有限责任公司	354619	283319	1200	300
股份有限公司	2608407	2126901	57258	43826
私营企业	184302	173028	22910	20794
其他企业	500			
港、澳、台商投资企业	611106	442537	304417	266237
外商投资企业	504173	403444	381353	288671
直营门店合计	**4252194**	**3429021**	**759468**	**612838**
内资企业	3154655	2597456	73697	57930
国有企业	87473	72828		
集体企业	28802	16739		
股份合作企业	1613	1843		
联营企业				
有限责任公司	328393	281492	400	100
股份有限公司	2525849	2053722	50388	37036
私营企业	182025	170832	22910	20794
其他企业	500			
港、澳、台商投资企业	593367	428120	304417	266237
外商投资企业	504173	403444	381353	288671
加盟门店合计	**135434**	**96557**	**7670**	**6989**
内资企业	117695	82140	7670	6989
国有企业				
集体企业	6233	4538		
股份合作企业	400	400		
联营企业				
有限责任公司	26227	1826	800	200
股份有限公司	82558	73180	6870	6789
私营企业	2277	2196		
其他企业				
港、澳、台商投资企业	17739	14416		
外商投资企业				

单位:万元

商品销售总额		零售额	
2007年	2006年	2007年	2006年
18007382	**14818441**	**15127320**	**12466024**
14638367	12121081	11979625	9958049
1050953	903664	926541	767743
98666	87011	95966	84026
2959	3179	2959	3179
2824928	2264110	2285060	1813855
9976591	8308053	7989115	6745081
680670	553565	676384	542664
3600	1500	3600	1500
1760716	1398073	1539396	1208688
1608299	1299287	1608299	1299287
17066135	**13946143**	**14191541**	**11601110**
13862126	11368605	11208851	9212957
1000820	852739	876408	716818
88553	79508	88553	79024
2519	2739	2519	2739
2785219	2258673	2248119	1808779
9306439	7670392	7318963	6107420
676676	503554	672390	497177
1900	1000	1900	1000
1595711	1278251	1374391	1088866
1608299	1299287	1608299	1299287
941247	**872298**	**935780**	**864914**
776241	752476	770774	745092
50133	50925	50133	50925
10113	7502	7413	5002
440	440	440	440
39709	5437	36942	5077
670152	637661	670152	637661
3994	50011	3994	45487
1700	500	1700	500
165006	119822	165006	119822

1—9 续表2

超级市场

项目	商品购进总额		统一配送商品购进额	
	2007年	2006年	2007年	2006年
总计	**31517207**	**26265009**	**24719453**	**20396642**
内资企业	19296854	16506672	15238743	12837079
国有企业	394759	436650	278749	279419
集体企业	98810	83868	88685	79968
股份合作企业	77154	73366	43082	39642
联营企业	6552	3041	6552	3041
有限责任公司	9199163	7686875	7395671	6085491
股份有限公司	6812113	5974511	5306393	4607748
私营企业	2635375	2176509	2046820	1669918
其他企业	72929	71852	72792	71852
港、澳、台商投资企业	2212913	1832831	1681326	1425323
外商投资企业	10007440	7925506	7799384	6134241
直营门店合计	**26351528**	**22187699**	**21183138**	**17651809**
内资企业	16702643	14530360	13136993	11279364
国有企业	394759	436526	278749	279389
集体企业	91664	82751	87664	78851
股份合作企业	76684	73023	42612	39299
联营企业	6552	3041	6552	3041
有限责任公司	8838100	7459954	7120986	5904589
股份有限公司	4830632	4410455	3703536	3396844
私营企业	2392197	1992759	1824863	1505499
其他企业	72054	71852	72030	71852
港、澳、台商投资企业	2058318	1695583	1526730	1288075
外商投资企业	7590567	5961755	6519415	5084369
加盟门店合计	**5165679**	**4077310**	**3536315**	**2744834**
内资企业	2594211	1976312	2101750	1557714
国有企业		124		30
集体企业	7146	1117	1021	1117
股份合作企业	470	343	470	343
联营企业				
有限责任公司	361063	226921	274684	180901
股份有限公司	1981480	1564056	1602857	1210904
私营企业	243177	183750	221956	164419
其他企业	875		762	
港、澳、台商投资企业	154596	137248	154596	137248
外商投资企业	2416872	1963751	1279969	1049872

单位:万元

自有配送中心配送商品购进额		非自有配送中心配送商品购进额		商品销售总额		零售额	
2007年	2006年	2007年	2006年	2007年	2006年	2007年	2006年
13373861	**11033370**	**3580078**	**3026565**	**40125986**	**34433463**	**33320719**	**28377495**
9080005	7733414	1552343	1397151	24489098	21630291	20841264	18036030
191673	212479	1568	767	417996	405842	365999	348856
85531	77218	3154	2750	111906	82310	90363	71270
29019	28738	5093	2286	89350	75722	89350	75722
6552	3041			6143	2848	6143	2848
4273035	3453553	1030267	951302	11210431	9858485	9756724	8534628
3453463	3040843	82103	53340	9738550	8801467	7687491	6656531
1039501	917542	358599	314854	2841372	2334730	2771844	2277290
1233		71559	71852	73350	68885	73350	68885
1112671	931868	442234	374659	2937966	2434169	2318584	1933290
3181185	2368087	1585502	1254755	12698922	10369004	10160871	8408176
11546928	**9567945**	**3383604**	**2860803**	**34360214**	**29461067**	**27596695**	**23439002**
7450530	6422897	1480006	1344180	21698206	19410068	18092120	15849710
191673	212449	1568	767	417996	405581	365999	348595
84510	76101	3154	2750	105360	80990	83817	69950
29019	28738	4693	2011	88895	75185	88895	75185
6552	3041			6143	2848	6143	2848
4021865	3292509	1019166	942893	10742542	9513664	9305671	8212727
2203335	2000207	80213	52090	7647545	7105379	5615179	4969788
913106	809852	299654	271817	2617298	2157535	2553988	2101732
471		71559	71852	72427	68885	72427	68885
1080642	905768	319667	263512	2738778	2263225	2119396	1762346
3015756	2239280	1583931	1253111	9923231	7787774	7385180	5826946
1826933	**1465425**	**196474**	**165763**	**5765772**	**4972397**	**5724024**	**4938493**
1629475	1310516	72336	52972	2790892	2220223	2749144	2186320
	30				261		261
1021	1117			6546	1320	6546	1320
		400	275	455	537	455	537
251170	161043	11101	8410	467889	344822	451053	321901
1250128	1040636	1890	1250	2091005	1696088	2072312	1686743
126395	107690	58945	43037	224074	177195	217856	175558
762				923		923	
32029	26101	122567	111147	199188	170944	199188	170944
165429	128808	1571	1644	2775692	2581230	2775692	2581230

1—9 续表 3

专业店(含加油站)

项目	商品购进总额		统一配送商品购进额	
	2007 年	2006 年	2007 年	2006 年
总计	**100910855**	**85517308**	**83491239**	**70555425**
内资企业	96549532	82688823	79516825	68031801
国有企业	11276923	10004914	9522904	8315893
集体企业	64971	60156	55187	50991
股份合作企业	63205	54512	60158	50951
联营企业	1246086	1309621	718880	692030
有限责任公司	7480735	6075871	6763956	5361648
股份有限公司	68770247	58922803	55359013	47815726
私营企业	7542905	6178843	6932346	5662585
其他企业	104460	82105	104380	81977
港、澳、台商投资企业	120504	103328	120504	103328
外商投资企业	4240820	2725158	3853911	2420296
直营门店合计	**95966024**	**79669078**	**79983400**	**65882580**
内资企业	91680159	77424782	76075970	63858396
国有企业	10941486	9673118	9363389	8155925
集体企业	44357	41285	42123	37720
股份合作企业	48043	36840	45974	34959
联营企业	387595	384259	298219	247857
有限责任公司	6859323	5544134	6182530	4874972
股份有限公司	66075678	55693486	53401984	44946307
私营企业	7219638	5970060	6637791	5479183
其他企业	104040	81601	103960	81474
港、澳、台商投资企业	101544	84415	101544	84415
外商投资企业	4184321	2159881	3805886	1939769
加盟门店合计	**4944831**	**5848231**	**3507838**	**4672845**
内资企业	4869372	5264041	3440855	4173405
国有企业	335437	331796	159515	159968
集体企业	20614	18871	13064	13271
股份合作企业	15163	17672	14185	15992
联营企业	858491	925361	420660	444173
有限责任公司	621411	531737	581426	486675
股份有限公司	2694570	3229317	1957029	2869419
私营企业	323267	208783	294555	183402
其他企业	420	504	420	504
港、澳、台商投资企业	18959	18913	18959	18913
外商投资企业	56500	565276	48025	480527

单位:万元

自有配送中心配送商品购进额		非自有配送中心配送商品购进额		商品销售总额		零售额	
2007 年	2006 年	2007 年	2006 年	2007 年	2006 年	2007 年	2006 年
66224538	**56986214**	**10546416**	**8306782**	**105733217**	**88676164**	**71772585**	**58122596**
65159355	54916187	8567067	7857987	101047021	85845691	68042103	55779002
7600864	6519624	1325178	1253093	12102125	10350599	8387778	7307283
47317	42591	7870	8400	74647	68698	62730	59078
23871	20729	9509	500	58915	50426	57609	49240
639447	621814			1273645	1323719	1071612	1120122
5386492	4181343	459717	400270	7903188	6488259	5556054	4507885
45881320	39090129	6540357	5984443	71984125	61082593	45980816	37037078
5523517	4390973	176581	178289	7527591	6387815	6815858	5614039
56526	48984	47854	32993	122785	93584	109646	84277
120504	103328			133140	120273	96425	87747
944679	1966699	1979349	448796	4553057	2710200	3634058	2255847
62807446	**52390041**	**10479152**	**8256664**	**100494879**	**82452347**	**68079340**	**53464781**
61809247	50819174	8499803	7808149	95833072	80148672	64361710	51635551
7443620	6361049	1322907	1251843	11744771	9988345	8072925	6977964
41073	36880	1050	840	51284	47444	45467	43224
22439	14679	2281		46836	38679	45617	37510
218787	177640			388603	388935	213108	228238
4849870	3731661	425503	371514	7181408	5878797	5196703	4192549
43928545	36225547	6540357	5984443	69103980	57537496	44112469	34617287
5248807	4223239	159851	166516	7193961	6176056	6566330	5455165
56106	48480	47854	32993	122229	92921	109091	83614
101544	84415			113815	100459	88638	80369
896655	1486452	1979349	448515	4547992	2203215	3628993	1748862
3417091	**4596173**	**67264**	**50118**	**5238339**	**6223818**	**3693245**	**4657815**
3350108	4097014	67264	49838	5213948	5697019	3680393	4143451
157244	158575	2271	1249	357354	362253	314852	329319
6244	5711	6820	7560	23363	21254	17263	15854
1432	6051	7229	500	12079	11747	11992	11730
420660	444173			885042	934784	858504	891884
536622	449682	34214	28755	721780	609462	359352	315336
1952775	2864582			2880145	3545097	1868346	2419791
274710	167735	16730	11773	333630	211759	249529	158874
420	504			556	663	556	663
18959	18913			19325	19814	7787	7379
48025	480247		280	5066	506985	5066	506985

1—9 续表4

加油站

项　　目	商品购进总额		统一配送商品购进额	
	2007年	2006年	2007年	2006年
总　　计	**52522643**	**45551096**	**40907073**	**34215048**
内资企业	52043042	45289552	40427472	33953504
国有企业	5577233	4682704	5112541	4234241
集体企业				
股份合作企业				
联营企业	86283	80058	86283	80058
有限责任公司	344177	322228	344177	322228
股份有限公司	45945144	40129607	34794267	29242021
私营企业	90205	74956	90205	74956
其他企业				
港、澳、台商投资企业				
外商投资企业	479601	261544	479601	261544
直营门店合计	**51967082**	**44971285**	**40644474**	**33934462**
内资企业	51487481	44709741	40164873	33672918
国有企业	5433626	4522918	4977329	4082711
集体企业				
股份合作企业				
联营企业	86283	80058	86283	80058
有限责任公司	344177	322228	344177	322228
股份有限公司	45533191	39709582	34666880	29112965
私营企业	90205	74956	90205	74956
其他企业				
港、澳、台商投资企业				
外商投资企业	479601	261544	479601	261544
加盟门店合计	**555561**	**579811**	**262599**	**280586**
内资企业	555561	579811	262599	280586
国有企业	143607	159787	135212	151529
集体企业				
股份合作企业				
联营企业				
有限责任公司				
股份有限公司	411953	420025	127387	129057
私营企业				
其他企业				
港、澳、台商投资企业				
外商投资企业				

单位:万元

自有配送中心配送商品购进额		非自有配送中心配送商品购进额		商品销售总额		零售额	
2007年	2006年	2007年	2006年	2007年	2006年	2007年	2006年
29614404	**23887806**	**8227681**	**7428389**	**54864220**	**46620548**	**37583166**	**29523224**
29586420	23887806	7776064	7166845	54365311	46361341	37265247	29365746
3784734	2971915	1216147	1149162	6075329	4863991	4159530	3534490
6850	9841			91417	86457	11257	14486
76416	92342	267761	229887	346963	350159	270465	251279
25718420	20813708	6292157	5787797	47748560	40980295	32720952	25485054
				103042	80438	103042	80438
27984		451617	261544	498910	259207	317919	157478
29351806	**23607220**	**8227681**	**7428389**	**54149344**	**45923013**	**37095117**	**29029890**
29323822	23607220	7776064	7166845	53650434	45663806	36777198	28872412
3649522	2820386	1216147	1149162	5916368	4705326	4024697	3389378
6850	9841			91417	86457	11257	14486
76416	92342	267761	229887	346963	350159	270465	251279
25591033	20684651	6292157	5787797	47192644	40441425	32367737	25136832
				103042	80438	103042	80438
27984		451617	261544	498910	259207	317919	157478
262599	**280586**			**714877**	**697534**	**488049**	**493334**
262599	280586			714877	697534	488049	493334
135212	151529			158961	158665	134834	145112
127387	129057			555916	538870	353215	348222

1—9 续表5

专卖店

项目	商品购进总额		统一配送商品购进额	
	2007年	2006年	2007年	2006年
总计	**4851424**	**4232246**	**4455606**	**3870821**
内资企业	3852183	3369712	3576255	3103317
国有企业	103919	77544	94713	64069
集体企业	810	494		
股份合作企业	8636	6122	4348	3586
联营企业	26271	24137	26271	24137
有限责任公司	1369338	1161337	1186499	1004831
股份有限公司	87586	67272	87426	67017
私营企业	2249027	2029316	2170456	1936243
其他企业	6596	3489	6542	3434
港、澳、台商投资企业	188009	153572	188009	153441
外商投资企业	811233	708962	691343	614063
直营门店合计	**4249996**	**3741670**	**3889810**	**3398912**
内资企业	3603360	3170053	3335840	2910821
国有企业	103121	76822	93915	63347
集体企业	810	494		
股份合作企业	8636	6122	4348	3586
联营企业	21126	18934	21126	18934
有限责任公司	1286639	1086039	1112042	936078
股份有限公司	50636	33726	50488	33522
私营企业	2125865	1944493	2047449	1851986
其他企业	6528	3423	6473	3368
港、澳、台商投资企业	131982	105318	131982	105187
外商投资企业	514655	466299	421989	382905
加盟门店合计	**601428**	**490576**	**565796**	**471909**
内资企业	248823	199659	240415	192497
国有企业	798	722	798	722
集体企业				
股份合作企业				
联营企业	5145	5203	5145	5203
有限责任公司	82699	75299	74457	68753
股份有限公司	36950	33546	36938	33496
私营企业	123162	84823	123007	84257
其他企业	69	66	69	66
港、澳、台商投资企业	56027	48254	56027	48254
外商投资企业	296578	242663	269354	231158

单位：万元

自有配送中心配送商品购进额		非自有配送中心配送商品购进额		商品销售总额		零售额	
2007年	2006年	2007年	2006年	2007年	2006年	2007年	2006年
3312930	**2838543**	**340379**	**428944**	**5808951**	**4895371**	**4745664**	**3912999**
2668241	2269799	334836	423020	4912622	4125239	4117869	3391173
94055	63457			119592	96747	30557	23423
				1093	764	138	208
4348	3586			12021	10030	7884	7683
24696	24137			44687	23179	39073	23179
819483	685179	66950	56003	1505975	1222721	1023622	887712
87426	67017			153644	116368	152518	115539
1631761	1423054	267886	367017	3067321	2648333	2855787	2326333
6473	3368			8289	7097	8289	7097
178411	144660	5544	5924	256859	216977	123968	84527
466278	424085			639469	553156	503827	437299
3025877	**2578252**	**318761**	**420749**	**5067684**	**4247087**	**4156705**	**3401330**
2481505	2098942	313217	414825	4570466	3815321	3830422	3128996
93915	63347			118796	96006	29761	22681
				1093	764	138	208
4348	3586			12021	10030	7884	7683
19657	18934			38161	17858	32547	17858
756801	626303	57499	48715	1412117	1139015	941395	812457
50488	33522			88164	42676	87038	41847
1549824	1349883	255719	366109	2891889	2501940	2723436	2219230
6473	3368			8223	7033	8223	7033
122384	96406	5544	5924	153481	124868	117968	81098
421989	382905			343737	306899	208315	191236
287053	**260291**	**21618**	**8195**	**741267**	**648284**	**588959**	**511669**
186737	170857	21618	8195	342157	309918	287447	262177
140	110			797	742	797	742
5039	5203			6526	5321	6526	5321
62681	58876	9451	7287	93858	83706	82228	75255
36938	33496			65480	73692	65480	73692
81938	73172	12168	908	175431	146393	132351	107103
				66	64	66	64
56027	48254			103378	92109	6000	3429
44289	41180			295732	246257	295512	246063

1—9 续表 6

便利店

项目	商品购进总额		统一配送商品购进额	
	2007 年	2006 年	2007 年	2006 年
总计	**2256305**	**1834656**	**2009281**	**1699456**
内资企业	1957428	1551854	1787907	1425084
国有企业	64534	48166	49447	35827
集体企业	33806	29098	21981	15187
股份合作企业	13274	10739	13274	10739
联营企业				
有限责任公司	1560753	1239911	1459776	1164835
股份有限公司	34143	28909	30382	25009
私营企业	238805	189680	210469	171142
其他企业	12114	5351	2579	2346
港、澳、台商投资企业	172872	182026	101140	178545
外商投资企业	126005	100775	120234	95827
直营门店合计	**1794038**	**1480573**	**1596185**	**1381109**
内资企业	1524177	1219732	1403276	1128603
国有企业	57128	41557	43674	30531
集体企业	24424	20692	13577	7660
股份合作企业	12243	10722	12243	10722
联营企业				
有限责任公司	1249225	997963	1174633	945535
股份有限公司	23195	20140	19788	16579
私营企业	155133	126188	136782	115230
其他企业	2829	2471	2579	2346
港、澳、台商投资企业	167342	181091	96162	177704
外商投资企业	102519	79750	96748	74801
加盟门店合计	**462267**	**354082**	**413096**	**318347**
内资企业	433251	332122	384632	296480
国有企业	7407	6609	5773	5297
集体企业	9382	8406	8404	7526
股份合作企业	1030	18	1030	18
联营企业				
有限责任公司	311528	241948	285143	219300
股份有限公司	10947	8769	10595	8429
私营企业	83672	63492	73687	55911
其他企业	9285	2880		
港、澳、台商投资企业	5530	935	4978	841
外商投资企业	23486	21026	23486	21026

单位:万元

自有配送中心配送商品购进额		非自有配送中心配送商品购进额		商品销售总额		零售额	
2007年	2006年	2007年	2006年	2007年	2006年	2007年	2006年
736811	**689929**	**701849**	**509255**	**2656934**	**2230822**	**2466036**	**2057968**
624052	503135	635827	454759	2269081	1887703	2102823	1733984
47840	34138			70888	56892	61516	46885
21621	14877	360	310	36297	33590	34767	33590
12243	10722			11855	8783	9961	7582
390873	328476	598021	417978	1814107	1539595	1726040	1453628
8012	4013	232	244	67090	39922	64593	36705
143464	110911	34635	33881	255840	201794	196978	148466
		2579	2346	13003	7127	8969	7127
100986	178438			200308	193833	200308	193833
11773	8356	66023	54496	187545	149286	162905	130152
550569	**571192**	**612182**	**435980**	**2088775**	**1787695**	**1950685**	**1680129**
442789	385240	569645	402509	1754955	1488571	1641505	1400138
42067	28841			61861	49363	52488	39356
13565	7650	12	10	26958	24429	26913	24429
12243	10722			10825	8765	8931	7564
271324	253943	539002	373491	1447802	1235993	1397039	1189158
3212	1213	232	244	27021	24147	24523	20930
100378	82870	27820	26419	177113	142772	128234	115601
		2579	2346	3376	3101	3376	3101
96008	177597			192047	192312	192047	192312
11773	8356	42537	33471	141773	106813	117134	87679
186241	**118736**	**89667**	**73275**	**568159**	**443127**	**515351**	**377840**
181263	117895	66181	52250	514126	399133	461318	333846
5773	5297			9028	7529	9028	7529
8056	7226	348	300	9339	9161	7854	9161
				1030	18	1030	18
119549	74532	59019	44488	366305	303602	329000	264471
4800	2800			40069	15775	40069	15775
43086	28040	6815	7462	78727	59021	68743	32865
				9628	4026	5593	4026
4978	841			8261	1521	8261	1521
		23486	21026	45772	42473	45772	42473

1—9 续表 7

仓储会员店

项　　目	商品购进总额		统一配送商品购进额	
	2007 年	2006 年	2007 年	2006 年
总　　计	**305027**	**218010**	**158065**	**99956**
内资企业	8653	7383	8653	7383
国有企业				
集体企业				
股份合作企业				
联营企业				
有限责任公司	8653	7383	8653	7383
股份有限公司				
私营企业				
其他企业				
港、澳、台商投资企业				
外商投资企业	296374	210627	149412	92573
直营门店合计	**299777**	**213530**	**152815**	**95477**
内资企业	3403	2904	3403	2904
国有企业				
集体企业				
股份合作企业				
联营企业				
有限责任公司	3403	2904	3403	2904
股份有限公司				
私营企业				
其他企业				
港、澳、台商投资企业				
外商投资企业	296374	210627	149412	92573
加盟门店合计	**5250**	**4480**	**5250**	**4480**
内资企业	5250	4480	5250	4480
国有企业				
集体企业				
股份合作企业				
联营企业				
有限责任公司	5250	4480	5250	4480
股份有限公司				
私营企业				
其他企业				
港、澳、台商投资企业				
外商投资企业				

单位:万元

自有配送中心配送商品购进额		非自有配送中心配送商品购进额		商品销售总额		零售额	
2007 年	2006 年	2007 年	2006 年	2007 年	2006 年	2007 年	2006 年
12376	**7383**	**145689**	**92263**	**336960**	**248113**	**336960**	**248113**
8653	7383			8861	8748	8861	8748
8653	7383			8861	8748	8861	8748
3723		145689	92263	328099	239365	328099	239365
7126	**2904**	**145689**	**92263**	**331583**	**242805**	**331583**	**242805**
3403	2904			3485	3440	3485	3440
3403	2904			3485	3440	3485	3440
3723		145689	92263	328099	239365	328099	239365
5250	**4480**			**5376**	**5308**	**5376**	**5308**
5250	4480			5376	5308	5376	5308
5250	4480			5376	5308	5376	5308

1—9 续表 8

家居建材商店

项目	商品购进总额		统一配送商品购进额	
	2007 年	2006 年	2007 年	2006 年
总计	**430348**	**540741**	**217436**	**345497**
内资企业	141471	258732	109370	225050
国有企业				
集体企业				
股份合作企业				
联营企业				
有限责任公司	107784	223249	93806	210964
股份有限公司	5613	5308	5613	5308
私营企业	28075	30175	9951	8778
其他企业				
港、澳、台商投资企业				
外商投资企业	288876	282009	108067	120447
直营门店合计	**400552**	**504496**	**187641**	**309253**
内资企业	111676	222488	79574	188806
国有企业				
集体企业				
股份合作企业				
联营企业				
有限责任公司	80465	188593	66487	176308
股份有限公司	3136	3720	3136	3720
私营企业	28075	30175	9951	8778
其他企业				
港、澳、台商投资企业				
外商投资企业	288876	282009	108067	120447
加盟门店合计	**29795**	**36244**	**29795**	**36244**
内资企业	29795	36244	29795	36244
国有企业				
集体企业				
股份合作企业				
联营企业				
有限责任公司	27319	34657	27319	34657
股份有限公司	2477	1588	2477	1588
私营企业				
其他企业				
港、澳、台商投资企业				
外商投资企业				

单位:万元

自有配送中心配送商品购进额		非自有配送中心配送商品购进额		商品销售总额		零售额	
2007 年	2006 年	2007 年	2006 年	2007 年	2006 年	2007 年	2006 年
89340	**97970**			**595909**	**574821**	**593732**	**572022**
9951	8778			227137	237712	224960	234914
				182903	194227	182903	193863
				6402	7159	4225	4725
9951	8778			37831	36326	37831	36326
79389	89192			368772	337108	368772	337108
89340	**97970**			**561975**	**541303**	**561003**	**539665**
9951	8778			193203	204195	192231	202556
				152513	164122	152513	163758
				2859	3746	1887	2473
9951	8778			37831	36326	37831	36326
79389	89192			368772	337108	368772	337108
				33934	**33518**	**32729**	**32357**
				33934	33518	32729	32357
				30391	30105	30391	30105
				3543	3413	2339	2252

1—9　续表 9

其他

项　　目	商品购进总额		统一配送商品购进额	
	2007 年	2006 年	2007 年	2006 年
总　　计	**3926262**	**3423130**	**3653826**	**3180697**
内资企业	3696620	3197782	3529188	3048143
国有企业	1344265	1234386	1344265	1234386
集体企业	57041	53613	44321	42503
股份合作企业	6275	4072	6275	4072
联营企业				
有限责任公司	443539	323329	384530	273635
股份有限公司	1657978	1447581	1632020	1407990
私营企业	167559	116395	97814	67151
其他企业	19965	18407	19965	18407
港、澳、台商投资企业	5905	5404	5905	5404
外商投资企业	223736	219944	118733	127150
直营门店合计	**3794985**	**3333864**	**3539888**	**3105043**
内资企业	3570468	3112391	3420374	2976364
国有企业	1344265	1234386	1344265	1234386
集体企业	31755	30723	31755	30723
股份合作企业	5781	3631	5781	3631
联营企业				
有限责任公司	381808	289915	325337	240723
股份有限公司	1621456	1420971	1595498	1381380
私营企业	165439	114359	97774	67115
其他企业	19965	18407	19965	18407
港、澳、台商投资企业	781	1529	781	1529
外商投资企业	223736	219944	118733	127150
加盟门店合计	**131276**	**89266**	**113938**	**75654**
内资企业	126152	85391	108814	71779
国有企业				
集体企业	25286	22890	12566	11780
股份合作企业	494	441	494	441
联营企业				
有限责任公司	61731	33414	59193	32912
股份有限公司	36522	26610	36522	26610
私营企业	2120	2036	40	36
其他企业				
港、澳、台商投资企业	5124	3875	5124	3875
外商投资企业				

单位:万元

自有配送中心配送商品购进额		非自有配送中心配送商品购进额		商品销售总额		零售额	
2007年	2006年	2007年	2006年	2007年	2006年	2007年	2006年
2432831	**2118160**	**991624**	**856687**	**4278108**	**3644613**	**2305171**	**1890537**
2425491	2111123	991624	856687	4006323	3390811	2033386	1636735
1344265	1234386			1485350	1320837	429187	401198
19338	17294	24982	25209	65091	61353	43547	37958
5839	3428			6506	3997	6103	3636
183776	142687	188617	118589	505616	382077	486167	355957
812401	664251	778025	712889	1739542	1479581	937102	739808
39908	30670			170864	114266	97927	69477
19965	18407			33354	28701	33354	28701
5905	5404			31375	27240	31375	27240
1435	1633			240410	226562	240410	226562
2376646	**2076500**	**975758**	**850324**	**4126517**	**3535042**	**2189459**	**1814846**
2374430	2073338	975758	850324	3867282	3292136	1930224	1571940
1344265	1234386			1485350	1320837	429187	401198
13423	11877	18332	18846	33283	32734	12603	10250
5345	2987			6032	3584	6032	3584
139164	110796	179401	118589	435394	341702	419220	322982
812401	664251	778025	712889	1704910	1452513	931907	735748
39868	30634			168959	112065	97922	69477
19965	18407			33354	28701	33354	28701
781	1529			18825	16344	18825	16344
1435	1633			240410	226562	240410	226562
56186	**41660**	**15866**	**6363**	**151591**	**109571**	**115712**	**75691**
51062	37785	15866	6363	139041	98675	103162	64795
5916	5417	6650	6363	31808	28619	30945	27708
494	441			474	413	71	52
44612	31891	9216		70222	40375	66947	32975
				34632	27068	5195	4060
40	36			1905	2201	5	1
5124	3875			12550	10896	12550	10896

1—10 连锁零售企业门店分布情况

门店所在地	合计(个)		直营门店(个)		加盟门店(个)	
	2007年	2006年	2007年	2006年	2007年	2006年
全　国	**145366**	**128924**	**83679**	**76776**	**61687**	**52148**
北　京	6422	5780	4252	3967	2170	1813
天　津	1787	1719	1495	1363	292	356
河　北	4951	4399	2645	2872	2306	1527
山　西	1615	1360	675	581	940	779
内蒙古	1841	1744	1637	1585	204	159
辽　宁	3811	3668	2578	2483	1233	1185
吉　林	826	758	410	310	416	448
黑龙江	1203	1177	871	873	332	304
上　海	12003	11525	8611	8373	3392	3152
江　苏	13616	12519	8248	7835	5368	4684
浙　江	16505	12989	7189	6583	9316	6406
安　徽	7727	6912	2838	2722	4889	4190
福　建	2706	1786	2102	1204	604	582
江　西	2185	2015	1643	1575	542	440
山　东	9600	8431	5596	4906	4004	3525
河　南	12176	9726	5063	3980	7113	5746
湖　北	3449	2964	2522	2229	927	735
湖　南	4105	3717	3190	2853	915	864
广　东	13977	12480	8058	7161	5919	5319
广　西	2514	2472	1682	1705	832	767
海　南	434	461	342	395	92	66
重　庆	5465	4955	2215	2123	3250	2832
四　川	4130	3875	2393	2069	1737	1806
贵　州	1927	1577	1308	1190	619	387
云　南	3427	2906	1918	1494	1509	1412
西　藏	56	44	33	26	23	18
陕　西	811	763	496	450	315	313
甘　肃	1237	1400	945	1096	292	304
青　海	391	349	123	103	268	246
宁　夏	1861	1840	493	499	1368	1341
新　疆	2595	2601	2104	2168	491	433
港澳台及国外	13	12	4	3	9	9

1—11 连锁零售企业配送中心分布情况

所在地	配送中心数(个)		自有配送中心数(个)	
	2007年	2006年	2007年	2006年
全 国	**4037**	**4147**	**2624**	**2520**
北 京	105	96	84	79
天 津	18	18	12	12
河 北	60	64	56	59
山 西	75	76	58	65
内蒙古	59	59	54	54
辽 宁	53	345	41	41
吉 林	12	12	10	10
黑龙江	23	22	20	20
上 海	84	88	51	54
江 苏	637	620	197	198
浙 江	331	300	270	244
安 徽	227	218	179	168
福 建	133	128	72	70
江 西	38	35	26	24
山 东	424	408	403	390
河 南	788	754	324	318
湖 北	70	69	67	65
湖 南	89	83	78	72
广 东	422	406	327	317
广 西	31	33	29	31
海 南	4	3	3	2
重 庆	38	37	34	34
四 川	85	71	54	44
贵 州	23	22	19	19
云 南	46	43	40	38
西 藏				
陕 西	20	18	13	11
甘 肃	9	9	9	9
青 海	9	8	8	7
宁 夏	45	19	39	17
新 疆	79	83	47	48

1—12 连锁零售企业门店在36城市分布情况

门店所在地	合计(个)		直营门店(个)		加盟门店(个)	
	2007年	2006年	2007年	2006年	2007年	2006年
合 计	**64024**	**57948**	**39376**	**36571**	**24648**	**21377**
北 京	6422	5780	4252	3967	2170	1813
天 津	1787	1719	1495	1363	292	356
石家庄	880	798	536	568	344	230
太 原	1221	961	501	423	720	538
呼和浩特	211	200	124	116	87	84
沈 阳	768	661	601	547	167	114
大 连	1050	985	754	756	296	229
长 春	468	454	199	147	269	307
哈尔滨	748	792	600	639	148	153
上 海	12003	11525	8611	8373	3392	3152
南 京	2242	2145	1396	1443	846	702
杭 州	3601	2408	1492	1384	2109	1024
宁 波	1860	1789	1130	1034	730	755
合 肥	1098	1048	585	537	513	511
福 州	635	473	377	214	258	259
厦 门	770	690	580	481	190	209
南 昌	635	557	332	312	303	245
济 南	651	623	468	418	183	205
青 岛	2480	2256	787	714	1693	1542
郑 州	1714	1418	934	819	780	599
武 汉	2146	1996	1729	1576	417	420
长 沙	1262	1114	776	672	486	442
广 州	4621	4327	3025	2805	1596	1522
深 圳	2168	1864	1416	1075	752	789
南 宁	655	653	387	373	268	280
海 口	151	134	84	83	67	51
重 庆	5465	4955	2215	2123	3250	2832
成 都	1743	1549	1332	1208	411	341
贵 阳	924	654	337	298	587	356
昆 明	1378	1184	1108	918	270	266
拉 萨	33	26	18	13	15	13
西 安	538	500	357	331	181	169
兰 州	304	319	159	176	145	143
西 宁	360	325	103	89	257	236
银 川	514	584	220	246	294	338
乌鲁木齐	518	482	356	330	162	152

1—13 连锁零售企业配送中心在36城市分布情况

所在地	配送中心数(个)		自有配送中心数(个)	
	2007年	2006年	2007年	2006年
合　计	**1408**	**1650**	**1015**	**996**
北　京	105	96	84	79
天　津	18	18	12	12
石家庄	17	18	16	17
太　原	66	67	52	59
呼和浩特	3	3	3	3
沈　阳	36	329	29	30
大　连	12	12	8	8
长　春	7	7	5	5
哈尔滨	9	9	8	8
上　海	84	88	51	54
南　京	62	63	29	32
杭　州	88	81	59	55
宁　波	27	25	21	20
合　肥	41	44	24	25
福　州	57	54	7	7
厦　门	23	23	19	19
南　昌	23	23	16	16
济　南	13	12	10	9
青　岛	51	48	37	37
郑　州	139	125	126	115
武　汉	53	54	50	50
长　沙	41	41	34	34
广　州	174	166	102	99
深　圳	63	59	55	51
南　宁	13	13	13	13
海　口	3	2	2	1
重　庆	38	37	34	34
成　都	31	28	18	17
贵　阳	10	11	7	8
昆　明	36	35	31	31
拉　萨				
西　安	7	7	4	4
兰　州	4	4	4	4
西　宁	9	8	8	7
银　川	21	16	19	14
乌鲁木齐	24	24	18	19

第二部分

零售企业地区篇

2—1 各地区连锁零售企业基本情况

项目	连锁总店数（个）	门店数（个）		年末从业人员（人）		年末营业面积（平方米）	
	2007年	2007年	2006年	2007年	2006年	2007年	2006年
全国	**1729**	**145366**	**128924**	**1861901**	**1870613**	**100440175**	**89789895**
北京	131	6037	5436	114847	105374	5355027	5043111
天津	26	1418	1349	24263	26068	2017962	1864573
河北	37	4363	3786	43649	39715	2024633	2046076
山西	32	1284	1090	22862	20369	562081	529198
内蒙古	15	1631	1554	25050	206844	3714441	3632657
辽宁	27	3040	2922	30535	30456	1534781	1510927
吉林	11	455	426	5583	5325	274791	212696
黑龙江	20	782	811	13698	12526	485074	444596
上海	79	16470	16057	239139	227420	8720427	8418667
江苏	124	11778	10756	263923	252341	9426245	8429781
浙江	188	17512	13680	125942	105955	8364862	7723899
安徽	49	6728	5966	61601	55193	2299947	2045939
福建	82	2012	1182	38257	25996	2351503	1153321
江西	40	1795	1663	29010	27050	1507371	1335828
山东	111	8761	7718	107907	95555	6238246	5559896
河南	176	11435	9074	74481	59748	6969077	4685372
湖北	63	2819	2410	61047	52260	3097990	2580561
湖南	45	3678	3386	64745	75174	2959207	2715867
广东	191	21542	19018	280440	243718	17429914	15910422
广西	38	1963	1969	22680	23104	2232491	2272608
海南	6	333	392	3470	3250	72409	88231
重庆	41	6125	5617	52935	47612	2626296	2404721
四川	40	2911	2497	30888	30054	1355633	1111177
贵州	16	1183	1116	10630	10244	1306349	870572
云南	36	3014	2564	29704	26671	923437	799914
西藏							
陕西	22	850	897	48579	20462	597476	489970
甘肃	8	1054	1240	5555	5739	2102853	2550591
青海	10	315	285	3907	4150	142002	136861
宁夏	13	1692	1675	8168	15388	1386950	1379984
新疆	52	2386	2388	18406	16852	2360700	1841879

2－2 各地区连锁零售企业直营门店基本情况

项　目	门店数（个）		年末从业人员（人）		年末营业面积（平方米）	
	2007 年	2006 年	2007 年	2006 年	2007 年	2006 年
全　国	**83679**	**76776**	**1487076**	**1528758**	**91094982**	**81398805**
北　京	3984	3815	104847	96947	4962462	4688205
天　津	1398	1328	24198	26014	2016247	1862780
河　北	2485	2744	36470	35747	1867383	1950057
山　西	552	484	19756	17800	517359	493823
内蒙古	1592	1554	25030	206844	3712881	3632657
辽　宁	2204	2124	26645	26032	1427280	1413732
吉　林	283	242	5229	4949	264298	201646
黑龙江	762	793	13388	12280	462146	438668
上　海	10416	10079	165628	153723	7067026	6846427
江　苏	8193	7656	190994	172477	7790238	6953689
浙　江	8264	7445	102553	89990	7603046	7153788
安　徽	2580	2513	43817	39603	1632627	1455153
福　建	1879	1056	37790	25519	2336601	1138419
江　西	1501	1471	26851	25378	1455249	1307513
山　东	5326	4767	79703	66609	5400352	4769523
河　南	4923	3862	54078	42150	6308123	4094201
湖　北	2238	1983	58304	49900	2978375	2491214
湖　南	3156	2885	61747	71585	2863536	2615972
广　东	8918	7289	232439	198588	16432996	14953544
广　西	1483	1555	18880	19539	2132377	2146287
海　南	301	360	3296	3072	59124	74946
重　庆	2184	2202	45428	41099	2463451	2262669
四　川	2110	1839	27300	26312	1232773	1031805
贵　州	1178	1097	10459	9963	1299597	860039
云　南	1858	1470	25027	22198	746647	644214
西　藏						
陕　西	411	441	16447	16072	554656	468250
甘　肃	894	1065	5075	4381	1787953	2200591
青　海	91	81	2801	3077	102055	101232
宁　夏	420	415	5069	4469	1310783	1324863
新　疆	2095	2161	17827	16441	2307341	1822898

2—3　各地区连锁零售企业加盟门店基本情况

项　目	门店数（个）		年末从业人员（人）		年末营业面积（平方米）	
	2007年	2006年	2007年	2006年	2007年	2006年
全　国	**61687**	**52148**	**374825**	**341855**	**9345193**	**8391090**
北　京	2053	1621	10000	8427	392565	354906
天　津	20	21	65	54	1715	1793
河　北	1878	1042	7179	3968	157250	96019
山　西	732	606	3106	2569	44722	35375
内蒙古	39		20		1560	
辽　宁	836	798	3890	4424	107501	97195
吉　林	172	184	354	376	10493	11050
黑龙江	20	18	310	246	22928	5928
上　海	6054	5978	73511	73697	1653401	1572240
江　苏	3585	3100	72929	79864	1636007	1476092
浙　江	9248	6235	23389	15965	761816	570111
安　徽	4148	3453	17784	15590	667320	590786
福　建	133	126	467	477	14902	14902
江　西	294	192	2159	1672	52122	28315
山　东	3435	2951	28204	28946	837894	790373
河　南	6512	5212	20403	17598	660954	591171
湖　北	581	427	2743	2360	119615	89347
湖　南	522	501	2998	3589	95671	99895
广　东	12624	11729	48001	45130	996918	956878
广　西	480	414	3800	3565	100114	126321
海　南	32	32	174	178	13285	13285
重　庆	3941	3415	7507	6513	162845	142052
四　川	801	658	3588	3742	122860	79372
贵　州	5	19	171	281	6752	10533
云　南	1156	1094	4677	4473	176790	155700
西　藏						
陕　西	439	456	32132	4390	42820	21720
甘　肃	160	175	480	1358	314900	350000
青　海	224	204	1106	1073	39947	35629
宁　夏	1272	1260	3099	10919	76167	55121
新　疆	291	227	579	411	53359	18981

2—4 各地区连锁零售

项　目	商品购进总额		统一配送商品购进额		自有配送中心配送商品购进额	
	2007 年	2006 年	2007 年	2006 年	2007 年	2006 年
全　国	**159170180**	**134474421**	**125424078**	**105657448**	**90570314**	**77297145**
北　京	11042589	9621246	6071571	5309270	2675579	2143742
天　津	2529019	2291024	1958009	1712819	1029513	848592
河　北	3670184	3387197	2413988	2162464	1838197	1676569
山　西	692601	823438	309412	529284	180609	447596
内蒙古	2217640	1757564	2214429	1754098	2183413	1729589
辽　宁	4290245	3813008	4028842	3521881	2928421	2495172
吉　林	185327	160837	157885	138378	43736	38165
黑龙江	1000852	796971	889960	702928	881383	701305
上　海	17478688	15335312	16421624	14245405	10005334	8757564
江　苏	26022135	20627779	22208298	19150704	14030032	12969619
浙　江	12315057	8668710	11498224	8178680	10874959	7709664
安　徽	5677971	4816952	4210152	3681172	3628432	3108706
福　建	4342658	1313133	2029642	785881	460131	374936
江　西	2258435	2113779	1647783	1518210	660593	593965
山　东	11956977	11010177	8650515	8016721	8013008	7559597
河　南	5479529	4732591	3656671	3085808	2717209	2218237
湖　北	4207836	3613635	2982343	2503857	1985179	1619634
湖　南	4433954	3857133	4318273	3774928	3920593	3459540
广　东	23143339	19944248	17163489	14276875	12990839	10932342
广　西	2826463	2386698	2034165	1644457	1545816	1190426
海　南	743418	507411	735171	488902	733032	486999
重　庆	3750201	3087506	1581551	1280392	613604	400905
四　川	1448452	1119218	1430474	1102737	1170541	878155
贵　州	1371028	3265749	1257365	1140889	1056005	923324
云　南	1315975	1361736	1230972	1297452	1147198	1262181
西　藏						
陕　西	745486	643008	329634	270615	29541	26951
甘　肃	1139281	1184459	1130909	1179147	1130909	1179147
青　海	77075	58539	64218	45338	23541	20726
宁　夏	588847	388488	584952	385028	546502	356218
新　疆	2218921	1786877	2213558	1773129	1526466	1187581

企业经营情况

单位:万元

非自有配送中心配送商品购进额		商品销售总额		零售额	
2007 年	2006 年	2007 年	2006 年	2007 年	2006 年
17073174	**13840324**	**177543447**	**149521808**	**130668188**	**107647754**
472679	505914	12938264	11029698	10654669	9148767
799176	729509	2593188	2330572	1893836	1665855
22275	28301	4132464	3720866	3245197	2779646
552	449	916789	745890	825336	643312
17089	13595	2201113	1764166	2188578	1757550
995709	940082	4463104	3889173	4058834	3615795
36560	33686	224094	188270	184127	147452
8577	659	1026875	860240	899165	752241
1209863	945749	23339431	20952883	17794672	15638641
7892709	5968381	27998575	22862121	18031167	14516787
464874	344971	11605582	9635484	8636438	6249616
37322	36364	6331247	5312317	3701778	3164835
66621	41534	4655438	1397592	3194153	1204788
652847	611262	2394655	2106691	1759884	1525695
546666	410823	13586466	12188029	7613752	6578552
143196	127441	6091301	4907765	4694984	3604946
22224	22721	4696129	4076288	3599140	3091544
6102	4780	4702688	4065908	4122485	3726043
2891536	2420729	26181443	22454259	20614359	16882720
739	408	3012525	2616826	1803816	1580228
2140	1903	599860	553876	539429	414023
1700	1947	4061244	3250178	3266224	2599910
14604	14313	1408021	1188423	1242662	1046119
13604	9714	1537058	1408676	1190465	1049790
27030	23330	1717762	1703855	1083140	970516
12764	9518	780120	678109	763588	659775
		1216485	1082649	1214253	1079445
16667	1462	91204	81938	89311	80737
10258	5234	640669	535579	627562	525404
687092	585547	2399651	1933490	1135184	947023

2—5 各地区连锁零售企业

项目	商品购进总额		统一配送商品购进额		自有配送中心配送商品购进额	
	2007年	2006年	2007年	2006年	2007年	2006年
全国	**147102708**	**122944747**	**116991803**	**97113684**	**84656126**	**70713824**
北京	10670444	9370220	5847007	5183214	2543344	2067206
天津	2528368	2290364	1957884	1712660	1029513	848592
河北	3649954	3370945	2403098	2155107	1827307	1669212
山西	647289	791478	264100	497324	177716	445391
内蒙古	2217335	1757564	2214124	1754098	2183413	1729589
辽宁	4199088	3705332	3960460	3443689	2872094	2432746
吉林	180282	155541	152840	133082	38736	32965
黑龙江	994880	792609	883988	698982	881340	697359
上海	13834574	12310913	13147556	11572665	8294184	7292124
江苏	22548833	16374308	20514805	16134971	12426887	10040822
浙江	11734992	8217823	10956846	7763510	10438241	7361820
安徽	5424001	4579669	3956182	3443984	3422085	2930716
福建	4334284	1306760	2024001	782015	459316	374262
江西	2183163	2034239	1631603	1509155	651816	590290
山东	10701367	9829667	8026898	7466398	7396538	7016064
河南	5079220	4386916	3472616	2930989	2615030	2128312
湖北	4181593	3594726	2957613	2486290	1961586	1602955
湖南	4386126	3810112	4270508	3728004	3875959	3415566
广东	21893601	18911095	16224001	13507659	12452269	10480385
广西	2724258	2297129	1960957	1568833	1483515	1134196
海南	742492	506668	735171	488902	733032	486999
重庆	3701555	3050888	1538573	1245090	570666	365606
四川	1387743	1072864	1369765	1056383	1111178	832802
贵州	1354045	3236317	1246126	1131595	1044767	914310
云南	1240103	1306423	1156204	1242295	1073557	1207691
西藏						
陕西	723507	628581	309755	256574	29541	26951
甘肃	1024203	1052860	1015830	1047547	1015830	1047547
青海	70099	52687	57242	39486	23541	20726
宁夏	556909	376900	553013	373440	523779	344630
新疆	2188401	1773152	2183038	1759743	1499350	1175992

直营门店经营情况

单位:万元

非自有配送中心配送商品购进额		商品销售总额		零售额	
2007年	2006年	2007年	2006年	2007年	2006年
16674613	**13529621**	**164097763**	**136213489**	**119057012**	**96183668**
469634	503964	12449714	10640677	10351779	8939046
799176	729509	2592441	2330029	1893089	1665312
22275	28301	4083084	3697981	3195959	2756990
552	449	870549	711337	782545	620361
17089	13595	2200847	1764166	2188556	1757550
990238	934892	4335868	3742421	3971247	3483589
36560	33686	217404	182333	177437	141514
2648	659	1019013	855953	891306	747954
1154504	897236	19090508	17353189	13583054	12077852
7884099	5957717	24304869	17957114	15178752	10572837
368391	280858	10989555	9154873	8200236	5938780
20955	20408	6063277	5081604	3599562	3066567
66621	41534	4645398	1389038	3185318	1197394
645445	605883	2299587	2014264	1667858	1435013
539519	404034	12269817	10897003	6349210	5348726
108031	98451	5690764	4556099	4356657	3300969
22224	22714	4662741	4054514	3566152	3069779
4248	4115	4656005	3999990	4075801	3660125
2748427	2300317	24673767	21185798	19297023	15788959
739	408	2910571	2526081	1721107	1502526
2140	1903	598962	553195	538531	413343
1700	1947	4007010	3210051	3212299	2560173
14604	14313	1347483	1139866	1182422	1010464
13604	9434	1516946	1379282	1170353	1020395
27030	23330	1670442	1685697	1069294	964252
12764	9518	753038	657037	736506	638703
		1118261	975206	1116029	972002
16667	1462	83325	75333	81432	74132
1042	5234	608602	524577	595494	514401
683688	583751	2367915	1918781	1122006	943960

2—6 各地区连锁零售企业

项 目	商品购进总额		统一配送商品购进额		自有配送中心配送商品购进额	
	2007年	2006年	2007年	2006年	2007年	2006年
全 国	**12067473**	**11529675**	**8432275**	**8543764**	**5914187**	**6583321**
北 京	372145	251027	224565	126056	132235	76536
天 津	650	660	125	160		
河 北	20230	16252	10890	7357	10890	7357
山 西	45312	31960	45312	31960	2893	2204
内蒙古	305		305			
辽 宁	91156	107676	68382	78192	56327	62427
吉 林	5045	5296	5045	5296	5000	5200
黑龙江	5973	4361	5973	3946	44	3946
上 海	3644114	3024400	3274068	2672740	1711150	1465440
江 苏	3473302	4253470	1693492	3015733	1603144	2928797
浙 江	580065	450887	541378	415170	436718	347844
安 徽	253970	237283	253970	237189	206348	177990
福 建	8374	6372	5642	3867	815	674
江 西	75272	79540	16180	9055	8778	3676
山 东	1255610	1180510	623617	550322	616470	543533
河 南	400309	345675	184055	154819	102179	89926
湖 北	26243	18909	24730	17567	23593	16678
湖 南	47827	47022	47765	46924	44633	43974
广 东	1249738	1033153	939488	769216	538571	451958
广 西	102204	89570	73208	75624	62301	56229
海 南	926	742				
重 庆	48646	36618	42978	35302	42938	35300
四 川	60709	46354	60709	46354	59364	45354
贵 州	16983	29432	11238	9294	11238	9014
云 南	75872	55313	74768	55157	73642	54490
西 藏						
陕 西	21979	14428	19879	14041		
甘 肃	115078	131599	115078	131599	115078	131599
青 海	6976	5853	6976	5853		
宁 夏	31939	11588	31939	11588	22723	11588
新 疆	30520	13725	30520	13385	27116	11589

加盟门店经营情况

单位:万元

非自有配送中心配送商品购进额		商品销售总额		零售额	
2007年	2006年	2007年	2006年	2007年	2006年
398561	**310703**	**13445684**	**13308320**	**11611176**	**11464087**
3045	1951	488550	389020	302890	209721
		747	543	747	543
		49380	22885	49238	22656
		46240	34552	42791	22951
		266		22	
5471	5190	127236	146752	87587	132206
		6690	5938	6690	5938
5929		7862	4287	7859	4287
55359	48513	4248923	3599694	4211618	3560789
8610	10664	3693706	4905007	2852415	3943950
96483	64113	616028	480611	436202	310837
16367	15956	267970	230713	102216	98269
		10040	8554	8836	7393
7402	5379	95068	92427	92026	90682
7147	6789	1316649	1291025	1264542	1229826
35165	28990	400538	351666	338328	303977
	7	33388	21774	32988	21765
1854	664	46684	65918	46684	65918
143109	120412	1507676	1268461	1317336	1093761
		101954	90745	82709	77702
		898	680	898	680
		54234	40127	53925	39737
		60537	48556	60240	35655
	280	20112	29394	20112	29394
		47320	18158	13846	6265
		27083	21072	27083	21072
		98224	107443	98224	107443
		7879	6605	7879	6605
9216		32068	11002	32068	11002
3404	1796	31736	14709	13178	3064

2—7 按登记注册类型分各地区连锁零售企业基本情况

内资企业

项 目	连锁总店数（个）	门店数（个）		年末从业人员（人）		年末营业面积（平方米）	
	2007年	2007年	2006年	2007年	2006年	2007年	2006年
全 国	**1577**	**130608**	**115832**	**1536338**	**1587883**	**88009391**	**80245421**
北 京	110	5550	5024	92852	87806	4437730	4269807
天 津	19	1241	1182	19373	21091	1810840	1669372
河 北	37	4363	3786	43649	39715	2024633	2046076
山 西	32	1284	1090	22862	20369	562081	529198
内蒙古	15	1631	1554	25050	206844	3714441	3632657
辽 宁	23	3026	2909	25289	24515	1280392	1256538
吉 林	10	450	421	5493	5228	273791	211696
黑龙江	20	782	811	13698	12526	485074	444596
上 海	66	15953	15562	193937	185886	7450126	7257219
江 苏	115	9585	8863	185980	176671	6362502	5924290
浙 江	172	17266	13440	112762	93732	7853477	7287798
安 徽	47	6713	5950	59564	53593	2222638	2021238
福 建	77	1442	1141	27924	24702	1281732	1114631
江 西	39	1792	1658	28965	27000	1506921	1335328
山 东	100	8679	7660	101209	88320	6008200	5335414
河 南	172	11396	9037	73400	58912	6875287	4615387
湖 北	58	2734	2321	57098	48697	2990102	2483743
湖 南	42	3613	3320	58863	69188	2774542	2550273
广 东	152	11670	9792	163338	148723	13212737	12555071
广 西	38	1963	1969	22680	23104	2232491	2272608
海 南	6	333	392	3470	3250	72409	88231
重 庆	38	6054	5550	50977	45624	2586686	2366306
四 川	38	2882	2471	29775	28961	1321733	1074977
贵 州	15	1120	1061	9767	9400	1294529	860768
云 南	32	2792	2386	24866	22435	806815	687277
西 藏							
陕 西	22	850	897	48579	20462	597476	489970
甘 肃	8	1054	1240	5555	5739	2102853	2550591
青 海	10	315	285	3907	4150	142002	136861
宁 夏	13	1692	1675	8168	15388	1386950	1379984
新 疆	51	2383	2385	17288	15852	2338201	1797516

2—7 续表1

国有企业

项目	连锁总店数（个）	门店数（个）		年末从业人员（人）		年末营业面积（平方米）	
	2007年	2007年	2006年	2007年	2006年	2007年	2006年
全国	**135**	**11035**	**10719**	**111840**	**103144**	**8945575**	**7501746**
北京	8	151	168	5362	4910	240130	202304
天津	1	24	24	1278	1383	17854	18214
河北	7	78	124	9993	9993	213057	198012
山西	1	5	7	265	238	1200	1800
内蒙古							
辽宁	1	287	285	1107	1109	692195	691363
吉林							
黑龙江	2	7	7	543	552	25592	25592
上海	5	2346	2285	16242	13851	258486	248521
江苏	2	133	117	6266	6597	337873	337873
浙江	3	285	290	6056	5872	230626	216026
安徽	9	1786	1806	19102	18033	685550	650193
福建	6	115	114	1776	1629	155296	137348
江西	7	221	211	2147	2007	442150	434345
山东	11	114	125	2196	2077	29119	24291
河南	21	1716	1169	8729	4544	1700139	333280
湖北	4	169	156	1843	2429	55582	52939
湖南	4	660	602	5505	4963	276428	248623
广东	13	308	318	9474	8081	607240	563072
广西	2	157	161	1260	1382	68700	70700
海南							
重庆	1	14	21	937	1302	14313	16778
四川							
贵州	2	45	45	347	505	4653	4653
云南	3	221	184	2544	2586	80238	68322
西藏							
陕西							
甘肃	2	872	1066	2615	3063	2018760	2474620
青海							
宁夏	1	33	33	652	647	28943	28943
新疆	19	1288	1401	5601	5391	761451	453934

2—7 续表2

集体企业

项目	连锁总店数（个）	门店数（个）		年末从业人员（人）		年末营业面积（平方米）	
	2007年	2007年	2006年	2007年	2006年	2007年	2006年
全国	**36**	**2519**	**2121**	**11202**	**11170**	**627506**	**423711**
北京	5	302	259	1759	1863	90817	87514
天津							
河北	1	12	12	400	400	20000	20000
山西							
内蒙古	2	11	12	451	451	29141	29524
辽宁	1	11	12	700	700	22600	22800
吉林							
黑龙江	1	31	31	75	75	460	460
上海							
江苏	4	119	118	977	951	23440	19082
浙江	3	540	526	1581	1631	45887	43601
安徽							
福建	1	5	5	95	97	1412	1546
江西							
山东	1	31	21	897	853	73800	35300
河南	9	1385	1058	3293	2960	82790	75915
湖北	1	6	6	23	23	500	500
湖南							
广东	2	9	10	193	200	3558	3608
广西							
海南							
重庆							
四川							
贵州							
云南	3	27	28	145	176	1951	1961
西藏							
陕西							
甘肃							
青海	1	2	2	546	739	29800	29800
宁夏							
新疆	1	28	21	67	51	201350	52100

2—7　续表 3

股份合作企业

项　　目	连锁总店数（个）	门店数（个）		年末从业人员（人）		年末营业面积（平方米）	
	2007 年	2007 年	2006 年	2007 年	2006 年	2007 年	2006 年
全　　国	**28**	**1142**	**1029**	**11658**	**10498**	**412536**	**361126**
北　　京	1	9	9	122	127	1700	1700
天　　津							
河　　北							
山　　西	1	27	18	240	183	2970	2343
内 蒙 古							
辽　　宁	1	23	19	830	830	38426	34029
吉　　林							
黑 龙 江	1	10	8	392	475	32228	22228
上　　海							
江　　苏							
浙　　江	2	23	16	472	393	20837	15407
安　　徽	2	30	29	2777	2270	55128	48148
福　　建							
江　　西							
山　　东	2	14	23	337	323	11880	14250
河　　南	8	644	625	2995	2947	175275	172300
湖　　北	1	6	9	86	92	2300	2800
湖　　南	1	136	46	792	356	14960	4720
广　　东	3	15	24	98	155	1787	2937
广　　西							
海　　南							
重　　庆							
四　　川	1	54	63	172	152	2945	2519
贵　　州							
云　　南							
西　　藏							
陕　　西	2	121	121	1301	1320	26100	24542
甘　　肃							
青　　海	1	27	17	744	675	16000	4503
宁　　夏							
新　　疆	1	3	2	300	200	10000	8700

2—7 续表 4

联营企业

项　目	连锁总店数（个）	门店数（个）		年末从业人员（人）		年末营业面积（平方米）	
	2007 年	2007 年	2006 年	2007 年	2006 年	2007 年	2006 年
全　国	**7**	**605**	**529**	**17587**	**19053**	**352524**	**342348**
北　京							
天　津							
河　北							
山　西							
内蒙古							
辽　宁							
吉　林							
黑龙江							
上　海							
江　苏							
浙　江							
安　徽							
福　建	1	2	2	141	142	5831	5831
江　西							
山　东	1	166	164	14389	16650	290930	284910
河　南							
湖　北	1	3	5	65	95	8000	14000
湖　南							
广　东	2	331	270	2385	1691	27763	20107
广　西							
海　南							
重　庆							
四　川	1	53	41	375	262	10600	8200
贵　州							
云　南	1	50	47	232	213	9400	9300
西　藏							
陕　西							
甘　肃							
青　海							
宁　夏							
新　疆							

2—7 续表5

有限责任公司

项　　目	连锁总店数（个）	门店数（个）		年末从业人员（人）		年末营业面积（平方米）	
	2007年	2007年	2006年	2007年	2006年	2007年	2006年
全　国	**586**	**49247**	**43288**	**493865**	**456268**	**19262401**	**17079030**
北　京	46	2512	2264	44483	42166	1876051	1870469
天　津	9	426	380	9152	11122	1096273	987634
河　北	14	478	442	7091	7701	244967	227469
山　西	16	623	504	12087	10406	288162	282299
内蒙古	8	114	74	2964	3092	95670	81412
辽　宁	11	1322	1229	8713	8213	175585	160561
吉　林	4	114	101	1807	1557	136007	89695
黑龙江	4	65	58	1202	1079	21785	18291
上　海	29	6858	6791	70734	69550	2476120	2333079
江　苏	45	2960	2811	25327	23197	712390	716011
浙　江	82	7140	5084	41278	33577	1655951	1340175
安　徽	17	4555	3837	17264	14530	792410	673862
福　建	25	345	315	7865	7199	333721	291091
江　西	9	267	149	2636	1720	124078	36092
山　东	40	1827	1634	27613	20506	1620152	1428070
河　南	48	3177	2556	27330	20151	695706	518674
湖　北	24	1028	817	14313	12917	735579	643589
湖　南	10	238	203	15172	14233	768683	703142
广　东	43	5308	4767	69981	66085	2253679	2025379
广　西	17	580	553	7543	7228	231347	195454
海　南	3	31	32	594	695	53246	69822
重　庆	18	4636	4511	35733	31928	1321602	1093484
四　川	16	1857	1537	19192	17654	726491	568893
贵　州	6	150	140	1013	912	28059	25941
云　南	4	141	82	2137	1921	48531	45998
西　藏							
陕　西	13	252	260	11116	10635	381297	316974
甘　肃	3	105	105	969	1018	29083	29043
青　海	3	155	155	1741	1818	35020	49164
宁　夏	8	1391	1381	3031	9953	106355	82497
新　疆	11	592	516	3784	3505	198401	174766

2—7 续表6

股份有限公司

项　目	连锁总店数（个）	门店数（个）		年末从业人员（人）		年末营业面积（平方米）	
	2007年	2007年	2006年	2007年	2006年	2007年	2006年
全　国	**209**	**41208**	**38631**	**588918**	**745172**	**49593595**	**46862081**
北　京	12	1349	1346	28082	26472	1700972	1569400
天　津	2	618	623	5563	5671	554520	560329
河　北	5	3683	3107	21635	18123	1379600	1461040
山　西	5	196	245	5619	5550	134217	138397
内蒙古	1	1453	1418	20705	202070	3528622	3443625
辽　宁	2	1151	1132	11976	11639	299264	294888
吉　林	1	260	258	1054	1004	30650	25790
黑龙江	6	568	622	7591	7499	252246	255471
上　海	10	6368	6121	92871	90349	4074731	4079255
江　苏	11	4402	4064	134136	128585	4736849	4405930
浙　江	6	2471	2380	23764	20860	4993798	4924390
安　徽	5	158	132	18546	17083	606440	572600
福　建	9	366	155	3062	1676	347287	305821
江　西	15	1239	1240	13281	12954	670043	601241
山　东	20	5235	4883	47234	40378	3648449	3225261
河　南	36	2744	2208	14366	13096	3637918	2972823
湖　北	9	888	813	35184	27251	2013912	1602690
湖　南	8	1942	1890	23783	36662	1488895	1385989
广　东	11	2109	2095	34161	32939	8506088	8423830
广　西	11	1027	1044	12111	12678	1900949	1971521
海　南	1	254	313	2424	2165	15726	15272
重　庆	2	760	631	8134	7675	1058335	1119220
四　川	6	306	298	4519	3828	307082	275373
贵　州	2	873	835	6584	6237	1223278	790715
云　南	2	161	161	1628	1613	87115	79315
西　藏							
陕　西	3	19	14	3757	3738	151610	116604
甘　肃							
青　海	1	84	71	321	340	40110	37726
宁　夏	1	237	238	4181	4549	1225853	1257558
新　疆	6	287	294	2646	2488	979036	950007

2—7 续表 7

私营企业

项目	连锁总店数（个）	门店数（个）		年末从业人员（人）		年末营业面积（平方米）	
	2007 年	2007 年	2006 年	2007 年	2006 年	2007 年	2006 年
全　国	**561**	**23909**	**18762**	**293881**	**236404**	**8576808**	**7480420**
北　京	38	1227	978	13044	12268	528060	538420
天　津	7	173	155	3380	2915	142193	103195
河　北	10	112	101	4530	3498	167009	139555
山　西	9	433	316	4651	3992	135532	104359
内蒙古	4	53	50	930	1231	61008	78096
辽　宁	7	232	232	1963	2024	52322	52897
吉　林	5	76	62	2632	2667	107134	96211
黑龙江	6	101	85	3895	2846	152763	122554
上　海	21	378	362	13701	11807	568372	523947
江　苏	51	1900	1679	18874	16953	535150	429408
浙　江	74	6756	5115	38944	30773	889491	733355
安　徽	14	184	146	1875	1677	83110	76435
福　建	35	609	550	14985	13959	438185	372994
江　西	8	65	58	10901	10319	270650	263650
山　东	24	1022	642	7371	6463	306070	304332
河　南	48	1589	1280	16400	14953	573479	535415
湖　北	18	634	515	5584	5890	174229	167225
湖　南	17	557	489	12550	12064	220506	202429
广　东	76	3543	2268	46429	39112	1807933	1512049
广　西	8	199	211	1766	1816	31495	34933
海　南	2	48	47	452	390	3437	3137
重　庆	17	644	387	6173	4719	192436	136824
四　川	14	612	532	5517	7065	274615	219992
贵　州	5	52	41	1823	1746	38539	39459
云　南	18	1953	1708	16743	14721	550549	464919
西　藏							
陕　西	4	458	502	32405	4769	38469	31850
甘　肃	3	77	69	1971	1658	55010	46928
青　海	3	27	23	474	493	19300	14120
宁　夏	3	31	23	304	239	25799	10986
新　疆	12	164	136	3614	3377	133963	120746

2—7 续表8

其他企业

项　目	连锁总店数（个）	门店数（个）		年末从业人员（人）		年末营业面积（平方米）	
	2007年	2007年	2006年	2007年	2006年	2007年	2006年
全　国	**15**	**943**	**753**	**7387**	**6174**	**238446**	**194959**
北　京							
天　津							
河　北							
山　西							
内蒙古							
辽　宁							
吉　林							
黑龙江							
上　海	1	3	3	389	329	72417	72417
江　苏	2	71	74	400	388	16800	15986
浙　江	2	51	29	667	626	16887	14844
安　徽							
福　建							
江　西							
山　东	1	270	168	1172	1070	27800	19000
河　南	2	141	141	287	261	9980	6980
湖　北							
湖　南	2	80	90	1061	910	5070	5370
广　东	2	47	40	617	460	4689	4089
广　西							
海　南							
重　庆							
四　川							
贵　州							
云　南	1	239	176	1437	1205	29031	17462
西　藏							
陕　西							
甘　肃							
青　海	1	20	17	81	85	1772	1548
宁　夏							
新　疆	1	21	15	1276	840	54000	37263

2—7 续表 9

港、澳、台商投资企业

项　　目	连锁总店数（个）	门店数（个）		年末从业人员（人）		年末营业面积（平方米）	
	2007 年	2007 年	2006 年	2007 年	2006 年	2007 年	2006 年
全　国	**47**	**3528**	**2803**	**68740**	**59929**	**2335143**	**1983502**
北　京	3	28	24	2476	2224	152274	156963
天　津	1	78	67	1411	1337	47652	40931
河　北							
山　西							
内蒙古							
辽　宁	1	3	3	1437	1374	55269	55269
吉　林	1	5	5	90	97	1000	1000
黑龙江							
上　海	3	55	43	3216	3192	76451	68234
江　苏	3	244	170	13766	13190	350385	294931
浙　江	6	187	186	2171	2057	59219	49075
安　徽							
福　建	1	29	17	212	130	2000	1190
江　西							
山　东	3	68	44	1594	1227	42584	37020
河　南	2	20	18	853	610	92040	68435
湖　北	2	76	81	764	749	8317	8347
湖　南							
广　东	16	2429	1890	38514	31726	1418551	1175586
广　西							
海　南							
重　庆	2	67	63	758	748	9110	7915
四　川	1	25	22	200	200	1900	4200
贵　州							
云　南	2	214	170	1278	1068	18391	14406
西　藏							
陕　西							
甘　肃							
青　海							
宁　夏							
新　疆							

2—7 续表10

外商投资企业

项　目	连锁总店数（个）	门店数（个）		年末从业人员（人）		年末营业面积（平方米）	
	2007年	2007年	2006年	2007年	2006年	2007年	2006年
全　国	**105**	**11230**	**10289**	**256823**	**222801**	**10095641**	**7560972**
北　京	18	459	388	19519	15344	765023	616341
天　津	6	99	100	3479	3640	159470	154270
河　北							
山　西							
内蒙古							
辽　宁	3	11	10	3809	4567	199120	199120
吉　林							
黑龙江							
上　海	10	462	452	41986	38342	1193850	1093214
江　苏	6	1949	1723	64177	62480	2713358	2210560
浙　江	10	59	54	11009	10166	452166	387026
安　徽	2	15	16	2037	1600	77309	24701
福　建	4	541	24	10121	1164	1067771	37500
江　西	1	3	5	45	50	450	500
山　东	8	14	14	5104	6008	187462	187462
河　南	2	19	19	228	226	1750	1550
湖　北	3	9	8	3185	2814	99571	88471
湖　南	3	65	66	5882	5986	184665	165594
广　东	23	7443	7336	78588	63269	2798626	2179765
广　西							
海　南							
重　庆	1	4	4	1200	1240	30500	30500
四　川	1	4	4	913	893	32000	32000
贵　州	1	63	55	863	844	11820	9804
云　南	2	8	8	3560	3168	98231	98231
西　藏							
陕　西							
甘　肃							
青　海							
宁　夏							
新　疆	1	3	3	1118	1000	22499	44363

2—8 按登记注册类型分各地区连锁零售企业直营门店基本情况

内资企业

项目	门店数（个）		年末从业人员（人）		年末营业面积（平方米）	
	2007年	2006年	2007年	2006年	2007年	2006年
全国	**78063**	**72485**	**1237087**	**1323292**	**80329611**	**73469140**
北京	3499	3403	82895	79379	4045465	3914901
天津	1221	1161	19308	21037	1809125	1667579
河北	2485	2744	36470	35747	1867383	1950057
山西	552	484	19756	17800	517359	493823
内蒙古	1592	1554	25030	206844	3712881	3632657
辽宁	2190	2111	21399	20091	1172891	1159343
吉林	278	237	5139	4852	263298	200646
黑龙江	762	793	13388	12280	462146	438668
上海	10156	9840	142595	132794	6273178	6119058
江苏	7125	6832	138151	126292	5336475	5059018
浙江	8027	7212	89460	77837	7096511	6719797
安徽	2565	2497	41780	38003	1555318	1430452
福建	1309	1015	27457	24225	1266830	1099729
江西	1498	1466	26806	25328	1454799	1307013
山东	5244	4709	73005	59374	5170306	4545041
河南	4899	3840	53100	41417	6230333	4040216
湖北	2195	1936	54565	46547	2873811	2397720
湖南	3091	2819	55865	65599	2678871	2450378
广东	6712	5449	143069	130221	12768475	12145863
广西	1483	1555	18880	19539	2132377	2146287
海南	301	360	3296	3072	59124	74946
重庆	2139	2158	43600	39241	2425691	2224854
四川	2081	1813	26187	25219	1198873	995605
贵州	1115	1045	9596	9152	1287777	850441
云南	1636	1292	20189	17962	630025	531577
西藏						
陕西	411	441	16447	16072	554656	468250
甘肃	894	1065	5075	4381	1787953	2200591
青海	91	81	2801	3077	102055	101232
宁夏	420	415	5069	4469	1310783	1324863
新疆	2092	2158	16709	15441	2284842	1778535

2—8 续表1

国有企业

项目	门店数（个）		年末从业人员（人）		年末营业面积（平方米）	
	2007年	2006年	2007年	2006年	2007年	2006年
全国	**9851**	**9526**	**101215**	**92922**	**8361593**	**6845835**
北京	151	168	5362	4910	240130	202304
天津	24	24	1278	1383	17854	18214
河北	69	73	9948	9766	212157	194923
山西	5	7	265	238	1200	1800
内蒙古						
辽宁	287	285	1107	1109	692195	691363
吉林						
黑龙江	7	7	543	552	25592	25592
上海	2045	2031	11097	9168	211306	205981
江苏	133	117	6266	6597	337873	337873
浙江	285	290	6056	5872	230626	216026
安徽	1782	1777	18484	16798	630850	547678
福建	115	114	1776	1629	155296	137348
江西	221	211	2147	2007	442150	434345
山东	103	114	2182	2063	28619	23791
河南	1220	683	7700	3753	1658059	291940
湖北	139	131	1706	2284	54171	51560
湖南	585	539	5158	4861	271522	245136
广东	210	219	6664	6414	489835	452011
广西	157	161	1260	1382	68700	70700
海南						
重庆	14	21	937	1302	14313	16778
四川						
贵州	45	45	347	505	4653	4653
云南	221	184	2544	2586	80238	68322
西藏						
陕西						
甘肃	712	891	2135	1705	1703860	2124620
青海						
宁夏	33	33	652	647	28943	28943
新疆	1288	1401	5601	5391	761451	453934

2—8 续表2

集体企业

项目	门店数（个）		年末从业人员（人）		年末营业面积（平方米）	
	2007年	2006年	2007年	2006年	2007年	2006年
全国	**373**	**357**	**6905**	**7513**	**513429**	**327307**
北京	26	29	1207	1401	67632	68779
天津						
河北	12	12	400	400	20000	20000
山西						
内蒙古	11	12	451	451	29141	29524
辽宁	11	12	700	700	22600	22800
吉林						
黑龙江	31	31	75	75	460	460
上海						
江苏	57	57	739	768	19216	14954
浙江	34	29	501	569	17827	15893
安徽						
福建	5	5	95	97	1412	1546
江西						
山东	31	21	897	853	73800	35300
河南	85	84	878	1024	24370	30270
湖北	6	6	23	23	500	500
湖南						
广东	8	9	184	189	3408	3458
广西						
海南						
重庆						
四川						
贵州						
云南	26	27	142	173	1913	1923
西藏						
陕西						
甘肃						
青海	2	2	546	739	29800	29800
宁夏						
新疆	28	21	67	51	201350	52100

2—8 续表3

股份合作企业

项　　目	门店数（个）		年末从业人员（人）		年末营业面积（平方米）	
	2007年	2006年	2007年	2006年	2007年	2006年
全　　国	**523**	**421**	**8889**	**7874**	**233172**	**208110**
北　　京	9	9	122	127	1700	1700
天　　津						
河　　北						
山　　西	27	18	240	183	2970	2343
内 蒙 古						
辽　　宁	17	6	430	400	20400	20491
吉　　林						
黑 龙 江	1	1	122	272	10000	17000
上　　海						
江　　苏						
浙　　江	21	14	468	389	20747	15317
安　　徽	30	29	2777	2270	55128	48148
福　　建						
江　　西						
山　　东	11	15	303	297	11585	13900
河　　南	49	49	966	994	36850	38650
湖　　北	6	9	86	92	2300	2800
湖　　南	136	46	792	356	14960	4720
广　　东	15	24	98	155	1787	2937
广　　西						
海　　南						
重　　庆						
四　　川	54	63	172	152	2945	2519
贵　　州						
云　　南						
西　　藏						
陕　　西	121	121	1301	1320	26100	24542
甘　　肃						
青　　海	23	15	712	667	15700	4343
宁　　夏						
新　　疆	3	2	300	200	10000	8700

2—8 续表4

联营企业

项目	门店数（个）		年末从业人员（人）		年末营业面积（平方米）	
	2007年	2006年	2007年	2006年	2007年	2006年
全国	**367**	**263**	**3884**	**3071**	**98036**	**92355**
北京						
天津						
河北						
山西						
内蒙古						
辽宁						
吉林						
黑龙江						
上海						
江苏						
浙江						
安徽						
福建	2	2	141	142	5831	5831
江西						
山东	14	14	1309	1394	42630	42630
河南						
湖北	3	5	65	95	8000	14000
湖南						
广东	245	154	1762	965	21575	12394
广西						
海南						
重庆						
四川	53	41	375	262	10600	8200
贵州						
云南	50	47	232	213	9400	9300
西藏						
陕西						
甘肃						
青海						
宁夏						
新疆						

2—8 续表 5

有限责任公司

项目	门店数（个）		年末从业人员（人）		年末营业面积（平方米）	
	2007年	2006年	2007年	2006年	2007年	2006年
全国	**21904**	**20645**	**407014**	**371309**	**16332837**	**14664136**
北京	1410	1377	38407	36829	1602600	1613655
天津	419	373	9114	11102	1095433	986794
河北	197	196	6335	6962	214017	193879
山西	326	284	10757	9457	267451	268151
内蒙古	75	74	2944	3092	94110	81412
辽宁	625	580	5667	4686	110427	98973
吉林	108	95	1785	1537	135564	89435
黑龙江	54	47	1162	1036	21085	17591
上海	5155	5082	62787	60317	2361179	2212301
江苏	2153	2218	21271	20168	556730	586404
浙江	1953	1639	29831	26134	1138332	950807
安徽	439	430	6128	5813	215243	206306
福建	336	301	7748	7067	330421	287501
江西	48	43	1708	1248	86586	32517
山东	1263	1192	25653	18648	1392607	1214780
河南	886	753	18867	12791	507990	366793
湖北	710	634	12700	11653	648630	589070
湖南	209	176	14972	14063	737411	672536
广东	1493	1266	57378	52657	2076275	1852358
广西	271	313	5157	5395	178423	164505
海南	30	31	524	621	40911	57487
重庆	1356	1376	29416	26025	1180957	961341
四川	1403	1187	16728	15010	636042	519863
贵州	148	138	868	775	22319	20201
云南	46	53	1871	1771	38364	41163
西藏						
陕西	215	237	10612	10143	369845	314844
甘肃	105	105	969	1018	29083	29043
青海	18	18	801	878	16220	30364
宁夏	122	124	1368	1167	45705	43227
新疆	331	303	3486	3246	182877	160835

2—8 续表 6

股份有限公司

项目	门店数（个）		年末从业人员（人）		年末营业面积（平方米）	
	2007 年	2006 年	2007 年	2006 年	2007 年	2006 年
全国	**30438**	**29369**	**475004**	**630894**	**46878476**	**44390354**
北京	1108	1092	26031	24755	1662147	1535510
天津	618	623	5563	5671	554520	560329
河北	2101	2367	15307	15163	1254800	1402200
山西	85	90	5284	5082	129761	132174
内蒙古	1453	1418	20705	202070	3528622	3443625
辽宁	1134	1112	11844	11524	287585	282759
吉林	94	80	722	648	20600	15000
黑龙江	568	622	7591	7499	252246	255471
上海	2585	2371	54686	51233	3061310	3105716
江苏	3342	3102	93462	83996	3948745	3722049
浙江	2202	2182	23323	20484	4973561	4911143
安徽	131	118	12546	11495	571640	552440
福建	363	150	3009	1614	343306	301840
江西	1164	1154	12050	11754	655413	576501
山东	3017	2845	36061	30298	3359985	2968028
河南	2176	1808	11874	10604	3490998	2826238
湖北	826	755	34734	26831	1993409	1580270
湖南	1737	1699	23105	36106	1476357	1375369
广东	2102	2087	33767	32508	8448825	8362567
广西	974	996	11280	11538	1860647	1882364
海南	254	313	2424	2165	15726	15272
重庆	536	565	7810	7569	1051615	1117240
四川	281	272	4331	3620	303667	269687
贵州	873	824	6584	6152	1223278	787140
云南	161	161	1628	1613	87115	79315
西藏						
陕西	17	13	3681	3728	144610	116004
甘肃						
青海	20	21	250	270	20479	22389
宁夏	234	235	2745	2416	1210336	1241707
新疆	282	294	2607	2488	947173	950007

2—8 续表 7

私营企业

项　目	门店数（个）		年末从业人员（人）		年末营业面积（平方米）	
	2007 年	2006 年	2007 年	2006 年	2007 年	2006 年
全　国	**14080**	**11445**	**227839**	**204171**	**7698299**	**6762494**
北　京	795	728	11766	11357	471256	492953
天　津	160	141	3353	2881	141318	102242
河　北	106	96	4480	3456	166409	139055
山　西	109	85	3210	2840	115977	89355
内蒙古	53	50	930	1231	61008	78096
辽　宁	116	116	1651	1672	39684	42957
吉　林	76	62	2632	2667	107134	96211
黑龙江	101	85	3895	2846	152763	122554
上　海	368	353	13636	11747	566966	522643
江　苏	1372	1269	16023	14387	457311	381952
浙　江	3522	3047	28708	23809	701392	597385
安　徽	183	143	1845	1627	82457	75880
福　建	488	443	14688	13676	430564	365663
江　西	65	58	10901	10319	270650	263650
山　东	793	500	6140	5101	246080	236612
河　南	440	420	12715	12[illegible]	509966	484225
湖　北	505	396	5251	5569	166801	159520
湖　南	344	269	10777	9303	173551	147247
广　东	2592	1650	42599	36873	1722081	1456049
广　西	81	85	1183	1224	24607	28718
海　南	17	16	348	286	2487	2187
重　庆	233	196	5437	4345	178806	129495
四　川	290	250	4581	6175	245619	195336
贵　州	49	38	1797	1720	37527	38447
云　南	893	644	12335	10401	383964	314092
西　藏						
陕　西	58	70	853	881	14101	12860
甘　肃	77	69	1971	1658	55010	46928
青　海	24	21	458	476	19020	13500
宁　夏	31	23	304	239	25799	10986
新　疆	139	122	3372	3225	127991	115696

2—8 续表8

其他企业

项目	门店数（个）		年末从业人员（人）		年末营业面积（平方米）	
	2007年	2006年	2007年	2006年	2007年	2006年
全国	**527**	**459**	**6337**	**5538**	**213769**	**178549**
北京						
天津						
河北						
山西						
内蒙古						
辽宁						
吉林						
黑龙江						
上海	3	3	389	329	72417	72417
江苏	68	69	390	376	16600	15786
浙江	10	11	573	580	14026	13226
安徽						
福建						
江西						
山东	12	8	460	720	15000	10000
河南	43	43	100	71	2100	2100
湖北						
湖南	80	90	1061	910	5070	5370
广东	47	40	617	460	4689	4089
广西						
海南						
重庆						
四川						
贵州						
云南	239	176	1437	1205	29031	17462
西藏						
陕西						
甘肃						
青海	4	4	34	47	836	836
宁夏						
新疆	21	15	1276	840	54000	37263

2—8 续表 9

港、澳、台商投资企业

项 目	门店数（个）		年末从业人员（人）		年末营业面积（平方米）	
	2007 年	2006 年	2007 年	2006 年	2007 年	2006 年
全 国	**2492**	**1952**	**59615**	**52149**	**2085593**	**1749354**
北 京	28	24	2476	2224	152274	156963
天 津	78	67	1411	1337	47652	40931
河 北						
山 西						
内蒙古						
辽 宁	3	3	1437	1374	55269	55269
吉 林	5	5	90	97	1000	1000
黑龙江						
上 海	55	43	3216	3192	76451	68234
江 苏	244	170	13766	13190	350385	294931
浙 江	178	179	2084	1987	54369	46965
安 徽						
福 建	29	17	212	130	2000	1190
江 西						
山 东	68	44	1594	1227	42584	37020
河 南	5	3	750	507	76040	52435
湖 北	34	39	554	539	4993	5023
湖 南						
广 东	1485	1126	29919	24459	1195025	963472
广 西						
海 南						
重 庆	41	40	628	618	7260	7315
四 川	25	22	200	200	1900	4200
贵 州						
云 南	214	170	1278	1068	18391	14406
西 藏						
陕 西						
甘 肃						
青 海						
宁 夏						
新 疆						

2—8 续表10

外商投资企业

项　目	门店数（个）		年末从业人员（人）		年末营业面积（平方米）	
	2007年	2006年	2007年	2006年	2007年	2006年
全　国	**3124**	**2339**	**190374**	**153317**	**8679778**	**6180311**
北　京	457	388	19476	15344	764723	616341
天　津	99	100	3479	3640	159470	154270
河　北						
山　西						
内蒙古						
辽　宁	11	10	3809	4567	199120	199120
吉　林						
黑龙江						
上　海	205	196	19817	17737	717397	659135
江　苏	824	654	39077	32995	2103378	1599740
浙　江	59	54	11009	10166	452166	387026
安　徽	15	16	2037	1600	77309	24701
福　建	541	24	10121	1164	1067771	37500
江　西	3	5	45	50	450	500
山　东	14	14	5104	6008	187462	187462
河　南	19	19	228	226	1750	1550
湖　北	9	8	3185	2814	99571	88471
湖　南	65	66	5882	5986	184665	165594
广　东	721	714	59451	43908	2469496	1844209
广　西						
海　南						
重　庆	4	4	1200	1240	30500	30500
四　川	4	4	913	893	32000	32000
贵　州	63	52	863	811	11820	9598
云　南	8	8	3560	3168	98231	98231
西　藏						
陕　西						
甘　肃						
青　海						
宁　夏						
新　疆	3	3	1118	1000	22499	44363

2—9 按登记注册类型分各地区连锁零售企业加盟门店基本情况

内资企业

项　目	门店数（个）		年末从业人员（人）		年末营业面积（平方米）	
	2007年	2006年	2007年	2006年	2007年	2006年
全　国	**52545**	**43347**	**299251**	**264591**	**7679780**	**6776281**
北　京	2051	1621	9957	8427	392265	354906
天　津	20	21	65	54	1715	1793
河　北	1878	1042	7179	3968	157250	96019
山　西	732	606	3106	2569	44722	35375
内蒙古	39		20		1560	
辽　宁	836	798	3890	4424	107501	97195
吉　林	172	184	354	376	10493	11050
黑龙江	20	18	310	246	22928	5928
上　海	5797	5722	51342	53092	1176948	1138161
江　苏	2460	2031	47829	50379	1026027	865272
浙　江	9239	6228	23302	15895	756966	568001
安　徽	4148	3453	17784	15590	667320	590786
福　建	133	126	467	477	14902	14902
江　西	294	192	2159	1672	52122	28315
山　东	3435	2951	28204	28946	837894	790373
河　南	6497	5197	20300	17495	644954	575171
湖　北	539	385	2533	2150	116291	86023
湖　南	522	501	2998	3589	95671	99895
广　东	4958	4343	20269	18502	444262	409208
广　西	480	414	3800	3565	100114	126321
海　南	32	32	174	178	13285	13285
重　庆	3915	3392	7377	6383	160995	141452
四　川	801	658	3588	3742	122860	79372
贵　州	5	16	171	248	6752	10327
云　南	1156	1094	4677	4473	176790	155700
西　藏						
陕　西	439	456	32132	4390	42820	21720
甘　肃	160	175	480	1358	314900	350000
青　海	224	204	1106	1073	39947	35629
宁　夏	1272	1260	3099	10919	76167	55121
新　疆	291	227	579	411	53359	18981

2—9 续表1

国有企业

项目	门店数（个）		年末从业人员（人）		年末营业面积（平方米）	
	2007年	2006年	2007年	2006年	2007年	2006年
全国	**1184**	**1193**	**10625**	**10222**	**583982**	**655911**
北京						
天津						
河北	9	51	45	227	900	3089
山西						
内蒙古						
辽宁						
吉林						
黑龙江						
上海	301	254	5145	4683	47180	42540
江苏						
浙江						
安徽	4	29	618	1235	54700	102515
福建						
江西						
山东	11	11	14	14	500	500
河南	496	486	1029	791	42080	41340
湖北	30	25	137	145	1411	1379
湖南	75	63	347	102	4906	3487
广东	98	99	2810	1667	117405	111061
广西						
海南						
重庆						
四川						
贵州						
云南						
西藏						
陕西						
甘肃	160	175	480	1358	314900	350000
青海						
宁夏						
新疆						

2—9 续表 2

集体企业

项　目	门店数（个）		年末从业人员（人）		年末营业面积（平方米）	
	2007 年	2006 年	2007 年	2006 年	2007 年	2006 年
全　国	**2146**	**1764**	**4297**	**3657**	**114077**	**96404**
北　京	276	230	552	462	23185	18735
天　津						
河　北						
山　西						
内蒙古						
辽　宁						
吉　林						
黑龙江						
上　海						
江　苏	62	61	238	183	4224	4128
浙　江	506	497	1080	1062	28060	27708
安　徽						
福　建						
江　西						
山　东						
河　南	1300	974	2415	1936	58420	45645
湖　北						
湖　南						
广　东	1	1	9	11	150	150
广　西						
海　南						
重　庆						
四　川						
贵　州						
云　南	1	1	3	3	38	38
西　藏						
陕　西						
甘　肃						
青　海						
宁　夏						
新　疆						

2—9 续表3

股份合作企业

项目	门店数（个）		年末从业人员（人）		年末营业面积（平方米）	
	2007年	2006年	2007年	2006年	2007年	2006年
全国	**619**	**608**	**2769**	**2624**	**179364**	**153016**
北京						
天津						
河北						
山西						
内蒙古						
辽宁	6	13	400	430	18026	13538
吉林						
黑龙江	9	7	270	203	22228	5228
上海						
江苏						
浙江	2	2	4	4	90	90
安徽						
福建						
江西						
山东	3	8	34	26	295	350
河南	595	576	2029	1953	138425	133650
湖北						
湖南						
广东						
广西						
海南						
重庆						
四川						
贵州						
云南						
西藏						
陕西						
甘肃						
青海	4	2	32	8	300	160
宁夏						
新疆						

2—9 续表 4

联营企业

项目	门店数（个）		年末从业人员（人）		年末营业面积（平方米）	
	2007年	2006年	2007年	2006年	2007年	2006年
全国	**238**	**266**	**13703**	**15982**	**254488**	**249993**
北京						
天津						
河北						
山西						
内蒙古						
辽宁						
吉林						
黑龙江						
上海						
江苏						
浙江						
安徽						
福建						
江西						
山东	152	150	13080	15256	248300	242280
河南						
湖北						
湖南						
广东	86	116	623	726	6188	7713
广西						
海南						
重庆						
四川						
贵州						
云南						
西藏						
陕西						
甘肃						
青海						
宁夏						
新疆						

2—9 续表5

有限责任公司

项目	门店数（个）		年末从业人员（人）		年末营业面积（平方米）	
	2007年	2006年	2007年	2006年	2007年	2006年
全国	**27343**	**22643**	**86851**	**84959**	**2929564**	**2414894**
北京	1102	887	6076	5337	273451	256814
天津	7	7	38	20	840	840
河北	281	246	756	739	30950	33590
山西	297	220	1330	949	20711	14148
内蒙古	39		20		1560	
辽宁	697	649	3046	3527	65158	61588
吉林	6	6	22	20	443	260
黑龙江	11	11	40	43	700	700
上海	1703	1709	7947	9233	114941	120778
江苏	807	593	4056	3029	155660	129607
浙江	5187	3445	11447	7443	517619	389368
安徽	4116	3407	11136	8717	577167	467556
福建	9	14	117	132	3300	3590
江西	219	106	928	472	37492	3575
山东	564	442	1960	1858	227545	213290
河南	2291	1803	8463	7360	187716	151881
湖北	318	183	1613	1264	86949	54519
湖南	29	27	200	170	31272	30606
广东	3815	3501	12603	13428	177404	173021
广西	309	240	2386	1833	52924	30949
海南	1	1	70	74	12335	12335
重庆	3280	3135	6317	5903	140645	132143
四川	454	350	2464	2644	90449	49030
贵州	2	2	145	137	5740	5740
云南	95	29	266	150	10167	4835
西藏						
陕西	37	23	504	492	11452	2130
甘肃						
青海	137	137	940	940	18800	18800
宁夏	1269	1257	1663	8786	60650	39270
新疆	261	213	298	259	15524	13931

2—9 续表6

股份有限公司

项　目	门店数（个）		年末从业人员（人）		年末营业面积（平方米）	
	2007年	2006年	2007年	2006年	2007年	2006年
全　国	**10770**	**9262**	**113914**	**114278**	**2715119**	**2471727**
北　京	241	254	2051	1717	38825	33890
天　津						
河　北	1582	740	6328	2960	124800	58840
山　西	111	155	335	468	4456	6223
内蒙古						
辽　宁	17	20	132	115	11679	12129
吉　林	166	178	332	356	10050	10790
黑龙江						
上　海	3783	3750	38185	39116	1013421	973539
江　苏	1060	962	40674	44589	788104	683881
浙　江	269	198	441	376	20237	13247
安　徽	27	14	6000	5588	34800	20160
福　建	3	5	53	62	3981	3981
江　西	75	86	1231	1200	14630	24740
山　东	2218	2038	11173	10080	288464	257233
河　南	568	400	2492	2492	146920	146585
湖　北	62	58	450	420	20503	22420
湖　南	205	191	678	556	12538	10620
广　东	7	8	394	431	57263	61263
广　西	53	48	831	1140	40302	89157
海　南						
重　庆	224	66	324	106	6720	1980
四　川	25	26	188	208	3415	5686
贵　州		11		85		3575
云　南						
西　藏						
陕　西	2	1	76	10	7000	600
甘　肃						
青　海	64	50	71	70	19631	15337
宁　夏	3	3	1436	2133	15517	15851
新　疆	5		39		31863	

2—9 续表 7

私营企业

项目	门店数（个）		年末从业人员（人）		年末营业面积（平方米）	
	2007年	2006年	2007年	2006年	2007年	2006年
全国	**9829**	**7317**	**66042**	**32233**	**878509**	**717926**
北京	432	250	1278	911	56804	45467
天津	13	14	27	34	875	953
河北	6	5	50	42	600	500
山西	324	231	1441	1152	19555	15004
内蒙古						
辽宁	116	116	312	352	12638	9940
吉林						
黑龙江						
上海	10	9	65	60	1406	1304
江苏	528	410	2851	2566	77839	47456
浙江	3234	2068	10236	6964	188099	135970
安徽	1	3	30	50	653	555
福建	121	107	297	283	7621	7331
江西						
山东	229	142	1231	1362	59990	67720
河南	1149	860	3685	2773	63513	51190
湖北	129	119	333	321	7428	7705
湖南	213	220	1773	2761	46955	55182
广东	951	618	3830	2239	85852	56000
广西	118	126	583	592	6888	6215
海南	31	31	104	104	950	950
重庆	411	191	736	374	13630	7329
四川	322	282	936	890	28996	24656
贵州	3	3	26	26	1012	1012
云南	1060	1064	4408	4320	166585	150827
西藏						
陕西	400	432	31552	3888	24368	18990
甘肃						
青海	3	2	16	17	280	620
宁夏						
新疆	25	14	242	152	5972	5050

2—9 续表8

其他企业

项目	门店数（个）		年末从业人员（人）		年末营业面积（平方米）	
	2007年	2006年	2007年	2006年	2007年	2006年
全国	**416**	**294**	**1050**	**636**	**24677**	**16410**
北京						
天津						
河北						
山西						
内蒙古						
辽宁						
吉林						
黑龙江						
上海						
江苏	3	5	10	12	200	200
浙江	41	18	94	46	2861	1618
安徽						
福建						
江西						
山东	258	160	712	350	12800	9000
河南	98	98	187	190	7880	4880
湖北						
湖南						
广东						
广西						
海南						
重庆						
四川						
贵州						
云南						
西藏						
陕西						
甘肃						
青海	16	13	47	38	936	712
宁夏						
新疆						

2—9 续表9

港、澳、台商投资企业

项　　目	门店数（个）		年末从业人员（人）		年末营业面积（平方米）	
	2007年	2006年	2007年	2006年	2007年	2006年
全　　国	**1036**	**851**	**9125**	**7780**	**249550**	**234148**
北　　京						
天　　津						
河　　北						
山　　西						
内 蒙 古						
辽　　宁						
吉　　林						
黑 龙 江						
上　　海						
江　　苏						
浙　　江	9	7	87	70	4850	2110
安　　徽						
福　　建						
江　　西						
山　　东						
河　　南	15	15	103	103	16000	16000
湖　　北	42	42	210	210	3324	3324
湖　　南						
广　　东	944	764	8595	7267	223526	212114
广　　西						
海　　南						
重　　庆	26	23	130	130	1850	600
四　　川						
贵　　州						
云　　南						
西　　藏						
陕　　西						
甘　　肃						
青　　海						
宁　　夏						
新　　疆						

2—9 续表10

外商投资企业

项　　目	门店数（个）		年末从业人员（人）		年末营业面积（平方米）	
	2007年	2006年	2007年	2006年	2007年	2006年
全　国	**8106**	**7950**	**66449**	**69484**	**1415863**	**1380661**
北　京	2		43		300	
天　津						
河　北						
山　西						
内蒙古						
辽　宁						
吉　林						
黑龙江						
上　海	257	256	22169	20605	476453	434079
江　苏	1125	1069	25100	29485	609980	610820
浙　江						
安　徽						
福　建						
江　西						
山　东						
河　南						
湖　北						
湖　南						
广　东	6722	6622	19137	19361	329130	335556
广　西						
海　南						
重　庆						
四　川						
贵　州		3		33		206
云　南						
西　藏						
陕　西						
甘　肃						
青　海						
宁　夏						
新　疆						

2—10 按登记注册类型分各地区连锁零售企业经营情况

内资企业 单位:万元

项目	商品购进总额		统一配送商品购进额	
	2007 年	2006 年	2007 年	2006 年
全国	**137767821**	**117874650**	**108049967**	**92266998**
北京	8932595	8006322	4717777	4285733
天津	2172369	1894814	1799498	1503906
河北	3670184	3387197	2413988	2162464
山西	692601	823438	309412	529284
内蒙古	2217640	1757564	2214429	1754098
辽宁	3922671	3525053	3861296	3382500
吉林	182126	158757	154684	136299
黑龙江	1000852	796971	889960	702928
上海	13658859	12050970	12621595	10976931
江苏	20632168	16390390	18270765	16081972
浙江	11531539	8080179	10775815	7613615
安徽	5528053	4720391	4210152	3681172
福建	3354734	1263419	1100157	780408
江西	2248088	2104247	1637437	1508678
山东	11187853	10382312	8217186	7636723
河南	5245547	4589695	3422689	2942912
湖北	3993718	3389884	2768225	2280106
湖南	4259396	3732042	4232645	3711964
广东	17621615	15550003	12253845	10400770
广西	2826463	2386698	2034165	1644457
海南	743418	507411	735171	488902
重庆	3648614	2978030	1575339	1276048
四川	1333655	1004940	1315676	988458
贵州	1357424	3256035	1243760	1131175
云南	1074575	1100749	989573	1036466
西藏				
陕西	745486	643008	329634	270615
甘肃	1139281	1184459	1130909	1179147
青海	77075	58539	64218	45338
宁夏	588847	388488	584952	385028
新疆	2180379	1762649	2175016	1748900

2—10 续表 1

内资企业

项　目	自有配送中心配送商品购进额		非自有配送中心配送商品购进额	
	2007 年	2006 年	2007 年	2006 年
全　国	**83248099**	**70229416**	**12163063**	**11054523**
北　京	1908481	1526533	307058	402458
天　津	991837	767750	795639	726955
河　北	1838197	1676569	22275	28301
山　西	180609	447596	552	449
内蒙古	2183413	1729589	17089	13595
辽　宁	2926699	2490068	893746	857489
吉　林	40534	36085	36560	33686
黑龙江	881383	701305	8577	659
上　海	9167292	8010578	891441	668309
江　苏	11963633	10359120	6089821	5578358
浙　江	10367002	7305566	278105	206452
安　徽	3628432	3108706	37322	36364
福　建	458665	373326	63201	37777
江　西	660593	593965	642501	601730
山　东	7963405	7470960	162939	119463
河　南	2483227	2075341	143196	127441
湖　北	1971348	1606518	22224	22721
湖　南	3834965	3396576	6102	4780
广　东	10666583	9035710	977266	949800
广　西	1545816	1190426	739	408
海　南	733032	486999	2140	1903
重　庆	611446	399418	1700	1947
四　川	1061288	769801	9060	8389
贵　州	1056005	923324		
云　南	905798	1001195	27030	23330
西　藏				
陕　西	29541	26951	12764	9518
甘　肃	1130909	1179147		
青　海	23541	20726	16667	1462
宁　夏	546502	356218	10258	5234
新　疆	1487924	1163353	687092	585547

单位:万元

商品销售总额		零售额	
2007 年	2006 年	2007 年	2006 年
151598510	**129247276**	**109350890**	**90778634**
10564123	9244822	8426573	7458481
2238590	1942259	1539237	1277542
4132464	3720866	3245197	2779646
916789	745890	825336	643312
2201113	1764166	2188578	1757550
4145269	3615887	3740999	3342509
219626	185293	179659	144474
1026875	860240	899165	752241
17628049	16193747	13874997	12277352
21662585	17705845	12725986	10339152
10658206	8881862	7719389	5526142
6184035	5199302	3554566	3051820
3608974	1340240	2630218	1147436
2383978	2096771	1753407	1519616
12739144	11519772	7080760	6101456
5852482	4760828	4467703	3469344
4471074	3863802	3374085	2879059
4492766	3905217	3912563	3565352
19543107	17126501	14769320	12233900
3012525	2616826	1803816	1580228
599860	553876	539429	414023
3979432	3177745	3184412	2527742
1289243	1073530	1131807	938351
1520804	1396259	1174211	1037372
1441524	1477003	821838	755183
780120	678109	763588	659775
1216485	1082649	1214253	1079445
91204	81938	89311	80737
640669	535579	627562	525404
2357394	1900456	1092926	913990

2—10 续表 2

国有企业

项　目	商品购进总额		统一配送商品购进额		自有配送中心配送商品购进额	
	2007 年	2006 年	2007 年	2006 年	2007 年	2006 年
全　国	**14019975**	**12551214**	**12062391**	**10628156**	**9366169**	**8136912**
北　京	199651	179934	169147	145437	9310	16321
天　津	56397	69832				
河　北	607362	513484	545268	463731	89978	66149
山　西	4155	5139				
内蒙古						
辽　宁	851114	814552	851114	814552		
吉　林						
黑龙江	12629	11766	8890	8365	8890	8365
上　海	374280	401875	268996	263217	158884	171357
江　苏	897397	835253	892859	835253	892859	835253
浙　江	650496	540634	650496	540634	650496	540634
安　徽	3044604	2770526	3042022	2769105	2510311	2241255
福　建	149805	119383	100108	78478	99995	78478
江　西	243314	229474	235850	222329	27117	27031
山　东	329250	269008	329250	269008	329250	269008
河　南	1111532	861820	749483	532255	722568	506268
湖　北	141170	120142	101210	78432	101210	78432
湖　南	1021541	832940	1021541	832940	1019522	832022
广　东	1472129	1378612	311527	272228	219525	188495
广　西	277172	97885	215848	18264	215848	18264
海　南						
重　庆	15826	10413	15826	10413	15826	10413
四　川						
贵　州	5382	5269	3727	4247	3727	4247
云　南	426182	555116	426005	554518	404803	535992
西　藏						
陕　西						
甘　肃	1104634	1154513	1104634	1154513	1104634	1154513
青　海						
宁　夏	12863	12068	12863	12068	12863	12068
新　疆	1011091	761579	1005728	748170	768554	542351

单位:万元

非自有配送中心配送商品购进额		商品销售总额		零售额	
2007 年	2006 年	2007 年	2006 年	2007 年	2006 年
1326746	**1253860**	**15246905**	**13134581**	**10201577**	**8895387**
16948	28817	234977	219979	229561	212538
		58642	67010	28385	29957
		798932	631309	686294	532206
		4297	4448	3580	3869
851114	814552	993712	882449	684046	643005
		14115	12367	12234	10747
		373990	360641	316841	302844
		871388	804811	407846	381068
		618092	529281	289874	250261
951	907	3366935	2985472	2528548	2173775
113		157567	125333	127737	104880
181558	173290	272969	247408	235824	216797
		498789	405089	27687	25422
729	684	1130805	765296	1014386	675351
		166338	156314	54466	55235
2018	918	1138040	868003	562839	539735
14939	10345	1581312	1462276	1099737	1033917
		276519	242862	61303	55540
		18124	11925	18124	11925
		5544	5142	4117	4149
21203	18527	383694	473645	296417	313830
		1177255	1052503	1177199	1052497
		10572	11823	2474	4617
237174	205820	1094297	809193	332060	261223

2—10 续表 3

集体企业

项　目	商品购进总额		统一配送商品购进额		自有配送中心配送商品购进额	
	2007 年	2006 年	2007 年	2006 年	2007 年	2006 年
全　国	**347612**	**305842**	**245209**	**209926**	**208843**	**173257**
北　京	71217	60965	30246	18963	30246	18963
天　津						
河　北	1978	2060	1978	2060	1978	2060
山　西						
内蒙古	24657	23967	24657	23967	21502	21217
辽　宁	20775	16977	9950	3966	9950	3966
吉　林						
黑龙江	448	495	448	495	448	495
上　海						
江　苏	25040	21133	25040	21133	25040	21133
浙　江	34348	26538	34348	26538	34348	26538
安　徽						
福　建	1160	1118	1160	1118	1160	1118
江　西						
山　东	37865	39318	37865	39318	37865	39318
河　南	83118	68284	46273	41043	31393	25970
湖　北	1488	881	1488	881	1488	881
湖　南						
广　东	2608	2491	2608	2491	2608	2491
广　西						
海　南						
重　庆						
四　川						
贵　州						
云　南	3928	2546	2969	2030	2969	2030
西　藏						
陕　西						
甘　肃						
青　海	20650	20224	7847	7078	7847	7078
宁　夏						
新　疆	18332	18846	18332	18846		

单位:万元

非自有配送中心配送商品购进额		商品销售总额		零售额	
2007 年	2006 年	2007 年	2006 年	2007 年	2006 年
36366	**36669**	**387701**	**333725**	**327511**	**286129**
		73536	65456	70830	62564
		2189	1941	2189	1941
3154	2750	25385	23106	24092	22886
		22696	20804	22696	20804
		685	751	685	751
		37415	29399	33970	27912
		36480	28462	18188	18907
		1744	1521	1744	1521
		39132	30300	39132	30300
14880	15073	91369	78031	76710	66131
		2480	1468	2480	1468
		6173	5721	6173	5721
		3920	2717	3920	2717
		24703	22506	24703	22506
18332	18846	19793	21543		

2—10 续表 4

股份合作企业

项目	商品购进总额		统一配送商品购进额		自有配送中心配送商品购进额	
	2007年	2006年	2007年	2006年	2007年	2006年
全国	**170897**	**151269**	**129150**	**111233**	**77333**	**69446**
北京	1132	1070	792	856	792	856
天津						
河北						
山西	3284	2002	3284	2002	3284	2002
内蒙古						
辽宁	15461	21744	15461	21744		
吉林						
黑龙江	8209	8449	8209	7604		7604
上海						
江苏						
浙江	20288	16596	20288	16596		
安徽	27466	27138	27466	27138	27466	27138
福建						
江西						
山东	2272	2890	2272	2890	2272	2890
河南	9359	9611	5883	5910	3747	4491
湖北	1053	1212	1053	1212	1053	1212
湖南	20066	7960	20066	7960	20066	7960
广东	2268	2261	1064	1584	1064	1584
广西						
海南						
重庆						
四川	5345	2987	5345	2987	5345	2987
贵州						
云南						
西藏						
陕西	36727	34598				
甘肃						
青海	13274	10739	13274	10739	12243	10722
宁夏						
新疆	4693	2011	4693	2011		

单位:万元

非自有配送中心配送商品购进额		商品销售总额		零售额	
2007 年	2006 年	2007 年	2006 年	2007 年	2006 年
14602	**2786**	**181607**	**152137**	**173867**	**147042**
		1602	1470	1602	1470
		7396	5656	3259	3309
		20205	17352	20205	17352
8209		8320	7837	8317	7789
		20166	15816	20166	15816
		33123	27483	33123	27483
		2187	3127	2187	3127
1700	775	9585	9372	8559	8768
		1239	1381	867	967
		10967	8721	10967	8721
		2628	3442	2319	2961
		5397	2812	5397	2812
		41408	36390	41408	36390
		11855	8783	9961	7582
4693	2011	5530	2495	5530	2495

2—10 续表 5

联营企业

项　目	商品购进总额		统一配送商品购进额		自有配送中心配送商品购进额	
	2007 年	2006 年	2007 年	2006 年	2007 年	2006 年
全　国	**1278908**	**1336798**	**751702**	**719208**	**670695**	**648991**
北　京						
天　津						
河　北						
山　西						
内蒙古						
辽　宁						
吉　林						
黑龙江						
上　海						
江　苏						
浙　江						
安　徽						
福　建	79433	70217	79433	70217		
江　西						
山　东	1140638	1222363	613432	604773	613432	604773
河　南						
湖　北	6850	9841	6850	9841	6850	9841
湖　南						
广　东	26271	24137	26271	24137	24696	24137
广　西						
海　南						
重　庆						
四　川	6552	3041	6552	3041	6552	3041
贵　州						
云　南	19165	7200	19165	7200	19165	7200
西　藏						
陕　西						
甘　肃						
青　海						
宁　夏						
新　疆						

单位:万元

非自有配送中心配送商品购进额		商品销售总额		零售额	
2007 年	2006 年	2007 年	2006 年	2007 年	2006 年
		1324475	**1349746**	**1116828**	**1146150**
		83706	74703	9065	10819
		1175430	1230271	1053557	1098646
		7711	11754	2192	3667
		44687	23179	39073	23179
		6143	2848	6143	2848
		6798	6990	6798	6990

2—10 续表 6

有限责任公司

项　目	商品购进总额		统一配送商品购进额		自有配送中心配送商品购进额	
	2007 年	2006 年	2007 年	2006 年	2007 年	2006 年
全　国	**22819984**	**18878295**	**17705983**	**14428211**	**11416931**	**9081939**
北　京	2637941	2273388	2158556	1869198	1139692	868444
天　津	694716	604281	433220	364190	411280	347649
河　北	253785	245690	156335	150043	143615	133031
山　西	240445	210114	103123	97843	55150	62072
内蒙古	61815	50089	59932	48041	46005	37127
辽　宁	100414	179831	55619	54999	9863	7653
吉　林	57095	51116	38129	34610	2115	2535
黑龙江	14340	12126	14340	12126	14340	12126
上　海	2980722	2608260	2463866	2072197	585041	497772
江　苏	1718829	1391376	1683806	1362590	1461846	1207111
浙　江	1816944	1569286	1767458	1516935	1607841	1395634
安　徽	966433	738141	872686	658633	836315	623176
福　建	632044	440460	275980	157895	69970	50948
江　西	105647	77621	102559	76066	71124	55447
山　东	1123119	883739	912911	725845	826186	684596
河　南	711555	589458	609637	499796	425394	351875
湖　北	818398	661597	798025	644718	197885	149998
湖　南	444994	367782	425233	351528	425233	351528
广　东	2768644	2224920	2477951	1978979	1381759	974622
广　西	202468	165752	100629	98311	63275	57644
海　南	10025	19351	3937	2570	1798	667
重　庆	2498667	2010156	438445	318197	433372	312916
四　川	919693	652660	911176	641148	877908	611046
贵　州	46817	38014	45843	37477	40132	33035
云　南	38633	30610	37364	30360	18473	19205
西　藏						
陕　西	395910	307390	199335	148828	26782	24236
甘　肃	10046	12901	10046	12901	10046	12901
青　海	21481	4752	21481	4752	3138	2510
宁　夏	88130	64426	88130	64426	49680	35616
新　疆	440234	393010	440234	393010	181675	158820

单位:万元

非自有配送中心配送商品购进额		商品销售总额		零售额	
2007 年	2006 年	2007 年	2006 年	2007 年	2006 年
2344771	**1944441**	**25956009**	**21958222**	**21025431**	**17756276**
55209	25870	3011825	2557983	2486950	2222484
17614	14066	685512	634701	669288	622343
12720	17012	269552	262025	220511	201973
		317505	269602	315552	253208
		79817	64586	68692	58378
34233	35423	182981	197412	115521	197412
34369	30779	80205	69863	77644	62216
		17929	15566	17929	15566
677356	459143	4403321	4132377	3453712	3175392
139698	126461	1817527	1417791	1358930	1081744
82556	60353	2049283	1715110	1525198	1250005
36371	35457	1103362	857998	254278	224901
36522	16176	591395	453106	549061	419227
13499	7209	114414	84382	98226	66096
4428	3646	1217922	1036191	1188037	944081
66193	40349	748847	654800	654797	550194
		811773	671812	720758	595531
		467102	391358	464801	382416
825429	812862	3192153	2497058	2921637	2261378
739	408	208186	173327	202117	163578
2140	1903	13030	20255	13030	20255
		2656138	2158363	2070549	1664751
9060	8389	841073	711838	701359	596544
		59114	46526	58881	45626
		41304	33576	38962	32271
11151	8052	385957	302300	380781	298314
		12149	12161	10901	9993
16667	1462	29427	24425	29427	24425
10258	5234	91553	61110	91553	61110
258559	234190	455655	430623	266351	254867

2—10 续表 7

股份有限公司

项　目	商品购进总额		统一配送商品购进额		自有配送中心配送商品购进额	
	2007 年	2006 年	2007 年	2006 年	2007 年	2006 年
全　国	**85436572**	**73318042**	**65261412**	**56268772**	**52851029**	**44993156**
北　京	4477167	3922295	956477	830025	454154	387145
天　津	1212996	1067679	1211442	1048335	433417	335446
河　北	2675064	2543270	1620052	1491560	1575589	1452582
山　西	225822	466286	116435	366406	113296	361767
内蒙古	2110403	1666821	2110403	1666821	2110403	1666821
辽　宁	2832123	2411422	2832123	2411422	2832123	2411422
吉　林	26270	20201	26270	20201	26270	20201
黑龙江	746668	618179	649977	536938	649610	536280
上　海	8335899	7454312	7920775	7054995	6843678	6109181
江　苏	16735559	13045363	14510252	12825446	8528546	7351914
浙　江	7857292	5068958	7187750	4674564	7177569	4666646
安　徽	1436362	1138684	236085	200777	236085	200777
福　建	1897396	204526	213631	181835	192136	161118
江　西	1652680	1619112	1237441	1168680	521922	485825
山　东	8290998	7725836	6102304	5793711	5972922	5704250
河　南	2901639	2720114	1766935	1676156	1147596	1059613
湖　北	2865449	2487467	1700526	1441056	1536503	1291141
湖　南	2433212	2198508	2433052	2198254	2048865	1892726
广　东	10045517	9185798	6589633	5796593	6589633	5796593
广　西	2268121	2058547	1639467	1463860	1190367	1053077
海　南	731234	486332	731234	486332	731234	486332
重　庆	954876	866861	951658	865135		
四　川	181284	157477	181284	157477	108531	95857
贵　州	1217320	3181484	1193126	1088505	1011082	885095
云　南	36926	786	36926	786		
西　藏						
陕　西	292183	285080	110042	106257	2760	2715
甘　肃						
青　海	18667	18764	18667	18764		
宁　夏	476397	302959	476397	302959	476397	302959
新　疆	501048	394921	501048	394921	340342	275677

单位：万元

非自有配送中心配送商品购进额		商品销售总额		零售额	
2007 年	2006 年	2007 年	2006 年	2007 年	2006 年
7457975	**6794742**	**93665945**	**79835142**	**62815859**	**51335467**
		5622443	4795512	4148168	3591987
778025	712889	1269953	1087214	626505	475231
		2920794	2745215	2196625	1964871
552	449	325983	264125	248538	192662
		2067374	1653899	2067374	1653899
		2832123	2411422	2832123	2411422
		34975	21472	34975	21472
367	659	766909	649593	641083	543263
6611	6481	10925704	10041296	8179409	7139683
5870627	5370503	17560160	14254319	9784997	7868586
10181	7919	6534781	5490705	4745067	3100157
		1628070	1281733	687255	580333
15882	15410	2107695	217168	1300602	158911
441515	416187	1754459	1584682	1179692	1058036
129382	89462	9495899	8525963	4487680	3735315
44125	55540	3448395	2911455	2295330	1829295
		3315671	2891748	2438922	2101626
		2494031	2279361	2491329	2276706
		10862577	9940847	7070733	6029982
		2468677	2151501	1510161	1329698
		579101	527302	518670	387450
		1127198	924452	917921	768322
		196447	174194	181567	156678
		1351447	1271649	1006845	914815
		537705	499632	91402	61930
		326423	317793	315067	303444
		21615	20684	21615	20684
		525796	453673	525796	453673
160707	119244	563543	446534	270409	205337

2—10 续表 8

私营企业

项 目	商品购进总额		统一配送商品购进额		自有配送中心配送商品购进额	
	2007 年	2006 年	2007 年	2006 年	2007 年	2006 年
全 国	**13474100**	**11150238**	**11687362**	**9723477**	**8572404**	**7054957**
北 京	1545486	1568670	1402559	1421253	274287	234804
天 津	208259	153022	154836	91381	147141	84656
河 北	131995	82692	90356	55070	27038	22747
山 西	218895	139897	86571	63033	8879	21754
内蒙古	20765	16688	19438	15270	5503	4425
辽 宁	102784	80527	97031	75818	74763	67027
吉 林	98761	87441	90285	81488	12149	13349
黑龙江	218559	145957	208096	137400	208096	136436
上 海	1896399	1514671	1896399	1514671	1579688	1232269
江 苏	1218125	1059928	1121590	1000213	1036578	925365
浙 江	1122073	836329	1085595	816638	866867	654405
安 徽	53188	45903	31893	25519	18256	16359
福 建	594896	427715	429845	290865	95404	81665
江 西	246447	178040	61586	41603	40430	25663
山 东	260002	237409	218652	201179	180978	166125
河 南	418307	336893	243977	187241	152028	126614
湖 北	159309	108744	159073	103967	126358	75014
湖 南	328391	314087	321562	310518	312666	303921
广 东	3271918	2716832	2812531	2309807	2444437	2046838
广 西	78702	64513	78221	64022	76327	61442
海 南	2159	1728				
重 庆	179245	90600	169411	82302	162248	76089
四 川	220781	188775	211319	183805	62952	56871
贵 州	87905	31268	1065	946	1065	946
云 南	529775	486085	447177	423165	440424	418362
西 藏						
陕 西	20666	15941	20256	15531		
甘 肃	24601	17045	16229	11732	16229	11732
青 海	2568	3523	2568	3523		
宁 夏	11457	9035	7562	5575	7562	5575
新 疆	201681	190282	201681	189942	194053	184505

单位:万元

非自有配送中心配送商品购进额		商品销售总额		零售额	
2007年	2006年	2007年	2006年	2007年	2006年
860611	**914835**	**14581488**	**12276829**	**13452609**	**11014596**
234901	347770	1619741	1604423	1489463	1367439
		224483	153334	215060	150011
9555	11289	140999	80376	139579	78655
		261608	202059	254408	190265
13935	10845	28537	22575	28421	22387
8400	7513	93553	86448	66409	52514
2191	2907	104446	93958	67040	60786
		218918	174126	218918	174126
135915	130834	1853063	1590548	1853063	1590548
61041	62401	1335996	1160488	1112531	949552
185369	138180	1366701	1077945	1088944	867014
		52545	46616	51362	45329
10683	6192	666867	468408	642009	452078
5930	5044	242136	180298	239665	178688
29129	26356	306186	287331	278880	263064
15568	15019	412834	336872	411308	334601
22224	22721	165863	129326	154400	120565
1505	1516	369910	345607	369910	345607
107498	112594	3809200	3170457	3585270	2853241
		59144	49136	30235	31413
		7729	6318	7729	6318
1700	1947	177972	83005	177818	82745
		240183	181837	237342	179469
		104699	72941	104369	72783
5827	4803	434748	431741	350985	308743
1613	1466	26332	21627	26332	21627
		27080	17985	26154	16955
		3183	5065	3183	5065
		12748	8973	7739	6004
7627	5437	214084	187006	214084	187006

2—10 续表 9

其他企业

项　目	商品购进总额		统一配送商品购进额		自有配送中心配送商品购进额	
	2007 年	2006 年	2007 年	2006 年	2007 年	2006 年
全　国	**219774**	**182953**	**206758**	**178015**	**84697**	**70758**
北　京						
天　津						
河　北						
山　西						
内蒙古						
辽　宁						
吉　林						
黑龙江						
上　海	71559	71852	71559	71852		
江　苏	37218	37338	37218	37338	18764	18345
浙　江	30098	21838	29881	21711	29881	21711
安　徽						
福　建						
江　西						
山　东	3710	1750	500		500	
河　南	10036	3516	501	511	501	511
湖　北						
湖　南	11192	10764	11192	10764	8614	8418
广　东	32260	14951	32260	14951	2860	951
广　西						
海　南						
重　庆						
四　川						
贵　州						
云　南	19965	18407	19965	18407	19965	18407
西　藏						
陕　西						
甘　肃						
青　海	436	538	382	482	313	416
宁　夏						
新　疆	3300	2000	3300	2000	3300	2000

单位:万元

非自有配送中心配送商品购进额		商品销售总额		零售额	
2007年	2006年	2007年	2006年	2007年	2006年
121992	**107191**	**254381**	**206894**	**237208**	**197587**
71559	71852	71971	68885	71971	68885
18454	18993	40099	39037	27712	30291
		32704	24543	31952	23982
		3600	1500	3600	1500
		10647	5003	6613	5003
2579	2346	12717	12168	12717	12168
29400	14000	44377	23521	44377	23521
		33354	28701	33354	28701
		421	476	421	476
		4492	3061	4492	3061

2—10 续表10

港澳台商投资企业

项 目	商品购进总额		统一配送商品购进额		自有配送中心配送商品购进额	
	2007年	2006年	2007年	2006年	2007年	2006年
全 国	**4118046**	**3380630**	**3385470**	**2863108**	**2129581**	**1806235**
北 京	330938	258396	80848	87972	80848	87972
天 津	37676	80842	37676	80842	37676	80842
河 北						
山 西						
内蒙古						
辽 宁	63861	51683	63861	51683		
吉 林	3202	2080	3202	2080	3202	2080
黑龙江						
上 海	275846	254202	256046	238334		
江 苏	517523	417810	517523	417810	517523	417810
浙 江	145392	104725	116122	81259	65468	57460
安 徽						
福 建	154	107	154	107		
江 西						
山 东	114159	89330	17449	63256	17449	63256
河 南	232243	140838	232243	140838	232243	140838
湖 北	13831	13115	13831	13115	13831	13115
湖 南						
广 东	2319921	1913966	1983215	1632277	1107639	898107
广 西						
海 南						
重 庆	6212	4344	6212	4344	2158	1488
四 川	14403	13884	14403	13884	8859	7960
贵 州						
云 南	42687	35308	42687	35308	42687	35308
西 藏						
陕 西						
甘 肃						
青 海						
宁 夏						
新 疆						

单位:万元

非自有配送中心配送商品购进额		商品销售总额		零售额	
2007 年	2006 年	2007 年	2006 年	2007 年	2006 年
752195	**646820**	**5320364**	**4390565**	**4310056**	**3535326**
		374643	298357	274455	228646
		37382	78315	37382	78315
		76724	63277	76724	63277
		4469	2978	4469	2978
193485	171221	320876	266900	318123	262601
		1007022	830219	535008	453643
50654	23799	170220	137315	158151	123816
		2081	1467	2081	1467
		109611	90309	109611	90309
		236243	144838	224705	133503
		25119	16818	25119	16818
502512	445876	2879138	2394079	2490251	2033170
		12775	10763	12775	10497
5544	5924	20583	16699	12661	9573
		43477	38231	28541	26712

2—10 续表 11

外商投资企业

项　目	商品购进总额		统一配送商品购进额		自有配送中心配送商品购进额	
	2007 年	2006 年	2007 年	2006 年	2007 年	2006 年
全　国	**17284313**	**13219141**	**13988642**	**10527343**	**5192634**	**5261495**
北　京	1779057	1356528	1272946	935564	686250	529237
天　津	318975	315368	120835	128071		
河　北						
山　西						
内蒙古						
辽　宁	303714	236273	103685	87698	1722	5105
吉　林						
黑龙江						
上　海	3543983	3030140	3543983	3030140	838042	746986
江　苏	4872444	3819579	3420010	2650922	1548876	2192690
浙　江	638125	483806	606287	483806	442489	346638
安　徽	149917	96562				
福　建	987770	49607	929331	5366	1466	1610
江　西	10346	9532	10346	9532		
山　东	654965	538535	415880	316741	32154	25382
河　南	1739	2058	1739	2058	1739	2058
湖　北	200288	210636	200288	210636		
湖　南	174558	125092	85628	62964	85628	62964
广　东	3201803	2480280	2926429	2243829	1216618	998525
广　西						
海　南						
重　庆	95376	105132				
四　川	100394	100394	100394	100394	100394	100394
贵　州	13604	9714	13604	9714		
云　南	198713	225678	198713	225678	198713	225678
西　藏						
陕　西						
甘　肃						
青　海						
宁　夏						
新　疆	38542	24228	38542	24228	38542	24228

单位:万元

非自有配送中心配送商品购进额		商品销售总额		零售额	
2007年	2006年	2007年	2006年	2007年	2006年
4157916	**2138981**	**20624573**	**15883967**	**17007242**	**13333795**
165622	103457	1999498	1486518	1953642	1461640
3538	2554	317217	309998	317217	309998
101963	82593	241111	210009	241111	210009
124937	106220	5390506	4492237	3601553	3098689
1802888	390023	5328968	4326057	4770173	3723991
136115	114720	777156	616307	758898	599658
		147212	113015	147212	113015
3420	3756	1044383	55885	561854	55885
10346	9532	10677	9921	6477	6079
383727	291360	737710	577948	423381	386788
		2576	2098	2576	2098
		199937	195667	199937	195667
		209922	160691	209922	160691
1411758	1025053	3759198	2933679	3354788	2615650
		69037	61671	69037	61671
		98194	98194	98194	98194
13604	9714	16254	12417	16254	12417
		232761	188622	232761	188622
		42257	33033	42257	33033

2－11 按登记注册类型分各地区

内资企业

项 目	商品购进总额		统一配送商品购进额		自有配送中心配送商品购进额	
	2007年	2006年	2007年	2006年	2007年	2006年
全 国	**128840337**	**109427950**	**101495948**	**85729363**	**77726510**	**64408729**
北 京	8561100	7755295	4493862	4159677	1776246	1449997
天 津	2171718	1894154	1799373	1503747	991837	767750
河 北	3649954	3370945	2403098	2155107	1827307	1669212
山 西	647289	791478	264100	497324	177716	445391
内蒙古	2217335	1757564	2214124	1754098	2183413	1729589
辽 宁	3831514	3417376	3792914	3304309	2870372	2427641
吉 林	177080	153461	149639	131003	35534	30885
黑龙江	994880	792609	883988	698982	881340	697359
上 海	11150550	9967016	10483332	9244636	7456142	6545138
江 苏	18359966	13628162	16640698	13564483	10423913	7928567
浙 江	10952537	7630590	10235501	7199744	9931347	6959021
安 徽	5274084	4483108	3956182	3443984	3422085	2930716
福 建	3346360	1257046	1094515	776541	457850	372652
江 西	2172816	2024707	1621257	1499623	651816	590290
山 东	9932243	9201803	7593569	7086401	7346935	6927427
河 南	4864097	4261600	3257493	2805673	2399907	2002995
湖 北	3971475	3374404	2747495	2265968	1951755	1593269
湖 南	4211569	3685020	4184880	3665040	3790332	3352602
广 东	17150288	15145328	11968711	10176185	10433163	8825615
广 西	2724258	2297129	1960957	1568833	1483515	1134196
海 南	742492	506668	735171	488902	733032	486999
重 庆	3600068	2941632	1532461	1240966	568608	364338
四 川	1272946	958586	1254967	942104	1001924	724448
贵 州	1340440	3226884	1232522	1122162	1044767	914310
云 南	998703	1045437	914804	981309	832157	946705
西 藏						
陕 西	723507	628581	309755	256574	29541	26951
甘 肃	1024203	1052860	1015830	1047547	1015830	1047547
青 海	70099	52687	57242	39486	23541	20726
宁 夏	556909	376900	553013	373440	523779	344630
新 疆	2149859	1748923	2144496	1735515	1460808	1151764

连锁零售企业直营门店经营情况

单位:万元

非自有配送中心配送商品购进额		商品销售总额		零售额	
2007年	2006年	2007年	2006年	2007年	2006年
11912127	**10877917**	**141782794**	**119731007**	**101260547**	**83005288**
304662	400507	10076479	8855802	8124588	7248760
795639	726955	2237843	1941716	1538491	1276999
22275	28301	4083084	3697981	3195959	2756990
552	449	870549	711337	782545	620361
17089	13595	2200847	1764166	2188556	1757550
888275	852299	4018033	3469135	3653412	3210303
36560	33686	212936	179355	172969	138536
2648	659	1019013	855953	891306	747954
858919	640821	14815203	13785801	11099456	9908311
6081211	5567694	19209745	14607385	11114437	8201750
181623	142339	10043188	8403220	7284197	5216174
20955	20408	5916065	4968589	3452350	2953552
63201	37777	3598934	1331686	2621382	1140043
635099	596351	2288910	2004343	1661381	1428935
155792	112674	11422495	10228747	5816218	4871629
108031	98451	5470804	4426742	4136697	3171613
22224	22714	4443686	3845457	3347096	2860722
4248	4115	4446083	3839300	3865880	3499435
958295	942180	18961216	16627930	14280171	11821155
739	408	2910571	2526081	1721107	1502526
2140	1903	598962	553195	538531	413343
1700	1947	3925664	3138068	3130953	2488455
9060	8389	1228706	1024973	1071567	902696
		1500693	1367301	1154100	1008415
27030	23330	1394204	1458844	807992	748918
12764	9518	753038	657037	736506	638703
		1118261	975206	1116029	972002
16667	1462	83325	75333	81432	74132
1042	5234	608602	524577	595494	514401
683688	583751	2325658	1885747	1079748	910926

2—11 续表1

国有企业

项　目	商品购进总额		统一配送商品购进额		自有配送中心配送商品购进额	
	2007年	2006年	2007年	2006年	2007年	2006年
全　国	**13627047**	**12161994**	**11847019**	**10412171**	**9203012**	**7972900**
北　京	199651	179934	169147	145437	9310	16321
天　津	56397	69832				
河　北	607222	512512	545128	462759	89838	65177
山　西	4155	5139				
内蒙古						
辽　宁	851114	814552	851114	814552		
吉　林						
黑龙江	12629	11766	8890	8365	8890	8365
上　海	347922	392763	244070	255203	133959	163343
江　苏	897397	835253	892859	835253	892859	835253
浙　江	650496	540634	650496	540634	650496	540634
安　徽	3013349	2727158	3010767	2725832	2510311	2241226
福　建	149805	119383	100108	78478	99995	78478
江　西	243314	229474	235850	222329	27117	27031
山　东	329197	268943	329197	268943	329197	268943
河　南	1099804	850970	747240	530331	720983	504968
湖　北	140056	119334	101057	78267	101057	78267
湖　南	1018790	831244	1018790	831244	1018626	830990
广　东	1267678	1187861	272754	243951	199200	167660
广　西	277172	97885	215848	18264	215848	18264
海　南						
重　庆	15826	10413	15826	10413	15826	10413
四　川						
贵　州	5382	5269	3727	4247	3727	4247
云　南	426182	555116	426005	554518	404803	535992
西　藏						
陕　西						
甘　肃	989556	1022914	989556	1022914	989556	1022914
青　海						
宁　夏	12863	12068	12863	12068	12863	12068
新　疆	1011091	761579	1005728	748170	768554	542351

单位:万元

非自有配送中心配送商品购进额		商品销售总额		零售额	
2007年	2006年	2007年	2006年	2007年	2006年
1324475	**1252611**	**14829593**	**12712871**	**9826768**	**8506612**
16948	28817	234977	219979	229561	212538
		58642	67010	28385	29957
		798802	630673	686164	531569
		4297	4448	3580	3869
851114	814552	993712	882449	684046	643005
		14115	12367	12234	10747
		347743	332918	290594	275122
		871388	804811	407846	381068
		618092	529281	289874	250261
951	907	3329235	2938751	2490848	2127054
113		157567	125333	127737	104880
181558	173290	272969	247408	235824	216797
		498736	405024	27635	25357
729	672	1120160	755543	1005530	667420
		164898	155247	53025	54167
164	254	1134817	866937	559617	538670
14522	9772	1341663	1235042	900800	837795
		276519	242862	61303	55540
		18124	11925	18124	11925
		5544	5142	4117	4149
21203	18527	383694	473645	296417	313830
		1079031	945060	1078975	945054
		10572	11823	2474	4617
237174	205820	1094297	809193	332060	261223

2—11 续表2

集体企业

项目	商品购进总额		统一配送商品购进额		自有配送中心配送商品购进额	
	2007年	2006年	2007年	2006年	2007年	2006年
全国	**274722**	**246786**	**203921**	**171694**	**181373**	**149248**
北京	68152	58275	27180	16273	27180	16273
天津						
河北	1978	2060	1978	2060	1978	2060
山西						
内蒙古	24657	23967	24657	23967	21502	21217
辽宁	20775	16977	9950	3966	9950	3966
吉林						
黑龙江	448	495	448	495	448	495
上海						
江苏	23970	19968	23970	19968	23970	19968
浙江	27006	19978	27006	19978	27006	19978
安徽						
福建	1160	1118	1160	1118	1160	1118
江西						
山东	37865	39318	37865	39318	37865	39318
河南	21993	19898	16561	13327	15499	12477
湖北	1488	881	1488	881	1488	881
湖南						
广东	2543	2428	2543	2428	2543	2428
广西						
海南						
重庆						
四川						
贵州						
云南	3706	2354	2936	1991	2936	1991
西藏						
陕西						
甘肃						
青海	20650	20224	7847	7078	7847	7078
宁夏						
新疆	18332	18846	18332	18846		

单位:万元

非自有配送中心配送商品购进额		商品销售总额		零售额	
2007 年	2006 年	2007 年	2006 年	2007 年	2006 年
22548	**22446**	**306532**	**265869**	**257490**	**227084**
		69958	62244	68115	60263
		2189	1941	2189	1941
3154	2750	25385	23106	24092	22886
		22696	20804	22696	20804
		685	751	685	751
		35940	28015	32494	26528
		29326	21341	11034	11787
		1744	1521	1744	1521
		39132	30300	39132	30300
1062	850	22828	22274	18454	18274
		2480	1468	2480	1468
		5976	5531	5976	5531
		3697	2525	3697	2525
		24703	22506	24703	22506
18332	18846	19793	21543		

2—11 续表 3

股份合作企业

项目	商品购进总额		统一配送商品购进额		自有配送中心配送商品购进额	
	2007年	2006年	2007年	2006年	2007年	2006年
全国	**153340**	**132395**	**112571**	**94039**	**75007**	**62554**
北京	1132	1070	792	856	792	856
天津						
河北						
山西	3284	2002	3284	2002	3284	2002
内蒙古						
辽宁	9937	12303	9937	12303		
吉林						
黑龙江	2281	4292	2281	3863		3863
上海						
江苏						
浙江	20218	16528	20218	16528		
安徽	27466	27138	27466	27138	27466	27138
福建						
江西						
山东	2090	2581	2090	2581	2090	2581
河南	4538	4731	2039	2294	1603	1650
湖北	1053	1212	1053	1212	1053	1212
湖南	20066	7960	20066	7960	20066	7960
广东	2268	2261	1064	1584	1064	1584
广西						
海南						
重庆						
四川	5345	2987	5345	2987	5345	2987
贵州						
云南						
西藏						
陕西	36727	34598				
甘肃						
青海	12243	10722	12243	10722	12243	10722
宁夏						
新疆	4693	2011	4693	2011		

单位：万元

非自有配送中心配送商品购进额		商品销售总额		零售额	
2007年	2006年	2007年	2006年	2007年	2006年
6973	**2011**	**167128**	**138983**	**159878**	**134266**
		1602	1470	1602	1470
		7396	5656	3259	3309
		19180	13142	19180	13142
2281		493	3699	493	3650
		20101	15756	20101	15756
		33123	27483	33123	27483
		2103	2816	2103	2816
		5138	4955	4599	4730
		1239	1381	867	967
		10967	8721	10967	8721
		2628	3442	2319	2961
		5397	2812	5397	2812
		41408	36390	41408	36390
		10825	8765	8931	7564
4693	2011	5530	2495	5530	2495

2—11　续表 4

联营企业

项　目	商品购进总额		统一配送商品购进额		自有配送中心配送商品购进额	
	2007 年	2006 年	2007 年	2006 年	2007 年	2006 年
全　国	**415273**	**406234**	**325897**	**269831**	**244995**	**199614**
北　京						
天　津						
河　北						
山　西						
内蒙古						
辽　宁						
吉　林						
黑龙江						
上　海						
江　苏						
浙　江						
安　徽						
福　建	79433	70217	79433	70217		
江　西						
山　东	282147	297002	192771	160599	192771	160599
河　南						
湖　北	6850	9841	6850	9841	6850	9841
湖　南						
广　东	21126	18934	21126	18934	19657	18934
广　西						
海　南						
重　庆						
四　川	6552	3041	6552	3041	6552	3041
贵　州						
云　南	19165	7200	19165	7200	19165	7200
西　藏						
陕　西						
甘　肃						
青　海						
宁　夏						
新　疆						

单位:万元

非自有配送中心配送商品购进额		商品销售总额		零售额	
2007年	2006年	2007年	2006年	2007年	2006年
		432907	**409641**	**251798**	**248944**
		83706	74703	9065	10819
		290388	295487	195053	206762
		7711	11754	2192	3667
		38161	17858	32547	17858
		6143	2848	6143	2848
		6798	6990	6798	6990

2—11 续表 5

有限责任公司

项　目	商品购进总额		统一配送商品购进额		自有配送中心配送商品购进额	
	2007 年	2006 年	2007 年	2006 年	2007 年	2006 年
全　国	**21312072**	**17724511**	**16370965**	**13398017**	**10370819**	**8299608**
北　京	2504109	2177183	2040999	1775139	1055400	814409
天　津	694191	603780	433220	364190	411280	347649
河　北	239192	233927	151081	147174	138361	130163
山　西	220863	201611	83540	89341	54910	61862
内蒙古	61510	50089	59627	48041	46005	37127
辽　宁	79629	151547	53756	53097	9050	6885
吉　林	57050	51020	38084	34514	2115	2535
黑龙江	14296	11921	14296	11921	14296	11921
上　海	2820346	2447839	2328617	1939207	570926	487336
江　苏	1688943	1366142	1657594	1340505	1445252	1191956
浙　江	1483543	1301585	1462714	1276904	1336665	1173544
安　徽	768919	567781	675172	488273	655168	468772
福　建	629009	437407	275480	157296	69970	50948
江　西	86380	67011	86380	67011	62346	51771
山　东	1032756	878307	835180	720841	748732	679592
河　南	615526	511482	527350	430330	366332	300719
湖　北	800836	650194	780462	633315	181040	139217
湖　南	435228	358029	415467	341775	415467	341775
广　东	2591544	2078532	2311408	1840141	1220118	840405
广　西	176465	151729	96574	89877	60055	49632
海　南	9252	18631	3937	2570	1798	667
重　庆	2455475	1975615	398257	283960	393184	278679
四　川	877190	619176	868673	607664	835406	577562
贵　州	35579	29000	34604	28464	28893	24022
云　南	35135	29129	34779	28879	17010	18390
西　藏						
陕　西	389145	303219	193751	144964	26782	24236
甘　肃	10046	12901	10046	12901	10046	12901
青　海	21481	4752	21481	4752	3138	2510
宁　夏	57115	54005	57115	54005	27881	25195
新　疆	421322	380967	421322	380967	163193	147231

单位:万元

非自有配送中心配送商品购进额		商品销售总额		零售额	
2007年	2006年	2007年	2006年	2007年	2006年
2220971	**1855302**	**24160479**	**20535406**	**19664144**	**16705849**
52813	23919	2878651	2461510	2355115	2126795
17614	14066	684828	634200	668604	621842
12720	17012	254012	249539	204971	189487
		297920	257523	295966	241129
		79551	64586	68670	58378
34233	35423	117458	122334	83841	122334
34369	30779	80145	69815	77583	62168
		17893	15417	17893	15417
645626	432283	4128241	3833149	3215938	2915069
136238	124244	1761989	1370803	1303392	1034982
54584	42628	1692555	1433827	1297724	1095648
20004	19501	901961	700927	218259	199961
36522	16176	587776	449917	545442	416038
6097	1830	89353	72955	76206	56414
4152	3646	1115539	1025381	1088422	933631
46546	26369	655262	576187	565851	474828
		789483	657644	698468	581363
		461391	375035	459090	366093
820527	808241	2962465	2319377	2729509	2127125
739	408	183176	157696	177107	147948
2140	1903	12285	19598	12285	19598
		2608429	2120724	2023148	1627502
9060	8389	798867	676052	659153	573359
		44682	35683	44449	34783
		37573	31893	35231	30588
11151	8052	380317	297331	375141	293345
		12149	12161	10901	9993
16667	1462	29427	24425	29427	24425
1042	5234	60409	51274	60409	51274
258128	233737	436694	418445	265949	254335

2—11 续表 6

股份有限公司

项 目	商品购进总额		统一配送商品购进额		自有配送中心配送商品购进额	
	2007 年	2006 年	2007 年	2006 年	2007 年	2006 年
全 国	**80157083**	**67975508**	**61458229**	**51972910**	**49523830**	**40978462**
北 京	4287791	3783997	898206	814152	423484	371924
天 津	1212996	1067679	1211442	1048335	433417	335446
河 北	2670264	2540470	1615252	1488760	1570789	1449782
山 西	223828	463501	114441	363621	113296	361767
内 蒙 古	2110403	1666821	2110403	1666821	2110403	1666821
辽 宁	2793934	2366178	2793934	2366178	2793934	2366178
吉 林	21270	15001	21270	15001	21270	15001
黑 龙 江	746668	618179	649977	536938	649610	536280
上 海	6015116	5540518	5943478	5464332	5171569	4662190
江 苏	14722461	10463860	13110407	10462224	7204127	5060252
浙 江	7849829	5063195	7180287	4668801	7171996	4662132
安 徽	1411529	1115624	211252	177718	211252	177718
福 建	1894920	202939	211155	180248	192136	161118
江 西	1596676	1550182	1237441	1168680	521922	485825
山 东	7995857	7488648	5982323	5699395	5859812	5616722
河 南	2716445	2546353	1728153	1647494	1147596	1059613
湖 北	2863869	2486251	1699262	1440083	1535239	1290169
湖 南	2431744	2195144	2431596	2194939	2047409	1889411
广 东	10013369	9147834	6559067	5760628	6559067	5760628
广 西	2192517	1983762	1570912	1397432	1131735	1005229
海 南	731234	486332	731234	486332	731234	486332
重 庆	953831	866742	951619	865135		
四 川	174265	154269	174265	154269	101512	92648
贵 州	1217320	3166397	1193126	1088505	1011082	885095
云 南	36926	786	36926	786		
西 藏						
陕 西	291264	285000	110042	106257	2760	2715
甘 肃						
青 海	12872	13135	12872	13135		
宁 夏	475473	301792	475473	301792	475473	301792
新 疆	492414	394921	492414	394921	331707	275677

单位:万元

非自有配送中心配送商品购进额		商品销售总额		零售额	
2007 年	2006 年	2007 年	2006 年	2007 年	2006 年
7449215	**6786703**	**87880919**	**73836348**	**58091967**	**46495492**
		5316418	4523456	4025599	3497536
778025	712889	1269953	1087214	626505	475231
		2887794	2736215	2163625	1955871
552	449	324006	261364	246561	189902
		2067374	1653899	2067374	1653899
		2793934	2366178	2793934	2366178
		28345	15583	28345	15583
367	659	766909	649593	641083	543263
6611	6481	8417347	7962516	5671053	5060903
5870627	5370503	15419455	11387724	8446405	5929745
8291	6669	6523659	5481137	4741551	3097643
		1600070	1255733	659255	554333
15882	15410	2104152	213755	1298263	156659
441515	416187	1684453	1503682	1109686	977036
122512	82673	9180267	8245781	4190120	3464327
44125	55540	3266195	2738177	2142568	1679025
		3313854	2890350	2437105	2100228
		2492549	2275836	2489847	2273181
		10828718	9900501	7036875	5989636
		2392488	2077245	1453218	1268485
		579101	527302	518670	387450
		1126345	924406	917068	768276
		189318	170973	174437	153457
		1351447	1257478	1006845	900643
		537705	499632	91402	61930
		324953	317402	313597	303054
		14872	14176	14872	14176
		524873	452506	524873	452506
160707	119244	554365	446534	261231	205337

2—11 续表 7

私营企业

项　目	商品购进总额		统一配送商品购进额		自有配送中心配送商品购进额	
	2007 年	2006 年	2007 年	2006 年	2007 年	2006 年
全　国	**12693426**	**10601569**	**10971840**	**9233256**	**8043959**	**6676088**
北　京	1500265	1554836	1357538	1407819	260080	230214
天　津	208134	152863	154710	91222	147141	84656
河　北	131299	81976	89659	54353	26342	22031
山　西	195160	119224	62836	42361	6226	19760
内蒙古	20765	16688	19438	15270	5503	4425
辽　宁	76125	55821	74224	54213	57438	50613
吉　林	98761	87441	90285	81488	12149	13349
黑龙江	218559	145957	208096	137400	208096	136436
上　海	1895607	1514043	1895607	1514043	1579688	1232269
江　苏	990177	905880	918850	869475	839141	803073
浙　江	892224	666833	865661	655190	716065	541024
安　徽	52821	45407	31525	25023	17889	15863
福　建	592034	425984	427180	289185	94589	80991
江　西	246447	178040	61586	41603	40430	25663
山　东	250372	225805	213642	194725	175968	159671
河　南	405261	327756	235869	181611	147612	123282
湖　北	157323	106691	157323	102370	125028	73684
湖　南	294548	281880	287768	278358	280150	274048
广　东	3219500	2692526	2768489	2293568	2428654	2033025
广　西	78104	63752	77623	63260	75877	61072
海　南	2006	1705				
重　庆	174936	88862	166760	81458	159598	75247
四　川	209593	179113	200132	174144	53109	48209
贵　州	82160	26217	1065	946	1065	946
云　南	457624	432445	375028	369528	368278	364725
西　藏						
陕　西	6371	5763	5961	5353		
甘　肃	24601	17045	16229	11732	16229	11732
青　海	2486	3383	2486	3383		
宁　夏	11457	9035	7562	5575	7562	5575
新　疆	198708	188599	198708	188599	194053	184505

单位:万元

非自有配送中心配送商品购进额		商品销售总额		零售额	
2007 年	2006 年	2007 年	2006 年	2007 年	2006 年
765953	**851655**	**13763727**	**11630249**	**12780132**	**10494708**
234901	347770	1574875	1587143	1444596	1350159
		224420	153292	214996	149969
9555	11289	140288	79615	139010	78122
		236930	182346	233180	182153
13935	10845	28537	22575	28421	22387
2929	2323	71054	64229	49715	44841
2191	2907	104446	93958	67040	60786
		218918	174126	218918	174126
135123	130205	1849901	1588333	1849901	1588333
55892	53954	1081124	977303	896838	799444
118747	93042	1127674	897335	892884	721098
		51677	45696	50865	44721
10683	6192	663988	466457	639130	450127
5930	5044	242136	180298	239665	178688
29129	26356	294431	222958	271854	207437
15568	15019	400506	328984	398981	326714
22224	22714	164022	127613	152960	118862
1505	1516	333642	300603	333642	300603
93846	110167	3737228	3122658	3527768	2816727
		58388	48278	29479	30555
		7576	6296	7576	6296
1700	1947	172766	81013	172612	80753
		228981	172288	226437	170219
		99020	68998	98690	68839
5827	4803	391383	415458	341093	304354
1613	1466	6359	5915	6359	5915
		27080	17985	26154	16955
		3143	5050	3143	5050
		12748	8973	7739	6004
4655	4094	210487	184475	210487	184475

2—11 续表 8

其他企业

项　目	商品购进总额		统一配送商品购进额		自有配送中心配送商品购进额	
	2007 年	2006 年	2007 年	2006 年	2007 年	2006 年
全　国	**207374**	**178953**	**205507**	**177445**	**83515**	**70255**
北　京						
天　津						
河　北						
山　西						
内蒙古						
辽　宁						
吉　林						
黑龙江						
上　海	71559	71852	71559	71852		
江　苏	37018	37059	37018	37059	18564	18066
浙　江	29223	21838	29119	21711	29119	21711
安　徽						
福　建						
江　西						
山　东	1960	1200	500		500	
河　南	531	411	281	286	281	286
湖　北						
湖　南	11192	10764	11192	10764	8614	8418
广　东	32260	14951	32260	14951	2860	951
广　西						
海　南						
重　庆						
四　川						
贵　州						
云　南	19965	18407	19965	18407	19965	18407
西　藏						
陕　西						
甘　肃						
青　海	367	472	313	416	313	416
宁　夏						
新　疆	3300	2000	3300	2000	3300	2000

单位:万元

非自有配送中心配送商品购进额		商品销售总额		零售额	
2007年	2006年	2007年	2006年	2007年	2006年
121992	**107191**	**241509**	**201641**	**228371**	**192334**
71559	71852	71971	68885	71971	68885
18454	18993	39849	38729	27462	29983
		31781	24543	31029	23982
		1900	1000	1900	1000
		714	622	714	622
2579	2346	12717	12168	12717	12168
29400	14000	44377	23521	44377	23521
		33354	28701	33354	28701
		355	412	355	412
		4492	3061	4492	3061

2—11 续表 9

港澳台商投资企业

项　目	商品购进总额		统一配送商品购进额		自有配送中心配送商品购进额	
	2007 年	2006 年	2007 年	2006 年	2007 年	2006 年
全　国	**3771493**	**3090372**	**3128047**	**2639561**	**1994725**	**1693834**
北　京	330938	258396	80848	87972	80848	87972
天　津	37676	80842	37676	80842	37676	80842
河　北						
山　西						
内蒙古						
辽　宁	63861	51683	63861	51683		
吉　林	3202	2080	3202	2080	3202	2080
黑龙江						
上　海	275846	254202	256046	238334		
江　苏	517523	417810	517523	417810	517523	417810
浙　江	144329	103426	115058	79960	64404	56161
安　徽						
福　建	154	107	154	107		
江　西						
山　东	114159	89330	17449	63256	17449	63256
河　南	213384	123258	213384	123258	213384	123258
湖　北	9831	9686	9831	9686	9831	9686
湖　南						
广　东	1997391	1646235	1749815	1431257	996806	808234
广　西						
海　南						
重　庆	6112	4124	6112	4124	2058	1268
四　川	14403	13884	14403	13884	8859	7960
贵　州						
云　南	42687	35308	42687	35308	42687	35308
西　藏						
陕　西						
甘　肃						
青　海						
宁　夏						
新　疆						

单位:万元

非自有配送中心配送商品购进额		商品销售总额		零售额	
2007年	2006年	2007年	2006年	2007年	2006年
629628	**535673**	**4812657**	**3975459**	**3911265**	**3221335**
		374643	298357	274455	228646
		37382	78315	37382	78315
		76724	63277	76724	63277
		4469	2978	4469	2978
193485	171221	320876	266900	318123	262601
		1007022	830219	535008	453643
50654	23799	169211	135346	157141	122948
		2081	1467	2081	1467
		109611	90309	109611	90309
		217384	127258	217384	127258
		19119	13389	19119	13389
379945	334729	2397765	2002401	2106256	1730172
		12309	10313	12309	10047
5544	5924	20583	16699	12661	9573
		43477	38231	28541	26712

2—11 续表10

外商投资企业

项　目	商品购进总额		统一配送商品购进额		自有配送中心配送商品购进额	
	2007年	2006年	2007年	2006年	2007年	2006年
全　国	**14490877**	**10426425**	**12367808**	**8744760**	**4934891**	**4611261**
北　京	1778407	1356528	1272296	935564	686250	529237
天　津	318975	315368	120835	128071		
河　北						
山　西						
内蒙古						
辽　宁	303714	236273	103685	87698	1722	5105
吉　林						
黑龙江						
上　海	2408178	2089695	2408178	2089695	838042	746986
江　苏	3671345	2328337	3356585	2152678	1485452	1694446
浙　江	638125	483806	606287	483806	442489	346638
安　徽	149917	96562				
福　建	987770	49607	929331	5366	1466	1610
江　西	10346	9532	10346	9532		
山　东	654965	538535	415880	316741	32154	25382
河　南	1739	2058	1739	2058	1739	2058
湖　北	200288	210636	200288	210636		
湖　南	174558	125092	85628	62964	85628	62964
广　东	2745922	2119532	2505475	1900217	1022300	846535
广　西						
海　南						
重　庆	95376	105132				
四　川	100394	100394	100394	100394	100394	100394
贵　州	13604	9434	13604	9434		
云　南	198713	225678	198713	225678	198713	225678
西　藏						
陕　西						
甘　肃						
青　海						
宁　夏						
新　疆	38542	24228	38542	24228	38542	24228

单位:万元

非自有配送中心配送商品购进额		商品销售总额		零售额	
2007 年	2006 年	2007 年	2006 年	2007 年	2006 年
4132859	**2116031**	**17502312**	**12507023**	**13885201**	**9957044**
164972	103457	1998592	1486518	1952736	1461640
3538	2554	317217	309998	317217	309998
101963	82593	241111	210009	241111	210009
102101	85194	3954429	3300489	2165475	1906941
1802888	390023	4088103	2519509	3529307	1917443
136115	114720	777156	616307	758898	599658
		147212	113015	147212	113015
3420	3756	1044383	55885	561854	55885
10346	9532	10677	9921	6477	6079
383727	291360	737710	577948	423381	386788
		2576	2098	2576	2098
		199937	195667	199937	195667
		209922	160691	209922	160691
1410187	1023409	3314786	2555467	2910596	2237632
		69037	61671	69037	61671
		98194	98194	98194	98194
13604	9434	16254	11981	16254	11981
		232761	188622	232761	188622
		42257	33033	42257	33033

2—12 按登记注册类型分各地区连锁

内资企业

项　目	商品购进总额		统一配送商品购进额		自有配送中心配送商品购进额	
	2007 年	2006 年	2007 年	2006 年	2007 年	2006 年
全　国	**8927484**	**8446700**	**6554018**	**6537634**	**5521589**	**5820687**
北　京	371495	251027	223915	126056	132235	76536
天　津	650	660	125	160		
河　北	20230	16252	10890	7357	10890	7357
山　西	45312	31960	45312	31960	2893	2204
内蒙古	305		305			
辽　宁	91156	107676	68382	78192	56327	62427
吉　林	5045	5296	5045	5296	5000	5200
黑龙江	5973	4361	5973	3946	44	3946
上　海	2508309	2083954	2138263	1732295	1711150	1465440
江　苏	2272203	2762229	1630067	2517489	1539720	2430553
浙　江	579002	449588	540314	413872	435655	346545
安　徽	253970	237283	253970	237189	206348	177990
福　建	8374	6372	5642	3867	815	674
江　西	75272	79540	16180	9055	8778	3676
山　东	1255610	1180510	623617	550322	616470	543533
河　南	381450	328095	165196	137239	83320	72346
湖　北	22243	15480	20730	14138	19593	13249
湖　南	47827	47022	47765	46924	44633	43974
广　东	471327	404675	285134	224584	233419	210095
广　西	102204	89570	73208	75624	62301	56229
海　南	926	742				
重　庆	48546	36398	42878	35082	42838	35080
四　川	60709	46354	60709	46354	59364	45354
贵　州	16983	29151	11238	9014	11238	9014
云　南	75872	55313	74768	55157	73642	54490
西　藏						
陕　西	21979	14428	19879	14041		
甘　肃	115078	131599	115078	131599	115078	131599
青　海	6976	5853	6976	5853		
宁　夏	31939	11588	31939	11588	22723	11588
新　疆	30520	13725	30520	13385	27116	11589

零售企业加盟门店经营情况

单位:万元

非自有配送中心配送商品购进额		商品销售总额		零售额	
2007年	2006年	2007年	2006年	2007年	2006年
250937	**176606**	**9815716**	**9516269**	**8090343**	**7773345**
2396	1951	487644	389020	301984	209721
		747	543	747	543
		49380	22885	49238	22656
		46240	34552	42791	22951
		266		22	
5471	5190	127236	146752	87587	132206
		6690	5938	6690	5938
5929		7862	4287	7859	4287
32522	27488	2812845	2407946	2775540	2369041
8610	10664	2452840	3098459	1611549	2137402
96483	64113	615018	478642	435192	309968
16367	15956	267970	230713	102216	98269
		10040	8554	8836	7393
7402	5379	95068	92427	92026	90682
7147	6789	1316649	1291025	1264542	1229826
35165	28990	381678	334086	331007	297732
	7	27388	18345	26988	18336
1854	664	46684	65918	46684	65918
18971	7621	581891	498571	489149	412745
		101954	90745	82709	77702
		898	680	898	680
		53768	39677	53459	39287
		60537	48556	60240	35655
		20112	28958	20112	28958
		47320	18158	13846	6265
		27083	21072	27083	21072
		98224	107443	98224	107443
		7879	6605	7879	6605
9216		32068	11002	32068	11002
3404	1796	31736	14709	13178	3064

2—12 续表1

国有企业

项目	商品购进总额		统一配送商品购进额		自有配送中心配送商品购进额	
	2007年	2006年	2007年	2006年	2007年	2006年
全国	**392928**	**389220**	**215372**	**215985**	**163157**	**164012**
北京						
天津						
河北	140	972	140	972	140	972
山西						
内蒙古						
辽宁						
吉林						
黑龙江						
上海	26358	9111	24925	8014	24925	8014
江苏						
浙江						
安徽	31255	43367	31255	43273		30
福建						
江西						
山东	53	65	53	65	53	65
河南	11728	10850	2243	1924	1585	1299
湖北	1114	808	153	165	153	165
湖南	2751	1696	2751	1696	897	1032
广东	204451	190751	38773	28277	20325	20835
广西						
海南						
重庆						
四川						
贵州						
云南						
西藏						
陕西						
甘肃	115078	131599	115078	131599	115078	131599
青海						
宁夏						
新疆						

单位:万元

非自有配送中心配送商品购进额		商品销售总额		零售额	
2007 年	2006 年	2007 年	2006 年	2007 年	2006 年
2271	**1249**	**417311**	**421710**	**374809**	**388775**
		130	637	130	637
		26247	27723	26247	27723
		37700	46722	37700	46722
		53	65	53	65
	12	10645	9754	8855	7932
		1440	1067	1440	1067
1854	664	3223	1066	3223	1066
417	573	239649	227235	198937	196122
		98224	107443	98224	107443

2—12 续表2

集体企业

项目	商品购进总额		统一配送商品购进额		自有配送中心配送商品购进额	
	2007年	2006年	2007年	2006年	2007年	2006年
全国	**72890**	**59056**	**41288**	**38233**	**27470**	**24010**
北京	3066	2690	3066	2690	3066	2690
天津						
河北						
山西						
内蒙古						
辽宁						
吉林						
黑龙江						
上海						
江苏	1070	1165	1070	1165	1070	1165
浙江	7342	6560	7342	6560	7342	6560
安徽						
福建						
江西						
山东						
河南	61125	48386	29712	27716	15894	13493
湖北						
湖南						
广东	65	63	65	63	65	63
广西						
海南						
重庆						
四川						
贵州						
云南	222	192	33	38	33	38
西藏						
陕西						
甘肃						
青海						
宁夏						
新疆						

单位:万元

非自有配送中心配送商品购进额		商品销售总额		零售额	
2007年	2006年	2007年	2006年	2007年	2006年
13818	**14223**	**81169**	**67856**	**70021**	**59045**
		3578	3212	2715	2301
		1476	1384	1476	1384
		7154	7121	7154	7121
13818	14223	68541	55757	58256	47857
		197	190	197	190
		223	192	223	192

2—12 续表3

股份合作企业

项目	商品购进总额		统一配送商品购进额		自有配送中心配送商品购进额	
	2007年	2006年	2007年	2006年	2007年	2006年
全国	**17557**	**18874**	**16579**	**17194**	**2326**	**6892**
北京						
天津						
河北						
山西						
内蒙古						
辽宁	5524	9442	5524	9442		
吉林						
黑龙江	5929	4157	5929	3741		3741
上海						
江苏						
浙江	70	68	70	68		
安徽						
福建						
江西						
山东	182	310	182	310	182	310
河南	4822	4880	3844	3616	2144	2841
湖北						
湖南						
广东						
广西						
海南						
重庆						
四川						
贵州						
云南						
西藏						
陕西						
甘肃						
青海	1030	18	1030	18		
宁夏						
新疆						

单位:万元

非自有配送中心配送商品购进额		商品销售总额		零售额	
2007 年	2006 年	2007 年	2006 年	2007 年	2006 年
7629	**775**	**14478**	**13155**	**13989**	**12776**
		1025	4210	1025	4210
5929		7827	4138	7824	4138
		65	60	65	60
		84	312	84	312
1700	775	4447	4417	3960	4038
		1030	18	1030	18

2—12 续表4

联营企业

项　目	商品购进总额		统一配送商品购进额		自有配送中心配送商品购进额	
	2007年	2006年	2007年	2006年	2007年	2006年
全　国	**863636**	**930565**	**425806**	**449377**	**425700**	**449377**
北　京						
天　津						
河　北						
山　西						
内蒙古						
辽　宁						
吉　林						
黑龙江						
上　海						
江　苏						
浙　江						
安　徽						
福　建						
江　西						
山　东	858491	925361	420660	444173	420660	444173
河　南						
湖　北						
湖　南						
广　东	5145	5203	5145	5203	5039	5203
广　西						
海　南						
重　庆						
四　川						
贵　州						
云　南						
西　藏						
陕　西						
甘　肃						
青　海						
宁　夏						
新　疆						

单位:万元

非自有配送中心配送商品购进额		商品销售总额		零售额	
2007年	2006年	2007年	2006年	2007年	2006年
		891568	**940105**	**865030**	**897206**
		885042	934784	858504	891884
		6526	5321	6526	5321

2—12 续表 5

有限责任公司

项　目	商品购进总额		统一配送商品购进额		自有配送中心配送商品购进额	
	2007 年	2006 年	2007 年	2006 年	2007 年	2006 年
全　国	**1507912**	**1153784**	**1335018**	**1030194**	**1046111**	**782331**
北　京	133833	96205	117557	94059	84293	54035
天　津	525	501				
河　北	14593	11763	5253	2868	5253	2868
山　西	19583	8502	19583	8502	240	210
内蒙古	305		305			
辽　宁	20785	28284	1863	1901	813	768
吉　林	45	96	45	96		
黑龙江	44	205	44	205	44	205
上　海	160375	160421	135249	132990	14115	10436
江　苏	29886	25234	26212	22085	16594	15155
浙　江	333402	267701	304744	240032	271176	222091
安　徽	197514	170360	197514	170360	181147	154405
福　建	3035	3053	500	599		
江　西	19267	10610	16180	9055	8778	3676
山　东	90363	5432	77731	5004	77454	5004
河　南	96029	77976	82287	69466	59062	51156
湖　北	17562	11403	17562	11403	16845	10781
湖　南	9765	9754	9765	9754	9765	9754
广　东	177100	146388	166543	138838	161641	134217
广　西	26003	14023	4055	8434	3219	8011
海　南	773	720				
重　庆	43192	34541	40188	34238	40188	34238
四　川	42503	33484	42503	33484	42503	33484
贵　州	11238	9014	11238	9014	11238	9014
云　南	3498	1481	2586	1481	1463	815
西　藏						
陕　西	6765	4170	5584	3864		
甘　肃						
青　海						
宁　夏	31015	10421	31015	10421	21799	10421
新　疆	18913	12042	18913	12042	18482	11589

单位:万元

非自有配送中心配送商品购进额		商品销售总额		零售额	
2007年	2006年	2007年	2006年	2007年	2006年
123800	**89140**	**1795530**	**1422817**	**1361287**	**1050427**
2396	1951	133175	96473	131834	95689
		683	501	683	501
		15540	12486	15540	12486
		19586	12079	19586	12079
		266		22	
		65523	75078	31680	75078
		61	48	61	48
		36	149	36	149
31731	26859	275080	299228	237775	260323
3461	2217	55538	46988	55538	46762
27972	17725	356728	281282	227474	154357
16367	15956	201401	157072	36019	24940
		3618	3189	3618	3189
7402	5379	25062	11427	22020	9682
277		102383	10811	99615	10450
19647	13980	93585	78612	88946	75366
		22290	14168	22290	14168
		5711	16323	5711	16323
4902	4621	229688	177681	192128	134253
		25010	15631	25010	15631
		745	657	745	657
		47709	37639	47400	37249
		42206	35786	42206	23185
		14433	10843	14433	10843
		3731	1683	3731	1683
		5640	4970	5640	4970
9216		31144	9835	31144	9835
431	453	18960	12178	402	533

2—12 续表6

股份有限公司

项　目	商品购进总额		统一配送商品购进额		自有配送中心配送商品购进额	
	2007年	2006年	2007年	2006年	2007年	2006年
全　国	**5279489**	**5342534**	**3803183**	**4295862**	**3327199**	**4014694**
北　京	189376	138298	58271	15873	30670	15221
天　津						
河　北	4800	2800	4800	2800	4800	2800
山　西	1994	2785	1994	2785		
内蒙古						
辽　宁	38189	45244	38189	45244	38189	45244
吉　林	5000	5200	5000	5200	5000	5200
黑龙江						
上　海	2320783	1913794	1977297	1590663	1672109	1446991
江　苏	2013099	2581503	1399845	2363222	1324419	2291662
浙　江	7463	5764	7463	5764	5573	4514
安　徽	24834	23060	24834	23060	24834	23060
福　建	2477	1588	2477	1588		
江　西	56005	68930				
山　东	295141	237188	119981	94316	113111	87527
河　南	185194	173762	38781	28662		
湖　北	1580	1216	1264	973	1264	973
湖　南	1468	3365	1456	3315	1456	3315
广　东	32148	37964	30566	35965	30566	35965
广　西	75604	74785	68555	66428	58632	47848
海　南						
重　庆	1045	119	39			
四　川	7019	3209	7019	3209	7019	3209
贵　州		15087				
云　南						
西　藏						
陕　西	919	80				
甘　肃						
青　海	5795	5629	5795	5629		
宁　夏	923	1167	923	1167	923	1167
新　疆	8634		8634		8634	

单位:万元

非自有配送中心配送商品购进额		商品销售总额		零售额	
2007年	2006年	2007年	2006年	2007年	2006年
8760	**8039**	**5785026**	**5998794**	**4723893**	**4839975**
		306025	272056	122569	94451
		33000	9000	33000	9000
		1977	2760	1977	2760
		38189	45244	38189	45244
		6630	5890	6630	5890
		2508357	2078780	2508357	2078780
		2140705	2866595	1338592	1938841
1890	1250	11122	9569	3516	2514
		28000	26000	28000	26000
		3543	3413	2339	2252
		70006	81000	70006	81000
6870	6789	315632	280182	297560	270988
		182199	173278	152762	150270
		1817	1398	1817	1398
		1482	3525	1482	3525
		33859	40346	33859	40346
		76188	74256	56944	61213
		853	46	853	46
		7129	3221	7129	3221
			14172		14172
		1469	391	1469	391
		6743	6508	6743	6508
		923	1167	923	1167
		9178		9178	

2—12 续表 7

私营企业

项　　目	商品购进总额		统一配送商品购进额		自有配送中心配送商品购进额	
	2007 年	2006 年	2007 年	2006 年	2007 年	2006 年
全　　国	**780673**	**548669**	**715522**	**490221**	**528445**	**378869**
北　　京	45221	13834	45021	13434	14206	4590
天　　津	125	160	125	160		
河　　北	697	716	697	716	697	716
山　　西	23735	20672	23735	20672	2653	1994
内 蒙 古						
辽　　宁	26659	24707	22807	21604	17326	16414
吉　　林						
黑 龙 江						
上　　海	792	628	792	628		
江　　苏	227949	154047	202740	130738	197437	122292
浙　　江	229850	169496	219934	161448	150802	113381
安　　徽	367	496	367	496	367	496
福　　建	2862	1731	2665	1680	815	674
江　　西						
山　　东	9630	11604	5010	6454	5010	6454
河　　南	13046	9137	8108	5630	4415	3332
湖　　北	1986	2053	1750	1598	1330	1330
湖　　南	33843	32207	33793	32159	32516	29873
广　　东	52418	24306	44042	16239	15784	13812
广　　西	598	762	598	762	450	370
海　　南	153	23				
重　　庆	4309	1738	2651	844	2650	842
四　　川	11188	9662	11188	9662	9842	8661
贵　　州	5745	5051				
云　　南	72151	53640	72149	53637	72146	53637
西　　藏						
陕　　西	14295	10177	14295	10177		
甘　　肃						
青　　海	82	140	82	140		
宁　　夏						
新　　疆	2973	1683	2973	1343		

单位:万元

非自有配送中心配送商品购进额		商品销售总额		零售额	
2007年	2006年	2007年	2006年	2007年	2006年
94658	**63180**	**817761**	**646580**	**672477**	**519888**
		44866	17280	44866	17280
		64	42	64	42
		710	762	568	533
		24678	19713	21228	8112
5471	5190	22499	22219	16693	7673
792	628	3162	2216	3162	2216
5149	8447	254872	183185	215694	150108
66621	45138	239027	180610	196060	145916
		868	920	496	607
		2879	1952	2879	1952
		11755	64373	7026	55628
		12328	7887	12328	7887
	7	1840	1712	1440	1703
		36268	45004	36268	45004
13652	2427	71973	47799	57503	36514
		756	858	756	858
		153	23	153	23
		5206	1992	5206	1992
		11202	9549	10905	9249
		5679	3943	5679	3943
		43365	16283	9892	4389
		19973	15712	19973	15712
		40	16	40	16
2973	1343	3598	2531	3598	2531

2—12 续表 8

其他企业

项目	商品购进总额		统一配送商品购进额		自有配送中心配送商品购进额	
	2007年	2006年	2007年	2006年	2007年	2006年
全国	**12399**	**4000**	**1251**	**570**	**1182**	**504**
北京						
天津						
河北						
山西						
内蒙古						
辽宁						
吉林						
黑龙江						
上海						
江苏	200	279	200	279	200	279
浙江	875		762		762	
安徽						
福建						
江西						
山东	1750	550				
河南	9505	3105	220	225	220	225
湖北						
湖南						
广东						
广西						
海南						
重庆						
四川						
贵州						
云南						
西藏						
陕西						
甘肃						
青海	69	66	69	66		
宁夏						
新疆						

单位:万元

非自有配送中心配送商品购进额		商品销售总额		零售额	
2007年	2006年	2007年	2006年	2007年	2006年
		12872	**5253**	**8837**	**5253**
		250	308	250	308
		923		923	
		1700	500	1700	500
		9933	4381	5899	4381
		66	64	66	64

2—12 续表 9

港澳台商投资企业

项　目	商品购进总额		统一配送商品购进额		自有配送中心配送商品购进额	
	2007 年	2006 年	2007 年	2006 年	2007 年	2006 年
全　国	**346553**	**290258**	**257423**	**223547**	**134856**	**112400**
北　京						
天　津						
河　北						
山　西						
内蒙古						
辽　宁						
吉　林						
黑龙江						
上　海						
江　苏						
浙　江	1064	1299	1064	1299	1064	1299
安　徽						
福　建						
江　西						
山　东						
河　南	18859	17580	18859	17580	18859	17580
湖　北	4000	3429	4000	3429	4000	3429
湖　南						
广　东	322530	267731	233400	201020	110833	89873
广　西						
海　南						
重　庆	100	220	100	220	100	220
四　川						
贵　州						
云　南						
西　藏						
陕　西						
甘　肃						
青　海						
宁　夏						
新　疆						

单位:万元

非自有配送中心配送商品购进额		商品销售总额		零售额	
2007年	2006年	2007年	2006年	2007年	2006年
122567	**111147**	**507708**	**415106**	**398791**	**313991**
		1010	1969	1010	869
		18859	17580	7321	6245
		6000	3429	6000	3429
122567	111147	481373	391678	383995	302998
		466	450	466	450

2—12 续表10

外商投资企业

项　目	商品购进总额		统一配送商品购进额		自有配送中心配送商品购进额	
	2007年	2006年	2007年	2006年	2007年	2006年
全　国	**2793436**	**2792716**	**1620834**	**1782582**	**257743**	**650234**
北　京	650		650			
天　津						
河　北						
山　西						
内蒙古						
辽　宁						
吉　林						
黑龙江						
上　海	1135805	940446	1135805	940446		
江　苏	1201100	1491242	63425	498244	63425	498244
浙　江						
安　徽						
福　建						
江　西						
山　东						
河　南						
湖　北						
湖　南						
广　东	455881	360748	420954	343612	194318	151990
广　西						
海　南						
重　庆						
四　川						
贵　州		280		280		
云　南						
西　藏						
陕　西						
甘　肃						
青　海						
宁　夏						
新　疆						

单位：万元

非自有配送中心配送商品购进额		商品销售总额		零售额	
2007 年	2006 年	2007 年	2006 年	2007 年	2006 年
25057	**22950**	**3122261**	**3376945**	**3122041**	**3376751**
650		906		906	
22836	21026	1436078	1191748	1436078	1191748
		1240866	1806548	1240866	1806548
1571	1644	444412	378212	444192	378018
	280		437		437

2—13 按行业分各地区连锁零售企业基本情况

批发业

项　目	连锁总店数（个）	门店数（个）		年末从业人员（人）		年末营业面积（平方米）	
	2007年	2007年	2006年	2007年	2006年	2007年	2006年
全　国	**206**	**43270**	**38420**	**294260**	**449874**	**38098079**	**33995404**
北　京	7	519	327	2976	3045	526976	530010
天　津	2	445	445	3510	3572	438802	438962
河　北	2	24	24	364	312	8345	8345
山　西	1	38	44	561	447	6350	9300
内蒙古	2	1485	1450	20817	202188	3531082	3446085
辽　宁							
吉　林							
黑龙江	1	143	161	2231	2064	22895	25910
上　海							
江　苏	11	3487	3305	35929	35192	2971390	2880922
浙　江	19	7454	6586	47929	40937	5416503	5260945
安　徽	9	5758	5122	25327	21723	1080388	934687
福　建	10	848	126	12953	2091	1292933	221261
江　西	9	526	512	4381	4412	620790	614895
山　东	12	3447	3118	11459	10339	897302	805234
河　南	42	4949	3483	22314	16386	5223335	3199907
湖　北	9	388	288	4630	4352	163797	170559
湖　南	4	2116	2034	13656	13220	1073609	1037689
广　东	21	4856	4562	43366	40520	8209224	8128761
广　西	11	1069	1111	10682	11352	1888119	1966712
海　南							
重　庆	3	843	877	9577	9277	1110560	1177675
四　川	1	47	47	448	277	119746	119746
贵　州							
云　南	4	1431	1371	7492	7453	269514	256663
西　藏							
陕　西	1	12	11	174	174	1500	1500
甘　肃	1	12	12	58	56	1200	1200
青　海							
宁　夏	6	1598	1592	6697	14207	1322101	1332638
新　疆	18	1775	1812	6729	6278	1901618	1425798

2—13 续表1

农畜产品批发

项目	连锁总店数（个）	门店数（个）		年末从业人员（人）		年末营业面积（平方米）	
	2007年	2007年	2006年	2007年	2006年	2007年	2006年
全国	**1**	**2**	**2**	**349**	**349**	**5000**	**5000**
北京							
天津							
河北							
山西							
内蒙古							
辽宁							
吉林							
黑龙江							
上海							
江苏							
浙江							
安徽							
福建							
江西							
山东							
河南	1	2	2	349	349	5000	5000
湖北							
湖南							
广东							
广西							
海南							
重庆							
四川							
贵州							
云南							
西藏							
陕西							
甘肃							
青海							
宁夏							
新疆							

2—13 续表2

食品、饮料及烟草制品批发

项目	连锁总店数（个）	门店数（个）		年末从业人员（人）		年末营业面积（平方米）	
	2007年	2007年	2006年	2007年	2006年	2007年	2006年
全国	**28**	**2756**	**2121**	**15131**	**11627**	**515378**	**437275**
北京	4	192	171	354	288	9581	9870
天津	1	7	7	84	74	802	962
河北							
山西							
内蒙古							
辽宁							
吉林							
黑龙江							
上海							
江苏	2	639	604	3036	2486	14915	14543
浙江	3	87	57	442	233	9700	4150
安徽							
福建	1	18	21	1352	840	19754	16633
江西							
山东	6	739	637	5779	5048	340562	315074
河南	3	1023	558	3117	1638	107040	63190
湖北	1	3	3	12	14	200	200
湖南							
广东	1	3	3	31	39	500	500
广西							
海南							
重庆							
四川							
贵州							
云南							
西藏							
陕西							
甘肃							
青海							
宁夏	1	5	16	39	74	129	1061
新疆	5	40	44	885	893	12195	11092

2—13 续表3

纺织、服装及日用品批发

项目	连锁总店数（个）	门店数（个）		年末从业人员（人）		年末营业面积（平方米）	
	2007年	2007年	2006年	2007年	2006年	2007年	2006年
全国	**12**	**4414**	**3753**	**20705**	**17489**	**118573**	**105912**
北京							
天津							
河北	1	13	13	129	132	2145	2145
山西							
内蒙古							
辽宁							
吉林							
黑龙江							
上海							
江苏	2	94	38	1028	848	4200	6000
浙江	3	3256	2827	13037	11493	37433	33447
安徽							
福建							
江西							
山东							
河南							
湖北							
湖南							
广东	6	1051	875	6511	5016	74795	64320
广西							
海南							
重庆							
四川							
贵州							
云南							
西藏							
陕西							
甘肃							
青海							
宁夏							
新疆							

2—13　续表4

文化、体育用品及器材批发

项　目	连锁总店数（个）	门店数（个）		年末从业人员（人）		年末营业面积（平方米）	
	2007年	2007年	2006年	2007年	2006年	2007年	2006年
全　国	**12**	**899**	**887**	**16493**	**16638**	**683915**	**668180**
北　京	1	9	12	80	120	408	520
天　津							
河　北							
山　西							
内蒙古							
辽　宁							
吉　林							
黑龙江							
上　海							
江　苏	2	140	132	7156	7477	344473	343473
浙　江	1	270	277	5936	5797	229896	215356
安　徽	1	5	5	141	140	5089	5089
福　建							
江　西							
山　东							
河　南							
湖　北							
湖　南							
广　东	5	140	123	829	777	14196	13924
广　西							
海　南							
重　庆	1	302	305	1699	1680	60910	60875
四　川							
贵　州							
云　南							
西　藏							
陕　西							
甘　肃							
青　海							
宁　夏	1	33	33	652	647	28943	28943
新　疆							

2—13　续表 5

医药及医疗器材批发

项　目	连锁总店数（个）	门店数（个）		年末从业人员（人）		年末营业面积（平方米）	
	2007 年	2007 年	2006 年	2007 年	2006 年	2007 年	2006 年
全　国	**29**	**4330**	**4319**	**17330**	**17066**	**382763**	**355909**
北　京							
天　津							
河　北							
山　西							
内蒙古	1	32	32	112	118	2460	2460
辽　宁							
吉　林							
黑龙江							
上　海							
江　苏	2	74	74	273	293	8007	8007
浙　江	3	153	146	517	486	11697	10118
安　徽	2	43	42	231	273	5423	5488
福　建							
江　西							
山　东	3	115	91	1295	1039	13040	12360
河　南	5	356	366	1164	1246	20984	21324
湖　北	3	93	80	551	435	8304	7809
湖　南							
广　东	3	1478	1443	6091	6186	85364	83995
广　西	1	18	19	108	102	1800	1580
海　南							
重　庆							
四　川							
贵　州							
云　南	2	1227	1169	5931	5721	186108	178542
西　藏							
陕　西	1	12	11	174	174	1500	1500
甘　肃	1	12	12	58	56	1200	1200
青　海							
宁　夏	2	717	834	825	937	36876	21526
新　疆							

2—13 续表6

矿产品、建材及化工产品批发

项目	连锁总店数（个）	门店数（个）		年末从业人员（人）		年末营业面积（平方米）	
	2007年	2007年	2006年	2007年	2006年	2007年	2006年
全国	**108**	**29735**	**26451**	**213123**	**377231**	**35903177**	**32143316**
北京	2	318	144	2542	2637	516987	519620
天津	1	438	438	3426	3498	438000	438000
河北							
山西	1	38	44	561	447	6350	9300
内蒙古	1	1453	1418	20705	202070	3528622	3443625
辽宁							
吉林							
黑龙江	1	143	161	2231	2064	22895	25910
上海							
江苏	2	2536	2434	24133	23576	2567557	2495899
浙江	7	3436	3176	24682	21378	5065702	4972432
安徽	4	5371	4744	21168	17187	977576	828010
福建	9	830	105	11601	1251	1273179	204628
江西	7	516	503	3880	3882	620200	614405
山东	2	2589	2387	4265	4147	540100	475000
河南	32	3553	2542	17581	13050	5074311	3094393
湖北	5	292	205	4067	3903	155293	162550
湖南	4	2116	2034	13656	13220	1073609	1037689
广东	3	2007	1992	28146	26928	7971289	7908042
广西	10	1051	1092	10574	11250	1886319	1965132
海南							
重庆	1	523	557	7234	7117	1046000	1114000
四川	1	47	47	448	277	119746	119746
贵州							
云南	2	204	202	1561	1732	83406	78121
西藏							
陕西							
甘肃							
青海							
宁夏	2	843	709	5181	12549	1256153	1281108
新疆	11	1431	1517	5481	5068	1679883	1355706

2—13 续表 7

机械设备、五金交电及电子产品批发

项目	连锁总店数（个）	门店数（个）		年末从业人员（人）		年末营业面积（平方米）	
	2007年	2007年	2006年	2007年	2006年	2007年	2006年
全国	**10**	**413**	**296**	**7146**	**5502**	**177956**	**125932**
北京							
天津							
河北	1	11	11	235	180	6200	6200
山西							
内蒙古							
辽宁							
吉林							
黑龙江							
上海							
江苏	1	4	23	303	512	32238	13000
浙江	1	185	103	3276	1550	56678	25442
安徽	1	19	21	514	742	44300	49600
福建							
江西	2	10	9	501	530	590	490
山东	1	4	3	120	105	3600	2800
河南	1	15	15	103	103	16000	16000
湖北							
湖南							
广东	1	147	96	1450	1300	14700	9600
广西							
海南							
重庆	1	18	15	644	480	3650	2800
四川							
贵州							
云南							
西藏							
陕西							
甘肃							
青海							
宁夏							
新疆							

2—13 续表 8

其他批发

项　目	连锁总店数（个）	门店数（个）		年末从业人员（人）		年末营业面积（平方米）	
	2007 年	2007 年	2006 年	2007 年	2006 年	2007 年	2006 年
全　国	**6**	**721**	**591**	**3983**	**3972**	**311317**	**153880**
北　京							
天　津							
河　北							
山　西							
内蒙古							
辽　宁							
吉　林							
黑龙江							
上　海							
江　苏							
浙　江	1	67		39		5397	
安　徽	1	320	310	3273	3381	48000	46500
福　建							
江　西							
山　东							
河　南							
湖　北							
湖　南							
广　东	2	30	30	308	274	48380	48380
广　西							
海　南							
重　庆							
四　川							
贵　州							
云　南							
西　藏							
陕　西							
甘　肃							
青　海							
宁　夏							
新　疆	2	304	251	363	317	209540	59000

2—13 续表9

零售业

项　目	连锁总店数（个）	门店数（个）		年末从业人员（人）		年末营业面积（平方米）	
	2007年	2007年	2006年	2007年	2006年	2007年	2006年
全　国	**1523**	**102096**	**90504**	**1567641**	**1420739**	**62342096**	**55794491**
北　京	124	5518	5109	111871	102329	4828051	4513101
天　津	24	973	904	20753	22496	1579160	1425611
河　北	35	4339	3762	43285	39403	2016288	2037731
山　西	31	1246	1046	22301	19922	555731	519898
内蒙古	13	146	104	4233	4656	183359	186572
辽　宁	27	3040	2922	30535	30456	1534781	1510927
吉　林	11	455	426	5583	5325	274791	212696
黑龙江	19	639	650	11467	10462	462179	418686
上　海	79	16470	16057	239139	227420	8720427	8418667
江　苏	113	8291	7451	227994	217149	6454855	5548859
浙　江	169	10058	7094	78013	65018	2948359	2462954
安　徽	40	970	844	36274	33470	1219559	1111252
福　建	72	1164	1056	25304	23905	1058570	932060
江　西	31	1269	1151	24629	22638	886581	720933
山　东	99	5314	4600	96448	85216	5340944	4754662
河　南	134	6486	5591	52167	43362	1745742	1485465
湖　北	54	2431	2122	56417	47908	2934193	2410002
湖　南	41	1562	1352	51089	61954	1885598	1678178
广　东	170	16686	14456	237074	203198	9220690	7781661
广　西	27	894	858	11998	11752	344372	305896
海　南	6	333	392	3470	3250	72409	88231
重　庆	38	5282	4740	43358	38335	1515736	1227046
四　川	39	2864	2450	30440	29777	1235887	991431
贵　州	16	1183	1116	10630	10244	1306349	870572
云　南	32	1583	1193	22212	19218	653923	543251
西　藏							
陕　西	21	838	886	48405	20288	595976	488470
甘　肃	7	1042	1228	5497	5683	2101653	2549391
青　海	10	315	285	3907	4150	142002	136861
宁　夏	7	94	83	1471	1181	64849	47346
新　疆	34	611	576	11677	10574	459082	416081

2—13 续表 10

综合零售

项　目	连锁总店数（个）	门店数（个）		年末从业人员（人）		年末营业面积（平方米）	
	2007 年	2007 年	2006 年	2007 年	2006 年	2007 年	2006 年
全　国	**669**	**47629**	**39688**	**990412**	**909034**	**39873761**	**35518981**
北　京	45	2392	2102	71082	65638	3296711	3127119
天　津	9	449	413	9447	11887	1040231	970365
河　北	23	2171	1342	24064	20336	775928	665411
山　西	13	752	598	16814	15967	398642	412467
内蒙古	6	44	45	3079	3503	138367	143368
辽　宁	11	657	554	9682	10197	358880	352640
吉　林	5	144	125	3205	3220	191272	151946
黑龙江	6	207	198	6507	5672	257172	256559
上　海	51	11500	11293	193471	186429	6093732	5849231
江　苏	52	4814	4215	104449	100947	3558825	3112156
浙　江	90	7719	5067	62731	50810	2550089	2106772
安　徽	24	722	618	32240	30000	1075224	1020514
福　建	26	283	246	14691	13864	502749	463961
江　西	11	143	71	14873	13689	547330	450313
山　东	51	4257	3579	73507	60266	4700262	4168460
河　南	65	4212	3300	38473	30771	1257187	1078831
湖　北	19	1204	1059	43870	35629	2446527	1984682
湖　南	20	395	366	36597	48942	1559840	1399319
广　东	64	2110	1881	148790	124101	5962976	5148951
广　西	7	138	124	5585	5333	171124	158473
海　南	2	8	11	364	555	37246	54322
重　庆	12	878	520	27743	24104	1092471	852488
四　川	19	1814	1429	20936	20516	808645	629399
贵　州	2	22	18	521	496	11520	12620
云　南	7	147	79	7094	6353	203009	199385
西　藏							
陕　西	12	203	212	13383	12960	518950	431804
甘　肃	2	75	67	1677	1480	52010	42350
青　海	4	108	94	1457	1754	84447	97027
宁　夏	3	25	23	1206	969	59496	43806
新　疆	8	36	39	2874	2646	122899	134242

2—13 续表11

食品、饮料及烟草制品专门零售

项目	连锁总店数（个）	门店数（个）		年末从业人员（人）		年末营业面积（平方米）	
	2007年	2007年	2006年	2007年	2006年	2007年	2006年
全国	**107**	**5903**	**4998**	**34572**	**31386**	**529563**	**469115**
北京	17	661	586	10900	9593	184470	177596
天津	4	144	132	2500	2406	53617	47271
河北							
山西	3	207	164	894	786	12417	10321
内蒙古							
辽宁	2	22	22	235	188	6494	6494
吉林							
黑龙江							
上海	1	57	51	470	420	4050	3825
江苏	12	559	537	1817	1884	27381	27298
浙江	14	727	635	1983	1667	42014	37358
安徽	5	123	98	1544	1153	32182	28332
福建	7	276	254	1225	1366	9193	8127
江西	1	167	117	799	599	2930	1930
山东	3	23	21	305	310	4372	3872
河南	5	62	48	980	727	9750	8220
湖北	3	30	33	269	275	3520	4020
湖南							
广东	12	2302	1893	6680	6497	67450	57116
广西	2	69	64	722	721	6510	7488
海南							
重庆	3	146	47	759	367	17900	9140
四川	2	82	64	472	347	11935	9100
贵州	2	93	88	445	527	7620	7271
云南	4	32	35	194	252	2057	2145
西藏							
陕西							
甘肃							
青海	1	27	17	744	675	16000	4503
宁夏	1	42	44	100	100	840	880
新疆	3	52	48	535	526	6861	6808

2—13 续表 12

纺织、服装及日用品专门零售

项　目	连锁总店数（个）	门店数（个）		年末从业人员（人）		年末营业面积（平方米）	
	2007 年	2007 年	2006 年	2007 年	2006 年	2007 年	2006 年
全　国	**90**	**10972**	**9660**	**83110**	**47565**	**964538**	**705794**
北　京	24	336	322	5445	5328	104334	80932
天　津	1	20	20	542	565	13000	10000
河　北							
山　西							
内蒙古							
辽　宁	2	35	33	212	238	6300	5500
吉　林	1	5	5	90	97	1000	1000
黑龙江	1	8	8	105	80	1000	1000
上　海	4	1173	1046	3609	3548	45005	40583
江　苏	2	25	25	285	288	1823	1823
浙　江	9	179	152	1900	1629	28628	21474
安　徽	1	5	5	22	24	1680	1480
福　建	4	66	52	668	569	6112	5181
江　西	1	6	3	213	156	3302	1882
山　东	3	26	26	353	274	7877	7576
河　南	5	123	124	862	861	14960	13940
湖　北	8	378	293	3412	3444	41567	38394
湖　南	1	2	2	133	131	2036	2036
广　东	11	7994	6937	31422	24336	628730	427755
广　西							
海　南	1	44	43	160	120	1557	1257
重　庆	4	83	78	631	566	7894	6307
四　川	2	42	31	337	321	3258	4918
贵　州							
云　南							
西　藏							
陕　西	3	415	451	32305	4624	28375	22656
甘　肃							
青　海	2	7	4	404	366	16100	10100
宁　夏							
新　疆							

2—13 续表13

文化、体育用品及器材专门零售

项 目	连锁总店数（个）	门店数（个）		年末从业人员（人）		年末营业面积（平方米）	
	2007年	2007年	2006年	2007年	2006年	2007年	2006年
全 国	**70**	**2903**	**2905**	**26353**	**26305**	**840457**	**794874**
北 京	5	93	98	1775	1563	35790	36627
天 津	1	24	24	1278	1383	17854	18214
河 北	2	29	30	251	289	10000	10000
山 西	3	9	11	608	579	8272	8872
内蒙古							
辽 宁	1	23	19	830	830	38426	34029
吉 林							
黑龙江	3	27	24	577	680	36291	25847
上 海	5	1993	1977	6638	6420	171663	167009
江 苏	4	22	21	203	264	3694	3860
浙 江	4	36	33	386	376	3296	3010
安 徽	1	15	17	602	598	24100	24270
福 建	5	33	37	1214	1243	30269	34431
江 西	5	30	32	891	769	17740	14940
山 东	8	56	64	1166	1096	51938	51778
河 南	1	8	16	31	82	2471	2713
湖 北	1	22	24	1020	1471	41672	41666
湖 南	1	10	9	84	74	2645	2513
广 东	6	122	122	1896	1826	22947	19744
广 西	1	2	2	288	287	15000	15000
海 南							
重 庆							
四 川	1	193	193	2839	2538	116399	112277
贵 州	1	7	7	160	175	3006	3006
云 南	3	70	63	2467	2576	96111	87319
西 藏							
陕 西							
甘 肃							
青 海							
宁 夏							
新 疆	8	79	82	1149	1186	90873	77749

2—13　续表 14

医药及医疗器材专门零售

项　目	连锁总店数（个）	门店数（个）		年末从业人员（人）		年末营业面积（平方米）	
	2007 年	2007 年	2006 年	2007 年	2006 年	2007 年	2006 年
全　国	**344**	**22244**	**21090**	**130461**	**122381**	**2413363**	**2168020**
北　京	15	1010	1010	5689	5753	148156	153441
天　津	3	69	56	534	550	14333	12253
河　北	4	105	99	1334	1485	20996	21896
山　西	7	251	255	1830	1647	42353	30643
内蒙古	4	92	49	638	638	8408	6250
辽　宁	7	847	863	6379	6167	129882	122899
吉　林	3	291	285	1422	1326	34219	29050
黑龙江	7	351	379	3099	3195	82899	77841
上　海	6	626	602	8682	8239	96930	92788
江　苏	27	1510	1472	8137	7417	183624	177273
浙　江	39	1237	1121	7798	7299	135864	120181
安　徽	7	89	88	809	711	30124	23015
福　建	10	238	230	1438	1464	24707	23980
江　西	4	661	695	4991	5247	70472	81112
山　东	21	647	645	3651	3742	68936	73457
河　南	37	1730	1798	7654	7532	104084	102200
湖　北	16	580	503	3540	3486	60659	53598
湖　南	15	1065	871	12213	10745	195355	159586
广　东	34	3323	2920	18238	15650	266204	228704
广　西	12	607	598	3758	3871	68564	66846
海　南	1	23	21	230	140	16000	15500
重　庆	16	4127	4059	10012	9927	205943	197647
四　川	11	662	678	1962	1962	39108	37482
贵　州	6	166	148	1429	1383	19554	16644
云　南	10	1180	910	8310	6274	205748	126338
西　藏							
陕　西	5	218	221	2621	2621	45651	32410
甘　肃	4	107	107	1240	1175	32083	33621
青　海	3	173	170	1302	1355	25455	25231
宁　夏	2	21	15	145	108	3613	2500
新　疆	8	238	222	1376	1272	33439	23634

2—13 续表 15

汽车、摩托车、燃料及零配件专门零售

项　目	连锁总店数（个）	门店数（个）		年末从业人员（人）		年末营业面积（平方米）	
	2007 年	2007 年	2006 年	2007 年	2006 年	2007 年	2006 年
全　国	**67**	**8627**	**8962**	**81903**	**78236**	**9333406**	**9219521**
北　京	3	560	564	4914	4426	179418	180592
天　津	2	207	211	2273	2285	143520	143329
河　北	2	2015	2278	17195	16944	1175594	1327994
山　西							
内蒙古							
辽　宁	3	1438	1417	13083	12748	991459	986251
吉　林							
黑龙江							
上　海	2	875	885	9210	8906	1445198	1530519
江　苏	3	55	56	1550	1176	51104	38104
浙　江	3	18	18	137	152	7237	7207
安　徽							
福　建	5	132	123	1328	1117	225275	200199
江　西	5	238	215	1567	1231	187219	129293
山　东	4	88	60	830	763	106361	85211
河　南	8	228	199	1180	1159	208145	173120
湖　北	1	104	108	656	722	8010	9029
湖　南							
广　东	15	399	362	10545	9429	1199988	991199
广　西	1	47	47	226	226	9200	9200
海　南	1	254	313	2424	2165	15726	15272
重　庆							
四　川							
贵　州	4	890	850	8027	7621	1250699	817081
云　南	1	76	65	1500	1600	33000	29000
西　藏							
陕　西							
甘　肃	1	860	1054	2580	3028	2017560	2473420
青　海							
宁　夏							
新　疆	3	143	137	2678	2538	78693	73501

2—13 续表16

家用电器及电子产品专门零售

项　目	连锁总店数（个）	门店数（个）		年末从业人员（人）		年末营业面积（平方米）	
	2007年	2007年	2006年	2007年	2006年	2007年	2006年
全　国	**147**	**3419**	**2829**	**207778**	**193263**	**7492226**	**6053613**
北　京	11	447	408	11088	9154	810968	693096
天　津	3	55	43	3086	2283	244973	172547
河　北	4	19	13	441	349	33770	12430
山　西	4	25	16	2104	909	93514	57355
内蒙古	3	10	10	516	515	36584	36954
辽　宁	1	18	14	114	88	3340	3114
吉　林	2	15	11	866	682	48300	30700
黑龙江	1	15	10	1104	760	84357	56979
上　海	5	196	155	12304	8790	497349	375112
江　苏	12	1303	1122	111200	104733	2601404	2161345
浙　江	8	139	65	2759	2649	152323	138044
安　徽	2	16	18	1057	984	56249	13641
福　建	14	133	109	4608	4114	246222	182138
江　西	4	24	18	1295	947	57588	41463
山　东	8	214	202	16385	18463	381198	344308
河　南	12	116	97	2845	2085	148795	105991
湖　北	5	75	64	3561	2792	331378	277753
湖　南	3	31	31	1806	1804	124152	112854
广　东	21	286	227	16264	18277	812873	650378
广　西	4	31	23	1419	1314	73974	48889
海　南	1	4	4	292	270	1880	1880
重　庆	2	43	32	4170	3350	190328	160729
四　川	4	71	55	3894	4093	256542	198255
贵　州	1	5	5	48	42	13950	13950
云　南	7	78	41	2647	2163	113998	99064
西　藏							
陕　西	1	2	2	96	83	3000	1600
甘　肃							
青　海							
宁　夏	1	6	1	20	4	900	160
新　疆	3	42	33	1789	1566	72317	62884

2—13 续表 17

五金、家居及室内装修材料专门零售

项目	连锁总店数（个）	门店数（个）		年末从业人员（人）		年末营业面积（平方米）	
	2007 年	2007 年	2006 年	2007 年	2006 年	2007 年	2006 年
全　国	**23**	**137**	**129**	**11604**	**11182**	**888409**	**858793**
北　京	4	19	19	978	874	68204	63698
天　津	1	5	5	1093	1137	51632	51632
河　北							
山　西							
内蒙古							
辽　宁							
吉　林							
黑龙江							
上　海	5	50	48	4755	4668	366500	359600
江　苏	1	3	3	353	440	27000	27000
浙　江	2	3	3	319	436	28908	28908
安　徽							
福　建	1	3	5	132	168	14043	14043
江　西							
山　东	1	3	3	251	302	20000	20000
河　南							
湖　北							
湖　南							
广　东	6	25	24	2404	2296	256922	255914
广　西							
海　南							
重　庆	1	5	4	43	21	1200	735
四　川							
贵　州							
云　南							
西　藏							
陕　西							
甘　肃							
青　海							
宁　夏							
新　疆	1	21	15	1276	840	54000	37263

2—13 续表 18

无店铺及其他零售

项目	连锁总店数（个）	门店数（个）		年末从业人员（人）		年末营业面积（平方米）	
	2007 年	2007 年	2006 年	2007 年	2006 年	2007 年	2006 年
全国	**6**	**262**	**243**	**1448**	**1387**	**6373**	**5780**
北京							
天津							
河北							
山西	1	2	2	51	34	533	240
内蒙古							
辽宁							
吉林							
黑龙江	1	31	31	75	75	460	460
上海							
江苏							
浙江							
安徽							
福建							
江西							
山东							
河南	1	7	9	142	145	350	450
湖北	1	38	38	89	89	860	860
湖南	1	59	73	256	258	1570	1870
广东	1	125	90	835	786	2600	1900
广西							
海南							
重庆							
四川							
贵州							
云南							
西藏							
陕西							
甘肃							
青海							
宁夏							
新疆							

2－14 按行业分各地区连锁零售企业直营门店基本情况

批发业

项目	门店数（个）		年末从业人员（人）		年末营业面积（平方米）	
	2007年	2006年	2007年	2006年	2007年	2006年
全国	**28562**	**26043**	**250342**	**403342**	**36571089**	**32682635**
北京	176	174	2048	2194	504347	509202
天津	445	445	3510	3572	438802	438962
河北	24	24	364	312	8345	8345
山西	38	44	561	447	6350	9300
内蒙古	1485	1450	20817	202188	3531082	3446085
辽宁						
吉林						
黑龙江	143	161	2231	2064	22895	25910
上海						
江苏	3485	3296	35916	34990	2951152	2878922
浙江	4753	4357	40549	34990	5216742	5107583
安徽	1911	1890	16337	14346	555921	492681
福建	848	126	12953	2091	1292933	221261
江西	526	512	4381	4412	620790	614895
山东	2910	2741	9707	8961	861868	772180
河南	2936	2071	16159	11672	4932926	2950208
湖北	251	242	4256	4236	156648	168400
湖南	2116	2034	13656	13220	1073609	1037689
广东	2439	2297	32925	30250	8069751	7991323
广西	1048	1081	10476	10992	1866048	1905509
海南						
重庆	678	715	9412	9115	1103960	1171195
四川	47	47	448	277	119746	119746
贵州						
云南	425	365	3357	3428	132895	120044
西藏						
陕西	12	11	174	174	1500	1500
甘肃	12	12	58	56	1200	1200
青海						
宁夏	326	332	3598	3288	1245934	1277517
新疆	1528	1616	6449	6067	1855645	1412978

2—14　续表1

农畜产品批发

项　目	门店数（个）		年末从业人员（人）		年末营业面积（平方米）	
	2007年	2006年	2007年	2006年	2007年	2006年
全　国	**2**	**2**	**349**	**349**	**5000**	**5000**
北　京						
天　津						
河　北						
山　西						
内蒙古						
辽　宁						
吉　林						
黑龙江						
上　海						
江　苏						
浙　江						
安　徽						
福　建						
江　西						
山　东						
河　南	2	2	349	349	5000	5000
湖　北						
湖　南						
广　东						
广　西						
海　南						
重　庆						
四　川						
贵　州						
云　南						
西　藏						
陕　西						
甘　肃						
青　海						
宁　夏						
新　疆						

2—14 续表2

食品、饮料及烟草制品批发

项目	门店数（个）		年末从业人员（人）		年末营业面积（平方米）	
	2007年	2006年	2007年	2006年	2007年	2006年
全国	**1221**	**1087**	**10650**	**8804**	**372313**	**337501**
北京	20	18	182	135	1000	900
天津	7	7	84	74	802	962
河北						
山西						
内蒙古						
辽宁						
吉林						
黑龙江						
上海						
江苏	639	604	3036	2486	14915	14543
浙江	46	38	354	193	7500	2550
安徽						
福建	18	21	1352	840	19754	16633
江西						
山东	345	290	4207	3840	308028	285620
河南	95	43	468	216	7290	3440
湖北	3	3	12	14	200	200
湖南						
广东	3	3	31	39	500	500
广西						
海南						
重庆						
四川						
贵州						
云南						
西藏						
陕西						
甘肃						
青海						
宁夏	5	16	39	74	129	1061
新疆	40	44	885	893	12195	11092

2—14 续表3

纺织、服装及日用品批发

项目	门店数（个）		年末从业人员（人）		年末营业面积（平方米）	
	2007年	2006年	2007年	2006年	2007年	2006年
全国	**2285**	**1864**	**11756**	**9473**	**43632**	**33191**
北京						
天津						
河北	13	13	129	132	2145	2145
山西						
内蒙古						
辽宁						
吉林						
黑龙江						
上海						
江苏	94	38	1028	848	4200	6000
浙江	1992	1707	8380	7547	18719	16306
安徽						
福建						
江西						
山东						
河南						
湖北						
湖南						
广东	186	106	2219	946	18568	8740
广西						
海南						
重庆						
四川						
贵州						
云南						
西藏						
陕西						
甘肃						
青海						
宁夏						
新疆						

2—14 续表 4

文化、体育用品及器材批发

项目	门店数（个）		年末从业人员（人）		年末营业面积（平方米）	
	2007 年	2006 年	2007 年	2006 年	2007 年	2006 年
全国	**629**	**633**	**16007**	**16183**	**674137**	**658001**
北京	9	12	80	120	408	520
天津						
河北						
山西						
内蒙古						
辽宁						
吉林						
黑龙江						
上海						
江苏	140	132	7156	7477	344473	343473
浙江	270	277	5936	5797	229896	215356
安徽	5	5	141	140	5089	5089
福建						
江西						
山东						
河南						
湖北						
湖南						
广东	35	31	508	484	11018	10225
广西						
海南						
重庆	137	143	1534	1518	54310	54395
四川						
贵州						
云南						
西藏						
陕西						
甘肃						
青海						
宁夏	33	33	652	647	28943	28943
新疆						

2—14 续表5

医药及医疗器材批发

项目	门店数（个）		年末从业人员（人）		年末营业面积（平方米）	
	2007年	2006年	2007年	2006年	2007年	2006年
全国	**841**	**749**	**5681**	**5328**	**115568**	**104890**
北京						
天津						
河北						
山西						
内蒙古	32	32	112	118	2460	2460
辽宁						
吉林						
黑龙江						
上海						
江苏	74	74	273	293	8007	8007
浙江	98	94	389	361	8947	7345
安徽	39	37	202	244	4398	4358
福建						
江西						
山东	115	91	1295	1039	13040	12360
河南	96	95	462	496	7150	6865
湖北	39	34	387	319	5755	5650
湖南						
广东	31	39	263	279	5296	5836
广西	18	19	108	102	1800	1580
海南						
重庆						
四川						
贵州						
云南	221	163	1796	1696	49489	41923
西藏						
陕西	12	11	174	174	1500	1500
甘肃	12	12	58	56	1200	1200
青海						
宁夏	54	48	162	151	6526	5806
新疆						

2—14 续表6

矿产品、建材及化工产品批发

项目	门店数（个）		年末从业人员（人）		年末营业面积（平方米）	
	2007年	2006年	2007年	2006年	2007年	2006年
全国	**22772**	**21043**	**195149**	**354262**	**34921190**	**31290660**
北京	147	144	1786	1939	502939	507782
天津	438	438	3426	3498	438000	438000
河北						
山西	38	44	561	447	6350	9300
内蒙古	1453	1418	20705	202070	3528622	3443625
辽宁						
吉林						
黑龙江	143	161	2231	2064	22895	25910
上海						
江苏	2536	2434	24133	23576	2567557	2495899
浙江	2156	2138	22190	19542	4893681	4840584
安徽	1532	1521	12231	9871	456734	389734
福建	830	105	11601	1251	1273179	204628
江西	516	503	3880	3882	620200	614405
山东	2446	2357	4085	3977	537200	471400
河南	2743	1931	14880	10611	4913486	2934903
湖北	209	205	3857	3903	150693	162550
湖南	2116	2034	13656	13220	1073609	1037689
广东	2007	1992	28146	26928	7971289	7908042
广西	1030	1062	10368	10890	1864248	1903929
海南						
重庆	523	557	7234	7117	1046000	1114000
四川	47	47	448	277	119746	119746
贵州						
云南	204	202	1561	1732	83406	78121
西藏						
陕西						
甘肃						
青海						
宁夏	234	235	2745	2416	1210336	1241707
新疆	1424	1515	5425	5051	1641020	1348706

2—14 续表 7

机械设备、五金交电及电子产品批发

项　目	门店数（个）		年末从业人员（人）		年末营业面积（平方米）	
	2007 年	2006 年	2007 年	2006 年	2007 年	2006 年
全　国	**392**	**268**	**7006**	**5165**	**139118**	**105332**
北　京						
天　津						
河　北	11	11	235	180	6200	6200
山　西						
内蒙古						
辽　宁						
吉　林						
黑龙江						
上　海						
江　苏	2	14	290	310	12000	11000
浙　江	185	103	3276	1550	56678	25442
安　徽	15	17	490	710	41700	47000
福　建						
江　西	10	9	501	530	590	490
山　东	4	3	120	105	3600	2800
河　南						
湖　北						
湖　南						
广　东	147	96	1450	1300	14700	9600
广　西						
海　南						
重　庆	18	15	644	480	3650	2800
四　川						
贵　州						
云　南						
西　藏						
陕　西						
甘　肃						
青　海						
宁　夏						
新　疆						

2—14 续表8

其他批发

项目	门店数（个）		年末从业人员（人）		年末营业面积（平方米）	
	2007年	2006年	2007年	2006年	2007年	2006年
全国	**420**	**397**	**3744**	**3778**	**300131**	**148060**
北京						
天津						
河北						
山西						
内蒙古						
辽宁						
吉林						
黑龙江						
上海						
江苏						
浙江	6		24		1321	
安徽	320	310	3273	3381	48000	46500
福建						
江西						
山东						
河南						
湖北						
湖南						
广东	30	30	308	274	48380	48380
广西						
海南						
重庆						
四川						
贵州						
云南						
西藏						
陕西						
甘肃						
青海						
宁夏						
新疆	64	57	139	123	202430	53180

2—14 续表9

零售业

项目	门店数（个）		年末从业人员（人）		年末营业面积（平方米）	
	2007年	2006年	2007年	2006年	2007年	2006年
全国	**55117**	**50733**	**1236734**	**1125416**	**54523893**	**48716170**
北京	3808	3641	102799	94753	4458115	4179003
天津	953	883	20688	22442	1577445	1423818
河北	2461	2720	36106	35435	1859038	1941712
山西	514	440	19195	17353	511009	484523
内蒙古	107	104	4213	4656	181799	186572
辽宁	2204	2124	26645	26032	1427280	1413732
吉林	283	242	5229	4949	264298	201646
黑龙江	619	632	11157	10216	439251	412758
上海	10416	10079	165628	153723	7067026	6846427
江苏	4708	4360	155078	137487	4839086	4074767
浙江	3511	3088	62004	55000	2386304	2046205
安徽	669	623	27480	25257	1076706	962472
福建	1031	930	24837	23428	1043668	917158
江西	975	959	22470	20966	834459	692618
山东	2416	2026	69996	57648	4538484	3997343
河南	1987	1791	37919	30478	1375197	1143993
湖北	1987	1741	54048	45664	2821727	2322814
湖南	1040	851	48091	58365	1789927	1578283
广东	6479	4992	199514	168338	8363245	6962221
广西	435	474	8404	8547	266329	240778
海南	301	360	3296	3072	59124	74946
重庆	1506	1487	36016	31984	1359491	1091474
四川	2063	1792	26852	26035	1113027	912059
贵州	1178	1097	10459	9963	1299597	860039
云南	1433	1105	21670	18770	613752	524170
西藏						
陕西	399	430	16273	15898	553156	466750
甘肃	882	1053	5017	4325	1786753	2199391
青海	91	81	2801	3077	102055	101232
宁夏	94	83	1471	1181	64849	47346
新疆	567	545	11378	10374	451696	409920

2—14 续表10

综合零售

项目	门店数（个）		年末从业人员（人）		年末营业面积（平方米）	
	2007年	2006年	2007年	2006年	2007年	2006年
全国	**21816**	**20334**	**804122**	**737263**	**34762719**	**30953700**
北京	1349	1284	66434	62087	3024532	2884097
天津	449	413	9447	11887	1040231	970365
河北	308	314	16980	16457	620178	570792
山西	176	187	14113	13914	360286	385115
内蒙古	44	45	3079	3503	138367	143368
辽宁	208	205	7891	8666	317642	321100
吉林	144	125	3205	3220	191272	151946
黑龙江	207	198	6507	5672	257172	256559
上海	6397	6475	127752	121089	4694662	4507746
江苏	1860	1748	65165	59425	2635949	2240034
浙江	1870	1633	49107	42618	2045495	1728758
安徽	421	403	23446	21798	932371	871824
福建	275	238	14450	13613	495309	456521
江西	80	71	14614	13689	514413	450313
山东	1584	1223	60410	48224	4169760	3674411
河南	760	668	28063	22193	953473	809972
湖北	1054	962	42590	34476	2351704	1915037
湖南	368	339	35320	47087	1499475	1333442
广东	1786	1623	137941	115199	5578252	4768886
广西	83	88	3950	3744	119869	114505
海南	7	10	294	481	24911	41987
重庆	486	415	27235	23938	1080261	848108
四川	1450	1219	18406	17932	705882	572972
贵州	22	18	521	496	11520	12620
云南	52	50	6828	6203	192842	194550
西藏						
陕西	201	211	13307	12950	511950	431204
甘肃	75	67	1677	1480	52010	42350
青海	41	42	1370	1667	64536	81070
宁夏	25	23	1206	969	59496	43806
新疆	34	37	2814	2586	118899	130242

2—14 续表11

食品、饮料及烟草制品专门零售

项 目	门店数（个）		年末从业人员（人）		年末营业面积（平方米）	
	2007年	2006年	2007年	2006年	2007年	2006年
全 国	**3687**	**3294**	**27361**	**24908**	**443922**	**402352**
北 京	413	366	8646	7776	151851	152477
天 津	137	125	2462	2386	52777	46431
河 北						
山 西	207	164	894	786	12417	10321
内蒙古						
辽 宁	22	22	235	188	6494	6494
吉 林						
黑龙江						
上 海	57	51	470	420	4050	3825
江 苏	460	430	1464	1489	24119	22801
浙 江	534	509	1593	1405	23905	23747
安 徽	123	92	1544	1142	32182	28242
福 建	261	249	1175	1341	8693	7927
江 西	15	15	185	189	355	355
山 东	23	21	305	310	4372	3872
河 南	51	33	925	645	8850	7250
湖 北	30	33	269	275	3520	4020
湖 南						
广 东	948	808	3672	3207	46549	38993
广 西	69	64	722	721	6510	7488
海 南						
重 庆	57	47	587	367	15140	9140
四 川	63	49	415	287	11100	8650
贵 州	93	88	445	527	7620	7271
云 南	30	33	188	246	1989	2067
西 藏						
陕 西						
甘 肃						
青 海	23	15	712	667	15700	4343
宁 夏	42	44	100	100	840	880
新 疆	29	36	353	434	4889	5758

2—14 续表12

纺织、服装及日用品专门零售

项目	门店数（个）		年末从业人员（人）		年末营业面积（平方米）	
	2007年	2006年	2007年	2006年	2007年	2006年
全国	**2853**	**1663**	**31645**	**24296**	**674871**	**439387**
北京	321	304	5358	5213	102495	78937
天津	20	20	542	565	13000	10000
河北						
山西						
内蒙古						
辽宁	33	31	203	229	6180	5380
吉林	5	5	90	97	1000	1000
黑龙江	8	8	105	80	1000	1000
上海	525	182	1687	913	22095	14289
江苏	6	6	153	167	1140	1140
浙江	104	86	1394	1180	23815	16600
安徽	5	5	22	24	1680	1480
福建	62	50	659	565	6012	5141
江西	6	3	213	156	3302	1882
山东	26	26	353	274	7877	7576
河南	123	124	862	861	14960	13940
湖北	328	243	3167	3208	37663	34490
湖南	2	2	133	131	2036	2036
广东	1170	469	14818	8865	402375	221079
广西						
海南	13	12	56	16	607	307
重庆	32	33	336	329	4269	4426
四川	42	31	337	321	3258	4918
贵州						
云南						
西藏						
陕西	15	19	753	736	4007	3666
甘肃						
青海	7	4	404	366	16100	10100
宁夏						
新疆						

2—14 续表13

文化、体育用品及器材专门零售

项　目	门店数（个）		年末从业人员（人）		年末营业面积（平方米）	
	2007年	2006年	2007年	2006年	2007年	2006年
全　国	**2843**	**2818**	**25272**	**25186**	**795117**	**768104**
北　京	80	80	1739	1517	34970	35665
天　津	24	24	1278	1383	17854	18214
河　北	29	30	251	289	10000	10000
山　西	9	11	608	579	8272	8872
内蒙古						
辽　宁	17	6	430	400	20400	20491
吉　林						
黑龙江	18	17	307	477	14063	20619
上　海	1993	1977	6638	6420	171663	167009
江　苏	22	21	203	264	3694	3860
浙　江	34	31	366	359	3096	2810
安　徽	15	17	602	598	24100	24270
福　建	32	36	1209	1238	30003	34165
江　西	30	32	891	769	17740	14940
山　东	56	64	1166	1096	51938	51778
河　南	8	16	31	82	2471	2713
湖　北	15	16	920	1351	40872	40766
湖　南	10	9	84	74	2645	2513
广　东	106	95	1777	1676	22527	19304
广　西	2	2	288	287	15000	15000
海　南						
重　庆						
四　川	187	182	2708	2390	113819	107041
贵　州	7	7	160	175	3006	3006
云　南	70	63	2467	2576	96111	87319
西　藏						
陕　西						
甘　肃						
青　海						
宁　夏						
新　疆	79	82	1149	1186	90873	77749

2—14 续表 14

医药及医疗器材专门零售

项　目	门店数（个）		年末从业人员（人）		年末营业面积（平方米）	
	2007 年	2006 年	2007 年	2006 年	2007 年	2006 年
全　国	**12414**	**11441**	**94944**	**86646**	**1771168**	**1558349**
北　京	648	650	3886	3959	92347	98261
天　津	56	42	507	516	13458	11300
河　北	96	90	1289	1438	20096	20996
山　西	95	60	1425	1131	35987	22620
内蒙古	53	49	618	638	6848	6250
辽　宁	485	449	4821	3828	93444	83031
吉　林	119	101	1068	950	23726	18000
黑龙江	340	368	3059	3152	82199	77141
上　海	413	402	3974	3823	54916	53374
江　苏	1329	1332	7524	6915	168178	161641
浙　江	812	744	6475	6247	112275	102181
安　徽	89	88	809	711	30124	23015
福　建	134	123	1329	1334	21882	20795
江　西	586	609	3760	4047	55842	56372
山　东	612	596	3511	3604	66558	70967
河　南	712	662	3949	3380	61513	53917
湖　北	393	321	2887	2830	48851	41858
湖　南	570	397	10492	9011	160049	125568
广　东	1672	1332	12190	9401	171375	138056
广　西	203	250	1799	2255	41776	45696
海　南	23	21	230	140	16000	15500
重　庆	883	956	3645	3979	68293	68336
四　川	250	256	1092	1012	22426	20223
贵　州	166	145	1429	1350	19554	16438
云　南	1127	853	8040	5982	175812	112170
西　藏						
陕　西	181	198	2117	2129	34199	30280
甘　肃	107	107	1240	1175	32083	33621
青　海	20	20	315	377	5719	5719
宁　夏	21	15	145	108	3613	2500
新　疆	219	205	1319	1224	32025	22523

2—14 续表15

汽车、摩托车、燃料及零配件专门零售

项目	门店数（个）		年末从业人员（人）		年末营业面积（平方米）	
	2007年	2006年	2007年	2006年	2007年	2006年
全国	**8221**	**8542**	**78589**	**73994**	**8630305**	**8509417**
北京	531	530	4670	4173	172748	172772
天津	207	211	2273	2285	143520	143329
河北	2015	2278	17195	16944	1175594	1327994
山西						
内蒙古						
辽宁	1421	1397	12951	12633	979780	974122
吉林						
黑龙江						
上海	785	789	8048	7600	1255791	1365472
江苏	55	56	1550	1176	51104	38104
浙江	18	18	137	152	7237	7207
安徽						
福建	132	123	1328	1117	225275	200199
江西	238	215	1567	1231	187219	129293
山东	50	41	695	631	85081	66711
河南	210	182	1102	1087	184785	149760
湖北	81	91	619	697	7399	8550
湖南						
广东	373	336	9670	8696	1071546	868757
广西	47	47	226	226	9200	9200
海南	254	313	2424	2165	15726	15272
重庆						
四川						
贵州	885	834	7856	7373	1243947	806754
云南	76	65	1500	1600	33000	29000
西藏						
陕西						
甘肃	700	879	2100	1670	1702660	2123420
青海						
宁夏						
新疆	143	137	2678	2538	78693	73501

2—14　续表16

家用电器及电子产品专门零售

项　目	门店数（个）		年末从业人员（人）		年末营业面积（平方米）	
	2007年	2006年	2007年	2006年	2007年	2006年
全　国	**2917**	**2305**	**161886**	**140706**	**6555768**	**5224769**
北　京	447	408	11088	9154	810968	693096
天　津	55	43	3086	2283	244973	172547
河　北	13	8	391	307	33170	11930
山　西	25	16	2104	909	93514	57355
内蒙古	10	10	516	515	36584	36954
辽　宁	18	14	114	88	3340	3114
吉　林	15	11	866	682	48300	30700
黑龙江	15	10	1104	760	84357	56979
上　海	196	155	12304	8790	497349	375112
江　苏	973	764	78666	67611	1927902	1580187
浙　江	136	64	2613	2603	141573	135994
安　徽	16	18	1057	984	56249	13641
福　建	133	109	4608	4114	246222	182138
江　西	20	14	1240	885	55588	39463
山　东	62	52	3305	3207	132898	102028
河　南	116	97	2845	2085	148795	105991
湖　北	75	64	3561	2792	331378	277753
湖　南	31	31	1806	1804	124152	112854
广　东	279	221	16237	18248	811567	649522
广　西	31	23	1419	1314	73974	48889
海　南	4	4	292	270	1880	1880
重　庆	43	32	4170	3350	190328	160729
四　川	71	55	3894	4093	256542	198255
贵　州	5	5	48	42	13950	13950
云　南	78	41	2647	2163	113998	99064
西　藏						
陕　西	2	2	96	83	3000	1600
甘　肃						
青　海						
宁　夏	6	1	20	4	900	160
新　疆	42	33	1789	1566	72317	62884

2—14 续表17

五金、家居及室内装修材料专门零售

项目	门店数（个）		年末从业人员（人）		年末营业面积（平方米）	
	2007年	2006年	2007年	2006年	2007年	2006年
全国	**136**	**126**	**11551**	**11120**	**884638**	**855022**
北京	19	19	978	874	68204	63698
天津	5	5	1093	1137	51632	51632
河北						
山西						
内蒙古						
辽宁						
吉林						
黑龙江						
上海	50	48	4755	4668	366500	359600
江苏	3	3	353	440	27000	27000
浙江	3	3	319	436	28908	28908
安徽						
福建	2	2	79	106	10272	10272
江西						
山东	3	3	251	302	20000	20000
河南						
湖北						
湖南						
广东	25	24	2404	2296	256922	255914
广西						
海南						
重庆	5	4	43	21	1200	735
四川						
贵州						
云南						
西藏						
陕西						
甘肃						
青海						
宁夏						
新疆	21	15	1276	840	54000	37263

2—14 续表 18

无店铺及其他零售

项目	门店数（个）		年末从业人员（人）		年末营业面积（平方米）	
	2007年	2006年	2007年	2006年	2007年	2006年
全国	**230**	**210**	**1364**	**1297**	**5385**	**5070**
北京						
天津						
河北						
山西	2	2	51	34	533	240
内蒙古						
辽宁						
吉林						
黑龙江	31	31	75	75	460	460
上海						
江苏						
浙江						
安徽						
福建						
江西						
山东						
河南	7	9	142	145	350	450
湖北	11	11	35	35	340	340
湖南	59	73	256	258	1570	1870
广东	120	84	805	750	2132	1710
广西						
海南						
重庆						
四川						
贵州						
云南						
西藏						
陕西						
甘肃						
青海						
宁夏						
新疆						

2—15 按行业分各地区连锁零售企业加盟门店基本情况

批发业

项　目	门店数（个）		年末从业人员（人）		年末营业面积（平方米）	
	2007年	2006年	2007年	2006年	2007年	2006年
全　国	**14708**	**12377**	**43918**	**46532**	**1526990**	**1312769**
北　京	343	153	928	851	22629	20808
天　津						
河　北						
山　西						
内蒙古						
辽　宁						
吉　林						
黑龙江						
上　海						
江　苏	2	9	13	202	20238	2000
浙　江	2701	2229	7380	5947	199761	153362
安　徽	3847	3232	8990	7377	524467	442006
福　建						
江　西						
山　东	537	377	1752	1378	35434	33054
河　南	2013	1412	6155	4714	290409	249699
湖　北	137	46	374	116	7149	2159
湖　南						
广　东	2417	2265	10441	10270	139473	137438
广　西	21	30	206	360	22071	61203
海　南						
重　庆	165	162	165	162	6600	6480
四　川						
贵　州						
云　南	1006	1006	4135	4025	136619	136619
西　藏						
陕　西						
甘　肃						
青　海						
宁　夏	1272	1260	3099	10919	76167	55121
新　疆	247	196	280	211	45973	12820

2—15 续表1

食品、饮料及烟草制品批发

项　目	门店数（个）		年末从业人员（人）		年末营业面积（平方米）	
	2007年	2006年	2007年	2006年	2007年	2006年
全　国	**1535**	**1034**	**4481**	**2823**	**143065**	**99774**
北　京	172	153	172	153	8581	8970
天　津						
河　北						
山　西						
内蒙古						
辽　宁						
吉　林						
黑龙江						
上　海						
江　苏						
浙　江	41	19	88	40	2200	1600
安　徽						
福　建						
江　西						
山　东	394	347	1572	1208	32534	29454
河　南	928	515	2649	1422	99750	59750
湖　北						
湖　南						
广　东						
广　西						
海　南						
重　庆						
四　川						
贵　州						
云　南						
西　藏						
陕　西						
甘　肃						
青　海						
宁　夏						
新　疆						

2—15 续表 2

纺织、服装及日用品批发

项目	门店数（个）		年末从业人员（人）		年末营业面积（平方米）	
	2007 年	2006 年	2007 年	2006 年	2007 年	2006 年
全国	**2129**	**1889**	**8949**	**8016**	**74941**	**72721**
北京						
天津						
河北						
山西						
内蒙古						
辽宁						
吉林						
黑龙江						
上海						
江苏						
浙江	1264	1120	4657	3946	18714	17141
安徽						
福建						
江西						
山东						
河南						
湖北						
湖南						
广东	865	769	4292	4070	56227	55580
广西						
海南						
重庆						
四川						
贵州						
云南						
西藏						
陕西						
甘肃						
青海						
宁夏						
新疆						

2—15　续表3

文化、体育用品及器材批发

项　目	门店数（个）		年末从业人员（人）		年末营业面积（平方米）	
	2007年	2006年	2007年	2006年	2007年	2006年
全　国	**270**	**254**	**486**	**455**	**9778**	**10179**
北　京						
天　津						
河　北						
山　西						
内蒙古						
辽　宁						
吉　林						
黑龙江						
上　海						
江　苏						
浙　江						
安　徽						
福　建						
江　西						
山　东						
河　南						
湖　北						
湖　南						
广　东	105	92	321	293	3178	3699
广　西						
海　南						
重　庆	165	162	165	162	6600	6480
四　川						
贵　州						
云　南						
西　藏						
陕　西						
甘　肃						
青　海						
宁　夏						
新　疆						

2—15 续表4

医药及医疗器材批发

项目	门店数（个）		年末从业人员（人）		年末营业面积（平方米）	
	2007年	2006年	2007年	2006年	2007年	2006年
全国	**3489**	**3570**	**11649**	**11738**	**267195**	**251019**
北京						
天津						
河北						
山西						
内蒙古						
辽宁						
吉林						
黑龙江						
上海						
江苏						
浙江	55	52	128	125	2750	2773
安徽	4	5	29	29	1025	1130
福建						
江西						
山东						
河南	260	271	702	750	13834	14459
湖北	54	46	164	116	2549	2159
湖南						
广东	1447	1404	5828	5907	80068	78159
广西						
海南						
重庆						
四川						
贵州						
云南	1006	1006	4135	4025	136619	136619
西藏						
陕西						
甘肃						
青海						
宁夏	663	786	663	786	30350	15720
新疆						

2—15　续表5

矿产品、建材及化工产品批发

项　目	门店数（个）		年末从业人员（人）		年末营业面积（平方米）	
	2007年	2006年	2007年	2006年	2007年	2006年
全　国	**6963**	**5408**	**17974**	**22969**	**981987**	**852656**
北　京	171		756	698	14048	11838
天　津						
河　北						
山　西						
内蒙古						
辽　宁						
吉　林						
黑龙江						
上　海						
江　苏						
浙　江	1280	1038	2492	1836	172021	131848
安　徽	3839	3223	8937	7316	520842	438276
福　建						
江　西						
山　东	143	30	180	170	2900	3600
河　南	810	611	2701	2439	160825	159490
湖　北	83		210		4600	
湖　南						
广　东						
广　西	21	30	206	360	22071	61203
海　南						
重　庆						
四　川						
贵　州						
云　南						
西　藏						
陕　西						
甘　肃						
青　海						
宁　夏	609	474	2436	10133	45817	39401
新　疆	7	2	56	17	38863	7000

2—15 续表 6

机械设备、五金交电及电子产品批发

项目	门店数（个）		年末从业人员（人）		年末营业面积（平方米）	
	2007年	2006年	2007年	2006年	2007年	2006年
全国	**21**	**28**	**140**	**337**	**38838**	**20600**
北京						
天津						
河北						
山西						
内蒙古						
辽宁						
吉林						
黑龙江						
上海						
江苏	2	9	13	202	20238	2000
浙江						
安徽	4	4	24	32	2600	2600
福建						
江西						
山东						
河南	15	15	103	103	16000	16000
湖北						
湖南						
广东						
广西						
海南						
重庆						
四川						
贵州						
云南						
西藏						
陕西						
甘肃						
青海						
宁夏						
新疆						

2—15 续表7

其他批发

项目	门店数（个）		年末从业人员（人）		年末营业面积（平方米）	
	2007年	2006年	2007年	2006年	2007年	2006年
全国	**301**	**194**	**239**	**194**	**11186**	**5820**
北京						
天津						
河北						
山西						
内蒙古						
辽宁						
吉林						
黑龙江						
上海						
江苏						
浙江	61		15		4076	
安徽						
福建						
江西						
山东						
河南						
湖北						
湖南						
广东						
广西						
海南						
重庆						
四川						
贵州						
云南						
西藏						
陕西						
甘肃						
青海						
宁夏						
新疆	240	194	224	194	7110	5820

2—15 续表 8

零售业

项　目	门店数（个）		年末从业人员（人）		年末营业面积（平方米）	
	2007 年	2006 年	2007 年	2006 年	2007 年	2006 年
全　国	**46979**	**39768**	**330907**	**295318**	**7818203**	**7078121**
北　京	1710	1468	9072	7576	369936	334098
天　津	20	21	65	54	1715	1793
河　北	1878	1042	7179	3968	157250	96019
山　西	732	606	3106	2569	44722	35375
内蒙古	39		20		1560	
辽　宁	836	798	3890	4424	107501	97195
吉　林	172	184	354	376	10493	11050
黑龙江	20	18	310	246	22928	5928
上　海	6054	5978	73511	73697	1653401	1572240
江　苏	3583	3091	72916	79662	1615769	1474092
浙　江	6547	4006	16009	10018	562055	416749
安　徽	301	221	8794	8213	142853	148780
福　建	133	126	467	477	14902	14902
江　西	294	192	2159	1672	52122	28315
山　东	2898	2574	26452	27568	802460	757319
河　南	4499	3800	14248	12884	370545	341472
湖　北	444	381	2369	2244	112466	87188
湖　南	522	501	2998	3589	95671	99895
广　东	10207	9464	37560	34860	857445	819440
广　西	459	384	3594	3205	78043	65118
海　南	32	32	174	178	13285	13285
重　庆	3776	3253	7342	6351	156245	135572
四　川	801	658	3588	3742	122860	79372
贵　州	5	19	171	281	6752	10533
云　南	150	85	542	443	40171	18881
西　藏						
陕　西	439	456	32132	4390	42820	21720
甘　肃	160	175	480	1358	314900	350000
青　海	224	204	1106	1073	39947	35629
宁　夏						
新　疆	44	31	299	200	7386	6161

2—15 续表9

综合零售

项目	门店数（个）		年末从业人员（人）		年末营业面积（平方米）	
	2007年	2006年	2007年	2006年	2007年	2006年
全国	**25813**	**19351**	**186290**	**171766**	**5111042**	**4565081**
北京	1043	818	4648	3551	272179	243022
天津						
河北	1863	1028	7084	3879	155750	94619
山西	576	411	2701	2053	38356	27352
内蒙古						
辽宁	449	349	1791	1531	41238	31540
吉林						
黑龙江						
上海	5103	4818	65719	65340	1399070	1341485
江苏	2954	2467	39284	41522	922876	872122
浙江	5849	3434	13624	8192	504594	378014
安徽	301	215	8794	8202	142853	148690
福建	8	8	241	251	7440	7440
江西	63		259		32917	
山东	2673	2356	13097	12042	530502	494049
河南	3452	2632	10410	8578	303714	268859
湖北	150	97	1280	1153	94823	69645
湖南	27	27	1277	1855	60365	65877
广东	324	258	10849	8902	384724	380065
广西	55	36	1635	1589	51255	43968
海南	1	1	70	74	12335	12335
重庆	392	105	508	166	12210	4380
四川	364	210	2530	2584	102763	56427
贵州						
云南	95	26	266	145	10167	4635
西藏						
陕西	2	1	76	10	7000	600
甘肃						
青海	67	52	87	87	19911	15957
宁夏						
新疆	2	2	60	60	4000	4000

2—15 续表 10

食品、饮料及烟草制品专门零售

项 目	门店数（个）		年末从业人员（人）		年末营业面积（平方米）	
	2007 年	2006 年	2007 年	2006 年	2007 年	2006 年
全 国	**2216**	**1704**	**7211**	**6478**	**85641**	**66763**
北 京	248	220	2254	1817	32619	25119
天 津	7	7	38	20	840	840
河 北						
山 西						
内蒙古						
辽 宁						
吉 林						
黑龙江						
上 海						
江 苏	99	107	353	395	3262	4497
浙 江	193	126	390	262	18109	13611
安 徽		6		11		90
福 建	15	5	50	25	500	200
江 西	152	102	614	410	2575	1575
山 东						
河 南	11	15	55	82	900	970
湖 北						
湖 南						
广 东	1354	1085	3008	3290	20901	18123
广 西						
海 南						
重 庆	89		172		2760	
四 川	19	15	57	60	835	450
贵 州						
云 南	2	2	6	6	68	78
西 藏						
陕 西						
甘 肃						
青 海	4	2	32	8	300	160
宁 夏						
新 疆	23	12	182	92	1972	1050

2—15 续表 11

纺织、服装及日用品专门零售

项 目	门店数（个）		年末从业人员（人）		年末营业面积（平方米）	
	2007 年	2006 年	2007 年	2006 年	2007 年	2006 年
全 国	**8119**	**7997**	**51465**	**23269**	**289667**	**266407**
北 京	15	18	87	115	1839	1995
天 津						
河 北						
山 西						
内蒙古						
辽 宁	2	2	9	9	120	120
吉 林						
黑龙江						
上 海	648	864	1922	2635	22910	26294
江 苏	19	19	132	121	683	683
浙 江	75	66	506	449	4813	4874
安 徽						
福 建	4	2	9	4	100	40
江 西						
山 东						
河 南						
湖 北	50	50	245	236	3904	3904
湖 南						
广 东	6824	6468	16604	15471	226355	206676
广 西						
海 南	31	31	104	104	950	950
重 庆	51	45	295	237	3625	1881
四 川						
贵 州						
云 南						
西 藏						
陕 西	400	432	31552	3888	24368	18990
甘 肃						
青 海						
宁 夏						
新 疆						

2—15 续表 12

文化、体育用品及器材专门零售

项目	门店数（个）		年末从业人员（人）		年末营业面积（平方米）	
	2007年	2006年	2007年	2006年	2007年	2006年
全国	**60**	**87**	**1081**	**1119**	**45340**	**26770**
北京	13	18	36	46	820	962
天津						
河北						
山西						
内蒙古						
辽宁	6	13	400	430	18026	13538
吉林						
黑龙江	9	7	270	203	22228	5228
上海						
江苏						
浙江	2	2	20	17	200	200
安徽						
福建	1	1	5	5	266	266
江西						
山东						
河南						
湖北	7	8	100	120	800	900
湖南						
广东	16	27	119	150	420	440
广西						
海南						
重庆						
四川	6	11	131	148	2580	5236
贵州						
云南						
西藏						
陕西						
甘肃						
青海						
宁夏						
新疆						

2—15 续表13

医药及医疗器材专门零售

项目	门店数（个）		年末从业人员（人）		年末营业面积（平方米）	
	2007年	2006年	2007年	2006年	2007年	2006年
全国	**9830**	**9649**	**35517**	**35735**	**642195**	**609671**
北京	362	360	1803	1794	55809	55180
天津	13	14	27	34	875	953
河北	9	9	45	47	900	900
山西	156	195	405	516	6366	8023
内蒙古	39		20		1560	
辽宁	362	414	1558	2339	36438	39868
吉林	172	184	354	376	10493	11050
黑龙江	11	11	40	43	700	700
上海	213	200	4708	4416	42014	39414
江苏	181	140	613	502	15446	15632
浙江	425	377	1323	1052	23589	18000
安徽						
福建	104	107	109	130	2825	3185
江西	75	86	1231	1200	14630	24740
山东	35	49	140	138	2378	2490
河南	1018	1136	3705	4152	42571	48283
湖北	187	182	653	656	11808	11740
湖南	495	474	1721	1734	35306	34018
广东	1651	1588	6048	6249	94829	90648
广西	404	348	1959	1616	26788	21150
海南						
重庆	3244	3103	6367	5948	137650	129311
四川	412	422	870	950	16682	17259
贵州		3		33		206
云南	53	57	270	292	29936	14168
西藏						
陕西	37	23	504	492	11452	2130
甘肃						
青海	153	150	987	978	19736	19512
宁夏						
新疆	19	17	57	48	1414	1111

2—15 续表 14

汽车、摩托车、燃料及零配件专门零售

项　目	门店数（个）		年末从业人员（人）		年末营业面积（平方米）	
	2007 年	2006 年	2007 年	2006 年	2007 年	2006 年
全　国	**406**	**420**	**3314**	**4242**	**703101**	**710104**
北　京	29	34	244	253	6670	7820
天　津						
河　北						
山　西						
内蒙古						
辽　宁	17	20	132	115	11679	12129
吉　林						
黑龙江						
上　海	90	96	1162	1306	189407	165047
江　苏						
浙　江						
安　徽						
福　建						
江　西						
山　东	38	19	135	132	21280	18500
河　南	18	17	78	72	23360	23360
湖　北	23	17	37	25	611	479
湖　南						
广　东	26	26	875	733	128442	122442
广　西						
海　南						
重　庆						
四　川						
贵　州	5	16	171	248	6752	10327
云　南						
西　藏						
陕　西						
甘　肃	160	175	480	1358	314900	350000
青　海						
宁　夏						
新　疆						

2—15 续表15

家用电器及电子产品专门零售

项目	门店数（个）		年末从业人员（人）		年末营业面积（平方米）	
	2007年	2006年	2007年	2006年	2007年	2006年
全国	**502**	**524**	**45892**	**52557**	**936458**	**828844**
北京						
天津						
河北	6	5	50	42	600	500
山西						
内蒙古						
辽宁						
吉林						
黑龙江						
上海						
江苏	330	358	32534	37122	673502	581158
浙江	3	1	146	46	10750	2050
安徽						
福建						
江西	4	4	55	62	2000	2000
山东	152	150	13080	15256	248300	242280
河南						
湖北						
湖南						
广东	7	6	27	29	1306	856
广西						
海南						
重庆						
四川						
贵州						
云南						
西藏						
陕西						
甘肃						
青海						
宁夏						
新疆						

2—15　续表16

五金、家居及室内装修材料专门零售

项　目	门店数（个）		年末从业人员（人）		年末营业面积（平方米）	
	2007年	2006年	2007年	2006年	2007年	2006年
全　国	**1**	**3**	**53**	**62**	**3771**	**3771**
北　京						
天　津						
河　北						
山　西						
内蒙古						
辽　宁						
吉　林						
黑龙江						
上　海						
江　苏						
浙　江						
安　徽						
福　建	1	3	53	62	3771	3771
江　西						
山　东						
河　南						
湖　北						
湖　南						
广　东						
广　西						
海　南						
重　庆						
四　川						
贵　州						
云　南						
西　藏						
陕　西						
甘　肃						
青　海						
宁　夏						
新　疆						

2—15 续表 17

无店铺及其他零售

项　目	门店数（个）		年末从业人员（人）		年末营业面积（平方米）	
	2007年	2006年	2007年	2006年	2007年	2006年
全　国	**32**	**33**	**84**	**90**	**988**	**710**
北　京						
天　津						
河　北						
山　西						
内蒙古						
辽　宁						
吉　林						
黑龙江						
上　海						
江　苏						
浙　江						
安　徽						
福　建						
江　西						
山　东						
河　南						
湖　北	27	27	54	54	520	520
湖　南						
广　东	5	6	30	36	468	190
广　西						
海　南						
重　庆						
四　川						
贵　州						
云　南						
西　藏						
陕　西						
甘　肃						
青　海						
宁　夏						
新　疆						

2—16 按行业分各地区

批发业

项　　目	商品购进总额		统一配送商品购进额		自有配送中心配送商品购进额	
	2007 年	2006 年	2007 年	2006 年	2007 年	2006 年
全　　国	**56932698**	**46743428**	**49468681**	**41402364**	**37673603**	**31449993**
北　　京	408915	353241	407265	352057	68721	24412
天　　津	778633	713389	778025	712889		
河　　北	36577	39755	36577	39755	36577	39755
山　　西	86052	344476	86052	344476	86052	344476
内 蒙 古	2111085	1667748	2111085	1667748	2111085	1667748
辽　　宁						
吉　　林						
黑 龙 江	508142	378488	508142	378488	508142	378488
上　　海						
江　　苏	8366506	7558245	8366506	7558245	2494611	2187875
浙　　江	9179171	6197943	8486226	5778458	8483676	5776139
安　　徽	3256772	2806925	3256772	2806925	3220401	2771468
福　　建	2907754	290803	1169299	221980	149539	136354
江　　西	856232	834180	856232	834180	136336	139608
山　　东	5389303	5215253	5377672	5206115	5377440	5205870
河　　南	3675833	3286200	2541443	2254529	1890255	1604406
湖　　北	680417	611040	675672	611040	517476	465614
湖　　南	2978217	2623642	2978217	2623642	2978217	2623642
广　　东	10074059	9163829	6798172	5935112	6500369	5707910
广　　西	2408437	1993333	1808625	1415248	1407399	1072080
海　　南						
重　　庆	1003958	912599	1003958	912599	52339	47464
四　　川	51721	43546	51721	43546	51721	43546
贵　　州						
云　　南	160122	130525	160122	130525	160122	130525
西　　藏						
陕　　西	2760	2715	2760	2715	2760	2715
甘　　肃	722	700	722	700	722	700
青　　海						
宁　　夏	529318	337350	525423	333890	515680	333890
新　　疆	1481994	1237502	1481994	1237502	923965	745309

连锁零售企业经营情况

单位:万元

非自有配送中心配送商品购进额		商品销售总额		零售额	
2007年	2006年	2007年	2006年	2007年	2006年
7951643	**7272706**	**60470210**	**50791997**	**35396131**	**27095585**
		654981	585030	412203	358140
778025	712889	778952	713641	199384	195658
		38010	41153	1871	1748
		172192	137638	94747	66175
		2068355	1655023	2068239	1654835
		428907	351183	327618	259966
5871895	5370369	8900272	8043002	5219690	3675657
2550	2319	8044810	6793885	5293296	3578332
36371	35457	3602920	3081900	2081492	1797860
15882	15410	3155809	306431	1746496	141452
588406	562821	953601	903361	540964	502774
232	244	6035657	5765702	1265527	1205949
64643	71287	4386560	3519876	3130258	2348719
		662763	581759	187611	152825
		3088920	2653859	2513022	2318108
25867	9716	10887337	9955512	6683822	5683447
		2595746	2257015	1458037	1279690
		1176342	970771	966257	814576
		56631	46764	46508	37602
		621348	591411	109832	95877
		3204	3064	3094	3042
		701	650	701	650
9743		577526	487555	568036	479572
558029	492194	1578665	1345813	477429	442931

2—16 续表1

农畜产品批发

项　　目	商品购进总额		统一配送商品购进额		自有配送中心配送商品购进额	
	2007年	2006年	2007年	2006年	2007年	2006年
全　　国	**7673**	**7673**	**7673**	**7673**	**7673**	**7673**
北　　京						
天　　津						
河　　北						
山　　西						
内 蒙 古						
辽　　宁						
吉　　林						
黑 龙 江						
上　　海						
江　　苏						
浙　　江						
安　　徽						
福　　建						
江　　西						
山　　东						
河　　南	7673	7673	7673	7673	7673	7673
湖　　北						
湖　　南						
广　　东						
广　　西						
海　　南						
重　　庆						
四　　川						
贵　　州						
云　　南						
西　　藏						
陕　　西						
甘　　肃						
青　　海						
宁　　夏						
新　　疆						

单位:万元

非自有配送中心配送商品购进额		商品销售总额		零售额	
2007年	2006年	2007年	2006年	2007年	2006年
		7673	**7673**	**7673**	**7673**
		7673	7673	7673	7673

2—16 续表 2

食品、饮料及烟草制品批发

项　目	商品购进总额		统一配送商品购进额		自有配送中心配送商品购进额	
	2007 年	2006 年	2007 年	2006 年	2007 年	2006 年
全　国	**1226082**	**956582**	**1197909**	**938103**	**1136038**	**890752**
北　京	3357	2135	1707	951	1707	951
天　津	608	500				
河　北						
山　西						
内蒙古						
辽　宁						
吉　林						
黑龙江						
上　海						
江　苏	232710	172487	232710	172487	232710	172487
浙　江	5997	4600	5791	4094	5791	4094
安　徽						
福　建	31601	32666	26609	27439	26609	27439
江　西						
山　东	668595	520193	664594	516096	664362	515852
河　南	35860	17905	19145	10940	6468	3564
湖　北	57777	50252	57777	50252	57777	50252
湖　南						
广　东	2659	2983	2659	2983	2659	2983
广　西						
海　南						
重　庆						
四　川						
贵　州						
云　南						
西　藏						
陕　西						
甘　肃						
青　海						
宁　夏	3029	6655	3029	6655	3029	6655
新　疆	183888	146205	183888	146205	134926	106474

单位:万元

非自有配送中心配送商品购进额		商品销售总额		零售额	
2007 年	2006 年	2007 年	2006 年	2007 年	2006 年
61871	**47351**	**1557868**	**1206146**	**319034**	**269441**
		3978	2537	1839	1394
		747	752	550	571
		297720	167756	53541	47648
		7002	4535	7002	4172
		33483	37493	11106	12674
232	244	888574	728098	208995	176125
12677	7376	38446	20495	30852	18515
		80121	68660	13	
		2950	3185	660	578
		2918	6732	2918	6732
48962	39731	201929	165903	1559	1031

2—16 续表 3

纺织、服装及日用品批发

项　目	商品购进总额		统一配送商品购进额		自有配送中心配送商品购进额	
	2007 年	2006 年	2007 年	2006 年	2007 年	2006 年
全　国	**371511**	**315634**	**371511**	**315634**	**347849**	**307555**
北　京						
天　津						
河　北	36165	39417	36165	39417	36165	39417
山　西						
内蒙古						
辽　宁						
吉　林						
黑龙江						
上　海						
江　苏	32021	24810	32021	24810	32021	24810
浙　江	190649	161070	190649	161070	190649	161070
安　徽						
福　建						
江　西						
山　东						
河　南						
湖　北						
湖　南						
广　东	112676	90337	112676	90337	89014	82258
广　西						
海　南						
重　庆						
四　川						
贵　州						
云　南						
西　藏						
陕　西						
甘　肃						
青　海						
宁　夏						
新　疆						

单位:万元

非自有配送中心配送商品购进额		商品销售总额		零售额	
2007年	2006年	2007年	2006年	2007年	2006年
23662	**8079**	**521253**	**482380**	**268771**	**239950**
		37543	40875	1449	1487
		43663	41157	12816	8086
		279761	259712	218666	203766
23662	8079	160285	140635	35840	26611

2—16 续表4

文化、体育用品及器材批发

项目	商品购进总额		统一配送商品购进额		自有配送中心配送商品购进额	
	2007年	2006年	2007年	2006年	2007年	2006年
全国	**1710358**	**1534838**	**1704775**	**1529085**	**1704775**	**1529085**
北京	26934	23461	26934	23461	26934	23461
天津						
河北						
山西						
内蒙古						
辽宁						
吉林						
黑龙江						
上海						
江苏	938155	880086	938155	880086	938155	880086
浙江	634421	533586	634421	533586	634421	533586
安徽	3488	3200	3488	3200	3488	3200
福建						
江西						
山东						
河南						
湖北						
湖南						
广东	60886	53775	55303	48022	55303	48022
广西						
海南						
重庆	33610	28663	33610	28663	33610	28663
四川						
贵州						
云南						
西藏						
陕西						
甘肃						
青海						
宁夏	12863	12068	12863	12068	12863	12068
新疆						

单位:万元

非自有配送中心配送商品购进额		商品销售总额		零售额	
2007年	2006年	2007年	2006年	2007年	2006年
		1661942	**1498678**	**747896**	**688060**
		27161	23699	1667	1659
		916530	851928	412870	391541
		603067	520438	274850	241418
		3499	3137	3181	2819
		70540	60426	22281	18779
		30574	27227	30574	27227
		10572	11823	2474	4617

2—16 续表5

医药及医疗器材批发

项　目	商品购进总额		统一配送商品购进额		自有配送中心配送商品购进额	
	2007年	2006年	2007年	2006年	2007年	2006年
全　国	**435227**	**341152**	**423753**	**336334**	**361749**	**296604**
北　京						
天　津						
河　北						
山　西						
内蒙古	682	927	682	927	682	927
辽　宁						
吉　林						
黑龙江						
上　海						
江　苏	10289	7863	10289	7863	6253	4966
浙　江	10873	9612	10873	9612	8695	7508
安　徽	10698	18908	10698	18908	10698	18908
福　建						
江　西						
山　东	38020	30375	38020	30375	38020	30375
河　南	49492	38059	46748	36770	5154	5921
湖　北	8428	3902	3683	3902	1436	1660
湖　南						
广　东	147233	102219	147142	102149	144937	100512
广　西	1184	740	1184	740	1184	740
海　南						
重　庆						
四　川						
贵　州						
云　南	139617	114777	139617	114777	139617	114777
西　藏						
陕　西	2760	2715	2760	2715	2760	2715
甘　肃	722	700	722	700	722	700
青　海						
宁　夏	15230	10356	11334	6896	1591	6896
新　疆						

单位:万元

非自有配送中心配送商品购进额		商品销售总额		零售额	
2007年	2006年	2007年	2006年	2007年	2006年
18163	**6638**	**428033**	**343392**	**282639**	**205985**
		982	1124	865	936
4036	2897	11616	9743	9250	7536
2178	2105	12463	11592	12463	11592
		9406	19512	3127	3410
		38365	30126	32573	25945
		50412	38481	13728	10027
		10508	5055	9739	5055
2205	1637	182451	137723	140844	98562
		1285	1010	1285	1010
		91072	75510	40794	29195
		3204	3064	3094	3042
		701	650	701	650
9743		15569	9803	14177	9025

2—16 续表 6

矿产品、建材及化工产品批发

项目	商品购进总额		统一配送商品购进额		自有配送中心配送商品购进额	
	2007 年	2006 年	2007 年	2006 年	2007 年	2006 年
全国	**51984462**	**42517359**	**44579768**	**37219914**	**33222496**	**27599035**
北京	378624	327645	378624	327645	40080	
天津	778025	712889	778025	712889		
河北						
山西	86052	344476	86052	344476	86052	344476
内蒙古	2110403	1666821	2110403	1666821	2110403	1666821
辽宁						
吉林						
黑龙江	508142	378488	508142	378488	508142	378488
上海						
江苏	7085209	6392479	7085209	6392479	1217351	1025006
浙江	8192560	5400906	7499821	4981927	7499449	4981713
安徽	2696222	2268819	2696222	2268819	2659851	2233363
福建	2876153	258137	1142691	194541	122930	108914
江西	780460	757924	780460	757924	60564	63353
山东	4679432	4661644	4675058	4659644	4675058	4659644
河南	3563949	3204982	2449017	2181565	1852100	1569667
湖北	614212	556886	614212	556886	458262	413702
湖南	2978217	2623642	2978217	2623642	2978217	2623642
广东	9467830	8685503	6208456	5474135	6208456	5474135
广西	2407253	1992593	1807441	1414509	1406215	1071340
海南						
重庆	951619	865135	951619	865135		
四川	51721	43546	51721	43546	51721	43546
贵州						
云南	20504	15749	20504	15749	20504	15749
西藏						
陕西						
甘肃						
青海						
宁夏	498196	308271	498196	308271	498196	308271
新疆	1259680	1050822	1259680	1050822	768946	617205

单位:万元

非自有配送中心配送商品购进额		商品销售总额		零售额	
2007 年	2006 年	2007 年	2006 年	2007 年	2006 年
7829615	**7191792**	**54770023**	**45940292**	**32859924**	**24871272**
		623842	558795	408697	355088
778025	712889	778205	712889	198834	195087
		172192	137638	94747	66175
		2067374	1653899	2067374	1653899
		428907	351183	327618	259966
5867859	5367473	7544394	6869413	4644862	3117842
372	214	6880656	5808938	4665622	3035729
36371	35457	2876009	2440283	1484623	1278630
15882	15410	3122326	268938	1735391	128778
588406	562821	868731	818093	513537	470529
		5104898	5003949	1020140	1000350
51965	63911	4271170	3435646	3070684	2306258
		572135	508045	177859	147771
		3088920	2653859	2513022	2318108
		10184339	9383887	6434796	5501543
		2594461	2256005	1456752	1278680
		1123719	923116	914443	766986
		56631	46764	46508	37602
		530276	515902	69038	66681
		548467	459197	548467	459197
490735	433617	1332372	1133853	466911	426374

2—16 续表 7

机械设备、五金交电及电子产品批发

项　目	商品购进总额		统一配送商品购进额		自有配送中心配送商品购进额	
	2007 年	2006 年	2007 年	2006 年	2007 年	2006 年
全　国	**455850**	**389695**	**452594**	**386653**	**394689**	**350173**
北　京						
天　津						
河　北	412	338	412	338	412	338
山　西						
内蒙古						
辽　宁						
吉　林						
黑龙江						
上　海						
江　苏	68122	80520	68122	80520	68122	80520
浙　江	141424	88169	141424	88169	141424	88169
安　徽	71370	68510	71370	68510	71370	68510
福　建						
江　西	75772	76256	75772	76256	75772	76256
山　东	3256	3042				
河　南	18859	17580	18859	17580	18859	17580
湖　北						
湖　南						
广　东	57906	36481	57906	36481		
广　西						
海　南						
重　庆	18729	18801	18729	18801	18729	18801
四　川						
贵　州						
云　南						
西　藏						
陕　西						
甘　肃						
青　海						
宁　夏						
新　疆						

单位：万元

非自有配送中心配送商品购进额		商品销售总额		零售额	
2007年	2006年	2007年	2006年	2007年	2006年
		705183	**624562**	**345899**	**324579**
		466	278	423	261
		86350	103004	86350	103004
		259353	188668	114693	81655
		158255	161687	77509	72864
		84870	85267	27427	32245
		3820	3530	3820	3530
		18859	17580	7321	6245
		71160	44119	7116	4412
		22050	20428	21241	20363

2—16 续表 8

其他批发

项　　目	商品购进总额		统一配送商品购进额		自有配送中心配送商品购进额	
	2007 年	2006 年	2007 年	2006 年	2007 年	2006 年
全　　国	**741536**	**680494**	**730698**	**668968**	**498335**	**469117**
北　　京						
天　　津						
河　　北						
山　　西						
内 蒙 古						
辽　　宁						
吉　　林						
黑 龙 江						
上　　海						
江　　苏						
浙　　江	3246		3246		3246	
安　　徽	474995	447488	474995	447488	474995	447488
福　　建						
江　　西						
山　　东						
河　　南						
湖　　北						
湖　　南						
广　　东	224869	192531	214031	181005		
广　　西						
海　　南						
重　　庆						
四　　川						
贵　　州						
云　　南						
西　　藏						
陕　　西						
甘　　肃						
青　　海						
宁　　夏						
新　　疆						

单位：万元

非自有配送中心配送商品购进额		商品销售总额		零售额	
2007年	2006年	2007年	2006年	2007年	2006年
18332	**18846**	**818235**	**688876**	**564296**	**488625**
		2507			
		555752	457282	513052	440137
		215611	185537	42285	32962
18332	18846	44364	46057	8959	15525

2—16 续表 9

零售业

项 目	商品购进总额		统一配送商品购进额		自有配送中心配送商品购进额	
	2007 年	2006 年	2007 年	2006 年	2007 年	2006 年
全 国	**102237482**	**87730994**	**75955397**	**64255085**	**52896711**	**45847152**
北 京	10633674	9268005	5664307	4957213	2606858	2119330
天 津	1750386	1577635	1179984	999930	1029513	848592
河 北	3633607	3347442	2377411	2122709	1801620	1636815
山 西	606549	478962	223360	184808	94557	103120
内蒙古	106555	89816	103344	86350	72328	61841
辽 宁	4290245	3813008	4028842	3521881	2928421	2495172
吉 林	185327	160837	157885	138378	43736	38165
黑龙江	492711	418483	381819	324440	373242	322817
上 海	17478688	15335312	16421624	14245405	10005334	8757564
江 苏	17655629	13069534	13841792	11592459	11535421	10781744
浙 江	3135886	2470766	3011998	2400222	2391283	1933525
安 徽	2421199	2010028	953379	874248	408031	337238
福 建	1434904	1022329	860343	563901	310592	238582
江 西	1402202	1279599	791551	684030	524257	454357
山 东	6567674	5794924	3272843	2810606	2635568	2353727
河 南	1803696	1446392	1115228	831279	826954	613832
湖 北	3527419	3002594	2306671	1892817	1467703	1154020
湖 南	1455736	1233491	1340056	1151286	942375	835898
广 东	13069280	10780419	10365317	8341763	6490471	5224432
广 西	418026	393365	225540	229209	138417	118346
海 南	743418	507411	735171	488902	733032	486999
重 庆	2746244	2174908	577593	367793	561264	353442
四 川	1396731	1075672	1378753	1059191	1118820	834609
贵 州	1371028	3265749	1257365	1140889	1056005	923324
云 南	1155853	1231210	1070851	1166926	987077	1131656
西 藏						
陕 西	742726	640294	326874	267901	26782	24236
甘 肃	1138559	1183759	1130187	1178447	1130187	1178447
青 海	77075	58539	64218	45338	23541	20726
宁 夏	59529	51138	59529	51138	30822	22328
新 疆	736928	549375	731564	535626	602501	442273

单位:万元

非自有配送中心配送商品购进额		商品销售总额		零售额	
2007年	2006年	2007年	2006年	2007年	2006年
9121531	**6567618**	**117073237**	**98729811**	**95272057**	**80552170**
472679	505914	12283283	10444668	10242466	8790627
21151	16619	1814236	1616931	1694452	1470197
22275	28301	4094455	3679713	3243326	2777897
552	449	744597	608252	730589	577137
17089	13595	132758	109143	120340	102715
995709	940082	4463104	3889173	4058834	3615795
36560	33686	224094	188270	184127	147452
8577	659	597969	509057	571547	492276
1209863	945749	23339431	20952883	17794672	15638641
2020814	598011	19098303	14819119	12811478	10841130
462323	342652	3560772	2841599	3343142	2671284
951	907	2728327	2230417	1620286	1366976
50738	26124	1499629	1091160	1447657	1063335
64441	48441	1441054	1203331	1218920	1022921
546434	410579	7550809	6422326	6348225	5372603
78553	56153	1704741	1387889	1564726	1256227
22224	22721	4033366	3494529	3411530	2938719
6102	4780	1613768	1412049	1609464	1407935
2865669	2411013	15294106	12498746	13930537	11199273
739	408	416779	359811	345779	300538
2140	1903	599860	553876	539429	414023
1700	1947	2884902	2279407	2299967	1785334
14604	14313	1351389	1141659	1196154	1008516
13604	9714	1537058	1408676	1190465	1049790
27030	23330	1096413	1112444	973309	874640
12764	9518	776916	675046	760495	656733
		1215784	1081999	1213552	1078795
16667	1462	91204	81938	89311	80737
515	5234	63143	48024	59526	45832
129063	93354	820987	587677	657754	504093

2—16 续表10

综合零售

项目	商品购进总额		统一配送商品购进额		自有配送中心配送商品购进额	
	2007年	2006年	2007年	2006年	2007年	2006年
全国	**48828883**	**40633262**	**33336881**	**27582598**	**18152770**	**14910247**
北京	4965332	4198922	2947045	2492136	1033923	878110
天津	469188	412246	72987	54500	51836	37881
河北	511499	409899	306304	234108	188927	148437
山西	378764	259075	134740	107839	70694	59955
内蒙古	69355	55645	68027	54227	42107	33912
辽宁	494263	386961	261109	207268	70251	60908
吉林	99122	88645	89941	81848	11805	13709
黑龙江	226683	221396	115791	128198	115791	127234
上海	10434572	9252632	9542150	8328705	3444041	3133170
江苏	5111007	3911647	3683419	2721552	3047387	2234191
浙江	2481917	1940901	2359154	1870530	1838203	1474280
安徽	2212088	1830925	929992	846114	388939	316754
福建	543333	331581	254483	105320	43947	29895
江西	570208	476209	385347	339772	351899	315466
山东	4677300	3904923	1947731	1572533	1332636	1136898
河南	988709	765408	729458	563442	505632	375100
湖北	2638105	2297692	1462045	1234945	1200377	968137
湖南	980395	805610	864874	723659	476603	414269
广东	6646919	5392201	5558785	4498586	2784842	2146290
广西	126305	129772	71805	92948	23930	25333
海南	8227	18684	2140	1903		
重庆	2216268	1806643	92307	44418	86353	38053
四川	721445	619726	703466	603245	666143	565400
贵州	18749	18684				
云南	324984	327645	251379	269082	227048	254260
西藏						
陕西	684627	588153	294058	242741	21916	19581
甘肃	15430	10885	7058	5573	7058	5573
青海	57805	42447	45002	29301	7847	7078
宁夏	53469	48252	53469	48252	24762	20121
新疆	102814	79855	102814	79855	87873	70254

单位:万元

非自有配送中心配送商品购进额		商品销售总额		零售额	
2007 年	2006 年	2007 年	2006 年	2007 年	2006 年
5320556	**4332259**	**60992070**	**51623823**	**51338721**	**43244364**
197274	114611	6110661	5084825	5499044	4702192
21151	16619	506130	488610	499382	488610
19150	25660	688290	530234	679110	522152
		444952	376403	437752	364609
17089	13595	81259	65369	73787	61601
113129	93399	439904	383390	422445	358135
2191	2907	105296	95617	67890	62445
		307968	268979	281549	252246
1120985	872595	15979499	14431035	12117453	10731859
417606	320638	6208620	5222408	5048952	4280398
417946	314056	2834918	2239302	2739500	2180925
		2505819	2036707	1432038	1204848
12239	6344	555127	387368	553542	385629
285		641722	519207	554432	450189
538514	403069	5538111	4489115	4534681	3643612
51968	44255	1013394	811613	995836	806597
22039	22541	3125576	2749942	2628723	2304702
4084	3862	1087634	910413	1086031	908953
2304508	2038948	8214575	6685563	7776929	6268868
		142973	135430	142524	135227
2140	1903	10915	19497	10915	19497
1100	987	2342568	1896043	1818804	1455609
6443	6332	726971	638331	584260	520037
		17713	17558	17383	17400
5827	4803	386146	298988	381396	297683
12764	9518	709459	615819	693038	597507
		16017	11777	15090	10747
16667	1462	72396	65807	72396	65807
515	4554	56909	44410	53292	42219
14942	9601	120551	104064	120551	104064

2—16 续表 11

食品、饮料及烟草制品专门零售

项 目	商品购进总额		统一配送商品购进额		自有配送中心配送商品购进额	
	2007 年	2006 年	2007 年	2006 年	2007 年	2006 年
全 国	**979792**	**872984**	**796338**	**721115**	**724623**	**669257**
北 京	310254	267837	210153	167393	199155	157431
天 津	49168	90178	42003	83318	37676	80842
河 北						
山 西	4843	3258	4448	2858	4316	2858
内蒙古						
辽 宁	21710	16341	13965	11032	13965	11032
吉 林						
黑龙江						
上 海	5862	6304	5862	6304	5862	6304
江 苏	172478	160784	167133	159938	161602	154616
浙 江	94251	79629	94251	79629	89629	75371
安 徽	20394	25527	16527	22099	13183	15356
福 建	90320	71617	90260	71567	60257	55749
江 西	15456	8483	12368	6928	12368	6928
山 东	8844	7837	7982	7010	6520	4994
河 南	10354	8711	4286	1496	1770	1496
湖 北	3226	2723	3226	2723	3041	2543
湖 南						
广 东	102207	71752	56576	49046	55049	47770
广 西	15113	12760	14974	12679	14235	12270
海 南						
重 庆	4173	5291	4173	5291	4173	5291
四 川	16178	7202	16178	7202	16178	7202
贵 州	6283	4403	4628	3381		
云 南	2862	1637	1529	851	1529	851
西 藏						
陕 西						
甘 肃						
青 海	13274	10739	13274	10739	12243	10722
宁 夏	2618	1713	2618	1713	2618	1713
新 疆	9926	8259	9926	7919	9255	7919

单位:万元

非自有配送中心配送商品购进额		商品销售总额		零售额	
2007年	2006年	2007年	2006年	2007年	2006年
37406	**21889**	**1119894**	**972404**	**1029648**	**903264**
583	472	391604	327554	376768	317505
		58282	95203	57543	94863
		31121	31594	26985	29247
		22521	17296	12836	8617
		12425	13362	12425	13362
1610	1256	124719	105229	111490	94423
4621	4258	104780	93606	102364	91860
		19735	28709	15230	20525
26007	12023	98757	71605	84772	58490
		20094	9607	17934	8407
1462	2016	8284	7425	8284	7425
		9919	6654	9919	6654
185	180	4404	3479	4032	3065
1527	1276	140753	111126	120934	102197
739	408	15205	12758	14266	12346
		5286	3003	5286	3003
		15769	7010	15769	7010
		6871	4875	5342	3160
		2879	1851	2877	1849
		11855	8783	9961	7582
		2962	2009	2962	2009
671		11671	9666	11671	9666

2—16 续表12

纺织、服装及日用品专门零售

项目	商品购进总额		统一配送商品购进额		自有配送中心配送商品购进额	
	2007年	2006年	2007年	2006年	2007年	2006年
全国	**2404759**	**1968527**	**2264854**	**1863731**	**1877391**	**1598982**
北京	217714	170711	82712	69649	52950	44063
天津	7080	5845	7080	5845	7080	5845
河北						
山西						
内蒙古						
辽宁	2349	2042	1896	1725	1896	1725
吉林	3202	2080	3202	2080	3202	2080
黑龙江	388	380	388	380	388	380
上海	31745	30728	31745	30728	28789	27514
江苏	3562	3469	3562	3469	2413	2302
浙江	68603	53014	68603	53014	46129	39776
安徽	1276	1454	1276	1454	1276	1454
福建	9291	5490	9184	5383	2902	1610
江西	6097	1830	6097	1830		
山东	18633	15734	18633	15734	18633	15734
河南	24000	21434	23466	20836	23466	20836
湖北	47537	42057	47301	41877	43942	39511
湖南	1933	1076	1933	1076	1933	1076
广东	1916785	1573370	1916142	1573340	1624054	1380162
广西						
海南	824	461				
重庆	7238	5869	7238	5869	6638	4909
四川	17246	15928	17246	15928	11703	10004
贵州						
云南						
西藏						
陕西	18511	14029	16405	11987		
甘肃						
青海	747	1526	747	1526		
宁夏						
新疆						

单位:万元

非自有配送中心配送商品购进额		商品销售总额		零售额	
2007 年	2006 年	2007 年	2006 年	2007 年	2006 年
32402	**23538**	**2863993**	**2326049**	**2609259**	**2112368**
15877	10457	291610	216189	190328	132863
		12558	10560	12558	10560
		3518	3226	3518	3226
		4469	2978	4469	2978
		488	499	488	499
		84283	77306	82966	75264
	1166	5510	4618	5188	4263
		80147	63142	49986	41479
		1611	1943	1597	1698
		12248	9510	9099	9224
6097	1830	3947	944	3947	944
		20457	17504	20372	17355
		28147	23122	28147	23122
		79092	57452	76043	56222
		3205	2379	3205	2379
4285	3200	2169658	1781825	2063601	1685664
		1968	1604	1968	1604
600	960	9168	7865	9168	7600
5544	5924	24176	18780	14879	10820
		26230	21508	26230	21508
		1504	3097	1504	3097

2—16 续表13

文化、体育用品及器材专门零售

项目	商品购进总额		统一配送商品购进额		自有配送中心配送商品购进额	
	2007年	2006年	2007年	2006年	2007年	2006年
全国	**783164**	**656122**	**637742**	**503458**	**418847**	**337042**
北京	45318	49180	27663	35614	792	856
天津	56397	69832				
河北	5828	4543	3256	2382	3256	2382
山西	34244	24956				
内蒙古						
辽宁	15461	21744	15461	21744		
吉林						
黑龙江	12334	12709	12334	11864	4125	11864
上海	86515	58222	86515	58222	50224	23927
江苏	4110	6228	4110	6163	4110	1500
浙江	5275	6091	5275	6091	3922	4817
安徽	21720	18992				
福建	58542	47087	58375	47066	25987	24910
江西	51737	42626	48413	39411	48413	39411
山东	65392	61501	65392	61501	65392	61501
河南	2984	4032	2984	4032		
湖北	38652	22974	38652	22974	38652	22974
湖南	5276	5206	5276	5206	5276	5206
广东	71204	46759	67401	41753	35043	22340
广西	16430	12251	16430	12251	16430	12251
海南						
重庆						
四川	42484	44252	42484	44252	42484	44252
贵州	3727	4247	3727	4247	3727	4247
云南	90984	43556	90807	42958	32678	23645
西藏						
陕西						
甘肃						
青海						
宁夏						
新疆	48550	49135	43187	35727	38337	30957

单位：万元

非自有配送中心配送商品购进额		商品销售总额		零售额	
2007年	2006年	2007年	2006年	2007年	2006年
101397	**85810**	**798757**	**658811**	**670896**	**551369**
20806	32370	61365	51399	47342	44941
		58642	67010	28385	29957
		5252	4390	5247	4312
		36638	26156	35920	25576
		20205	17352	20205	17352
8209		12532	11968	12529	11919
		83340	53920	60000	47456
		5279	7606	5279	7606
304	506	4843	3760	4843	3760
		21680	18620	21680	18620
10683	6192	56483	49137	53830	47276
		54217	42834	52986	42128
		65384	59161	32959	31171
2984	4032	4512	3972	3549	2343
		34414	35747	30177	31254
		7490	7299	7490	7299
32358	19413	75318	54018	71309	50223
		13024	10573	13024	10573
		48170	44881	44944	37992
		3781	4011	3650	3833
21203	18527	70851	33518	65368	29289
4850	4770	55337	51480	50181	46490

2—16 续表14

医药及医疗器材专门零售

项目	商品购进总额		统一配送商品购进额		自有配送中心配送商品购进额	
	2007年	2006年	2007年	2006年	2007年	2006年
全国	**2408672**	**2192917**	**2132867**	**1843208**	**1859518**	**1625963**
北京	117975	132940	112678	130430	90788	111640
天津	10361	9484	10361	9484	2666	2759
河北	22218	19641	22218	19641	22218	19641
山西	41308	32952	41308	32952	6276	20112
内蒙古	10765	8615	10765	8615	8719	6713
辽宁	65066	151856	45015	46048	2026	1996
吉林	30374	23672	30374	23672	28729	22376
黑龙江	89870	83238	89870	83238	89502	82579
上海	136045	108278	136045	108278	129434	101797
江苏	202553	157607	201760	155221	190291	147906
浙江	143129	122427	142083	122381	126373	109014
安徽	54664	47548	5585	4580	4633	3673
福建	24093	18706	21376	16811	10081	7723
江西	92523	100877	22803	23838	22803	23838
山东	67722	54994	67722	54205	61551	49168
河南	104764	81005	84173	65109	67541	48754
湖北	67634	55150	63142	50010	63142	50010
湖南	317988	284968	317828	284714	308419	278716
广东	278616	248121	260069	237518	234356	217980
广西	42159	40602	27907	26747	15317	12981
海南	1798	667	1798	667	1798	667
重庆	196850	157136	152160	112247	144486	107281
四川	26341	22568	26341	22568	18129	16433
贵州	21442	16299	20467	15762	5780	4987
云南	152928	124951	152766	124852	151451	123715
西藏						
陕西	37350	36035	14172	11095	4866	4655
甘肃	19149	18887	19149	18887	19149	18887
青海	5249	3828	5195	3772	3451	2927
宁夏	1823	1160	1823	1160	1823	481
新疆	25915	28707	25915	28707	23721	26557

单位:万元

非自有配送中心配送商品购进额		商品销售总额		零售额	
2007年	2006年	2007年	2006年	2007年	2006年
94745	**79154**	**2912962**	**2522954**	**2611281**	**2321069**
6362	3021	159609	141662	142059	129123
		11821	10030	11821	10030
		30179	26043	30179	26043
552	449	43141	33220	43141	33220
		12199	9893	9123	7833
31466	32130	142638	165453	75178	165453
		40226	26124	40226	26124
367	659	124414	107906	124414	107906
6611	6481	163383	153161	142568	140519
2769	3030	226050	172944	213194	167544
3432	3234	163980	147006	142089	126747
951	907	62785	52250	33045	29094
1696	1565	30209	25407	30209	25407
		117982	124418	117982	124418
455		93925	71686	91668	70335
3267	2389	102331	81905	94528	75508
		79389	68118	65335	56346
2018	918	348413	312224	345711	309569
16383	9770	382317	291694	370716	283446
		47399	47048	44841	42948
		2115	758	2115	758
		206756	175706	145738	122593
2617	2057	30095	24734	30095	24734
13604	9714	25465	21084	25465	21084
		156379	142243	131384	106223
		38888	35671	38888	35671
		23303	18376	21998	16201
		5450	4251	5450	4251
	680	1900	1594	1900	1594
2194	2150	40224	30348	40224	30348

2—16 续表15

汽车、摩托车、燃料及零配件专门零售

项目	商品购进总额		统一配送商品购进额		自有配送中心配送商品购进额	
	2007年	2006年	2007年	2006年	2007年	2006年
全国	**22444222**	**22474233**	**16499498**	**14790853**	**13620909**	**12163656**
北京	2791835	2603514	264677	379462		
天津	552269	480307	550715	460963	433417	335446
河北	3049816	2873899	2001386	1827117	1546096	1429535
山西						
内蒙古						
辽宁	3683237	3225974	3683237	3225974	2832123	2411422
吉林						
黑龙江						
上海	4225609	3887169	4225609	3887169	4225609	3887169
江苏	237231	213360	237231	213360	237231	213360
浙江	15736	12336	15736	12336	4418	4359
安徽						
福建	137460	103469	135437	101894	135324	101894
江西	559659	565948	210000	188626		
山东	327044	310078	327044	310078	327044	310078
河南	408793	387847	52119	36493	37430	36493
湖北	39960	41710				
湖南						
广东	2466332	2101419	985566	664417	319925	231180
广西	61324	79622				
海南	731234	486332	731234	486332	731234	486332
重庆						
四川						
贵州	1305720	3222064	1228542	1117447	1046498	914037
云南	357587	494071	357587	494071	357587	494071
西藏						
陕西						
甘肃	1103980	1153986	1103980	1153986	1103980	1153986
青海						
宁夏						
新疆	389398	231128	389398	231128	282992	154295

单位:万元

非自有配送中心配送商品购进额		商品销售总额		零售额	
2007年	2006年	2007年	2006年	2007年	2006年
1696028	**1529612**	**23643731**	**21052907**	**17916993**	**15534662**
231779	344982	3080619	2795267	1833488	1641336
		597929	483341	533852	389160
		3320873	3075638	2493252	2204352
851114	814552	3825835	3293870	3516169	3054426
		4497995	4165814	2953625	2654852
		233162	206841	189682	147570
		16123	12703	15804	12437
113		151693	113853	146712	113853
40311	31701	490254	418138	368119	315660
		382846	311404	342021	272102
14688		287170	258205	204286	179670
		45827	46171	18300	18245
451617	261544	2659492	2188809	1932349	1613000
		60671	51685	25686	20580
		579101	527302	518670	387450
		1466808	1361084	1122206	1004250
		335015	431630	248529	273163
		1176465	1051846	1176465	1051846
106406	76833	435855	259306	277778	180713

2—16 续表 16

家用电器及电子产品专门零售

项　目	商品购进总额		统一配送商品购进额		自有配送中心配送商品购进额	
	2007 年	2006 年	2007 年	2006 年	2007 年	2006 年
全　国	**23490278**	**18026899**	**19769681**	**16406762**	**15937825**	**14202833**
北　京	2090201	1779176	1998995	1670127	1210032	916066
天　津	539560	442342	496838	385820	496838	385820
河　北	44247	39461	44247	39461	41122	36820
山　西	144765	157256	42864	41158	13271	20194
内蒙古	26436	25557	24552	23509	21502	21217
辽　宁	8160	8090	8160	8090	8160	8090
吉　林	52629	46440	34369	30779		
黑龙江	162988	100265	162988	100265	162988	100265
上　海	2072002	1476310	2072002	1476310	1969965	1388083
江　苏	11896011	8585183	9515900	8301501	7892387	8027870
浙　江	303704	234217	303625	234089	259338	203756
安　徽	111057	85581				
福　建	566253	439073	285616	210553	32094	16802
江　西	106523	83626	106523	83626	88774	68715
山　东	1396726	1434384	838341	789545	823793	775354
河　南	262657	176322	217307	138239	189680	129521
湖　北	683653	532905	683653	532905	109898	63462
湖　南	141531	128213	141531	128213	141531	128213
广　东	1427998	1177187	1427432	1176540	1348721	1082380
广　西	156694	118359	94424	84585	68504	55511
海　南	1335	1268				
重　庆	319615	197908	319615	197908	319615	197908
四　川	573037	365995	573037	365995	364184	191318
贵　州	15107	52		52		52
云　南	226508	239351	216783	235113	216783	235113
西　藏						
陕　西	2239	2077	2239	2077		
甘　肃						
青　海						
宁　夏	1619	13	1619	13	1619	13
新　疆	157024	150292	157024	150292	157024	150292

单位：万元

非自有配送中心配送商品购进额		商品销售总额		零售额	
2007年	2006年	2007年	2006年	2007年	2006年
1751866	**424449**	**23589779**	**18484302**	**18051764**	**14885792**
		2054353	1740255	2033332	1738781
		502716	394749	484753	379589
3125	2641	49861	43408	35538	21038
		186869	139224	184915	122830
		39300	33882	37430	33281
		8483	8585	8483	8585
34369	30779	74105	63552	71543	55905
		151881	118955	151881	118955
		1953019	1500790	1953019	1500790
1598829	271922	12261985	9064922	7204714	6104774
36020	20598	326492	254681	259066	186678
		116697	92189	116697	92189
		588710	427123	565268	418732
17748	14910	112840	88183	103521	81176
6003	5493	1430578	1453358	1307017	1317928
5645	5477	257416	200929	226609	160843
		655804	524871	580059	460138
		157360	170499	157360	170499
50127	72629	1374108	1118337	1316814	928501
		137508	102317	105439	78866
		5761	4714	5761	4714
		319593	194773	319593	194773
		506208	407923	506208	407923
		16420	63	16420	63
		145144	204213	143756	166433
		2339	2047	2339	2047
		1372	11	1372	11
		152858	129751	152858	129751

2—16 续表17

五金、家具及室内装修材料专门零售

项目	商品购进总额		统一配送商品购进额		自有配送中心配送商品购进额	
	2007年	2006年	2007年	2006年	2007年	2006年
全国	**853526**	**866143**	**475973**	**504920**	**263266**	**300733**
北京	95046	65726	20383	12403	19218	11165
天津	66363	67400				
河北						
山西						
内蒙古						
辽宁						
吉林						
黑龙江						
上海	486337	515669	321695	349690	151409	189599
江苏	28678	31255	28678	31255		
浙江	23271	22152	23271	22152	23271	22152
安徽						
福建	5613	5308	5613	5308		
江西						
山东	6013	5473				
河南						
湖北						
湖南						
广东	136805	149100	70933	80052	66069	75818
广西						
海南						
重庆	2100	2060	2100	2060		
四川						
贵州						
云南						
西藏						
陕西						
甘肃						
青海						
宁夏						
新疆	3300	2000	3300	2000	3300	2000

单位:万元

非自有配送中心配送商品购进额		商品销售总额		零售额	
2007 年	2006 年	2007 年	2006 年	2007 年	2006 年
87131	**70908**	**1025767**	**977501**	**917210**	**888222**
		133461	87516	120106	83887
		66159	67428	66159	67428
82267	66674	565487	557497	472616	474541
		32980	34552	32980	34552
		29490	27400	29490	27400
		6402	7159	4225	4725
		11224	12675	11224	12675
4864	4234	174542	178196	174542	178196
		1531	2017	1377	1757
		4492	3061	4492	3061

2—16 续表18

无店铺及其他零售

项目	商品购进总额		统一配送商品购进额		自有配送中心配送商品购进额	
	2007年	2006年	2007年	2006年	2007年	2006年
全国	**44188**	**39905**	**41562**	**38440**	**41562**	**38440**
北京						
天津						
河北						
山西	2625	1465				
内蒙古						
辽宁						
吉林						
黑龙江	448	495	448	495	448	495
上海						
江苏						
浙江						
安徽						
福建						
江西						
山东						
河南	1435	1633	1435	1633	1435	1633
湖北	8653	7383	8653	7383	8653	7383
湖南	8614	8418	8614	8418	8614	8418
广东	22413	20511	22413	20511	22413	20511
广西						
海南						
重庆						
四川						
贵州						
云南						
西藏						
陕西						
甘肃						
青海						
宁夏						
新疆						

单位:万元

非自有配送中心配送商品购进额		商品销售总额		零售额	
2007年	2006年	2007年	2006年	2007年	2006年
		126285	**111059**	**126285**	**111059**
		1876	1655	1876	1655
		685	751	685	751
		1853	1490	1853	1490
		8861	8748	8861	8748
		9666	9236	9666	9236
		103344	89179	103344	89179

2—17 按行业分各地区

批发业

项目	商品购进总额		统一配送商品购进额		自有配送中心配送商品购进额	
	2007年	2006年	2007年	2006年	2007年	2006年
全国	**55808998**	**45868740**	**48550470**	**40724085**	**36847622**	**30830951**
北京	378291	352899	376640	351715	38096	24070
天津	778633	713389	778025	712889		
河北	36577	39755	36577	39755	36577	39755
山西	86052	344476	86052	344476	86052	344476
内蒙古	2111085	1667748	2111085	1667748	2111085	1667748
辽宁						
吉林						
黑龙江	508142	378488	508142	378488	508142	378488
上海						
江苏	8308602	7551905	8308602	7551905	2436707	2181535
浙江	8996790	6020961	8327248	5626567	8325070	5624463
安徽	3109811	2673232	3109811	2673232	3089807	2653731
福建	2907754	290803	1169299	221980	149539	136354
江西	856232	834180	856232	834180	136336	139608
山东	5334626	5172229	5325591	5165501	5325359	5165256
河南	3421033	3057983	2456114	2184025	1857021	1574145
湖北	678217	610303	673472	610303	515993	465498
湖南	2978217	2623642	2978217	2623642	2978217	2623642
广东	9876331	9010598	6603414	5784719	6319074	5559719
广西	2342756	1937128	1749993	1367400	1348767	1024232
海南						
重庆	1003351	912003	1003351	912003	51733	46868
四川	51721	43546	51721	43546	51721	43546
贵州						
云南	89039	78380	89039	78380	89039	78380
西藏						
陕西	2760	2715	2760	2715	2760	2715
甘肃	722	700	722	700	722	700
青海						
宁夏	497380	325762	493484	322302	492957	322302
新疆	1454878	1225913	1454878	1225913	896849	733719

连锁零售企业直营门店经营情况

单位:万元

非自有配送中心配送商品购进额		商品销售总额		零售额	
2007 年	2006 年	2007 年	2006 年	2007 年	2006 年
7896651	**7240702**	**59289704**	**49832224**	**34803874**	**26632269**
		651397	584687	408618	357797
778025	712889	778952	713641	199384	195658
		38010	41153	1871	1748
		172192	137638	94747	66175
		2068355	1655023	2068239	1654835
		428907	351183	327618	259966
5871895	5370369	8824721	8017895	5144139	3650550
2178	2105	7837031	6588415	5233018	3522134
20004	19501	3448312	2955259	2078620	1795465
15882	15410	3155809	306431	1746496	141452
588406	562821	953601	903361	540964	502774
232	244	6001051	5724638	1248157	1169106
49069	57654	4133851	3292717	2931695	2162715
		657893	580716	182740	151783
		3088920	2653859	2513022	2318108
12404	7514	10608868	9716886	6551706	5586087
		2530065	2200811	1411601	1236528
		1175736	970176	965651	813981
		56631	46764	46508	37602
		579111	576536	101067	92612
		3204	3064	3094	3042
		701	650	701	650
527		545459	476553	535969	468569
558029	492194	1550928	1334168	468251	442931

2－17 续表1

农畜产品批发

项　目	商品购进总额		统一配送商品购进额		自有配送中心配送商品购进额	
	2007年	2006年	2007年	2006年	2007年	2006年
全　国	**7673**	**7673**	**7673**	**7673**	**7673**	**7673**
北　京						
天　津						
河　北						
山　西						
内蒙古						
辽　宁						
吉　林						
黑龙江						
上　海						
江　苏						
浙　江						
安　徽						
福　建						
江　西						
山　东						
河　南	7673	7673	7673	7673	7673	7673
湖　北						
湖　南						
广　东						
广　西						
海　南						
重　庆						
四　川						
贵　州						
云　南						
西　藏						
陕　西						
甘　肃						
青　海						
宁　夏						
新　疆						

单位:万元

非自有配送中心配送商品购进额		商品销售总额		零售额	
2007年	2006年	2007年	2006年	2007年	2006年
		7673	**7673**	**7673**	**7673**
		7673	7673	7673	7673

2—17 续表 2

食品、饮料及烟草制品批发

项　目	商品购进总额		统一配送商品购进额		自有配送中心配送商品购进额	
	2007 年	2006 年	2007 年	2006 年	2007 年	2006 年
全　国	**1143586**	**898755**	**1132109**	**887799**	**1078992**	**846521**
北　京	2793	1793	1142	609	1142	609
天　津	608	500				
河　北						
山　西						
内蒙古						
辽　宁						
吉　林						
黑龙江						
上　海						
江　苏	232710	172487	232710	172487	232710	172487
浙　江	2239	1710	2239	1710	2239	1710
安　徽						
福　建	31601	32666	26609	27439	26609	27439
江　西						
山　东	615998	479169	612513	475482	612281	475238
河　南	10284	4334	9543	3976	5620	2673
湖　北	57777	50252	57777	50252	57777	50252
湖　南						
广　东	2659	2983	2659	2983	2659	2983
广　西						
海　南						
重　庆						
四　川						
贵　州						
云　南						
西　藏						
陕　西						
甘　肃						
青　海						
宁　夏	3029	6655	3029	6655	3029	6655
新　疆	183888	146205	183888	146205	134926	106474

单位:万元

非自有配送中心配送商品购进额		商品销售总额		零售额	
2007 年	2006 年	2007 年	2006 年	2007 年	2006 年
53117	**41278**	**1497906**	**1151342**	**278473**	**216745**
		3303	2194	1164	1051
		747	752	550	571
		297720	167756	53541	47648
		3232	1709	3232	1345
		33483	37493	11106	12674
232	244	855868	689234	191625	139282
3923	1303	15635	7725	12105	5832
		80121	68660	13	
		2950	3185	660	578
		2918	6732	2918	6732
48962	39731	201929	165903	1559	1031

2—17 续表 3

纺织、服装及日用品批发

项目	商品购进总额		统一配送商品购进额		自有配送中心配送商品购进额	
	2007 年	2006 年	2007 年	2006 年	2007 年	2006 年
全国	**253946**	**217292**	**253946**	**217292**	**241666**	**209996**
北京						
天津						
河北	36165	39417	36165	39417	36165	39417
山西						
内蒙古						
辽宁						
吉林						
黑龙江						
上海						
江苏	32021	24810	32021	24810	32021	24810
浙江	139396	115853	139396	115853	139396	115853
安徽						
福建						
江西						
山东						
河南						
湖北						
湖南						
广东	46364	37213	46364	37213	34084	29917
广西						
海南						
重庆						
四川						
贵州						
云南						
西藏						
陕西						
甘肃						
青海						
宁夏						
新疆						

单位:万元

非自有配送中心配送商品购进额		商品销售总额		零售额	
2007年	2006年	2007年	2006年	2007年	2006年
12280	**7296**	**333234**	**307032**	**213222**	**187360**
		37543	40875	1449	1487
		43663	41157	12816	8086
		211373	190258	163117	151175
12280	7296	40655	34742	35840	26611

2—17 续表 4

文化、体育用品及器材批发

项目	商品购进总额		统一配送商品购进额		自有配送中心配送商品购进额	
	2007 年	2006 年	2007 年	2006 年	2007 年	2006 年
全国	**1706681**	**1531290**	**1703977**	**1528305**	**1703977**	**1528305**
北京	26934	23461	26934	23461	26934	23461
天津						
河北						
山西						
内蒙古						
辽宁						
吉林						
黑龙江						
上海						
江苏	938155	880086	938155	880086	938155	880086
浙江	634421	533586	634421	533586	634421	533586
安徽	3488	3200	3488	3200	3488	3200
福建						
江西						
山东						
河南						
湖北						
湖南						
广东	57816	50822	55112	47837	55112	47837
广西						
海南						
重庆	33004	28067	33004	28067	33004	28067
四川						
贵州						
云南						
西藏						
陕西						
甘肃						
青海						
宁夏	12863	12068	12863	12068	12863	12068
新疆						

单位:万元

非自有配送中心配送商品购进额		商品销售总额		零售额	
2007年	2006年	2007年	2006年	2007年	2006年
		1657405	**1494246**	**743548**	**683811**
		27161	23699	1667	1659
		916530	851928	412870	391541
		603067	520438	274850	241418
		3499	3137	3181	2819
		66610	56590	18539	15126
		29967	26632	29967	26632
		10572	11823	2474	4617

2—17 续表5

医药及医疗器材批发

项　目	商品购进总额		统一配送商品购进额		自有配送中心配送商品购进额	
	2007年	2006年	2007年	2006年	2007年	2006年
全　国	**185033**	**156094**	**174497**	**151753**	**161029**	**140674**
北　京						
天　津						
河　北						
山　西						
内蒙古	682	927	682	927	682	927
辽　宁						
吉　林						
黑龙江						
上　海						
江　苏	10289	7863	10289	7863	6253	4966
浙　江	9934	9092	9934	9092	7756	6988
安　徽	10188	18091	10188	18091	10188	18091
福　建						
江　西						
山　东	38020	30375	38020	30375	38020	30375
河　南	10247	9484	8351	8602	3279	4363
湖　北	7571	3165	2827	3165	1297	1544
湖　南						
广　东	18887	5065	18887	5065	18763	4847
广　西	1184	740	1184	740	1184	740
海　南						
重　庆						
四　川						
贵　州						
云　南	68535	62632	68535	62632	68535	62632
西　藏						
陕　西	2760	2715	2760	2715	2760	2715
甘　肃	722	700	722	700	722	700
青　海						
宁　夏	6014	5247	2118	1787	1591	1787
新　疆						

单位:万元

非自有配送中心配送商品购进额		商品销售总额		零售额	
2007 年	2006 年	2007 年	2006 年	2007 年	2006 年
6866	**5219**	**182328**	**163319**	**126379**	**95728**
		982	1124	865	936
4036	2897	11616	9743	9250	7536
2178	2105	11503	10812	11503	10812
		8808	18729	2530	2635
		38365	30126	32573	25945
		12932	9097	5685	3651
		9459	4012	8690	4012
124	218	27542	8826	12470	4855
		1285	1010	1285	1010
		48835	60635	32030	25930
		3204	3064	3094	3042
		701	650	701	650
527		7096	5492	5704	4714

2—17 续表 6

矿产品、建材及化工产品批发

项目	商品购进总额		统一配送商品购进额		自有配送中心配送商品购进额	
	2007 年	2006 年	2007 年	2006 年	2007 年	2006 年
全国	**51411617**	**42021895**	**44191898**	**36910091**	**32858185**	**27312941**
北京	348564	327645	348564	327645	10020	
天津	778025	712889	778025	712889		
河北						
山西	86052	344476	86052	344476	86052	344476
内蒙古	2110403	1666821	2110403	1666821	2110403	1666821
辽宁						
吉林						
黑龙江	508142	378488	508142	378488	508142	378488
上海						
江苏	7085209	6392479	7085209	6392479	1217351	1025006
浙江	8068518	5272552	7398975	4878158	7398975	4878158
安徽	2551930	2137484	2551930	2137484	2531926	2117983
福建	2876153	258137	1142691	194541	122930	108914
江西	780460	757924	780460	757924	60564	63353
山东	4677352	4659644	4675058	4659644	4675058	4659644
河南	3392828	3036492	2430546	2163774	1840449	1559436
湖北	612868	556886	612868	556886	456919	413702
湖南	2978217	2623642	2978217	2623642	2978217	2623642
广东	9467830	8685503	6208456	5474135	6208456	5474135
广西	2341572	1936389	1748809	1366661	1347583	1023492
海南						
重庆	951619	865135	951619	865135		
四川	51721	43546	51721	43546	51721	43546
贵州						
云南	20504	15749	20504	15749	20504	15749
西藏						
陕西						
甘肃						
青海						
宁夏	475473	301792	475473	301792	475473	301792
新疆	1248176	1048221	1248176	1048221	757441	614605

单位:万元

非自有配送中心配送商品购进额		商品销售总额		零售额	
2007年	2006年	2007年	2006年	2007年	2006年
7806056	**7168062**	**54201685**	**45448469**	**32609531**	**24660719**
		620932	558795	405787	355088
778025	712889	778205	712889	198834	195087
		172192	137638	94747	66175
		2067374	1653899	2067374	1653899
		428907	351183	327618	259966
5867859	5367473	7544394	6869413	4644862	3117842
		6747645	5676531	4665622	3035729
20004	19501	2724272	2316045	1484623	1278630
15882	15410	3122326	268938	1735391	128778
588406	562821	868731	818093	513537	470529
		5102998	5001749	1020140	1000350
45145	56351	4097611	3268222	2906232	2145559
		568314	508045	174037	147771
		3088920	2653859	2513022	2318108
		10184339	9383887	6434796	5501543
		2528780	2199801	1410316	1235518
		1123719	923116	914443	766986
		56631	46764	46508	37602
		530276	515902	69038	66681
		524873	452506	524873	452506
490735	433617	1320247	1131196	457733	426374

2—17 续表 7

机械设备、五金交电及电子产品批发

项 目	商品购进总额		统一配送商品购进额		自有配送中心配送商品购进额	
	2007 年	2006 年	2007 年	2006 年	2007 年	2006 年
全 国	**376927**	**364235**	**373671**	**361193**	**315766**	**324713**
北 京						
天 津						
河 北	412	338	412	338	412	338
山 西						
内蒙古						
辽 宁						
吉 林						
黑龙江						
上 海						
江 苏	10219	74180	10219	74180	10219	74180
浙 江	141424	88169	141424	88169	141424	88169
安 徽	69210	66970	69210	66970	69210	66970
福 建						
江 西	75772	76256	75772	76256	75772	76256
山 东	3256	3042				
河 南						
湖 北						
湖 南						
广 东	57906	36481	57906	36481		
广 西						
海 南						
重 庆	18729	18801	18729	18801	18729	18801
四 川						
贵 州						
云 南						
西 藏						
陕 西						
甘 肃						
青 海						
宁 夏						
新 疆						

单位:万元

非自有配送中心配送商品购进额		商品销售总额		零售额	
2007年	2006年	2007年	2006年	2007年	2006年
		608500	**580255**	**260753**	**291607**
		466	278	423	261
		10799	77897	10799	77897
		259353	188668	114693	81655
		155981	160067	75235	71244
		84870	85267	27427	32245
		3820	3530	3820	3530
		71160	44119	7116	4412
		22050	20428	21241	20363

2—17 续表 8

其他批发

项目	商品购进总额		统一配送商品购进额		自有配送中心配送商品购进额	
	2007 年	2006 年	2007 年	2006 年	2007 年	2006 年
全国	**723536**	**671505**	**712698**	**659979**	**480334**	**460128**
北京						
天津						
河北						
山西						
内蒙古						
辽宁						
吉林						
黑龙江						
上海						
江苏						
浙江	858		858		858	
安徽	474995	447488	474995	447488	474995	447488
福建						
江西						
山东						
河南						
湖北						
湖南						
广东	224869	192531	214031	181005		
广西						
海南						
重庆						
四川						
贵州						
云南						
西藏						
陕西						
甘肃						
青海						
宁夏						
新疆	22814	31486	22814	31486	4482	12640

单位：万元

非自有配送中心配送商品购进额		商品销售总额		零售额	
2007年	2006年	2007年	2006年	2007年	2006年
18332	**18846**	**800973**	**679887**	**564296**	**488625**
		858			
		555752	457282	513052	440137
		215611	185537	42285	32962
18332	18846	28753	37068	8959	15525

2—17 续表 9

零售业

项　　目	商品购进总额		统一配送商品购进额		自有配送中心配送商品购进额	
	2007 年	2006 年	2007 年	2006 年	2007 年	2006 年
全　国	**91293709**	**77076007**	**68441334**	**56389600**	**47808504**	**39882873**
北　京	10292154	9017321	5470367	4831499	2505248	2043136
天　津	1749736	1576974	1179859	999770	1029513	848592
河　北	3613377	3331190	2366521	2115352	1790730	1629458
山　西	561237	447002	178049	152848	91664	100915
内蒙古	106250	89816	103039	86350	72328	61841
辽　宁	4199088	3705332	3960460	3443689	2872094	2432746
吉　林	180282	155541	152840	133082	38736	32965
黑龙江	486738	414121	375846	320494	373198	318871
上　海	13834574	12310913	13147556	11572665	8294184	7292124
江　苏	14240231	8822404	12206204	8583066	9990181	7859287
浙　江	2738201	2196861	2629599	2136942	2113171	1737358
安　徽	2314190	1906437	846371	770751	332277	276985
福　建	1426530	1015957	854701	560034	309777	237908
江　西	1326930	1200059	775371	674975	515480	450681
山　东	5366741	4657438	2701307	2300898	2071179	1850808
河　南	1658187	1328933	1016502	746964	758009	554166
湖　北	3503376	2984423	2284141	1875987	1445593	1137457
湖　南	1407909	1186469	1292291	1104362	897742	791924
广　东	12017270	9900496	9620587	7722940	6133195	4920665
广　西	381502	360001	210964	201433	134748	109965
海　南	742492	506668	735171	488902	733032	486999
重　庆	2698204	2138885	535221	333087	518933	318738
四　川	1336022	1029318	1318043	1012836	1059456	789255
贵　州	1354045	3236317	1246126	1131595	1044767	914310
云　南	1151064	1228043	1067165	1163915	984517	1129311
西　藏						
陕　西	720747	625866	306995	253859	26782	24236
甘　肃	1023481	1052160	1015108	1046847	1015108	1046847
青　海	70099	52687	57242	39486	23541	20726
宁　夏	59529	51138	59529	51138	30822	22328
新　疆	733524	547239	728160	533831	602501	442273

单位:万元

非自有配送中心配送商品购进额		商品销售总额		零售额	
2007 年	2006 年	2007 年	2006 年	2007 年	2006 年
8777962	**6288919**	**104808059**	**86381265**	**84253138**	**69551399**
469634	503964	11798317	10055990	9943160	8581249
21151	16619	1813489	1616388	1693705	1469654
22275	28301	4045074	3656828	3194088	2755241
552	449	698357	573700	687798	554186
17089	13595	132492	109143	120318	102715
990238	934892	4335868	3742421	3971247	3483589
36560	33686	217404	182333	177437	141514
2648	659	590106	504769	563688	487988
1154504	897236	19090508	17353189	13583054	12077852
2012204	587348	15480148	9939219	10034613	6922287
366212	278753	3152524	2566458	2967219	2416646
951	907	2614966	2126344	1520942	1271102
50738	26124	1489589	1082607	1438821	1055942
57039	43062	1345987	1110903	1126893	932240
539287	403790	6268766	5172365	5101053	4179620
58962	40797	1556912	1263381	1424962	1138254
22224	22714	4004848	3473797	3383412	2917996
4248	4115	1567084	1346132	1562780	1342018
2736023	2292803	14064899	11468911	12745318	10202872
739	408	380506	325271	309506	265998
2140	1903	598962	553195	538531	413343
1700	1947	2831274	2239875	2246648	1746193
14604	14313	1290852	1093103	1135914	972861
13604	9434	1516946	1379282	1170353	1020395
27030	23330	1091331	1109161	968227	871640
12764	9518	749833	653974	733412	635661
		1117560	974556	1115328	971352
16667	1462	83325	75333	81432	74132
515	5234	63143	48024	59526	45832
125659	91558	816987	584613	653755	501029

2—17 续表10

综合零售

项目	商品购进总额		统一配送商品购进额		自有配送中心配送商品购进额	
	2007年	2006年	2007年	2006年	2007年	2006年
全国	**42456057**	**35536192**	**29108703**	**24267375**	**16029051**	**13242559**
北京	4829669	4141016	2825891	2434654	1001833	867375
天津	469188	412246	72987	54500	51836	37881
河北	492105	394473	296250	227578	178874	141906
山西	335687	230110	91663	78875	68041	57961
内蒙古	69355	55645	68027	54227	42107	33912
辽宁	450987	348914	238302	185664	52926	44494
吉林	99122	88645	89941	81848	11805	13709
黑龙江	226683	221396	115791	128198	115791	127234
上海	7307320	6687696	6784943	6115428	2249753	2127193
江苏	3571541	2597053	3507132	2550932	2956047	2141957
浙江	2130106	1702226	2022628	1642480	1596030	1310850
安徽	2105080	1727477	822983	742761	313185	256501
福建	538606	327798	252292	103991	43894	29847
江西	569919	476209	385058	339772	351610	315466
山东	4365700	3720095	1827696	1534294	1219748	1105449
河南	880809	685239	653981	502100	452101	330885
湖北	2626626	2290111	1450882	1227883	1189634	961343
湖南	957556	776397	842085	694493	453814	385103
广东	6196997	5040570	5207601	4221731	2578761	1992834
广西	93985	100121	61432	68886	23481	19851
海南	7454	17964	2140	1903		
重庆	2213148	1806265	90827	44169	84912	37804
四川	673132	581281	655153	564799	617830	526955
贵州	18749	18684				
云南	321486	326164	248793	267601	225586	253446
西藏						
陕西	683709	588073	294058	242741	21916	19581
甘肃	15430	10885	7058	5573	7058	5573
青海	51928	36678	39125	23532	7847	7078
宁夏	53469	48252	53469	48252	24762	20121
新疆	100513	78512	100513	78512	87873	70254

单位:万元

非自有配送中心配送商品购进额		商品销售总额		零售额	
2007年	2006年	2007年	2006年	2007年	2006年
5014053	**4074724**	**53667703**	**45276705**	**44096467**	**37003750**
196070	113956	5998920	5018885	5388166	4637162
21151	16619	506130	488610	499382	488610
19150	25660	639750	508222	630570	500140
		400931	344795	397181	344602
17089	13595	81259	65369	73787	61601
107658	88209	399517	347019	387864	336311
2191	2907	105296	95617	67890	62445
		307968	268979	281549	252246
1065626	824082	12270124	11340506	8445383	7680235
414145	318421	4451512	3408916	3292465	2467283
331710	252594	2486870	2010787	2398690	1954887
		2392457	1932795	1332694	1109135
12239	6344	550092	383361	548507	381622
285		641240	519207	553950	450189
531367	396280	5172298	4202847	4177200	3371422
33716	29427	907869	724461	894496	721944
22039	22534	3114476	2743251	2617623	2298019
4084	3862	1066221	862344	1064618	860885
2177436	1922417	7667409	6243971	7229763	5827276
		112743	105870	112293	105666
2140	1903	10170	18840	10170	18840
1100	987	2339419	1895692	1815656	1455258
6443	6332	680025	598660	537611	493267
		17713	17558	17383	17400
5827	4803	382415	297305	377664	296000
12764	9518	707990	615429	691568	597116
		16017	11777	15090	10747
16667	1462	65613	59283	65613	59283
515	4554	56909	44410	53292	42219
12640	8258	118351	101940	118351	101940

2—17 续表11

食品、饮料及烟草制品专门零售

项目	商品购进总额		统一配送商品购进额		自有配送中心配送商品购进额	
	2007年	2006年	2007年	2006年	2007年	2006年
全国	**823162**	**760105**	**675954**	**625260**	**606062**	**573844**
北京	263084	232496	162983	132251	151985	122290
天津	48643	89677	42003	83318	37676	80842
河北						
山西	4843	3258	4448	2858	4316	2858
内蒙古						
辽宁	21710	16341	13965	11032	13965	11032
吉林						
黑龙江						
上海	5862	6304	5862	6304	5862	6304
江苏	131596	121296	126250	120450	120842	115408
浙江	91060	75293	91060	75293	86439	71035
安徽	20394	25384	16527	21956	13183	15356
福建	90290	71587	90260	71567	60257	55749
江西	3880	3252	3880	3252	3880	3252
山东	8844	7837	7982	7010	6520	4994
河南	8911	7424	3045	424	529	424
湖北	3226	2723	3226	2723	3041	2543
湖南						
广东	58835	48135	45414	39457	43887	38181
广西	15113	12760	14974	12679	14235	12270
海南						
重庆	3854	5291	3854	5291	3854	5291
四川	9981	4850	9981	4850	9981	4850
贵州	6283	4403	4628	3381		
云南	2638	1442	1496	812	1496	812
西藏						
陕西						
甘肃						
青海	12243	10722	12243	10722	12243	10722
宁夏	2618	1713	2618	1713	2618	1713
新疆	9255	7919	9255	7919	9255	7919

单位:万元

非自有配送中心配送商品购进额		商品销售总额		零售额	
2007年	2006年	2007年	2006年	2007年	2006年
36711	**21712**	**951577**	**849471**	**868935**	**786833**
583	472	330161	276936	315325	266887
		57599	94702	56859	94362
		31121	31594	26985	29247
		22521	17296	12836	8617
		12425	13362	12425	13362
1586	1078	103524	85229	93728	78339
4621	4258	99763	89500	97577	87951
		19735	28548	15230	20365
26007	12023	98226	71380	84242	58266
		4322	3639	4322	3639
1462	2016	8284	7425	8284	7425
		8497	5120	8497	5120
185	180	4404	3479	4032	3065
1527	1276	87755	74279	69715	66538
739	408	15205	12758	14266	12346
		4882	3003	4882	3003
		9572	4658	9572	4658
		6871	4875	5342	3160
		2652	1654	2650	1653
		10825	8765	8931	7564
		2962	2009	2962	2009
		10273	9258	10273	9258

2—17 续表12

纺织、服装及日用品专门零售

项目	商品购进总额		统一配送商品购进额		自有配送中心配送商品购进额	
	2007年	2006年	2007年	2006年	2007年	2006年
全国	**2070670**	**1689542**	**1933105**	**1586871**	**1803283**	**1524856**
北京	214211	167247	81159	68107	52950	44063
天津	7080	5845	7080	5845	7080	5845
河北						
山西						
内蒙古						
辽宁	2231	1931	1777	1614	1777	1614
吉林	3202	2080	3202	2080	3202	2080
黑龙江	388	380	388	380	388	380
上海	19388	12604	19388	12604	16432	9390
江苏	3408	3313	3408	3313	2413	2302
浙江	53706	39962	53706	39962	31231	26724
安徽	1276	1454	1276	1454	1276	1454
福建	9237	5437	9130	5330	2848	1557
江西	6097	1830	6097	1830		
山东	18633	15734	18633	15734	18633	15734
河南	24000	21434	23466	20836	23466	20836
湖北	43301	38448	43301	38448	39942	36082
湖南	1933	1076	1933	1076	1933	1076
广东	1633135	1343661	1632492	1343631	1582044	1341312
广西						
海南	671	438				
重庆	6567	5364	6567	5364	5967	4404
四川	17246	15928	17246	15928	11703	10004
贵州						
云南						
西藏						
陕西	4215	3852	2110	1810		
甘肃						
青海	747	1526	747	1526		
宁夏						
新疆						

单位:万元

非自有配送中心配送商品购进额		商品销售总额		零售额	
2007 年	2006 年	2007 年	2006 年	2007 年	2006 年
30111	**22319**	**2479212**	**1998674**	**2239995**	**1795767**
15554	10275	286151	212214	184868	128888
		12558	10560	12558	10560
		3381	3102	3381	3102
		4469	2978	4469	2978
		488	499	488	499
		47917	27320	46600	25278
	1010	5188	4306	4866	3951
		55869	41617	41225	30727
		1611	1943	1597	1698
		12248	9510	9099	9224
6097	1830	3947	944	3947	944
		20457	17504	20372	17355
		28147	23122	28147	23122
		72855	53938	69806	52708
		3205	2379	3205	2379
2317	2319	1879443	1550520	1773386	1454359
		1815	1582	1815	1582
600	960	7529	6966	7529	6701
5544	5924	24176	18780	14879	10820
		6257	5797	6257	5797
		1504	3097	1504	3097

2—17 续表13

文化、体育用品及器材专门零售

项目	商品购进总额		统一配送商品购进额		自有配送中心配送商品购进额	
	2007年	2006年	2007年	2006年	2007年	2006年
全国	**767843**	**638550**	**622589**	**486322**	**416840**	**330608**
北京	43799	48100	26144	34534	792	856
天津	56397	69832				
河北	5828	4543	3256	2382	3256	2382
山西	34244	24956				
内蒙古						
辽宁	9937	12303	9937	12303		
吉林						
黑龙江	6405	8553	6405	8123	4125	8123
上海	86515	58222	86515	58222	50224	23927
江苏	4110	6228	4110	6163	4110	1500
浙江	5215	6036	5215	6036	3922	4817
安徽	21720	18992				
福建	58375	47066	58375	47066	25987	24910
江西	51737	42626	48413	39411	48413	39411
山东	65392	61501	65392	61501	65392	61501
河南	2984	4032	2984	4032		
湖北	38498	22809	38498	22809	38498	22809
湖南	5276	5206	5276	5206	5276	5206
广东	70058	44963	66255	39957	34012	20669
广西	16430	12251	16430	12251	16430	12251
海南						
重庆						
四川	41662	43396	41662	43396	41662	43396
贵州	3727	4247	3727	4247	3727	4247
云南	90984	43556	90807	42958	32678	23645
西藏						
陕西						
甘肃						
青海						
宁夏						
新疆	48550	49135	43187	35727	38337	30957

单位:万元

非自有配送中心配送商品购进额		商品销售总额		零售额	
2007 年	2006 年	2007 年	2006 年	2007 年	2006 年
93835	**84604**	**785478**	**646167**	**658960**	**539509**
19286	31290	59802	50280	47118	44605
		58642	67010	28385	29957
		5252	4390	5247	4312
		36638	26156	35920	25576
		19180	13142	19180	13142
2281		4706	7830	4706	7781
		83340	53920	60000	47456
		5279	7606	5279	7606
304	506	4791	3729	4791	3729
		21680	18620	21680	18620
10683	6192	56316	49115	53663	47255
		54217	42834	52986	42128
		65384	59161	32959	31171
2984	4032	4512	3972	3549	2343
		34049	35397	29811	30903
		7490	7299	7490	7299
32243	19287	73970	52113	69962	48318
		13024	10573	13024	10573
		47238	44012	44012	37123
		3781	4011	3650	3833
21203	18527	70851	33518	65368	29289
4850	4770	55337	51480	50181	46490

2—17 续表 14

医药及医疗器材专门零售

项　目	商品购进总额		统一配送商品购进额		自有配送中心配送商品购进额	
	2007 年	2006 年	2007 年	2006 年	2007 年	2006 年
全　国	**2118952**	**1909530**	**1915152**	**1651440**	**1666135**	**1456922**
北　京	95415	102471	90135	99961	68439	81322
天　津	10236	9325	10236	9325	2666	2759
河　北	22078	19531	22078	19531	22078	19531
山　西	39074	29958	39074	29958	6036	19902
内蒙古	10459	8615	10459	8615	8719	6713
辽　宁	61016	137024	43270	44258	1332	1339
吉　林	25329	18376	25329	18376	23729	17176
黑龙江	89826	83033	89826	83033	89459	82375
上　海	115656	103550	115656	103550	109045	97069
江　苏	199875	155062	199082	152677	187614	145361
浙　江	124872	106625	123826	106579	108541	93665
安　徽	54664	47548	5585	4580	4633	3673
福　建	23173	17809	20456	15914	9373	7150
江　西	36519	31947	22803	23838	22803	23838
山　东	67201	54098	67201	53309	61030	48272
河　南	81428	57623	66600	47571	57802	38739
湖　北	65670	53457	61177	48317	61177	48317
湖　南	293000	267160	292852	266955	286574	263908
广　东	234303	205494	218449	197151	193332	178286
广　西	37956	36889	23703	23033	12097	10082
海　南	1798	667	1798	667	1798	667
重　庆	152919	121997	112258	78295	104585	73331
四　川	20964	17868	20964	17868	14097	12733
贵　州	21442	16018	20467	15482	5780	4987
云　南	151861	123459	151699	123360	150388	122223
西　藏						
陕　西	30585	31864	8588	7231	4866	4655
甘　肃	19149	18887	19149	18887	19149	18887
青　海	5181	3762	5127	3706	3451	2927
宁　夏	1823	1160	1823	1160	1823	481
新　疆	25484	28254	25484	28254	23721	26557

单位:万元

非自有配送中心配送商品购进额		商品销售总额		零售额	
2007年	2006年	2007年	2006年	2007年	2006年
90205	**76070**	**2533061**	**2160612**	**2277916**	**1970686**
6362	2988	129665	115023	112115	102483
		11758	9988	11758	9988
		30049	25932	30049	25932
552	449	40922	30276	40922	30276
		11933	9893	9101	7833
31466	32130	95140	104650	61523	104650
		33536	20186	33536	20186
367	659	124378	107757	124378	107757
6611	6481	144316	130592	123501	117951
2769	3030	222398	168844	209941	164526
3007	2782	144872	128213	130587	115010
951	907	62785	52250	33045	29094
1696	1565	29445	24519	29445	24519
		47976	43418	47976	43418
455		92925	70797	90669	69446
1929	1861	75300	57888	70439	54186
		75025	63967	61371	52195
164	254	323142	294375	320440	291720
15892	9097	327698	256565	316890	248771
		41356	42068	38798	37968
		2115	758	2115	758
		158321	137424	97612	84701
2617	2057	23633	19070	23633	19070
13604	9434	25465	20647	25465	20647
		155255	140840	130260	105102
		33248	30701	33248	30701
		23303	18376	21998	16201
		5384	4187	5384	4187
	680	1900	1594	1900	1594
1763	1697	39821	29816	39821	29816

2—17 续表15

汽车、摩托车、燃料及零配件专门零售

项目	商品购进总额		统一配送商品购进额		自有配送中心配送商品购进额	
	2007年	2006年	2007年	2006年	2007年	2006年
全国	**21390304**	**21443609**	**15765425**	**14081728**	**12886835**	**11454531**
北京	2660730	2481089	264677	379462		
天津	552269	480307	550715	460963	433417	335446
河北	3049816	2873899	2001386	1827117	1546096	1429535
山西						
内蒙古						
辽宁	3645048	3180730	3645048	3180730	2793934	2366178
吉林						
黑龙江						
上海	3741495	3450559	3741495	3450559	3741495	3450559
江苏	237231	213360	237231	213360	237231	213360
浙江	15736	12336	15736	12336	4418	4359
安徽						
福建	137460	103469	135437	101894	135324	101894
江西	559659	565948	210000	188626		
山东	296724	283678	296724	283678	296724	283678
河南	395963	375226	47684	32129	32996	32129
湖北	39000	41067				
湖南						
广东	2241992	1875489	934866	608523	269225	175285
广西	61324	79622				
海南	731234	486332	731234	486332	731234	486332
重庆						
四川						
贵州	1288737	3192913	1217304	1108433	1035259	905023
云南	357587	494071	357587	494071	357587	494071
西藏						
陕西						
甘肃	988902	1022387	988902	1022387	988902	1022387
青海						
宁夏						
新疆	389398	231128	389398	231128	282992	154295

单位:万元

非自有配送中心配送商品购进额		商品销售总额		零售额	
2007年	2006年	2007年	2006年	2007年	2006年
1696028	**1529612**	**22416319**	**19887126**	**16914498**	**14578756**
231779	344982	2805805	2554882	1742130	1578555
		597929	483341	533852	389160
		3320873	3075638	2493252	2204352
851114	814552	3787646	3248626	3477980	3009182
		4013880	3729204	2469511	2218241
		233162	206841	189682	147570
		16123	12703	15804	12437
113		151693	113853	146712	113853
40311	31701	490254	418138	368119	315660
		352658	283384	311833	244082
14688		273318	246399	191372	169206
		44752	45455	17225	17528
451617	261544	2392646	1922210	1706028	1377331
		60671	51685	25686	20580
		579101	527302	518670	387450
		1446697	1332127	1102095	975292
		335015	431630	248529	273163
		1078241	944403	1078241	944403
106406	76833	435855	259306	277778	180713

2—17 续表 16

家用电器及电子产品专门零售

项目	商品购进总额		统一配送商品购进额		自有配送中心配送商品购进额	
	2007 年	2006 年	2007 年	2006 年	2007 年	2006 年
全国	**20780016**	**14201320**	**17913880**	**13156133**	**14104000**	**10967681**
北京	2090201	1779176	1998995	1670127	1210032	916066
天津	539560	442342	496838	385820	496838	385820
河北	43550	38744	43550	38744	40426	36103
山西	144765	157256	42864	41158	13271	20194
内蒙古	26436	25557	24552	23509	21502	21217
辽宁	8160	8090	8160	8090	8160	8090
吉林	52629	46440	34369	30779		
黑龙江	162988	100265	162988	100265	162988	100265
上海	2072002	1476310	2072002	1476310	1969965	1388083
江苏	10063793	5694837	8100312	5504917	6481925	5239399
浙江	294236	232232	294156	232104	259319	203756
安徽	111057	85581				
福建	566253	439073	285616	210553	32094	16802
江西	99121	78247	99121	78247	88774	68715
山东	538236	509023	417680	345372	403133	331181
河南	262657	176322	217307	138239	189680	129521
湖北	683653	532905	683653	532905	109898	63462
湖南	141531	128213	141531	128213	141531	128213
广东	1426012	1175395	1425446	1174748	1346735	1080588
广西	156694	118359	94424	84585	68504	55511
海南	1335	1268				
重庆	319615	197908	319615	197908	319615	197908
四川	573037	365995	573037	365995	364184	191318
贵州	15107	52		52		52
云南	226508	239351	216783	235113	216783	235113
西藏						
陕西	2239	2077	2239	2077		
甘肃						
青海						
宁夏	1619	13	1619	13	1619	13
新疆	157024	150292	157024	150292	157024	150292

单位:万元

非自有配送中心配送商品购进额		商品销售总额		零售额	
2007年	2006年	2007年	2006年	2007年	2006年
1729889	**408972**	**20845598**	**14497252**	**16174609**	**11898959**
		2054353	1740255	2033332	1738781
		502716	394749	484753	379589
3125	2641	49151	42646	34970	20505
		186869	139224	184915	122830
		39300	33882	37430	33281
		8483	8585	8483	8585
34369	30779	74105	63552	71543	55905
		151881	118955	151881	118955
		1953019	1500790	1953019	1500790
1593704	263809	10426105	6022926	6205674	4018460
26571	18613	314745	252509	249054	184506
		116697	92189	116697	92189
		588710	427123	565268	418732
10346	9532	104032	82724	95594	76262
6003	5493	545535	518573	448513	426044
5645	5477	257416	200929	226609	160843
		655804	524871	580059	460138
		157360	170499	157360	170499
50127	72629	1372114	1116460	1315711	927485
		137508	102317	105439	78866
		5761	4714	5761	4714
		319593	194773	319593	194773
		506208	407923	506208	407923
		16420	63	16420	63
		145144	204213	143756	166433
		2339	2047	2339	2047
		1372	11	1372	11
		152858	129751	152858	129751

2—17 续表 17

五金、家具及室内装修材料专门零售

项目	商品购进总额		统一配送商品购进额		自有配送中心配送商品购进额	
	2007 年	2006 年	2007 年	2006 年	2007 年	2006 年
全国	**851049**	**864555**	**473496**	**503332**	**263266**	**300733**
北京	95046	65726	20383	12403	19218	11165
天津	66363	67400				
河北						
山西						
内蒙古						
辽宁						
吉林						
黑龙江						
上海	486337	515669	321695	349690	151409	189599
江苏	28678	31255	28678	31255		
浙江	23271	22152	23271	22152	23271	22152
安徽						
福建	3136	3720	3136	3720		
江西						
山东	6013	5473				
河南						
湖北						
湖南						
广东	136805	149100	70933	80052	66069	75818
广西						
海南						
重庆	2100	2060	2100	2060		
四川						
贵州						
云南						
西藏						
陕西						
甘肃						
青海						
宁夏						
新疆						

单位:万元

非自有配送中心配送商品购进额		商品销售总额		零售额	
2007 年	2006 年	2007 年	2006 年	2007 年	2006 年
87131	**70908**	**1022224**	**974089**	**914871**	**885970**
		133461	87516	120106	83887
		66159	67428	66159	67428
82267	66674	565487	557497	472616	474541
		32980	34552	32980	34552
		29490	27400	29490	27400
		2859	3746	1887	2473
		11224	12675	11224	12675
4864	4234	174542	178196	174542	178196
		1531	2017	1377	1757
		4492	3061	4492	3061

2—17 续表 18

无店铺及其他零售

项　　目	商品购进总额		统一配送商品购进额		自有配送中心配送商品购进额	
	2007 年	2006 年	2007 年	2006 年	2007 年	2006 年
全　　国	**35656**	**32605**	**33031**	**31140**	**33031**	**31140**
北　　京						
天　　津						
河　　北						
山　　西	2625	1465				
内 蒙 古						
辽　　宁						
吉　　林						
黑 龙 江	448	495	448	495	448	495
上　　海						
江　　苏						
浙　　江						
安　　徽						
福　　建						
江　　西						
山　　东						
河　　南	1435	1633	1435	1633	1435	1633
湖　　北	3403	2904	3403	2904	3403	2904
湖　　南	8614	8418	8614	8418	8614	8418
广　　东	19132	17691	19132	17691	19132	17691
广　　西						
海　　南						
重　　庆						
四　　川						
贵　　州						
云　　南						
西　　藏						
陕　　西						
甘　　肃						
青　　海						
宁　　夏						
新　　疆						

单位:万元

非自有配送中心配送商品购进额		商品销售总额		零售额	
2007年	2006年	2007年	2006年	2007年	2006年
		106886	**91171**	**106886**	**91171**
		1876	1655	1876	1655
		685	751	685	751
		1853	1490	1853	1490
		3485	3440	3485	3440
		9666	9236	9666	9236
		89321	74598	89321	74598

2—18 按行业分各地区

批发业

项　目	商品购进总额		统一配送商品购进额		自有配送中心配送商品购进额	
	2007年	2006年	2007年	2006年	2007年	2006年
全　国	**1123700**	**874688**	**918211**	**678279**	**825980**	**619043**
北　京	30625	342	30625	342	30625	342
天　津						
河　北						
山　西						
内蒙古						
辽　宁						
吉　林						
黑龙江						
上　海						
江　苏	57904	6340	57904	6340	57904	6340
浙　江	182380	176982	158978	151890	158606	151676
安　徽	146961	133693	146961	133693	130594	117737
福　建						
江　西						
山　东	54677	43024	52081	40614	52081	40614
河　南	254801	228216	85330	70504	33234	30260
湖　北	2200	738	2200	738	1483	116
湖　南						
广　东	197728	153231	194758	150393	181295	148191
广　西	65681	56205	58632	47848	58632	47848
海　南						
重　庆	607	596	607	596	607	596
四　川						
贵　州						
云　南	71082	52145	71082	52145	71082	52145
西　藏						
陕　西						
甘　肃						
青　海						
宁　夏	31939	11588	31939	11588	22723	11588
新　疆	27116	11589	27116	11589	27116	11589

连锁零售企业加盟门店经营情况

单位:万元

非自有配送中心配送商品购进额		商品销售总额		零售额	
2007年	2006年	2007年	2006年	2007年	2006年
54992	**32004**	**1180506**	**959774**	**592257**	**463316**
		3585	343	3585	343
		75551	25107	75551	25107
372	214	207779	205470	60278	56198
16367	15956	154608	126641	2871	2395
		34606	41064	17370	36843
15574	13633	252709	227158	198563	186004
		4870	1042	4870	1042
13463	2202	278469	238626	132116	97360
		65681	56205	46437	43162
		607	596	607	596
		42238	14875	8765	3265
9216		32068	11002	32068	11002
		27736	11645	9178	

2－18 续表 1

食品、饮料及烟草制品批发

项目	商品购进总额		统一配送商品购进额		自有配送中心配送商品购进额	
	2007 年	2006 年	2007 年	2006 年	2007 年	2006 年
全国	**82496**	**57827**	**65800**	**50304**	**57046**	**44231**
北京	565	342	565	342	565	342
天津						
河北						
山西						
内蒙古						
辽宁						
吉林						
黑龙江						
上海						
江苏						
浙江	3758	2890	3552	2384	3552	2384
安徽						
福建						
江西						
山东	52597	41024	52081	40614	52081	40614
河南	25576	13571	9602	6964	848	891
湖北						
湖南						
广东						
广西						
海南						
重庆						
四川						
贵州						
云南						
西藏						
陕西						
甘肃						
青海						
宁夏						
新疆						

单位:万元

非自有配送中心配送商品购进额		商品销售总额		零售额	
2007年	2006年	2007年	2006年	2007年	2006年
8754	**6073**	**59963**	**54804**	**40561**	**52696**
		675	343	675	343
		3770	2827	3770	2827
		32706	38864	17370	36843
8754	6073	22811	12770	18747	12683

2—18 续表 2

纺织、服装及日用品批发

项目	商品购进总额		统一配送商品购进额		自有配送中心配送商品购进额	
	2007 年	2006 年	2007 年	2006 年	2007 年	2006 年
全国	**117565**	**98342**	**117565**	**98342**	**106183**	**97559**
北京						
天津						
河北						
山西						
内蒙古						
辽宁						
吉林						
黑龙江						
上海						
江苏						
浙江	51253	45218	51253	45218	51253	45218
安徽						
福建						
江西						
山东						
河南						
湖北						
湖南						
广东	66312	53124	66312	53124	54930	52341
广西						
海南						
重庆						
四川						
贵州						
云南						
西藏						
陕西						
甘肃						
青海						
宁夏						
新疆						

单位:万元

非自有配送中心配送商品购进额		商品销售总额		零售额	
2007 年	2006 年	2007 年	2006 年	2007 年	2006 年
11382	**783**	**188019**	**175348**	**55549**	**52591**
		68389	69455	55549	52591
11382	783	119630	105893		

2—18 续表3

文化、体育用品及器材批发

项目	商品购进总额		统一配送商品购进额		自有配送中心配送商品购进额	
	2007年	2006年	2007年	2006年	2007年	2006年
全国	**3677**	**3549**	**798**	**781**	**798**	**781**
北京						
天津						
河北						
山西						
内蒙古						
辽宁						
吉林						
黑龙江						
上海						
江苏						
浙江						
安徽						
福建						
江西						
山东						
河南						
湖北						
湖南						
广东	3070	2953	191	185	191	185
广西						
海南						
重庆	607	596	607	596	607	596
四川						
贵州						
云南						
西藏						
陕西						
甘肃						
青海						
宁夏						
新疆						

单位:万元

非自有配送中心配送商品购进额		商品销售总额		零售额	
2007年	2006年	2007年	2006年	2007年	2006年
		4537	**4432**	**4349**	**4249**
		3930	3836	3742	3653
		607	596	607	596

2—18 续表 4

医药及医疗器材批发

项目	商品购进总额		统一配送商品购进额		自有配送中心配送商品购进额	
	2007 年	2006 年	2007 年	2006 年	2007 年	2006 年
全国	**250194**	**185057**	**249255**	**184581**	**200720**	**155930**
北京						
天津						
河北						
山西						
内蒙古						
辽宁						
吉林						
黑龙江						
上海						
江苏						
浙江	939	520	939	520	939	520
安徽	509	817	509	817	509	817
福建						
江西						
山东						
河南	39245	28574	38397	28168	1875	1558
湖北	856	738	856	738	139	116
湖南						
广东	128346	97154	128255	97084	126174	95665
广西						
海南						
重庆						
四川						
贵州						
云南	71082	52145	71082	52145	71082	52145
西藏						
陕西						
甘肃						
青海						
宁夏	9216	5109	9216	5109		5109
新疆						

单位:万元

非自有配送中心配送商品购进额		商品销售总额		零售额	
2007年	2006年	2007年	2006年	2007年	2006年
11297	**1419**	**245705**	**180073**	**156260**	**110257**
		960	781	960	781
		597	783	597	775
		37480	29384	8043	6376
		1049	1042	1049	1042
2081	1419	154909	128897	128374	93707
		42238	14875	8765	3265
9216		8473	4311	8473	4311

2—18 续表 5

矿产品、建材及化工产品批发

项目	商品购进总额		统一配送商品购进额		自有配送中心配送商品购进额	
	2007 年	2006 年	2007 年	2006 年	2007 年	2006 年
全国	**572845**	**495465**	**387870**	**309823**	**364312**	**286094**
北京	30060		30060		30060	
天津						
河北						
山西						
内蒙古						
辽宁						
吉林						
黑龙江						
上海						
江苏						
浙江	124042	128354	100845	103769	100473	103555
安徽	144292	131335	144292	131335	127925	115380
福建						
江西						
山东	2080	2000				
河南	171120	168491	18471	17791	11651	10231
湖北	1343		1343		1343	
湖南						
广东						
广西	65681	56205	58632	47848	58632	47848
海南						
重庆						
四川						
贵州						
云南						
西藏						
陕西						
甘肃						
青海						
宁夏	22723	6479	22723	6479	22723	6479
新疆	11505	2601	11505	2601	11505	2601

单位:万元

非自有配送中心配送商品购进额		商品销售总额		零售额	
2007年	2006年	2007年	2006年	2007年	2006年
23559	**23730**	**568338**	**491823**	**250393**	**210553**
		2910		2910	
372	214	133011	132408		
16367	15956	151737	124238		
		1900	2200		
6820	7560	173559	167424	164452	160699
		3822		3822	
		65681	56205	46437	43162
		23595	6691	23595	6691
		12125	2657	9178	

2—18 续表6

机械设备、五金交电及电子产品批发

项 目	商品购进总额		统一配送商品购进额		自有配送中心配送商品购进额	
	2007年	2006年	2007年	2006年	2007年	2006年
全 国	**78923**	**25460**	**78923**	**25460**	**78923**	**25460**
北 京						
天 津						
河 北						
山 西						
内蒙古						
辽 宁						
吉 林						
黑龙江						
上 海						
江 苏	57904	6340	57904	6340	57904	6340
浙 江						
安 徽	2160	1540	2160	1540	2160	1540
福 建						
江 西						
山 东						
河 南	18859	17580	18859	17580	18859	17580
湖 北						
湖 南						
广 东						
广 西						
海 南						
重 庆						
四 川						
贵 州						
云 南						
西 藏						
陕 西						
甘 肃						
青 海						
宁 夏						
新 疆						

单位:万元

非自有配送中心配送商品购进额		商品销售总额		零售额	
2007年	2006年	2007年	2006年	2007年	2006年
		96684	**44307**	**85146**	**32972**
		75551	25107	75551	25107
		2274	1620	2274	1620
		18859	17580	7321	6245

2—18 续表 7

其他批发

项　目	商品购进总额		统一配送商品购进额		自有配送中心配送商品购进额	
	2007 年	2006 年	2007 年	2006 年	2007 年	2006 年
全　国	**18000**	**8989**	**18000**	**8989**	**18000**	**8989**
北　京						
天　津						
河　北						
山　西						
内蒙古						
辽　宁						
吉　林						
黑龙江						
上　海						
江　苏						
浙　江	2389		2389		2389	
安　徽						
福　建						
江　西						
山　东						
河　南						
湖　北						
湖　南						
广　东						
广　西						
海　南						
重　庆						
四　川						
贵　州						
云　南						
西　藏						
陕　西						
甘　肃						
青　海						
宁　夏						
新　疆	15612	8989	15612	8989	15612	8989

单位:万元

非自有配送中心配送商品购进额		商品销售总额		零售额	
2007年	2006年	2007年	2006年	2007年	2006年
		17261	**8989**		
		1650			
		15612	8989		

2—18 续表 8

零售业

项　　目	商品购进总额		统一配送商品购进额		自有配送中心配送商品购进额	
	2007 年	2006 年	2007 年	2006 年	2007 年	2006 年
全　　国	**10943773**	**10654987**	**7514063**	**7865485**	**5088207**	**5964279**
北　　京	341520	250685	193940	125714	101610	76194
天　　津	650	660	125	160		
河　　北	20230	16252	10890	7357	10890	7357
山　　西	45312	31960	45312	31960	2893	2204
内 蒙 古	305		305			
辽　　宁	91156	107676	68382	78192	56327	62427
吉　　林	5045	5296	5045	5296	5000	5200
黑 龙 江	5973	4361	5973	3946	44	3946
上　　海	3644114	3024400	3274068	2672740	1711150	1465440
江　　苏	3415398	4247130	1635588	3009393	1545240	2922457
浙　　江	397685	273905	382400	263280	278112	196167
安　　徽	107009	103591	107009	103496	75754	60253
福　　建	8374	6372	5642	3867	815	674
江　　西	75272	79540	16180	9055	8778	3676
山　　东	1200932	1137486	571536	509708	564389	502919
河　　南	145509	117459	98726	84315	68946	59665
湖　　北	24043	18171	22531	16830	22111	16562
湖　　南	47827	47022	47765	46924	44633	43974
广　　东	1052010	879923	744730	618824	357276	303767
广　　西	36523	33365	14576	27776	3669	8381
海　　南	926	742				
重　　庆	48040	36023	42372	34706	42332	34704
四　　川	60709	46354	60709	46354	59364	45354
贵　　州	16983	29432	11238	9294	11238	9014
云　　南	4789	3168	3686	3011	2559	2345
西　　藏						
陕　　西	21979	14428	19879	14041		
甘　　肃	115078	131599	115078	131599	115078	131599
青　　海	6976	5853	6976	5853		
宁　　夏						
新　　疆	3404	2136	3404	1796		

单位:万元

非自有配送中心配送商品购进额		商品销售总额		零售额	
2007年	2006年	2007年	2006年	2007年	2006年
343568	**278699**	**12265178**	**12348546**	**11018919**	**11000770**
3045	1951	484965	388677	299306	209378
		747	543	747	543
		49380	22885	49238	22656
		46240	34552	42791	22951
		266		22	
5471	5190	127236	146752	87587	132206
		6690	5938	6690	5938
5929		7862	4287	7859	4287
55359	48513	4248923	3599694	4211618	3560789
8610	10664	3618155	4879901	2776864	3918843
96111	63899	408249	275141	375924	254639
		113361	104073	99344	95874
		10040	8554	8836	7393
7402	5379	95068	92427	92026	90682
7147	6789	1282043	1249961	1247172	1192983
19591	15357	147829	124508	139765	117973
	7	28518	20732	28118	20723
1854	664	46684	65918	46684	65918
129646	118210	1229207	1029835	1185220	996401
		36273	34540	36273	34540
		898	680	898	680
		53628	39531	53319	39141
		60537	48556	60240	35655
	280	20112	29394	20112	29394
		5082	3283	5082	3000
		27083	21072	27083	21072
		98224	107443	98224	107443
		7879	6605	7879	6605
3404	1796	4000	3064	4000	3064

2—18 续表 9

综合零售

项目	商品购进总额		统一配送商品购进额		自有配送中心配送商品购进额	
	2007 年	2006 年	2007 年	2006 年	2007 年	2006 年
全国	**6372826**	**5097070**	**4228178**	**3315223**	**2123718**	**1667688**
北京	135664	57906	121155	57482	32090	10735
天津						
河北	19393	15426	10053	6531	10053	6531
山西	43078	28965	43078	28965	2653	1994
内蒙古						
辽宁	43276	38048	22807	21604	17326	16414
吉林						
黑龙江						
上海	3127253	2564936	2757207	2213277	1194289	1005977
江苏	1539467	1314595	176287	170621	91340	92234
浙江	351811	238675	336526	228050	242174	163430
安徽	107009	103448	107009	103353	75754	60253
福建	4726	3783	2191	1329	53	48
江西	289		289		289	
山东	311601	184828	120035	38239	112888	31450
河南	107900	80169	75477	61342	53531	44215
湖北	11479	7581	11163	7062	10743	6795
湖南	22839	29214	22789	29166	22789	29166
广东	449922	351631	351185	276856	206081	153456
广西	32320	29651	10372	24062	449	5482
海南	773	720				
重庆	3119	378	1480	249	1441	249
四川	48313	38445	48313	38445	48313	38445
贵州						
云南	3498	1481	2586	1481	1463	815
西藏						
陕西	919	80				
甘肃						
青海	5877	5769	5877	5769		
宁夏						
新疆	2302	1343	2302	1343		

单位:万元

非自有配送中心配送商品购进额		商品销售总额		零售额	
2007年	2006年	2007年	2006年	2007年	2006年
306503	**257535**	**7324367**	**6347119**	**7242254**	**6240614**
1203	655	111741	65941	110878	65030
		48540	22012	48540	22012
		44021	31608	40571	20007
5471	5190	40387	36370	34581	21824
55359	48513	3709375	3090529	3672070	3051624
3461	2217	1757107	1813492	1756487	1813115
86236	61462	348047	228515	340810	226038
		113361	103912	99344	95713
		5035	4007	5035	4007
		482		482	
7147	6789	365813	286268	357480	272190
18253	14828	105525	87152	101340	84652
	7	11100	6691	11100	6682
		21413	48069	21413	48069
127072	116531	547167	441592	547167	441592
		30230	29561	30230	29561
		745	657	745	657
		3149	351	3149	351
		46946	39671	46649	26770
		3731	1683	3731	1683
		1469	391	1469	391
		6783	6523	6783	6523
2302	1343	2200	2123	2200	2123

2—18 续表 10

食品、饮料及烟草制品专门零售

项　目	商品购进总额		统一配送商品购进额		自有配送中心配送商品购进额	
	2007年	2006年	2007年	2006年	2007年	2006年
全　国	**156630**	**112880**	**120385**	**95855**	**118561**	**95413**
北　京	47170	35341	47170	35141	47170	35141
天　津	525	501				
河　北						
山　西						
内蒙古						
辽　宁						
吉　林						
黑龙江						
上　海						
江　苏	40882	39489	40882	39489	40760	39208
浙　江	3190	4336	3190	4336	3190	4336
安　徽		143		143		
福　建	30	30				
江　西	11576	5231	8489	3676	8489	3676
山　东						
河　南	1443	1287	1242	1072	1242	1072
湖　北						
湖　南						
广　东	43372	23617	11162	9589	11162	9589
广　西						
海　南						
重　庆	319		319		319	
四　川	6197	2352	6197	2352	6197	2352
贵　州						
云　南	224	195	33	38	33	38
西　藏						
陕　西						
甘　肃						
青　海	1030	18	1030	18		
宁　夏						
新　疆	671	340	671			

单位:万元

非自有配送中心配送商品购进额		商品销售总额		零售额	
2007 年	2006 年	2007 年	2006 年	2007 年	2006 年
695	**178**	**168316**	**122934**	**160713**	**116431**
		61443	50618	61443	50618
		683	501	683	501
24	178	21195	20000	17762	16084
		5017	4106	4787	3909
			161		161
		531	224	531	224
		15771	5968	13611	4768
		1422	1534	1422	1534
		52998	36847	51219	35659
		404		404	
		6197	2352	6197	2352
		227	197	226	195
		1030	18	1030	18
671		1398	408	1398	408

2—18 续表 11

纺织、服装及日用品专门零售

项 目	商品购进总额		统一配送商品购进额		自有配送中心配送商品购进额	
	2007 年	2006 年	2007 年	2006 年	2007 年	2006 年
全 国	**334088**	**278985**	**331749**	**276861**	**74108**	**74126**
北 京	3503	3464	1553	1542		
天 津						
河 北						
山 西						
内蒙古						
辽 宁	119	111	119	111	119	111
吉 林						
黑龙江						
上 海	12358	18125	12358	18125	12358	18125
江 苏	154	156	154	156		
浙 江	14897	13052	14897	13052	14897	13052
安 徽						
福 建	54	53	54	53	54	53
江 西						
山 东						
河 南						
湖 北	4236	3609	4000	3429	4000	3429
湖 南						
广 东	283650	229709	283650	229709	42010	38850
广 西						
海 南	153	23				
重 庆	671	505	671	505	671	505
四 川						
贵 州						
云 南						
西 藏						
陕 西	14295	10177	14295	10177		
甘 肃						
青 海						
宁 夏						
新 疆						

单位:万元

非自有配送中心配送商品购进额		商品销售总额		零售额	
2007 年	2006 年	2007 年	2006 年	2007 年	2006 年
2291	**1219**	**384781**	**327375**	**369264**	**316601**
323	182	5460	3975	5460	3975
		137	124	137	124
		36366	49986	36366	49986
	156	322	312	322	312
		24278	21525	8761	10752
		6237	3514	6237	3514
1968	881	290215	231305	290215	231305
		153	23	153	23
		1640	899	1640	899
		19973	15712	19973	15712

2—18 续表12

文化、体育用品及器材专门零售

项目	商品购进总额		统一配送商品购进额		自有配送中心配送商品购进额	
	2007年	2006年	2007年	2006年	2007年	2006年
全国	**15320**	**17573**	**15153**	**17136**	**2007**	**6434**
北京	1519	1080	1519	1080		
天津						
河北						
山西						
内蒙古						
辽宁	5524	9442	5524	9442		
吉林						
黑龙江	5929	4157	5929	3741		3741
上海						
江苏						
浙江	60	55	60	55		
安徽						
福建	167	21				
江西						
山东						
河南						
湖北	153	165	153	165	153	165
湖南						
广东	1146	1796	1146	1796	1031	1671
广西						
海南						
重庆						
四川	822	857	822	857	822	857
贵州						
云南						
西藏						
陕西						
甘肃						
青海						
宁夏						
新疆						

单位:万元

非自有配送中心配送商品购进额		商品销售总额		零售额	
2007年	2006年	2007年	2006年	2007年	2006年
7563	**1205**	**13278**	**12644**	**11935**	**11860**
1519	1080	1564	1120	223	336
		1025	4210	1025	4210
5929		7827	4138	7824	4138
		51	31	51	31
		167	21	167	21
		365	350	365	350
115	125	1347	1905	1347	1905
		932	869	932	869

2—18 续表 13

医药及医疗器材专门零售

项　目	商品购进总额		统一配送商品购进额		自有配送中心配送商品购进额	
	2007 年	2006 年	2007 年	2006 年	2007 年	2006 年
全　国	**289720**	**283387**	**217715**	**191768**	**193384**	**169041**
北　京	22560	30469	22544	30469	22350	30318
天　津	125	160	125	160		
河　北	140	110	140	110	140	110
山　西	2234	2995	2234	2995	240	210
内蒙古	305		305			
辽　宁	4050	14832	1745	1790	695	657
吉　林	5045	5296	5045	5296	5000	5200
黑龙江	44	205	44	205	44	205
上　海	20389	4728	20389	4728	20389	4728
江　苏	2678	2545	2678	2545	2678	2545
浙　江	18257	15801	18257	15801	17832	15349
安　徽						
福　建	920	897	920	897	708	573
江　西	56005	68930				
山　东	522	896	522	896	522	896
河　南	23337	23382	17573	17537	9739	10014
湖　北	1964	1693	1964	1693	1964	1693
湖　南	24988	17808	24976	17758	21844	14808
广　东	44313	42627	41621	40367	41024	39694
广　西	4203	3714	4203	3714	3220	2899
海　南						
重　庆	43931	35139	39902	33952	39901	33950
四　川	5377	4700	5377	4700	4032	3700
贵　州		280		280		
云　南	1067	1492	1067	1492	1063	1492
西　藏						
陕　西	6765	4170	5584	3864		
甘　肃						
青　海	69	66	69	66		
宁　夏						
新　疆	431	453	431	453		

单位：万元

非自有配送中心配送商品购进额		商品销售总额		零售额	
2007 年	2006 年	2007 年	2006 年	2007 年	2006 年
4540	**3085**	**379900**	**362342**	**333365**	**350384**
	34	29944	26639	29944	26639
		64	42	64	42
		130	111	130	111
		2220	2944	2220	2944
		266		22	
		47499	60803	13655	60803
		6690	5938	6690	5938
		36	149	36	149
		19067	22569	19067	22569
		3651	4100	3253	3018
425	452	19108	18793	11502	11737
		764	889	764	889
		70006	81000	70006	81000
		1000	889	1000	889
1339	528	27031	24016	24089	21322
		4365	4151	3965	4151
1854	664	25271	17849	25271	17849
491	673	54618	35130	53825	34675
		6043	4979	6043	4979
		48435	38282	48126	37892
		6462	5664	6462	5664
	280		437		437
		1124	1403	1124	1121
		5640	4970	5640	4970
		66	64	66	64
431	453	402	533	402	533

2—18 续表 14

汽车、摩托车、燃料及零配件专门零售

项目	商品购进总额		统一配送商品购进额		自有配送中心配送商品购进额	
	2007 年	2006 年	2007 年	2006 年	2007 年	2006 年
全国	**1053918**	**1030624**	**734073**	**709125**	**734073**	**709125**
北京	131105	122425				
天津						
河北						
山西						
内蒙古						
辽宁	38189	45244	38189	45244	38189	45244
吉林						
黑龙江						
上海	484115	436610	484115	436610	484115	436610
江苏						
浙江						
安徽						
福建						
江西						
山东	30319	26400	30319	26400	30319	26400
河南	12829	12621	4434	4364	4434	4364
湖北	960	643				
湖南						
广东	224340	225931	50700	55895	50700	55895
广西						
海南						
重庆						
四川						
贵州	16983	29151	11238	9014	11238	9014
云南						
西藏						
陕西						
甘肃	115078	131599	115078	131599	115078	131599
青海						
宁夏						
新疆						

单位:万元

非自有配送中心配送商品购进额		商品销售总额		零售额	
2007年	2006年	2007年	2006年	2007年	2006年
		1227412	**1165781**	**1002495**	**955906**
		274814	240385	91358	62780
		38189	45244	38189	45244
		484115	436610	484115	436610
		30188	28020	30188	28020
		13851	11805	12914	10464
		1075	717	1075	717
		266845	266599	226321	235669
		20112	28958	20112	28958
		98224	107443	98224	107443

2—18 续表 15

家用电器及电子产品专门零售

项 目	商品购进总额		统一配送商品购进额		自有配送中心配送商品购进额	
	2007 年	2006 年	2007 年	2006 年	2007 年	2006 年
全 国	**2710262**	**3825580**	**1855802**	**3250629**	**1833824**	**3235152**
北 京						
天 津						
河 北	697	716	697	716	697	716
山 西						
内蒙古						
辽 宁						
吉 林						
黑龙江						
上 海						
江 苏	1832218	2890346	1415588	2796583	1410462	2788470
浙 江	9469	1985	9469	1985	19	
安 徽						
福 建						
江 西	7402	5379	7402	5379		
山 东	858491	925361	420660	444173	420660	444173
河 南						
湖 北						
湖 南						
广 东	1986	1792	1986	1792	1986	1792
广 西						
海 南						
重 庆						
四 川						
贵 州						
云 南						
西 藏						
陕 西						
甘 肃						
青 海						
宁 夏						
新 疆						

单位:万元

非自有配送中心配送商品购进额		商品销售总额		零售额	
2007年	2006年	2007年	2006年	2007年	2006年
21977	**15477**	**2744182**	**3987051**	**1877155**	**2986833**
		710	762	568	533
5125	8113	1835880	3041996	999040	2086314
9450	1985	11747	2172	10012	2172
7402	5379	8808	5459	7927	4914
		885042	934784	858504	891884
		1994	1877	1103	1016

2—18 续表16

五金、家具及室内装修材料专门零售

项 目	商品购进总额		统一配送商品购进额		自有配送中心配送商品购进额	
	2007年	2006年	2007年	2006年	2007年	2006年
全 国	**2477**	**1588**	**2477**	**1588**		
北 京						
天 津						
河 北						
山 西						
内蒙古						
辽 宁						
吉 林						
黑龙江						
上 海						
江 苏						
浙 江						
安 徽						
福 建	2477	1588	2477	1588		
江 西						
山 东						
河 南						
湖 北						
湖 南						
广 东						
广 西						
海 南						
重 庆						
四 川						
贵 州						
云 南						
西 藏						
陕 西						
甘 肃						
青 海						
宁 夏						
新 疆						

单位:万元

非自有配送中心配送商品购进额		商品销售总额		零售额	
2007年	2006年	2007年	2006年	2007年	2006年
		3543	**3413**	**2339**	**2252**
		3543	3413	2339	2252

2—18 续表 17

无店铺及其他零售

项目	商品购进总额		统一配送商品购进额		自有配送中心配送商品购进额	
	2007 年	2006 年	2007 年	2006 年	2007 年	2006 年
全国	**8531**	**7300**	**8531**	**7300**	**8531**	**7300**
北京						
天津						
河北						
山西						
内蒙古						
辽宁						
吉林						
黑龙江						
上海						
江苏						
浙江						
安徽						
福建						
江西						
山东						
河南						
湖北	5250	4480	5250	4480	5250	4480
湖南						
广东	3281	2820	3281	2820	3281	2820
广西						
海南						
重庆						
四川						
贵州						
云南						
西藏						
陕西						
甘肃						
青海						
宁夏						
新疆						

单位:万元

非自有配送中心配送商品购进额		商品销售总额		零售额	
2007年	2006年	2007年	2006年	2007年	2006年
		19399	**19889**	**19399**	**19889**
		5376	5308	5376	5308
		14023	14581	14023	14581

2—19 按业态分各地区连锁零售企业基本情况

百货商店

项目	连锁总店数（个）	门店数（个）		年末从业人员（人）		年末营业面积（平方米）	
	2007年	2007年	2006年	2007年	2006年	2007年	2006年
全　国	**109**	**6064**	**5353**	**193695**	**177147**	**10896477**	**9378958**
北　京	7	54	54	10339	10318	747911	678830
天　津							
河　北	2	28	27	5114	5049	190207	170477
山　西	2	9	9	4942	5097	118173	118173
内蒙古	1	14	15	1819	1836	57301	45044
辽　宁							
吉　林	1	80	73	679	655	85338	56935
黑龙江	3	166	165	3958	3991	191266	196066
上　海	1	3	3	1045	1082	87000	87000
江　苏	4	884	793	19044	18247	688113	620491
浙　江	2	19	18	1618	1352	172884	134084
安　徽	4	130	111	21089	20940	771800	772900
福　建	6	40	40	1763	1724	78311	78916
江　西	4	28	24	11006	10063	406550	336450
山　东	22	2707	2393	32537	26924	2706524	2316848
河　南	15	1236	1073	5896	5172	238265	198415
湖　北	3	100	85	17210	12720	1306849	950495
湖　南	1	29	20	2372	1749	300000	274000
广　东	15	142	121	25926	22184	1504632	1356691
广　西							
海　南							
重　庆	4	281	223	20706	19185	911444	702187
四　川	4	60	59	1207	3305	106500	91956
贵　州	2	22	18	521	496	11520	12620
云　南	3	23	24	775	755	35979	35476
西　藏							
陕　西	2	7	3	3583	3564	150110	115104
甘　肃							
青　海	1	2	2	546	739	29800	29800
宁　夏							
新　疆							

2—19 续表1

超级市场

项目	连锁总店数（个）	门店数（个）		年末从业人员（人）		年末营业面积（平方米）	
	2007年	2007年	2006年	2007年	2006年	2007年	2006年
全国	**490**	**25185**	**21066**	**707303**	**654477**	**27307169**	**24500729**
北京	27	1553	1338	51627	47052	2090460	1815969
天津	8	414	378	9097	11581	1035996	966130
河北	18	425	414	11163	10592	453126	420903
山西	12	99	99	9484	9117	282385	291324
内蒙古	6	36	34	1490	1920	82614	99660
辽宁	5	44	43	5398	6110	259989	259989
吉林	4	64	52	2526	2565	105934	95011
黑龙江	3	41	33	2549	1681	65906	60493
上海	42	5650	5510	157515	151476	5582649	5376157
江苏	45	3764	3274	84533	81797	2862462	2483665
浙江	72	3524	2475	49043	41678	1899072	1626814
安徽	20	583	498	11899	9586	310248	252941
福建	21	242	219	13569	12323	425702	383564
江西	6	100	38	3287	3106	131780	106863
山东	30	1797	1421	42632	34380	2220725	2059784
河南	39	1583	976	23983	18087	947063	798526
湖北	14	1023	874	26180	22162	1122550	1006095
湖南	16	289	274	32880	45918	1250240	1116837
广东	43	1061	1011	114448	96099	4319894	3684148
广西	5	126	113	5142	4828	159111	142543
海南	2	8	11	364	555	37246	54322
重庆	8	539	223	6661	4363	176890	139144
四川	16	1807	1411	20104	17473	712745	545643
贵州							
云南	5	139	71	6339	5656	167716	164605
西藏							
陕西	9	136	145	9113	8729	358924	303720
甘肃	2	75	67	1677	1480	52010	42350
青海	1	2	2	520	548	11337	25481
宁夏	3	25	23	1206	969	59496	43806
新疆	8	36	39	2874	2646	122899	134242

2—19 续表2

专业店(含加油站)

项　目	连锁总店数(个)	门店数(个)		年末从业人员(人)		年末营业面积(平方米)	
	2007年	2007年	2006年	2007年	2006年	2007年	2006年
全　国	**773**	**68967**	**63992**	**675962**	**805764**	**54893820**	**49691250**
北　京	47	2611	2425	27915	25714	1702698	1596906
天　津	5	109	98	3159	2724	104893	72165
河　北	10	2143	2397	19284	19062	1234739	1366699
山　西	12	287	295	3734	2341	95238	64598
内蒙古	8	1581	1505	21741	203088	3574526	3487953
辽　宁	10	2150	2147	19002	18430	1153170	1136589
吉　林	2	17	15	196	199	2200	2200
黑龙江	14	575	613	7191	6854	227902	188037
上　海	24	3836	3767	41926	37372	2585540	2533158
江　苏	61	5789	5454	147824	139981	5469039	4918612
浙　江	80	5894	5328	47540	41079	5689033	5505692
安　徽	19	5954	5301	27319	23487	1159339	967228
福　建	41	1384	614	18900	7910	1723441	577237
江　西	27	1479	1472	13125	12606	953809	881703
山　东	32	3483	3333	25135	27077	1094864	985219
河　南	87	6212	4794	30481	24060	5279584	3283838
湖　北	36	1186	1007	14260	13653	610545	559003
湖　南	22	3262	2998	27874	25960	1391266	1308749
广　东	86	6943	6621	74836	73804	10307189	9859764
广　西	27	1663	1682	15781	16318	2047207	2098907
海　南	3	281	338	2946	2575	33606	32652
重　庆	22	4926	4877	23839	22525	1504497	1532107
四　川	14	834	819	8700	8416	523428	460023
贵　州	12	1068	1010	9664	9221	1287209	850681
云　南	21	2446	2145	19013	16801	604587	503145
西　藏							
陕　西	3	92	96	1413	1440	28191	19550
甘　肃	4	955	1149	3785	4168	2048443	2505841
青　海	4	160	157	1625	1636	39783	33783
宁　夏	6	347	344	5160	5487	1260975	1291607
新　疆	34	1300	1191	12594	11776	1156879	1067604

2—19 续表3

加油站

项　目	连锁总店数（个）	门店数（个）		年末从业人员（人）		年末营业面积（平方米）	
	2007年	2007年	2006年	2007年	2006年	2007年	2006年
全　国	**103**	**21323**	**20551**	**190213**	**177808**	**32525240**	**30401697**
北　京	2	686	691	6335	5993	668975	673210
天　津							
河　北	1	2010	2273	13308	13256	1165000	1317400
山　西							
内蒙古							
辽　宁	3	1438	1417	13083	12748	991459	986251
吉　林							
黑龙江	1	143	161	2231	2064	22895	25910
上　海							
江　苏	2	2536	2434	24133	23576	2567557	2495899
浙　江	2	2086	2069	21947	19343	4871849	4819354
安　徽	1	32	31	221	170	79478	65708
福　建	8	378	161	3419	1873	406346	347806
江　西	10	702	665	5017	4702	703619	639898
山　东	1	11	11	99	69	22711	22711
河　南	26	2429	1646	14860	10947	4314753	2463757
湖　北	3	106	116	990	980	108793	118050
湖　南	4	2116	2034	13656	13220	1073609	1037689
广　东	14	2276	2237	33652	31759	8599522	8377054
广　西	11	1098	1139	10800	11476	1895519	1974332
海　南	1	254	313	2424	2165	15726	15272
重　庆	1	523	557	7234	7117	1046000	1114000
四　川	1	47	47	448	277	119746	119746
贵　州	2	873	835	6584	6237	1223278	790715
云　南	1	153	158	1361	1350	81315	76315
西　藏							
陕　西							
甘　肃	1	860	1054	2580	3028	2017560	2473420
青　海							
宁　夏							
新　疆	7	566	502	5831	5458	529530	447200

2—19 续表 4

专卖店

项　目	连锁总店数（个）	门店数（个）		年末从业人员（人）		年末营业面积（平方米）	
	2007 年	2007 年	2006 年	2007 年	2006 年	2007 年	2006 年
全　国	**170**	**20540**	**18005**	**134970**	**93645**	**1692105**	**1328710**
北　京	30	727	625	8712	7816	124006	99607
天　津	7	132	117	3454	3200	192034	148151
河　北	2	45	43	183	219	7466	7466
山　西	3	212	165	1184	1083	20005	17478
内蒙古							
辽　宁	5	228	216	1712	1723	19437	18404
吉　林	2	279	275	1316	1224	33019	27850
黑龙江							
上　海	4	1134	997	3742	3619	41155	36278
江　苏	6	940	840	4714	3973	23955	25243
浙　江	10	3553	3093	14625	12927	58858	54215
安　徽	2	9	9	392	358	10620	10420
福　建	8	238	216	2634	2694	84964	75576
江　西	2	173	120	1012	755	6232	3812
山　东	10	118	101	938	863	20375	20032
河　南	14	687	698	5480	5401	81319	81206
湖　北	6	383	298	2793	2863	39478	35436
湖　南	3	21	22	274	272	8101	7799
广　东	29	10585	9095	43929	35014	758382	532992
广　西	2	80	74	744	701	7120	6390
海　南	1	44	43	160	120	1557	1257
重　庆	3	104	101	745	723	11100	10613
四　川	5	156	145	705	708	10015	11036
贵　州							
云　南	2	16	16	128	120	1389	1359
西　藏							
陕　西	4	532	569	32983	5301	35435	29816
甘　肃							
青　海	1	20	17	81	85	1772	1548
宁　夏	2	11	17	59	78	1029	1221
新　疆	7	113	93	2271	1805	93282	63505

2—19 续表5

便利店

项目	连锁总店数（个）	门店数（个）		年末从业人员（人）		年末营业面积（平方米）	
	2007年	2007年	2006年	2007年	2006年	2007年	2006年
全国	**103**	**17126**	**13817**	**92360**	**78929**	**1725241**	**1437804**
北京	11	701	654	5797	5301	102332	97029
天津	2	113	102	1761	1643	51887	45166
河北	4	1720	903	7847	4755	138595	80031
山西	3	677	522	3518	2731	46280	37625
内蒙古							
辽宁	7	618	516	4423	4193	102185	95945
吉林							
黑龙江							
上海	7	5507	5502	31712	30933	345318	343130
江苏	6	316	310	1299	1426	18803	17897
浙江	18	4308	2710	12235	8238	492789	363766
安徽	1	14	10	90	70	2840	2180
福建	2	53	39	419	339	5621	4540
江西	1	15	9	580	520	9000	7000
山东	4	139	118	1323	1047	80468	66651
河南	11	833	701	5452	3986	97341	66699
湖北	3	89	108	515	773	17708	28672
湖南	3	77	72	1345	1275	9600	8482
广东	7	1316	1011	10170	7594	92106	69678
广西	4	94	100	1013	1257	19053	24768
海南							
重庆	3	265	181	935	767	21785	20025
四川							
贵州	2	93	88	445	527	7620	7271
云南							
西藏							
陕西	1	47	54	346	412	4600	5000
甘肃							
青海	3	131	107	1135	1142	59310	46249
宁夏							
新疆							

2—19 续表 6

仓储会员店

项目	连锁总店数（个）	门店数（个）		年末从业人员（人）		年末营业面积（平方米）	
	2007 年	2007 年	2006 年	2007 年	2006 年	2007 年	2006 年
全国	**4**	**51**	**48**	**4725**	**3795**	**162834**	**132114**
北京	2	12	9	4121	3191	145795	115075
天津							
河北							
山西							
内蒙古							
辽宁							
吉林							
黑龙江							
上海							
江苏							
浙江							
安徽							
福建	1	1	1	515	515	16179	16179
江西							
山东							
河南							
湖北	1	38	38	89	89	860	860
湖南							
广东							
广西							
海南							
重庆							
四川							
贵州							
云南							
西藏							
陕西							
甘肃							
青海							
宁夏							
新疆							

2—19 续表 7

家居建材店

项　　目	连锁总店数（个）	门店数（个）		年末从业人员（人）		年末营业面积（平方米）	
	2007 年	2007 年	2006 年	2007 年	2006 年	2007 年	2006 年
全　国	**15**	**80**	**82**	**8134**	**8268**	**752194**	**961564**
北　京	4	40	41	3688	3585	360239	570617
天　津	1	5	5	1093	1137	51632	51632
河　北							
山　西							
内蒙古							
辽　宁							
吉　林							
黑龙江							
上　海							
江　苏	1	3	3	353	440	27000	27000
浙　江	2	3	3	319	436	28908	28908
安　徽							
福　建	1	3	5	132	168	14043	14043
江　西							
山　东	1	3	3	251	302	20000	20000
河　南							
湖　北							
湖　南							
广　东	5	23	22	2298	2200	250372	249364
广　西							
海　南							
重　庆							
四　川							
贵　州							
云　南							
西　藏							
陕　西							
甘　肃							
青　海							
宁　夏							
新　疆							

2—19 续表 8

其他

项目	连锁总店数（个）	门店数（个）		年末从业人员（人）		年末营业面积（平方米）	
	2007年	2007年	2006年	2007年	2006年	2007年	2006年
全国	**65**	**7353**	**6561**	**44752**	**48588**	**3010335**	**2358766**
北京	3	339	290	2648	2397	81586	69078
天津	3	645	649	5699	5783	581520	581329
河北	1	2	2	58	38	500	500
山西							
内蒙古							
辽宁							
吉林	2	15	11	866	682	48300	30700
黑龙江							
上海	1	340	278	3199	2938	78765	42944
江苏	1	82	82	6156	6477	336873	336873
浙江	4	211	53	562	245	23318	10420
安徽	3	38	37	812	752	45100	40270
福建	2	51	48	325	323	3242	3266
江西							
山东	12	514	349	5091	4962	95290	91362
河南	10	884	832	3189	3042	325505	256688
湖北							
湖南							
广东	6	1472	1137	8833	6823	197339	157785
广西							
海南							
重庆	1	10	12	49	49	580	645
四川	1	54	63	172	152	2945	2519
贵州							
云南	5	390	308	3449	3339	113766	95329
西藏							
陕西	3	36	30	1141	1016	20216	16780
甘肃	2	24	24	93	91	2400	2400
青海							
宁夏	2	1309	1291	1743	8854	65450	43350
新疆	3	937	1065	667	625	987640	576528

2—20 按业态分各地区连锁零售企业直营门店基本情况

百货商店

项　目	门店数（个）		年末从业人员（人）		年末营业面积（平方米）	
	2007年	2006年	2007年	2006年	2007年	2006年
全　国	**1674**	**1509**	**160863**	**147408**	**10156463**	**8661313**
北　京	54	54	10339	10318	747911	678830
天　津						
河　北	28	27	5114	5049	190207	170477
山　西	9	9	4942	5097	118173	118173
内蒙古	14	15	1819	1836	57301	45044
辽　宁						
吉　林	80	73	679	655	85338	56935
黑龙江	166	165	3958	3991	191266	196066
上　海	3	3	1045	1082	87000	87000
江　苏	73	67	9237	8947	553929	497691
浙　江	16	15	1608	1342	172700	133900
安　徽	99	89	14471	14164	682300	652540
福　建	36	36	1662	1624	75611	76216
江　西	28	24	11006	10063	406550	336450
山　东	371	335	22521	17912	2417474	2054968
河　南	74	64	3748	3387	174020	144115
湖　北	100	85	17210	12720	1306849	950495
湖　南	29	20	2372	1749	300000	274000
广　东	107	101	21895	19441	1352519	1201908
广　西						
海　南						
重　庆	276	223	20684	19185	910444	702187
四　川	60	59	1207	3305	106500	91956
贵　州	22	18	521	496	11520	12620
云　南	22	23	772	752	35941	35438
西　藏						
陕　西	5	2	3507	3554	143110	114504
甘　肃						
青　海	2	2	546	739	29800	29800
宁　夏						
新　疆						

2—20 续表1

国有企业

项目	门店数（个）		年末从业人员（人）		年末营业面积（平方米）	
	2007年	2006年	2007年	2006年	2007年	2006年
全国	**13567**	**12392**	**586533**	**537561**	**23654026**	**21247808**
北京	801	765	48026	44666	1924695	1711576
天津	414	378	9097	11581	1035996	966130
河北	189	183	10587	9958	424426	389113
山西	99	99	9484	9117	282385	291324
内蒙古	36	34	1490	1920	82614	99660
辽宁	44	43	5398	6110	259989	259989
吉林	64	52	2526	2565	105934	95011
黑龙江	41	33	2549	1681	65906	60493
上海	2291	2389	98917	94167	4272962	4120247
江苏	1655	1563	55202	49680	2075270	1736143
浙江	1445	1261	43657	37866	1683513	1446454
安徽	313	305	9723	8160	256895	224611
福建	237	214	13426	12168	420912	378704
江西	37	38	3028	3106	98863	106863
山东	1246	907	38443	30455	1953983	1804085
河南	580	476	21249	16394	728784	633199
湖北	873	778	24900	21029	1027727	937315
湖南	262	247	31603	44063	1189875	1050960
广东	956	905	108297	90251	4097653	3466020
广西	71	77	3507	3239	107856	98575
海南	7	10	294	481	24911	41987
重庆	147	118	6153	4197	164680	134764
四川	1443	1201	17574	14889	609982	489216
贵州						
云南	44	42	6073	5506	157549	159770
西藏						
陕西	136	145	9113	8729	358924	303720
甘肃	75	67	1677	1480	52010	42350
青海	2	2	520	548	11337	25481
宁夏	25	23	1206	969	59496	43806
新疆	34	37	2814	2586	118899	130242

2—20 续表2

专业店(含加油站)

项目	门店数(个)		年末从业人员(人)		年末营业面积(平方米)	
	2007年	2006年	2007年	2006年	2007年	2006年
全国	**48669**	**45701**	**561591**	**686762**	**51334420**	**46443874**
北京	2035	2008	25061	22872	1624991	1520486
天津	96	84	3132	2690	104018	71212
河北	2137	2392	19234	19020	1234139	1366199
山西	131	100	3329	1825	88872	56575
内蒙古	1542	1505	21721	203088	3572966	3487953
辽宁	1789	1724	16974	15596	1087707	1071734
吉林	17	15	196	199	2200	2200
黑龙江	555	595	6881	6608	204974	182109
上海	3533	3471	36056	31650	2354119	2328697
江苏	5233	4906	114432	101954	4757893	4317862
浙江	4193	3915	43562	38171	5485031	5356055
安徽	2107	2063	18329	16099	634872	525132
福建	1265	502	18739	7754	1719900	573706
江西	1400	1382	11839	11344	937179	854963
山东	3115	3009	11386	11293	818944	718489
河南	3686	2766	21720	16336	5004809	3017111
湖北	864	788	13316	12972	592737	546445
湖南	2770	2531	26162	24247	1356200	1275281
广东	3756	3590	62229	61126	9998247	9566634
广西	1313	1327	14100	14516	2004198	2018279
海南	281	338	2946	2575	33606	32652
重庆	1669	1772	17432	16602	1366307	1404185
四川	481	459	7834	7476	505807	439736
贵州	1063	991	9493	8940	1280457	840148
云南	1387	1082	14608	12484	438032	352358
西藏						
陕西	55	73	909	948	16739	17420
甘肃	795	974	3305	2810	1733543	2155841
青海	23	20	685	696	20983	14983
宁夏	344	341	3724	3354	1245458	1275756
新疆	1034	978	12257	11517	1109492	1053673

2—20 续表3

加油站

项目	门店数（个）		年末从业人员（人）		年末营业面积（平方米）	
	2007年	2006年	2007年	2006年	2007年	2006年
全国	**20787**	**20144**	**187129**	**173659**	**31993010**	**29789560**
北京	657	657	6091	5740	662305	665390
天津						
河北	2010	2273	13308	13256	1165000	1317400
山西						
内蒙古						
辽宁	1421	1397	12951	12633	979780	974122
吉林						
黑龙江	143	161	2231	2064	22895	25910
上海						
江苏	2536	2434	24133	23576	2567557	2495899
浙江	2086	2069	21947	19343	4871849	4819354
安徽	32	31	221	170	79478	65708
福建	378	161	3419	1873	406346	347806
江西	702	665	5017	4702	703619	639898
山东	11	11	99	69	22711	22711
河南	2135	1525	13146	9259	4155023	2304527
湖北	106	116	990	980	108793	118050
湖南	2116	2034	13656	13220	1073609	1037689
广东	2261	2221	33344	31469	8582342	8358874
广西	1077	1109	10594	11116	1873448	1913129
海南	254	313	2424	2165	15726	15272
重庆	523	557	7234	7117	1046000	1114000
四川	47	47	448	277	119746	119746
贵州	873	824	6584	6152	1223278	787140
云南	153	158	1361	1350	81315	76315
西藏						
陕西						
甘肃	700	879	2100	1670	1702660	2123420
青海						
宁夏						
新疆	566	502	5831	5458	529530	447200

2—20 续表 4

专卖店

项 目	门店数（个）		年末从业人员（人）		年末营业面积（平方米）	
	2007 年	2006 年	2007 年	2006 年	2007 年	2006 年
全 国	**8073**	**6076**	**66902**	**54013**	**1248117**	**898088**
北 京	497	422	7508	6805	106772	84377
天 津	125	110	3416	3180	191194	147311
河 北	36	34	138	172	6566	6566
山 西	212	165	1184	1083	20005	17478
内蒙古						
辽 宁	202	190	1641	1664	18637	17604
吉 林	107	91	962	848	22526	16800
黑龙江						
上 海	486	133	1820	984	18245	9984
江 苏	872	774	4495	3732	22235	23593
浙 江	2176	1868	9371	8452	33331	30146
安 徽	9	9	392	358	10620	10420
福 建	234	214	2625	2690	84864	75536
江 西	21	18	398	345	3657	2237
山 东	109	101	933	863	19775	20032
河 南	341	328	3204	2686	57775	46287
湖 北	309	222	2363	2417	33594	29392
湖 南	18	15	265	251	7861	7249
广 东	1856	942	20521	12315	460193	252431
广 西	80	74	744	701	7120	6390
海 南	13	12	56	16	607	307
重 庆	46	43	615	593	9400	8913
四 川	72	57	513	490	7539	8378
贵 州						
云 南	15	15	125	117	1359	1319
西 藏						
陕 西	132	137	1431	1413	11067	10826
甘 肃						
青 海	4	4	34	47	836	836
宁 夏	11	17	59	78	1029	1221
新 疆	90	81	2089	1713	91310	62455

2—20 续表5

便利店

项 目	门店数（个）		年末从业人员（人）		年末营业面积（平方米）	
	2007年	2006年	2007年	2006年	2007年	2006年
全 国	**7345**	**7092**	**61226**	**56477**	**1024713**	**936675**
北 京	517	491	5574	5135	92859	87495
天 津	113	102	1761	1643	51887	45166
河 北	93	106	1339	1510	11545	17202
山 西	101	111	817	678	7924	10273
内蒙古						
辽 宁	169	167	2632	2662	60947	64405
吉 林						
黑龙江						
上 海	3763	3805	24591	22902	255935	257555
江 苏	275	261	1119	1247	17038	14527
浙 江	396	368	3853	3592	192410	151405
安 徽	14	10	90	70	2840	2180
福 建	53	39	419	339	5621	4540
江 西	15	9	580	520	9000	7000
山 东	112	94	1269	994	77986	64207
河 南	120	111	2831	2164	49905	31144
湖 北	81	99	480	727	17128	27227
湖 南	77	72	1345	1275	9600	8482
广 东	1191	939	9695	7473	85526	66381
广 西	19	77	529	1083	13203	23043
海 南						
重 庆	36	36	495	477	12040	12040
四 川						
贵 州	93	88	445	527	7620	7271
云 南						
西 藏						
陕 西	47	54	346	412	4600	5000
甘 肃						
青 海	60	53	1016	1047	39099	30132
宁 夏						
新 疆						

2—20　续表6

仓储会员店

项　目	门店数（个）		年末从业人员（人）		年末营业面积（平方米）	
	2007年	2006年	2007年	2006年	2007年	2006年
全　国	**24**	**21**	**4671**	**3741**	**162314**	**131594**
北　京	12	9	4121	3191	145795	115075
天　津						
河　北						
山　西						
内蒙古						
辽　宁						
吉　林						
黑龙江						
上　海						
江　苏						
浙　江						
安　徽						
福　建	1	1	515	515	16179	16179
江　西						
山　东						
河　南						
湖　北	11	11	35	35	340	340
湖　南						
广　东						
广　西						
海　南						
重　庆						
四　川						
贵　州						
云　南						
西　藏						
陕　西						
甘　肃						
青　海						
宁　夏						
新　疆						

2—20 续表7

家居建材店

项目	门店数（个）		年末从业人员（人）		年末营业面积（平方米）	
	2007年	2006年	2007年	2006年	2007年	2006年
全国	**71**	**71**	**7270**	**7396**	**658486**	**836263**
北京	32	33	2877	2775	270302	449087
天津	5	5	1093	1137	51632	51632
河北						
山西						
内蒙古						
辽宁						
吉林						
黑龙江						
上海						
江苏	3	3	353	440	27000	27000
浙江	3	3	319	436	28908	28908
安徽						
福建	2	2	79	106	10272	10272
江西						
山东	3	3	251	302	20000	20000
河南						
湖北						
湖南						
广东	23	22	2298	2200	250372	249364
广西						
海南						
重庆						
四川						
贵州						
云南						
西藏						
陕西						
甘肃						
青海						
宁夏						
新疆						

2—20 续表 8

其他

项目	门店数（个）		年末从业人员（人）		年末营业面积（平方米）	
	2007年	2006年	2007年	2006年	2007年	2006年
全国	**4256**	**3914**	**38020**	**35400**	**2856443**	**2243190**
北京	36	33	1341	1185	49137	41279
天津	645	649	5699	5783	581520	581329
河北	2	2	58	38	500	500
山西						
内蒙古						
辽宁						
吉林	15	11	866	682	48300	30700
黑龙江						
上海	340	278	3199	2938	78765	42944
江苏	82	82	6156	6477	336873	336873
浙江	35	15	183	131	7153	6920
安徽	38	37	812	752	45100	40270
福建	51	48	325	323	3242	3266
江西						
山东	370	318	4900	4790	92190	87742
河南	122	117	1326	1183	292830	222345
湖北						
湖南						
广东	1029	790	7504	5782	188486	150806
广西						
海南						
重庆	10	10	49	45	580	580
四川	54	63	172	152	2945	2519
贵州						
云南	390	308	3449	3339	113766	95329
西藏						
陕西	36	30	1141	1016	20216	16780
甘肃	24	24	93	91	2400	2400
青海						
宁夏	40	34	80	68	4800	4080
新疆	937	1065	667	625	987640	576528

2—21 按业态分各地区连锁零售企业加盟门店基本情况

百货商店

项 目	门店数（个）		年末从业人员（人）		年末营业面积（平方米）	
	2007年	2006年	2007年	2006年	2007年	2006年
全 国	**4390**	**3844**	**32832**	**29739**	**740014**	**717645**
北 京						
天 津						
河 北						
山 西						
内蒙古						
辽 宁						
吉 林						
黑龙江						
上 海						
江 苏	811	726	9807	9300	134184	122800
浙 江	3	3	10	10	184	184
安 徽	31	22	6618	6776	89500	120360
福 建	4	4	101	100	2700	2700
江 西						
山 东	2336	2058	10016	9012	289050	261880
河 南	1162	1009	2148	1785	64245	54300
湖 北						
湖 南						
广 东	35	20	4031	2743	152113	154783
广 西						
海 南						
重 庆	5		22		1000	
四 川						
贵 州						
云 南	1	1	3	3	38	38
西 藏						
陕 西	2	1	76	10	7000	600
甘 肃						
青 海						
宁 夏						
新 疆						

2—21 续表1

超级市场

项目	门店数（个）		年末从业人员（人）		年末营业面积（平方米）	
	2007年	2006年	2007年	2006年	2007年	2006年
全国	**11618**	**8671**	**120770**	**116911**	**3653143**	**3252721**
北京	752	573	3601	2386	165765	104393
天津						
河北	236	231	576	634	28700	31790
山西						
内蒙古						
辽宁						
吉林						
黑龙江						
上海	3359	3121	58598	57309	1309687	1255910
江苏	2109	1711	29331	32117	787192	747522
浙江	2079	1214	5386	3812	215559	180360
安徽	270	193	2176	1426	53353	28330
福建	5	5	143	155	4790	4860
江西	63		259		32917	
山东	551	514	4189	3925	266742	255699
河南	1003	500	2734	1693	218279	165327
湖北	150	96	1280	1133	94823	68780
湖南	27	27	1277	1855	60365	65877
广东	105	106	6151	5848	222241	218128
广西	55	36	1635	1589	51255	43968
海南	1	1	70	74	12335	12335
重庆	392	105	508	166	12210	4380
四川	364	210	2530	2584	102763	56427
贵州						
云南	95	26	266	145	10167	4635
西藏						
陕西						
甘肃						
青海						
宁夏						
新疆	2	2	60	60	4000	4000

2—21 续表 2

专业店(含加油站)

项　目	门店数(个)		年末从业人员(人)		年末营业面积(平方米)	
	2007年	2006年	2007年	2006年	2007年	2006年
全　国	**20298**	**18291**	**114371**	**119002**	**3559400**	**3247376**
北　京	576	417	2854	2842	77707	76420
天　津	13	14	27	34	875	953
河　北	6	5	50	42	600	500
山　西	156	195	405	516	6366	8023
内蒙古	39		20		1560	
辽　宁	361	423	2028	2834	65463	64855
吉　林						
黑龙江	20	18	310	246	22928	5928
上　海	303	296	5870	5722	231421	204461
江　苏	556	548	33392	38027	711146	600750
浙　江	1701	1413	3978	2908	204002	149637
安　徽	3847	3238	8990	7388	524467	442096
福　建	119	112	161	156	3541	3531
江　西	79	90	1286	1262	16630	26740
山　东	368	324	13749	15784	275920	266730
河　南	2526	2028	8761	7724	274775	266727
湖　北	322	219	944	681	17808	12558
湖　南	492	467	1712	1713	35066	33468
广　东	3187	3031	12607	12678	308942	293130
广　西	350	355	1681	1802	43009	80628
海　南						
重　庆	3257	3105	6407	5923	138190	127922
四　川	353	360	866	940	17621	20287
贵　州	5	19	171	281	6752	10533
云　南	1059	1063	4405	4317	166555	150787
西　藏						
陕　西	37	23	504	492	11452	2130
甘　肃	160	175	480	1358	314900	350000
青　海	137	137	940	940	18800	18800
宁　夏	3	3	1436	2133	15517	15851
新　疆	266	213	337	259	47387	13931

2—21 续表 3

加油站

项目	门店数（个）		年末从业人员（人）		年末营业面积（平方米）	
	2007年	2006年	2007年	2006年	2007年	2006年
全国	**536**	**407**	**3084**	**4149**	**532230**	**612137**
北京	29	34	244	253	6670	7820
天津						
河北						
山西						
内蒙古						
辽宁	17	20	132	115	11679	12129
吉林						
黑龙江						
上海						
江苏						
浙江						
安徽						
福建						
江西						
山东						
河南	294	121	1714	1688	159730	159230
湖北						
湖南						
广东	15	16	308	290	17180	18180
广西	21	30	206	360	22071	61203
海南						
重庆						
四川						
贵州		11		85		3575
云南						
西藏						
陕西						
甘肃	160	175	480	1358	314900	350000
青海						
宁夏						
新疆						

2—21 续表4

专卖店

项目	门店数（个）		年末从业人员（人）		年末营业面积（平方米）	
	2007年	2006年	2007年	2006年	2007年	2006年
全国	**12467**	**11929**	**68068**	**39632**	**443988**	**430622**
北京	230	203	1204	1011	17234	15230
天津	7	7	38	20	840	840
河北	9	9	45	47	900	900
山西						
内蒙古						
辽宁	26	26	71	59	800	800
吉林	172	184	354	376	10493	11050
黑龙江						
上海	648	864	1922	2635	22910	26294
江苏	68	66	219	241	1720	1650
浙江	1377	1225	5254	4475	25527	24069
安徽						
福建	4	2	9	4	100	40
江西	152	102	614	410	2575	1575
山东	9		5		600	
河南	346	370	2276	2715	23544	34919
湖北	74	76	430	446	5884	6044
湖南	3	7	9	21	240	550
广东	8729	8153	23408	22699	298189	280561
广西						
海南	31	31	104	104	950	950
重庆	58	58	130	130	1700	1700
四川	84	88	192	218	2476	2658
贵州						
云南	1	1	3	3	30	40
西藏						
陕西	400	432	31552	3888	24368	18990
甘肃						
青海	16	13	47	38	936	712
宁夏						
新疆	23	12	182	92	1972	1050

2—21　续表5

便利店

项　目	门店数（个）		年末从业人员（人）		年末营业面积（平方米）	
	2007年	2006年	2007年	2006年	2007年	2006年
全　国	**9781**	**6725**	**31134**	**22452**	**700528**	**501129**
北　京	184	163	223	166	9473	9534
天　津						
河　北	1627	797	6508	3245	127050	62829
山　西	576	411	2701	2053	38356	27352
内蒙古						
辽　宁	449	349	1791	1531	41238	31540
吉　林						
黑龙江						
上　海	1744	1697	7121	8031	89383	85575
江　苏	41	49	180	179	1765	3370
浙　江	3912	2342	8382	4646	300379	212361
安　徽						
福　建						
江　西						
山　东	27	24	54	53	2482	2444
河　南	713	590	2621	1822	47436	35555
湖　北	8	9	35	46	580	1445
湖　南						
广　东	125	72	475	121	6580	3297
广　西	75	23	484	174	5850	1725
海　南						
重　庆	229	145	440	290	9745	7985
四　川						
贵　州						
云　南						
西　藏						
陕　西						
甘　肃						
青　海	71	54	119	95	20211	16117
宁　夏						
新　疆						

2—21 续表6

仓储会员店

项　目	门店数（个）		年末从业人员（人）		年末营业面积（平方米）	
	2007年	2006年	2007年	2006年	2007年	2006年
全　国	**27**	**27**	**54**	**54**	**520**	**520**
北　京						
天　津						
河　北						
山　西						
内蒙古						
辽　宁						
吉　林						
黑龙江						
上　海						
江　苏						
浙　江						
安　徽						
福　建						
江　西						
山　东						
河　南						
湖　北	27	27	54	54	520	520
湖　南						
广　东						
广　西						
海　南						
重　庆						
四　川						
贵　州						
云　南						
西　藏						
陕　西						
甘　肃						
青　海						
宁　夏						
新　疆						

2—21　续表7

家居建材店

项　　目	门店数（个）		年末从业人员（人）		年末营业面积（平方米）	
	2007年	2006年	2007年	2006年	2007年	2006年
全　　国	**9**	**11**	**864**	**872**	**93708**	**125301**
北　　京	8	8	811	810	89937	121530
天　　津						
河　　北						
山　　西						
内 蒙 古						
辽　　宁						
吉　　林						
黑 龙 江						
上　　海						
江　　苏						
浙　　江						
安　　徽						
福　　建	1	3	53	62	3771	3771
江　　西						
山　　东						
河　　南						
湖　　北						
湖　　南						
广　　东						
广　　西						
海　　南						
重　　庆						
四　　川						
贵　　州						
云　　南						
西　　藏						
陕　　西						
甘　　肃						
青　　海						
宁　　夏						
新　　疆						

2—21 续表8

其他

项　目	门店数（个）		年末从业人员（人）		年末营业面积（平方米）	
	2007年	2006年	2007年	2006年	2007年	2006年
全　国	**3097**	**2647**	**6732**	**13188**	**153892**	**115576**
北　京	303	257	1307	1212	32449	27799
天　津						
河　北						
山　西						
内蒙古						
辽　宁						
吉　林						
黑龙江						
上　海						
江　苏						
浙　江	176	38	379	114	16165	3500
安　徽						
福　建						
江　西						
山　东	144	31	191	172	3100	3620
河　南	762	715	1863	1859	32675	34343
湖　北						
湖　南						
广　东	443	347	1329	1041	8853	6979
广　西						
海　南						
重　庆		2		4		65
四　川						
贵　州						
云　南						
西　藏						
陕　西						
甘　肃						
青　海						
宁　夏	1269	1257	1663	8786	60650	39270
新　疆						

2—22 按业态分各地区连锁零售企业经营情况

百货商店

单位:万元

项目	商品购进总额		统一配送商品购进额	
	2007年	2006年	2007年	2006年
全国	**14972752**	**12443322**	**6719173**	**5508955**
北京	1101115	919009	155029	104980
天津				
河北	134873	108255	75351	60663
山西	112129	36643		
内蒙古	42107	33912	42107	33912
辽宁				
吉林	2821	3380	2115	2535
黑龙江	178102	180723	77672	96082
上海	216716	192022	216716	192022
江苏	1555522	1259384	1339377	1041228
浙江	335774	244452	335774	244452
安徽	1912808	1610877	714416	674531
福建	55855	39940	7387	6360
江西	505142	405740	362276	324240
山东	2494575	2098257	853917	653384
河南	291693	184673	262011	157610
湖北	1560884	1381557	543976	453106
湖南	179761	156254	160000	140000
广东	1824714	1511629	1416565	1177518
广西				
海南				
重庆	2024684	1654427	6867	5389
四川	38926	40312	30409	28800
贵州	18749	18684		
云南	75730	60604	2079	1524
西藏				
陕西	289423	282366	107283	103542
甘肃				
青海	20650	20224	7847	7078
宁夏				
新疆				

2—22 续表1

百货商店

项目	自有配送中心配送商品购进额		非自有配送中心配送商品购进额	
	2007年	2006年	2007年	2006年
全国	**4387628**	**3525577**	**767138**	**619827**
北京	15710	6370		
天津				
河北	75351	60663		
山西				
内蒙古	42107	33912		
辽宁				
吉林	2115	2535		
黑龙江	77672	96082		
上海				
江苏	890687	687111	381353	288671
浙江	327706	243501		
安徽	187000	154331		
福建	3821	2982		
江西	346180	312803		
山东	771599	587794	78437	62643
河南	229216	135891	1230	329
湖北	498658	414497		
湖南	160000	140000		
广东	720978	616064	304417	266237
广西				
海南				
重庆	5167	3442	1700	1947
四川	23735	19000		
贵州				
云南	2079	1524		
西藏				
陕西				
甘肃				
青海	7847	7078		
宁夏				
新疆				

单位:万元

商品销售总额		零售额	
2007 年	2006 年	2007 年	2006 年
18007382	**14818441**	**15127320**	**12466024**
1592021	1284785	1591850	1284061
262117	209401	262117	209401
125742	114712	125742	114712
49921	41066	42450	37299
3318	3862	3318	3862
251801	224865	225382	208132
215449	216705	215449	216705
1888715	1604381	1527312	1290679
471839	337586	470081	336214
2180899	1789025	1150571	983715
71228	45322	69899	43866
576004	445887	491474	378840
3255811	2610400	2765686	2210057
299624	193106	294258	188089
1668968	1487016	1564936	1400152
131903	98220	131903	98220
2293383	1912792	2065533	1719387
2163999	1742864	1640235	1302430
42657	39132	41126	37374
17713	17558	17383	17400
96348	62521	93940	62521
323218	314729	311973	300402
24703	22506	24703	22506

2—22 续表2

超级市场

项 目	商品购进总额		统一配送商品购进额		自有配送中心配送商品购进额	
	2007年	2006年	2007年	2006年	2007年	2006年
全 国	**31517207**	**26265009**	**24719453**	**20396642**	**13373861**	**11033370**
北 京	3261387	2686478	2309929	1876114	847254	720050
天 津	463734	412246	72987	54500	51836	37881
河 北	349424	289982	211037	167391	93660	81720
山 西	264549	259225	121578	101287	67288	72646
内蒙古	32068	25231	30741	23813	4821	3497
辽 宁	381432	289233	181403	140658	1722	5105
吉 林	96302	85265	87826	79313	9690	11174
黑龙江	48581	40673	38119	32116	38119	31152
上 海	9012011	8119014	8150328	7222818	3365108	3064318
江 苏	3534499	2638159	2323410	1666218	2155956	1546504
浙 江	1834946	1482880	1728517	1424621	1254949	1056451
安 徽	302956	224042	216205	172714	203993	164651
福 建	474913	289799	273691	125702	66300	53724
江 西	63241	68812	21247	13875	4180	1005
山 东	2356142	1917852	1436718	1120715	903941	750671
河 南	608792	507919	399786	344314	233025	196494
湖 北	1059110	899184	899959	765907	690274	544639
湖 南	791776	643010	696017	577313	310324	270268
广 东	4743431	3794667	4070543	3240332	1952655	1447107
广 西	119859	124640	71483	92700	23609	25085
海 南	8227	18684	2140	1903		
重 庆	185652	146058	83725	36458	78983	31177
四 川	689071	582455	679609	577485	648959	549441
贵 州						
云 南	250851	267902	249939	267902	225608	253081
西 藏						
陕 西	395872	311147	182510	135332	21916	19581
甘 肃	15430	10885	7058	5573	7058	5573
青 海	16667	1462	16667	1462		
宁 夏	53469	48252	53469	48252	24762	20121
新 疆	102814	79855	102814	79855	87873	70254

单位:万元

非自有配送中心配送商品购进额		商品销售总额		零售额	
2007 年	2006 年	2007 年	2006 年	2007 年	2006 年
3580078	**3026565**	**40125986**	**34433463**	**33320719**	**28377495**
20533	1623	3782630	3215354	3159473	2829768
21151	16619	499382	488610	499382	488610
19150	25660	369962	299633	360782	291552
		352675	284033	352675	284033
17089	13595	36320	27947	36320	27947
101963	82593	327737	282785	327737	282785
2191	2907	101978	91754	64572	58582
		56167	44115	56167	44115
420490	388895	14320923	12969061	10567729	9372047
29838	28052	4290407	3597337	3492142	2969879
383995	286927	2040735	1662725	1971967	1611620
		298155	229190	276094	216782
8818	2588	459646	337038	437012	311937
		64201	71942	61441	69971
460077	340426	2478873	2040467	1768329	1423556
37180	30160	575774	472318	559351	469444
22039	22012	1436891	1244926	1053181	894048
1505	1516	946344	804907	944742	803448
1974761	1744820	5774821	4644530	5572952	4427834
		134774	128947	134324	128743
2140	1903	10915	19497	10915	19497
		175867	149655	175867	149655
6443	6332	690457	602048	549276	485511
5827	4803	291398	237357	289056	236051
12764	9518	391080	306389	385904	302403
		16017	11777	15090	10747
16667	1462	24398	20649	24398	20649
515	4554	56909	44410	53292	42219
14942	9601	120551	104064	120551	104064

2—22 续表 3

专业店(含加油站)

项　目	商品购进总额		统一配送商品购进额		自有配送中心配送商品购进额	
	2007 年	2006 年	2007 年	2006 年	2007 年	2006 年
全　国	**100910855**	**85517308**	**83491239**	**70555425**	**66224538**	**56986214**
北　京	5440499	4732040	2726395	2326165	1555842	1193084
天　津	203475	155560	141224	80109	140061	78810
河　北	3146017	2965052	2095016	1916110	1636601	1515887
山　西	245632	473741	117544	374169	105599	369530
内 蒙 古	2143465	1698422	2141581	1696374	2136485	1692179
辽　宁	3735972	3367621	3708176	3256504	2834149	2413417
吉　林	5661	4255	5661	4255	5661	4255
黑 龙 江	774169	575575	774169	574730	765592	574071
上　海	7011001	6051196	6846360	5885216	6531134	5596124
江　苏	19675036	15606361	17288787	15319381	9780221	9661723
浙　江	9532746	6473236	8838882	6054083	8761401	5996549
安　徽	3377016	2906753	3275722	2830512	3235055	2787405
福　建	3404868	653238	1512930	466630	338287	267184
江　西	1666674	1627256	1243971	1169680	296326	271572
山　东	6475422	6477592	5932216	5846057	5926046	5841020
河　南	4208758	3744197	2708311	2349747	2062797	1712608
湖　北	1469880	1227032	1420683	1180182	688547	565133
湖　南	3446190	3044987	3446190	3044987	3436780	3038989
广　东	13652961	12184851	8870522	7503500	8121095	6961759
广　西	2683025	2241916	1945366	1537236	1506467	1152083
海　南	734367	488267	733032	486999	733032	486999
重　庆	1525643	1275102	1481049	1230380	526180	363136
四　川	684639	470284	684639	470284	470191	291529
贵　州	1345996	3242662	1252737	1137508	1056005	923324
云　南	889807	947798	879742	942864	820687	923551
西　藏						
陕　西	18755	16076	16410	13173	4866	4655
甘　肃	1122474	1172347	1122474	1172347	1122474	1172347
青　海	5561	4816	5561	4816	3138	2510
宁　夏	499187	322772	495292	319313	495292	318633
新　疆	1785963	1366307	1780599	1362116	1128527	806149

单位:万元

非自有配送中心配送商品购进额		商品销售总额		零售额	
2007年	2006年	2007年	2006年	2007年	2006年
10546416	**8306782**	**105733217**	**88676164**	**71772585**	**58122596**
27167	35392	5998711	5142900	4459442	3896405
		213999	159501	180868	118945
3125	2641	3429669	3178838	2554785	2248150
552	449	338769	263027	258653	174591
		2114872	1695154	2109809	1692305
851114	814552	3961253	3444526	3584127	3205082
		6937	5181	6937	5181
8577	659	718908	591261	617616	499995
88878	73154	7272629	6444293	5589916	4829227
7473493	5646488	20493150	16541805	12431999	9722376
44242	28921	8369720	7031692	5575247	3780588
37322	36364	3766273	3216597	2189208	1887077
28375	23167	3673828	674132	2258470	532902
646465	609432	1728893	1576934	1183571	1066155
455		7021077	6847827	2718965	2635231
83643	76603	4778957	3877349	3490135	2647509
185	180	1420174	1202056	902946	732250
2018	918	3604132	3145622	3025532	2807216
563925	372976	14600555	12981052	9950320	8235283
		2851256	2464479	1643934	1428498
		586977	532774	526546	392922
		1704021	1342429	1433339	1133418
		631423	517892	618074	501842
13604	9714	1512474	1386242	1167741	1029229
21203	18527	1253682	1342093	630172	613990
		18178	16608	18178	16608
		1198977	1069565	1197728	1067397
		6533	6873	6533	6873
	680	547826	474284	538336	466301
652072	555967	1909364	1503181	903462	749053

2—22 续表 4

加油站

项目	商品购进总额		统一配送商品购进额		自有配送中心配送商品购进额	
	2007 年	2006 年	2007 年	2006 年	2007 年	2006 年
全国	**52522643**	**45551096**	**40907073**	**34215048**	**29614404**	**23887806**
北京	2865701	2551697	338544	327645		
天津						
河北	2594526	2476317	1546096	1429535	1546096	1429535
山西						
内蒙古						
辽宁	3683237	3225974	3683237	3225974	2832123	2411422
吉林						
黑龙江	508142	378488	508142	378488	508142	378488
上海						
江苏	7085209	6392479	7085209	6392479	1217351	1025006
浙江	7769854	5004460	7100311	4610066	7100311	4610066
安徽	49437	45628	49437	45628	49437	45628
福建	2029365	311255	295903	247659	216357	177442
江西	1273162	1267454	923504	890131	60564	63353
山东	13753	13186	13753	13186	13753	13186
河南	3331555	3018628	2036221	1808682	1471606	1237173
湖北	291835	254501	291835	254501	135885	111317
湖南	2978217	2623642	2978217	2623642	2978217	2623642
广东	10433741	9375492	7127086	6106220	6526307	5703256
广西	2468577	2072215	1807441	1414509	1406215	1071340
海南	731234	486332	731234	486332	731234	486332
重庆	951619	865135	951619	865135		
四川	51721	43546	51721	43546	51721	43546
贵州	1217320	3181484	1193126	1088505	1011082	885095
云南						
西藏						
陕西						
甘肃	1103980	1153986	1103980	1153986	1103980	1153986
青海						
宁夏						
新疆	1090459	809197	1090459	809197	654025	417991

单位:万元

非自有配送中心配送商品购进额		商品销售总额		零售额	
2007 年	2006 年	2007 年	2006 年	2007 年	2006 年
8227681	**7428389**	**54864220**	**46620548**	**37583166**	**29523224**
		3336257	2962647	1941414	1803294
		2800689	2659985	2085701	1887724
851114	814552	3825835	3293870	3516169	3054426
		428907	351183	327618	259966
5867859	5367473	7544394	6869413	4644862	3117842
		6430056	5404413	4665622	3035729
		54930	51039	22187	20898
113		2249986	331095	1350563	200584
561760	538103	1271995	1161201	814260	722211
		13753	13775	13753	13775
58784	55511	3721644	2994465	2713106	2038596
		215475	208252	63770	57833
		3088920	2653859	2513022	2318108
451617	261544	11290820	10166770	7216541	6061974
		2655132	2307690	1482438	1299260
		579101	527302	518670	387450
		1123719	923116	914443	766986
		56631	46764	46508	37602
		1351447	1271649	1006845	914815
		507162	497644	60859	59943
		1176465	1051846	1176465	1051846
436435	391206	1140903	872569	488351	412365

2—22 续表 5

专卖店

项目	商品购进总额		统一配送商品购进额		自有配送中心配送商品购进额	
	2007 年	2006 年	2007 年	2006 年	2007 年	2006 年
全国	**4851424**	**4232246**	**4455606**	**3870821**	**3312930**	**2838543**
北京	532871	616073	441835	528966	146772	123284
天津	422023	381780	377383	323516	366524	315613
河北	2930	2302	2930	2302	2930	2302
山西	12692	11060	12692	11060	4316	2858
内蒙古						
辽宁	46045	47394	45592	47077	10056	9815
吉林	27915	21497	27915	21497	26270	20201
黑龙江						
上海	33115	31484	33115	31484	30159	28270
江苏	293811	225289	293811	225289	293811	225289
浙江	262123	208451	262123	208451	239976	195213
安徽	41623	35811	1276	1454	1276	1454
福建	325049	272423	197815	163268	49097	48319
江西	21552	10313	18465	8758	12368	6928
山东	79532	68138	64111	53849	48101	37642
河南	153340	122895	130136	104000	97245	89713
湖北	90962	81347	90962	81347	87602	78981
湖南	7369	6537	7209	6282	7209	6282
广东	2361957	1944502	2318553	1921141	1792069	1541385
广西	14310	12143	14310	12143	14310	12143
海南	824	461				
重庆	7744	6303	7744	6303	1590	1386
四川	30472	23180	30472	23180	22311	15199
贵州						
云南	2469	1699	2451	1679	2451	1679
西藏						
陕西	22339	15765	16405	11987		
甘肃						
青海	436	538	382	482	313	416
宁夏	4648	6669	4648	6669	4648	6669
新疆	53273	78194	53273	68637	51527	67503

单位:万元

非自有配送中心配送商品购进额		商品销售总额		零售额	
2007年	2006年	2007年	2006年	2007年	2006年
340379	**428944**	**5808951**	**4895371**	**4745664**	**3912999**
248239	355912	684667	684980	565904	442878
		393386	340488	377359	328310
		3303	2523	3303	2523
		40175	39102	36038	36754
31466	32130	48539	50403	48539	50403
		37758	23920	37758	23920
		87303	77556	87303	77556
		378506	241679	95459	81527
		354938	313205	273981	245055
		44251	40200	44237	39956
		349849	274058	330062	251475
6097	1830	24040	10551	21880	9351
7465	7509	82990	72725	80176	68092
14133	13675	210991	191293	188100	172301
		141282	115457	58374	45760
		10923	9873	10923	9873
23075	8773	2755436	2274156	2341366	1905781
		14299	11989	14299	11989
		1968	1604	1968	1604
		12884	11702	12730	11442
8161	7982	38086	26539	28789	18579
		2311	1946	643	896
		27346	21993	27346	21993
		421	476	421	476
		4290	6743	4290	6743
1746	1134'	59011	50212	54417	47763

2—22 续表 6

便利店

项目	商品购进总额		统一配送商品购进额		自有配送中心配送商品购进额	
	2007 年	2006 年	2007 年	2006 年	2007 年	2006 年
全国	**2256305**	**1834656**	**2009281**	**1699456**	**736811**	**689929**
北京	172339	145273	130590	118954	41703	50400
天津	43130	80842	37676	80842	37676	80842
河北	31527	15952	24242	10345	24242	10345
山西	57599	42768	57599	42768	3406	2561
内蒙古						
辽宁	126796	108761	93671	77642	82494	66836
吉林						
黑龙江						
上海	1087347	865810	1056608	838077	78933	68852
江苏	44652	35712	44297	35712	19419	17373
浙江	313613	227387	297531	215422	260894	186299
安徽	1425	1097	1425	1097		
福建	5040	5473	5040	5473	1466	1610
江西	1825	1658	1825	1658	1540	1658
山东	92113	73682	20613	69153	20381	68908
河南	41190	23296	20333	12376	9261	7030
湖北	18347	17131	18111	15932	11444	9001
湖南	8858	6347	8858	6347	6279	4001
广东	154865	134206	147768	129038	122410	101114
广西	9269	8000	3005	2379	1430	1115
海南						
重庆	5918	4949	1701	1361	1589	1264
四川						
贵州	6283	4403	4628	3381		
云南						
西藏						
陕西	410	410				
甘肃						
青海	33761	31500	33761	31500	12243	10722
宁夏						
新疆						

单位:万元

非自有配送中心配送商品购进额		商品销售总额		零售额	
2007年	2006年	2007年	2006年	2007年	2006年
701849	**509255**	**2656934**	**2230822**	**2466036**	**2057968**
31051	20726	184729	145922	184245	142115
		44130	78315	37382	78315
		60730	24672	60730	24672
		59428	45016	52228	33222
11167	10806	125575	111460	98431	77526
581997	407913	1331705	1164810	1222853	1062648
8025	5171	51926	41189	51926	40340
36637	29123	326638	252327	307702	246064
		1425	1166	1425	1166
3420	3756	8611	8196	8611	8196
285		1517	1378	1517	1378
232	244	87257	73687	84760	70470
360	310	41205	23032	35640	23032
	529	19953	18086	10843	10587
2579	2346	9386	7285	9386	7285
25358	27924	244496	183678	244496	183678
739	408	12197	11411	11258	10999
		3707	2552	3707	2552
		6871	4875	5342	3160
		300	330	300	330
		35150	31435	33256	30234

2—22 续表7

仓储会员店

项　目	商品购进总额		统一配送商品购进额		自有配送中心配送商品购进额	
	2007年	2006年	2007年	2006年	2007年	2006年
全　国	**305027**	**218010**	**158065**	**99956**	**12376**	**7383**
北　京	252222	176817	149412	92573	3723	
天　津						
河　北						
山　西						
内蒙古						
辽　宁						
吉　林						
黑龙江						
上　海						
江　苏						
浙　江						
安　徽						
福　建	44153	33810				
江　西						
山　东						
河　南						
湖　北	8653	7383	8653	7383	8653	7383
湖　南						
广　东						
广　西						
海　南						
重　庆						
四　川						
贵　州						
云　南						
西　藏						
陕　西						
甘　肃						
青　海						
宁　夏						
新　疆						

单位:万元

非自有配送中心配送商品购进额		商品销售总额		零售额	
2007年	2006年	2007年	2006年	2007年	2006年
145689	**92263**	**336960**	**248113**	**336960**	**248113**
145689	92263	272521	201265	272521	201265
		55578	38100	55578	38100
		8861	8748	8861	8748

2—22 续表 8

家具建材商店

项 目	商品购进总额		统一配送商品购进额		自有配送中心配送商品购进额	
	2007 年	2006 年	2007 年	2006 年	2007 年	2006 年
全 国	**430348**	**540741**	**217436**	**345497**	**89340**	**97970**
北 京	168469	264287	93806	210964		
天 津	66363	67400				
河 北						
山 西						
内 蒙 古						
辽 宁						
吉 林						
黑 龙 江						
上 海						
江 苏	28678	31255	28678	31255		
浙 江	23271	22152	23271	22152	23271	22152
安 徽						
福 建	5613	5308	5613	5308		
江 西						
山 东	6013	5473				
河 南						
湖 北						
湖 南						
广 东	131941	144866	66069	75818	66069	75818
广 西						
海 南						
重 庆						
四 川						
贵 州						
云 南						
西 藏						
陕 西						
甘 肃						
青 海						
宁 夏						
新 疆						

单位:万元

非自有配送中心配送商品购进额		商品销售总额		零售额	
2007年	2006年	2007年	2006年	2007年	2006年
		595909	**574821**	**593732**	**572022**
		278939	250607	278939	250242
		66159	67428	66159	67428
		32980	34552	32980	34552
		29490	27400	29490	27400
		6402	7159	4225	4725
		11224	12675	11224	12675
		170716	175000	170716	175000

2—22 续表 9

其他

项目	商品购进总额		统一配送商品购进额		自有配送中心配送商品购进额	
	2007 年	2006 年	2007 年	2006 年	2007 年	2006 年
全国	**3926262**	**3423130**	**3653826**	**3180697**	**2432831**	**2118160**
北京	113689	81270	64575	50553	64575	50553
天津	1330294	1193196	1328740	1173853	433417	335446
河北	5413	5653	5413	5653	5413	5653
山西						
内蒙古						
辽宁						
吉林	52629	46440	34369	30779		
黑龙江						
上海	118498	75787	118498	75787		
江苏	889938	831620	889938	831620	889938	831620
浙江	12584	10152	12126	9500	6761	9500
安徽	42142	38373	1108	865	1108	865
福建	27167	13141	27167	13141	1160	1118
江西						
山东	453180	369184	342940	273563	342940	273563
河南	175756	149611	136095	117761	85666	76503
湖北						
湖南						
广东	273469	229528	273469	229528	215564	189094
广西						
海南						
重庆	561	668	465	501	96	501
四川	5345	2987	5345	2987	5345	2987
贵州						
云南	97118	83733	96761	83483	96373	82346
西藏						
陕西	18687	17246	7026	6581	2760	2715
甘肃	1377	1227	1377	1227	1377	1227
青海						
宁夏	31542	10795	31542	10795	21799	10795
新疆	276871	262521	276871	262521	258539	243675

单位:万元

非自有配送中心配送商品购进额		商品销售总额		零售额	
2007 年	2006 年	2007 年	2006 年	2007 年	2006 年
991624	**856687**	**4278108**	**3644613**	**2305171**	**1890537**
		144046	103885	142295	102034
778025	712889	1376134	1196230	732687	584247
		6684	5799	3481	3348
34369	30779	74105	63552	71543	55905
118498	75787	111422	80459	111422	80459
		862891	801178	399349	377435
		12221	10550	7970	2676
		40244	36140	40244	36140
26007	12023	30296	13587	30296	13587
		649235	530248	184612	158473
6650	6363	184750	150667	127501	104570
		342036	283050	268978	235757
		767	977	347	414
		5397	2812	5397	2812
		74022	59939	69330	57058
		19998	18060	19887	18039
		1491	1307	1435	1301
9743		31644	10141	31644	10141
18332	18846	310725	276033	56754	46143

2—23 按业态分各地区

百货商店

项目	商品购进总额		统一配送商品购进额		自有配送中心配送商品购进额	
	2007年	2006年	2007年	2006年	2007年	2006年
全国	**14245806**	**11813836**	**6458926**	**5289503**	**4252194**	**3429021**
北京	1101115	919009	155029	104980	15710	6370
天津						
河北	134873	108255	75351	60663	75351	60663
山西	112129	36643				
内蒙古	42107	33912	42107	33912	42107	33912
辽宁						
吉林	2821	3380	2115	2535	2115	2535
黑龙江	178102	180723	77672	96082	77672	96082
上海	216716	192022	216716	192022		
江苏	1243775	947733	1243775	947733	862422	659063
浙江	335543	244236	335543	244236	327706	243501
安徽	1856719	1544717	658328	608371	162167	131271
福建	53032	37211	7099	6085	3821	2982
江西	505142	405740	362276	324240	346180	312803
山东	2278364	1949215	789960	621398	714513	562596
河南	278997	175158	253813	151614	221818	130095
湖北	1560884	1381557	543976	453106	498658	414497
湖南	179761	156254	160000	140000	160000	140000
广东	1698784	1421728	1380795	1156233	703239	601648
广西						
海南						
重庆	2024605	1654427	6788	5389	5088	3442
四川	38926	40312	30409	28800	23735	19000
贵州	18749	18684				
云南	75508	60412	2046	1485	2046	1485
西藏						
陕西	288504	282286	107283	103542		
甘肃						
青海	20650	20224	7847	7078	7847	7078
宁夏						
新疆						

连锁零售企业直营门店经营情况

单位:万元

非自有配送中心配送商品购进额		商品销售总额		零售额	
2007年	2006年	2007年	2006年	2007年	2006年
759468	**612838**	**17066135**	**13946143**	**14191541**	**11601110**
		1592021	1284785	1591850	1284061
		262117	209401	262117	209401
		125742	114712	125742	114712
		49921	41066	42450	37299
		3318	3862	3318	3862
		251801	224865	225382	208132
		215449	216705	215449	216705
381353	288671	1473053	1188847	1111650	875145
		471624	337348	469865	335976
		2115199	1716725	1084871	911415
		67822	42457	66493	41001
		576004	445887	491474	378840
71567	55854	2993257	2365710	2505899	1970252
430	129	287173	184045	284507	181528
		1668968	1487016	1564936	1400152
		131903	98220	131903	98220
304417	266237	2113890	1785765	1886040	1592359
1700	1947	2163926	1742864	1640162	1302430
		42657	39132	41126	37374
		17713	17558	17383	17400
		96125	62329	93717	62329
		321749	314338	310504	300011
		24703	22506	24703	22506

2—23 续表1

超级市场

项目	商品购进总额		统一配送商品购进额		自有配送中心配送商品购进额	
	2007年	2006年	2007年	2006年	2007年	2006年
全国	**26351528**	**22187699**	**21183138**	**17651809**	**11546928**	**9567945**
北京	3154417	2663418	2217110	1853054	814977	708425
天津	463734	412246	72987	54500	51836	37881
河北	335701	278598	206566	164732	89190	79061
山西	264549	259225	121578	101287	67288	72646
内蒙古	32068	25231	30741	23813	4821	3497
辽宁	381432	289233	181403	140658	1722	5105
吉林	96302	85265	87826	79313	9690	11174
黑龙江	48581	40673	38119	32116	38119	31152
上海	6050985	5712349	5550641	5160648	2189471	2072062
江苏	2310503	1636967	2246286	1590846	2092884	1482394
浙江	1643794	1336320	1548854	1284888	1140484	965519
安徽	252036	186754	165285	135521	153073	127458
福建	473010	288745	271788	124648	66247	53676
江西	62952	68812	20958	13875	3891	1005
山东	2211641	1845858	1331528	1078255	799028	708210
河南	577315	494930	381593	335511	220302	191041
湖北	1047631	892162	888796	759127	679531	538120
湖南	768937	613796	673228	548147	287535	241102
广东	4428353	3537797	3763491	2989528	1769741	1309094
广西	87539	94989	61111	68638	23160	19603
海南	7454	17964	2140	1903		
重庆	182532	145679	82245	36210	77542	30929
四川	640758	544010	631296	539040	600646	510995
贵州						
云南	247353	266421	247353	266421	224146	252267
西藏						
陕西	395872	311147	182510	135332	21916	19581
甘肃	15430	10885	7058	5573	7058	5573
青海	16667	1462	16667	1462		
宁夏	53469	48252	53469	48252	24762	20121
新疆	100513	78512	100513	78512	87873	70254

单位:万元

非自有配送中心配送商品购进额		商品销售总额		零售额	
2007年	2006年	2007年	2006年	2007年	2006年
3383604	**2860803**	**34360214**	**29461067**	**27596695**	**23439002**
20533	1623	3702038	3180607	3078881	2795020
21151	16619	499382	488610	499382	488610
19150	25660	355422	287563	346242	279482
		352675	284033	352675	284033
17089	13595	36320	27947	36320	27947
101963	82593	327737	282785	327737	282785
2191	2907	101978	91754	64572	58582
		56167	44115	56167	44115
417854	386306	10855134	10117711	7101939	6520697
29783	27513	2952515	2201438	2154871	1574131
321318	241068	1847735	1525982	1785476	1477354
		250494	197577	242449	193368
8818	2588	458017	335897	435383	310796
		63719	71942	60959	69971
459800	340426	2350372	1973144	1657900	1365427
32790	27518	548418	463952	534227	462059
22039	22012	1425792	1238505	1042081	887627
1505	1516	924932	756839	923329	755380
1850623	1632029	5426007	4339921	5224137	4123225
		104543	99387	104094	99183
2140	1903	10170	18840	10170	18840
		172718	149304	172718	149304
6443	6332	643511	562377	502627	458741
5827	4803	287667	235674	285325	234368
12764	9518	391080	306389	385904	302403
		16017	11777	15090	10747
16667	1462	24398	20649	24398	20649
515	4554	56909	44410	53292	42219
12640	8258	118351	101940	118351	101940

2—23 续表 2

专业店(含加油站)

项目	商品购进总额		统一配送商品购进额		自有配送中心配送商品购进额	
	2007 年	2006 年	2007 年	2006 年	2007 年	2006 年
全国	**95966024**	**79669078**	**79983400**	**65882580**	**62807446**	**52390041**
北京	5255055	4577866	2672272	2294617	1503432	1162767
天津	203350	155400	141098	79950	140061	78810
河北	3145320	2964336	2094319	1915394	1635904	1515170
山西	243398	470747	115310	371174	105359	369320
内蒙古	2143160	1698422	2141276	1696374	2136485	1692179
辽宁	3689260	3299236	3663769	3201161	2795266	2367516
吉林	5661	4255	5661	4255	5661	4255
黑龙江	768197	571213	768197	570784	765549	570125
上海	6506497	5609857	6341856	5443878	6026630	5154785
江苏	17751169	12678708	15781551	12485492	8278264	6836102
浙江	9381627	6332988	8710959	5938420	8643786	5883593
安徽	3230055	2772917	3128761	2696676	3104461	2669668
福建	3403751	652290	1512009	465733	337579	266611
江西	1603267	1552947	1236569	1164301	296326	271572
山东	5584357	5520583	5479145	5370306	5472975	5365269
河南	3977847	3521168	2646369	2291925	2020543	1672527
湖北	1464615	1223933	1416378	1177726	684959	563298
湖南	3421213	3027228	3421213	3027228	3414936	3024181
广东	13251461	11818714	8650432	7312252	7905545	6773483
广西	2613976	2182420	1883366	1486097	1444615	1101336
海南	734367	488267	733032	486999	733032	486999
重庆	1481343	1239758	1440778	1196213	485910	328971
四川	678785	465095	678785	465095	465683	287341
贵州	1329013	3213231	1241498	1128214	1044767	914310
云南	817657	894161	807593	889227	748541	869914
西藏						
陕西	11990	11905	10827	9309	4866	4655
甘肃	1007396	1040747	1007396	1040747	1007396	1040747
青海	5561	4816	5561	4816	3138	2510
宁夏	498264	321605	494369	318146	494369	317466
新疆	1758416	1354265	1753052	1350074	1101411	794560

单位:万元

非自有配送中心配送商品购进额		商品销售总额		零售额	
2007 年	2006 年	2007 年	2006 年	2007 年	2006 年
10479152	**8256664**	**100494879**	**82452347**	**68079340**	**53464781**
25648	34278	5688923	4874122	4334450	3806015
		213935	159459	180804	118903
3125	2641	3428958	3178076	2554216	2247617
552	449	336550	260083	256433	171647
		2114606	1695154	2109786	1692305
851114	814552	3875501	3335733	3532218	3096289
		6937	5181	6937	5181
2648	659	711046	586974	609757	495708
88878	73154	6769447	5985114	5086735	4370048
7468368	5638219	18570284	13464655	11347864	7603118
33995	26270	8206869	6883514	5553351	3765770
20955	20408	3611665	3089796	2186337	1884522
28375	23167	3672367	672997	2257008	531768
639063	604053	1650078	1490474	1105638	980242
455		6098039	5871393	1825295	1703717
69793	64224	4541642	3651677	3274739	2442677
185	180	1411542	1197897	894714	728091
164	254	3578887	3127813	3000287	2789407
559385	370003	14109973	12542517	9530227	7865361
		2781339	2404176	1593262	1381238
		586977	532774	526546	392922
		1654223	1303542	1383849	1094921
		624456	511811	611106	495761
13604	9434	1492362	1356848	1147629	999835
21203	18527	1210321	1325815	620283	609604
		12539	11638	12539	11638
		1100753	962122	1099504	959953
		6533	6873	6533	6873
	680	546903	473117	537413	465134
651641	555514	1881226	1491003	893882	748521

2—23 续表3

加油站

项　目	商品购进总额		统一配送商品购进额		自有配送中心配送商品购进额	
	2007年	2006年	2007年	2006年	2007年	2006年
全　国	**51967082**	**44971285**	**40644474**	**33934462**	**29351806**	**23607220**
北　京	2734596	2429272	338544	327645		
天　津						
河　北	2594526	2476317	1546096	1429535	1546096	1429535
山　西						
内蒙古						
辽　宁	3645048	3180730	3645048	3180730	2793934	2366178
吉　林						
黑龙江	508142	378488	508142	378488	508142	378488
上　海						
江　苏	7085209	6392479	7085209	6392479	1217351	1025006
浙　江	7769854	5004460	7100311	4610066	7100311	4610066
安　徽	49437	45628	49437	45628	49437	45628
福　建	2029365	311255	295903	247659	216357	177442
江　西	1273162	1267454	923504	890131	60564	63353
山　东	13753	13186	13753	13186	13753	13186
河　南	3176747	2865271	2036221	1808682	1471606	1237173
湖　北	291835	254501	291835	254501	135885	111317
湖　南	2978217	2623642	2978217	2623642	2978217	2623642
广　东	10383041	9319597	7076386	6050326	6475607	5647361
广　西	2402896	2016010	1748809	1366661	1347583	1023492
海　南	731234	486332	731234	486332	731234	486332
重　庆	951619	865135	951619	865135		
四　川	51721	43546	51721	43546	51721	43546
贵　州	1217320	3166397	1193126	1088505	1011082	885095
云　南						
西　藏						
陕　西						
甘　肃	988902	1022387	988902	1022387	988902	1022387
青　海						
宁　夏						
新　疆	1090459	809197	1090459	809197	654025	417991

单位:万元

非自有配送中心配送商品购进额		商品销售总额		零售额	
2007 年	2006 年	2007 年	2006 年	2007 年	2006 年
8227681	**7428389**	**54149344**	**45923013**	**37095117**	**29029890**
		3061443	2722262	1850057	1740514
		2800689	2659985	2085701	1887724
851114	814552	3787646	3248626	3477980	3009182
		428907	351183	327618	259966
5867859	5367473	7544394	6869413	4644862	3117842
		6430056	5404413	4665622	3035729
		54930	51039	22187	20898
113		2249986	331095	1350563	200584
561760	538103	1271995	1161201	814260	722211
		13753	13775	13753	13775
58784	55511	3568669	2842132	2561068	1887604
		215475	208252	63770	57833
		3088920	2653859	2513022	2318108
451617	261544	11205826	10085018	7154737	5992433
		2589451	2251485	1436001	1256098
		579101	527302	518670	387450
		1123719	923116	914443	766986
		56631	46764	46508	37602
		1351447	1257478	1006845	900643
		507162	497644	60859	59943
		1078241	944403	1078241	944403
436435	391206	1140903	872569	488351	412365

2—23 续表4

专卖店

项目	商品购进总额		统一配送商品购进额		自有配送中心配送商品购进额	
	2007年	2006年	2007年	2006年	2007年	2006年
全国	**4249996**	**3741670**	**3889810**	**3398912**	**3025877**	**2578252**
北京	504264	594764	414978	509579	121468	105440
天津	421498	381279	377383	323516	366524	315613
河北	2790	2192	2790	2192	2790	2192
山西	12692	11060	12692	11060	4316	2858
内蒙古						
辽宁	44876	46149	44423	45833	9937	9704
吉林	22870	16201	22870	16201	21270	15001
黑龙江						
上海	20757	13360	20757	13360	17801	10146
江苏	284046	215286	284046	215286	284046	215286
浙江	195103	150381	195103	150381	172956	137143
安徽	41623	35811	1276	1454	1276	1454
福建	324995	272370	197761	163215	49043	48266
江西	9976	5082	9976	5082	3880	3252
山东	78252	68138	62831	53849	46822	37642
河南	109158	81205	85954	62309	62849	55739
湖北	86950	77778	86950	77778	83590	75412
湖南	7357	6487	7209	6282	7209	6282
广东	1968315	1632806	1955014	1623719	1679804	1434849
广西	14310	12143	14310	12143	14310	12143
海南	671	438				
重庆	7434	6003	7434	6003	1280	1086
四川	23929	20460	23929	20460	15768	12478
贵州						
云南	2467	1696	2451	1679	2451	1679
西藏						
陕西	8044	5587	2110	1810		
甘肃						
青海	367	472	313	416	313	416
宁夏	4648	6669	4648	6669	4648	6669
新疆	52602	77854	52602	68637	51527	67503

单位:万元

非自有配送中心配送商品购进额		商品销售总额		零售额	
2007 年	2006 年	2007 年	2006 年	2007 年	2006 年
318761	**420749**	**5067684**	**4247087**	**4156705**	**3401330**
247916	355730	652016	655584	533253	413481
		392702	339987	376676	327809
		3173	2412	3173	2412
		40175	39102	36038	36754
31466	32130	47442	48813	47442	48813
		31067	17983	31067	17983
		50937	27570	50937	27570
		365627	228951	84521	71588
		261233	222917	208633	181305
		44251	40200	44237	39956
		349849	274058	330062	251475
6097	1830	8269	4583	8269	4583
7465	7509	82787	72725	79973	68092
5005	6570	171909	147421	149018	128429
		133238	109925	50331	40229
		10897	9833	10897	9833
11578	7865	2289999	1891118	1995779	1628830
		14299	11989	14299	11989
		1815	1582	1815	1582
		12599	11418	12445	11158
8161	7982	31463	23735	22166	15775
		2307	1941	640	893
		7373	6282	7373	6282
		355	412	355	412
		4290	6743	4290	6743
1075	1134	57613	49804	53019	47355

2—23 续表5

便利店

项目	商品购进总额		统一配送商品购进额		自有配送中心配送商品购进额	
	2007年	2006年	2007年	2006年	2007年	2006年
全国	**1794038**	**1480573**	**1596185**	**1381109**	**550569**	**571192**
北京	170212	143853	128822	117957	41138	50058
天津	43130	80842	37676	80842	37676	80842
河北	25857	11910	18659	6473	18659	6473
山西	14521	13804	14521	13804	754	567
内蒙古						
辽宁	83521	70713	70864	56038	65169	50421
吉林						
黑龙江						
上海	921121	707538	899088	686971	60282	55131
江苏	40724	32738	40532	32738	19334	16357
浙江	152324	129095	140244	121433	127166	107914
安徽	1425	1097	1425	1097		
福建	5040	5473	5040	5473	1466	1610
江西	1825	1658	1825	1658	1540	1658
山东	91680	73253	20533	69064	20301	68820
河南	22230	13863	15618	9284	7507	5828
湖北	18111	16393	18111	15650	11444	8726
湖南	8858	6347	8858	6347	6279	4001
广东	146401	129531	139856	124457	117432	100273
广西	8433	7577	2170	1955	1430	1115
海南						
重庆	5080	4364	863	775	751	678
四川						
贵州	6283	4403	4628	3381		
云南						
西藏						
陕西	410	410				
甘肃						
青海	26854	25713	26854	25713	12243	10722
宁夏						
新疆						

单位:万元

非自有配送中心配送商品购进额		商品销售总额		零售额	
2007 年	2006 年	2007 年	2006 年	2007 年	2006 年
612182	**435980**	**2088775**	**1787695**	**1950685**	**1680129**
29848	20071	181984	144122	181500	140316
		44130	78315	37382	78315
		26730	14730	26730	14730
		15407	13408	11657	13215
5696	5616	85188	75090	63850	55702
529275	361989	1088120	925631	1016572	862373
4595	3315	47519	37492	47519	36869
13078	13519	168814	154562	150605	148299
		1425	1166	1425	1166
3420	3756	8611	8196	8611	8196
285		1517	1378	1517	1378
232	244	86810	73309	84312	70092
12	10	22049	13364	22004	13364
	522	19716	17730	10606	10240
2579	2346	9386	7285	9386	7285
22423	24184	233696	179323	233696	179323
739	408	10390	10529	9451	10117
		2778	1966	2778	1966
		6871	4875	5342	3160
		300	330	300	330
		27337	24894	25443	23693

2—23 续表 6

仓储会员店

项　目	商品购进总额		统一配送商品购进额		自有配送中心配送商品购进额	
	2007 年	2006 年	2007 年	2006 年	2007 年	2006 年
全　国	**299777**	**213530**	**152815**	**95477**	**7126**	**2904**
北　京	252222	176817	149412	92573	3723	
天　津						
河　北						
山　西						
内蒙古						
辽　宁						
吉　林						
黑龙江						
上　海						
江　苏						
浙　江						
安　徽						
福　建	44153	33810				
江　西						
山　东						
河　南						
湖　北	3403	2904	3403	2904	3403	2904
湖　南						
广　东						
广　西						
海　南						
重　庆						
四　川						
贵　州						
云　南						
西　藏						
陕　西						
甘　肃						
青　海						
宁　夏						
新　疆						

单位:万元

非自有配送中心配送商品购进额		商品销售总额		零售额	
2007年	2006年	2007年	2006年	2007年	2006年
145689	**92263**	**331583**	**242805**	**331583**	**242805**
145689	92263	272521	201265	272521	201265
		55578	38100	55578	38100
		3485	3440	3485	3440

2—23 续表 7

家具建材商店

项　目	商品购进总额		统一配送商品购进额		自有配送中心配送商品购进额	
	2007 年	2006 年	2007 年	2006 年	2007 年	2006 年
全　国	**400552**	**504496**	**187641**	**309253**	**89340**	**97970**
北　京	141150	229631	66487	176308		
天　津	66363	67400				
河　北						
山　西						
内蒙古						
辽　宁						
吉　林						
黑龙江						
上　海						
江　苏	28678	31255	28678	31255		
浙　江	23271	22152	23271	22152	23271	22152
安　徽						
福　建	3136	3720	3136	3720		
江　西						
山　东	6013	5473				
河　南						
湖　北						
湖　南						
广　东	131941	144866	66069	75818	66069	75818
广　西						
海　南						
重　庆						
四　川						
贵　州						
云　南						
西　藏						
陕　西						
甘　肃						
青　海						
宁　夏						
新　疆						

单位:万元

非自有配送中心配送商品购进额		商品销售总额		零售额	
2007 年	2006 年	2007 年	2006 年	2007 年	2006 年
		561975	**541303**	**561003**	**539665**
		248548	220502	248548	220137
		66159	67428	66159	67428
		32980	34552	32980	34552
		29490	27400	29490	27400
		2859	3746	1887	2473
		11224	12675	11224	12675
		170716	175000	170716	175000

2—23 续表 8

其他

项目	商品购进总额		统一配送商品购进额		自有配送中心配送商品购进额	
	2007 年	2006 年	2007 年	2006 年	2007 年	2006 年
全国	**3794985**	**3333864**	**3539888**	**3105043**	**2376646**	**2076500**
北京	92010	64863	42896	34147	42896	34147
天津	1330294	1193196	1328740	1173853	433417	335446
河北	5413	5653	5413	5653	5413	5653
山西						
内蒙古						
辽宁						
吉林	52629	46440	34369	30779		
黑龙江						
上海	118498	75787	118498	75787		
江苏	889938	831620	889938	831620	889938	831620
浙江	3330	2652	2872	2000	2872	2000
安徽	42142	38373	1108	865	1108	865
福建	27167	13141	27167	13141	1160	1118
江西						
山东	451060	367148	342900	273527	342900	273527
河南	113673	100594	89269	80346	82012	73082
湖北						
湖南						
广东	268345	225653	268345	225653	210440	185219
广西						
海南						
重庆	561	658	465	501	96	501
四川	5345	2987	5345	2987	5345	2987
贵州						
云南	97118	83733	96761	83483	96373	82346
西藏						
陕西	18687	17246	7026	6581	2760	2715
甘肃	1377	1227	1377	1227	1377	1227
青海						
宁夏	527	374	527	374		374
新疆	276871	262521	276871	262521	258539	243675

单位:万元

非自有配送中心配送商品购进额		商品销售总额		零售额	
2007 年	2006 年	2007 年	2006 年	2007 年	2006 年
975758	**850324**	**4126517**	**3535042**	**2189459**	**1814846**
		111663	79691	110776	78751
778025	712889	1376134	1196230	732687	584247
		6684	5799	3481	3348
34369	30779	74105	63552	71543	55905
118498	75787	111422	80459	111422	80459
		862891	801178	399349	377435
		3791	3150	2815	2676
		40244	36140	40244	36140
26007	12023	30296	13587	30296	13587
		647330	528048	184607	158472
		119572	95640	92163	72913
		329486	272154	256428	224861
		767	958	347	395
		5397	2812	5397	2812
		74022	59939	69330	57058
		19998	18060	19887	18039
		1491	1307	1435	1301
527		500	306	500	306
18332	18846	310725	276033	56754	46143

2—24 按业态分各地区

百货商店

项　目	商品购进总额		统一配送商品购进额		自有配送中心配送商品购进额	
	2007年	2006年	2007年	2006年	2007年	2006年
全　国	**726947**	**629486**	**260247**	**219452**	**135434**	**96557**
北　京						
天　津						
河　北						
山　西						
内蒙古						
辽　宁						
吉　林						
黑龙江						
上　海						
江　苏	311746	311651	95602	93495	28265	28049
浙　江	231	216	231	216		
安　徽	56089	66160	56089	66160	24834	23060
福　建	2823	2729	288	275		
江　西						
山　东	216212	149043	63956	31987	57086	25197
河　南	12696	9515	8198	5996	7398	5796
湖　北						
湖　南						
广　东	125930	89901	35770	21285	17739	14416
广　西						
海　南						
重　庆	79		79		79	
四　川						
贵　州						
云　南	222	192	33	38	33	38
西　藏						
陕　西	919	80				
甘　肃						
青　海						
宁　夏						
新　疆						

连锁零售企业加盟门店经营情况

单位:万元

非自有配送中心配送商品购进额		商品销售总额		零售额	
2007年	2006年	2007年	2006年	2007年	2006年
7670	**6989**	**941247**	**872298**	**935780**	**864914**
		415662	415534	415662	415534
		215	238	215	238
		65700	72300	65700	72300
		3406	2865	3406	2865
6870	6789	262555	244689	259787	239805
800	200	12451	9061	9751	6561
		179493	127028	179493	127028
		73		73	
		223	192	223	192
		1469	391	1469	391

2—24 续表1

超级市场

项 目	商品购进总额		统一配送商品购进额		自有配送中心配送商品购进额	
	2007年	2006年	2007年	2006年	2007年	2006年
全 国	**5165679**	**4077310**	**3536315**	**2744834**	**1826933**	**1465425**
北 京	106970	23060	92819	23060	32277	11625
天 津						
河 北	13723	11384	4470	2659	4470	2659
山 西						
内蒙古						
辽 宁						
吉 林						
黑龙江						
上 海	2961027	2406665	2599687	2062170	1175637	992256
江 苏	1223996	1001191	77124	75372	63072	64110
浙 江	191152	146561	179663	139732	114466	90932
安 徽	50920	37288	50920	37193	50920	37193
福 建	1903	1054	1903	1054	53	48
江 西	289		289		289	
山 东	144501	71993	105190	42460	104913	42460
河 南	31477	12990	18193	8803	12723	5453
湖 北	11479	7023	11163	6780	10743	6519
湖 南	22839	29214	22789	29166	22789	29166
广 东	315078	256870	307052	250805	182914	138014
广 西	32320	29651	10372	24062	449	5482
海 南	773	720				
重 庆	3119	378	1480	249	1441	249
四 川	48313	38445	48313	38445	48313	38445
贵 州						
云 南	3498	1481	2586	1481	1463	815
西 藏						
陕 西						
甘 肃						
青 海						
宁 夏						
新 疆	2302	1343	2302	1343		

单位:万元

非自有配送中心配送商品购进额		商品销售总额		零售额	
2007年	2006年	2007年	2006年	2007年	2006年
196474	**165763**	**5765772**	**4972397**	**5724024**	**4938493**
		80592	34747	80592	34747
		14540	12070	14540	12070
2636	2589	3465790	2851350	3465790	2851350
55	539	1337892	1395899	1337272	1395748
62677	45858	193000	136743	186491	134266
		47661	31612	33644	23413
		1629	1142	1629	1142
		482		482	
277		128502	67323	110429	58129
4390	2642	27356	8366	25124	7385
		11100	6421	11100	6421
		21413	48069	21413	48069
124138	112791	348814	304609	348814	304609
		30230	29561	30230	29561
		745	657	745	657
		3149	351	3149	351
		46946	39671	46649	26770
		3731	1683	3731	1683
2302	1343	2200	2123	2200	2123

2—24 续表 2

专业店(含加油站)

项目	商品购进总额		统一配送商品购进额		自有配送中心配送商品购进额	
	2007年	2006年	2007年	2006年	2007年	2006年
全国	**4944831**	**5848231**	**3507838**	**4672845**	**3417091**	**4596173**
北京	185444	154174	54123	31549	52410	30318
天津	125	160	125	160		
河北	697	716	697	716	697	716
山西	2234	2995	2234	2995	240	210
内蒙古	305		305			
辽宁	46712	68385	44407	55343	38883	45901
吉林						
黑龙江	5973	4361	5973	3946	44	3946
上海	504504	441339	504504	441339	504504	441339
江苏	1923866	2927652	1507236	2833890	1501957	2825621
浙江	151119	140248	127923	115663	117616	112957
安徽	146961	133836	146961	133836	130594	117737
福建	1117	948	920	897	708	573
江西	63407	74309	7402	5379		
山东	891065	957009	453071	475751	453071	475751
河南	230911	223030	61942	57822	42254	40081
湖北	5265	3099	4305	2457	3588	1835
湖南	24976	17758	24976	17758	21844	14808
广东	401500	366137	220091	191248	215551	188275
广西	69049	59495	62000	51139	61852	50747
海南						
重庆	44300	35344	40271	34167	40270	34165
四川	5854	5189	5854	5189	4508	4188
贵州	16983	29432	11238	9294	11238	9014
云南	72149	53637	72149	53637	72146	53637
西藏						
陕西	6765	4170	5584	3864		
甘肃	115078	131599	115078	131599	115078	131599
青海						
宁夏	923	1167	923	1167	923	1167
新疆	27547	12042	27547	12042	27116	11589

单位:万元

非自有配送中心配送商品购进额		商品销售总额		零售额	
2007 年	2006 年	2007 年	2006 年	2007 年	2006 年
67264	**50118**	**5238339**	**6223818**	**3693245**	**4657815**
1519	1114	309788	268778	124992	90390
		64	42	64	42
		710	762	568	533
		2220	2944	2220	2944
		266		22	
		85752	108792	51909	108792
5929		7862	4287	7859	4287
		503182	459179	503182	459179
5125	8269	1922866	3077150	1084136	2119259
10247	2651	162852	148178	21895	14818
16367	15956	154608	126801	2871	2555
		1462	1134	1462	1134
7402	5379	78814	86459	77933	85914
		923038	976435	893671	931514
13850	12379	237315	225672	215396	204833
		8632	4159	8232	4159
1854	664	25245	17809	25245	17809
4540	2973	490583	438535	420093	369922
		69917	60303	50672	47260
		49798	38887	49489	38497
		6968	6081	6968	6081
	280	20112	29394	20112	29394
		43362	16278	9889	4386
		5640	4970	5640	4970
		98224	107443	98224	107443
		923	1167	923	1167
431	453	28138	12178	9580	533

2—24 续表 3

加油站

项目	商品购进总额		统一配送商品购进额		自有配送中心配送商品购进额	
	2007年	2006年	2007年	2006年	2007年	2006年
全国	**555561**	**579811**	**262599**	**280586**	**262599**	**280586**
北京	131105	122425				
天津						
河北						
山西						
内蒙古						
辽宁	38189	45244	38189	45244	38189	45244
吉林						
黑龙江						
上海						
江苏						
浙江						
安徽						
福建						
江西						
山东						
河南	154808	153357				
湖北						
湖南						
广东	50700	55895	50700	55895	50700	55895
广西	65681	56205	58632	47848	58632	47848
海南						
重庆						
四川						
贵州		15087				
云南						
西藏						
陕西						
甘肃	115078	131599	115078	131599	115078	131599
青海						
宁夏						
新疆						

单位:万元

非自有配送中心配送商品购进额		商品销售总额		零售额	
2007年	2006年	2007年	2006年	2007年	2006年
		714877	**697534**	**488049**	**493334**
		274814	240385	91358	62780
		38189	45244	38189	45244
		152975	152333	152038	150992
		84994	81753	61804	69541
		65681	56205	46437	43162
			14172		14172
		98224	107443	98224	107443

2—24 续表 4

专卖店

项目	商品购进总额		统一配送商品购进额		自有配送中心配送商品购进额	
	2007 年	2006 年	2007 年	2006 年	2007 年	2006 年
全国	**601428**	**490576**	**565796**	**471909**	**287053**	**260291**
北京	28607	21309	26857	19387	25304	17844
天津	525	501				
河北	140	110	140	110	140	110
山西						
内蒙古						
辽宁	1169	1244	1169	1244	119	111
吉林	5045	5296	5045	5296	5000	5200
黑龙江						
上海	12358	18125	12358	18125	12358	18125
江苏	9765	10002	9765	10002	9765	10002
浙江	67020	58070	67020	58070	67020	58070
安徽						
福建	54	53	54	53	54	53
江西	11576	5231	8489	3676	8489	3676
山东	1279		1279		1279	
河南	44182	41690	44182	41690	34396	33973
湖北	4012	3569	4012	3569	4012	3569
湖南	12	50				
广东	393642	311695	363539	297422	112265	106537
广西						
海南	153	23				
重庆	310	300	310	300	310	300
四川	6543	2720	6543	2720	6543	2720
贵州						
云南	2	3				
西藏						
陕西	14295	10177	14295	10177		
甘肃						
青海	69	66	69	66		
宁夏						
新疆	671	340	671			

单位:万元

非自有配送中心配送商品购进额		商品销售总额		零售额	
2007 年	2006 年	2007 年	2006 年	2007 年	2006 年
21618	**8195**	**741267**	**648284**	**588959**	**511669**
323	182	32651	29397	32651	29397
		683	501	683	501
		130	111	130	111
		1097	1589	1097	1589
		6690	5938	6690	5938
		36366	49986	36366	49986
		12879	12728	10939	9939
		93706	90287	65349	63750
		15771	5968	13611	4768
		203		203	
9128	7105	39082	43872	39082	43872
		8043	5531	8043	5531
		26	40	26	40
11497	908	465437	383038	345587	276951
		153	23	153	23
		285	284	285	284
		6624	2804	6624	2804
		4	5	3	3
		19973	15712	19973	15712
		66	64	66	64
671		1398	408	1398	408

2—24 续表 5

便利店

项目	商品购进总额		统一配送商品购进额		自有配送中心配送商品购进额	
	2007 年	2006 年	2007 年	2006 年	2007 年	2006 年
全国	**462267**	**354082**	**413096**	**318347**	**186241**	**118736**
北京	2127	1421	1768	997	565	342
天津						
河北	5670	4042	5583	3872	5583	3872
山西	43078	28965	43078	28965	2653	1994
内蒙古						
辽宁	43276	38048	22807	21604	17326	16414
吉林						
黑龙江						
上海	166226	158272	157520	151107	18651	13721
江苏	3928	2974	3765	2974	85	1015
浙江	161289	98292	157287	93989	133728	78386
安徽						
福建						
江西						
山东	433	428	81	88	81	88
河南	18960	9433	4715	3092	1754	1201
湖北	236	738		282		276
湖南						
广东	8464	4675	7912	4581	4978	841
广西	836	423	836	423		
海南						
重庆	838	586	838	586	838	586
四川						
贵州						
云南						
西藏						
陕西						
甘肃						
青海	6907	5787	6907	5787		
宁夏						
新疆						

单位:万元

非自有配送中心配送商品购进额		商品销售总额		零售额	
2007 年	2006 年	2007 年	2006 年	2007 年	2006 年
89667	**73275**	**568159**	**443127**	**515351**	**377840**
1203	655	2745	1800	2745	1800
		34000	9942	34000	9942
		44021	31608	40571	20007
5471	5190	40387	36370	34581	21824
52722	45924	243586	239179	206281	200274
3429	1856	4407	3697	4407	3471
23559	15603	157825	97765	157097	97765
		448	378	448	378
348	300	19155	9668	13636	9668
	7	237	355	237	346
2934	3740	10799	4356	10799	4356
		1807	881	1807	881
		929	586	929	586
		7813	6541	7813	6541

2—24 续表6

仓储会员店

项　目	商品购进总额		统一配送商品购进额		自有配送中心配送商品购进额	
	2007年	2006年	2007年	2006年	2007年	2006年
全　国	**5250**	**4480**	**5250**	**4480**	**5250**	**4480**
北　京						
天　津						
河　北						
山　西						
内蒙古						
辽　宁						
吉　林						
黑龙江						
上　海						
江　苏						
浙　江						
安　徽						
福　建						
江　西						
山　东						
河　南						
湖　北	5250	4480	5250	4480	5250	4480
湖　南						
广　东						
广　西						
海　南						
重　庆						
四　川						
贵　州						
云　南						
西　藏						
陕　西						
甘　肃						
青　海						
宁　夏						
新　疆						

单位:万元

非自有配送中心配送商品购进额		商品销售总额		零售额	
2007年	2006年	2007年	2006年	2007年	2006年
		5376	**5308**	**5376**	**5308**
		5376	5308	5376	5308

2—24 续表 7

家具建材商店

项　目	商品购进总额		统一配送商品购进额		自有配送中心配送商品购进额	
	2007 年	2006 年	2007 年	2006 年	2007 年	2006 年
全　国	**29795**	**36244**	**29795**	**36244**		
北　京	27319	34657	27319	34657		
天　津						
河　北						
山　西						
内蒙古						
辽　宁						
吉　林						
黑龙江						
上　海						
江　苏						
浙　江						
安　徽						
福　建	2477	1588	2477	1588		
江　西						
山　东						
河　南						
湖　北						
湖　南						
广　东						
广　西						
海　南						
重　庆						
四　川						
贵　州						
云　南						
西　藏						
陕　西						
甘　肃						
青　海						
宁　夏						
新　疆						

单位:万元

非自有配送中心配送商品购进额		商品销售总额		零售额	
2007年	2006年	2007年	2006年	2007年	2006年
		33934	**33518**	**32729**	**32357**
		30391	30105	30391	30105
		3543	3413	2339	2252

2—24 续表 8

其他

项目	商品购进总额		统一配送商品购进额		自有配送中心配送商品购进额	
	2007 年	2006 年	2007 年	2006 年	2007 年	2006 年
全国	**131276**	**89266**	**113938**	**75654**	**56186**	**41660**
北京	21679	16407	21679	16407	21679	16407
天津						
河北						
山西						
内蒙古						
辽宁						
吉林						
黑龙江						
上海						
江苏						
浙江	9254	7500	9254	7500	3889	7500
安徽						
福建						
江西						
山东	2120	2036	40	36	40	36
河南	62084	49017	46826	37415	3654	3421
湖北						
湖南						
广东	5124	3875	5124	3875	5124	3875
广西						
海南						
重庆		10				
四川						
贵州						
云南						
西藏						
陕西						
甘肃						
青海						
宁夏	31015	10421	31015	10421	21799	10421
新疆						

单位:万元

非自有配送中心配送商品购进额		商品销售总额		零售额	
2007 年	2006 年	2007 年	2006 年	2007 年	2006 年
15866	**6363**	**151591**	**109571**	**115712**	**75691**
		32383	24194	31520	23283
		8430	7400	5155	
		1905	2201	5	1
6650	6363	65178	55026	35338	31657
		12550	10896	12550	10896
			19		19
9216		31144	9835	31144	9835

2—25 35城市连锁零售企业基本情况

项 目	连锁总店数(个)	门店数(个)		年末从业人员(人)		年末营业面积(平方米)	
	2007年	2007年	2006年	2007年	2006年	2007年	2006年
合 计	**978**	**104568**	**96051**	**1471437**	**1515497**	**80967126**	**72761702**
北 京	131	6037	5436	114847	105374	5355027	5043111
天 津	26	1418	1349	24263	26068	2017962	1864573
石家庄	12	3838	3311	28482	26210	1545465	1623382
太 原	19	1042	810	12969	10814	369682	337442
呼和浩特	2	1459	1422	20935	202323	3530170	3444961
沈 阳	12	1877	1859	19600	18807	506335	489580
大 连	9	585	578	6428	6844	848005	847083
长 春	7	325	313	3993	3778	149864	116872
哈尔滨	7	563	614	9191	8677	343593	319512
上 海	79	16470	16057	239139	227420	8720427	8418667
南 京	30	7074	6581	203149	196019	7519223	6705986
杭 州	55	5461	4477	51789	44228	6028740	5763929
宁 波	24	1062	994	23470	17990	791872	650578
合 肥	23	6044	5361	50966	46347	1993381	1795723
福 州	14	1031	273	21647	10567	1495720	403999
厦 门	30	541	495	6274	6245	183872	150611
南 昌	21	980	948	20820	19934	617751	539318
济 南	9	2774	2661	31007	30399	1873666	1631903
青 岛	41	2279	2115	28676	26755	1670198	1509214
郑 州	26	1495	939	15750	10426	2856180	1399260
武 汉	47	2070	1849	51720	43966	2621301	2164973
长 沙	25	2907	2676	37010	35026	1982890	1846490
广 州	109	16956	15905	128147	122099	11328722	10926632
深 圳	33	1945	1598	119631	100213	4871124	3951342
南 宁	17	840	821	10851	10747	951885	905507
海 口	6	333	392	3470	3250	72409	88231
重 庆	41	6125	5617	52935	47612	2626296	2404721
成 都	15	1866	1623	23750	21437	937049	746220
贵 阳	13	1128	1075	10263	9966	1300999	866322
昆 明	30	2783	2411	25942	23253	788547	708661
西 安	18	827	873	47333	19110	568056	464650
兰 州	3	946	1139	3705	4048	2047443	2504751
西 宁	10	315	285	3907	4150	142002	136861
银 川	13	1692	1675	8168	15388	1386950	1379984
乌鲁木齐	21	1480	1519	11210	10007	924320	610653

2—26 35城市连锁零售企业直营门店基本情况

项目	门店数（个）		年末从业人员（人）		年末营业面积（平方米）	
	2007年	2006年	2007年	2006年	2007年	2006年
合计	**63319**	**59027**	**1173580**	**1235277**	**74001168**	**66281254**
北京	3984	3815	104847	96947	4962462	4688205
天津	1398	1328	24198	26014	2016247	1862780
石家庄	2246	2519	21833	22739	1409765	1551453
太原	466	399	10268	8761	331326	310090
呼和浩特	1459	1422	20935	202323	3530170	3444961
沈阳	1597	1523	17821	16238	445684	429977
大连	467	460	6107	6483	835247	837023
长春	153	129	3639	3402	139371	105822
哈尔滨	563	614	9191	8677	343593	319512
上海	10416	10079	165628	153723	7067026	6846427
南京	5469	5034	146040	129729	6209816	5503871
杭州	3608	3413	47133	41954	5807135	5621493
宁波	622	556	21723	16305	701659	551736
合肥	2170	2106	35387	32212	1380439	1234397
福州	934	176	21504	10411	1489984	398263
厦门	529	480	6244	6204	182696	149205
南昌	749	756	18920	18262	598546	511003
济南	2614	2504	17842	15063	1623766	1388173
青岛	471	439	20610	19364	1460676	1322460
郑州	1264	684	14778	9320	2844421	1386246
武汉	1764	1558	50327	42582	2585826	2127176
长沙	2619	2428	35747	33827	1963114	1829048
广州	5403	5026	87994	82668	10479110	10085689
深圳	1607	1234	116772	96860	4792094	3874894
南宁	529	509	8515	8474	889710	816720
海口	301	360	3296	3072	59124	74946
重庆	2184	2202	45428	41099	2463451	2262669
成都	1695	1442	21696	18918	853638	691031
贵阳	1123	1056	10092	9685	1294247	855789
昆明	1775	1394	21801	19150	651860	570816
西安	388	417	15201	14720	525236	442930
兰州	786	964	3225	2690	1732543	2154751
西宁	91	81	2801	3077	102055	101232
银川	420	415	5069	4469	1310783	1324863
乌鲁木齐	1455	1505	10968	9855	918348	605603

2—27　35城市连锁零售企业加盟门店基本情况

项　目	门店数（个）		年末从业人员（人）		年末营业面积（平方米）	
	2007年	2006年	2007年	2006年	2007年	2006年
合　计	**41249**	**37024**	**297857**	**280220**	**6965958**	**6480448**
北　京	2053	1621	10000	8427	392565	354906
天　津	20	21	65	54	1715	1793
石家庄	1592	792	6649	3471	135700	71929
太　原	576	411	2701	2053	38356	27352
呼和浩特						
沈　阳	280	336	1779	2569	60651	59603
大　连	118	118	321	361	12758	10060
长　春	172	184	354	376	10493	11050
哈尔滨						
上　海	6054	5978	73511	73697	1653401	1572240
南　京	1605	1547	57109	66290	1309407	1202115
杭　州	1853	1064	4656	2274	221605	142436
宁　波	440	438	1747	1685	90213	98842
合　肥	3874	3255	15579	14135	612942	561326
福　州	97	97	143	156	5736	5736
厦　门	12	15	30	41	1176	1406
南　昌	231	192	1900	1672	19205	28315
济　南	160	157	13165	15336	249900	243730
青　岛	1808	1676	8066	7391	209522	186754
郑　州	231	255	972	1106	11759	13014
武　汉	306	291	1393	1384	35475	37797
长　沙	288	248	1263	1199	19776	17442
广　州	11553	10879	40153	39431	849612	840943
深　圳	338	364	2859	3353	79030	76448
南　宁	311	312	2336	2273	62175	88787
海　口	32	32	174	178	13285	13285
重　庆	3941	3415	7507	6513	162845	142052
成　都	171	181	2054	2519	83411	55189
贵　阳	5	19	171	281	6752	10533
昆　明	1008	1017	4141	4103	136687	137845
西　安	439	456	32132	4390	42820	21720
兰　州	160	175	480	1358	314900	350000
西　宁	224	204	1106	1073	39947	35629
银　川	1272	1260	3099	10919	76167	55121
乌鲁木齐	25	14	242	152	5972	5050

2—28 35城市连锁零售企业经营情况

单位:万元

项 目	商品购进总额		统一配送商品购进额		自有配送中心配送商品购进额	
	2007年	2006年	2007年	2006年	2007年	2006年
合 计	**139874289**	**118217131**	**110855251**	**93587098**	**81140944**	**69469558**
北 京	11042589	9621246	6071571	5309270	2675579	2143742
天 津	2529019	2291024	1958009	1712819	1029513	848592
石家庄	2888459	2747002	1726607	1592450	1717011	1578080
太 原	571798	717079	245282	473327	119618	396278
呼和浩特	2115224	1670318	2115224	1670318	2115224	1670318
沈 阳	2981464	2618000	2956511	2509244	2858890	2438173
大 连	1079475	1020447	1062896	1002727	67505	55004
长 春	144087	125375	117898	103761	39161	33454
哈尔滨	918095	724445	821404	643204	821404	643204
上 海	17478688	15335312	16421624	14245405	10005334	8757564
南 京	23095203	18271349	19603050	17077282	11736349	11123710
杭 州	9878985	6703685	9148582	6280190	9012321	6178256
宁 波	877410	701852	868090	694739	605779	487795
合 肥	5449179	4608878	3990064	3480393	3409296	2908833
福 州	3270565	532576	1299518	264763	98879	86362
厦 门	500894	398581	322157	255754	92077	79313
南 昌	1172958	1022827	950910	854994	589928	519405
济 南	7065307	6835201	5987387	5823996	5531739	5487215
青 岛	2431925	2108369	1092758	895892	1007617	827326
郑 州	1990859	1546672	1836075	1402988	1817937	1385496
武 汉	3844172	3307020	2618915	2201001	1788116	1465930
长 沙	3543808	3106697	3435117	3028316	3430520	3025052
广 州	16221132	14403996	10941797	9366849	9615718	8334450
深 圳	5345599	4284623	5226818	4159037	2993524	2284392
南 宁	1309480	1161010	709435	583593	709255	583343
海 口	743418	507411	735171	488902	733032	486999
重 庆	3750201	3087506	1581551	1280392	613604	400905
成 都	1270664	966493	1270664	966493	1049825	779560
贵 阳	1363691	3259592	1255671	1139290	1054312	921725
昆 明	1255700	1314013	1171610	1249729	1113093	1229280
西 安	712158	616765	297550	245213	10848	11677
兰 州	1120521	1169858	1120521	1169858	1120521	1169858
西 宁	77075	58539	64218	45338	23541	20726
银 川	588847	388488	584952	385028	546502	356218
乌鲁木齐	1245643	984883	1245643	984543	987377	751326

2—28 续表

单位:万元

项目	非自有配送中心配送商品购进额		商品销售总额		零售额	
	2007年	2006年	2007年	2006年	2007年	2006年
合计	**15888170**	**12834623**	**155922094**	**131512147**	**114610775**	**94439906**
北京	472679	505914	12938264	11029698	10654669	9148767
天津	799176	729509	2593188	2330572	1893836	1665855
石家庄	9596	14371	3257656	3049755	2506574	2238106
太原			771946	623600	683164	525668
呼和浩特			2072356	1657543	2072356	1657543
沈阳	64189	44042	3063493	2648982	2986348	2640302
大连	931520	896040	1241928	1106687	914802	841989
长春	34369	30779	181005	150030	141298	109211
哈尔滨			930528	780758	804702	674428
上海	1209863	945749	23339431	20952883	17794672	15638641
南京	7797557	5884797	24210403	19699745	15158408	12116569
杭州	136261	101934	8834589	7377935	6082813	4183754
宁波	205273	152428	1054551	823345	1048020	817101
合肥	36371	35457	6068722	5087306	3522320	3013185
福州	26007	12023	3592184	561110	2330868	521501
厦门	14103	9948	509955	415011	387871	314343
南昌	344887	324151	1310842	1109008	937501	749429
济南	455649	336781	7800797	7296967	3284036	2972783
青岛	85141	68566	3110234	2612608	2135633	1827676
郑州	14215	14003	2172799	1655930	1955650	1422640
武汉	22224	22721	4393858	3823138	3401589	2932503
长沙	4597	3264	3689013	3256279	3360431	3007109
广州	1095907	838701	17797084	15883740	12657964	10666625
深圳	1791149	1577720	6641764	5195841	6636150	5195841
南宁			1286821	1125611	768084	723007
海口	2140	1903	599860	553876	539429	414023
重庆	1700	1947	4061244	3250178	3266224	2599910
成都	11987	12256	1215462	1029696	1064806	901114
贵阳	13604	9714	1530070	1402877	1183807	1044149
昆明	21203	18527	1651802	1648134	1021188	918233
西安	1613	1466	746762	652682	735406	638334
兰州			1196946	1066366	1196946	1066366
西宁	16667	1462	91204	81938	89311	80737
银川	10258	5234	640669	535579	627562	525404
乌鲁木齐	258267	233218	1324666	1036737	766338	647058

2—29 35城市连锁零售企业直营门店经营情况

单位：万元

项目	商品购进总额		统一配送商品购进额		自有配送中心配送商品购进额	
	2007年	2006年	2007年	2006年	2007年	2006年
合计	**129340785**	**107926330**	**103417325**	**85791048**	**75949771**	**63428770**
北京	10670444	9370220	5847007	5183214	2543344	2067206
天津	2528368	2290364	1957884	1712660	1029513	848592
石家庄	2874266	2734504	1721667	1588678	1712071	1574308
太原	528720	688114	202205	444363	116965	394283
呼和浩特	2115224	1670318	2115224	1670318	2115224	1670318
沈阳	2935566	2550422	2912798	2454558	2820702	2392929
大连	1052697	995630	1039971	981011	50061	38479
长春	139042	120079	112853	98465	34161	28254
哈尔滨	918095	724445	821404	643204	821404	643204
上海	13834574	12310913	13147556	11572665	8294184	7292124
南京	20018696	14408707	18072867	14216902	10211347	8271981
杭州	9724423	6577379	9016535	6176982	8890148	6078635
宁波	747166	604655	742973	601454	534223	435391
合肥	5246638	4409699	3787524	3281215	3254378	2768854
福州	3267380	530416	1296333	262603	98171	85789
厦门	500461	398182	321891	255376	92023	79259
南昌	1097975	943287	935020	845939	581439	515729
济南	6206669	5909696	5566579	5379678	5110931	5042898
青岛	2254069	1966134	1056388	866995	978118	805218
郑州	1978510	1534617	1823726	1390934	1805588	1373442
武汉	3830326	3294958	2606346	2190100	1775967	1455297
长沙	3523866	3095842	3415175	3017461	3412432	3014861
广州	15129808	13498303	10158028	8722830	9197074	7998040
深圳	5232531	4176086	5113750	4050500	2880676	2175980
南宁	1221503	1092532	647593	527796	647413	527546
海口	742492	506668	735171	488902	733032	486999
重庆	3701555	3050888	1538573	1245090	570666	365606
成都	1223318	928937	1223318	928937	1002479	742003
贵阳	1346708	3230161	1244433	1129996	1043073	912711
昆明	1184393	1260794	1100494	1196667	1041977	1176217
西安	690179	602337	277672	231172	10848	11677
兰州	1005443	1038259	1005443	1038259	1005443	1038259
西宁	70099	52687	57242	39486	23541	20726
银川	556909	376900	553013	373440	523779	344630
乌鲁木齐	1242671	983200	1242671	983200	987377	751326

2—29 续表

单位:万元

项目	非自有配送中心配送商品购进额		商品销售总额		零售额	
	2007年	2006年	2007年	2006年	2007年	2006年
合计	**15570820**	**12577674**	**144169347**	**119686866**	**104518651**	**84320551**
北京	469634	503964	12449714	10640677	10351779	8939046
天津	799176	729509	2592441	2330029	1893089	1665312
石家庄	9596	14371	3215273	3031328	2464191	2219679
太原			727925	591992	642593	505661
呼和浩特			2072356	1657543	2072356	1657543
沈阳	64189	44042	2980660	2543293	2937359	2534614
大连	926049	890850	1219292	1084344	897972	834192
长春	34369	30779	174315	144092	134607	103274
哈尔滨			930528	780758	804702	674428
上海	1154504	897236	19090508	17353189	13583054	12077852
南京	7792376	5876145	21041339	15312875	12829617	8689299
杭州	126386	98346	8666259	7242383	6041971	4167024
宁波	151710	111546	923545	737502	917524	731732
合肥	20004	19501	5849011	4888988	3454346	2939105
福州	26007	12023	3588088	557133	2327978	518685
厦门	14103	9948	509575	414665	387492	313998
南昌	337485	318772	1216256	1016581	845957	658747
济南	455649	336781	6915394	6361909	2425171	2080625
青岛	78270	61777	2886936	2419185	1912335	1634254
郑州	14215	14003	2159744	1643125	1942595	1409834
武汉	22224	22714	4375280	3807960	3383412	2917334
长沙	2743	2599	3669110	3244479	3340528	2995309
广州	955847	721070	16482646	14753057	11533867	9710642
深圳	1791034	1577595	6505895	5089098	6500281	5089098
南宁			1200968	1056146	701476	666585
海口	2140	1903	598962	553195	538531	413343
重庆	1700	1947	4007010	3210051	3212299	2560173
成都	11987	12256	1169623	990792	1018967	874811
贵阳	13604	9434	1509958	1373483	1163695	1014755
昆明	21203	18527	1609338	1632364	1012197	914356
西安	1613	1466	719680	631610	708324	617262
兰州			1098722	958923	1098722	958923
西宁	16667	1462	83325	75333	81432	74132
银川	1042	5234	608602	524577	595494	514401
乌鲁木齐	255294	231875	1321068	1034206	762740	644527

2—30　35城市连锁零售企业加盟门店经营情况

单位:万元

项　目	商品购进总额		统一配送商品购进额		自有配送中心配送商品购进额	
	2007年	2006年	2007年	2006年	2007年	2006年
合　计	**10533504**	**10290801**	**7437926**	**7796051**	**5191173**	**6040788**
北　京	372145	251027	224565	126056	132235	76536
天　津	650	660	125	160		
石家庄	14193	12497	4940	3772	4940	3772
太　原	43078	28965	43078	28965	2653	1994
呼和浩特						
沈　阳	45898	67578	43712	54686	38189	45244
大　连	26777	24818	22925	21716	17444	16525
长　春	5045	5296	5045	5296	5000	5200
哈尔滨						
上　海	3644114	3024400	3274068	2672740	1711150	1465440
南　京	3076507	3862642	1530183	2860381	1525002	2851729
杭　州	154561	126306	132048	103209	122173	99621
宁　波	130243	97197	125118	93285	71555	52404
合　肥	202540	199178	202540	199178	154918	139980
福　州	3185	2160	3185	2160	708	573
厦　门	433	399	266	378	54	53
南　昌	74983	79540	15891	9055	8489	3676
济　南	858638	925505	420808	444318	420808	444318
青　岛	177856	142235	36370	28897	29499	22107
郑　州	12348	12055	12348	12055	12348	12055
武　汉	13846	12062	12569	10901	12149	10633
长　沙	19942	10855	19942	10855	18088	10191
广　州	1091324	905694	783769	644019	418644	336410
深　圳	113068	108537	113068	108537	112848	108412
南　宁	87977	68478	61841	55796	61841	55796
海　口	926	742				
重　庆	48646	36618	42978	35302	42938	35300
成　都	47346	37556	47346	37556	47346	37556
贵　阳	16983	29432	11238	9294	11238	9014
昆　明	71306	53219	71116	53063	71116	53063
西　安	21979	14428	19879	14041		
兰　州	115078	131599	115078	131599	115078	131599
西　宁	6976	5853	6976	5853		
银　川	31939	11588	31939	11588	22723	11588
乌鲁木齐	2973	1683	2973	1343		

2—30 续表

单位:万元

项目	非自有配送中心配送商品购进额		商品销售总额		零售额	
	2007年	2006年	2007年	2006年	2007年	2006年
合计	**317350**	**256949**	**11752747**	**11825281**	**10092124**	**10119355**
北京	3045	1951	488550	389020	302890	209721
天津			747	543	747	543
石家庄			42383	18427	42383	18427
太原			44021	31608	40571	20007
呼和浩特						
沈阳			82833	105688	48989	105688
大连	5471	5190	22636	22344	16830	7797
长春			6690	5938	6690	5938
哈尔滨						
上海	55359	48513	4248923	3599694	4211618	3560789
南京	5180	8652	3169064	4386869	2328791	3427271
杭州	9875	3588	168330	135553	40842	16730
宁波	53563	40882	131006	85843	130497	85369
合肥	16367	15956	219711	198318	67974	74081
福州			4095	3977	2890	2817
厦门			379	346	379	346
南昌	7402	5379	94586	92427	91544	90682
济南			885403	935058	858865	892158
青岛	6870	6789	223298	193423	223298	193423
郑州			13055	12806	13055	12806
武汉		7	18577	15178	18177	15169
长沙	1854	664	19903	11800	19903	11800
广州	140060	117631	1314437	1130683	1124097	955983
深圳	115	125	135869	106744	135869	106744
南宁			85853	69465	66609	56422
海口			898	680	898	680
重庆			54234	40127	53925	39737
成都			45839	38904	45839	26303
贵阳		280	20112	29394	20112	29394
昆明			42464	15770	8991	3877
西安			27083	21072	27083	21072
兰州			98224	107443	98224	107443
西宁			7879	6605	7879	6605
银川	9216		32068	11002	32068	11002
乌鲁木齐	2973	1343	3598	2531	3598	2531

第三部分

餐饮企业综合篇

3－1 连锁餐饮企业总体情况

项目	单位	总计		直营店		加盟店	
		2007年	2006年	2007年	2006年	2007年	2006年
一、连锁总店数	个	358	—	—	—	—	—
二、门店总数	个	12743	11881	7602	6918	5141	4963
1.市	个	11222	10540	7424	6766	3798	3774
2.县及县以下	个	1521	1341	178	152	1343	1189
三、年末营业面积	平方米	6292478	5719877	3620045	3224688	2672433	2495189
四、年末从业人员	人	625531	572884	371383	333374	254148	239510
五、年末经营餐饮业务餐位数	位	2800482	3104946	1377084	1334202	1423398	1770744
六、商品购进总额	万元	2749087	2531453	1825630	1517773	923456	1015087
#统一配送商品购进额	万元	1688015	1519463	1422628	1173690	265386	346547
#自有配送中心配送商品购进额	万元	1099802	983510	912269	745636	187533	238121
非自有配送中心配送商品购进额	万元	308624	314936	260826	234398	47798	80538
七、营业收入	万元	6400029	5637536	4533267	3697645	1866762	1939890
#餐费收入及商品销售额	万元	6393011	5632282	4526391	3692532	1866620	1939750
1.市	万元	6096531	5359508	4467934	3652430	1628597	1707079
2.县及县以下	万元	296480	272774	58456	40102	238023	232671

3—2 连锁餐饮企业基本情况

项目	连锁总店数（个）	门店数（个）		年末从业人员（人）		年末营业面积（平方米）		年末餐位数（个）	
	2007年	2007年	2006年	2007年	2006年	2007年	2006年	2007年	2006年
总计	**358**	**12743**	**11881**	**625531**	**572884**	**6292478**	**5719877**	**2800482**	**3104946**
一、按登记注册类型分									
内资企业	257	7328	6882	328469	286021	4149026	3815822	1568595	1506258
国有企业	5	29	30	2697	2848	33147	35878	9366	10466
集体企业	4	17	17	882	874	16699	16699	4085	3885
股份合作企业	11	56	48	3323	4104	50481	90429	17803	21568
有限责任公司	59	2015	1954	62520	61134	1069989	1019675	539639	526342
国有独资公司	2	598	581	1648	1631	15560	14960	1100	990
其他有限责任公司	57	1417	1373	60872	59503	1054429	1004715	538539	525352
股份有限公司	7	218	174	13499	11874	314392	250280	42758	38068
私营企业	170	4983	4648	244633	204202	2655278	2393561	950104	901029
私营独资企业	25	954	886	63098	47129	540922	540821	148644	154051
私营合伙企业	4	60	52	3052	2539	40756	33356	7428	7844
私营有限责任公司	131	3673	3490	165327	144457	1895837	1645565	671832	625089
私营股份有限公司	10	296	220	13156	10077	177763	173819	122200	114045
其他企业	1	10	11	915	985	9040	9300	4840	4900
港、澳、台商投资企业	22	675	567	30485	28318	202632	173755	87338	75647
港澳台商合资经营企业	7	325	286	17665	15986	108875	92969	42061	37254
港澳台商合作经营企业	1	7	6	256	209	3910	3395	1379	1206
港、澳、台商独资经营企业	14	343	275	12564	12123	89847	77391	43898	37187
外商投资企业	79	4740	4432	266577	258545	1940820	1730300	1144549	1523041
中外合资经营企业	15	938	819	58132	53313	383563	336647	143869	129287
中外合作经营企业	11	713	581	44451	38934	240809	198801	101269	83934
外资企业	52	2731	2311	126841	106618	1146168	930747	399611	325020
外商投资股份有限公司	1	358	721	37153	59680	170280	264105	499800	984800
二、按行业分									
正餐服务	209	5093	5040	350342	333710	4145662	3975063	2026225	2462000
快餐服务	123	5474	4965	246097	218529	1764857	1520988	647416	562510
饮料及冷饮服务	10	516	375	14395	9483	221761	126864	75675	43621
其他餐饮服务	16	1660	1501	14697	11162	160198	96962	51166	36815
三、按业态分									
正餐	209	5471	5330	384510	363137	4362453	4145358	2054494	2483054
快餐	125	5292	4849	215239	192041	1562995	1363463	627802	550451
茶馆	2	11	12	202	159	3521	3521	1280	1280
咖啡店	10	895	694	18504	11122	304513	150943	95065	49355
其他餐饮	12	1074	996	7076	6425	58996	56592	21841	20806
直营门店合计	**—**	**7602**	**6918**	**371383**	**333374**	**3620045**	**3224688**	**1377084**	**1334202**
一、按登记注册类型分	**—**								
内资企业	—	3180	3092	113162	105568	1810525	1715994	702327	709130
国有企业	—	26	26	2454	2488	30916	30756	8466	8466
集体企业	—	16	16	862	844	16499	16399	3885	3685
股份合作企业	—	42	39	2942	3850	43111	85347	13409	18904
有限责任公司	—	808	756	27472	27928	449546	430109	282321	279889
国有独资公司	—	35	34	522	537	8773	8573	1100	990
其他有限责任公司	—	773	722	26950	27391	440773	421536	281221	278899
股份有限公司	—	122	85	6706	5497	145059	119950	17984	15633
私营企业	—	2163	2167	72401	64636	1122094	1030133	374962	381253
私营独资企业	—	185	172	6644	8236	128486	133787	30220	36110
私营合伙企业	—	26	29	1162	1259	13756	14956	3740	4532
私营有限责任公司	—	1908	1925	61950	52431	941151	837142	330057	329942
私营股份有限公司	—	44	41	2645	2710	38701	44248	10945	10669
其他企业	—	3	3	325	325	3300	3300	1300	1300

3—2 续表

项目	连锁总店数（个）	门店数（个）		年末从业人员（人）		年末营业面积（平方米）		年末餐位数（个）	
	2007年	2007年	2006年	2007年	2006年	2007年	2006年	2007年	2006年
港、澳、台商投资企业	—	595	504	28174	26445	185727	160025	79262	69045
港澳台商合资经营企业	—	322	284	17600	15920	108015	92469	41821	37154
港澳台商合作经营企业	—	4	4	200	172	2500	2385	923	914
港、澳、台商独资经营企业	—	269	216	10374	10353	75212	65171	36518	30977
外商投资企业	—	3827	3322	230047	201361	1623793	1348669	595495	556027
中外合资经营企业	—	938	819	58132	53313	383563	336647	143869	129287
中外合作经营企业	—	697	572	43422	38304	235304	195651	98873	82584
外资企业	—	2091	1757	107788	90071	903522	719952	259247	202756
外商投资股份有限公司	—	101	174	20705	19673	101404	96419	93506	141400
二、按行业分	**—**								
正餐服务	—	1581	1516	124104	115829	1840316	1746226	754211	803924
快餐服务	—	4769	4362	232778	207812	1594837	1378249	563424	494082
饮料及冷饮服务	—	287	203	4555	2823	59176	33894	22045	12961
其他餐饮服务	—	965	837	9946	6910	125716	66319	37404	23235
三、按业态分	**—**								
正餐	—	2016	1860	159374	146256	2073107	1929791	787080	829178
快餐	—	4537	4203	201181	180866	1388684	1217013	540125	478133
茶馆	—	11	12	202	159	3521	3521	1280	1280
咖啡店	—	609	468	7562	3462	125928	44703	36835	14495
其他餐饮	—	429	375	3064	2631	28805	29660	11764	11116
加盟门店合计	**—**	**5141**	**4963**	**254148**	**239510**	**2672433**	**2495189**	**1423398**	**1770744**
一、按登记注册类型分	**—**								
内资企业	—	4148	3790	215307	180453	2338501	2099828	866268	797128
国有企业	—	3	4	243	360	2231	5122	900	2000
集体企业	—	1	1	20	30	200	300	200	200
股份合作企业	—	14	9	381	254	7370	5082	4394	2664
有限责任公司	—	1207	1198	35048	33206	620443	589566	257318	246453
国有独资公司	—	563	547	1126	1094	6787	6387		
其他有限责任公司	—	644	651	33922	32112	613656	583179	257318	246453
股份有限公司	—	96	89	6793	6377	169333	130330	24774	22435
私营企业	—	2820	2481	172232	139566	1533184	1363428	575142	519776
私营独资企业	—	769	714	56454	38893	412436	407034	118424	117941
私营合伙企业	—	34	23	1890	1280	27000	18400	3688	3312
私营有限责任公司	—	1765	1565	103377	92026	954686	808423	341775	295147
私营股份有限公司	—	252	179	10511	7367	139062	129571	111255	103376
其他企业	—	7	8	590	660	5740	6000	3540	3600
港、澳、台商投资企业	—	80	63	2311	1873	16905	13730	8076	6602
港澳台商合资经营企业	—	3	2	65	66	860	500	240	100
港澳台商合作经营企业	—	3	2	56	37	1410	1010	456	292
港、澳、台商独资经营企业	—	74	59	2190	1770	14635	12220	7380	6210
外商投资企业	—	913	1110	36530	57184	317027	381631	549054	967014
中外合作经营企业	—	16	9	1029	630	5505	3150	2396	1350
外资企业	—	640	554	19053	16547	242646	210795	140364	122264
外商投资股份有限公司	—	257	547	16448	40007	68876	167686	406294	843400
二、按行业分	**—**								
正餐服务	—	3512	3524	226238	217881	2305346	2228837	1272014	1658076
快餐服务	—	705	603	13319	10717	170020	142739	83992	68428
饮料及冷饮服务	—	229	172	9840	6660	162585	92970	53630	30660
其他餐饮服务	—	695	664	4751	4252	34482	30643	13762	13580
三、按业态分	**—**								
正餐	—	3455	3470	225136	216881	2289346	2215567	1267414	1653876
快餐	—	755	646	14058	11175	174311	146450	87677	72318
咖啡店	—	286	226	10942	7660	178585	106240	58230	34860
其他餐饮	—	645	621	4012	3794	30191	26932	10077	9690

3—3 连锁餐饮企业

项目	商品购进总额		统一配送商品购进额	
	2007年	2006年	2007年	2006年
总计	**2749087**	**2531453**	**1688015**	**1519463**
一、按登记注册类型分				
内资企业	1205663	1086921	414002	370230
国有企业	22263	20095	681	621
集体企业	5951	5820		
股份合作企业	13868	22080	3222	3016
有限责任公司	292934	266364	162295	147877
国有独资公司	12317	11781	475	342
其他有限责任公司	280617	254584	161821	147536
股份有限公司	77468	64156	34073	27935
私营企业	789517	705888	213731	190782
私营独资企业	98937	118645	52899	64037
私营合伙企业	4716	4217	212	259
私营有限责任公司	665946	561992	141110	105614
私营股份有限公司	19917	21034	19510	20872
其他企业	3663	2517		
港、澳、台商投资企业	169496	160086	133365	129107
港澳台商合资经营企业	88449	93021	57097	66278
港澳台商合作经营企业	1561	1181	1066	969
港、澳、台商独资经营企业	79486	65884	75202	61861
外商投资企业	1373928	1284447	1140648	1020126
中外合资经营企业	309913	251553	306708	248868
中外合作经营企业	167559	159859	147559	140859
外资企业	722143	542635	573077	415640
外商投资股份有限公司	174314	330400	113304	214760
二、按行业分				
正餐服务	1431008	1451408	470137	526149
快餐服务	1218686	973875	1160897	924487
饮料及冷饮服务	30090	40793	16221	31250
其他餐饮服务	69303	65377	40760	37577
三、按业态分				
正餐	1576977	1550364	633030	634325
快餐	1098899	902899	1017704	836995
茶馆	1048	891	1048	891
咖啡店	30237	40979	16180	31270
其他餐饮	41926	36319	20053	15983

经营情况

单位:万元

自有配送中心配送商品购进额		非自有配送中心配送商品购进额		营业收入		餐费收入及商品销售额	
2007 年	2006 年	2007 年	2006 年	2007 年	2006 年	2007 年	2006 年
1099802	**983510**	**308624**	**314936**	**6400029**	**5637536**	**6393011**	**5632282**
295343	266343	57796	48597	2595908	2307922	2589535	2302893
681	621			39763	36004	39763	36004
				10275	10468	9674	9831
2031	2003	222	228	35756	50736	35756	50736
104390	95341	16876	14362	555817	509529	554460	508437
475	342			34786	33409	34786	33409
103915	95000	16876	14362	521031	476121	519674	475029
34073	27935			179622	153750	177795	152666
154168	140444	40698	34007	1768429	1543094	1765839	1540879
46370	57880	1368	1213	305287	294130	305287	294130
212	259			18854	14898	18854	14898
100221	75466	28174	19598	1406087	1198864	1403662	1196802
7365	6838	11156	13196	38201	35202	38036	35049
				6247	4340	6247	4340
40652	32347	74652	83975	486258	387014	486258	387014
2400	1500	54697	64778	274571	225013	274571	225013
		1066	969	2995	2599	2995	2599
38252	30847	18888	18228	208693	159402	208693	159402
763807	684821	176176	182364	3317863	2942600	3317218	2942375
170196	164047	71750	32697	879390	680460	879390	680460
126386	103547	17777	34335	473087	375994	473087	375994
393578	277633	46993	40167	1662263	1311146	1661619	1310921
73647	139594	39656	75166	303122	575000	303122	575000
291150	337167	87536	112977	2902022	2869385	2896731	2865003
772326	615310	204778	166771	3224730	2547830	3224046	2547793
7171	5784	5743	23623	132016	96213	132016	96213
29155	25250	10567	11565	141261	124108	140218	123273
439236	433046	87536	112977	3220373	3122797	3215082	3118415
634921	529972	213646	176913	2950902	2337419	2950218	2337382
1048	891			2915	2702	2915	2702
7118	5794	5673	23613	145881	102451	145881	102451
17479	13808	1768	1433	79958	72167	78915	71333

3—3 续表1

项　　目	商品购进总额		统一配送商品购进额	
	2007年	2006年	2007年	2006年
直营门店合计	**1825630**	**1517773**	**1422628**	**1173690**
一、按登记注册类型分				
内资企业	558769	479114	250272	221568
国有企业	20682	18200	681	621
集体企业	5911	5780		
股份合作企业	13095	20548	2637	2359
有限责任公司	146543	126023	92898	79654
国有独资公司	4620	4345	475	342
其他有限责任公司	141924	121678	92423	79312
股份有限公司	41968	35029	28309	23706
私营企业	329070	272929	125749	115229
私营独资企业	21089	26233	11065	14170
私营合伙企业	3376	3317	212	259
私营有限责任公司	297070	238086	107028	95588
私营股份有限公司	7534	5293	7444	5212
其他企业	1500	605		
港、澳、台商投资企业	162143	155134	126189	124452
港澳台商合资经营企业	88300	92737	57097	66278
港澳台商合作经营企业	1398	1101	932	901
港、澳、台商独资经营企业	72445	61296	68160	57273
外商投资企业	1104719	883525	1046167	827670
中外合资经营企业	309913	251553	306708	248868
中外合作经营企业	157904	154259	139904	135259
外资企业	573777	417714	558524	404543
外商投资股份有限公司	63125	60000	41031	39000
二、按行业分				
正餐服务	583048	499359	245703	214042
快餐服务	1177095	944504	1130876	901754
饮料及冷饮服务	13160	28409	11840	28409
其他餐饮服务	52327	45501	34210	29485
三、按业态分				
正餐	729926	599135	409506	323037
快餐	1056761	868769	987277	810898
茶馆	1048	891	1048	891
咖啡店	12397	27775	10890	27609
其他餐饮	25499	21202	13909	11255

单位:万元

自有配送中心配送商品购进额		非自有配送中心配送商品购进额		营业收入		餐费收入及商品销售额	
2007年	2006年	2007年	2006年	2007年	2006年	2007年	2006年
912269	**745636**	**260826**	**234398**	**4533267**	**3697645**	**4526391**	**3692532**
174499	157606	39306	33096	1205791	1056606	1199559	1051718
681	621			36876	32437	36876	32437
				10225	10408	9624	9771
1446	1346	222	228	32651	48228	32651	48228
59484	51528	16750	14351	303887	265029	302530	263937
475	342			22603	21426	22603	21426
59009	51187	16750	14351	281284	243603	279927	242511
28309	23706			106166	92710	104339	91625
84579	80406	22334	18517	713427	606752	710978	604677
4576	8044	1357	1206	59808	62009	59808	62009
212	259			12164	10370	12164	10370
74964	68844	19348	16195	621297	517394	618873	515332
4827	3259	1628	1116	20157	16978	20134	16966
				2560	1043	2560	1043
36344	29344	74517	83906	459727	372820	459727	372820
2400	1500	54697	64778	273973	224515	273973	224515
		932	901	2621	2452	2621	2452
33944	27844	18888	18228	183133	145852	183133	145852
701426	558687	147004	117396	2867749	2268220	2867105	2267995
170196	164047	71750	32697	879390	680460	879390	680460
118731	97947	17777	34335	459643	367994	459643	367994
385828	271343	43116	36715	1419250	1115717	1418606	1115492
26670	25350	14361	13650	109467	104048	109467	104048
133982	123546	44674	38455	1258786	1098613	1253636	1094371
749991	598549	199979	162588	3079700	2446820	3079016	2446783
5524	4527	5743	23623	92956	64833	92956	64833
22772	19014	10430	9732	101825	87380	100782	86545
282979	220244	44674	38455	1582276	1355960	1577126	1351718
612306	511674	208721	170905	2797430	2228191	2796746	2228154
1048	891			2915	2702	2915	2702
4562	3717	5673	23613	101682	67136	101682	67136
11375	9110	1757	1426	48964	43657	47921	42822

3—3 续表 2

项　　目	商品购进总额		统一配送商品购进额	
	2007 年	2006 年	2007 年	2006 年
加盟门店合计	**923456**	**1015087**	**265386**	**346547**
一、按登记注册类型分				
内资企业	646894	609214	163729	149435
国有企业	1581	1895		
集体企业	40	40		
股份合作企业	773	1533	585	657
有限责任公司	146390	141748	69398	68998
国有独资公司	7697	7436		
其他有限责任公司	138693	134313	69398	68998
股份有限公司	35500	29127	5764	4228
私营企业	460447	432960	87982	75553
私营独资企业	77848	92412	41834	49867
私营合伙企业	1340	900		
私营有限责任公司	368875	323906	34082	10026
私营股份有限公司	12384	15741	12066	15660
其他企业	2163	1912		
港、澳、台商投资企业	7352	4952	7176	4656
港澳台商合资经营企业	149	284		
港澳台商合作经营企业	162	80	135	68
港、澳、台商独资经营企业	7041	4587	7041	4587
外商投资企业	269210	400921	94481	192456
中外合作经营企业	9655	5600	7655	5600
外资企业	148367	124921	14554	11096
外商投资股份有限公司	111189	270400	72273	175760
二、按行业分				
正餐服务	847961	953457	224434	312881
快餐服务	41590	29371	30021	22733
饮料及冷饮服务	16930	12384	4381	2841
其他餐饮服务	16975	19876	6550	8092
三、按业态分				
正餐	847051	952637	223524	312061
快餐	42139	34130	30427	26096
咖啡店	17840	13204	5291	3661
其他餐饮	16427	15116	6144	4729

单位:万元

自有配送中心配送商品购进额		非自有配送中心配送商品购进额		营业收入		餐费收入及商品销售额	
2007年	2006年	2007年	2006年	2007年	2006年	2007年	2006年
187533	**238121**	**47798**	**80538**	**1866762**	**1939890**	**1866620**	**1939750**
120844	108983	18490	15501	1390117	1251315	1389976	1251175
				2887	3567	2887	3567
				50	60	50	60
585	657			3105	2508	3105	2508
44906	44060	126	11	251931	244500	251931	244500
				12183	11983	12183	11983
44906	44060	126	11	239747	232518	239747	232518
5764	4228			73456	61040	73456	61040
69589	60038	18364	15491	1055002	936343	1054861	936202
41794	49836	11	7	245478	232121	245478	232121
				6690	4528	6690	4528
25257	6622	8825	3404	784790	681470	784790	681470
2538	3580	9528	12080	18044	18223	17903	18083
				3687	3297	3687	3297
4307	3003	135	68	26531	14194	26531	14194
				598	497	598	497
		135	68	373	147	373	147
4307	3003			25559	13550	25559	13550
62381	126134	29173	64968	450114	674381	450114	674381
7655	5600			13445	8000	13445	8000
7750	6290	3877	3452	243013	195428	243013	195428
46977	114244	25295	61516	193656	470952	193656	470952
157168	213869	42862	74523	1643236	1770772	1643095	1770632
22335	16761	4798	4183	145030	101010	145030	101010
1647	1257			39060	31380	39060	31380
6384	6235	138	1833	39436	36728	39436	36728
156258	213049	42862	74523	1638097	1766837	1637956	1766697
22614	18298	4925	6008	153472	109228	153472	109228
2557	2077			44199	35315	44199	35315
6104	4698	11	7	30994	28511	30994	28511

3—4 按登记注册类型与行业分连锁餐饮企业基本情况

正餐服务

项目	连锁总店数（个）	门店数（个）		年末从业人员（人）		年末营业面积（平方米）		年末餐位数（个）	
	2007年	2007年	2006年	2007年	2006年	2007年	2006年	2007年	2006年
总计	**209**	**5093**	**5040**	**350342**	**333710**	**4145662**	**3975063**	**2026225**	**2462000**
内资企业	193	4171	3825	284975	249156	3626198	3403481	1366094	1342532
国有企业	4	24	24	2549	2713	30566	33297	8350	9450
集体企业	2	5	5	778	750	15000	15000	3600	3400
股份合作企业	9	46	41	3117	4041	48121	90119	17193	21108
有限责任公司	37	990	952	54566	52682	987825	929883	511591	495641
国有独资公司	1	5	4	71	79	1700	1500	1100	990
其他有限责任公司	36	985	948	54495	52603	986125	928383	510491	494651
股份有限公司	5	96	88	12016	10764	299152	235796	35803	31466
私营企业	135	3000	2704	211034	177221	2236494	2090086	784717	776567
私营独资企业	21	849	796	62284	46516	513222	525161	139672	148001
私营合伙企业	4	60	52	3052	2539	40756	33356	7428	7844
私营有限责任公司	101	1815	1649	132992	118409	1508353	1360350	515417	506677
私营股份有限公司	9	276	207	12706	9757	174163	171219	122200	114045
其他企业	1	10	11	915	985	9040	9300	4840	4900
港、澳、台商投资企业	4	27	22	1378	1680	32513	26701	6319	5239
港澳台商合资经营企业	1	8	6	362	604	21173	16173	3234	2434
港澳台商合作经营企业									
港、澳、台商独资经营企业	3	19	16	1016	1076	11340	10528	3085	2805
外商投资企业	12	895	1193	63989	82874	486951	544881	653812	1114229
中外合资经营企业	4	15	14	402	347	7782	6562	2111	1693
中外合作经营企业									
外资企业	7	522	458	26434	22847	308889	274214	151901	127736
外商投资股份有限公司	1	358	721	37153	59680	170280	264105	499800	984800
直营门店合计	**—**	**1581**	**1516**	**124104**	**115829**	**1840316**	**1746226**	**754211**	**803924**
内资企业	—	1268	1171	89116	84070	1560101	1498203	603514	618986
国有企业	—	21	20	2306	2353	28335	28175	7450	7450
集体企业	—	4	4	758	720	14800	14700	3400	3200
股份合作企业	—	32	32	2736	3787	40751	85037	12799	18444
有限责任公司	—	370	333	20954	21008	376553	351174	254793	250664
国有独资公司	—	5	4	71	79	1700	1500	1100	990
其他有限责任公司	—	365	329	20883	20929	374853	349674	253693	249674
股份有限公司	—	38	31	5573	4617	134191	107999	13016	11131

3—4 续表1

正餐服务

项目	连锁总店数（个）	门店数（个）		年末从业人员（人）		年末营业面积（平方米）		年末餐位数（个）	
	2007年	2007年	2006年	2007年	2006年	2007年	2006年	2007年	2006年
私营企业	—	800	748	56464	51260	962171	907818	310756	326797
私营独资企业	—	151	144	6097	7828	110049	125230	25274	32646
私营合伙企业	—	26	29	1162	1259	13756	14956	3740	4532
私营有限责任公司	—	580	535	46640	39533	800865	724584	270797	278950
私营股份有限公司	—	43	40	2565	2640	37501	43048	10945	10669
其他企业	—	3	3	325	325	3300	3300	1300	1300
港、澳、台商投资企业	—	27	22	1378	1680	32513	26701	6319	5239
港澳台商合资经营企业	—	8	6	362	604	21173	16173	3234	2434
港澳台商合作经营企业	—								
港、澳、台商独资经营企业	—	19	16	1016	1076	11340	10528	3085	2805
外商投资企业	—	286	323	33610	30079	247702	221322	144378	179699
中外合资经营企业	—	15	14	402	347	7782	6562	2111	1693
中外合作经营企业	—								
外资企业	—	170	135	12503	10059	138516	118341	48761	36606
外商投资股份有限公司	—	101	174	20705	19673	101404	96419	93506	141400
加盟门店合计	**—**	**3512**	**3524**	**226238**	**217881**	**2305346**	**2228837**	**1272014**	**1658076**
内资企业	—	2903	2654	195859	165086	2066097	1905278	762580	723546
国有企业	—	3	4	243	360	2231	5122	900	2000
集体企业	—	1	1	20	30	200	300	200	200
股份合作企业	—	14	9	381	254	7370	5082	4394	2664
有限责任公司	—	620	619	33612	31674	611272	578709	256798	244977
国有独资公司	—								
其他有限责任公司	—	620	619	33612	31674	611272	578709	256798	244977
股份有限公司	—	58	57	6443	6147	164961	127797	22787	20335
私营企业	—	2200	1956	154570	125961	1274323	1182268	473961	449770
私营独资企业	—	698	652	56187	38688	403173	399931	114398	115355
私营合伙企业	—	34	23	1890	1280	27000	18400	3688	3312
私营有限责任公司	—	1235	1114	86352	78876	707488	635766	244620	227727
私营股份有限公司	—	233	167	10141	7117	136662	128171	111255	103376
其他企业	—	7	8	590	660	5740	6000	3540	3600
港、澳、台商投资企业	—								
港澳台商合资经营企业	—								
港澳台商合作经营企业	—								
港、澳、台商独资经营企业	—								
外商投资企业	—	609	870	30379	52795	239249	323559	509434	934530
中外合资经营企业	—								
中外合作经营企业	—								
外资企业	—	352	323	13931	12788	170373	155873	103140	91130
外商投资股份有限公司	—	257	547	16448	40007	68876	167686	406294	843400

3－4 续表 2－1

快餐服务

项目	连锁总店数（个）	门店数（个）		年末从业人员（人）		年末营业面积（平方米）		年末餐位数（个）	
	2007 年	2007 年	2006 年	2007 年	2006 年	2007 年	2006 年	2007 年	2006 年
总计	**123**	**5474**	**4965**	**246097**	**218529**	**1764857**	**1520988**	**647416**	**562510**
内资企业	46	1353	1419	22216	20516	254199	235070	107940	98160
国有企业									
集体企业	1	4	4	44	45	1030	1030	230	230
股份合作企业	1	8	7	83	63	360	310	510	460
有限责任公司	19	353	353	5962	6467	64877	72995	27671	30329
国有独资公司									
其他有限责任公司	19	353	353	5962	6467	64877	72995	27671	30329
股份有限公司	1	12	12	449	450	2583	2583	1202	1202
私营企业	24	976	1043	15678	13491	185349	158152	78327	65939
私营独资企业	3	95	80	769	572	27400	15360	8842	5920
私营合伙企业									
私营有限责任公司	20	861	950	14459	12599	154349	140192	69485	60019
私营股份有限公司	1	20	13	450	320	3600	2600		
其他企业									
港、澳、台商投资企业	15	585	505	27657	25708	160444	141029	78125	68642
港澳台商合资经营企业	6	317	280	17303	15382	87702	76796	38827	34820
港澳台商合作经营企业	1	7	6	256	209	3910	3395	1379	1206
港、澳、台商独资经营企业	8	261	219	10098	10117	68832	60838	37919	32616
外商投资企业	62	3536	3041	196224	172305	1350214	1144889	461351	395708
中外合资经营企业	10	853	746	56602	52038	363615	320109	137636	124052
中外合作经营企业	10	583	481	42916	37691	221890	183557	92919	77430
外资企业	42	2100	1814	96706	82576	764709	641223	230796	194226
外商投资股份有限公司									
直营门店合计	**—**	**4769**	**4362**	**232778**	**207812**	**1594837**	**1378249**	**563424**	**494082**
内资企业	—	1001	1097	16429	15401	174677	161163	70714	68158
国有企业	—								
集体企业	—	4	4	44	45	1030	1030	230	230
股份合作企业	—	8	7	83	63	360	310	510	460
有限责任公司	—	348	339	5847	6220	63295	69307	27151	28853
国有独资公司	—								
其他有限责任公司	—	348	339	5847	6220	63295	69307	27151	28853
股份有限公司	—	12	12	449	450	2583	2583	1202	1202

3—4 续表2—2

快餐服务

项目	连锁总店数（个）	门店数（个）		年末从业人员（人）		年末营业面积（平方米）		年末餐位数（个）	
	2007年	2007年	2006年	2007年	2006年	2007年	2006年	2007年	2006年
私营企业	—	629	735	10006	8623	107409	87933	41621	37413
私营独资企业	—	32	26	533	396	18367	8487	4906	3424
私营合伙企业	—								
私营有限责任公司	—	596	708	9393	8157	87842	78246	36715	33989
私营股份有限公司	—	1	1	80	70	1200	1200		
其他企业	—								
港、澳、台商投资企业	—	536	464	26276	24495	147724	130269	70979	62700
港澳台商合资经营企业	—	314	278	17238	15316	86842	76296	38587	34720
港澳台商合作经营企业	—	4	4	200	172	2500	2385	923	914
港、澳、台商独资经营企业	—	218	182	8838	9007	58382	51588	31469	27066
外商投资企业	—	3232	2801	190073	167916	1272436	1086817	421731	363224
中外合资经营企业	—	853	746	56602	52038	363615	320109	137636	124052
中外合作经营企业	—	567	472	41887	37061	216385	180407	90523	76080
外资企业	—	1812	1583	91584	78817	692436	586301	193572	163092
外商投资股份有限公司	—								
加盟门店合计	**—**	**705**	**603**	**13319**	**10717**	**170020**	**142739**	**83992**	**68428**
内资企业	—	352	322	5787	5115	79522	73907	37226	30002
国有企业	—								
集体企业	—								
股份合作企业	—								
有限责任公司	—	5	14	115	247	1582	3688	520	1476
国有独资公司	—								
其他有限责任公司	—	5	14	115	247	1582	3688	520	1476
股份有限公司	—								
私营企业	—	347	308	5672	4868	77940	70219	36706	28526
私营独资企业	—	63	54	236	176	9033	6873	3936	2496
私营合伙企业	—								
私营有限责任公司	—	265	242	5066	4442	66507	61946	32770	26030
私营股份有限公司	—	19	12	370	250	2400	1400		
其他企业	—								
港、澳、台商投资企业	—	49	41	1381	1213	12720	10760	7146	5942
港澳台商合资经营企业	—	3	2	65	66	860	500	240	100
港澳台商合作经营企业	—	3	2	56	37	1410	1010	456	292
港、澳、台商独资经营企业	—	43	37	1260	1110	10450	9250	6450	5550
外商投资企业	—	304	240	6151	4389	77778	58072	39620	32484
中外合资经营企业	—								
中外合作经营企业	—	16	9	1029	630	5505	3150	2396	1350
外资企业	—	288	231	5122	3759	72273	54922	37224	31134
外商投资股份有限公司	—								

3—4 续表3—1

饮料及冷饮服务

项目	连锁总店数（个）	门店数（个）		年末从业人员（人）		年末营业面积（平方米）		年末餐位数（个）	
	2007年	2007年	2006年	2007年	2006年	2007年	2006年	2007年	2006年
总计	**10**	**516**	**375**	**14395**	**9483**	**221761**	**126864**	**75675**	**43621**
内资企业	4	231	164	10052	6199	178321	93921	59409	31409
国有企业	1	5	6	148	135	2581	2581	1016	1016
集体企业									
股份合作企业									
有限责任公司									
国有独资公司									
其他有限责任公司									
股份有限公司									
私营企业	3	226	158	9904	6064	175740	91340	58393	30393
私营独资企业									
私营合伙企业									
私营有限责任公司	3	226	158	9904	6064	175740	91340	58393	30393
私营股份有限公司									
其他企业									
港、澳、台商投资企业	3	63	40	1450	930	9675	6025	2894	1766
港澳台商合资经营企业									
港澳台商合作经营企业									
港、澳、台商独资经营企业	3	63	40	1450	930	9675	6025	2894	1766
外商投资企业	3	222	171	2893	2354	33765	26918	13372	10446
中外合资经营企业	1	70	59	1128	928	12166	9976	4122	3542
中外合作经营企业	1	130	100	1535	1243	18919	15244	8350	6504
外资企业	1	22	12	230	183	2680	1698	900	400
外商投资股份有限公司									
直营门店合计	**—**	**287**	**203**	**4555**	**2823**	**59176**	**33894**	**22045**	**12961**
内资企业	—	33	14	1142	199	19921	3921	6709	1409
国有企业	—	5	6	148	135	2581	2581	1016	1016
集体企业	—								
股份合作企业	—								
有限责任公司	—								
国有独资公司	—								
其他有限责任公司	—								
股份有限公司	—								

3－4 续表3－2

饮料及冷饮服务

项目	连锁总店数（个）	门店数（个）		年末从业人员（人）		年末营业面积（平方米）		年末餐位数（个）	
	2007年	2007年	2006年	2007年	2006年	2007年	2006年	2007年	2006年
私营企业	—	28	8	994	64	17340	1340	5693	393
私营独资企业	—								
私营合伙企业	—								
私营有限责任公司	—	28	8	994	64	17340	1340	5693	393
私营股份有限公司	—								
其他企业	—								
港、澳、台商投资企业	—	32	18	520	270	5490	3055	1964	1106
港澳台商合资经营企业	—								
港澳台商合作经营企业	—								
港、澳、台商独资经营企业	—	32	18	520	270	5490	3055	1964	1106
外商投资企业	—	222	171	2893	2354	33765	26918	13372	10446
中外合资经营企业	—	70	59	1128	928	12166	9976	4122	3542
中外合作经营企业	—	130	100	1535	1243	18919	15244	8350	6504
外资企业	—	22	12	230	183	2680	1698	900	400
外商投资股份有限公司	—								
加盟门店合计	**—**	**229**	**172**	**9840**	**6660**	**162585**	**92970**	**53630**	**30660**
内资企业	—	198	150	8910	6000	158400	90000	52700	30000
国有企业	—								
集体企业	—								
股份合作企业	—								
有限责任公司	—								
国有独资公司	—								
其他有限责任公司	—								
股份有限公司	—								
私营企业	—	198	150	8910	6000	158400	90000	52700	30000
私营独资企业	—								
私营合伙企业	—								
私营有限责任公司	—	198	150	8910	6000	158400	90000	52700	30000
私营股份有限公司	—								
其他企业	—								
港、澳、台商投资企业	—	31	22	930	660	4185	2970	930	660
港澳台商合资经营企业	—								
港澳台商合作经营企业	—								
港、澳、台商独资经营企业	—	31	22	930	660	4185	2970	930	660
外商投资企业	—								
中外合资经营企业	—								
中外合作经营企业	—								
外资企业	—								
外商投资股份有限公司	—								

3—4 续表 4—1

其他餐饮服务

项 目	连锁总店数（个）	门店数（个）		年末从业人员（人）		年末营业面积（平方米）		年末餐位数（个）	
	2007 年	2007 年	2006 年	2007 年	2006 年	2007 年	2006 年	2007 年	2006 年
总 计	**16**	**1660**	**1501**	**14697**	**11162**	**160198**	**96962**	**51166**	**36815**
内资企业	14	1573	1474	11226	10150	90308	83350	35152	34157
国有企业									
集体企业	1	8	8	60	79	669	669	255	255
股份合作企业	1	2		123		2000		100	
有限责任公司	3	672	649	1992	1985	17287	16797	377	372
国有独资公司	1	593	577	1577	1552	13860	13460		
其他有限责任公司	2	79	72	415	433	3427	3337	377	372
股份有限公司	1	110	74	1034	660	12657	11901	5753	5400
私营企业	8	781	743	8017	7426	57695	53983	28667	28130
私营独资企业	1	10	10	45	41	300	300	130	130
私营合伙企业									
私营有限责任公司	7	771	733	7972	7385	57395	53683	28537	28000
私营股份有限公司									
其他企业									
港、澳、台商投资企业									
港澳台商合资经营企业									
港澳台商合作经营企业									
港、澳、台商独资经营企业									
外商投资企业	2	87	27	3471	1012	69890	13612	16014	2658
中外合资经营企业									
中外合作经营企业									
外资企业	2	87	27	3471	1012	69890	13612	16014	2658
外商投资股份有限公司									
直营门店合计	**—**	**965**	**837**	**9946**	**6910**	**125716**	**66319**	**37404**	**23235**
内资企业	—	878	810	6475	5898	55826	52707	21390	20577
国有企业	—								
集体企业	—	8	8	60	79	669	669	255	255
股份合作企业	—	2		123		2000		100	
有限责任公司	—	90	84	671	700	9698	9628	377	372
国有独资公司	—	30	30	451	458	7073	7073		
其他有限责任公司	—	60	54	220	242	2625	2555	377	372
股份有限公司	—	72	42	684	430	8285	9368	3766	3300

3—4 续表 4—2

其他餐饮服务

项目	连锁总店数（个）	门店数（个）		年末从业人员（人）		年末营业面积（平方米）		年末餐位数（个）	
	2007年	2007年	2006年	2007年	2006年	2007年	2006年	2007年	2006年
私营企业	—	706	676	4937	4689	35174	33042	16892	16650
私营独资企业	—	2	2	14	12	70	70	40	40
私营合伙企业	—								
私营有限责任公司	—	704	674	4923	4677	35104	32972	16852	16610
私营股份有限公司	—								
其他企业	—								
港、澳、台商投资企业	—								
港澳台商合资经营企业	—								
港澳台商合作经营企业	—								
港、澳、台商独资经营企业	—								
外商投资企业	—	87	27	3471	1012	69890	13612	16014	2658
中外合资经营企业	—								
中外合作经营企业	—								
外资企业	—	87	27	3471	1012	69890	13612	16014	2658
外商投资股份有限公司	—								
加盟门店合计	**—**	**695**	**664**	**4751**	**4252**	**34482**	**30643**	**13762**	**13580**
内资企业	—	695	664	4751	4252	34482	30643	13762	13580
国有企业	—								
集体企业	—								
股份合作企业	—								
有限责任公司	—	582	565	1321	1285	7589	7169		
国有独资公司	—	563	547	1126	1094	6787	6387		
其他有限责任公司	—	19	18	195	191	802	782		
股份有限公司	—	38	32	350	230	4372	2533	1987	2100
私营企业	—	75	67	3080	2737	22521	20941	11775	11480
私营独资企业	—	8	8	31	29	230	230	90	90
私营合伙企业	—								
私营有限责任公司	—	67	59	3049	2708	22291	20711	11685	11390
私营股份有限公司	—								
其他企业	—								
港、澳、台商投资企业	—								
港澳台商合资经营企业	—								
港澳台商合作经营企业	—								
港、澳、台商独资经营企业	—								
外商投资企业	—								
中外合资经营企业	—								
中外合作经营企业	—								
外资企业	—								
外商投资股份有限公司	—								

3—5 按登记注册类型与行业分

正餐服务

项目	商品购进总额		统一配送商品购进额	
	2007年	2006年	2007年	2006年
总计	**1431008**	**1451408**	**470137**	**526149**
内资企业	1054543	952536	315559	281394
国有企业	21582	19474		
集体企业	5523	5370		
股份合作企业	13578	21912	2932	2847
有限责任公司	247755	225359	140230	127751
国有独资公司	475	342	475	342
其他有限责任公司	247280	225017	139755	127410
股份有限公司	62263	52520	18868	16299
私营企业	700179	625384	153529	134497
私营独资企业	95606	116411	51176	62965
私营合伙企业	4716	4217	212	259
私营有限责任公司	580092	483832	82630	50401
私营股份有限公司	19764	20924	19510	20872
其他企业	3663	2517		
港、澳、台商投资企业	23597	19556	1907	1427
港澳台商合资经营企业	17829	14630		
港澳台商合作经营企业				
港、澳、台商独资经营企业	5768	4926	1907	1427
外商投资企业	352868	479316	152671	243328
中外合资经营企业	3776	3026	1354	996
中外合作经营企业				
外资企业	174778	145890	38013	27572
外商投资股份有限公司	174314	330400	113304	214760
直营门店合计	**583048**	**499359**	**245703**	**214042**
内资企业	443906	380108	163436	145066
国有企业	20001	17579		
集体企业	5483	5330		
股份合作企业	12805	20379	2347	2191
有限责任公司	112000	96099	71212	60239
国有独资公司	475	342	475	342
其他有限责任公司	111526	95758	70738	59898
股份有限公司	31787	27102	18128	15779

连锁餐饮企业经营情况

单位:万元

自有配送中心配送商品购进额		非自有配送中心配送商品购进额		营业收入		餐费收入及商品销售额	
2007 年	2006 年	2007 年	2006 年	2007 年	2006 年	2007 年	2006 年
291150	**337167**	**87536**	**112977**	**2902022**	**2869385**	**2896731**	**2865003**
216241	196782	41823	32727	2252829	2003492	2247538	1999335
				37548	33998	37548	33998
				9095	9280	8534	8680
2031	2003	222	228	35249	50466	35249	50466
85601	78238	15829	13789	464300	422274	463986	422017
475	342			952	726	952	726
85127	77897	15829	13789	463348	421549	463034	421291
18868	16299			153857	133697	152031	132612
109740	100242	25773	18710	1546534	1349438	1543944	1347223
44698	56852	1348	1198	300512	290394	300512	290394
212	259			18854	14898	18854	14898
57465	36292	13268	4316	1189214	1009116	1186789	1007054
7365	6838	11156	13196	37953	35028	37788	34876
				6247	4340	6247	4340
		1907	1427	51695	38140	51695	38140
				37629	25813	37629	25813
		1907	1427	14066	12327	14066	12327
74909	140386	43806	78823	597498	827753	597498	827528
1005	670	349	326	6263	5680	6263	5680
257	121	3801	3331	288114	247073	288114	246848
73647	139594	39656	75166	303122	575000	303122	575000
133982	**123546**	**44674**	**38455**	**1258786**	**1098613**	**1253636**	**1094371**
106050	97404	24257	19721	973689	851309	968539	847292
				34661	30431	34661	30431
				9045	9220	8484	8620
1446	1346	222	228	32144	47958	32144	47958
40950	34670	15829	13789	228930	195029	228616	194771
475	342			952	726	952	726
40475	34329	15829	13789	227979	194303	227664	194045
18128	15779			86926	77328	85100	76243

3—5 续表1

正餐服务

项目	商品购进总额		统一配送商品购进额	
	2007年	2006年	2007年	2006年
私营企业	260328	213015	71749	66858
私营独资企业	19096	24923	10037	13485
私营合伙企业	3376	3317	212	259
私营有限责任公司	230351	179511	54055	47902
私营股份有限公司	7505	5264	7444	5212
其他企业	1500	605		
港、澳、台商投资企业	23597	19556	1907	1427
港澳台商合资经营企业	17829	14630		
港澳台商合作经营企业				
港、澳、台商独资经营企业	5768	4926	1907	1427
外商投资企业	115545	99695	80360	67548
中外合资经营企业	3776	3026	1354	996
中外合作经营企业				
外资企业	48644	36669	37974	27552
外商投资股份有限公司	63125	60000	41031	39000
加盟门店合计	**847961**	**953457**	**224434**	**312881**
内资企业	610637	573835	152123	137102
国有企业	1581	1895		
集体企业	40	40		
股份合作企业	773	1533	585	657
有限责任公司	135754	130667	69018	68286
国有独资公司				
其他有限责任公司	135754	130667	69018	68286
股份有限公司	30475	25419	740	521
私营企业	439851	412369	81780	67639
私营独资企业	76510	91489	41139	49480
私营合伙企业	1340	900		
私营有限责任公司	349741	304321	28575	2499
私营股份有限公司	12260	15660	12066	15660
其他企业	2163	1912		
港、澳、台商投资企业				
港澳台商合资经营企业				
港澳台商合作经营企业				
港、澳、台商独资经营企业				
外商投资企业	237323	379621	72312	175779
中外合资经营企业				
中外合作经营企业				
外资企业	126135	109221	39	19
外商投资股份有限公司	111189	270400	72273	175760

单位:万元

自有配送中心配送商品购进额		非自有配送中心配送商品购进额		营业收入		餐费收入及商品销售额	
2007 年	2006 年	2007 年	2006 年	2007 年	2006 年	2007 年	2006 年
45526	45610	8206	5704	579423	490301	576974	488227
3559	7372	1348	1198	56925	59665	56925	59665
212	259			12164	10370	12164	10370
36929	34720	5230	3390	490211	403321	487786	401259
4827	3259	1628	1116	20122	16945	20099	16933
				2560	1043	2560	1043
		1907	1427	51695	38140	51695	38140
				37629	25813	37629	25813
		1907	1427	14066	12327	14066	12327
27932	26142	18510	17307	233402	209164	233402	208939
1005	670	349	326	6263	5680	6263	5680
257	121	3801	3331	117673	99436	117673	99211
26670	25350	14361	13650	109467	104048	109467	104048
157168	**213869**	**42862**	**74523**	**1643236**	**1770772**	**1643095**	**1770632**
110190	99625	17566	13007	1279140	1152183	1278999	1152043
				2887	3567	2887	3567
				50	60	50	60
585	657			3105	2508	3105	2508
44652	43815			235370	227246	235370	227246
44652	43815			235370	227246	235370	227246
740	521			66931	56369	66931	56369
64214	54632	17566	13007	967111	859137	966970	858996
41139	49480			243587	230730	243587	230730
				6690	4528	6690	4528
20537	1572	8038	927	699003	605796	699003	605796
2538	3580	9528	12080	17831	18083	17690	17943
				3687	3297	3687	3297
46977	114244	25295	61516	364096	618589	364096	618589
				170441	147637	170441	147637
46977	114244	25295	61516	193656	470952	193656	470952

3—5 续表 2—1

快餐服务

项 目	商品购进总额		统一配送商品购进额	
	2007 年	2006 年	2007 年	2006 年
总 计	**1218686**	**973875**	**1160897**	**924487**
内资企业	66791	58700	56526	50495
国有企业				
集体企业	222	201		
股份合作企业	140	169	140	169
有限责任公司	24142	21613	22065	20126
国有独资公司				
其他有限责任公司	24142	21613	22065	20126
股份有限公司	850	826	850	826
私营企业	41438	35891	33472	29374
私营独资企业	3201	2119	1632	993
私营合伙企业				
私营有限责任公司	38084	33663	31839	28381
私营股份有限公司	153	110		
其他企业				
港、澳、台商投资企业	140108	136844	125668	123994
港澳台商合资经营企业	70620	78391	57097	66278
港澳台商合作经营企业	1561	1181	1066	969
港、澳、台商独资经营企业	67928	57272	67504	56747
外商投资企业	1011787	778330	978703	749999
中外合资经营企业	305472	248154	304689	247499
中外合作经营企业	162550	136619	142550	117619
外资企业	543764	393558	531464	384881
外商投资股份有限公司				
直营门店合计	**1177095**	**944504**	**1130876**	**901754**
内资企业	61705	53997	53117	47510
国有企业				
集体企业	222	201		
股份合作企业	140	169	140	169
有限责任公司	23748	20889	21685	19414
国有独资公司				
其他有限责任公司	23748	20889	21685	19414
股份有限公司	850	826	850	826

单位:万元

自有配送中心配送商品购进额		非自有配送中心配送商品购进额		营业收入		餐费收入及商品销售额	
2007年	2006年	2007年	2006年	2007年	2006年	2007年	2006年
772326	**615310**	**204778**	**166771**	**3224730**	**2547830**	**3224046**	**2547793**
47073	42163	7084	5713	174441	157734	174402	157697
				502	494	462	457
				307	270	307	270
18788	17103	1048	573	52394	49614	52394	49614
18788	17103	1048	573	52394	49614	52394	49614
850	826			7121	6079	7121	6079
27435	24234	6037	5140	114118	101277	114118	101277
1632	993			4594	3571	4594	3571
25803	23241	6037	5140	109275	97533	109275	97533
				248	173	248	173
38195	30471	72674	82537	419994	340154	419994	340154
2400	1500	54697	64778	236942	199199	236942	199199
		1066	969	2995	2599	2995	2599
35795	28971	16911	16791	180057	138356	180057	138356
687058	542675	125019	78521	2630295	2049942	2629651	2049942
169191	163377	70737	31998	850571	656348	850571	656348
126386	103547	12768	11095	427052	342031	427052	342031
391482	275752	41514	35428	1352672	1051563	1352028	1051563
749991	**598549**	**199979**	**162588**	**3079700**	**2446820**	**3079016**	**2446783**
44450	40297	6298	5051	136380	123409	136340	123372
				502	494	462	457
				307	270	307	270
18534	16858	922	562	51561	48163	51561	48163
18534	16858	922	562	51561	48163	51561	48163
850	826			7121	6079	7121	6079

3—5 续表 2—2

快餐服务

项　　目	商品购进总额		统一配送商品购进额	
	2007 年	2006 年	2007 年	2006 年
私营企业	36746	31913	30442	27101
私营独资企业	1963	1282	998	662
私营合伙企业				
私营有限责任公司	34754	30603	29444	26439
私营股份有限公司	29	29		
其他企业				
港、澳、台商投资企业	135490	133476	121226	120922
港澳台商合资经营企业	70471	78107	57097	66278
港澳台商合作经营企业	1398	1101	932	901
港、澳、台商独资经营企业	63621	54268	63197	53744
外商投资企业	979900	757030	956534	733321
中外合资经营企业	305472	248154	304689	247499
中外合作经营企业	152896	131019	134896	112019
外资企业	521532	377858	516949	373804
外商投资股份有限公司				
加盟门店合计	**41590**	**29371**	**30021**	**22733**
内资企业	5086	4703	3410	2985
国有企业				
集体企业				
股份合作企业				
有限责任公司	394	725	380	712
国有独资公司				
其他有限责任公司	394	725	380	712
股份有限公司				
私营企业	4692	3978	3030	2273
私营独资企业	1238	837	635	331
私营合伙企业				
私营有限责任公司	3330	3060	2395	1942
私营股份有限公司	124	82		
其他企业				
港、澳、台商投资企业	4618	3368	4442	3072
港澳台商合资经营企业	149	284		
港澳台商合作经营企业	162	80	135	68
港、澳、台商独资经营企业	4307	3003	4307	3003
外商投资企业	31887	21300	22169	16677
中外合资经营企业				
中外合作经营企业	9655	5600	7655	5600
外资企业	22232	15700	14515	11077
外商投资股份有限公司				

单位:万元

自有配送中心配送商品购进额		非自有配送中心配送商品购进额		营业收入		餐费收入及商品销售额	
2007 年	2006 年	2007 年	2006 年	2007 年	2006 年	2007 年	2006 年
25066	22613	5376	4489	76888	68404	76888	68404
998	662			2843	2315	2843	2315
24068	21951	5376	4489	74011	66056	74011	66056
				35	33	35	33
33888	27467	72540	82469	399043	329260	399043	329260
2400	1500	54697	64778	236344	198702	236344	198702
		932	901	2621	2452	2621	2452
31488	25967	16911	16791	160078	128106	160078	128106
671654	530785	121142	75069	2544278	1994151	2543633	1994151
169191	163377	70737	31998	850571	656348	850571	656348
118731	97947	12768	11095	413607	334031	413607	334031
383732	269461	37637	31976	1280099	1003772	1279455	1003772
22335	**16761**	**4798**	**4183**	**145030**	**101010**	**145030**	**101010**
2623	1867	786	662	38062	34324	38062	34324
254	245	126	11	833	1451	833	1451
254	245	126	11	833	1451	833	1451
2369	1622	660	652	37229	32873	37229	32873
635	331			1751	1256	1751	1256
1735	1291	660	652	35265	31477	35265	31477
				213	140	213	140
4307	3003	135	68	20951	10894	20951	10894
				598	497	598	497
		135	68	373	147	373	147
4307	3003			19979	10250	19979	10250
15404	11890	3877	3452	86017	55792	86017	55792
7655	5600			13445	8000	13445	8000
7750	6290	3877	3452	72573	47792	72573	47792

3—5 续表 3—1

饮料及冷饮服务

项目	商品购进总额		统一配送商品购进额	
	2007 年	2006 年	2007 年	2006 年
总计	**30090**	**40793**	**16221**	**31250**
内资企业	16787	11735	2917	2191
国有企业	681	621	681	621
集体企业				
股份合作企业				
有限责任公司				
国有独资公司				
其他有限责任公司				
股份有限公司				
私营企业	16106	11114	2237	1571
私营独资企业				
私营合伙企业				
私营有限责任公司	16106	11114	2237	1571
私营股份有限公司				
其他企业				
港、澳、台商投资企业	5790	3686	5790	3686
港澳台商合资经营企业				
港澳台商合作经营企业				
港、澳、台商独资经营企业	5790	3686	5790	3686
外商投资企业	7513	25373	7513	25373
中外合资经营企业	665	373	665	373
中外合作经营企业	5009	23240	5009	23240
外资企业	1840	1760	1840	1760
外商投资股份有限公司				
直营门店合计	**13160**	**28409**	**11840**	**28409**
内资企业	2591	935	1271	935
国有企业	681	621	681	621
集体企业				
股份合作企业				
有限责任公司				
国有独资公司				
其他有限责任公司				
股份有限公司				

单位:万元

自有配送中心配送商品购进额		非自有配送中心配送商品购进额		营业收入		餐费收入及商品销售额	
2007 年	2006 年	2007 年	2006 年	2007 年	2006 年	2007 年	2006 年
7171	**5784**	**5743**	**23623**	**132016**	**96213**	**132016**	**96213**
2874	2148			42233	30860	42233	30860
681	621			2215	2007	2215	2007
2193	1527			40018	28853	40018	28853
2193	1527			40018	28853	40018	28853
2457	1876	70	10	14569	8720	14569	8720
2457	1876	70	10	14569	8720	14569	8720
1840	1760	5673	23613	75214	56633	75214	56633
		665	373	22556	18433	22556	18433
		5009	23240	46036	33963	46036	33963
1840	1760			6622	4238	6622	4238
5524	**4527**	**5743**	**23623**	**92956**	**64833**	**92956**	**64833**
1228	891			8753	2780	8753	2780
681	621			2215	2007	2215	2007

3—5 续表 3—2

饮料及冷饮服务

项目	商品购进总额		统一配送商品购进额	
	2007 年	2006 年	2007 年	2006 年
私营企业	1910	314	590	314
私营独资企业				
私营合伙企业				
私营有限责任公司	1910	314	590	314
私营股份有限公司				
其他企业				
港、澳、台商投资企业	3056	2102	3056	2102
港澳台商合资经营企业				
港澳台商合作经营企业				
港、澳、台商独资经营企业	3056	2102	3056	2102
外商投资企业	7513	25373	7513	25373
中外合资经营企业	665	373	665	373
中外合作经营企业	5009	23240	5009	23240
外资企业	1840	1760	1840	1760
外商投资股份有限公司				
加盟门店合计	**16930**	**12384**	**4381**	**2841**
内资企业	14196	10800	1647	1257
国有企业				
集体企业				
股份合作企业				
有限责任公司				
国有独资公司				
其他有限责任公司				
股份有限公司				
私营企业	14196	10800	1647	1257
私营独资企业				
私营合伙企业				
私营有限责任公司	14196	10800	1647	1257
私营股份有限公司				
其他企业				
港、澳、台商投资企业	2734	1584	2734	1584
港澳台商合资经营企业				
港澳台商合作经营企业				
港、澳、台商独资经营企业	2734	1584	2734	1584
外商投资企业				
中外合资经营企业				
中外合作经营企业				
外资企业				
外商投资股份有限公司				

单位:万元

自有配送中心配送商品购进额		非自有配送中心配送商品购进额		营业收入		餐费收入及商品销售额	
2007 年	2006 年	2007 年	2006 年	2007 年	2006 年	2007 年	2006 年
547	271			6538	773	6538	773
547	271			6538	773	6538	773
2457	1876	70	10	8989	5420	8989	5420
2457	1876	70	10	8989	5420	8989	5420
1840	1760	5673	23613	75214	56633	75214	56633
		665	373	22556	18433	22556	18433
		5009	23240	46036	33963	46036	33963
1840	1760			6622	4238	6622	4238
1647	**1257**			**39060**	**31380**	**39060**	**31380**
1647	1257			33480	28080	33480	28080
1647	1257			33480	28080	33480	28080
1647	1257			33480	28080	33480	28080
				5580	3300	5580	3300
				5580	3300	5580	3300

3—5　续表4—1

其他餐饮服务

项　　目	商品购进总额		统一配送商品购进额	
	2007年	2006年	2007年	2006年
总　　计	**69303**	**65377**	**40760**	**37577**
内资企业	67542	63950	38999	36149
国有企业				
集体企业	206	249		
股份合作企业	150		150	
有限责任公司	21037	19392		
国有独资公司	11842	11439		
其他有限责任公司	9195	7953		
股份有限公司	14355	10809	14355	10809
私营企业	31793	33499	24494	25340
私营独资企业	130	115	90	80
私营合伙企业				
私营有限责任公司	31663	33384	24404	25260
私营股份有限公司				
其他企业				
港、澳、台商投资企业				
港澳台商合资经营企业				
港澳台商合作经营企业				
港、澳、台商独资经营企业				
外商投资企业	1761	1427	1761	1427
中外合资经营企业				
中外合作经营企业				
外资企业	1761	1427	1761	1427
外商投资股份有限公司				
直营门店合计	**52327**	**45501**	**34210**	**29485**
内资企业	50567	44074	32449	28058
国有企业				
集体企业	206	249		
股份合作企业	150		150	
有限责任公司	10795	9036		
国有独资公司	4145	4004		
其他有限责任公司	6650	5032		
股份有限公司	9331	7102	9331	7102

单位:万元

自有配送中心配送商品购进额		非自有配送中心配送商品购进额		营业收入		餐费收入及商品销售额	
2007年	2006年	2007年	2006年	2007年	2006年	2007年	2006年
29155	**25250**	**10567**	**11565**	**141261**	**124108**	**140218**	**123273**
29155	25250	8889	10157	126405	115836	125362	115002
				678	694	678	694
				200		200	
				39124	37641	38081	36807
				33835	32683	33835	32683
				5289	4958	4247	4124
14355	10809			18643	13975	18643	13975
14800	14440	8889	10157	67760	63526	67760	63526
40	35	20	15	180	165	180	165
14760	14405	8869	10142	67580	63361	67580	63361
		1679	1408	14856	8271	14856	8271
		1679	1408	14856	8271	14856	8271
22772	**19014**	**10430**	**9732**	**101825**	**87380**	**100782**	**86545**
22772	19014	8751	8324	86969	79108	85927	78274
				678	694	678	694
				200		200	
				23395	21837	22353	21003
				21651	20700	21651	20700
				1744	1137	701	303
9331	7102			12118	9303	12118	9303

3—5 续表 4—2

其他餐饮服务

项 目	商品购进总额		统一配送商品购进额	
	2007 年	2006 年	2007 年	2006 年
私营企业	30085	27687	22968	20956
私营独资企业	30	28	30	24
私营合伙企业				
私营有限责任公司	30055	27659	22938	20932
私营股份有限公司				
其他企业				
港、澳、台商投资企业				
港澳台商合资经营企业				
港澳台商合作经营企业				
港、澳、台商独资经营企业				
外商投资企业	1761	1427	1761	1427
中外合资经营企业				
中外合作经营企业				
外资企业	1761	1427	1761	1427
外商投资股份有限公司				
加盟门店合计	**16975**	**19876**	**6550**	**8092**
内资企业	16975	19876	6550	8092
国有企业				
集体企业				
股份合作企业				
有限责任公司	10243	10357		
国有独资公司	7697	7436		
其他有限责任公司	2545	2921		
股份有限公司	5024	3708	5024	3708
私营企业	1708	5812	1526	4384
私营独资企业	100	87	60	56
私营合伙企业				
私营有限责任公司	1608	5725	1466	4328
私营股份有限公司				
其他企业				
港、澳、台商投资企业				
港澳台商合资经营企业				
港澳台商合作经营企业				
港、澳、台商独资经营企业				
外商投资企业				
中外合资经营企业				
中外合作经营企业				
外资企业				
外商投资股份有限公司				

单位:万元

自有配送中心配送商品购进额		非自有配送中心配送商品购进额		营业收入		餐费收入及商品销售额	
2007年	2006年	2007年	2006年	2007年	2006年	2007年	2006年
13441	11913	8751	8324	50578	47274	50578	47274
20	10	9	8	40	30	40	30
13421	11903	8742	8316	50538	47244	50538	47244
		1679	1408	14856	8271	14856	8271
		1679	1408	14856	8271	14856	8271
6384	**6235**	**138**	**1833**	**39436**	**36728**	**39436**	**36728**
6384	6235	138	1833	39436	36728	39436	36728
				15729	15804	15729	15804
				12183	11983	12183	11983
				3545	3821	3545	3821
5024	3708			6525	4672	6525	4672
1359	2528	138	1833	17182	16253	17182	16253
20	25	11	7	140	135	140	135
1339	2503	127	1826	17042	16118	17042	16118

3—6 按登记注册类型与业态分连锁餐饮企业基本情况

正餐

项目	连锁总店数（个）	门店数（个）		年末从业人员（人）		年末营业面积（平方米）		年末餐位数（个）	
	2007年	2007年	2006年	2007年	2006年	2007年	2006年	2007年	2006年
总计	**209**	**5471**	**5330**	**384510**	**363137**	**4362453**	**4145358**	**2054494**	**2483054**
内资企业	189	4074	3753	282666	247443	3592639	3377165	1354327	1334649
国有企业	4	24	24	2549	2713	30566	33297	8350	9450
集体企业	3	13	13	838	829	15669	15669	3855	3655
股份合作企业	9	46	41	3117	4041	48121	90119	17193	21108
有限责任公司	37	996	959	54797	52988	990349	932567	512596	496732
国有独资公司	1	5	4	71	79	1700	1500	1100	990
其他有限责任公司	36	991	955	54726	52909	988649	931067	511496	495742
股份有限公司	5	96	88	12016	10764	299152	235796	35803	31466
私营企业	130	2889	2617	208434	175123	2199742	2060417	771690	767338
私营独资企业	21	849	796	62284	46516	513222	525161	139672	148001
私营合伙企业	4	60	52	3052	2539	40756	33356	7428	7844
私营有限责任公司	97	1710	1568	131001	116911	1482101	1341181	504739	499797
私营股份有限公司	8	270	201	12097	9157	163663	160719	119851	111696
其他企业	1	10	11	915	985	9040	9300	4840	4900
港、澳、台商投资企业	4	27	22	1378	1680	32513	26701	6319	5239
港澳台商合资经营企业	1	8	6	362	604	21173	16173	3234	2434
港澳台商合作经营企业									
港、澳、台商独资经营企业	3	19	16	1016	1076	11340	10528	3085	2805
外商投资企业	16	1370	1555	100466	114014	737301	741492	693848	1143166
中外合资经营企业	4	15	14	402	347	7782	6562	2111	1693
中外合作经营企业	1	160	117	17000	15000	65000	46000	26560	19040
外资企业	10	837	703	45911	38987	494239	424825	165377	137633
外商投资股份有限公司	1	358	721	37153	59680	170280	264105	499800	984800
直营门店合计	**—**	**2016**	**1860**	**159374**	**146256**	**2073107**	**1929791**	**787080**	**829178**
内资企业	—	1228	1153	87909	83357	1542542	1485157	596347	615303
国有企业	—	21	20	2306	2353	28335	28175	7450	7450
集体企业	—	12	12	818	799	15469	15369	3655	3455
股份合作企业	—	32	32	2736	3787	40751	85037	12799	18444
有限责任公司	—	376	340	21185	21314	379077	353858	255798	251755
国有独资公司	—	5	4	71	79	1700	1500	1100	990
其他有限责任公司	—	371	336	21114	21235	377377	352358	254698	250765
股份有限公司	—	38	31	5573	4617	134191	107999	13016	11131

3—6　续表1

正餐

项　　目	连锁总店数（个）	门店数（个）		年末从业人员（人）		年末营业面积（平方米）		年末餐位数（个）	
	2007年	2007年	2006年	2007年	2006年	2007年	2006年	2007年	2006年
私营企业	—	746	715	54966	50162	941419	891419	302329	321768
私营独资企业	—	151	144	6097	7828	110049	125230	25274	32646
私营合伙企业	—	26	29	1162	1259	13756	14956	3740	4532
私营有限责任公司	—	532	508	45751	39035	790613	718685	264719	276270
私营股份有限公司	—	37	34	1956	2040	27001	32548	8596	8320
其他企业	—	3	3	325	325	3300	3300	1300	1300
港、澳、台商投资企业	—	27	22	1378	1680	32513	26701	6319	5239
港澳台商合资经营企业	—	8	6	362	604	21173	16173	3234	2434
港澳台商合作经营企业	—								
港、澳、台商独资经营企业	—	19	16	1016	1076	11340	10528	3085	2805
外商投资企业	—	761	685	70087	61219	498052	417933	184414	208636
中外合资经营企业	—	15	14	402	347	7782	6562	2111	1693
中外合作经营企业	—	160	117	17000	15000	65000	46000	26560	19040
外资企业	—	485	380	31980	26199	323866	268952	62237	46503
外商投资股份有限公司	—	101	174	20705	19673	101404	96419	93506	141400
加盟门店合计	**—**	**3455**	**3470**	**225136**	**216881**	**2289346**	**2215567**	**1267414**	**1653876**
内资企业	—	2846	2600	194757	164086	2050097	1892008	757980	719346
国有企业	—	3	4	243	360	2231	5122	900	2000
集体企业	—	1	1	20	30	200	300	200	200
股份合作企业	—	14	9	381	254	7370	5082	4394	2664
有限责任公司	—	620	619	33612	31674	611272	578709	256798	244977
国有独资公司	—								
其他有限责任公司	—	620	619	33612	31674	611272	578709	256798	244977
股份有限公司	—	58	57	6443	6147	164961	127797	22787	20335
私营企业	—	2143	1902	153468	124961	1258323	1168998	469361	445570
私营独资企业	—	698	652	56187	38688	403173	399931	114398	115355
私营合伙企业	—	34	23	1890	1280	27000	18400	3688	3312
私营有限责任公司	—	1178	1060	85250	77876	691488	622496	240020	223527
私营股份有限公司	—	233	167	10141	7117	136662	128171	111255	103376
其他企业	—	7	8	590	660	5740	6000	3540	3600
港、澳、台商投资企业	—								
港澳台商合资经营企业	—								
港澳台商合作经营企业	—								
港、澳、台商独资经营企业	—								
外商投资企业	—	609	870	30379	52795	239249	323559	509434	934530
中外合资经营企业	—								
中外合作经营企业	—								
外资企业	—	352	323	13931	12788	170373	155873	103140	91130
外商投资股份有限公司	—	257	547	16448	40007	68876	167686	406294	843400

3—6 续表 2—1

快餐

项目	连锁总店数（个）	门店数（个）		年末从业人员（人）		年末营业面积（平方米）		年末餐位数（个）	
	2007 年	2007 年	2006 年	2007 年	2006 年	2007 年	2006 年	2007 年	2006 年
总计	**125**	**5292**	**4849**	**215239**	**192041**	**1562995**	**1363463**	**627802**	**550451**
内资企业	53	1905	1924	27887	25215	303987	275456	128562	115238
国有企业									
集体企业	1	4	4	44	45	1030	1030	230	230
股份合作企业	2	10	7	206	63	2360	310	610	460
有限责任公司	19	347	346	5731	6161	62353	70311	26666	29238
国有独资公司									
其他有限责任公司	19	347	346	5731	6161	62353	70311	26666	29238
股份有限公司	1	12	12	449	450	2583	2583	1202	1202
私营企业	30	1532	1555	21457	18496	235661	201222	99854	84108
私营独资企业	3	95	80	769	572	27400	15360	8842	5920
私营合伙企业									
私营有限责任公司	25	1411	1456	19629	17004	194161	172762	88663	75839
私营股份有限公司	2	26	19	1059	920	14100	13100	2349	2349
其他企业									
港、澳、台商投资企业	15	585	505	27657	25708	160444	141029	78125	68642
港澳台商合资经营企业	6	317	280	17303	15382	87702	76796	38827	34820
港澳台商合作经营企业	1	7	6	256	209	3910	3395	1379	1206
港、澳、台商独资经营企业	8	261	219	10098	10117	68832	60838	37919	32616
外商投资企业	57	2802	2420	159695	141118	1098564	946978	421115	366571
中外合资经营企业	10	853	746	56602	52038	363615	320109	137636	124052
中外合作经营企业	9	423	364	25916	22691	156890	137557	66359	58390
外资企业	38	1526	1310	77177	66389	578059	489312	217120	184129
外商投资股份有限公司									
直营门店合计	**—**	**4537**	**4203**	**201181**	**180866**	**1388684**	**1217013**	**540125**	**478133**
内资企业	—	1503	1559	21361	19642	220174	197838	87651	81346
国有企业	—								
集体企业	—	4	4	44	45	1030	1030	230	230
股份合作企业	—	10	7	206	63	2360	310	610	460
有限责任公司	—	342	332	5616	5914	60771	66623	26146	27762
国有独资公司	—								
其他有限责任公司	—	342	332	5616	5914	60771	66623	26146	27762
股份有限公司	—	12	12	449	450	2583	2583	1202	1202

3—6　续表 2—2

快餐

项　　　目	连锁总店数（个）	门店数（个）		年末从业人员（人）		年末营业面积（平方米）		年末餐位数（个）	
	2007 年	2007 年	2006 年	2007 年	2006 年	2007 年	2006 年	2007 年	2006 年
私营企业	—	1135	1204	15046	13170	153430	127292	59463	51692
私营独资企业	—	32	26	533	396	18367	8487	4906	3424
私营合伙企业	—								
私营有限责任公司	—	1096	1171	13824	12104	123363	107105	52208	45919
私营股份有限公司	—	7	7	689	670	11700	11700	2349	2349
其他企业	—								
港、澳、台商投资企业	—	536	464	26276	24495	147724	130269	70979	62700
港澳台商合资经营企业	—	314	278	17238	15316	86842	76296	38587	34720
港澳台商合作经营企业	—	4	4	200	172	2500	2385	923	914
港、澳、台商独资经营企业	—	218	182	8838	9007	58382	51588	31469	27066
外商投资企业	—	2498	2180	153544	136729	1020786	888906	381495	334087
中外合资经营企业	—	853	746	56602	52038	363615	320109	137636	124052
中外合作经营企业	—	407	355	24887	22061	151385	134407	63963	57040
外资企业	—	1238	1079	72055	62630	505786	434390	179896	152995
外商投资股份有限公司	—								
加盟门店合计	**—**	**755**	**646**	**14058**	**11175**	**174311**	**146450**	**87677**	**72318**
内资企业	—	402	365	6526	5573	83813	77618	40911	33892
国有企业	—								
集体企业	—								
股份合作企业	—								
有限责任公司	—	5	14	115	247	1582	3688	520	1476
国有独资公司	—								
其他有限责任公司	—	5	14	115	247	1582	3688	520	1476
股份有限公司	—								
私营企业	—	397	351	6411	5326	82231	73930	40391	32416
私营独资企业	—	63	54	236	176	9033	6873	3936	2496
私营合伙企业	—								
私营有限责任公司	—	315	285	5805	4900	70798	65657	36455	29920
私营股份有限公司	—	19	12	370	250	2400	1400		
其他企业	—								
港、澳、台商投资企业	—	49	41	1381	1213	12720	10760	7146	5942
港澳台商合资经营企业	—	3	2	65	66	860	500	240	100
港澳台商合作经营企业	—	3	2	56	37	1410	1010	456	292
港、澳、台商独资经营企业	—	43	37	1260	1110	10450	9250	6450	5550
外商投资企业	—	304	240	6151	4389	77778	58072	39620	32484
中外合资经营企业	—								
中外合作经营企业	—	16	9	1029	630	5505	3150	2396	1350
外资企业	—	288	231	5122	3759	72273	54922	37224	31134
外商投资股份有限公司	—								

3－6　续表3－1

茶馆

项　　目	连锁总店数（个）	门店数（个）		年末从业人员（人）		年末营业面积（平方米）		年末餐位数（个）	
	2007年	2007年	2006年	2007年	2006年	2007年	2006年	2007年	2006年
总　　计	**2**	**11**	**12**	**202**	**159**	**3521**	**3521**	**1280**	**1280**
内资企业	2	11	12	202	159	3521	3521	1280	1280
国有企业	1	5	6	148	135	2581	2581	1016	1016
集体企业									
股份合作企业									
有限责任公司									
国有独资公司									
其他有限责任公司									
股份有限公司									
私营企业	1	6	6	54	24	940	940	264	264
私营独资企业									
私营合伙企业									
私营有限责任公司	1	6	6	54	24	940	940	264	264
私营股份有限公司									
其他企业									
港、澳、台商投资企业									
港澳台商合资经营企业									
港澳台商合作经营企业									
港、澳、台商独资经营企业									
外商投资企业									
中外合资经营企业									
中外合作经营企业									
外资企业									
外商投资股份有限公司									
直营门店合计	**—**	**11**	**12**	**202**	**159**	**3521**	**3521**	**1280**	**1280**
内资企业	—	11	12	202	159	3521	3521	1280	1280
国有企业	—	5	6	148	135	2581	2581	1016	1016
集体企业	—								
股份合作企业	—								
有限责任公司	—								
国有独资公司	—								
其他有限责任公司	—								
股份有限公司	—								

3—6　续表 3—2

茶馆

项　目	连锁总店数（个）	门店数（个）		年末从业人员（人）		年末营业面积（平方米）		年末餐位数（个）	
	2007 年	2007 年	2006 年	2007 年	2006 年	2007 年	2006 年	2007 年	2006 年
私营企业	—	6	6	54	24	940	940	264	264
私营独资企业	—								
私营合伙企业	—								
私营有限责任公司	—	6	6	54	24	940	940	264	264
私营股份有限公司	—								
其他企业	—								
港、澳、台商投资企业	—								
港澳台商合资经营企业	—								
港澳台商合作经营企业	—								
港、澳、台商独资经营企业	—								
外商投资企业	—								
中外合资经营企业	—								
中外合作经营企业	—								
外资企业	—								
外商投资股份有限公司	—								
加盟门店合计	—								
内资企业	—								
国有企业	—								
集体企业	—								
股份合作企业	—								
有限责任公司	—								
国有独资公司	—								
其他有限责任公司	—								
股份有限公司	—								
私营企业	—								
私营独资企业	—								
私营合伙企业	—								
私营有限责任公司	—								
私营股份有限公司	—								
其他企业	—								
港、澳、台商投资企业	—								
港澳台商合资经营企业	—								
港澳台商合作经营企业	—								
港、澳、台商独资经营企业	—								
外商投资企业	—								
中外合资经营企业	—								
中外合作经营企业	—								
外资企业	—								
外商投资股份有限公司	—								

3—6 续表4—1

咖啡店

项目	连锁总店数（个）	门店数（个）		年末从业人员（人）		年末营业面积（平方米）		年末餐位数（个）	
	2007年	2007年	2006年	2007年	2006年	2007年	2006年	2007年	2006年
总计	**10**	**895**	**694**	**18504**	**11122**	**304513**	**150943**	**95065**	**49355**
内资企业	3	279	208	10994	7086	191280	104150	62929	34529
国有企业									
集体企业									
股份合作企业									
有限责任公司									
国有独资公司									
其他有限责任公司									
股份有限公司									
私营企业	3	279	208	10994	7086	191280	104150	62929	34529
私营独资企业									
私营合伙企业									
私营有限责任公司	3	279	208	10994	7086	191280	104150	62929	34529
私营股份有限公司									
其他企业									
港、澳、台商投资企业	2	60	38	1410	900	9595	5975	2720	1660
港澳台商合资经营企业									
港澳台商合作经营企业									
港、澳、台商独资经营企业	2	60	38	1410	900	9595	5975	2720	1660
外商投资企业	5	556	448	6100	3136	103638	40818	29416	13166
中外合资经营企业	1	70	59	1128	928	12166	9976	4122	3542
中外合作经营企业	1	130	100	1535	1243	18919	15244	8350	6504
外资企业	3	356	289	3437	965	72553	15598	16944	3120
外商投资股份有限公司									
直营门店合计	**—**	**609**	**468**	**7562**	**3462**	**125928**	**44703**	**36835**	**14495**
内资企业	—	24	4	982	86	16880	880	5629	329
国有企业	—								
集体企业	—								
股份合作企业	—								
有限责任公司	—								
国有独资公司	—								
其他有限责任公司	—								
股份有限公司	—								

3—6 续表 4—2

咖啡店

项目	连锁总店数（个）	门店数（个）		年末从业人员（人）		年末营业面积（平方米）		年末餐位数（个）	
	2007 年	2007 年	2006 年	2007 年	2006 年	2007 年	2006 年	2007 年	2006 年
私营企业	—	24	4	982	86	16880	880	5629	329
私营独资企业	—								
私营合伙企业	—								
私营有限责任公司	—	24	4	982	86	16880	880	5629	329
私营股份有限公司	—								
其他企业	—								
港、澳、台商投资企业	—	29	16	480	240	5410	3005	1790	1000
港澳台商合资经营企业	—								
港澳台商合作经营企业	—								
港、澳、台商独资经营企业	—	29	16	480	240	5410	3005	1790	1000
外商投资企业	—	556	448	6100	3136	103638	40818	29416	13166
中外合资经营企业	—	70	59	1128	928	12166	9976	4122	3542
中外合作经营企业	—	130	100	1535	1243	18919	15244	8350	6504
外资企业	—	356	289	3437	965	72553	15598	16944	3120
外商投资股份有限公司	—								
加盟门店合计	**—**	**286**	**226**	**10942**	**7660**	**178585**	**106240**	**58230**	**34860**
内资企业	—	255	204	10012	7000	174400	103270	57300	34200
国有企业	—								
集体企业	—								
股份合作企业	—								
有限责任公司	—								
国有独资公司	—								
其他有限责任公司	—								
股份有限公司	—								
私营企业	—	255	204	10012	7000	174400	103270	57300	34200
私营独资企业	—								
私营合伙企业	—								
私营有限责任公司	—	255	204	10012	7000	174400	103270	57300	34200
私营股份有限公司	—								
其他企业	—								
港、澳、台商投资企业	—	31	22	930	660	4185	2970	930	660
港澳台商合资经营企业	—								
港澳台商合作经营企业	—								
港、澳、台商独资经营企业	—	31	22	930	660	4185	2970	930	660
外商投资企业	—								
中外合资经营企业	—								
中外合作经营企业	—								
外资企业	—								
外商投资股份有限公司	—								

3—6　续表 5—1

其他餐饮

项　　目	连锁总店数（个）	门店数（个）		年末从业人员（人）		年末营业面积（平方米）		年末餐位数（个）	
	2007 年	2007 年	2006 年	2007 年	2006 年	2007 年	2006 年	2007 年	2006 年
总　　计	**12**	**1074**	**996**	**7076**	**6425**	**58996**	**56592**	**21841**	**20806**
内资企业	10	1059	985	6720	6118	57599	55530	21497	20562
国有企业									
集体企业									
股份合作企业									
有限责任公司	3	672	649	1992	1985	17287	16797	377	372
国有独资公司	1	593	577	1577	1552	13860	13460		
其他有限责任公司	2	79	72	415	433	3427	3337	377	372
股份有限公司	1	110	74	1034	660	12657	11901	5753	5400
私营企业	6	277	262	3694	3473	27655	26832	15367	14790
私营独资企业	1	10	10	45	41	300	300	130	130
私营合伙企业									
私营有限责任公司	5	267	252	3649	3432	27355	26532	15237	14660
私营股份有限公司									
其他企业									
港、澳、台商投资企业	1	3	2	40	30	80	50	174	106
港澳台商合资经营企业									
港澳台商合作经营企业									
港、澳、台商独资经营企业	1	3	2	40	30	80	50	174	106
外商投资企业	1	12	9	316	277	1317	1012	170	138
中外合资经营企业									
中外合作经营企业									
外资企业	1	12	9	316	277	1317	1012	170	138
外商投资股份有限公司									
直营门店合计	**—**	**429**	**375**	**3064**	**2631**	**28805**	**29660**	**11764**	**11116**
内资企业	—	414	364	2708	2324	27408	28598	11420	10872
国有企业	—								
集体企业	—								
股份合作企业	—								
有限责任公司	—	90	84	671	700	9698	9628	377	372
国有独资公司	—	30	30	451	458	7073	7073		
其他有限责任公司	—	60	54	220	242	2625	2555	377	372
股份有限公司	—	72	42	684	430	8285	9368	3766	3300

3—6 续表5—2

其他餐饮

项目	连锁总店数（个）	门店数（个）		年末从业人员（人）		年末营业面积（平方米）		年末餐位数（个）	
	2007年	2007年	2006年	2007年	2006年	2007年	2006年	2007年	2006年
私营企业	—	252	238	1353	1194	9425	9602	7277	7200
私营独资企业	—	2	2	14	12	70	70	40	40
私营合伙企业	—								
私营有限责任公司	—	250	236	1339	1182	9355	9532	7237	7160
私营股份有限公司	—								
其他企业	—								
港、澳、台商投资企业	—	3	2	40	30	80	50	174	106
港澳台商合资经营企业	—								
港澳台商合作经营企业	—								
港、澳、台商独资经营企业	—	3	2	40	30	80	50	174	106
外商投资企业	—	12	9	316	277	1317	1012	170	138
中外合资经营企业	—								
中外合作经营企业	—								
外资企业	—	12	9	316	277	1317	1012	170	138
外商投资股份有限公司	—								
加盟门店合计	**—**	**645**	**621**	**4012**	**3794**	**30191**	**26932**	**10077**	**9690**
内资企业	—	645	621	4012	3794	30191	26932	10077	9690
国有企业	—								
集体企业	—								
股份合作企业	—								
有限责任公司	—	582	565	1321	1285	7589	7169		
国有独资公司	—	563	547	1126	1094	6787	6387		
其他有限责任公司	—	19	18	195	191	802	782		
股份有限公司	—	38	32	350	230	4372	2533	1987	2100
私营企业	—	25	24	2341	2279	18230	17230	8090	7590
私营独资企业	—	8	8	31	29	230	230	90	90
私营合伙企业	—								
私营有限责任公司	—	17	16	2310	2250	18000	17000	8000	7500
私营股份有限公司	—								
其他企业	—								
港、澳、台商投资企业	—								
港澳台商合资经营企业	—								
港澳台商合作经营企业	—								
港、澳、台商独资经营企业	—								
外商投资企业	—								
中外合资经营企业	—								
中外合作经营企业	—								
外资企业	—								
外商投资股份有限公司	—								

3—7 按登记注册类型与业态分

正餐

项　　目	商品购进总额		统一配送商品购进额	
	2007年	2006年	2007年	2006年
总　　计	**1576977**	**1550364**	**633030**	**634325**
内资企业	1041698	946904	310109	277300
国有企业	21582	19474		
集体企业	5729	5619		
股份合作企业	13578	21912	2932	2847
有限责任公司	247045	224948	139518	127340
国有独资公司	475	342	475	342
其他有限责任公司	246570	224606	139044	126998
股份有限公司	62263	52520	18868	16299
私营企业	687837	619914	148791	130814
私营独资企业	95606	116411	51176	62965
私营合伙企业	4716	4217	212	259
私营有限责任公司	570387	480367	80529	48725
私营股份有限公司	17128	18918	16874	18866
其他企业	3663	2517		
港、澳、台商投资企业	23597	19556	1907	1427
港澳台商合资经营企业	17829	14630		
港澳台商合作经营企业				
港、澳、台商独资经营企业	5768	4926	1907	1427
外商投资企业	511682	583904	321013	355597
中外合资经营企业	3776	3026	1354	996
中外合作经营企业	36652	28717	36652	28717
外资企业	296940	221761	169703	111124
外商投资股份有限公司	174314	330400	113304	214760
直营门店合计	**729926**	**599135**	**409506**	**323037**
内资企业	431971	375296	158897	141792
国有企业	20001	17579		
集体企业	5689	5579		
股份合作企业	12805	20379	2347	2191
有限责任公司	111291	95688	70501	59828
国有独资公司	475	342	475	342
其他有限责任公司	110816	95347	70026	59486
股份有限公司	31787	27102	18128	15779

连锁餐饮企业经营情况

单位:万元

自有配送中心配送商品购进额		非自有配送中心配送商品购进额		营业收入		餐费收入及商品销售额	
2007 年	2006 年	2007 年	2006 年	2007 年	2006 年	2007 年	2006 年
439236	**433046**	**87536**	**112977**	**3220373**	**3122797**	**3215082**	**3118415**
211803	193422	41823	32727	2230483	1990295	2225192	1986138
				37548	33998	37548	33998
				9773	9974	9212	9374
2031	2003	222	228	35249	50466	35249	50466
85901	78561	15829	13789	464554	422125	464240	421868
475	342			952	726	952	726
85426	78219	15829	13789	463603	421400	463289	421142
18868	16299			153857	133697	152031	132612
105003	96559	25773	18710	1523255	1335695	1520666	1333481
44698	56852	1348	1198	300512	290394	300512	290394
212	259			18854	14898	18854	14898
55364	34616	13268	4316	1171549	999386	1169124	997324
4729	4832	11156	13196	32340	31017	32175	30864
				6247	4340	6247	4340
		1907	1427	51695	38140	51695	38140
				37629	25813	37629	25813
		1907	1427	14066	12327	14066	12327
227433	239624	43806	78823	938194	1094362	938194	1094137
1005	670	349	326	6263	5680	6263	5680
36652	28717			118326	94528	118326	94528
116129	70643	3801	3331	510484	419155	510484	418930
73647	139594	39656	75166	303122	575000	303122	575000
282979	**220244**	**44674**	**38455**	**1582276**	**1355960**	**1577126**	**1351718**
102523	94864	24257	19721	956482	842047	951332	838030
				34661	30431	34661	30431
				9723	9914	9162	9314
1446	1346	222	228	32144	47958	32144	47958
41249	34993	15829	13789	229185	194880	228870	194622
475	342			952	726	952	726
40775	34651	15829	13789	228233	194154	227919	193897
18128	15779			86926	77328	85100	76243

3—7 续表1

正餐

项目	商品购进总额		统一配送商品购进额	
	2007年	2006年	2007年	2006年
私营企业	248897	208365	67921	63995
私营独资企业	19096	24923	10037	13485
私营合伙企业	3376	3317	212	259
私营有限责任公司	221556	176866	52864	47046
私营股份有限公司	4868	3259	4808	3206
其他企业	1500	605		
港、澳、台商投资企业	23597	19556	1907	1427
港澳台商合资经营企业	17829	14630		
港澳台商合作经营企业				
港、澳、台商独资经营企业	5768	4926	1907	1427
外商投资企业	274358	204283	248702	179818
中外合资经营企业	3776	3026	1354	996
中外合作经营企业	36652	28717	36652	28717
外资企业	170805	112540	169664	111105
外商投资股份有限公司	63125	60000	41031	39000
加盟门店合计	**847051**	**952637**	**223524**	**312061**
内资企业	609727	573015	151213	136282
国有企业	1581	1895		
集体企业	40	40		
股份合作企业	773	1533	585	657
有限责任公司	135754	130667	69018	68286
国有独资公司				
其他有限责任公司	135754	130667	69018	68286
股份有限公司	30475	25419	740	521
私营企业	438941	411549	80870	66819
私营独资企业	76510	91489	41139	49480
私营合伙企业	1340	900		
私营有限责任公司	348831	303501	27665	1679
私营股份有限公司	12260	15660	12066	15660
其他企业	2163	1912		
港、澳、台商投资企业				
港澳台商合资经营企业				
港澳台商合作经营企业				
港、澳、台商独资经营企业				
外商投资企业	237323	379621	72312	175779
中外合资经营企业				
中外合作经营企业				
外资企业	126135	109221	39	19
外商投资股份有限公司	111189	270400	72273	175760

单位:万元

自有配送中心配送商品购进额		非自有配送中心配送商品购进额		营业收入		餐费收入及商品销售额	
2007 年	2006 年	2007 年	2006 年	2007 年	2006 年	2007 年	2006 年
41699	42747	8206	5704	561283	480494	558835	478419
3559	7372	1348	1198	56925	59665	56925	59665
212	259			12164	10370	12164	10370
35737	33863	5230	3390	477685	397525	475260	395463
2191	1253	1628	1116	14509	12934	14485	12921
				2560	1043	2560	1043
		1907	1427	51695	38140	51695	38140
				37629	25813	37629	25813
		1907	1427	14066	12327	14066	12327
180456	125380	18510	17307	574098	475773	574098	475548
1005	670	349	326	6263	5680	6263	5680
36652	28717			118326	94528	118326	94528
116129	70643	3801	3331	340043	271518	340043	271293
26670	25350	14361	13650	109467	104048	109467	104048
156258	**213049**	**42862**	**74523**	**1638097**	**1766837**	**1637956**	**1766697**
109280	98805	17566	13007	1274001	1148248	1273860	1148108
				2887	3567	2887	3567
				50	60	50	60
585	657			3105	2508	3105	2508
44652	43815			235370	227246	235370	227246
44652	43815			235370	227246	235370	227246
740	521			66931	56369	66931	56369
63304	53812	17566	13007	961972	855202	961831	855061
41139	49480			243587	230730	243587	230730
				6690	4528	6690	4528
19627	752	8038	927	693864	601861	693864	601861
2538	3580	9528	12080	17831	18083	17690	17943
				3687	3297	3687	3297
46977	114244	25295	61516	364096	618589	364096	618589
					170441	147637	170441	147637
46977	114244	25295	61516	193656	470952	193656	470952

3—7 续表 2—1

快餐

项　目	商品购进总额		统一配送商品购进额	
	2007 年	2006 年	2007 年	2006 年
总　计	**1098899**	**902899**	**1017704**	**836995**
内资企业	106005	92480	81675	75271
国有企业				
集体企业	222	201		
股份合作企业	290	169	290	169
有限责任公司	24851	22024	22777	20537
国有独资公司				
其他有限责任公司	24851	22024	22777	20537
股份有限公司	850	826	850	826
私营企业	79793	69260	57759	53739
私营独资企业	3201	2119	1632	993
私营合伙企业				
私营有限责任公司	73802	65026	53490	50741
私营股份有限公司	2789	2116	2636	2006
其他企业				
港、澳、台商投资企业	140108	136844	125668	123994
港澳台商合资经营企业	70620	78391	57097	66278
港澳台商合作经营企业	1561	1181	1066	969
港、澳、台商独资经营企业	67928	57272	67504	56747
外商投资企业	852786	673576	810361	637729
中外合资经营企业	305472	248154	304689	247499
中外合作经营企业	125898	107902	105898	88902
外资企业	421416	317520	399773	301329
外商投资股份有限公司				
直营门店合计	**1056761**	**868769**	**987277**	**810898**
内资企业	100371	83017	77860	68924
国有企业				
集体企业	222	201		
股份合作企业	290	169	290	169
有限责任公司	24458	21300	22397	19826
国有独资公司				
其他有限责任公司	24458	21300	22397	19826
股份有限公司	850	826	850	826

单位:万元

自有配送中心配送商品购进额		非自有配送中心配送商品购进额		营业收入		餐费收入及商品销售额	
2007年	2006年	2007年	2006年	2007年	2006年	2007年	2006年
634921	**529972**	**213646**	**176913**	**2950902**	**2337419**	**2950218**	**2337382**
62192	56064	15953	15855	242025	214478	241985	214440
				502	494	462	457
				507	270	507	270
18489	16781	1048	573	52139	49763	52139	49763
18489	16781	1048	573	52139	49763	52139	49763
850	826			7121	6079	7121	6079
42854	38457	14905	15282	181756	157872	181756	157872
1632	993			4594	3571	4594	3571
38585	35459	14905	15282	171300	150116	171300	150116
2636	2006			5861	4185	5861	4185
38195	30471	72674	82537	419994	340154	419994	340154
2400	1500	54697	64778	236942	199199	236942	199199
		1066	969	2995	2599	2995	2599
35795	28971	16911	16791	180057	138356	180057	138356
534534	443437	125019	78521	2288884	1782787	2288239	1782787
169191	163377	70737	31998	850571	656348	850571	656348
89734	74830	12768	11095	308726	247503	308726	247503
275610	205231	41514	35428	1129586	878936	1128942	878936
612306	**511674**	**208721**	**170905**	**2797430**	**2228191**	**2796746**	**2228154**
59289	52660	15040	13367	195521	171936	195482	171899
				502	494	462	457
				507	270	507	270
18235	16536	922	562	51307	48312	51307	48312
18235	16536	922	562	51307	48312	51307	48312
850	826			7121	6079	7121	6079

3—7 续表2—2

快餐

项　　目	商品购进总额		统一配送商品购进额	
	2007年	2006年	2007年	2006年
私营企业	74553	60522	54323	48103
私营独资企业	1963	1282	998	662
私营合伙企业				
私营有限责任公司	69924	57206	50690	45436
私营股份有限公司	2665	2034	2636	2006
其他企业				
港、澳、台商投资企业	135490	133476	121226	120922
港澳台商合资经营企业	70471	78107	57097	66278
港澳台商合作经营企业	1398	1101	932	901
港、澳、台商独资经营企业	63621	54268	63197	53744
外商投资企业	820900	652276	788191	621052
中外合资经营企业	305472	248154	304689	247499
中外合作经营企业	116243	102302	98243	83302
外资企业	399184	301820	385259	290251
外商投资股份有限公司				
加盟门店合计	**42139**	**34130**	**30427**	**26096**
内资企业	5634	9463	3816	6348
国有企业				
集体企业				
股份合作企业				
有限责任公司	394	725	380	712
国有独资公司				
其他有限责任公司	394	725	380	712
股份有限公司				
私营企业	5240	8738	3436	5636
私营独资企业	1238	837	635	331
私营合伙企业				
私营有限责任公司	3878	7820	2801	5305
私营股份有限公司	124	82		
其他企业				
港、澳、台商投资企业	4618	3368	4442	3072
港澳台商合资经营企业	149	284		
港澳台商合作经营企业	162	80	135	68
港、澳、台商独资经营企业	4307	3003	4307	3003
外商投资企业	31887	21300	22169	16677
中外合资经营企业				
中外合作经营企业	9655	5600	7655	5600
外资企业	22232	15700	14515	11077
外商投资股份有限公司				

单位：万元

自有配送中心配送商品购进额		非自有配送中心配送商品购进额		营业收入		餐费收入及商品销售额	
2007 年	2006 年	2007 年	2006 年	2007 年	2006 年	2007 年	2006 年
40205	35298	14118	12805	136085	116781	136085	116781
998	662			2843	2315	2843	2315
36571	32631	14118	12805	127594	110422	127594	110422
2636	2006			5648	4045	5648	4045
33888	27467	72540	82469	399043	329260	399043	329260
2400	1500	54697	64778	236344	198702	236344	198702
		932	901	2621	2452	2621	2452
31488	25967	16911	16791	160078	128106	160078	128106
519130	431547	121142	75069	2202866	1726995	2202222	1726995
169191	163377	70737	31998	850571	656348	850571	656348
82079	69230	12768	11095	295281	239503	295281	239503
267860	198940	37637	31976	1057014	831144	1056369	831144
22614	**18298**	**4925**	**6008**	**153472**	**109228**	**153472**	**109228**
2903	3404	913	2488	46504	42542	46504	42542
254	245	126	11	833	1451	833	1451
254	245	126	11	833	1451	833	1451
2649	3159	787	2477	45671	41091	45671	41091
635	331			1751	1256	1751	1256
2014	2828	787	2477	43707	39694	43707	39694
				213	140	213	140
4307	3003	135	68	20951	10894	20951	10894
				598	497	598	497
		135	68	373	147	373	147
4307	3003			19979	10250	19979	10250
15404	11890	3877	3452	86017	55792	86017	55792
7655	5600			13445	8000	13445	8000
7750	6290	3877	3452	72573	47792	72573	47792

3—7 续表 3—1

茶馆

项　　目	商品购进总额		统一配送商品购进额	
	2007 年	2006 年	2007 年	2006 年
总　　计	**1048**	**891**	**1048**	**891**
内资企业	1048	891	1048	891
国有企业	681	621	681	621
集体企业				
股份合作企业				
有限责任公司				
国有独资公司				
其他有限责任公司				
股份有限公司				
私营企业	367	271	367	271
私营独资企业				
私营合伙企业				
私营有限责任公司	367	271	367	271
私营股份有限公司				
其他企业				
港、澳、台商投资企业				
港澳台商合资经营企业				
港澳台商合作经营企业				
港、澳、台商独资经营企业				
外商投资企业				
中外合资经营企业				
中外合作经营企业				
外资企业				
外商投资股份有限公司				
直营门店合计	**1048**	**891**	**1048**	**891**
内资企业	1048	891	1048	891
国有企业	681	621	681	621
集体企业				
股份合作企业				
有限责任公司				
国有独资公司				
其他有限责任公司				
股份有限公司				

单位:万元

自有配送中心配送商品购进额		非自有配送中心配送商品购进额		营业收入		餐费收入及商品销售额	
2007年	2006年	2007年	2006年	2007年	2006年	2007年	2006年
1048	**891**			**2915**	**2702**	**2915**	**2702**
1048	891			2915	2702	2915	2702
681	621			2215	2007	2215	2007
367	271			700	695	700	695
367	271			700	695	700	695
1048	**891**			**2915**	**2702**	**2915**	**2702**
1048	891			2915	2702	2915	2702
681	621			2215	2007	2215	2007

3—7 续表 3—2

茶馆

项　　目	商品购进总额		统一配送商品购进额	
	2007 年	2006 年	2007 年	2006 年
私营企业	367	271	367	271
私营独资企业				
私营合伙企业				
私营有限责任公司	367	271	367	271
私营股份有限公司				
其他企业				
港、澳、台商投资企业				
港澳台商合资经营企业				
港澳台商合作经营企业				
港、澳、台商独资经营企业				
外商投资企业				
中外合资经营企业				
中外合作经营企业				
外资企业				
外商投资股份有限公司				
加盟门店合计				
内资企业				
国有企业				
集体企业				
股份合作企业				
有限责任公司				
国有独资公司				
其他有限责任公司				
股份有限公司				
私营企业				
私营独资企业				
私营合伙企业				
私营有限责任公司				
私营股份有限公司				
其他企业				
港、澳、台商投资企业				
港澳台商合资经营企业				
港澳台商合作经营企业				
港、澳、台商独资经营企业				
外商投资企业				
中外合资经营企业				
中外合作经营企业				
外资企业				
外商投资股份有限公司				

单位:万元

自有配送中心配送商品购进额		非自有配送中心配送商品购进额		营业收入		餐费收入及商品销售额	
2007 年	2006 年	2007 年	2006 年	2007 年	2006 年	2007 年	2006 年
367	271			700	695	700	695
367	271			700	695	700	695

3—7 续表 4—1

咖啡店

项目	商品购进总额		统一配送商品购进额	
	2007 年	2006 年	2007 年	2006 年
总计	**30237**	**40979**	**16180**	**31270**
内资企业	16734	11744	2865	2201
国有企业				
集体企业				
股份合作企业				
有限责任公司				
国有独资公司				
其他有限责任公司				
股份有限公司				
私营企业	16734	11744	2865	2201
私营独资企业				
私营合伙企业				
私营有限责任公司	16734	11744	2865	2201
私营股份有限公司				
其他企业				
港、澳、台商投资企业	5720	3676	5720	3676
港澳台商合资经营企业				
港澳台商合作经营企业				
港、澳、台商独资经营企业	5720	3676	5720	3676
外商投资企业	7782	25559	7595	25392
中外合资经营企业	665	373	665	373
中外合作经营企业	5009	23240	5009	23240
外资企业	2109	1946	1922	1780
外商投资股份有限公司				
直营门店合计	**12397**	**27775**	**10890**	**27609**
内资企业	1628	124	308	124
国有企业				
集体企业				
股份合作企业				
有限责任公司				
国有独资公司				
其他有限责任公司				
股份有限公司				

单位:万元

自有配送中心配送商品购进额		非自有配送中心配送商品购进额		营业收入		餐费收入及商品销售额	
2007年	2006年	2007年	2006年	2007年	2006年	2007年	2006年
7118	**5794**	**5673**	**23613**	**145881**	**102451**	**145881**	**102451**
2822	2158			44900	32489	44900	32489
2822	2158			44900	32489	44900	32489
2822	2158			44900	32489	44900	32489
2457	1876			14366	8681	14366	8681
2457	1876			14366	8681	14366	8681
1840	1760	5673	23613	86615	61281	86615	61281
		665	373	22556	18433	22556	18433
		5009	23240	46036	33963	46036	33963
1840	1760			18023	8885	18023	8885
4562	**3717**	**5673**	**23613**	**101682**	**67136**	**101682**	**67136**
265	81			6281	474	6281	474

3—7 续表 4—2

咖啡店

项目	商品购进总额		统一配送商品购进额	
	2007 年	2006 年	2007 年	2006 年
私营企业	1628	124	308	124
私营独资企业				
私营合伙企业				
私营有限责任公司	1628	124	308	124
私营股份有限公司				
其他企业				
港、澳、台商投资企业	2986	2092	2986	2092
港澳台商合资经营企业				
港澳台商合作经营企业				
港、澳、台商独资经营企业	2986	2092	2986	2092
外商投资企业	7782	25559	7595	25392
中外合资经营企业	665	373	665	373
中外合作经营企业	5009	23240	5009	23240
外资企业	2109	1946	1922	1780
外商投资股份有限公司				
加盟门店合计	**17840**	**13204**	**5291**	**3661**
内资企业	15106	11620	2557	2077
国有企业				
集体企业				
股份合作企业				
有限责任公司				
国有独资公司				
其他有限责任公司				
股份有限公司				
私营企业	15106	11620	2557	2077
私营独资企业				
私营合伙企业				
私营有限责任公司	15106	11620	2557	2077
私营股份有限公司				
其他企业				
港、澳、台商投资企业	2734	1584	2734	1584
港澳台商合资经营企业				
港澳台商合作经营企业				
港、澳、台商独资经营企业	2734	1584	2734	1584
外商投资企业				
中外合资经营企业				
中外合作经营企业				
外资企业				
外商投资股份有限公司				

单位:万元

自有配送中心配送商品购进额		非自有配送中心配送商品购进额		营业收入		餐费收入及商品销售额	
2007年	2006年	2007年	2006年	2007年	2006年	2007年	2006年
265	81			6281	474	6281	474
265	81			6281	474	6281	474
2457	1876			8786	5381	8786	5381
2457	1876			8786	5381	8786	5381
1840	1760	5673	23613	86615	61281	86615	61281
		665	373	22556	18433	22556	18433
		5009	23240	46036	33963	46036	33963
1840	1760			18023	8885	18023	8885
2557	**2077**			**44199**	**35315**	**44199**	**35315**
2557	2077			38619	32015	38619	32015
2557	2077			38619	32015	38619	32015
2557	2077			38619	32015	38619	32015
				5580	3300	5580	3300
				5580	3300	5580	3300

3—7 续表 5—1

其他餐饮

项　　目	商品购进总额		统一配送商品购进额	
	2007 年	2006 年	2007 年	2006 年
总　　计	**41926**	**36319**	**20053**	**15983**
内资企业	40178	34901	18305	14566
国有企业				
集体企业				
股份合作企业				
有限责任公司	21037	19392		
国有独资公司	11842	11439		
其他有限责任公司	9195	7953		
股份有限公司	14355	10809	14355	10809
私营企业	4785	4699	3949	3756
私营独资企业	130	115	90	80
私营合伙企业				
私营有限责任公司	4655	4584	3859	3676
私营股份有限公司				
其他企业				
港、澳、台商投资企业	70	10	70	10
港澳台商合资经营企业				
港澳台商合作经营企业				
港、澳、台商独资经营企业	70	10	70	10
外商投资企业	1679	1408	1679	1408
中外合资经营企业				
中外合作经营企业				
外资企业	1679	1408	1679	1408
外商投资股份有限公司				
直营门店合计	**25499**	**21202**	**13909**	**11255**
内资企业	23751	19785	12160	9837
国有企业				
集体企业				
股份合作企业				
有限责任公司	10795	9036		
国有独资公司	4145	4004		
其他有限责任公司	6650	5032		
股份有限公司	9331	7102	9331	7102

单位:万元

自有配送中心配送商品购进额		非自有配送中心配送商品购进额		营业收入		餐费收入及商品销售额	
2007年	2006年	2007年	2006年	2007年	2006年	2007年	2006年
17479	**13808**	**1768**	**1433**	**79958**	**72167**	**78915**	**71333**
17479	13808	20	15	75585	67958	74542	67124
				39124	37641	38081	36807
				33835	32683	33835	32683
				5289	4958	4247	4124
14355	10809			18643	13975	18643	13975
3124	2999	20	15	17818	16343	17818	16343
40	35	20	15	180	165	180	165
3084	2964			17638	16178	17638	16178
		70	10	203	39	203	39
		70	10	203	39	203	39
		1679	1408	4170	4170	4170	4170
		1679	1408	4170	4170	4170	4170
11375	**9110**	**1757**	**1426**	**48964**	**43657**	**47921**	**42822**
11375	9110	9	8	44591	39448	43548	38614
				23395	21837	22353	21003
				21651	20700	21651	20700
				1744	1137	701	303
9331	7102			12118	9303	12118	9303

3—7 续表 5—2

其他餐饮

项目	商品购进总额		统一配送商品购进额	
	2007 年	2006 年	2007 年	2006 年
私营企业	3625	3647	2829	2735
私营独资企业	30	28	30	24
私营合伙企业				
私营有限责任公司	3595	3619	2799	2711
私营股份有限公司				
其他企业				
港、澳、台商投资企业	70	10	70	10
港澳台商合资经营企业				
港澳台商合作经营企业				
港、澳、台商独资经营企业	70	10	70	10
外商投资企业	1679	1408	1679	1408
中外合资经营企业				
中外合作经营企业				
外资企业	1679	1408	1679	1408
外商投资股份有限公司				
加盟门店合计	**16427**	**15116**	**6144**	**4729**
内资企业	16427	15116	6144	4729
国有企业				
集体企业				
股份合作企业				
有限责任公司	10243	10357		
国有独资公司	7697	7436		
其他有限责任公司	2545	2921		
股份有限公司	5024	3708	5024	3708
私营企业	1160	1052	1120	1021
私营独资企业	100	87	60	56
私营合伙企业				
私营有限责任公司	1060	965	1060	965
私营股份有限公司				
其他企业				
港、澳、台商投资企业				
港澳台商合资经营企业				
港澳台商合作经营企业				
港、澳、台商独资经营企业				
外商投资企业				
中外合资经营企业				
中外合作经营企业				
外资企业				
外商投资股份有限公司				

单位:万元

自有配送中心配送商品购进额		非自有配送中心配送商品购进额		营业收入		餐费收入及商品销售额	
2007年	2006年	2007年	2006年	2007年	2006年	2007年	2006年
2044	2009	9	8	9078	8308	9078	8308
20	10	9	8	40	30	40	30
2024	1999			9038	8278	9038	8278
		70	10	203	39	203	39
		70	10	203	39	203	39
		1679	1408	4170	4170	4170	4170
		1679	1408	4170	4170	4170	4170
6104	**4698**	**11**	**7**	**30994**	**28511**	**30994**	**28511**
6104	4698	11	7	30994	28511	30994	28511
				15729	15804	15729	15804
				12183	11983	12183	11983
				3545	3821	3545	3821
5024	3708			6525	4672	6525	4672
1080	990	11	7	8740	8035	8740	8035
20	25	11	7	140	135	140	135
1060	965			8600	7900	8600	7900

3—8 按行业与业态分连锁餐饮企业基本情况

正餐

项 目	连锁总店数（个）	门店数（个）		年末从业人员（人）		年末营业面积（平方米）		年末餐位数（个）	
	2007年	2007年	2006年	2007年	2006年	2007年	2006年	2007年	2006年
总 计	**209**	**5471**	**5330**	**384510**	**363137**	**4362453**	**4145358**	**2054494**	**2483054**
正餐服务	202	4965	4936	345134	328918	4039253	3880710	1985135	2434324
快餐服务	6	498	386	39316	34140	322531	263979	69104	48475
饮料及冷饮服务									
其他餐饮服务	1	8	8	60	79	669	669	255	255
直营门店合计	**—**	**2016**	**1860**	**159374**	**146256**	**2073107**	**1929791**	**787080**	**829178**
正餐服务	—	1510	1466	119998	112037	1749907	1665143	717721	780448
快餐服务	—	498	386	39316	34140	322531	263979	69104	48475
饮料及冷饮服务	—								
其他餐饮服务	—	8	8	60	79	669	669	255	255
加盟门店合计	**—**	**3455**	**3470**	**225136**	**216881**	**2289346**	**2215567**	**1267414**	**1653876**
正餐服务	—	3455	3470	225136	216881	2289346	2215567	1267414	1653876
快餐服务	—								
饮料及冷饮服务	—								
其他餐饮服务	—								

3—8 续表1

快餐

项 目	连锁总店数（个）	门店数（个）		年末从业人员（人）		年末营业面积（平方米）		年末餐位数（个）	
	2007年	2007年	2006年	2007年	2006年	2007年	2006年	2007年	2006年
总 计	**125**	**5292**	**4849**	**215239**	**192041**	**1562995**	**1363463**	**627802**	**550451**
正餐服务	5	61	42	3837	3594	88909	79843	35430	22596
快餐服务	116	4717	4320	206729	184342	1441026	1255709	578112	513835
饮料及冷饮服务									
其他餐饮服务	4	514	487	4673	4105	33060	27911	14260	14020
直营门店合计	**—**	**4537**	**4203**	**201181**	**180866**	**1388684**	**1217013**	**540125**	**478133**
正餐服务	—	61	42	3837	3594	88909	79843	35430	22596
快餐服务	—	4012	3717	193410	173625	1271006	1112970	494120	445407
饮料及冷饮服务	—								
其他餐饮服务	—	464	444	3934	3647	28769	24200	10575	10130
加盟门店合计	**—**	**755**	**646**	**14058**	**11175**	**174311**	**146450**	**87677**	**72318**
正餐服务	—								
快餐服务	—	705	603	13319	10717	170020	142739	83992	68428
饮料及冷饮服务	—								
其他餐饮服务	—	50	43	739	458	4291	3711	3685	3890

3—8 续表 2

茶馆

项目	连锁总店数（个）	门店数（个）		年末从业人员（人）		年末营业面积（平方米）		年末餐位数（个）	
	2007年	2007年	2006年	2007年	2006年	2007年	2006年	2007年	2006年
总计	**2**	**11**	**12**	**202**	**159**	**3521**	**3521**	**1280**	**1280**
正餐服务									
快餐服务									
饮料及冷饮服务	2	11	12	202	159	3521	3521	1280	1280
其他餐饮服务									
直营门店合计	**—**	**11**	**12**	**202**	**159**	**3521**	**3521**	**1280**	**1280**
正餐服务	—								
快餐服务	—								
饮料及冷饮服务	—	11	12	202	159	3521	3521	1280	1280
其他餐饮服务	—								
加盟门店合计	**—**								
正餐服务	—								
快餐服务	—								
饮料及冷饮服务	—								
其他餐饮服务	—								

3—8 续表 3

咖啡店

项目	连锁总店数（个）	门店数（个）		年末从业人员（人）		年末营业面积（平方米）		年末餐位数（个）	
	2007年	2007年	2006年	2007年	2006年	2007年	2006年	2007年	2006年
总计	**10**	**895**	**694**	**18504**	**11122**	**304513**	**150943**	**95065**	**49355**
正餐服务	1	59	56	1144	1046	16480	13750	4800	4400
快餐服务	1	259	259	52	47	1300	1300	200	200
饮料及冷饮服务	7	502	361	14153	9294	218160	123293	74221	42235
其他餐饮服务	1	75	18	3155	735	68573	12600	15844	2520
直营门店合计	**—**	**609**	**468**	**7562**	**3462**	**125928**	**44703**	**36835**	**14495**
正餐服务	—	2	2	42	46	480	480	200	200
快餐服务	—	259	259	52	47	1300	1300	200	200
饮料及冷饮服务	—	273	189	4313	2634	55575	30323	20591	11575
其他餐饮服务	—	75	18	3155	735	68573	12600	15844	2520
加盟门店合计	**—**	**286**	**226**	**10942**	**7660**	**178585**	**106240**	**58230**	**34860**
正餐服务	—	57	54	1102	1000	16000	13270	4600	4200
快餐服务	—								
饮料及冷饮服务	—	229	172	9840	6660	162585	92970	53630	30660
其他餐饮服务	—								

3—8 续表 4

其他餐饮服务

项目	连锁总店数（个）	门店数（个）		年末从业人员（人）		年末营业面积（平方米）		年末餐位数（个）	
	2007年	2007年	2006年	2007年	2006年	2007年	2006年	2007年	2006年
总计	**12**	**1074**	**996**	**7076**	**6425**	**58996**	**56592**	**21841**	**20806**
正餐服务	1	8	6	227	152	1020	760	860	680
快餐服务									
饮料及冷饮服务	1	3	2	40	30	80	50	174	106
其他餐饮服务	10	1063	988	6809	6243	57896	55782	20807	20020
直营门店合计	**—**	**429**	**375**	**3064**	**2631**	**28805**	**29660**	**11764**	**11116**
正餐服务	—	8	6	227	152	1020	760	860	680
快餐服务	—								
饮料及冷饮服务	—	3	2	40	30	80	50	174	106
其他餐饮服务	—	418	367	2797	2449	27705	28850	10730	10330
加盟门店合计	**—**	**645**	**621**	**4012**	**3794**	**30191**	**26932**	**10077**	**9690**
正餐服务	—								
快餐服务	—								
饮料及冷饮服务	—								
其他餐饮服务	—	645	621	4012	3794	30191	26932	10077	9690

3—9 按行业与业态分连锁餐饮企业经营情况

正餐

单位:万元

项目	商品购进总额		统一配送商品购进额		自有配送中心配送商品购进额	
	2007年	2006年	2007年	2006年	2007年	2006年
总计	**1576977**	**1550364**	**633030**	**634325**	**439236**	**433046**
正餐服务	1408127	1437523	464388	521733	286413	333485
快餐服务	168644	112593	168642	112592	152824	99561
饮料及冷饮服务						
其他餐饮服务	206	249				
直营门店合计	**729926**	**599135**	**409506**	**323037**	**282979**	**220244**
正餐服务	558733	484958	239873	209980	129939	120683
快餐服务	168644	112593	168642	112592	152824	99561
饮料及冷饮服务						
其他餐饮服务	206	249				
加盟门店合计	**847051**	**952637**	**223524**	**312061**	**156258**	**213049**
正餐服务	846448	952136	223524	312061	156258	213049
快餐服务						
饮料及冷饮服务						
其他餐饮服务						

3—9 续表1

正餐

单位:万元

项目	非自有配送中心配送商品购进额		营业收入		餐费收入及商品销售额	
	2007年	2006年	2007年	2006年	2007年	2006年
总计	**87536**	**112977**	**3220373**	**3122797**	**3215082**	**3118415**
正餐服务	87536	112977	2861007	2840574	2855715	2836192
快餐服务			358688	281530	358688	281530
饮料及冷饮服务						
其他餐饮服务			678	694	678	694
直营门店合计	**44674**	**38455**	**1582276**	**1355960**	**1577126**	**1351718**
正餐服务	44674	38455	1219500	1070442	1214419	1066246
快餐服务			358688	281530	358688	281530
饮料及冷饮服务						
其他餐饮服务			678	694	678	694
加盟门店合计	**42862**	**74523**	**1638097**	**1766837**	**1637956**	**1766697**
正餐服务	42862	74523	1637055	1765792	1636914	1765652
快餐服务						
饮料及冷饮服务						
其他餐饮服务						

3—9 续表 2—1

快餐 单位:万元

项目	商品购进总额		统一配送商品购进额		自有配送中心配送商品购进额	
	2007 年	2006 年	2007 年	2006 年	2007 年	2006 年
总计	**1098899**	**902899**	**1017704**	**836995**	**634921**	**529972**
正餐服务	21091	12076	4754	3516	3742	2781
快餐服务	1049855	861115	992255	811895	619502	515749
饮料及冷饮服务						
其他餐饮服务	27954	29708	20695	21584	11676	11442
直营门店合计	**1056761**	**868769**	**987277**	**810898**	**612306**	**511674**
正餐服务	21091	12076	4754	3516	3742	2781
快餐服务	1007415	830919	961385	788336	596317	498162
饮料及冷饮服务						
其他餐饮服务	27406	24948	20289	18221	11397	9904
加盟门店合计	**42139**	**34130**	**30427**	**26096**	**22614**	**18298**
正餐服务						
快餐服务	41590	29371	30021	22733	22335	16761
饮料及冷饮服务						
其他餐饮服务	548	4760	406	3363	279	1538

3—9 续表 2—2

快餐 单位:万元

项目	非自有配送中心配送商品购进额		营业收入		餐费收入及商品销售额	
	2007 年	2006 年	2007 年	2006 年	2007 年	2006 年
总计	**213646**	**176913**	**2950902**	**2337419**	**2950218**	**2337382**
正餐服务			32945	22690	32945	22690
快餐服务	204778	166771	2865326	2265755	2864642	2265718
饮料及冷饮服务						
其他餐饮服务	8869	10142	52631	48974	52631	48974
直营门店合计	**208721**	**170905**	**2797430**	**2228191**	**2796746**	**2228154**
正餐服务			32945	22690	32945	22690
快餐服务	199979	162588	2713175	2158666	2712491	2158629
饮料及冷饮服务						
其他餐饮服务	8742	8316	44189	40756	44189	40756
加盟门店合计	**4925**	**6008**	**153472**	**109228**	**153472**	**109228**
正餐服务						
快餐服务	4798	4183	145030	101010	145030	101010
饮料及冷饮服务						
其他餐饮服务	127	1826	8442	8218	8442	8218

3—9 续表 3—1

茶馆 单位:万元

项目	商品购进总额		统一配送商品购进额		自有配送中心配送商品购进额	
	2007年	2006年	2007年	2006年	2007年	2006年
总计	**1048**	**891**	**1048**	**891**	**1048**	**891**
正餐服务						
快餐服务						
饮料及冷饮服务	1048	891	1048	891	1048	891
其他餐饮服务						
直营门店合计	**1048**	**891**	**1048**	**891**	**1048**	**891**
正餐服务						
快餐服务						
饮料及冷饮服务	1048	891	1048	891	1048	891
其他餐饮服务						
加盟门店合计						
正餐服务						
快餐服务						
饮料及冷饮服务						
其他餐饮服务						

3—9 续表 3—2

茶馆 单位:万元

项目	非自有配送中心配送商品购进额		营业收入		餐费收入及商品销售额	
	2007年	2006年	2007年	2006年	2007年	2006年
总计			**2915**	**2702**	**2915**	**2702**
正餐服务						
快餐服务						
饮料及冷饮服务			2915	2702	2915	2702
其他餐饮服务						
直营门店合计			**2915**	**2702**	**2915**	**2702**
正餐服务						
快餐服务						
饮料及冷饮服务			2915	2702	2915	2702
其他餐饮服务						
加盟门店合计						
正餐服务						
快餐服务						
饮料及冷饮服务						
其他餐饮服务						

3—9 续表 4—1

咖啡店

单位:万元

项目	商品购进总额		统一配送商品购进额		自有配送中心配送商品购进额	
	2007 年	2006 年	2007 年	2006 年	2007 年	2006 年
总计	**30237**	**40979**	**16180**	**31270**	**7118**	**5794**
正餐服务	995	901	995	901	995	901
快餐服务	187	167				
饮料及冷饮服务	28973	39892	15103	30349	6123	4893
其他餐饮服务	82	20	82	20		
直营门店合计	**12397**	**27775**	**10890**	**27609**	**4562**	**3717**
正餐服务	85	81	85	81	85	81
快餐服务	187	167				
饮料及冷饮服务	12043	27508	10723	27508	4477	3636
其他餐饮服务	82	20	82	20		
加盟门店合计	**17840**	**13204**	**5291**	**3661**	**2557**	**2077**
正餐服务	910	820	910	820	910	820
快餐服务						
饮料及冷饮服务	16930	12384	4381	2841	1647	1257
其他餐饮服务						

3—9 续表 4—2

咖啡店

单位:万元

项目	非自有配送中心配送商品购进额		营业收入		餐费收入及商品销售额	
	2007 年	2006 年	2007 年	2006 年	2007 年	2006 年
总计	**5673**	**23613**	**145881**	**102451**	**145881**	**102451**
正餐服务			5582	4331	5582	4331
快餐服务			715	546	715	546
饮料及冷饮服务	5673	23613	128898	93472	128898	93472
其他餐饮服务			10686	4101	10686	4101
直营门店合计	**5673**	**23613**	**101682**	**67136**	**101682**	**67136**
正餐服务			443	396	443	396
快餐服务			715	546	715	546
饮料及冷饮服务	5673	23613	89838	62092	89838	62092
其他餐饮服务			10686	4101	10686	4101
加盟门店合计			**44199**	**35315**	**44199**	**35315**
正餐服务			5139	3935	5139	3935
快餐服务						
饮料及冷饮服务			39060	31380	39060	31380
其他餐饮服务						

3—9 续表5—1

其他餐饮

单位:万元

项目	商品购进总额		统一配送商品购进额		自有配送中心配送商品购进额	
	2007年	2006年	2007年	2006年	2007年	2006年
总计	**41926**	**36319**	**20053**	**15983**	**17479**	**13808**
正餐服务	796	908				
快餐服务						
饮料及冷饮服务	70	10	70	10		
其他餐饮服务	41061	35401	19983	15973	17479	13808
直营门店合计	**25499**	**21202**	**13909**	**11255**	**11375**	**9110**
正餐服务	796	908				
快餐服务						
饮料及冷饮服务	70	10	70	10		
其他餐饮服务	24634	20284	13839	11245	11375	9110
加盟门店合计	**16427**	**15116**	**6144**	**4729**	**6104**	**4698**
正餐服务						
快餐服务						
饮料及冷饮服务						
其他餐饮服务	16427	15116	6144	4729	6104	4698

3—9 续表5—2

其他餐饮

单位:万元

项目	非自有配送中心配送商品购进额		营业收入		餐费收入及商品销售额	
	2007年	2006年	2007年	2006年	2007年	2006年
总计	**1768**	**1433**	**79958**	**72167**	**78915**	**71333**
正餐服务			2489	1790	2489	1790
快餐服务						
饮料及冷饮服务	70	10	203	39	203	39
其他餐饮服务	1699	1423	77266	70339	76223	69504
直营门店合计	**1757**	**1426**	**48964**	**43657**	**47921**	**42822**
正餐服务			2489	1790	2489	1790
快餐服务						
饮料及冷饮服务	70	10	203	39	203	39
其他餐饮服务	1688	1416	46272	41828	45230	40994
加盟门店合计	**11**	**7**	**30994**	**28511**	**30994**	**28511**
正餐服务						
快餐服务						
饮料及冷饮服务						
其他餐饮服务	11	7	30994	28511	30994	28511

3—10 连锁餐饮企业门店分布情况

门店所在地	合计(个)		直营门店(个)		加盟门店(个)	
	2007年	2006年	2007年	2006年	2007年	2006年
全　国	**12743**	**11881**	**7602**	**6918**	**5141**	**4963**
北　京	1454	1296	1266	1134	188	162
天　津	720	708	226	226	494	482
河　北	364	346	104	169	260	177
山　西	289	287	70	65	219	222
内蒙古	138	178	51	54	87	124
辽　宁	320	299	181	162	139	137
吉　林	90	96	59	51	31	45
黑龙江	192	170	105	89	87	81
上　海	924	814	745	657	179	157
江　苏	1479	1477	1121	1180	358	297
浙　江	844	700	588	495	256	205
安　徽	295	281	138	117	157	164
福　建	316	265	235	204	81	61
江　西	157	126	74	52	83	74
山　东	721	672	386	317	335	355
河　南	581	596	165	136	416	460
湖　北	314	301	188	168	126	133
湖　南	147	144	81	71	66	73
广　东	1355	1169	1231	1045	124	124
广　西	120	108	58	48	62	60
海　南	28	22	24	14	4	8
重　庆	501	453	152	151	349	302
四　川	610	549	106	90	504	459
贵　州	67	63	20	19	47	44
云　南	184	213	70	65	114	148
西　藏	11	10	1	1	10	9
陕　西	196	210	68	59	128	151
甘　肃	141	115	15	15	126	100
青　海	26	34	14	13	12	21
宁　夏	25	27	5	2	20	25
新　疆	106	136	38	37	68	99
港澳台及国外	28	16	17	12	11	4

3—11 连锁餐饮企业配送中心分布情况

所在地	配送中心数(个)		自有配送中心数(个)	
	2007年	2006年	2007年	2006年
全　国	**331**	**297**	**191**	**182**
北　京	36	34	29	26
天　津	4	4	3	3
河　北	2	1	1	1
山　西	6	7	6	7
内蒙古	5	5	2	2
辽　宁	6	5	5	4
吉　林	2	2	1	1
黑龙江	3	3	3	3
上　海	12	11	6	5
江　苏	28	28	15	16
浙　江	19	19	14	14
安　徽	7	7	6	6
福　建	11	10	6	5
江　西	4	4	3	3
山　东	20	17	17	15
河　南	17	15	15	13
湖　北	8	9	6	7
湖　南	6	6	4	5
广　东	86	65	16	16
广　西	3	1	2	1
海　南				
重　庆	14	14	10	10
四　川	6	5	4	3
贵　州				
云　南	7	6	7	6
西　藏				
陕　西	2	2	2	2
甘　肃	3	3	3	3
青　海	1	1	1	1
宁　夏	7	7		
新　疆	6	6	4	4

3—12 连锁餐饮企业门店在36城市分布情况

门店所在地	合计(个)		直营门店(个)		加盟门店(个)	
	2007年	2006年	2007年	2006年	2007年	2006年
合　计	**7198**	**6510**	**5027**	**4460**	**2171**	**2050**
北　京	1454	1296	1266	1134	188	162
天　津	720	708	226	226	494	482
石家庄	75	88	21	42	54	46
太　原	81	83	37	32	44	51
呼和浩特	28	34	17	17	11	17
沈　阳	118	104	69	60	49	44
大　连	95	92	69	61	26	31
长　春	51	49	41	37	10	12
哈尔滨	107	92	63	55	44	37
上　海	924	814	745	657	179	157
南　京	229	197	166	152	63	45
杭　州	266	258	221	197	45	61
宁　波	106	92	83	77	23	15
合　肥	130	106	95	74	35	32
福　州	83	64	63	50	20	14
厦　门	161	144	152	137	9	7
南　昌	53	45	45	35	8	10
济　南	65	63	37	28	28	35
青　岛	133	134	101	97	32	37
郑　州	128	126	45	37	83	89
武　汉	189	186	150	139	39	47
长　沙	64	66	48	49	16	17
广　州	449	373	398	329	51	44
深　圳	410	321	397	307	13	14
南　宁	75	61	29	22	46	39
海　口	21	15	19	13	2	2
重　庆	501	453	152	151	349	302
成　都	154	112	63	51	91	61
贵　阳	25	25	19	19	6	6
昆　明	97	105	60	57	37	48
拉　萨	3	3	1	1	2	2
西　安	86	77	65	55	21	22
兰　州	36	34	14	15	22	19
西　宁	21	29	14	13	7	16
银　川	16	13	5	2	11	11
乌鲁木齐	44	48	31	32	13	16

3—13 连锁餐饮企业配送中心在36城市分布情况

所在地	配送中心数(个)		自有配送中心数(个)	
	2007年	2006年	2007年	2006年
合　计	**251**	**222**	**138**	**130**
北　京	36	34	29	26
天　津	4	4	3	3
石家庄				
太　原	2	2	2	2
呼和浩特				
沈　阳	1	1	1	1
大　连	5	4	4	3
长　春	2	2	1	1
哈尔滨	2	2	2	2
上　海	12	11	6	5
南　京	8	8	6	6
杭　州	17	17	13	13
宁　波	1	1		
合　肥	4	4	3	3
福　州	2	2	1	1
厦　门	6	5	4	3
南　昌	4	4	3	3
济　南	1	1	1	1
青　岛	10	8	8	7
郑　州				
武　汉	5	6	4	5
长　沙	2	2	2	2
广　州	71	50	6	6
深　圳	12	12	9	9
南　宁	1	1	1	1
海　口				
重　庆	14	14	10	10
成　都	5	4	3	2
贵　阳				
昆　明	6	5	6	5
拉　萨				
西　安	2	2	2	2
兰　州	3	3	3	3
西　宁	1	1	1	1
银　川	6	6		
乌鲁木齐	6	6	4	4

第四部分

餐饮企业地区篇

4-1 各地区连锁餐饮企业基本情况

项目	连锁总店数（个）	门店数（个）		年末从业人员（人）		年末营业面积（平方米）		年末餐位数（个）	
	2007年	2007年	2006年	2007年	2006年	2007年	2006年	2007年	2006年
全国	**358**	**12743**	**11881**	**625531**	**572884**	**6292478**	**5719877**	**2800482**	**3104946**
北京	73	1502	1329	66886	56241	872200	713914	248762	222424
天津	13	928	888	14111	12272	282763	246047	47995	44496
河北	3	17	15	2108	1925	46180	36180	6180	5380
山西	6	58	56	4370	4854	41602	42952	15446	15958
内蒙古	6	1052	1359	88363	108791	576601	652660	611635	1094205
辽宁	5	282	247	14172	12441	63526	57638	23206	22223
吉林	2	11	11	700	650	18500	18500	2080	2080
黑龙江	3	24	20	1478	1502	11900	7839	6199	4474
上海	10	732	620	43892	40051	266407	235051	103507	90420
江苏	21	1269	1272	33737	27544	275335	190417	89030	69288
浙江	22	755	601	36073	28142	445688	333503	140464	105599
安徽	7	109	94	6624	6523	169660	156693	25095	22405
福建	14	535	496	15367	12518	134537	122510	62521	52657
江西	7	51	45	4080	3688	45352	41205	13233	13658
山东	20	457	387	18015	15579	264107	234691	131978	126029
河南	23	504	469	6018	4466	80571	65570	31288	27914
湖北	21	221	200	25715	23765	254543	216467	76333	62358
湖南	3	50	48	2627	2556	30876	28995	10140	9693
广东	47	1263	1062	60166	59512	499408	478675	332755	316193
广西	2	42	36	2310	1732	15417	12790	5563	4989
海南	1	2	2	210	230	1500	1500	850	850
重庆	15	2088	1951	136176	112359	1501046	1485309	653171	655255
四川	7	199	176	13624	11808	89957	82947	44867	41718
贵州	2	16	16	1347	1456	40139	32670	4569	5157
云南	8	165	155	4812	4773	69264	61474	30517	28225
西藏									
陕西	5	338	248	19724	14295	156242	119997	71228	48890
甘肃	3	20	25	1114	1262	10200	11248	3055	3441
青海	2	11	11	243	283	3360	6810	810	960
宁夏	1	6	6	258	240	4000	3460	2200	1800
新疆	6	36	36	1211	1426	21597	22165	5805	6207

4—2 各地区连锁餐饮企业直营门店基本情况

项目	门店数（个）		年末从业人员（人）		年末营业面积（平方米）		年末餐位数（个）	
	2007年	2006年	2007年	2006年	2007年	2006年	2007年	2006年
全国	**7602**	**6918**	**371383**	**333374**	**3620045**	**3224688**	**1377084**	**1334202**
北京	1321	1167	57063	47954	634496	547439	210335	191299
天津	288	274	12160	10411	255534	222158	38075	35936
河北	12	12	1608	1625	26180	26180	4380	4380
山西	51	48	3780	4194	35862	36952	11906	12358
内蒙古	150	215	23234	22152	148431	136896	104788	152149
辽宁	281	247	14082	12441	63076	57638	23006	22223
吉林	11	11	700	650	18500	18500	2080	2080
黑龙江	21	16	1335	1263	10849	6032	5412	3647
上海	726	618	43679	40014	264277	234041	102691	90128
江苏	1168	1190	31790	26139	264129	181006	83545	63868
浙江	477	400	25955	21597	271731	236310	80191	70199
安徽	96	80	5514	5185	131858	121748	20579	18019
福建	276	248	10488	8133	68830	59114	29713	25669
江西	49	43	3865	3452	38870	34867	12253	12642
山东	338	276	13354	11232	216377	190991	118298	113239
河南	371	353	4232	3128	61982	49608	21489	19424
湖北	198	176	22057	20156	218643	184527	64472	53003
湖南	50	48	2627	2556	30876	28995	10140	9693
广东	1207	1018	56977	56946	461171	446827	325476	308490
广西	42	36	2310	1732	15417	12790	5563	4989
海南	2	2	210	230	1500	1500	850	850
重庆	174	168	16296	15486	177505	205573	47529	67315
四川	92	80	9433	7860	48239	44052	19889	19000
贵州	16	16	1347	1456	40139	32670	4569	5157
云南	73	68	2234	2341	38794	29314	12411	11399
西藏								
陕西	53	48	2624	2295	42242	39997	7958	6938
甘肃	11	12	925	987	8580	8988	2371	2441
青海	11	11	243	283	3360	6810	810	960
宁夏	1	1	50	50	1000	1000	500	500
新疆	36	36	1211	1426	21597	22165	5805	6207

4—3 各地区连锁餐饮企业加盟门店基本情况

项　目	门店数（个）		年末从业人员（人）		年末营业面积（平方米）		年末餐位数（个）	
	2007年	2006年	2007年	2006年	2007年	2006年	2007年	2006年
全　国	**5141**	**4963**	**254148**	**239510**	**2672433**	**2495189**	**1423398**	**1770744**
北　京	181	162	9823	8287	237704	166475	38427	31125
天　津	640	614	1951	1861	27229	23889	9920	8560
河　北	5	3	500	300	20000	10000	1800	1000
山　西	7	8	590	660	5740	6000	3540	3600
内蒙古	902	1144	65129	86639	428170	515764	506847	942056
辽　宁	1		90		450		200	
吉　林								
黑龙江	3	4	143	239	1051	1807	787	827
上　海	6	2	213	37	2130	1010	816	292
江　苏	101	82	1947	1405	11206	9411	5485	5420
浙　江	278	201	10118	6545	173957	97193	60273	35400
安　徽	13	14	1110	1338	37802	34945	4516	4386
福　建	259	248	4879	4385	65707	63396	32808	26988
江　西	2	2	215	236	6482	6338	980	1016
山　东	119	111	4661	4347	47730	43700	13680	12790
河　南	133	116	1786	1338	18589	15962	9799	8490
湖　北	23	24	3658	3609	35900	31940	11861	9355
湖　南								
广　东	56	44	3189	2566	38237	31848	7279	7703
广　西								
海　南								
重　庆	1914	1783	119880	96873	1323541	1279736	605642	587940
四　川	107	96	4191	3948	41718	38895	24978	22718
贵　州								
云　南	92	87	2578	2432	30470	32160	18106	16826
西　藏								
陕　西	285	200	17100	12000	114000	80000	63270	41952
甘　肃	9	13	189	275	1620	2260	684	1000
青　海								
宁　夏	5	5	208	190	3000	2460	1700	1300
新　疆								

4—4 各地区连锁餐饮

项　目	商品购进总额		统一配送商品购进额		自有配送中心配送商品购进额	
	2007年	2006年	2007年	2006年	2007年	2006年
全　国	**2749087**	**2531453**	**1688015**	**1519463**	**1099802**	**983510**
北　京	394512	319960	257440	199574	113548	88222
天　津	90252	73353	65422	50388	49604	37357
河　北	2396	2081	144	144	144	144
山　西	21096	18423	17433	15906	17433	15906
内蒙古	396536	533453	147203	226908	106135	150455
辽　宁	99340	81375	79340	62375	21526	18551
吉　林	2233	2042	2233	2042	1104	1042
黑龙江	5620	4703	5146	4355	5146	4355
上　海	142424	161371	134585	152785	48803	39793
江　苏	147123	121330	137623	110989	63172	76226
浙　江	151011	141087	120054	117720	95708	96148
安　徽	20111	19160	9809	11620	3897	5193
福　建	41744	36058	36588	31741	16471	11678
江　西	20781	18379	12897	10805	2789	3336
山　东	146051	97987	141001	85080	131222	84309
河　南	40950	28646	27090	18572	20902	12937
湖　北	994	863	994	863	994	863
湖　南	27431	21682	27431	21682	27431	21682
广　东	318448	248076	241679	177748	224346	164639
广　西	12017	7891	12017	7891		
海　南	1296	1602				
重　庆	570596	509183	142316	150818	97228	105846
四　川	39223	35151	37850	33778	24366	21851
贵　州	10446	9862				
云　南	21149	13494	19606	13246	18696	13246
西　藏						
陕　西	10786	9104	67	73	67	73
甘　肃	4216	4222	1741	1445	1741	1445
青　海	1130	1006	1130	1006		
宁　夏	871	771	871	771		
新　疆	8306	9139	8306	9139	7331	8216

企业经营情况

单位:万元

非自有配送中心配送商品购进额		营业收入		餐费收入及商品销售额	
2007年	2006年	2007年	2006年	2007年	2006年
308624	**314936**	**6400029**	**5637536**	**6393011**	**5632282**
13113	10334	917819	751729	917721	751416
		247476	198930	246325	198013
		8148	6599	8148	6599
		58131	46571	58131	46571
39656	75166	776991	1008690	776991	1008690
374	200	233803	187538	233803	187538
1129	1000	4232	3905	4232	3905
		12089	10546	12089	10546
85782	112992	483234	406722	483234	406722
70261	32333	386456	314522	386456	314522
15737	13665	426222	339489	425370	339319
4791	4338	44004	39328	44000	39328
17830	17601	158880	134516	158880	134516
10108	7469	45196	38884	45196	38884
8764	229	189117	160780	187155	159492
5995	5592	70592	49843	70592	49843
		220922	183470	218996	181939
		71941	56916	71941	56916
3642	2898	785551	630886	784691	630004
		31133	18104	31133	18104
		2168	2756	2168	2756
16719	18079	890769	787103	890604	786950
12877	11346	93821	76897	93821	76897
		16285	15552	16285	15552
		56651	41260	56651	41260
		135635	100011	135635	100011
		8826	9232	8826	9232
		2103	1738	2103	1738
871	771	1524	1374	1524	1374
975	924	20310	13647	20310	13647

4—5 各地区连锁餐饮企业直营

项 目	商品购进总额		统一配送商品购进额		自有配送中心配送商品购进额	
	2007 年	2006 年	2007 年	2006 年	2007 年	2006 年
全 国	**1825630**	**1517773**	**1422628**	**1173690**	**912269**	**745636**
北 京	352627	286198	249384	192554	105641	81390
天 津	79233	62333	65422	50388	49604	37357
河 北	1916	1789	144	144	144	144
山 西	18933	16511	17433	15906	17433	15906
内蒙古	87769	80572	55717	51148	39944	36211
辽 宁	97340	81375	79340	62375	21526	18551
吉 林	2233	2042	2233	2042	1104	1042
黑龙江	4733	3941	4406	3835	4406	3835
上 海	141734	161291	133923	152717	48276	39793
江 苏	143193	114304	133898	105412	62357	74120
浙 江	127139	124603	109483	111057	87997	90905
安 徽	16366	14023	9378	9672	3466	4391
福 建	38727	32904	34483	29685	15017	10698
江 西	19698	17408	12767	10794	2785	3336
山 东	137903	88949	133645	84384	130916	83612
河 南	33380	23737	26991	18473	20802	12837
湖 北	994	863	994	863	994	863
湖 南	27431	21682	27431	21682	27431	21682
广 东	307699	238680	234209	171648	217506	159039
广 西	12017	7891	12017	7891		
海 南	1296	1602				
重 庆	91157	62486	21458	20175	9855	10239
四 川	32555	28984	32437	28872	22721	20230
贵 州	10446	9862				
云 南	14595	10332	13813	10011	13311	9853
西 藏						
陕 西	10786	9104	67	73	67	73
甘 肃	3814	3732	1636	1316	1636	1316
青 海	1130	1006	1130	1006		
宁 夏	484	430	484	430		
新 疆	8306	9139	8306	9139	7331	8216

门店经营情况

单位:万元

非自有配送中心配送商品购进额		营业收入		餐费收入及商品销售额	
2007年	2006年	2007年	2006年	2007年	2006年
260826	**234398**	**4533267**	**3697645**	**4526391**	**3692532**
13004	10166	822731	678829	822633	678516
		214331	171496	213180	170580
		6948	5839	6948	5839
		54444	43274	54444	43274
14361	13650	139793	131891	139793	131891
374	200	232614	187538	232614	187538
1129	1000	4232	3905	4232	3905
		10279	8692	10279	8692
85648	112924	481063	406575	481063	406575
70114	30470	371121	301632	371121	301632
15136	13079	375115	303324	374263	303154
4791	4338	34817	29721	34814	29721
17179	16980	124325	102905	124325	102905
9982	7459	43003	36928	43003	36928
1714	229	167353	139743	165392	138455
5995	5592	48363	34911	48363	34911
		198186	162720	196260	161188
		71941	56916	71941	56916
3642	2898	763656	612023	762796	611141
		31133	18104	31133	18104
		2168	2756	2168	2756
7191	5999	151384	105720	151360	105708
9109	8062	71191	56293	71191	56293
		16285	15552	16285	15552
		32791	27342	32791	27342
		32675	28731	32675	28731
		8076	8149	8076	8149
		2103	1738	2103	1738
484	430	835	754	835	754
975	924	20310	13647	20310	13647

4—6 各地区连锁餐饮企业

项 目	商品购进总额		统一配送商品购进额		自有配送中心配送商品购进额	
	2007 年	2006 年	2007 年	2006 年	2007 年	2006 年
全 国	**923456**	**1015087**	**265386**	**346547**	**187533**	**238121**
北 京	41886	33761	8056	7019	7907	6832
天 津	11019	11020				
河 北	480	292				
山 西	2163	1912				
内蒙古	308768	452881	91486	175760	66191	114244
辽 宁	2000					
吉 林						
黑龙江	887	762	740	521	740	521
上 海	690	80	662	68	527	
江 苏	3930	7026	3725	5577	815	2106
浙 江	23873	16484	10570	6663	7711	5243
安 徽	3745	5137	431	1949	431	802
福 建	3017	3154	2105	2057	1454	980
江 西	1083	971	130	11	4	
山 东	8149	9038	7357	696	306	696
河 南	7570	4909	99	100	99	100
湖 北						
湖 南						
广 东	10749	9396	7470	6100	6840	5600
广 西						
海 南						
重 庆	479439	446697	120859	130642	87373	95607
四 川	6668	6167	5413	4906	1645	1622
贵 州						
云 南	6554	4569	5793	4009	5384	3640
西 藏						
陕 西						
甘 肃	402	490	106	129	106	129
青 海						
宁 夏	386	341	386	341		
新 疆						

加盟门店经营情况

单位：万元

非自有配送中心配送商品购进额		营业收入		餐费收入及商品销售额	
2007年	2006年	2007年	2006年	2007年	2006年
47798	**80538**	**1866762**	**1939890**	**1866620**	**1939750**
110	168	95088	72900	95088	72900
		33146	27433	33146	27433
		1200	760	1200	760
		3687	3297	3687	3297
25295	61516	637198	876800	637198	876800
		1189		1189	
		1810	1854	1810	1854
135	68	2170	147	2170	147
147	1863	15335	12891	15335	12891
602	586	51107	36165	51107	36165
		9187	9607	9187	9607
651	621	34555	31611	34555	31611
126	11	2193	1956	2193	1956
7051		21763	21037	21763	21037
		22229	14932	22229	14932
		22736	20751	22736	20751
		21895	18863	21895	18863
9528	12080	739386	681383	739244	681242
3767	3284	22630	20604	22630	20604
		23861	13918	23861	13918
		102960	71280	102960	71280
		750	1083	750	1083
386	341	689	620	689	620

4—7 按登记注册类型分各地区连锁餐饮企业基本情况

内资企业

项目	连锁总店数（个）	门店数（个）		年末从业人员（人）		年末营业面积（平方米）		年末餐位数（个）	
	2007年	2007年	2006年	2007年	2006年	2007年	2006年	2007年	2006年
全国	**257**	**7328**	**6882**	**328469**	**286021**	**4149026**	**3815822**	**1568595**	**1506258**
北京	55	695	637	29066	23828	511855	404219	126190	119097
天津	8	683	671	3189	3384	42825	44506	10977	11363
河北	3	17	15	2108	1925	46180	36180	6180	5380
山西	5	26	29	3054	3785	34840	37400	13077	14039
内蒙古	5	694	638	51210	49111	406321	388555	111835	109405
辽宁									
吉林	2	11	11	700	650	18500	18500	2080	2080
黑龙江	2	15	12	762	602	7746	4134	4140	2563
上海	3	105	103	4009	4312	81462	83200	23378	23560
江苏	15	869	980	8861	8283	76209	73214	28883	29627
浙江	18	456	353	18304	14298	323491	229322	96378	67268
安徽	6	93	79	5525	5521	162602	150035	22166	19636
福建	5	400	382	9919	7896	90418	85441	44589	37738
江西	6	25	23	2287	2152	34232	31832	9337	10302
山东	17	246	229	8692	8001	212430	187672	112203	110344
河南	18	118	107	1667	1435	44160	35260	13796	12840
湖北	17	94	91	12445	11524	193296	162413	55264	50095
湖南	1	6	6	609	600	10500	10500	2349	2349
广东	33	554	487	17637	17243	233760	259811	226255	228122
广西									
海南	1	2	2	210	230	1500	1500	850	850
重庆	12	1706	1595	120406	98064	1312267	1309840	541697	555337
四川	4	39	39	3574	3601	36265	37377	15012	14476
贵州	2	16	16	1347	1456	40139	32670	4569	5157
云南	4	96	94	2090	2286	48929	42839	20271	18809
西藏									
陕西	4	305	219	18372	13295	143942	109997	66349	44890
甘肃	3	20	25	1114	1262	10200	11248	3055	3441
青海	2	11	11	243	283	3360	6810	810	960
宁夏	1	6	6	258	240	4000	3460	2200	1800
新疆	5	20	22	811	754	17597	17887	4705	4730

4—7　续表1

国有企业

项　目	连锁总店数（个）	门店数（个）		年末从业人员（人）		年末营业面积（平方米）		年末餐位数（个）	
	2007年	2007年	2006年	2007年	2006年	2007年	2006年	2007年	2006年
全　国	**5**	**29**	**30**	**2697**	**2848**	**33147**	**35878**	**9366**	**10466**
北　京									
天　津	1	4	4	240	240	4400	4400	300	300
河　北									
山　西									
内蒙古									
辽　宁									
吉　林									
黑龙江									
上　海									
江　苏									
浙　江	1	5	6	148	135	2581	2581	1016	1016
安　徽									
福　建	1	2	2	232	225	5000	5000	1010	1010
江　西									
山　东									
河　南	1	2	2	50	50	1870	1870	360	360
湖　北									
湖　南									
广　东	1	16	16	2027	2198	19296	22027	6680	7780
广　西									
海　南									
重　庆									
四　川									
贵　州									
云　南									
西　藏									
陕　西									
甘　肃									
青　海									
宁　夏									
新　疆									

4—7 续表2

集体企业

项目	连锁总店数（个）	门店数（个）		年末从业人员（人）		年末营业面积（平方米）		年末餐位数（个）	
	2007年	2007年	2006年	2007年	2006年	2007年	2006年	2007年	2006年
全国	**4**	**17**	**17**	**882**	**874**	**16699**	**16699**	**4085**	**3885**
北京									
天津	1	4	4	44	45	1030	1030	230	230
河北									
山西									
内蒙古									
辽宁									
吉林									
黑龙江									
上海									
江苏									
浙江									
安徽									
福建									
江西									
山东									
河南	1	2	2	120	90	1000	1000	800	600
湖北									
湖南									
广东	2	11	11	718	739	14669	14669	3055	3055
广西									
海南									
重庆									
四川									
贵州									
云南									
西藏									
陕西									
甘肃									
青海									
宁夏									
新疆									

4—7　续表3

股份合作企业

项　目	连锁总店数（个）	门店数（个）		年末从业人员（人）		年末营业面积（平方米）		年末餐位数（个）	
	2007年	2007年	2006年	2007年	2006年	2007年	2006年	2007年	2006年
全　国	**11**	**56**	**48**	**3323**	**4104**	**50481**	**90429**	**17803**	**21568**
北　京	4	25	18	1302	1168	25758	22369	9751	7400
天　津									
河　北									
山　西									
内蒙古									
辽　宁									
吉　林									
黑龙江									
上　海									
江　苏									
浙　江									
安　徽									
福　建									
江　西									
山　东									
河　南	1	2		123		2000		100	
湖　北	1	3	2	185	168	2400	1900	1100	1000
湖　南									
广　东	3	13	16	1248	2383	16923	62198	4810	11302
广　西									
海　南									
重　庆									
四　川	1	5	5	382	322	3040	3652	1532	1406
贵　州									
云　南									
西　藏									
陕　西									
甘　肃									
青　海	1	8	7	83	63	360	310	510	460
宁　夏									
新　疆									

4—7 续表 4

有限责任公司

项目	连锁总店数（个）	门店数（个）		年末从业人员（人）		年末营业面积（平方米）		年末餐位数（个）	
	2007 年	2007 年	2006 年	2007 年	2006 年	2007 年	2006 年	2007 年	2006 年
全　国	**59**	**2015**	**1954**	**62520**	**61134**	**1069989**	**1019675**	**539639**	**526342**
北　京	21	276	248	6603	5616	113769	84430	30195	26205
天　津	5	667	655	2429	2564	26195	28276	4047	4533
河　北	2	8	8	928	925	6180	6180	2580	2580
山　西									
内蒙古	1	5	4	260	262	2300	2150	680	615
辽　宁									
吉　林									
黑龙江	1	3	3	52	61	1540	1540	500	500
上　海	1	73	72	2020	2219	23212	24000	12766	13000
江　苏	2	13	14	572	572	2600	3250	1330	1700
浙　江	4	73	69	5080	5312	102470	90147	22350	21081
安　徽	2	57	52	2876	2806	88122	87815	11450	10718
福　建	1	2	16	3	262	300	4844	240	1930
江　西	1	3	3	77	79	1082	1082	600	575
山　东	3	59	46	612	588	5500	5082	2150	1926
河　南	2	13	13	356	444	12200	12200	3900	3900
湖　北	1	3	3	1591	1629	18700	18700	3950	3950
湖　南									
广　东	3	76	69	2974	2884	30040	27570	169181	168771
广　西									
海　南									
重　庆	2	613	597	33009	31390	589500	570640	256726	245808
四　川									
贵　州									
云　南	3	51	58	1550	1926	25029	29879	12509	13769
西　藏									
陕　西	1	2	2	340	340	6000	6000	930	930
甘　肃	2	17	21	994	1061	9250	9890	2555	2851
青　海									
宁　夏									
新　疆	1	1	1	194	194	6000	6000	1000	1000

4—7　续表5

股份有限公司

项　目	连锁总店数（个）	门店数（个）		年末从业人员（人）		年末营业面积（平方米）		年末餐位数（个）	
	2007年	2007年	2006年	2007年	2006年	2007年	2006年	2007年	2006年
全　国	**7**	**218**	**174**	**13499**	**11874**	**314392**	**250280**	**42758**	**38068**
北　京	1	68	63	9862	8500	204570	162876	28000	25253
天　津									
河　北									
山　西	1	6	7	519	930	5900	7700	2017	2619
内蒙古									
辽　宁									
吉　林									
黑龙江	1	12	9	710	541	6206	2594	3640	2063
上　海									
江　苏									
浙　江	2	122	86	1483	1110	15240	14484	6955	6602
安　徽									
福　建									
江　西									
山　东	1	6	5	534	382	64350	44500	1973	1358
河　南									
湖　北									
湖　南									
广　东									
广　西									
海　南									
重　庆									
四　川									
贵　州									
云　南									
西　藏									
陕　西	1	4	4	391	411	18126	18126	173	173
甘　肃									
青　海									
宁　夏									
新　疆									

4—7 续表 6

私营企业

项目	连锁总店数（个）	门店数（个）		年末从业人员（人）		年末营业面积（平方米）		年末餐位数（个）	
	2007 年	2007 年	2006 年	2007 年	2006 年	2007 年	2006 年	2007 年	2006 年
全国	**170**	**4983**	**4648**	**244633**	**204202**	**2655278**	**2393561**	**950104**	**901029**
北京	29	326	308	11299	8544	167758	134544	58244	60239
天津	1	8	8	476	535	11200	10800	6400	6300
河北	1	9	7	1180	1000	40000	30000	3600	2800
山西	3	10	11	1620	1870	19900	20400	6220	6520
内蒙古	4	689	634	50950	48849	404021	386405	111155	108790
辽宁									
吉林	2	11	11	700	650	18500	18500	2080	2080
黑龙江									
上海	2	32	31	1989	2093	58250	59200	10612	10560
江苏	13	856	966	8289	7711	73609	69964	27553	27927
浙江	11	256	192	11593	7741	203200	122110	66057	38569
安徽	4	36	27	2649	2715	74480	62220	10716	8918
福建	3	396	364	9684	7409	85118	75597	43339	34798
江西	5	22	20	2210	2073	33150	30750	8737	9727
山东	13	181	178	7546	7031	142580	138090	108080	107060
河南	13	99	90	1018	851	27090	20190	8636	7980
湖北	15	88	86	10669	9727	172196	141813	50214	45145
湖南	1	6	6	609	600	10500	10500	2349	2349
广东	24	438	375	10670	9039	152832	133347	42529	37214
广西									
海南	1	2	2	210	230	1500	1500	850	850
重庆	10	1093	998	87397	66674	722767	739200	284971	309529
四川	3	34	34	3192	3279	33225	33725	13480	13070
贵州	2	16	16	1347	1456	40139	32670	4569	5157
云南	1	45	36	540	360	23900	12960	7762	5040
西藏									
陕西	2	299	213	17641	12544	119816	85871	65246	43787
甘肃	1	3	4	120	201	950	1358	500	590
青海	1	3	4	160	220	3000	6500	300	500
宁夏	1	6	6	258	240	4000	3460	2200	1800
新疆	4	19	21	617	560	11597	11887	3705	3730

4—7 续表 7

其他企业

项目	连锁总店数（个）	门店数（个）		年末从业人员（人）		年末营业面积（平方米）		年末餐位数（个）	
	2007年	2007年	2006年	2007年	2006年	2007年	2006年	2007年	2006年
全　国	**1**	**10**	**11**	**915**	**985**	**9040**	**9300**	**4840**	**4900**
北　京									
天　津									
河　北									
山　西	1	10	11	915	985	9040	9300	4840	4900
内蒙古									
辽　宁									
吉　林									
黑龙江									
上　海									
江　苏									
浙　江									
安　徽									
福　建									
江　西									
山　东									
河　南									
湖　北									
湖　南									
广　东									
广　西									
海　南									
重　庆									
四　川									
贵　州									
云　南									
西　藏									
陕　西									
甘　肃									
青　海									
宁　夏									
新　疆									

4—7 续表8

港澳台商投资企业

项目	连锁总店数（个）	门店数（个）		年末从业人员（人）		年末营业面积（平方米）		年末餐位数（个）	
	2007年	2007年	2006年	2007年	2006年	2007年	2006年	2007年	2006年
全国	**22**	**675**	**567**	**30485**	**28318**	**202632**	**173755**	**87338**	**75647**
北京	3	121	100	3436	3280	46788	38121	14040	11888
天津	1	4	5	135	219	1638	2128	623	829
河北									
山西									
内蒙古									
辽宁	1	14	11	432	291	2819	1863	1435	1061
吉林									
黑龙江									
上海	2	216	191	14277	12787	56660	49865	25979	23406
江苏	1	37	25	1110	750	4995	3375	1110	750
浙江									
安徽									
福建	4	59	52	2375	1989	15661	14411	8690	7345
江西									
山东									
河南	1	20	17	515	326	8735	7335	4830	4230
湖北									
湖南									
广东	5	116	83	4923	6001	38921	32142	17307	13799
广西									
海南									
重庆	1	4	8	200	145	600	2200	575	1149
四川									
贵州									
云南	2	51	46	1730	1530	13515	12315	7870	7190
西藏									
陕西	1	33	29	1352	1000	12300	10000	4879	4000
甘肃									
青海									
宁夏									
新疆									

4—7 续表9

外商投资企业

项目	连锁总店数（个）	门店数（个）		年末从业人员（人）		年末营业面积（平方米）		年末餐位数（个）	
	2007年	2007年	2006年	2007年	2006年	2007年	2006年	2007年	2006年
全国	**79**	**4740**	**4432**	**266577**	**258545**	**1940820**	**1730300**	**1144549**	**1523041**
北京	15	686	592	34384	29133	313557	271574	108532	91439
天津	4	241	212	10787	8669	238300	199413	36395	32304
河北									
山西	1	32	27	1316	1069	6762	5552	2369	1919
内蒙古	1	358	721	37153	59680	170280	264105	499800	984800
辽宁	4	268	236	13740	12150	60707	55775	21771	21162
吉林									
黑龙江	1	9	8	716	900	4154	3705	2059	1911
上海	5	411	326	25606	22952	128285	101986	54150	43454
江苏	5	363	267	23766	18511	194131	113828	59037	38911
浙江	4	299	248	17769	13844	122197	104181	44086	38331
安徽	1	16	15	1099	1002	7058	6658	2929	2769
福建	5	76	62	3073	2633	28458	22658	9242	7574
江西	1	26	22	1793	1536	11120	9373	3896	3356
山东	3	211	158	9323	7578	51677	47019	19775	15685
河南	4	366	345	3836	2705	27676	22975	12662	10844
湖北	4	127	109	13270	12241	61247	54054	21069	12263
湖南	2	44	42	2018	1956	20376	18495	7791	7344
广东	9	593	492	37606	36268	226727	186722	89193	74272
广西	2	42	36	2310	1732	15417	12790	5563	4989
海南									
重庆	2	378	348	15570	14150	188179	173269	110899	98769
四川	3	160	137	10050	8207	53692	45570	29855	27242
贵州									
云南	2	18	15	992	957	6820	6320	2376	2226
西藏									
陕西									
甘肃									
青海									
宁夏									
新疆	1	16	14	400	672	4000	4278	1100	1477

4－8 按登记注册类型分各地区连锁餐饮企业直营门店基本情况

内资

项 目	门店数（个）		年末从业人员（人）		年末营业面积（平方米）		年末餐位数（个）	
	2007年	2006年	2007年	2006年	2007年	2006年	2007年	2006年
全 国	**3180**	**3092**	**113162**	**105568**	**1810525**	**1715994**	**702327**	**709130**
北 京	558	514	20099	16285	291626	250930	90617	91045
天 津	96	101	1662	1875	30436	32937	8477	8963
河 北	12	12	1608	1625	26180	26180	4380	4380
山 西	19	21	2464	3125	29100	31400	9537	10439
内蒙古	49	41	2529	2479	47027	40477	11282	10749
辽 宁								
吉 林	11	11	700	650	18500	18500	2080	2080
黑龙江	12	8	619	363	6695	2327	3353	1736
上 海	105	103	4009	4312	81462	83200	23378	23560
江 苏	799	920	7844	7538	69188	66773	24328	24867
浙 江	219	170	8998	8023	160019	136089	41091	34568
安 徽	80	65	4415	4183	124800	115090	17650	15250
福 建	145	138	5040	3511	25911	23245	12349	11318
江 西	23	21	2072	1916	27750	25494	8357	9286
山 东	127	118	4031	3654	164700	143972	98523	97554
河 南	56	50	1514	1270	37997	28997	11764	10808
湖 北	71	67	8787	7915	157396	130473	43403	40740
湖 南	6	6	609	600	10500	10500	2349	2349
广 东	511	454	15319	15407	200185	231925	220887	222030
广 西								
海 南	2	2	210	230	1500	1500	850	850
重 庆	143	134	14426	13941	158826	185704	39105	58437
四 川	10	11	787	877	11200	13000	3918	3862
贵 州	16	16	1347	1456	40139	32670	4569	5157
云 南	47	44	772	964	28909	19929	8615	7533
西 藏								
陕 西	20	19	1272	1295	29942	29997	3079	2938
甘 肃	11	12	925	987	8580	8988	2371	2441
青 海	11	11	243	283	3360	6810	810	960
宁 夏	1	1	50	50	1000	1000	500	500
新 疆	20	22	811	754	17597	17887	4705	4730

4—8 续表1

国有企业

项　目	门店数（个）		年末从业人员（人）		年末营业面积（平方米）		年末餐位数（个）	
	2007年	2006年	2007年	2006年	2007年	2006年	2007年	2006年
全　国	**26**	**26**	**2454**	**2488**	**30916**	**30756**	**8466**	**8466**
北　京								
天　津	4	4	240	240	4400	4400	300	300
河　北								
山　西								
内蒙古								
辽　宁								
吉　林								
黑龙江								
上　海								
江　苏								
浙　江	5	6	148	135	2581	2581	1016	1016
安　徽								
福　建	2	2	232	225	5000	5000	1010	1010
江　西								
山　东								
河　南	2	2	50	50	1870	1870	360	360
湖　北								
湖　南								
广　东	13	12	1784	1838	17065	16905	5780	5780
广　西								
海　南								
重　庆								
四　川								
贵　州								
云　南								
西　藏								
陕　西								
甘　肃								
青　海								
宁　夏								
新　疆								

4—8 续表2

集体企业

项目	门店数（个）		年末从业人员（人）		年末营业面积（平方米）		年末餐位数（个）	
	2007年	2006年	2007年	2006年	2007年	2006年	2007年	2006年
全国	**16**	**16**	**862**	**844**	**16499**	**16399**	**3885**	**3685**
北京								
天津	4	4	44	45	1030	1030	230	230
河北								
山西								
内蒙古								
辽宁								
吉林								
黑龙江								
上海								
江苏								
浙江								
安徽								
福建								
江西								
山东								
河南	1	1	100	60	800	700	600	400
湖北								
湖南								
广东	11	11	718	739	14669	14669	3055	3055
广西								
海南								
重庆								
四川								
贵州								
云南								
西藏								
陕西								
甘肃								
青海								
宁夏								
新疆								

4—8　续表 3

股份合作企业

项　　目	门店数（个）		年末从业人员（人）		年末营业面积（平方米）		年末餐位数（个）	
	2007 年	2006 年	2007 年	2006 年	2007 年	2006 年	2007 年	2006 年
全　　国	**42**	**39**	**2942**	**3850**	**43111**	**85347**	**13409**	**18904**
北　　京	15	13	1062	1057	20228	19439	6251	5650
天　　津								
河　　北								
山　　西								
内 蒙 古								
辽　　宁								
吉　　林								
黑 龙 江								
上　　海								
江　　苏								
浙　　江								
安　　徽								
福　　建								
江　　西								
山　　东								
河　　南	2		123		2000		100	
湖　　北	3	2	185	168	2400	1900	1100	1000
湖　　南								
广　　东	13	16	1248	2383	16923	62198	4810	11302
广　　西								
海　　南								
重　　庆								
四　　川	1	1	241	179	1200	1500	638	492
贵　　州								
云　　南								
西　　藏								
陕　　西								
甘　　肃								
青　　海	8	7	83	63	360	310	510	460
宁　　夏								
新　　疆								

4—8 续表4

有限责任公司

项目	门店数（个）		年末从业人员（人）		年末营业面积（平方米）		年末餐位数（个）	
	2007年	2006年	2007年	2006年	2007年	2006年	2007年	2006年
全国	**808**	**756**	**27472**	**27928**	**449546**	**430109**	**282321**	**279889**
北京	272	246	5599	5386	86519	80180	27225	25635
天津	84	89	1098	1269	18206	20707	3947	4433
河北	8	8	928	925	6180	6180	2580	2580
山西								
内蒙古	5	4	260	262	2300	2150	680	615
辽宁								
吉林								
黑龙江	3	3	52	61	1540	1540	500	500
上海	73	72	2020	2219	23212	24000	12766	13000
江苏	10	11	482	482	1900	2550	1030	1400
浙江	73	69	5080	5312	102470	90147	22350	21081
安徽	50	43	2526	2406	75980	72070	9430	8918
福建	2	7	3	131	300	2594	240	1010
江西	2	2	62	63	600	744	480	419
山东	59	46	612	588	5500	5082	2150	1926
河南	13	13	356	444	12200	12200	3900	3900
湖北	1	1	856	867	12000	12000	1980	1980
湖南								
广东	76	69	2974	2884	30040	27570	169181	168771
广西								
海南								
重庆	42	38	2773	2545	38040	38036	15548	15207
四川								
贵州								
云南	24	24	452	764	12929	12729	4533	4733
西藏								
陕西	2	2	340	340	6000	6000	930	930
甘肃	8	8	805	786	7630	7630	1871	1851
青海								
宁夏								
新疆	1	1	194	194	6000	6000	1000	1000

4—8 续表5

股份有限公司

项 目	门店数（个）		年末从业人员（人）		年末营业面积（平方米）		年末餐位数（个）	
	2007年	2006年	2007年	2006年	2007年	2006年	2007年	2006年
全 国	**122**	**85**	**6706**	**5497**	**145059**	**119950**	**17984**	**15633**
北 京	13	10	3562	2592	40660	36886	6000	5745
天 津								
河 北								
山 西	6	7	519	930	5900	7700	2017	2619
内蒙古								
辽 宁								
吉 林								
黑龙江	9	5	567	302	5155	787	2853	1236
上 海								
江 苏								
浙 江	84	54	1133	880	10868	11951	4968	4502
安 徽								
福 建								
江 西								
山 东	6	5	534	382	64350	44500	1973	1358
河 南								
湖 北								
湖 南								
广 东								
广 西								
海 南								
重 庆								
四 川								
贵 州								
云 南								
西 藏								
陕 西	4	4	391	411	18126	18126	173	173
甘 肃								
青 海								
宁 夏								
新 疆								

4—8 续表 6

私营企业

项目	门店数（个）		年末从业人员（人）		年末营业面积（平方米）		年末餐位数（个）	
	2007 年	2006 年	2007 年	2006 年	2007 年	2006 年	2007 年	2006 年
全　国	**2163**	**2167**	**72401**	**64636**	**1122094**	**1030133**	**374962**	**381253**
北　京	258	245	9876	7250	144219	114425	51141	54015
天　津	4	4	280	321	6800	6800	4000	4000
河　北	4	4	680	700	20000	20000	1800	1800
山　西	10	11	1620	1870	19900	20400	6220	6520
内蒙古	44	37	2269	2217	44727	38327	10602	10134
辽　宁								
吉　林	11	11	700	650	18500	18500	2080	2080
黑龙江								
上　海	32	31	1989	2093	58250	59200	10612	10560
江　苏	789	909	7362	7056	67288	64223	23298	23467
浙　江	57	41	2637	1696	44100	31410	12757	7969
安　徽	30	22	1889	1777	48820	43020	8220	6332
福　建	141	129	4805	3155	20611	15651	11099	9298
江　西	21	19	2010	1853	27150	24750	7877	8867
山　东	62	67	2885	2684	94850	94390	94400	94270
河　南	38	34	885	716	21127	14227	6804	6148
湖　北	67	64	7746	6880	142996	116573	40323	37760
湖　南	6	6	609	600	10500	10500	2349	2349
广　东	398	346	8595	7563	121488	110583	38061	33122
广　西								
海　南	2	2	210	230	1500	1500	850	850
重　庆	101	96	11653	11396	120786	147668	23557	43230
四　川	9	10	546	698	10000	11500	3280	3370
贵　州	16	16	1347	1456	40139	32670	4569	5157
云　南	23	20	320	200	15980	7200	4082	2800
西　藏								
陕　西	14	13	541	544	5816	5871	1976	1835
甘　肃	3	4	120	201	950	1358	500	590
青　海	3	4	160	220	3000	6500	300	500
宁　夏	1	1	50	50	1000	1000	500	500
新　疆	19	21	617	560	11597	11887	3705	3730

4－8 续表7

其他企业

项目	门店数（个）		年末从业人员（人）		年末营业面积（平方米）		年末餐位数（个）	
	2007年	2006年	2007年	2006年	2007年	2006年	2007年	2006年
全国	**3**	**3**	**325**	**325**	**3300**	**3300**	**1300**	**1300**
北京								
天津								
河北								
山西	3	3	325	325	3300	3300	1300	1300
内蒙古								
辽宁								
吉林								
黑龙江								
上海								
江苏								
浙江								
安徽								
福建								
江西								
山东								
河南								
湖北								
湖南								
广东								
广西								
海南								
重庆								
四川								
贵州								
云南								
西藏								
陕西								
甘肃								
青海								
宁夏								
新疆								

4—8 续表 8

港澳台商投资企业

项　目	门店数（个）		年末从业人员（人）		年末营业面积（平方米）		年末餐位数（个）	
	2007 年	2006 年	2007 年	2006 年	2007 年	2006 年	2007 年	2006 年
全　国	**595**	**504**	**28174**	**26445**	**185727**	**160025**	**79262**	**69045**
北　京	118	98	3371	3214	45928	37621	13800	11788
天　津	4	5	135	219	1638	2128	623	829
河　北								
山　西								
内蒙古								
辽　宁	14	11	432	291	2819	1863	1435	1061
吉　林								
黑龙江								
上　海	213	189	14221	12750	55250	48855	25523	23114
江　苏	6	3	180	90	810	405	180	90
浙　江								
安　徽								
福　建	59	52	2375	1989	15661	14411	8690	7345
江　西								
山　东								
河　南	20	17	515	326	8735	7335	4830	4230
湖　北								
湖　南								
广　东	116	83	4923	6001	38921	32142	17307	13799
广　西								
海　南								
重　庆	4	8	200	145	600	2200	575	1149
四　川								
贵　州								
云　南	8	9	470	420	3065	3065	1420	1640
西　藏								
陕　西	33	29	1352	1000	12300	10000	4879	4000
甘　肃								
青　海								
宁　夏								
新　疆								

4—8 续表 9

外商投资企业

项目	门店数（个）		年末从业人员（人）		年末营业面积（平方米）		年末餐位数（个）	
	2007年	2006年	2007年	2006年	2007年	2006年	2007年	2006年
全　国	**3827**	**3322**	**230047**	**201361**	**1623793**	**1348669**	**595495**	**556027**
北　京	645	555	33593	28455	296942	258888	105918	88466
天　津	188	168	10363	8317	223460	187093	28975	26144
河　北								
山　西	32	27	1316	1069	6762	5552	2369	1919
内蒙古	101	174	20705	19673	101404	96419	93506	141400
辽　宁	267	236	13650	12150	60257	55775	21571	21162
吉　林								
黑龙江	9	8	716	900	4154	3705	2059	1911
上　海	408	326	25449	22952	127565	101986	53790	43454
江　苏	363	267	23766	18511	194131	113828	59037	38911
浙　江	258	230	16957	13574	111712	100221	39100	35631
安　徽	16	15	1099	1002	7058	6658	2929	2769
福　建	72	58	3073	2633	27258	21458	8674	7006
江　西	26	22	1793	1536	11120	9373	3896	3356
山　东	211	158	9323	7578	51677	47019	19775	15685
河　南	295	286	2203	1532	15250	13276	4895	4386
湖　北	127	109	13270	12241	61247	54054	21069	12263
湖　南	44	42	2018	1956	20376	18495	7791	7344
广　东	580	481	36735	35538	222065	182760	87282	72661
广　西	42	36	2310	1732	15417	12790	5563	4989
海　南								
重　庆	27	26	1670	1400	18079	17669	7849	7729
四　川	82	69	8646	6983	37039	31052	15971	15138
贵　州								
云　南	18	15	992	957	6820	6320	2376	2226
西　藏								
陕　西								
甘　肃								
青　海								
宁　夏								
新　疆	16	14	400	672	4000	4278	1100	1477

4—9　按登记注册类型分各地区连锁餐饮企业加盟门店基本情况

内资

项　目	门店数（个）		年末从业人员（人）		年末营业面积（平方米）		年末餐位数（个）	
	2007年	2006年	2007年	2006年	2007年	2006年	2007年	2006年
全　国	**4148**	**3790**	**215307**	**180453**	**2338501**	**2099828**	**866268**	**797128**
北　京	137	123	8967	7543	220229	153289	35573	28052
天　津	587	570	1527	1509	12389	11569	2500	2400
河　北	5	3	500	300	20000	10000	1800	1000
山　西	7	8	590	660	5740	6000	3540	3600
内蒙古	645	597	48681	46632	359294	348078	100553	98656
辽　宁								
吉　林								
黑龙江	3	4	143	239	1051	1807	787	827
上　海								
江　苏	70	60	1017	745	7021	6441	4555	4760
浙　江	237	183	9306	6275	163472	93233	55287	32700
安　徽	13	14	1110	1338	37802	34945	4516	4386
福　建	255	244	4879	4385	64507	62196	32240	26420
江　西	2	2	215	236	6482	6338	980	1016
山　东	119	111	4661	4347	47730	43700	13680	12790
河　南	62	57	153	165	6163	6263	2032	2032
湖　北	23	24	3658	3609	35900	31940	11861	9355
湖　南								
广　东	43	33	2318	1836	33575	27886	5368	6092
广　西								
海　南								
重　庆	1563	1461	105980	84123	1153441	1124136	502592	496900
四　川	29	28	2787	2724	25065	24377	11094	10614
贵　州								
云　南	49	50	1318	1322	20020	22910	11656	11276
西　藏								
陕　西	285	200	17100	12000	114000	80000	63270	41952
甘　肃	9	13	189	275	1620	2260	684	1000
青　海								
宁　夏	5	5	208	190	3000	2460	1700	1300
新　疆								

4—9 续表1

国有企业

项　目	门店数（个）		年末从业人员（人）		年末营业面积（平方米）		年末餐位数（个）	
	2007年	2006年	2007年	2006年	2007年	2006年	2007年	2006年
全　国	**3**	**4**	**243**	**360**	**2231**	**5122**	**900**	**2000**
北　京								
天　津								
河　北								
山　西								
内蒙古								
辽　宁								
吉　林								
黑龙江								
上　海								
江　苏								
浙　江								
安　徽								
福　建								
江　西								
山　东								
河　南								
湖　北								
湖　南								
广　东	3	4	243	360	2231	5122	900	2000
广　西								
海　南								
重　庆								
四　川								
贵　州								
云　南								
西　藏								
陕　西								
甘　肃								
青　海								
宁　夏								
新　疆								

4—9 续表2

集体企业

项目	门店数（个）		年末从业人员（人）		年末营业面积（平方米）		年末餐位数（个）	
	2007年	2006年	2007年	2006年	2007年	2006年	2007年	2006年
全国	**1**	**1**	**20**	**30**	**200**	**300**	**200**	**200**
北京								
天津								
河北								
山西								
内蒙古								
辽宁								
吉林								
黑龙江								
上海								
江苏								
浙江								
安徽								
福建								
江西								
山东								
河南	1	1	20	30	200	300	200	200
湖北								
湖南								
广东								
广西								
海南								
重庆								
四川								
贵州								
云南								
西藏								
陕西								
甘肃								
青海								
宁夏								
新疆								

4—9 续表3

股份合作企业

项目	门店数（个）		年末从业人员（人）		年末营业面积（平方米）		年末餐位数（个）	
	2007年	2006年	2007年	2006年	2007年	2006年	2007年	2006年
全国	**14**	**9**	**381**	**254**	**7370**	**5082**	**4394**	**2664**
北京	10	5	240	111	5530	2930	3500	1750
天津								
河北								
山西								
内蒙古								
辽宁								
吉林								
黑龙江								
上海								
江苏								
浙江								
安徽								
福建								
江西								
山东								
河南								
湖北								
湖南								
广东								
广西								
海南								
重庆								
四川	4	4	141	143	1840	2152	894	914
贵州								
云南								
西藏								
陕西								
甘肃								
青海								
宁夏								
新疆								

4—9 续表4

有限责任公司

项目	门店数（个）		年末从业人员（人）		年末营业面积（平方米）		年末餐位数（个）	
	2007年	2006年	2007年	2006年	2007年	2006年	2007年	2006年
全国	**1207**	**1198**	**35048**	**33206**	**620443**	**589566**	**257318**	**246453**
北京	4	2	1004	230	27250	4250	2970	570
天津	583	566	1331	1295	7989	7569	100	100
河北								
山西								
内蒙古								
辽宁								
吉林								
黑龙江								
上海								
江苏	3	3	90	90	700	700	300	300
浙江								
安徽	7	9	350	400	12142	15745	2020	1800
福建		9		131		2250		920
江西	1	1	15	16	482	338	120	156
山东								
河南								
湖北	2	2	735	762	6700	6700	1970	1970
湖南								
广东								
广西								
海南								
重庆	571	559	30236	28845	551460	532604	241178	230601
四川								
贵州								
云南	27	34	1098	1162	12100	17150	7976	9036
西藏								
陕西								
甘肃	9	13	189	275	1620	2260	684	1000
青海								
宁夏								
新疆								

4—9 续表5

股份有限公司

项目	门店数（个）		年末从业人员（人）		年末营业面积（平方米）		年末餐位数（个）	
	2007年	2006年	2007年	2006年	2007年	2006年	2007年	2006年
全国	**96**	**89**	**6793**	**6377**	**169333**	**130330**	**24774**	**22435**
北京	55	53	6300	5908	163910	125990	22000	19508
天津								
河北								
山西								
内蒙古								
辽宁								
吉林								
黑龙江	3	4	143	239	1051	1807	787	827
上海								
江苏								
浙江	38	32	350	230	4372	2533	1987	2100
安徽								
福建								
江西								
山东								
河南								
湖北								
湖南								
广东								
广西								
海南								
重庆								
四川								
贵州								
云南								
西藏								
陕西								
甘肃								
青海								
宁夏								
新疆								

4—9 续表 6

私营企业

项目	门店数（个）		年末从业人员（人）		年末营业面积（平方米）		年末餐位数（个）	
	2007 年	2006 年	2007 年	2006 年	2007 年	2006 年	2007 年	2006 年
全　国	**2820**	**2481**	**172232**	**139566**	**1533184**	**1363428**	**575142**	**519776**
北　京	68	63	1423	1294	23539	20119	7103	6224
天　津	4	4	196	214	4400	4000	2400	2300
河　北	5	3	500	300	20000	10000	1800	1000
山　西								
内蒙古	645	597	48681	46632	359294	348078	100553	98656
辽　宁								
吉　林								
黑龙江								
上　海								
江　苏	67	57	927	655	6321	5741	4255	4460
浙　江	199	151	8956	6045	159100	90700	53300	30600
安　徽	6	5	760	938	25660	19200	2496	2586
福　建	255	235	4879	4254	64507	59946	32240	25500
江　西	1	1	200	220	6000	6000	860	860
山　东	119	111	4661	4347	47730	43700	13680	12790
河　南	61	56	133	135	5963	5963	1832	1832
湖　北	21	22	2923	2847	29200	25240	9891	7385
湖　南								
广　东	40	29	2075	1476	31344	22764	4468	4092
广　西								
海　南								
重　庆	992	902	75744	55278	601981	591532	261414	266299
四　川	25	24	2646	2581	23225	22225	10200	9700
贵　州								
云　南	22	16	220	160	7920	5760	3680	2240
西　藏								
陕　西	285	200	17100	12000	114000	80000	63270	41952
甘　肃								
青　海								
宁　夏	5	5	208	190	3000	2460	1700	1300
新　疆								

4—9 续表7

其他企业

项　目	门店数（个）		年末从业人员（人）		年末营业面积（平方米）		年末餐位数（个）	
	2007年	2006年	2007年	2006年	2007年	2006年	2007年	2006年
全　国	**7**	**8**	**590**	**660**	**5740**	**6000**	**3540**	**3600**
北　京								
天　津								
河　北								
山　西	7	8	590	660	5740	6000	3540	3600
内蒙古								
辽　宁								
吉　林								
黑龙江								
上　海								
江　苏								
浙　江								
安　徽								
福　建								
江　西								
山　东								
河　南								
湖　北								
湖　南								
广　东								
广　西								
海　南								
重　庆								
四　川								
贵　州								
云　南								
西　藏								
陕　西								
甘　肃								
青　海								
宁　夏								
新　疆								

4－9　续表8

港澳台商投资企业

项　目	门店数（个）		年末从业人员（人）		年末营业面积（平方米）		年末餐位数（个）	
	2007年	2006年	2007年	2006年	2007年	2006年	2007年	2006年
全　国	**80**	**63**	**2311**	**1873**	**16905**	**13730**	**8076**	**6602**
北　京	3	2	65	66	860	500	240	100
天　津								
河　北								
山　西								
内蒙古								
辽　宁								
吉　林								
黑龙江								
上　海	3	2	56	37	1410	1010	456	292
江　苏	31	22	930	660	4185	2970	930	660
浙　江								
安　徽								
福　建								
江　西								
山　东								
河　南								
湖　北								
湖　南								
广　东								
广　西								
海　南								
重　庆								
四　川								
贵　州								
云　南	43	37	1260	1110	10450	9250	6450	5550
西　藏								
陕　西								
甘　肃								
青　海								
宁　夏								
新　疆								

4—9　续表9

外商投资企业

项　目	门店数（个）		年末从业人员（人）		年末营业面积（平方米）		年末餐位数（个）	
	2007年	2006年	2007年	2006年	2007年	2006年	2007年	2006年
全　国	**913**	**1110**	**36530**	**57184**	**317027**	**381631**	**549054**	**967014**
北　京	41	37	791	678	16615	12686	2614	2973
天　津	53	44	424	352	14840	12320	7420	6160
河　北								
山　西								
内蒙古	257	547	16448	40007	68876	167686	406294	843400
辽　宁	1		90		450		200	
吉　林								
黑龙江								
上　海	3		157		720		360	
江　苏								
浙　江	41	18	812	270	10485	3960	4986	2700
安　徽								
福　建	4	4			1200	1200	568	568
江　西								
山　东								
河　南	71	59	1633	1173	12426	9699	7767	6458
湖　北								
湖　南								
广　东	13	11	871	730	4662	3962	1911	1611
广　西								
海　南								
重　庆	351	322	13900	12750	170100	155600	103050	91040
四　川	78	68	1404	1224	16653	14518	13884	12104
贵　州								
云　南								
西　藏								
陕　西								
甘　肃								
青　海								
宁　夏								
新　疆								

4—10 按登记注册类型分各地区

内资企业

项目	商品购进总额		统一配送商品购进额		自有配送中心配送商品购进额	
	2007年	2006年	2007年	2006年	2007年	2006年
全国	**1205663**	**1086921**	**414002**	**370230**	**295343**	**266343**
北京	152059	129616	49181	39251	28832	22876
天津	25504	23783	2353	2309	2353	2309
河北	2396	2081	144	144	144	144
山西	8219	8763	4556	6246	4556	6246
内蒙古	222223	203053	33900	12148	32488	10861
辽宁						
吉林	2233	2042	2233	2042	1104	1042
黑龙江	3023	2403	2549	2055	2549	2055
上海	14791	15270	7447	6897	7447	6897
江苏	52650	54145	43150	43804	32260	31754
浙江	86178	70415	56060	47778	34582	28723
安徽	15321	14823	5018	7283	3897	5193
福建	8720	7166	5055	4409	2210	1624
江西	11721	11482	3836	3909	2789	3336
山东	22364	21033	17314	8126	7535	7354
河南	6726	6215	1257	1131	1063	1087
湖北	111	100	111	100	111	100
湖南	2636	2006	2636	2006	2636	2006
广东	90531	83312	19219	17282	17274	15408
广西						
海南	1296	1602				
重庆	440285	396626	138405	147850	96428	105148
四川	6472	6356	5099	4983	4491	4403
贵州	10446	9862				
云南	8478	3993	6935	3744	6025	3744
西藏						
陕西	1329	1335	67	73	67	73
甘肃	4216	4222	1741	1445	1741	1445
青海	1130	1006	1130	1006		
宁夏	871	771	871	771		
新疆	3737	3440	3737	3440	2762	2516

连锁餐饮企业经营情况

单位:万元

非自有配送中心配送商品购进额		营业收入		餐费收入及商品销售额	
2007 年	2006 年	2007 年	2006 年	2007 年	2006 年
57796	**48597**	**2595908**	**2307922**	**2589535**	**2302893**
788	297	344053	290205	343955	290117
	46934	45415	45783	44498	
	8148	6599	8148	6599	
	21881	18557	21881	18557	
	473868	433690	473868	433690	
1129	1000	4232	3905	4232	3905
	6102	4843	6102	4843	
	46453	44490	46453	44490	
10046	11440	97550	92078	97550	92078
15388	13339	162910	133019	162694	132850
	31874	29255	31870	29255	
899	785	46560	42992	46560	42992
1048	573	19955	19150	19955	19150
8764	229	64927	70774	62966	69485
	11437	9774	11437	9774	
	116116	94451	114199	92920	
	5613	4012	5613	4012	
1169	1161	197229	190351	196369	189469
	2168	2756	2168	2756	
16719	18079	703060	623617	702895	623465
	19705	18876	19705	18876	
	16285	15552	16285	15552	
	13901	12358	13901	12358	
	114770	82337	114770	82337	
	8826	9232	8826	9232	
	2103	1738	2103	1738	
871	771	1524	1374	1524	1374
975	924	7724	6522	7724	6522

4—10 续表1

国有企业

项目	商品购进总额		统一配送商品购进额		自有配送中心配送商品购进额	
	2007年	2006年	2007年	2006年	2007年	2006年
全国	**22263**	**20095**	**681**	**621**	**681**	**621**
北京						
天津	608	597				
河北						
山西						
内蒙古						
辽宁						
吉林						
黑龙江						
上海						
江苏						
浙江	681	621	681	621	681	621
安徽						
福建	1746	1477				
江西						
山东						
河南	581	652				
湖北						
湖南						
广东	18647	16748				
广西						
海南						
重庆						
四川						
贵州						
云南						
西藏						
陕西						
甘肃						
青海						
宁夏						
新疆						

单位:万元

非自有配送中心配送商品购进额		营业收入		餐费收入及商品销售额	
2007 年	2006 年	2007 年	2006 年	2007 年	2006 年
		39763	**36004**	**39763**	**36004**
		809	722	809	722
		2215	2007	2215	2007
		2427	2133	2427	2133
		782	805	782	805
		33530	30338	33530	30338

4—10 续表2

集体企业

项　目	非自有配送中心配送商品购进额		营业收入		餐费收入及商品销售额	
	2007年	2006年	2007年	2006年	2007年	2006年
全　国	**5951**	**5820**				
北　京						
天　津	222	201				
河　北						
山　西						
内蒙古						
辽　宁						
吉　林						
黑龙江						
上　海						
江　苏						
浙　江						
安　徽						
福　建						
江　西						
山　东						
河　南	130	100				
湖　北						
湖　南						
广　东	5599	5519				
广　西						
海　南						
重　庆						
四　川						
贵　州						
云　南						
西　藏						
陕　西						
甘　肃						
青　海						
宁　夏						
新　疆						

单位:万元

非自有配送中心配送商品购进额		营业收入		餐费收入及商品销售额	
2007 年	2006 年	2007 年	2006 年	2007 年	2006 年
		10275	**10468**	**9674**	**9831**
		502	494	462	457
		230	200	230	200
		9543	9774	8982	9174

4—10 续表 3

股份合作企业

项目	商品购进总额		统一配送商品购进额		自有配送中心配送商品购进额	
	2007 年	2006 年	2007 年	2006 年	2007 年	2006 年
全国	**13868**	**22080**	**3222**	**3016**	**2031**	**2003**
北京	2869	5897	678	617		
天津						
河北						
山西						
内蒙古						
辽宁						
吉林						
黑龙江						
上海						
江苏						
浙江						
安徽						
福建						
江西						
山东						
河南	150	150				
湖北						
湖南						
广东	8678	14012	222	228		
广西						
海南						
重庆						
四川	2031	2003	2031	2003	2031	2003
贵州						
云南						
西藏						
陕西						
甘肃						
青海	140	169	140	169		
宁夏						
新疆						

单位：万元

非自有配送中心配送商品购进额		营业收入		餐费收入及商品销售额	
2007年	2006年	2007年	2006年	2007年	2006年
222	**228**	**35756**	**50736**	**35756**	**50736**
	11623	10338	11623	10338	
	200	200			
	806	883	806	883	
222	228	18997	35580	18997	35580
	3823	3665	3823	3665	
	307	270	307	270	

4—10 续表 4

有限责任公司

项 目	商品购进总额		统一配送商品购进额		自有配送中心配送商品购进额	
	2007 年	2006 年	2007 年	2006 年	2007 年	2006 年
全 国	**292934**	**266364**	**162295**	**147877**	**104390**	**95341**
北 京	39761	32652	20643	17613	10584	9870
天 津	23067	21615	2353	2309	2353	2309
河 北	1116	1031	144	144	144	144
山 西						
内蒙古	900	700				
辽 宁						
吉 林						
黑龙江	162	129	162	129	162	129
上 海	6242	5840	6242	5840	6242	5840
江 苏	1949	1585	1949	1585	1242	1007
浙 江	39272	34729	26221	23390	11718	10783
安 徽	1393	2383	1393	2383	271	292
福 建	507	1329	507	1329		
江 西	1080	581	1080	581	33	8
山 东	1551	964	1551	964	537	421
河 南	2795	2795				
湖 北						
湖 南						
广 东	15445	13302	11076	9930	11076	9930
广 西						
海 南						
重 庆	144733	137634	80539	76302	52504	49229
四 川						
贵 州						
云 南	6437	2752	5303	2752	4392	2752
西 藏						
陕 西	982	982				
甘 肃	3787	3829	1377	1095	1377	1095
青 海						
宁 夏						
新 疆	1755	1533	1755	1533	1755	1533

单位:万元

非自有配送中心配送商品购进额		营业收入		餐费收入及商品销售额	
2007年	2006年	2007年	2006年	2007年	2006年
16876	**14362**	**555817**	**509529**	**554460**	**508437**
	72080	54466	71981	54378	
	42807	41558	41764	40724	
	5448	4399	5448	4399	
	1300	600	1300	600	
	268	207	268	207	
	20181	18705	20181	18705	
	3815	3243	3815	3243	
13051	11339	67460	60058	67244	59888
	7039	6876	7039	6876	
	1015	2658	1015	2658	
1048	573	1780	1120	1780	1120
	4141	5015	4141	5015	
	4695	4684	4695	4684	
	16168	16251	16168	16251	
	40266	34554	40266	34554	
2777	2450	244732	232442	244732	232442
	10900	10289	10900	10289	
	1954	2261	1954	2261	
	8015	8612	8015	8612	
	1755	1533	1755	1533	

4—10 续表5

股份有限公司

项　目	商品购进总额		统一配送商品购进额		自有配送中心配送商品购进额	
	2007年	2006年	2007年	2006年	2007年	2006年
全　国	**77468**	**64156**	**34073**	**27935**	**34073**	**27935**
北　京	54475	43800	12954	8934	12954	8934
天　津						
河　北						
山　西	3526	5439	3526	5439	3526	5439
内蒙古						
辽　宁						
吉　林						
黑龙江	2861	2274	2387	1927	2387	1927
上　海						
江　苏						
浙　江	15205	11635	15205	11635	15205	11635
安　徽						
福　建						
江　西						
山　东	1120	727				
河　南						
湖　北						
湖　南						
广　东						
广　西						
海　南						
重　庆						
四　川						
贵　州						
云　南						
西　藏						
陕　西	280	280				
甘　肃						
青　海						
宁　夏						
新　疆						

单位:万元

非自有配送中心配送商品购进额		营业收入		餐费收入及商品销售额	
2007年	2006年	2007年	2006年	2007年	2006年
		179622	**153750**	**177795**	**152666**
		135314	116957	135314	116957
		3479	4916	3479	4916
		5834	4636	5834	4636
		25765	20054	25765	20054
		3057	1782	1230	697
		6173	5406	6173	5406

4—10 续表6

私营企业

项目	商品购进总额		统一配送商品购进额		自有配送中心配送商品购进额	
	2007年	2006年	2007年	2006年	2007年	2006年
全国	**789517**	**705888**	**213731**	**190782**	**154168**	**140444**
北京	54955	47266	14905	12087	5293	4072
天津	1608	1371				
河北	1280	1050				
山西	1030	808	1030	808	1030	808
内蒙古	221323	202353	33900	12148	32488	10861
辽宁						
吉林	2233	2042	2233	2042	1104	1042
黑龙江						
上海	8549	9430	1204	1057	1204	1057
江苏	50701	52560	41201	42219	31018	30747
浙江	31020	23429	13953	12132	6978	5684
安徽	13928	12440	3626	4900	3626	4900
福建	6466	4360	4547	3080	2210	1624
江西	10641	10901	2756	3328	2756	3328
山东	19693	19341	15763	7162	6999	6933
河南	3070	2668	1107	1131	1063	1087
湖北	111	100	111	100	111	100
湖南	2636	2006	2636	2006	2636	2006
广东	42162	33731	7921	7124	6198	5478
广西						
海南	1296	1602				
重庆	295552	258992	57866	71548	43924	55919
四川	4441	4353	3068	2980	2460	2400
贵州	10446	9862				
云南	2041	1241	1632	993	1632	993
西藏						
陕西	67	73	67	73	67	73
甘肃	429	393	364	350	364	350
青海	990	838	990	838		
宁夏	871	771	871	771		
新疆	1982	1907	1982	1907	1007	983

单位:万元

非自有配送中心配送商品购进额		营业收入		餐费收入及商品销售额	
2007年	2006年	2007年	2006年	2007年	2006年
40698	**34007**	**1768429**	**1543094**	**1765839**	**1540879**
788	297	125037	108444	125037	108444
	2816	2641	2747	2596	
	2700	2200	2700	2200	
	12155	9301	12155	9301	
	472568	433090	472568	433090	
1129	1000	4232	3905	4232	3905
	26272	25785	26272	25785	
10046	11440	93735	88835	93735	88835
2337	2000	67470	50901	67470	50901
	24836	22379	24832	22379	
899	785	43118	38202	43118	38202
	18175	18030	18175	18030	
8764	229	57730	63977	57595	63773
	5530	4085	5530	4085	
	99142	77318	97224	75787	
	5613	4012	5613	4012	
947	933	94892	80105	94593	79823
	2168	2756	2168	2756	
13942	15629	458327	391176	458162	391023
	15882	15211	15882	15211	
	16285	15552	16285	15552	
	3001	2068	3001	2068	
	106643	74670	106643	74670	
	811	620	811	620	
	1797	1468	1797	1468	
871	771	1524	1374	1524	1374
975	924	5969	4989	5969	4989

4—10 续表7

其他企业

项 目	商品购进总额		统一配送商品购进额		自有配送中心配送商品购进额	
	2007年	2006年	2007年	2006年	2007年	2006年
全 国	**3663**	**2517**				
北 京						
天 津						
河 北						
山 西	3663	2517				
内蒙古						
辽 宁						
吉 林						
黑龙江						
上 海						
江 苏						
浙 江						
安 徽						
福 建						
江 西						
山 东						
河 南						
湖 北						
湖 南						
广 东						
广 西						
海 南						
重 庆						
四 川						
贵 州						
云 南						
西 藏						
陕 西						
甘 肃						
青 海						
宁 夏						
新 疆						

单位:万元

非自有配送中心配送商品购进额		营业收入		餐费收入及商品销售额	
2007 年	2006 年	2007 年	2006 年	2007 年	2006 年
		6247	**4340**	**6247**	**4340**
		6247	4340	6247	4340

4—10 续表8

港澳台商投资企业

项 目	商品购进总额		统一配送商品购进额		自有配送中心配送商品购进额	
	2007年	2006年	2007年	2006年	2007年	2006年
全 国	**169496**	**160086**	**133365**	**129107**	**40652**	**32347**
北 京	35319	28534	14505	10523		
天 津	1081	963				
河 北						
山 西						
内蒙古						
辽 宁	2774	1700	2774	1700	2400	1500
吉 林						
黑龙江						
上 海	49889	60167	49395	59955		
江 苏	3263	1800	3263	1800		
浙 江						
安 徽						
福 建	17958	17922	17205	17254		
江 西						
山 东						
河 南	5995	5592	5995	5592		
湖 北						
湖 南						
广 东	37192	30719	34084	27889	32107	26452
广 西						
海 南						
重 庆	424	524				
四 川						
贵 州						
云 南	6145	4395	6145	4395	6145	4395
西 藏						
陕 西	9456	7769				
甘 肃						
青 海						
宁 夏						
新 疆						

单位：万元

非自有配送中心配送商品购进额		营业收入		餐费收入及商品销售额	
2007年	2006年	2007年	2006年	2007年	2006年
74652	**83975**	**486258**	**387014**	**486258**	**387014**
	87679	63013	87679	63013	
	2571	2369	2571	2369	
374	200	6431	3965	6431	3965
49395	59955	185032	156965	185032	156965
	6660	3750	6660	3750	
16911	16791	41029	34392	41029	34392
5995	5592	14647	12110	14647	12110
1977	1437	94904	75549	94904	75549
	1343	2029	1343	2029	
	25098	15198	25098	15198	
	20865	17674	20865	17674	

4—10 续表 9

外商投资企业

项目	商品购进总额		统一配送商品购进额		自有配送中心配送商品购进额	
	2007 年	2006 年	2007 年	2006 年	2007 年	2006 年
全国	**1373928**	**1284447**	**1140648**	**1020126**	**763807**	**684821**
北京	207135	161810	193755	149800	84717	65346
天津	63666	48607	63069	48079	47251	35048
河北						
山西	12877	9660	12877	9660	12877	9660
内蒙古	174314	330400	113304	214760	73647	139594
辽宁	96566	79675	76566	60675	19126	17051
吉林						
黑龙江	2597	2300	2597	2300	2597	2300
上海	77743	85933	77743	85933	41356	32896
江苏	91209	65385	91209	65385	30912	44472
浙江	64834	70672	63994	69942	61126	67425
安徽	4791	4338	4791	4338		
福建	15066	10969	14329	10079	14261	10054
江西	9061	6897	9061	6897		
山东	123687	76954	123687	76954	123687	76954
河南	28229	16839	19838	11850	19838	11850
湖北	883	763	883	763	883	763
湖南	24794	19676	24794	19676	24794	19676
广东	190726	134045	188376	132577	174965	122779
广西	12017	7891	12017	7891		
海南						
重庆	129888	112032	3912	2968	800	699
四川	32751	28795	32751	28795	19874	17449
贵州						
云南	6526	5106	6526	5106	6526	5106
西藏						
陕西						
甘肃						
青海						
宁夏						
新疆	4569	5700	4569	5700	4569	5700

单位:万元

非自有配送中心配送商品购进额		营业收入		餐费收入及商品销售额	
2007年	2006年	2007年	2006年	2007年	2006年
176176	**182364**	**3317863**	**2942600**	**3317218**	**2942375**
12325	10037	486087	398511	486087	398286
	197971	151146	197971	151146	
	36250	28014	36250	28014	
39656	75166	303122	575000	303122	575000
	227372	183573	227372	183573	
	5987	5704	5987	5704	
36387	53038	251748	205266	251748	205266
60215	20893	282246	218694	282246	218694
349	326	263312	206470	262676	206470
4791	4338	12130	10073	12130	10073
20	25	71292	57132	71292	57132
9061	6897	25241	19734	25241	19734
	124189	90006	124189	90006	
	44508	27959	44508	27959	
	104805	89019	104797	89019	
	66328	52904	66328	52904	
496	299	493419	364986	493419	364986
	31133	18104	31133	18104	
	186367	161457	186367	161457	
12877	11346	74116	58020	74116	58020
	17653	13704	17653	13704	
	12587	7125	12587	7125	

4—11 按登记注册类型分各地区

内资企业

项目	商品购进总额		统一配送商品购进额		自有配送中心配送商品购进额	
	2007年	2006年	2007年	2006年	2007年	2006年
全国	**558769**	**479114**	**250272**	**221568**	**174499**	**157606**
北京	117588	102476	48271	38431	27922	22056
天津	14646	12913	2353	2309	2353	2309
河北	1916	1789	144	144	144	144
山西	6056	6851	4556	6246	4556	6246
内蒙古	24644	20572	14686	12148	13274	10861
辽宁						
吉林	2233	2042	2233	2042	1104	1042
黑龙江	2136	1641	1809	1535	1809	1535
上海	14791	15270	7447	6897	7447	6897
江苏	51454	48703	42160	39811	31445	29648
浙江	66356	55321	48787	42227	27911	23758
安徽	11576	9686	4587	5334	3466	4391
福建	5703	4013	2950	2353	756	644
江西	10638	10511	3706	3898	2785	3336
山东	14215	11995	9958	7430	7229	6658
河南	5960	5501	1157	1031	964	988
湖北	111	100	111	100	111	100
湖南	2636	2006	2636	2006	2636	2006
广东	87252	80016	19219	17282	17274	15408
广西						
海南	1296	1602				
重庆	86822	58994	17546	17207	9055	9540
四川	3571	3474	3454	3361	2846	2781
贵州	10446	9862				
云南	6231	3834	5449	3513	4947	3355
西藏						
陕西	1329	1335	67	73	67	73
甘肃	3814	3732	1636	1316	1636	1316
青海	1130	1006	1130	1006		
宁夏	484	430	484	430		
新疆	3737	3440	3737	3440	2762	2516

连锁餐饮企业直营门店经营情况

单位:万元

非自有配送中心配送商品购进额		营业收入		餐费收入及商品销售额	
2007 年	2006 年	2007 年	2006 年	2007 年	2006 年
39306	**33096**	**1205791**	**1056606**	**1199559**	**1051718**
788	297	263287	228199	263189	228111
	30131	28604	28980	27688	
	6948	5839	6948	5839	
	18195	15260	18195	15260	
	30327	27843	30327	27843	
1129	1000	4232	3905	4232	3905
	4291	2989	4291	2989	
	46453	44490	46453	44490	
9899	9577	87795	82487	87795	82487
14787	12753	121970	99374	121754	99204
	22688	19647	22684	19647	
248	164	12005	11381	12005	11381
922	562	17762	17194	17762	17194
1714	229	43164	49737	41203	48448
	10471	8824	10471	8824	
	93381	73701	91463	72169	
	5613	4012	5613	4012	
1169	1161	186634	180888	185774	180006
	2168	2756	2168	2756	
7191	5999	133586	89358	133563	89346
	7839	7656	7839	7656	
	16285	15552	16285	15552	
	10019	8690	10019	8690	
	11810	11057	11810	11057	
	8076	8149	8076	8149	
	2103	1738	2103	1738	
484	430	835	754	835	754
975	924	7724	6522	7724	6522

4—11 续表1

国有企业

项　目	商品购进总额		统一配送商品购进额		自有配送中心配送商品购进额	
	2007年	2006年	2007年	2006年	2007年	2006年
全　国	**20682**	**18200**	**681**	**621**	**681**	**621**
北　京						
天　津	608	597				
河　北						
山　西						
内蒙古						
辽　宁						
吉　林						
黑龙江						
上　海						
江　苏						
浙　江	681	621	681	621	681	621
安　徽						
福　建	1746	1477				
江　西						
山　东						
河　南	581	652				
湖　北						
湖　南						
广　东	17066	14853				
广　西						
海　南						
重　庆						
四　川						
贵　州						
云　南						
西　藏						
陕　西						
甘　肃						
青　海						
宁　夏						
新　疆						

单位:万元

非自有配送中心配送商品购进额		营业收入		餐费收入及商品销售额	
2007年	2006年	2007年	2006年	2007年	2006年
		36876	**32437**	**36876**	**32437**
		809	722	809	722
		2215	2007	2215	2007
		2427	2133	2427	2133
		782	805	782	805
		30643	26771	30643	26771

4—11 续表 2

集体企业

项　目	商品购进总额		统一配送商品购进额		自有配送中心配送商品购进额	
	2007 年	2006 年	2007 年	2006 年	2007 年	2006 年
全　国	**5911**	**5780**				
北　京						
天　津	222	201				
河　北						
山　西						
内蒙古						
辽　宁						
吉　林						
黑龙江						
上　海						
江　苏						
浙　江						
安　徽						
福　建						
江　西						
山　东						
河　南	90	60				
湖　北						
湖　南						
广　东	5599	5519				
广　西						
海　南						
重　庆						
四　川						
贵　州						
云　南						
西　藏						
陕　西						
甘　肃						
青　海						
宁　夏						
新　疆						

单位:万元

非自有配送中心配送商品购进额		营业收入		餐费收入及商品销售额	
2007年	2006年	2007年	2006年	2007年	2006年
		10225	**10408**	**9624**	**9771**
		502	494	462	457
		180	140	180	140
		9543	9774	8982	9174

4—11 续表3

股份合作企业

项目	商品购进总额		统一配送商品购进额		自有配送中心配送商品购进额	
	2007年	2006年	2007年	2006年	2007年	2006年
全国	**13095**	**20548**	**2637**	**2359**	**1446**	**1346**
北京	2681	5021	678	617		
天津						
河北						
山西						
内蒙古						
辽宁						
吉林						
黑龙江						
上海						
江苏						
浙江						
安徽						
福建						
江西						
山东						
河南	150	150				
湖北						
湖南						
广东	8678	14012	222	228		
广西						
海南						
重庆						
四川	1446	1346	1446	1346	1446	1346
贵州						
云南						
西藏						
陕西						
甘肃						
青海	140	169	140	169		
宁夏						
新疆						

单位:万元

非自有配送中心配送商品购进额		营业收入		餐费收入及商品销售额	
2007年	2006年	2007年	2006年	2007年	2006年
222	**228**	**32651**	**48228**	**32651**	**48228**
	9619	9050	9619	9050	
	200	200			
	806	883	806	883	
222	228	18997	35580	18997	35580
	2722	2446	2722	2446	
	307	270	307	270	

4—11 续表 4

有限责任公司

项　目	商品购进总额		统一配送商品购进额		自有配送中心配送商品购进额	
	2007 年	2006 年	2007 年	2006 年	2007 年	2006 年
全　国	**146543**	**126023**	**92898**	**79654**	**59484**	**51528**
北　京	36663	32442	20643	17613	10584	9870
天　津	12811	11245	2353	2309	2353	2309
河　北	1116	1031	144	144	144	144
山　西						
内蒙古	900	700				
辽　宁						
吉　林						
黑龙江	162	129	162	129	162	129
上　海	6242	5840	6242	5840	6242	5840
江　苏	1699	1340	1699	1340	992	762
浙　江	39272	34729	26221	23390	11718	10783
安　徽	1291	1099	1291	1099	170	155
福　建	507	874	507	874		
江　西	950	570	950	570	29	8
山　东	1551	964	1551	964	537	421
河　南	2795	2795				
湖　北						
湖　南						
广　东	15445	13302	11076	9930	11076	9930
广　西						
海　南						
重　庆	14033	10103	12579	10103	8502	5985
四　川						
贵　州						
云　南	4984	3007	4452	2851	3950	2693
西　藏						
陕　西	982	982				
甘　肃	3385	3339	1271	966	1271	966
青　海						
宁　夏						
新　疆	1755	1533	1755	1533	1755	1533

单位:万元

非自有配送中心配送商品购进额		营业收入		餐费收入及商品销售额	
2007年	2006年	2007年	2006年	2007年	2006年
16750	**14351**	**303887**	**265029**	**302530**	**263937**
	65833	54046	65735	53958	
	27046	25724	26003	24890	
	5448	4399	5448	4399	
	1300	600	1300	600	
	268	207	268	207	
	20181	18705	20181	18705	
	3315	2753	3315	2753	
13051	11339	67460	60058	67244	59888
	4070	4006	4070	4006	
	1015	1747	1015	1747	
922	562	1480	1100	1480	1100
	4141	5015	4141	5015	
	4695	4684	4695	4684	
	9003	9077	9003	9077	
	40266	34554	40266	34554	
2777	2450	29208	19721	29208	19721
	8186	7311	8186	7311	
	1954	2261	1954	2261	
	7265	7529	7265	7529	
	1755	1533	1755	1533	

4—11 续表5

股份有限公司

项　　目	商品购进总额		统一配送商品购进额		自有配送中心配送商品购进额	
	2007年	2006年	2007年	2006年	2007年	2006年
全　　国	**41968**	**35029**	**28309**	**23706**	**28309**	**23706**
北　　京	24886	19143	12954	8934	12954	8934
天　　津						
河　　北						
山　　西	3526	5439	3526	5439	3526	5439
内 蒙 古						
辽　　宁						
吉　　林						
黑 龙 江	1974	1512	1647	1406	1647	1406
上　　海						
江　　苏						
浙　　江	10181	7928	10181	7928	10181	7928
安　　徽						
福　　建						
江　　西						
山　　东	1120	727				
河　　南						
湖　　北						
湖　　南						
广　　东						
广　　西						
海　　南						
重　　庆						
四　　川						
贵　　州						
云　　南						
西　　藏						
陕　　西	280	280				
甘　　肃						
青　　海						
宁　　夏						
新　　疆						

单位:万元

非自有配送中心配送商品购进额		营业收入		餐费收入及商品销售额	
2007年	2006年	2007年	2006年	2007年	2006年
	106166	**92710**	**104339**	**91625**	
	70193	62442	70193	62442	
	3479	4916	3479	4916	
	4024	2782	4024	2782	
	19240	15382	19240	15382	
	3057	1782	1230	697	
	6173	5406	6173	5406	

4—11 续表 6

私营企业

项 目	商品购进总额		统一配送商品购进额		自有配送中心配送商品购进额	
	2007 年	2006 年	2007 年	2006 年	2007 年	2006 年
全 国	**329070**	**272929**	**125749**	**115229**	**84579**	**80406**
北 京	53357	45869	13995	11267	4383	3252
天 津	1005	870				
河 北	800	758				
山 西	1030	808	1030	808	1030	808
内 蒙 古	23744	19872	14686	12148	13274	10861
辽 宁						
吉 林	2233	2042	2233	2042	1104	1042
黑 龙 江						
上 海	8549	9430	1204	1057	1204	1057
江 苏	49755	47363	40461	38471	30453	28886
浙 江	16222	12044	11705	10289	5331	4427
安 徽	10285	8587	3296	4235	3296	4235
福 建	3449	1662	2442	1479	756	644
江 西	9688	9941	2756	3328	2756	3328
山 东	11544	10304	8406	6466	6693	6237
河 南	2344	1994	1007	1031	964	988
湖 北	111	100	111	100	111	100
湖 南	2636	2006	2636	2006	2636	2006
广 东	40464	32330	7921	7124	6198	5478
广 西						
海 南	1296	1602				
重 庆	72789	48891	4967	7104	553	3555
四 川	2125	2128	2008	2015	1400	1435
贵 州	10446	9862				
云 南	1247	827	998	662	998	662
西 藏						
陕 西	67	73	67	73	67	73
甘 肃	429	393	364	350	364	350
青 海	990	838	990	838		
宁 夏	484	430	484	430		
新 疆	1982	1907	1982	1907	1007	983

单位:万元

非自有配送中心配送商品购进额		营业收入		餐费收入及商品销售额	
2007 年	2006 年	2007 年	2006 年	2007 年	2006 年
22334	**18517**	**713427**	**606752**	**710978**	**604677**
788	297	117642	102661	117642	102661
	1774	1664	1705	1619	
	1500	1440	1500	1440	
	12155	9301	12155	9301	
	29027	27243	29027	27243	
1129	1000	4232	3905	4232	3905
	26272	25785	26272	25785	
9899	9577	84480	79734	84480	79734
1736	1414	33055	21928	33055	21928
	18618	15642	18614	15642	
248	164	8563	7502	8563	7502
	16282	16094	16282	16094	
1714	229	35967	42940	35832	42736
	4615	3196	4615	3196	
	83572	63741	81654	62210	
	5613	4012	5613	4012	
947	933	87184	74209	86885	73927
	2168	2756	2168	2756	
4414	3549	104379	69637	104355	69625
	5118	5211	5118	5211	
	16285	15552	16285	15552	
	1834	1379	1834	1379	
	3683	3390	3683	3390	
	811	620	811	620	
	1797	1468	1797	1468	
484	430	835	754	835	754
975	924	5969	4989	5969	4989

4—11 续表7

其他企业

项目	商品购进总额		统一配送商品购进额		自有配送中心配送商品购进额	
	2007年	2006年	2007年	2006年	2007年	2006年
全国	**1500**	**605**				
北京						
天津						
河北						
山西	1500	605				
内蒙古						
辽宁						
吉林						
黑龙江						
上海						
江苏						
浙江						
安徽						
福建						
江西						
山东						
河南						
湖北						
湖南						
广东						
广西						
海南						
重庆						
四川						
贵州						
云南						
西藏						
陕西						
甘肃						
青海						
宁夏						
新疆						

单位:万元

非自有配送中心配送商品购进额		营业收入		餐费收入及商品销售额	
2007年	2006年	2007年	2006年	2007年	2006年
		2560	**1043**	**2560**	**1043**
		2560	1043	2560	1043

4—11 续表 8

港澳台商投资企业

项　目	商品购进总额		统一配送商品购进额		自有配送中心配送商品购进额	
	2007 年	2006 年	2007 年	2006 年	2007 年	2006 年
全　国	**162143**	**155134**	**126189**	**124452**	**36344**	**29344**
北　京	35170	28249	14505	10523		
天　津	1081	963				
河　北						
山　西						
内蒙古						
辽　宁	2774	1700	2774	1700	2400	1500
吉　林						
黑龙江						
上　海	49727	60087	49260	59887		
江　苏	529	216	529	216		
浙　江						
安　徽						
福　建	17958	17922	17205	17254		
江　西						
山　东						
河　南	5995	5592	5995	5592		
湖　北						
湖　南						
广　东	37192	30719	34084	27889	32107	26452
广　西						
海　南						
重　庆	424	524				
四　川						
贵　州						
云　南	1838	1392	1838	1392	1838	1392
西　藏						
陕　西	9456	7769				
甘　肃						
青　海						
宁　夏						
新　疆						

单位:万元

非自有配送中心配送商品购进额		营业收入		餐费收入及商品销售额	
2007年	2006年	2007年	2006年	2007年	2006年
74517	**83906**	**459727**	**372820**	**459727**	**372820**
	87081	62516	87081	62516	
	2571	2369	2571	2369	
374	200	6431	3965	6431	3965
49260	59887	184659	156818	184659	156818
	1080	450	1080	450	
16911	16791	41029	34392	41029	34392
5995	5592	14647	12110	14647	12110
1977	1437	94904	75549	94904	75549
	1343	2029	1343	2029	
	5119	4948	5119	4948	
	20865	17674	20865	17674	

4—11 续表9

外商投资企业

项目	商品购进总额		统一配送商品购进额		自有配送中心配送商品购进额	
	2007年	2006年	2007年	2006年	2007年	2006年
全国	**1104719**	**883525**	**1046167**	**827670**	**701426**	**558687**
北京	199869	155473	186609	143601	77720	59334
天津	63506	48457	63069	48079	47251	35048
河北						
山西	12877	9660	12877	9660	12877	9660
内蒙古	63125	60000	41031	39000	26670	25350
辽宁	94566	79675	76566	60675	19126	17051
吉林						
黑龙江	2597	2300	2597	2300	2597	2300
上海	77216	85933	77216	85933	40829	32896
江苏	91209	65385	91209	65385	30912	44472
浙江	60783	69281	60696	68829	60086	67147
安徽	4791	4338	4791	4338		
福建	15066	10969	14329	10079	14261	10054
江西	9061	6897	9061	6897		
山东	123687	76954	123687	76954	123687	76954
河南	21425	12644	19838	11850	19838	11850
湖北	883	763	883	763	883	763
湖南	24794	19676	24794	19676	24794	19676
广东	183256	127945	180906	126477	168125	117179
广西	12017	7891	12017	7891		
海南						
重庆	3912	2968	3912	2968	800	699
四川	28984	25511	28984	25511	19874	17449
贵州						
云南	6526	5106	6526	5106	6526	5106
西藏						
陕西						
甘肃						
青海						
宁夏						
新疆	4569	5700	4569	5700	4569	5700

单位:万元

非自有配送中心配送商品购进额		营业收入		餐费收入及商品销售额	
2007 年	2006 年	2007 年	2006 年	2007 年	2006 年
147004	**117396**	**2867749**	**2268220**	**2867105**	**2267995**
12216	9869	472364	388114	472364	387889
	181629	140524	181629	140524	
	36250	28014	36250	28014	
14361	13650	109467	104048	109467	104048
	226183	183573	226183	183573	
	5987	5704	5987	5704	
36387	53038	249951	205266	249951	205266
60215	20893	282246	218694	282246	218694
349	326	253146	203950	252509	203950
4791	4338	12130	10073	12130	10073
20	25	71292	57132	71292	57132
9061	6897	25241	19734	25241	19734
	124189	90006	124189	90006	
	23245	13977	23245	13977	
	104805	89019	104797	89019	
	66328	52904	66328	52904	
496	299	482119	355586	482119	355586
	31133	18104	31133	18104	
	16455	14333	16455	14333	
9109	8062	63352	48636	63352	48636
	17653	13704	17653	13704	
	12587	7125	12587	7125	

4—12 按登记注册类型分各地区

内资企业

项　目	商品购进总额		统一配送商品购进额		自有配送中心配送商品购进额	
	2007 年	2006 年	2007 年	2006 年	2007 年	2006 年
全　国	**646894**	**609214**	**163729**	**149435**	**120844**	**108983**
北　京	34472	27140	910	820	910	820
天　津	10859	10870				
河　北	480	292				
山　西	2163	1912				
内蒙古	197579	182481	19213	19213		
辽　宁						
吉　林						
黑龙江	887	762	740	521	740	521
上　海						
江　苏	1196	5442	990	3993	815	2106
浙　江	19822	15093	7272	5550	6671	4965
安　徽	3745	5137	431	1949	431	802
福　建	3017	3154	2105	2057	1454	980
江　西	1083	971	130	11	4	
山　东	8149	9038	7357	696	306	696
河　南	766	714	99	100	99	100
湖　北						
湖　南						
广　东	3279	3296				
广　西						
海　南						
重　庆	353463	337633	120859	130642	87373	95607
四　川	2901	2882	1645	1622	1645	1622
贵　州						
云　南	2247	1566	1486	1006	1077	636
西　藏						
陕　西						
甘　肃	402	490	106	129	106	129
青　海						
宁　夏	386	341	386	341		
新　疆						

连锁餐饮企业加盟门店经营情况

单位:万元

非自有配送中心配送商品购进额		营业收入		餐费收入及商品销售额	
2007 年	2006 年	2007 年	2006 年	2007 年	2006 年
18490	**15501**	**1390117**	**1251315**	**1389976**	**1251175**
	80766	62006	80766	62006	
	16803	16811	16803	16811	
	1200	760	1200	760	
	3687	3297	3687	3297	
	443542	405847	443542	405847	
	1810	1854	1810	1854	
147	1863	9755	9591	9755	9591
602	586	40941	33645	40941	33645
	9187	9607	9187	9607	
651	621	34555	31611	34555	31611
126	11	2193	1956	2193	1956
7051	21763	21037	21763	21037	
	966	950	966	950	
	22736	20751	22736	20751	
	10595	9463	10595	9463	
9528	12080	569474	534259	569332	534119
	11866	11220	11866	11220	
	3881	3668	3881	3668	
	102960	71280	102960	71280	
	750	1083	750	1083	
386	341	689	620	689	620

4—12 续表1

国有企业

项目	商品购进总额		统一配送商品购进额		自有配送中心配送商品购进额	
	2007年	2006年	2007年	2006年	2007年	2006年
全国	**1581**	**1895**				
北京						
天津						
河北						
山西						
内蒙古						
辽宁						
吉林						
黑龙江						
上海						
江苏						
浙江						
安徽						
福建						
江西						
山东						
河南						
湖北						
湖南						
广东	1581	1895				
广西						
海南						
重庆						
四川						
贵州						
云南						
西藏						
陕西						
甘肃						
青海						
宁夏						
新疆						

单位:万元

非自有配送中心配送商品购进额		营业收入		餐费收入及商品销售额	
2007年	2006年	2007年	2006年	2007年	2006年
		2887	**3567**	**2887**	**3567**
		2887	3567	2887	3567

4—12 续表 2

集体企业

项目	商品购进总额		统一配送商品购进额		自有配送中心配送商品购进额	
	2007 年	2006 年	2007 年	2006 年	2007 年	2006 年
全国	**40**	**40**				
北京						
天津						
河北						
山西						
内蒙古						
辽宁						
吉林						
黑龙江						
上海						
江苏						
浙江						
安徽						
福建						
江西						
山东						
河南	40	40				
湖北						
湖南						
广东						
广西						
海南						
重庆						
四川						
贵州						
云南						
西藏						
陕西						
甘肃						
青海						
宁夏						
新疆						

单位:万元

非自有配送中心配送商品购进额		营业收入		餐费收入及商品销售额	
2007年	2006年	2007年	2006年	2007年	2006年
		50	**60**	**50**	**60**
		50	60	50	60

4—12 续表3

股份合作企业

项 目	商品购进总额		统一配送商品购进额		自有配送中心配送商品购进额	
	2007年	2006年	2007年	2006年	2007年	2006年
全 国	**773**	**1533**	**585**	**657**	**585**	**657**
北 京	188	876				
天 津						
河 北						
山 西						
内蒙古						
辽 宁						
吉 林						
黑龙江						
上 海						
江 苏						
浙 江						
安 徽						
福 建						
江 西						
山 东						
河 南						
湖 北						
湖 南						
广 东						
广 西						
海 南						
重 庆						
四 川	585	657	585	657	585	657
贵 州						
云 南						
西 藏						
陕 西						
甘 肃						
青 海						
宁 夏						
新 疆						

单位:万元

非自有配送中心配送商品购进额		营业收入		餐费收入及商品销售额	
2007年	2006年	2007年	2006年	2007年	2006年
		3105	**2508**	**3105**	**2508**
		2004	1289	2004	1289
		1101	1219	1101	1219

4—12 续表 4

有限责任公司

项　目	商品购进总额		统一配送商品购进额		自有配送中心配送商品购进额	
	2007 年	2006 年	2007 年	2006 年	2007 年	2006 年
全　国	**146390**	**141748**	**69398**	**68998**	**44906**	**44060**
北　京	3098	210				
天　津	10256	10370				
河　北						
山　西						
内蒙古						
辽　宁						
吉　林						
黑龙江						
上　海						
江　苏	250	245	250	245	250	245
浙　江						
安　徽	102	1284	102	1284	102	137
福　建	456	456				
江　西	130	11	130	11	4	
山　东						
河　南						
湖　北						
湖　南						
广　东						
广　西						
海　南						
重　庆	130700	127531	67960	66199	44002	43244
四　川						
贵　州						
云　南	1453	1152	851	675	443	305
西　藏						
陕　西						
甘　肃	402	490	106	129	106	129
青　海						
宁　夏						
新　疆						

单位:万元

非自有配送中心配送商品购进额		营业收入		餐费收入及商品销售额	
2007 年	2006 年	2007 年	2006 年	2007 年	2006 年
126	**11**	**251931**	**244500**	**251931**	**244500**
	6247	420	6247	420	
	15761	15834	15761	15834	
	500	490	500	490	
	2969	2870	2969	2870	
	911	911			
126	11	300	20	300	20
	7165	7174	7165	7174	
	215525	212721	215525	212721	
	2714	2978	2714	2978	
	750	1083	750	1083	

4—12 续表5

股份有限公司

项目	商品购进总额		统一配送商品购进额		自有配送中心配送商品购进额	
	2007年	2006年	2007年	2006年	2007年	2006年
全国	**35500**	**29127**	**5764**	**4228**	**5764**	**4228**
北京	29588	24657				
天津						
河北						
山西						
内蒙古						
辽宁						
吉林						
黑龙江	887	762	740	521	740	521
上海						
江苏						
浙江	5024	3708	5024	3708	5024	3708
安徽						
福建						
江西						
山东						
河南						
湖北						
湖南						
广东						
广西						
海南						
重庆						
四川						
贵州						
云南						
西藏						
陕西						
甘肃						
青海						
宁夏						
新疆						

单位:万元

非自有配送中心配送商品购进额		营业收入		餐费收入及商品销售额	
2007年	2006年	2007年	2006年	2007年	2006年
		73456	**61040**	**73456**	**61040**
		65120	54515	65120	54515
		1810	1854	1810	1854
		6525	4672	6525	4672

4—12 续表6

私营企业

项目	商品购进总额		统一配送商品购进额		自有配送中心配送商品购进额	
	2007年	2006年	2007年	2006年	2007年	2006年
全国	**460447**	**432960**	**87982**	**75553**	**69589**	**60038**
北京	1597	1397	910	820	910	820
天津	603	500				
河北	480	292				
山西						
内蒙古	197579	182481	19213	19213		
辽宁						
吉林						
黑龙江						
上海						
江苏	946	5197	740	3748	565	1861
浙江	14798	11386	2248	1843	1647	1257
安徽	3644	3853	329	665	329	665
福建	3017	2698	2105	1601	1454	980
江西	953	960				
山东	8149	9038	7357	696	306	696
河南	726	674	99	100	99	100
湖北						
湖南						
广东	1698	1401				
广西						
海南						
重庆	222763	210102	52899	64444	43371	52364
四川	2316	2226	1060	965	1060	965
贵州						
云南	794	414	635	331	635	331
西藏						
陕西						
甘肃						
青海						
宁夏	386	341	386	341		
新疆						

单位:万元

非自有配送中心配送商品购进额		营业收入		餐费收入及商品销售额	
2007 年	2006 年	2007 年	2006 年	2007 年	2006 年
18364	**15491**	**1055002**	**936343**	**1054861**	**936202**
	7396	5783	7396	5783	
	1042	977	1042	977	
	1200	760	1200	760	
	443542	405847	443542	405847	
147	1863	9255	9101	9255	9101
602	586	34415	28974	34415	28974
	6218	6737	6218	6737	
651	621	34555	30700	34555	30700
	1893	1936	1893	1936	
7051	21763	21037	21763	21037	
	916	890	916	890	
	15570	13577	15570	13577	
	7708	5896	7708	5896	
9528	12080	353949	321538	353807	321398
	10764	10001	10764	10001	
	1167	690	1167	690	
	102960	71280	102960	71280	
386	341	689	620	689	620

4—12 续表7

其他企业

项 目	商品购进总额		统一配送商品购进额		自有配送中心配送商品购进额	
	2007年	2006年	2007年	2006年	2007年	2006年
全 国	**2163**	**1912**				
北 京						
天 津						
河 北						
山 西	2163	1912				
内蒙古						
辽 宁						
吉 林						
黑龙江						
上 海						
江 苏						
浙 江						
安 徽						
福 建						
江 西						
山 东						
河 南						
湖 北						
湖 南						
广 东						
广 西						
海 南						
重 庆						
四 川						
贵 州						
云 南						
西 藏						
陕 西						
甘 肃						
青 海						
宁 夏						
新 疆						

单位:万元

非自有配送中心配送商品购进额		营业收入		餐费收入及商品销售额	
2007年	2006年	2007年	2006年	2007年	2006年
		3687	**3297**	**3687**	**3297**
		3687	3297	3687	3297

4—12 续表8

港澳台商投资企业

项目	商品购进总额		统一配送商品购进额		自有配送中心配送商品购进额	
	2007年	2006年	2007年	2006年	2007年	2006年
全国	**7352**	**4952**	**7176**	**4656**	**4307**	**3003**
北京	149	284				
天津						
河北						
山西						
内蒙古						
辽宁						
吉林						
黑龙江						
上海	162	80	135	68		
江苏	2734	1584	2734	1584		
浙江						
安徽						
福建						
江西						
山东						
河南						
湖北						
湖南						
广东						
广西						
海南						
重庆						
四川						
贵州						
云南	4307	3003	4307	3003	4307	3003
西藏						
陕西						
甘肃						
青海						
宁夏						
新疆						

单位:万元

非自有配送中心配送商品购进额		营业收入		餐费收入及商品销售额	
2007年	2006年	2007年	2006年	2007年	2006年
135	**68**	**26531**	**14194**	**26531**	**14194**
598	497	598	497		
135	68	373	147	373	147
	5580	3300	5580	3300	
	19979	10250	19979	10250	

4—12 续表9

外商投资企业

项目	商品购进总额		统一配送商品购进额		自有配送中心配送商品购进额	
	2007年	2006年	2007年	2006年	2007年	2006年
全国	**269210**	**400921**	**94481**	**192456**	**62381**	**126134**
北京	7265	6337	7146	6199	6997	6012
天津	160	150				
河北						
山西						
内蒙古	111189	270400	72273	175760	46977	114244
辽宁	2000					
吉林						
黑龙江						
上海	527	527	527			
江苏						
浙江	4051	1391	3298	1113	1040	278
安徽						
福建						
江西						
山东						
河南	6804	4195				
湖北						
湖南						
广东	7470	6100	7470	6100	6840	5600
广西						
海南						
重庆	125976	109064				
四川	3767	3284	3767	3284		
贵州						
云南						
西藏						
陕西						
甘肃						
青海						
宁夏						
新疆						

单位:万元

非自有配送中心配送商品购进额		营业收入		餐费收入及商品销售额	
2007年	2006年	2007年	2006年	2007年	2006年
29173	**64968**	**450114**	**674381**	**450114**	**674381**
110	168	13724	10397	13724	10397
	16343	10623	16343	10623	
25295	61516	193656	470952	193656	470952
	1189	1189			
	1797	1797			
	10167	2520	10167	2520	
	21263	13982	21263	13982	
	11300	9400	11300	9400	
	169912	147124	169912	147124	
3767	3284	10764	9384	10764	9384

4—13　按行业分各地区连锁餐饮企业基本情况

正餐服务

项　目	连锁总店数（个）	门店数（个）		年末从业人员（人）		年末营业面积（平方米）		年末餐位数（个）	
	2007 年	2007 年	2006 年	2007 年	2006 年	2007 年	2006 年	2007 年	2006 年
全　国	**209**	**5093**	**5040**	**350342**	**333710**	**4145662**	**3975063**	**2026225**	**2462000**
北　京	46	553	474	38010	30908	625873	493087	159972	140000
天　津	2	12	12	716	775	15600	15200	6700	6600
河　北	3	17	15	2108	1925	46180	36180	6180	5380
山　西	5	26	29	3054	3785	34840	37400	13077	14039
内蒙古	6	1052	1359	88363	108791	576601	652660	611635	1094205
辽　宁									
吉　林	2	11	11	700	650	18500	18500	2080	2080
黑龙江	2	15	12	762	602	7746	4134	4140	2563
上　海	1	10	9	1374	1441	51650	52600	6760	6510
江　苏	4	15	17	407	481	12508	12558	4210	4548
浙　江	13	105	102	6733	6912	131220	122057	30222	29455
安　徽	5	77	71	5375	5421	159602	148535	21166	19136
福　建	6	113	102	3578	2136	14769	14019	4778	4217
江　西	4	16	16	2003	1883	30850	29550	7937	9127
山　东	13	160	156	7581	7106	203950	179870	110913	109048
河　南	15	70	65	1482	1373	40560	33660	13287	12431
湖　北	17	93	90	12725	11792	194796	163913	55254	50085
湖　南	1	6	6	609	600	10500	10500	2349	2349
广　东	31	266	230	15955	16234	230768	259362	221219	224047
广　西									
海　南	1	2	2	210	230	1500	1500	850	850
重　庆	12	2050	1910	134355	110842	1489227	1472300	648397	650027
四　川	3	16	17	914	951	11765	13377	4212	3976
贵　州	2	16	16	1347	1456	40139	32670	4569	5157
云　南	3	51	58	1550	1926	25029	29879	12509	13769
西　藏									
陕　西	4	305	219	18372	13295	143942	109997	66349	44890
甘　肃	3	20	25	1114	1262	10200	11248	3055	3441
青　海	1	3	4	160	220	3000	6500	300	500
宁　夏	1	6	6	258	240	4000	3460	2200	1800
新　疆	3	7	7	527	473	10347	10347	1905	1770

4—13 续表1

快餐服务

项 目	连锁总店数（个）	门店数（个）		年末从业人员（人）		年末营业面积（平方米）		年末餐位数（个）	
	2007年	2007年	2006年	2007年	2006年	2007年	2006年	2007年	2006年
全 国	**123**	**5474**	**4965**	**246097**	**218529**	**1764857**	**1520988**	**647416**	**562510**
北 京	22	798	723	27307	24031	231306	208351	84171	78422
天 津	9	291	269	11450	9554	250346	214470	40965	37566
河 北									
山 西	1	32	27	1316	1069	6762	5552	2369	1919
内蒙古									
辽 宁	5	282	247	14172	12441	63526	57638	23206	22223
吉 林									
黑龙江	1	9	8	716	900	4154	3705	2059	1911
上 海	8	592	511	40983	37367	195838	167207	88397	77406
江 苏	11	620	715	24470	21432	157899	133673	53576	47320
浙 江	5	310	259	18251	14328	123830	105814	45123	39368
安 徽	2	32	23	1249	1102	10058	8158	3929	3269
福 建	8	422	394	11789	10382	119768	108491	57743	48440
江 西	3	35	29	2077	1805	14502	11655	5296	4531
山 东	7	297	231	10434	8473	60157	54821	21065	16981
河 南	6	430	402	4373	3053	37611	31510	17772	15354
湖 北	4	128	110	12990	11973	59747	52554	21079	12273
湖 南	2	44	42	2018	1956	20376	18495	7791	7344
广 东	11	728	599	42940	42344	259904	213802	105386	87371
广 西	2	42	36	2310	1732	15417	12790	5563	4989
海 南									
重 庆	3	38	41	1821	1517	11819	13009	4774	5228
四 川	3	160	137	10050	8207	53692	45570	29855	27242
贵 州									
云 南	5	114	97	3262	2847	44235	31595	18008	14456
西 藏									
陕 西	1	33	29	1352	1000	12300	10000	4879	4000
甘 肃									
青 海	1	8	7	83	63	360	310	510	460
宁 夏									
新 疆	3	29	29	684	953	11250	11818	3900	4437

4—13 续表2

饮料及冷饮服务

项 目	连锁总店数（个）	门店数（个）		年末从业人员（人）		年末营业面积（平方米）		年末餐位数（个）	
	2007年	2007年	2006年	2007年	2006年	2007年	2006年	2007年	2006年
全 国	**10**	**516**	**375**	**14395**	**9483**	**221761**	**126864**	**75675**	**43621**
北 京	2	76	65	1182	952	13106	10916	4386	3806
天 津									
河 北									
山 西									
内蒙古									
辽 宁									
吉 林									
黑龙江									
上 海	1	130	100	1535	1243	18919	15244	8350	6504
江 苏	1	37	25	1110	750	4995	3375	1110	750
浙 江	2	223	156	9958	6135	176981	92581	59016	31016
安 徽									
福 建									
江 西									
山 东									
河 南	1	2	2	40	40	400	400	129	129
湖 北									
湖 南									
广 东	3	48	27	570	363	7360	4348	2684	1416
广 西									
海 南									
重 庆									
四 川									
贵 州									
云 南									
西 藏									
陕 西									
甘 肃									
青 海									
宁 夏									
新 疆									

4—13 续表 3

其他餐饮服务

项目	连锁总店数（个）	门店数（个）		年末从业人员（人）		年末营业面积（平方米）		年末餐位数（个）	
	2007 年	2007 年	2006 年	2007 年	2006 年	2007 年	2006 年	2007 年	2006 年
全国	**16**	**1660**	**1501**	**14697**	**11162**	**160198**	**96962**	**51166**	**36815**
北京	3	75	67	387	350	1915	1560	233	196
天津	2	625	607	1945	1943	16817	16377	330	330
河北									
山西									
内蒙古									
辽宁									
吉林									
黑龙江									
上海									
江苏	5	597	515	7750	4881	99933	40811	30134	16670
浙江	2	117	84	1131	767	13657	13051	6103	5760
安徽									
福建									
江西									
山东									
河南	1	2	123	2000	100				
湖北									
湖南									
广东	2	221	206	701	571	1376	1163	3466	3359
广西									
海南									
重庆									
四川	1	23	22	2660	2650	24500	24000	10800	10500
贵州									
云南									
西藏									
陕西									
甘肃									
青海									
宁夏									
新疆									

4－14　按行业分各地区连锁餐饮企业直营门店基本情况

正餐服务

项　目	门店数（个）		年末从业人员（人）		年末营业面积（平方米）		年末餐位数（个）	
	2007年	2006年	2007年	2006年	2007年	2006年	2007年	2006年
全　国	**1581**	**1516**	**124104**	**115829**	**1840316**	**1746226**	**754211**	**803924**
北　京	415	350	29012	23327	405371	339525	124309	111858
天　津	8	8	520	561	11200	11200	4300	4300
河　北	12	12	1608	1625	26180	26180	4380	4380
山　西	19	21	2464	3125	29100	31400	9537	10439
内蒙古	150	215	23234	22152	148431	136896	104788	152149
辽　宁								
吉　林	11	11	700	650	18500	18500	2080	2080
黑龙江	12	8	619	363	6695	2327	3353	1736
上　海	10	9	1374	1441	51650	52600	6760	6510
江　苏	15	17	407	481	12508	12558	4210	4548
浙　江	104	101	6687	6867	130520	121357	29622	28855
安　徽	65	58	4295	4103	122000	113790	16700	14800
福　建	113	102	3578	2136	14769	14019	4778	4217
江　西	15	15	1803	1663	24850	23550	7077	8267
山　东	60	57	3290	3009	158620	137570	97233	96258
河　南	49	46	1345	1224	35510	28510	11511	10655
湖　北	70	66	9067	8183	158896	131973	43393	40730
湖　南	6	6	609	600	10500	10500	2349	2349
广　东	223	197	13637	14398	197193	231476	215851	217955
广　西								
海　南	2	2	210	230	1500	1500	850	850
重　庆	136	127	14475	13969	165686	192564	42755	62087
四　川	4	5	437	477	4700	6000	1118	862
贵　州	16	16	1347	1456	40139	32670	4569	5157
云　南	24	24	452	764	12929	12729	4533	4733
西　藏								
陕　西	20	19	1272	1295	29942	29997	3079	2938
甘　肃	11	12	925	987	8580	8988	2371	2441
青　海	3	4	160	220	3000	6500	300	500
宁　夏	1	1	50	50	1000	1000	500	500
新　疆	7	7	527	473	10347	10347	1905	1770

4—14 续表1

快餐服务

项目	门店数(个)		年末从业人员(人)		年末营业面积(平方米)		年末餐位数(个)	
	2007年	2006年	2007年	2006年	2007年	2006年	2007年	2006年
全国	**4769**	**4362**	**232778**	**207812**	**1594837**	**1378249**	**563424**	**494082**
北京	755	685	26482	23325	214104	195438	81407	75439
天津	237	224	11016	9192	235106	201750	33445	31306
河北								
山西	32	27	1316	1069	6762	5552	2369	1919
内蒙古								
辽宁	281	247	14082	12441	63076	57638	23006	22223
吉林								
黑龙江	9	8	716	900	4154	3705	2059	1911
上海	586	509	40770	37330	193708	166197	87581	77114
江苏	608	706	24223	21174	155399	131173	52796	46540
浙江	269	241	17439	14058	113345	101854	40137	36668
安徽	31	22	1219	1082	9858	7958	3879	3219
福建	163	146	6910	5997	54061	45095	24935	21452
江西	34	28	2062	1789	14020	11317	5176	4375
山东	278	219	10064	8223	57757	53421	21065	16981
河南	318	305	2724	1864	24072	20698	9749	8640
湖北	128	110	12990	11973	59747	52554	21079	12273
湖南	44	42	2018	1956	20376	18495	7791	7344
广东	715	588	42069	41614	255242	209840	103475	85760
广西	42	36	2310	1732	15417	12790	5563	4989
海南								
重庆	38	41	1821	1517	11819	13009	4774	5228
四川	82	69	8646	6983	37039	31052	15971	15138
贵州								
云南	49	44	1782	1577	25865	16585	7878	6666
西藏								
陕西	33	29	1352	1000	12300	10000	4879	4000
甘肃								
青海	8	7	83	63	360	310	510	460
宁夏								
新疆	29	29	684	953	11250	11818	3900	4437

4—14 续表 2

饮料及冷饮服务

项 目	门店数（个）		年末从业人员（人）		年末营业面积（平方米）		年末餐位数（个）	
	2007 年	2006 年	2007 年	2006 年	2007 年	2006 年	2007 年	2006 年
全 国	**287**	**203**	**4555**	**2823**	**59176**	**33894**	**22045**	**12961**
北 京	76	65	1182	952	13106	10916	4386	3806
天 津								
河 北								
山 西								
内蒙古								
辽 宁								
吉 林								
黑龙江								
上 海	130	100	1535	1243	18919	15244	8350	6504
江 苏	6	3	180	90	810	405	180	90
浙 江	25	6	1048	135	18581	2581	6316	1016
安 徽								
福 建								
江 西								
山 东								
河 南	2	2	40	40	400	400	129	129
湖 北								
湖 南								
广 东	48	27	570	363	7360	4348	2684	1416
广 西								
海 南								
重 庆								
四 川								
贵 州								
云 南								
西 藏								
陕 西								
甘 肃								
青 海								
宁 夏								
新 疆								

4—14 续表3

其他餐饮服务

项目	门店数（个）		年末从业人员（人）		年末营业面积（平方米）		年末餐位数（个）	
	2007年	2006年	2007年	2006年	2007年	2006年	2007年	2006年
全国	**965**	**837**	**9946**	**6910**	**125716**	**66319**	**37404**	**23235**
北京	75	67	387	350	1915	1560	233	196
天津	43	42	624	658	9228	9208	330	330
河北								
山西								
内蒙古								
辽宁								
吉林								
黑龙江								
上海								
江苏	539	464	6980	4394	95412	36870	26359	12690
浙江	79	52	781	537	9285	10518	4116	3660
安徽								
福建								
江西								
山东								
河南	2	123	2000	100				
湖北								
湖南								
广东	221	206	701	571	1376	1163	3466	3359
广西								
海南								
重庆								
四川	6	6	350	400	6500	7000	2800	3000
贵州								
云南								
西藏								
陕西								
甘肃								
青海								
宁夏								
新疆								

4－15 按行业分各地区连锁餐饮企业加盟门店基本情况

正餐服务

项 目	门店数（个）		年末从业人员（人）		年末营业面积（平方米）		年末餐位数（个）	
	2007 年	2006 年	2007 年	2006 年	2007 年	2006 年	2007 年	2006 年
全 国	**3512**	**3524**	**226238**	**217881**	**2305346**	**2228837**	**1272014**	**1658076**
北 京	138	124	8998	7581	220502	153562	35663	28142
天 津	4	4	196	214	4400	4000	2400	2300
河 北	5	3	500	300	20000	10000	1800	1000
山 西	7	8	590	660	5740	6000	3540	3600
内蒙古	902	1144	65129	86639	428170	515764	506847	942056
辽 宁								
吉 林								
黑龙江	3	4	143	239	1051	1807	787	827
上 海								
江 苏								
浙 江	1	1	46	45	700	700	600	600
安 徽	12	13	1080	1318	37602	34745	4466	4336
福 建								
江 西	1	1	200	220	6000	6000	860	860
山 东	100	99	4291	4097	45330	42300	13680	12790
河 南	21	19	137	149	5050	5150	1776	1776
湖 北	23	24	3658	3609	35900	31940	11861	9355
湖 南								
广 东	43	33	2318	1836	33575	27886	5368	6092
广 西								
海 南								
重 庆	1914	1783	119880	96873	1323541	1279736	605642	587940
四 川	12	12	477	474	7065	7377	3094	3114
贵 州								
云 南	27	34	1098	1162	12100	17150	7976	9036
西 藏								
陕 西	285	200	17100	12000	114000	80000	63270	41952
甘 肃	9	13	189	275	1620	2260	684	1000
青 海								
宁 夏	5	5	208	190	3000	2460	1700	1300
新 疆								

4—14 续表1

快餐服务

项目	门店数（个）		年末从业人员（人）		年末营业面积（平方米）		年末餐位数（个）	
	2007年	2006年	2007年	2006年	2007年	2006年	2007年	2006年
全国	**705**	**603**	**13319**	**10717**	**170020**	**142739**	**83992**	**68428**
北京	43	38	825	706	17202	12913	2764	2983
天津	54	45	434	362	15240	12720	7520	6260
河北								
山西								
内蒙古								
辽宁	1	90	450	200				
吉林								
黑龙江								
上海	6	2	213	37	2130	1010	816	292
江苏	12	9	247	258	2500	2500	780	780
浙江	41	18	812	270	10485	3960	4986	2700
安徽	1	1	30	20	200	200	50	50
福建	259	248	4879	4385	65707	63396	32808	26988
江西	1	1	15	16	482	338	120	156
山东	19	12	370	250	2400	1400		
河南	112	97	1649	1189	13539	10812	8023	6714
湖北								
湖南								
广东	13	11	871	730	4662	3962	1911	1611
广西								
海南								
重庆								
四川	78	68	1404	1224	16653	14518	13884	12104
贵州								
云南	65	53	1480	1270	18370	15010	10130	7790
西藏								
陕西								
甘肃								
青海								
宁夏								
新疆								

4—15 续表 2

饮料及冷饮服务

项　目	门店数（个）		年末从业人员（人）		年末营业面积（平方米）		年末餐位数（个）	
	2007 年	2006 年	2007 年	2006 年	2007 年	2006 年	2007 年	2006 年
全　国	**229**	**172**	**9840**	**6660**	**162585**	**92970**	**53630**	**30660**
北　京								
天　津								
河　北								
山　西								
内蒙古								
辽　宁								
吉　林								
黑龙江								
上　海								
江　苏	31	22	930	660	4185	2970	930	660
浙　江	198	150	8910	6000	158400	90000	52700	30000
安　徽								
福　建								
江　西								
山　东								
河　南								
湖　北								
湖　南								
广　东								
广　西								
海　南								
重　庆								
四　川								
贵　州								
云　南								
西　藏								
陕　西								
甘　肃								
青　海								
宁　夏								
新　疆								

4—15 续表 3

其他餐饮服务

项 目	门店数（个）		年末从业人员（人）		年末营业面积（平方米）		年末餐位数（个）	
	2007 年	2006 年	2007 年	2006 年	2007 年	2006 年	2007 年	2006 年
全 国	**695**	**664**	**4751**	**4252**	**34482**	**30643**	**13762**	**13580**
北 京								
天 津	582	565	1321	1285	7589	7169		
河 北								
山 西								
内蒙古								
辽 宁								
吉 林								
黑龙江								
上 海								
江 苏	58	51	770	487	4521	3941	3775	3980
浙 江	38	32	350	230	4372	2533	1987	2100
安 徽								
福 建								
江 西								
山 东								
河 南								
湖 北								
湖 南								
广 东								
广 西								
海 南								
重 庆								
四 川	17	16	2310	2250	18000	17000	8000	7500
贵 州								
云 南								
西 藏								
陕 西								
甘 肃								
青 海								
宁 夏								
新 疆								

4—16 按行业分各地区连锁

正餐服务

项 目	商品购进总额		统一配送商品购进额		自有配送中心配送商品购进额	
	2007 年	2006 年	2007 年	2006 年	2007 年	2006 年
全 国	**1431008**	**1451408**	**470137**	**526149**	**291150**	**337167**
北 京	202481	168133	73819	56152	19660	14894
天 津	2216	1967				
河 北	2396	2081	144	144	144	144
山 西	8219	8763	4556	6246	4556	6246
内 蒙 古	396536	533453	147203	226908	106135	150455
辽 宁						
吉 林	2233	2042	2233	2042	1104	1042
黑 龙 江	3023	2403	2549	2055	2549	2055
上 海	7219	8248				
江 苏	3689	3841	3431	3471	3166	3199
浙 江	54319	47013	38071	33919	16469	14810
安 徽	15116	14723	4814	7183	3692	5092
福 建	5000	4079	1764	1043	278	372
江 西	9960	10480	2756	3328	2756	3328
山 东	20879	19932	15982	7135	7218	6906
河 南	6053	5716	1063	1087	1063	1087
湖 北	111	100	111	100	111	100
湖 南	2636	2006	2636	2006	2636	2006
广 东	91118	84126	17042	15744	13966	13156
广 西						
海 南	1296	1602				
重 庆	566248	505187	138392	147346	96428	105148
四 川	4012	3956	2639	2583	2031	2003
贵 州	10446	9862				
云 南	6437	2752	5303	2752	4392	2752
西 藏						
陕 西	1329	1335	67	73	67	73
甘 肃	4216	4222	1741	1445	1741	1445
青 海	990	838	990	838		
宁 夏	871	771	871	771		
新 疆	1961	1780	1961	1780	986	856

餐饮企业经营情况

单位:万元

非自有配送中心配送商品购进额		营业收入		餐费收入及商品销售额	
2007年	2006年	2007年	2006年	2007年	2006年
87536	**112977**	**2902022**	**2869385**	**2896731**	**2865003**
3801	3331	460965	382736	460867	382422
		3625	3363	3556	3318
		8148	6599	8148	6599
		21881	18557	21881	18557
39656	75166	776991	1008690	776991	1008690
1129	1000	4232	3905	4232	3905
		6102	4843	6102	4843
		22684	22627	22684	22627
158	270	6343	6543	6343	6543
15512	13393	94808	81865	94592	81695
		31388	29016	31384	29016
		8624	7050	8624	7050
		17212	17138	17212	17138
8764	229	61038	65751	59077	64463
		10528	9085	10528	9085
		120347	98803	118429	97272
		5613	4012	5613	4012
3076	2589	198710	193206	197850	192324
		2168	2756	2168	2756
13594	15306	873950	771042	873785	770890
		7105	6876	7105	6876
		16285	15552	16285	15552
		10900	10289	10900	10289
		114770	82337	114770	82337
		8826	9232	8826	9232
		1797	1468	1797	1468
871	771	1524	1374	1524	1374
975	924	5459	4670	5459	4670

4—16 续表 1

快餐服务

项 目	商品购进总额		统一配送商品购进额		自有配送中心配送商品购进额	
	2007 年	2006 年	2007 年	2006 年	2007 年	2006 年
全 国	**1218686**	**973875**	**1160897**	**924487**	**772326**	**615310**
北 京	188685	149424	180688	141206	93298	72893
天 津	67413	52182	65422	50388	49604	37357
河 北						
山 西	12877	9660	12877	9660	12877	9660
内 蒙 古						
辽 宁	99340	81375	79340	62375	21526	18551
吉 林						
黑 龙 江	2597	2300	2597	2300	2597	2300
上 海	130196	129883	129577	129546	48803	39793
江 苏	112155	85847	110211	84035	48289	61550
浙 江	65560	71445	64720	70714	61976	68251
安 徽	4995	4438	4995	4438	204	100
福 建	36743	31978	34824	30698	16193	11306
江 西	10822	7899	10141	7478	33	8
山 东	125172	78055	125019	77945	124005	77403
河 南	34703	22887	25833	17442	19838	11850
湖 北	883	763	883	763	883	763
湖 南	24794	19676	24794	19676	24794	19676
广 东	221982	159342	219494	157645	206083	147847
广 西	12017	7891	12017	7891		
海 南						
重 庆	4349	3996	3925	3472	800	699
四 川	32751	28795	32751	28795	19874	17449
贵 州						
云 南	14712	10742	14303	10494	14303	10494
西 藏						
陕 西	9456	7769				
甘 肃						
青 海	140	169	140	169		
宁 夏						
新 疆	6345	7360	6345	7360	6345	7360

单位:万元

非自有配送中心配送商品购进额		营业收入		餐费收入及商品销售额	
2007 年	2006 年	2007 年	2006 年	2007 年	2006 年
204778	**166771**	**3224730**	**2547830**	**3224046**	**2547793**
6970	5223	428550	345172	428550	345172
		205328	158193	205289	158156
		36250	28014	36250	28014
374	200	233803	187538	233803	187538
		5987	5704	5987	5704
80774	89753	414514	350133	414514	350133
61215	21906	310156	250989	310156	250989
225	272	270378	212594	269742	212594
4791	4338	12617	10312	12617	10312
17830	17601	150256	127466	150256	127466
10108	7469	27984	21746	27984	21746
		128078	95029	128078	95029
5995	5592	59785	40680	59785	40680
		100575	84667	100566	84667
		66328	52904	66328	52904
496	299	570299	426615	570299	426615
		31133	18104	31133	18104
3125	2773	16819	16060	16819	16060
12877	11346	74116	58020	74116	58020
		45751	30970	45751	30970
		20865	17674	20865	17674
		307	270	307	270
		14852	8977	14852	8977

4—16 续表2

饮料及冷饮服务

项　目	商品购进总额		统一配送商品购进额		自有配送中心配送商品购进额	
	2007年	2006年	2007年	2006年	2007年	2006年
全　国	**30090**	**40793**	**16221**	**31250**	**7171**	**5784**
北　京	1032	644	1032	644	367	271
天　津						
河　北						
山　西						
内蒙古						
辽　宁						
吉　林						
黑龙江						
上　海	5009	23240	5009	23240		
江　苏	3263	1800	3263	1800		
浙　江	16377	11421	2507	1877	2507	1877
安　徽						
福　建						
江　西						
山　东						
河　南	43	43	43	43		
湖　北						
湖　南						
广　东	4367	3646	4367	3646	4297	3636
广　西						
海　南						
重　庆						
四　川						
贵　州						
云　南						
西　藏						
陕　西						
甘　肃						
青　海						
宁　夏						
新　疆						

单位:万元

非自有配送中心配送商品购进额		营业收入		餐费收入及商品销售额	
2007 年	2006 年	2007 年	2006 年	2007 年	2006 年
5743	**23623**	**132016**	**96213**	**132016**	**96213**
665	373	23256	19128	23256	19128
5009	23240	46036	33963	46036	33963
		6660	3750	6660	3750
		41455	30087	41455	30087
		78	78	78	78
70	10	14531	9208	14531	9208

4—16 续表 3

其他餐饮服务

项　目	商品购进总额		统一配送商品购进额		自有配送中心配送商品购进额	
	2007 年	2006 年	2007 年	2006 年	2007 年	2006 年
全　国	**69303**	**65377**	**40760**	**37577**	**29155**	**25250**
北　京	2315	1759	1902	1572	223	164
天　津	20624	19205				
河　北						
山　西						
内蒙古						
辽　宁						
吉　林						
黑龙江						
上　海						
江　苏	28016	29842	20717	21683	11716	11477
浙　江	14756	11209	14756	11209	14756	11209
安　徽						
福　建						
江　西						
山　东						
河　南	150		150			
湖　北						
湖　南						
广　东	982	962	776	713		
广　西						
海　南						
重　庆						
四　川	2460	2400	2460	2400	2460	2400
贵　州						
云　南						
西　藏						
陕　西						
甘　肃						
青　海						
宁　夏						
新　疆						

单位:万元

非自有配送中心配送商品购进额		营业收入		餐费收入及商品销售额	
2007年	2006年	2007年	2006年	2007年	2006年
10567	**11565**	**141261**	**124108**	**140218**	**123273**
1679	1408	5048	4693	5048	4693
		38523	37373	37481	36539
8889	10157	63297	53240	63297	53240
		19581	14944	19581	14944
		200		200	
		2011	1858	2011	1858
		12600	12000	12600	12000

4—17 按行业分各地区连锁

正餐服务

项目	商品购进总额		统一配送商品购进额		自有配送中心配送商品购进额	
	2007年	2006年	2007年	2006年	2007年	2006年
全国	**583048**	**499359**	**245703**	**214042**	**133982**	**123546**
北京	167851	140836	72870	55313	18750	14074
天津	1613	1467				
河北	1916	1789	144	144	144	144
山西	6056	6851	4556	6246	4556	6246
内蒙古	87769	80572	55717	51148	39944	36211
辽宁						
吉林	2233	2042	2233	2042	1104	1042
黑龙江	2136	1641	1809	1535	1809	1535
上海	7219	8248				
江苏	3689	3841	3431	3471	3166	3199
浙江	53718	46427	37469	33333	16469	14810
安徽	11387	9598	4398	5246	3277	4302
福建	5000	4079	1764	1043	278	372
江西	9007	9520	2756	3328	2756	3328
山东	12854	10975	8625	6439	6912	6210
河南	5732	5424	964	988	964	988
湖北	111	100	111	100	111	100
湖南	2636	2006	2636	2006	2636	2006
广东	87839	80830	17042	15744	13966	13156
广西						
海南	1296	1602				
重庆	86809	58490	17533	16704	9055	9540
四川	2171	2039	2054	1926	1446	1346
贵州	10446	9862				
云南	4984	3007	4452	2851	3950	2693
西藏						
陕西	1329	1335	67	73	67	73
甘肃	3814	3732	1636	1316	1636	1316
青海	990	838	990	838		
宁夏	484	430	484	430		
新疆	1961	1780	1961	1780	986	856

餐饮企业直营门店经营情况

单位:万元

非自有配送中心配送商品购进额		营业收入		餐费收入及商品销售额	
2007年	2006年	2007年	2006年	2007年	2006年
44674	**38455**	**1258786**	**1098613**	**1253636**	**1094371**
3801	3331	379670	320216	379572	319903
		2583	2386	2514	2341
		6948	5839	6948	5839
		18195	15260	18195	15260
14361	13650	139793	131891	139793	131891
1129	1000	4232	3905	4232	3905
		4291	2989	4291	2989
		22684	22627	22684	22627
158	270	6343	6543	6343	6543
14911	12807	93873	80971	93657	80802
		22238	19437	22234	19437
		8624	7050	8624	7050
		15319	15202	15319	15202
1714	229	39488	44854	37527	43566
		10147	8702	10147	8702
		97612	78053	95694	76521
		5613	4012	5613	4012
3076	2589	188115	183743	187255	182861
		2168	2756	2168	2756
4066	3226	134564	89660	134541	89647
		3839	3556	3839	3556
		16285	15552	16285	15552
		8186	7311	8186	7311
		11810	11057	11810	11057
		8076	8149	8076	8149
		1797	1468	1797	1468
484	430	835	754	835	754
975	924	5459	4670	5459	4670

4—17 续表1

快餐服务

项目	商品购进总额		统一配送商品购进额		自有配送中心配送商品购进额	
	2007年	2006年	2007年	2006年	2007年	2006年
全国	**1177095**	**944504**	**1130876**	**901754**	**749991**	**598549**
北京	181429	142960	173581	135026	86301	66881
天津	67239	52019	65422	50388	49604	37357
河北						
山西	12877	9660	12877	9660	12877	9660
内蒙古						
辽宁	97340	81375	79340	62375	21526	18551
吉林						
黑龙江	2597	2300	2597	2300	2597	2300
上海	129507	129803	128915	129477	48276	39793
江苏	111607	85252	109687	83461	47774	61007
浙江	61509	70054	61422	69602	60936	67973
安徽	4980	4426	4980	4426	189	88
福建	33726	28825	32719	28642	14739	10326
江西	10692	7888	10011	7467	29	8
山东	125048	77974	125019	77945	124005	77403
河南	27455	18270	25833	17442	19838	11850
湖北	883	763	883	763	883	763
湖南	24794	19676	24794	19676	24794	19676
广东	214512	153242	212024	151545	199243	142247
广西	12017	7891	12017	7891		
海南						
重庆	4349	3996	3925	3472	800	699
四川	28984	25511	28984	25511	19874	17449
贵州						
云南	9611	7325	9362	7160	9362	7160
西藏						
陕西	9456	7769				
甘肃						
青海	140	169	140	169		
宁夏						
新疆	6345	7360	6345	7360	6345	7360

单位:万元

非自有配送中心配送商品购进额		营业收入		餐费收入及商品销售额	
2007年	2006年	2007年	2006年	2007年	2006年
199979	**162588**	**3079700**	**2446820**	**3079016**	**2446783**
6860	5055	414757	334792	414757	334792
		188953	147541	188913	147504
		36250	28014	36250	28014
374	200	232614	187538	232614	187538
		5987	5704	5987	5704
80639	89684	412344	349986	412344	349986
61205	21876	308983	249751	308983	249751
225	272	260211	210074	259575	210074
4791	4338	12580	10283	12580	10283
17179	16980	115701	95855	115701	95855
9982	7459	27684	21726	27684	21726
		127865	94889	127865	94889
5995	5592	37938	26131	37938	26131
		100575	84667	100566	84667
		66328	52904	66328	52904
496	299	558999	417215	558999	417215
		31133	18104	31133	18104
3125	2773	16819	16060	16819	16060
9109	8062	63352	48636	63352	48636
		24605	20031	24605	20031
		20865	17674	20865	17674
		307	270	307	270
		14852	8977	14852	8977

4—17 续表 2

饮料及冷饮服务

项目	商品购进总额		统一配送商品购进额		自有配送中心配送商品购进额	
	2007 年	2006 年	2007 年	2006 年	2007 年	2006 年
全国	**13160**	**28409**	**11840**	**28409**	**5524**	**4527**
北京	1032	644	1032	644	367	271
天津						
河北						
山西						
内蒙古						
辽宁						
吉林						
黑龙江						
上海	5009	23240	5009	23240		
江苏	529	216	529	216		
浙江	2181	621	861	621	861	621
安徽						
福建						
江西						
山东						
河南	43	43	43	43		
湖北						
湖南						
广东	4367	3646	4367	3646	4297	3636
广西						
海南						
重庆						
四川						
贵州						
云南						
西藏						
陕西						
甘肃						
青海						
宁夏						
新疆						

单位:万元

非自有配送中心配送商品购进额		营业收入		餐费收入及商品销售额	
2007年	2006年	2007年	2006年	2007年	2006年
5743	**23623**	**92956**	**64833**	**92956**	**64833**
665	373	23256	19128	23256	19128
5009	23240	46036	33963	46036	33963
		1080	450	1080	450
		7975	2007	7975	2007
		78	78	78	78
70	10	14531	9208	14531	9208

4－17 续表3

其他餐饮服务

项　目	商品购进总额		统一配送商品购进额		自有配送中心配送商品购进额	
	2007年	2006年	2007年	2006年	2007年	2006年
全　国	**52327**	**45501**	**34210**	**29485**	**22772**	**19014**
北　京	2315	1759	1902	1572	223	164
天　津	10381	8848				
河　北						
山　西						
内蒙古						
辽　宁						
吉　林						
黑龙江						
上　海						
江　苏	27368	24996	20251	18264	11417	9914
浙　江	9731	7501	9731	7501	9731	7501
安　徽						
福　建						
江　西						
山　东						
河　南	150		150			
湖　北						
湖　南						
广　东	982	962	776	713		
广　西						
海　南						
重　庆						
四　川	1400	1435	1400	1435	1400	1435
贵　州						
云　南						
西　藏						
陕　西						
甘　肃						
青　海						
宁　夏						
新　疆						

单位:万元

非自有配送中心配送商品购进额		营业收入		餐费收入及商品销售额	
2007 年	2006 年	2007 年	2006 年	2007 年	2006 年
10430	**9732**	**101825**	**87380**	**100782**	**86545**
1679	1408	5048	4693	5048	4693
		22795	21569	21752	20735
8751	8324	54715	44888	54715	44888
		13056	10272	13056	10272
		200		200	
		2011	1858	2011	1858
		4000	4100	4000	4100

4—18 按行业分各地区连锁

正餐服务

项 目	商品购进总额		统一配送商品购进额		自有配送中心配送商品购进额	
	2007 年	2006 年	2007 年	2006 年	2007 年	2006 年
全 国	**847961**	**953457**	**224434**	**312881**	**157168**	**213869**
北 京	34630	27297	949	839	910	820
天 津	603	500				
河 北	480	292				
山 西	2163	1912				
内 蒙 古	308768	452881	91486	175760	66191	114244
辽 宁						
吉 林						
黑 龙 江	887	762	740	521	740	521
上 海						
江 苏						
浙 江	602	586	602	586		
安 徽	3730	5125	416	1937	416	790
福 建						
江 西	953	960				
山 东	8025	8956	7357	696	306	696
河 南	321	292	99	100	99	100
湖 北						
湖 南						
广 东	3279	3296				
广 西						
海 南						
重 庆	479439	446697	120859	130642	87373	95607
四 川	1841	1917	585	657	585	657
贵 州						
云 南	1453	1152	851	675	443	305
西 藏						
陕 西						
甘 肃	402	490	106	129	106	129
青 海						
宁 夏	386	341	386	341		
新 疆						

餐饮企业加盟门店经营情况

单位:万元

非自有配送中心配送商品购进额		营业收入		餐费收入及商品销售额	
2007年	2006年	2007年	2006年	2007年	2006年
42862	**74523**	**1643236**	**1770772**	**1643095**	**1770632**
		81295	62519	81295	62519
		1042	977	1042	977
		1200	760	1200	760
		3687	3297	3687	3297
25295	61516	637198	876800	637198	876800
		1810	1854	1810	1854
602	586	935	894	935	894
		9150	9579	9150	9579
		1893	1936	1893	1936
7051		21550	20897	21550	20897
		381	383	381	383
		22736	20751	22736	20751
		10595	9463	10595	9463
9528	12080	739386	681383	739244	681242
		3266	3320	3266	3320
		2714	2978	2714	2978
		102960	71280	102960	71280
		750	1083	750	1083
386	341	689	620	689	620

4—18 续表1

快餐服务

项目	商品购进总额		统一配送商品购进额		自有配送中心配送商品购进额	
	2007年	2006年	2007年	2006年	2007年	2006年
全国	**41590**	**29371**	**30021**	**22733**	**22335**	**16761**
北京	7256	6464	7107	6180	6997	6012
天津	174	163				
河北						
山西						
内蒙古						
辽宁	2000					
吉林						
黑龙江						
上海	690	80	662	68	527	
江苏	548	595	525	574	515	544
浙江	4051	1391	3298	1113	1040	278
安徽	15	12	15	12	15	12
福建	3017	3154	2105	2057	1454	980
江西	130	11	130	11	4	
山东	124	82				
河南	7249	4618				
湖北						
湖南						
广东	7470	6100	7470	6100	6840	5600
广西						
海南						
重庆						
四川	3767	3284	3767	3284		
贵州						
云南	5101	3417	4942	3334	4942	3334
西藏						
陕西						
甘肃						
青海						
宁夏						
新疆						

单位:万元

非自有配送中心配送商品购进额		营业收入		餐费收入及商品销售额	
2007年	2006年	2007年	2006年	2007年	2006年
4798	**4183**	**145030**	**101010**	**145030**	**101010**
110	168	13793	10381	13793	10381
		16375	10652	16375	10652
		1189		1189	
135	68	2170	147	2170	147
9	31	1173	1238	1173	1238
		10167	2520	10167	2520
		37	29	37	29
651	621	34555	31611	34555	31611
126	11	300	20	300	20
		213	140	213	140
		21847	14549	21847	14549
		11300	9400	11300	9400
3767	3284	10764	9384	10764	9384
		21146	10940	21146	10940

4—18 续表2

饮料及冷饮服务

项　目	商品购进总额		统一配送商品购进额		自有配送中心配送商品购进额	
	2007年	2006年	2007年	2006年	2007年	2006年
全　国	**16930**	**12384**	**4381**	**2841**	**1647**	**1257**
北　京						
天　津						
河　北						
山　西						
内蒙古						
辽　宁						
吉　林						
黑龙江						
上　海						
江　苏	2734	1584	2734	1584		
浙　江	14196	10800	1647	1257	1647	1257
安　徽						
福　建						
江　西						
山　东						
河　南						
湖　北						
湖　南						
广　东						
广　西						
海　南						
重　庆						
四　川						
贵　州						
云　南						
西　藏						
陕　西						
甘　肃						
青　海						
宁　夏						
新　疆						

单位:万元

非自有配送中心配送商品购进额		营业收入		餐费收入及商品销售额	
2007年	2006年	2007年	2006年	2007年	2006年
		39060	**31380**	**39060**	**31380**
		5580	3300	5580	3300
		33480	28080	33480	28080

4—18 续表 3

其他餐饮服务

项 目	商品购进总额		统一配送商品购进额		自有配送中心配送商品购进额	
	2007 年	2006 年	2007 年	2006 年	2007 年	2006 年
全 国	**16975**	**19876**	**6550**	**8092**	**6384**	**6235**
北 京						
天 津	10243	10357				
河 北						
山 西						
内蒙古						
辽 宁						
吉 林						
黑龙江						
上 海						
江 苏	648	4847	466	3419	299	1563
浙 江	5024	3708	5024	3708	5024	3708
安 徽						
福 建						
江 西						
山 东						
河 南						
湖 北						
湖 南						
广 东						
广 西						
海 南						
重 庆						
四 川	1060	965	1060	965	1060	965
贵 州						
云 南						
西 藏						
陕 西						
甘 肃						
青 海						
宁 夏						
新 疆						

单位:万元

非自有配送中心配送商品购进额		营业收入		餐费收入及商品销售额	
2007 年	2006 年	2007 年	2006 年	2007 年	2006 年
138	**1833**	**39436**	**36728**	**39436**	**36728**
		15729	15804	15729	15804
138	1833	8582	8353	8582	8353
		6525	4672	6525	4672
		8600	7900	8600	7900

4－19　按业态分各地区连锁餐饮企业基本情况

正餐

项　目	连锁总店数（个）	门店数（个）		年末从业人员（人）		年末营业面积（平方米）		年末餐位数（个）	
	2007 年	2007 年	2006 年	2007 年	2006 年	2007 年	2006 年	2007 年	2006 年
全　国	**209**	**5471**	**5330**	**384510**	**363137**	**4362453**	**4145358**	**2054494**	**2483054**
北　京	44	487	412	34559	27555	543161	418238	128414	118564
天　津	3	40	39	2384	1928	173781	145511	12784	12500
河　北	3	17	15	2108	1925	46180	36180	6180	5380
山　西	5	26	29	3054	3785	34840	37400	13077	14039
内蒙古	6	1052	1359	88363	108791	576601	652660	611635	1094205
辽　宁									
吉　林	2	11	11	700	650	18500	18500	2080	2080
黑龙江	2	15	12	762	602	7746	4134	4140	2563
上　海	2	170	126	18374	16441	116650	98600	33320	25550
江　苏	4	15	17	407	481	12508	12558	4210	4548
浙　江	13	105	102	6733	6912	131220	122057	30222	29455
安　徽	5	77	71	5375	5421	159602	148535	21166	19136
福　建	6	113	102	3578	2136	14769	14019	4778	4217
江　西	4	16	16	2003	1883	30850	29550	7937	9127
山　东	14	345	290	15401	13249	244013	215499	126029	120049
河　南	15	70	65	1482	1373	40560	33660	13287	12431
湖　北	19	208	187	25252	23249	250658	212367	75293	61208
湖　南									
广　东	29	228	213	15168	15861	221665	254612	215596	221822
广　西									
海　南	1	2	2	210	230	1500	1500	850	850
重　庆	12	2050	1910	134355	110842	1489227	1472300	648397	650027
四　川	3	16	17	914	951	11765	13377	4212	3976
贵　州	2	16	16	1347	1456	40139	32670	4569	5157
云　南	3	51	58	1550	1926	25029	29879	12509	13769
西　藏									
陕　西	4	305	219	18372	13295	143942	109997	66349	44890
甘　肃	3	20	25	1114	1262	10200	11248	3055	3441
青　海	1	3	4	160	220	3000	6500	300	500
宁　夏	1	6	6	258	240	4000	3460	2200	1800
新　疆	3	7	7	527	473	10347	10347	1905	1770

4—19　续表1

快餐

项　目	连锁总店数（个）	门店数（个）		年末从业人员（人）		年末营业面积（平方米）		年末餐位数（个）	
	2007年	2007年	2006年	2007年	2006年	2007年	2006年	2007年	2006年
全　国	**125**	**5292**	**4849**	**215239**	**192041**	**1562995**	**1363463**	**627802**	**550451**
北　京	23	805	729	29614	26338	297538	269450	110929	95458
天　津	8	263	242	9782	8401	92165	84159	34881	31666
河　北									
山　西	1	32	27	1316	1069	6762	5552	2369	1919
内蒙古									
辽　宁	5	282	247	14172	12441	63526	57638	23206	22223
吉　林									
黑龙江	1	9	8	716	900	4154	3705	2059	1911
上　海	7	432	394	23983	22367	130838	121207	61837	58366
江　苏	14	1132	1202	29020	25537	188959	161584	67736	61340
浙　江	5	310	259	18251	14328	123830	105814	45123	39368
安　徽	2	32	23	1249	1102	10058	8158	3929	3269
福　建	8	422	394	11789	10382	119768	108491	57743	48440
江　西	3	35	29	2077	1805	14502	11655	5296	4531
山　东	6	112	97	2614	2330	20094	19192	5949	5980
河　南	6	173	143	4444	3006	38311	30210	17672	15154
湖　北	2	13	13	463	516	3885	4100	1040	1150
湖　南	3	50	48	2627	2556	30876	28995	10140	9693
广　东	13	766	618	43560	42644	268656	218461	110404	89171
广　西	2	42	36	2310	1732	15417	12790	5563	4989
海　南									
重　庆	3	38	41	1821	1517	11819	13009	4774	5228
四　川	3	160	137	10050	8207	53692	45570	29855	27242
贵　州									
云　南	5	114	97	3262	2847	44235	31595	18008	14456
西　藏									
陕　西	1	33	29	1352	1000	12300	10000	4879	4000
甘　肃									
青　海	1	8	7	83	63	360	310	510	460
宁　夏									
新　疆	3	29	29	684	953	11250	11818	3900	4437

4—19 续表 2

茶馆

项目	连锁总店数（个）	门店数（个）		年末从业人员（人）		年末营业面积（平方米）		年末餐位数（个）	
	2007 年	2007 年	2006 年	2007 年	2006 年	2007 年	2006 年	2007 年	2006 年
全国	**2**	**11**	**12**	**202**	**159**	**3521**	**3521**	**1280**	**1280**
北京	1	6	6	54	24	940	940	264	264
天津									
河北									
山西									
内蒙古									
辽宁									
吉林									
黑龙江									
上海									
江苏									
浙江	1	5	6	148	135	2581	2581	1016	1016
安徽									
福建									
江西									
山东									
河南									
湖北									
湖南									
广东									
广西									
海南									
重庆									
四川									
贵州									
云南									
西藏									
陕西									
甘肃									
青海									
宁夏									
新疆									

4—19　续表3

咖啡店

项　目	连锁总店数（个）	门店数（个）		年末从业人员（人）		年末营业面积（平方米）		年末餐位数（个）	
	2007年	2007年	2006年	2007年	2006年	2007年	2006年	2007年	2006年
全　国	**10**	**895**	**694**	**18504**	**11122**	**304513**	**150943**	**95065**	**49355**
北　京	2	129	115	2272	1974	28646	23726	8922	7942
天　津									
河　北									
山　西									
内蒙古									
辽　宁									
吉　林									
黑龙江									
上　海	1	130	100	1535	1243	18919	15244	8350	6504
江　苏	2	112	43	4265	1485	73568	15975	16954	3270
浙　江	1	218	150	9810	6000	174400	90000	58000	30000
安　徽									
福　建									
江　西									
山　东									
河　南	2	261	261	92	87	1700	1700	329	329
湖　北									
湖　南									
广　东	2	45	25	530	333	7280	4298	2510	1310
广　西									
海　南									
重　庆									
四　川									
贵　州									
云　南									
西　藏									
陕　西									
甘　肃									
青　海									
宁　夏									
新　疆									

4—19 续表4

其他餐饮

项目	连锁总店数（个）	门店数（个）		年末从业人员（人）		年末营业面积（平方米）		年末餐位数（个）	
	2007年	2007年	2006年	2007年	2006年	2007年	2006年	2007年	2006年
全　国	**12**	**1074**	**996**	**7076**	**6425**	**58996**	**56592**	**21841**	**20806**
北　京	3	75	67	387	350	1915	1560	233	196
天　津	2	625	607	1945	1943	16817	16377	330	330
河　北									
山　西									
内蒙古									
辽　宁									
吉　林									
黑龙江									
上　海									
江　苏	1	10	10	45	41	300	300	130	130
浙　江	2	117	84	1131	767	13657	13051	6103	5760
安　徽									
福　建									
江　西									
山　东									
河　南									
湖　北									
湖　南									
广　东	3	224	206	908	674	1807	1304	4245	3890
广　西									
海　南									
重　庆									
四　川	1	23	22	2660	2650	24500	24000	10800	10500
贵　州									
云　南									
西　藏									
陕　西									
甘　肃									
青　海									
宁　夏									
新　疆									

4—20 按业态分各地区连锁餐饮企业直营门店基本情况

正餐

项目	门店数（个）		年末从业人员（人）		年末营业面积（平方米）		年末餐位数（个）	
	2007年	2006年	2007年	2006年	2007年	2006年	2007年	2006年
全国	**2016**	**1860**	**159374**	**146256**	**2073107**	**1929791**	**787080**	**829178**
北京	406	342	26663	20974	338659	277946	97351	94622
天津	36	35	2188	1714	169381	141511	10384	10200
河北	12	12	1608	1625	26180	26180	4380	4380
山西	19	21	2464	3125	29100	31400	9537	10439
内蒙古	150	215	23234	22152	148431	136896	104788	152149
辽宁								
吉林	11	11	700	650	18500	18500	2080	2080
黑龙江	12	8	619	363	6695	2327	3353	1736
上海	170	126	18374	16441	116650	98600	33320	25550
江苏	15	17	407	481	12508	12558	4210	4548
浙江	104	101	6687	6867	130520	121357	29622	28855
安徽	65	58	4295	4103	122000	113790	16700	14800
福建	113	102	3578	2136	14769	14019	4778	4217
江西	15	15	1803	1663	24850	23550	7077	8267
山东	245	191	11110	9152	198683	173199	112349	107259
河南	49	46	1345	1224	35510	28510	11511	10655
湖北	185	163	21594	19640	214758	180427	63432	51853
湖南								
广东	185	180	12850	14025	188090	226726	210228	215730
广西								
海南	2	2	210	230	1500	1500	850	850
重庆	136	127	14475	13969	165686	192564	42755	62087
四川	4	5	437	477	4700	6000	1118	862
贵州	16	16	1347	1456	40139	32670	4569	5157
云南	24	24	452	764	12929	12729	4533	4733
西藏								
陕西	20	19	1272	1295	29942	29997	3079	2938
甘肃	11	12	925	987	8580	8988	2371	2441
青海	3	4	160	220	3000	6500	300	500
宁夏	1	1	50	50	1000	1000	500	500
新疆	7	7	527	473	10347	10347	1905	1770

4—20 续表1

快餐

项目	门店数（个）		年末从业人员（人）		年末营业面积（平方米）		年末餐位数（个）	
	2007年	2006年	2007年	2006年	2007年	2006年	2007年	2006年
全国	**4537**	**4203**	**201181**	**180866**	**1388684**	**1217013**	**540125**	**478133**
北京	762	691	28789	25632	280336	256537	108165	92475
天津	209	197	9348	8039	76925	71439	27361	25406
河北								
山西	32	27	1316	1069	6762	5552	2369	1919
内蒙古								
辽宁	281	247	14082	12441	63076	57638	23006	22223
吉林								
黑龙江	9	8	716	900	4154	3705	2059	1911
上海	426	392	23770	22330	128708	120197	61021	58074
江苏	1070	1150	28034	24821	182168	155373	63271	56670
浙江	269	241	17439	14058	113345	101854	40137	36668
安徽	31	22	1219	1082	9858	7958	3879	3219
福建	163	146	6910	5997	54061	45095	24935	21452
江西	34	28	2062	1789	14020	11317	5176	4375
山东	93	85	2244	2080	17694	17792	5949	5980
河南	61	46	2795	1817	24772	19398	9649	8440
湖北	13	13	463	516	3885	4100	1040	1150
湖南	50	48	2627	2556	30876	28995	10140	9693
广东	753	607	42689	41914	263994	214499	108493	87560
广西	42	36	2310	1732	15417	12790	5563	4989
海南								
重庆	38	41	1821	1517	11819	13009	4774	5228
四川	82	69	8646	6983	37039	31052	15971	15138
贵州								
云南	49	44	1782	1577	25865	16585	7878	6666
西藏								
陕西	33	29	1352	1000	12300	10000	4879	4000
甘肃								
青海	8	7	83	63	360	310	510	460
宁夏								
新疆	29	29	684	953	11250	11818	3900	4437

4—20 续表2

茶馆

项目	门店数（个）		年末从业人员（人）		年末营业面积（平方米）		年末餐位数（个）	
	2007年	2006年	2007年	2006年	2007年	2006年	2007年	2006年
全国	**11**	**12**	**202**	**159**	**3521**	**3521**	**1280**	**1280**
北京	6	6	54	24	940	940	264	264
天津								
河北								
山西								
内蒙古								
辽宁								
吉林								
黑龙江								
上海								
江苏								
浙江	5	6	148	135	2581	2581	1016	1016
安徽								
福建								
江西								
山东								
河南								
湖北								
湖南								
广东								
广西								
海南								
重庆								
四川								
贵州								
云南								
西藏								
陕西								
甘肃								
青海								
宁夏								
新疆								

4—20 续表3

咖啡店

项　目	门店数（个）		年末从业人员（人）		年末营业面积（平方米）		年末餐位数（个）	
	2007年	2006年	2007年	2006年	2007年	2006年	2007年	2006年
全　国	**609**	**468**	**7562**	**3462**	**125928**	**44703**	**36835**	**14495**
北　京	72	61	1170	974	12646	10456	4322	3742
天　津								
河　北								
山　西								
内蒙古								
辽　宁								
吉　林								
黑龙江								
上　海	130	100	1535	1243	18919	15244	8350	6504
江　苏	81	21	3335	825	69383	13005	16024	2610
浙　江	20		900		16000		5300	
安　徽								
福　建								
江　西								
山　东								
河　南	261	261	92	87	1700	1700	329	329
湖　北								
湖　南								
广　东	45	25	530	333	7280	4298	2510	1310
广　西								
海　南								
重　庆								
四　川								
贵　州								
云　南								
西　藏								
陕　西								
甘　肃								
青　海								
宁　夏								
新　疆								

4—20 续表 4

其他餐饮

项目	门店数（个）		年末从业人员（人）		年末营业面积（平方米）		年末餐位数（个）	
	2007 年	2006 年	2007 年	2006 年	2007 年	2006 年	2007 年	2006 年
全国	**429**	**375**	**3064**	**2631**	**28805**	**29660**	**11764**	**11116**
北京	75	67	387	350	1915	1560	233	196
天津	43	42	624	658	9228	9208	330	330
河北								
山西								
内蒙古								
辽宁								
吉林								
黑龙江								
上海								
江苏	2	2	14	12	70	70	40	40
浙江	79	52	781	537	9285	10518	4116	3660
安徽								
福建								
江西								
山东								
河南								
湖北								
湖南								
广东	224	206	908	674	1807	1304	4245	3890
广西								
海南								
重庆								
四川	6	6	350	400	6500	7000	2800	3000
贵州								
云南								
西藏								
陕西								
甘肃								
青海								
宁夏								
新疆								

4—21 按业态分各地区连锁餐饮企业加盟门店基本情况

正餐

项　目	门店数（个）		年末从业人员（人）		年末营业面积（平方米）		年末餐位数（个）	
	2007年	2006年	2007年	2006年	2007年	2006年	2007年	2006年
全　国	**3455**	**3470**	**225136**	**216881**	**2289346**	**2215567**	**1267414**	**1653876**
北　京	81	70	7896	6581	204502	140292	31063	23942
天　津	4	4	196	214	4400	4000	2400	2300
河　北	5	3	500	300	20000	10000	1800	1000
山　西	7	8	590	660	5740	6000	3540	3600
内蒙古	902	1144	65129	86639	428170	515764	506847	942056
辽　宁								
吉　林								
黑龙江	3	4	143	239	1051	1807	787	827
上　海								
江　苏								
浙　江	1	1	46	45	700	700	600	600
安　徽	12	13	1080	1318	37602	34745	4466	4336
福　建								
江　西	1	1	200	220	6000	6000	860	860
山　东	100	99	4291	4097	45330	42300	13680	12790
河　南	21	19	137	149	5050	5150	1776	1776
湖　北	23	24	3658	3609	35900	31940	11861	9355
湖　南								
广　东	43	33	2318	1836	33575	27886	5368	6092
广　西								
海　南								
重　庆	1914	1783	119880	96873	1323541	1279736	605642	587940
四　川	12	12	477	474	7065	7377	3094	3114
贵　州								
云　南	27	34	1098	1162	12100	17150	7976	9036
西　藏								
陕　西	285	200	17100	12000	114000	80000	63270	41952
甘　肃	9	13	189	275	1620	2260	684	1000
青　海								
宁　夏	5	5	208	190	3000	2460	1700	1300
新　疆								

4—21 续表 1

快餐

项目	门店数（个）		年末从业人员（人）		年末营业面积（平方米）		年末餐位数（个）	
	2007 年	2006 年	2007 年	2006 年	2007 年	2006 年	2007 年	2006 年
全国	**755**	**646**	**14058**	**11175**	**174311**	**146450**	**87677**	**72318**
北京	43	38	825	706	17202	12913	2764	2983
天津	54	45	434	362	15240	12720	7520	6260
河北								
山西								
内蒙古								
辽宁	1		90		450		200	
吉林								
黑龙江								
上海	6	2	213	37	2130	1010	816	292
江苏	62	52	986	716	6791	6211	4465	4670
浙江	41	18	812	270	10485	3960	4986	2700
安徽	1	1	30	20	200	200	50	50
福建	259	248	4879	4385	65707	63396	32808	26988
江西	1	1	15	16	482	338	120	156
山东	19	12	370	250	2400	1400		
河南	112	97	1649	1189	13539	10812	8023	6714
湖北								
湖南								
广东	13	11	871	730	4662	3962	1911	1611
广西								
海南								
重庆								
四川	78	68	1404	1224	16653	14518	13884	12104
贵州								
云南	65	53	1480	1270	18370	15010	10130	7790
西藏								
陕西								
甘肃								
青海								
宁夏								
新疆								

4—21 续表 2

咖啡店

项　目	门店数（个）		年末从业人员（人）		年末营业面积（平方米）		年末餐位数（个）	
	2007 年	2006 年	2007 年	2006 年	2007 年	2006 年	2007 年	2006 年
全　国	**286**	**226**	**10942**	**7660**	**178585**	**106240**	**58230**	**34860**
北　京	57	54	1102	1000	16000	13270	4600	4200
天　津								
河　北								
山　西								
内蒙古								
辽　宁								
吉　林								
黑龙江								
上　海								
江　苏	31	22	930	660	4185	2970	930	660
浙　江	198	150	8910	6000	158400	90000	52700	30000
安　徽								
福　建								
江　西								
山　东								
河　南								
湖　北								
湖　南								
广　东								
广　西								
海　南								
重　庆								
四　川								
贵　州								
云　南								
西　藏								
陕　西								
甘　肃								
青　海								
宁　夏								
新　疆								

4—21 续表3

其他餐饮

项目	门店数（个）		年末从业人员（人）		年末营业面积（平方米）		年末餐位数（个）	
	2007年	2006年	2007年	2006年	2007年	2006年	2007年	2006年
全国	**645**	**621**	**4012**	**3794**	**30191**	**26932**	**10077**	**9690**
北京								
天津	582	565	1321	1285	7589	7169		
河北								
山西								
内蒙古								
辽宁								
吉林								
黑龙江								
上海								
江苏	8	8	31	29	230	230	90	90
浙江	38	32	350	230	4372	2533	1987	2100
安徽								
福建								
江西								
山东								
河南								
湖北								
湖南								
广东								
广西								
海南								
重庆								
四川	17	16	2310	2250	18000	17000	8000	7500
贵州								
云南								
西藏								
陕西								
甘肃								
青海								
宁夏								
新疆								

4—22 按业态分各地区

正餐

项目	商品购进总额		统一配送商品购进额		自有配送中心配送商品购进额	
	2007年	2006年	2007年	2006年	2007年	2006年
全国	**1576977**	**1550364**	**633030**	**634325**	**439236**	**433046**
北京	191248	159139	72112	54840	18965	14316
天津	18034	14998	15818	13031		
河北	2396	2081	144	144	144	144
山西	8219	8763	4556	6246	4556	6246
内蒙古	396536	533453	147203	226908	106135	150455
辽宁						
吉林	2233	2042	2233	2042	1104	1042
黑龙江	3023	2403	2549	2055	2549	2055
上海	43871	36965	36652	28717	36652	28717
江苏	3689	3841	3431	3471	3166	3199
浙江	54319	47013	38071	33919	16469	14810
安徽	15116	14723	4814	7183	3692	5092
福建	5000	4079	1764	1043	278	372
江西	9960	10480	2756	3328	2756	3328
山东	136751	90453	131854	77656	123090	77427
河南	6053	5716	1063	1087	1063	1087
湖北	111	100	111	100	111	100
湖南						
广东	82614	81812	15936	14969	12860	12380
广西						
海南	1296	1602				
重庆	566248	505187	138392	147346	96428	105148
四川	4012	3956	2639	2583	2031	2003
贵州	10446	9862				
云南	6437	2752	5303	2752	4392	2752
西藏						
陕西	1329	1335	67	73	67	73
甘肃	4216	4222	1741	1445	1741	1445
青海	990	838	990	838		
宁夏	871	771	871	771		
新疆	1961	1780	1961	1780	986	856

连锁餐饮企业经营情况

单位:万元

非自有配送中心配送商品购进额		营业收入		餐费收入及商品销售额	
2007年	2006年	2007年	2006年	2007年	2006年
87536	**112977**	**3220373**	**3122797**	**3215082**	**3118415**
3801	3331	438957	364691	438859	364378
		42428	34493	42359	34448
		8148	6599	8148	6599
		21881	18557	21881	18557
39656	75166	776991	1008690	776991	1008690
1129	1000	4232	3905	4232	3905
		6102	4843	6102	4843
		141010	117155	141010	117155
158	270	6343	6543	6343	6543
15512	13393	94808	81865	94592	81695
		31388	29016	31384	29016
		8624	7050	8624	7050
		17212	17138	17212	17138
8764	229	164406	138878	162445	137590
		10528	9085	10528	9085
		217226	180192	215309	178661
3076	2589	187305	188501	186445	187619
		2168	2756	2168	2756
13594	15306	873950	771042	873785	770890
		7105	6876	7105	6876
		16285	15552	16285	15552
		10900	10289	10900	10289
		114770	82337	114770	82337
		8826	9232	8826	9232
		1797	1468	1797	1468
871	771	1524	1374	1524	1374
975	924	5459	4670	5459	4670

4—22 续表1

快餐

项目	商品购进总额		统一配送商品购进额		自有配送中心配送商品购进额	
	2007年	2006年	2007年	2006年	2007年	2006年
全国	**1098899**	**902899**	**1017704**	**836995**	**634921**	**529972**
北京	198923	157517	181400	141618	92998	72571
天津	51594	39150	49604	37357	49604	37357
河北						
山西	12877	9660	12877	9660	12877	9660
内蒙古						
辽宁	99340	81375	79340	62375	21526	18551
吉林						
黑龙江	2597	2300	2597	2300	2597	2300
上海	93544	101166	92925	100828	12151	11076
江苏	139958	115555	130756	105618	59966	72992
浙江	65560	71445	64720	70714	61976	68251
安徽	4995	4438	4995	4438	204	100
福建	36743	31978	34824	30698	16193	11306
江西	10822	7899	10141	7478	33	8
山东	9300	7534	9147	7424	8133	6882
河南	34667	22720	25983	17442	19838	11850
湖北	883	763	883	763	883	763
湖南	27431	21682	27431	21682	27431	21682
广东	229896	160997	220600	158421	207189	148623
广西	12017	7891	12017	7891		
海南						
重庆	4349	3996	3925	3472	800	699
四川	32751	28795	32751	28795	19874	17449
贵州						
云南	14712	10742	14303	10494	14303	10494
西藏						
陕西	9456	7769				
甘肃						
青海	140	169	140	169		
宁夏						
新疆	6345	7360	6345	7360	6345	7360

单位:万元

非自有配送中心配送商品购进额		营业收入		餐费收入及商品销售额	
2007年	2006年	2007年	2006年	2007年	2006年
213646	**176913**	**2950902**	**2337419**	**2950218**	**2337382**
6970	5223	444976	358885	444976	358885
		166525	127064	166486	127027
		36250	28014	36250	28014
374	200	233803	187538	233803	187538
		5987	5704	5987	5704
80774	89753	296188	255605	296188	255605
70083	32048	362587	299963	362587	299963
225	272	270378	212594	269742	212594
4791	4338	12617	10312	12617	10312
17830	17601	150256	127466	150256	127466
10108	7469	27984	21746	27984	21746
		24710	21902	24710	21902
5995	5592	59270	40134	59270	40134
		3695	3278	3687	3278
		71941	56916	71941	56916
496	299	579893	430224	579893	430224
		31133	18104	31133	18104
3125	2773	16819	16060	16819	16060
12877	11346	74116	58020	74116	58020
		45751	30970	45751	30970
		20865	17674	20865	17674
		307	270	307	270
		14852	8977	14852	8977

4—22 续表2

茶馆

项目	商品购进总额		统一配送商品购进额		自有配送中心配送商品购进额	
	2007年	2006年	2007年	2006年	2007年	2006年
全国	**1048**	**891**	**1048**	**891**	**1048**	**891**
北京	367	271	367	271	367	271
天津						
河北						
山西						
内蒙古						
辽宁						
吉林						
黑龙江						
上海						
江苏						
浙江	681	621	681	621	681	621
安徽						
福建						
江西						
山东						
河南						
湖北						
湖南						
广东						
广西						
海南						
重庆						
四川						
贵州						
云南						
西藏						
陕西						
甘肃						
青海						
宁夏						
新疆						

单位:万元

非自有配送中心配送商品购进额		营业收入		餐费收入及商品销售额	
2007年	2006年	2007年	2006年	2007年	2006年
		2915	**2702**	**2915**	**2702**
		700	695	700	695
		2215	2007	2215	2007

4—22 续表 3

咖啡店

项目	商品购进总额		统一配送商品购进额		自有配送中心配送商品购进额	
	2007 年	2006 年	2007 年	2006 年	2007 年	2006 年
全国	**30237**	**40979**	**16180**	**31270**	**7118**	**5794**
北京	1660	1274	1660	1274	995	901
天津						
河北						
山西						
内蒙古						
辽宁						
吉林						
黑龙江						
上海	5009	23240	5009	23240		
江苏	3346	1820	3346	1820		
浙江	15696	10800	1827	1257	1827	1257
安徽						
福建						
江西						
山东						
河南	230	210	43	43		
湖北						
湖南						
广东	4297	3636	4297	3636	4297	3636
广西						
海南						
重庆						
四川						
贵州						
云南						
西藏						
陕西						
甘肃						
青海						
宁夏						
新疆						

单位:万元

非自有配送中心配送商品购进额		营业收入		餐费收入及商品销售额	
2007年	2006年	2007年	2006年	2007年	2006年
5673	**23613**	**145881**	**102451**	**145881**	**102451**
665	373	28138	22764	28138	22764
5009	23240	46036	33963	46036	33963
		17346	7851	17346	7851
		39240	28080	39240	28080
		793	624	793	624
		14328	9169	14328	9169

4—22 续表4

其他餐饮

项目	商品购进总额		统一配送商品购进额		自有配送中心配送商品购进额	
	2007年	2006年	2007年	2006年	2007年	2006年
全国	**41926**	**36319**	**20053**	**15983**	**17479**	**13808**
北京	2315	1759	1902	1572	223	164
天津	20624	19205				
河北						
山西						
内蒙古						
辽宁						
吉林						
黑龙江						
上海						
江苏	130	115	90	80	40	35
浙江	14756	11209	14756	11209	14756	11209
安徽						
福建						
江西						
山东						
河南						
湖北						
湖南						
广东	1642	1631	846	723		
广西						
海南						
重庆						
四川	2460	2400	2460	2400	2460	2400
贵州						
云南						
西藏						
陕西						
甘肃						
青海						
宁夏						
新疆						

单位:万元

非自有配送中心配送商品购进额		营业收入		餐费收入及商品销售额	
2007年	2006年	2007年	2006年	2007年	2006年
1768	**1433**	**79958**	**72167**	**78915**	**71333**
1679	1408	5048	4693	5048	4693
		38523	37373	37481	36539
20	15	180	165	180	165
		19581	14944	19581	14944
70	10	4025	2993	4025	2993
		12600	12000	12600	12000

4—23 按业态分各地区连锁餐饮

正餐

项　目	商品购进总额		统一配送商品购进额		自有配送中心配送商品购进额	
	2007 年	2006 年	2007 年	2006 年	2007 年	2006 年
全　国	**729926**	**599135**	**409506**	**323037**	**282979**	**220244**
北　京	157528	132662	72073	54821	18965	14316
天　津	17431	14498	15818	13031		
河　北	1916	1789	144	144	144	144
山　西	6056	6851	4556	6246	4556	6246
内蒙古	87769	80572	55717	51148	39944	36211
辽　宁						
吉　林	2233	2042	2233	2042	1104	1042
黑龙江	2136	1641	1809	1535	1809	1535
上　海	43871	36965	36652	28717	36652	28717
江　苏	3689	3841	3431	3471	3166	3199
浙　江	53718	46427	37469	33333	16469	14810
安　徽	11387	9598	4398	5246	3277	4302
福　建	5000	4079	1764	1043	278	372
江　西	9007	9520	2756	3328	2756	3328
山　东	128726	81496	124497	76960	122784	76731
河　南	5732	5424	964	988	964	988
湖　北	111	100	111	100	111	100
湖　南						
广　东	79335	78516	15936	14969	12860	12380
广　西						
海　南	1296	1602				
重　庆	86809	58490	17533	16704	9055	9540
四　川	2171	2039	2054	1926	1446	1346
贵　州	10446	9862				
云　南	4984	3007	4452	2851	3950	2693
西　藏						
陕　西	1329	1335	67	73	67	73
甘　肃	3814	3732	1636	1316	1636	1316
青　海	990	838	990	838		
宁　夏	484	430	484	430		
新　疆	1961	1780	1961	1780	986	856

企业直营门店经营情况

单位:万元

非自有配送中心配送商品购进额		营业收入		餐费收入及商品销售额	
2007年	2006年	2007年	2006年	2007年	2006年
44674	**38455**	**1582276**	**1355960**	**1577126**	**1351718**
3801	3331	362801	306107	362703	305794
		41386	33516	41317	33471
		6948	5839	6948	5839
		18195	15260	18195	15260
14361	13650	139793	131891	139793	131891
1129	1000	4232	3905	4232	3905
		4291	2989	4291	2989
		141010	117155	141010	117155
158	270	6343	6543	6343	6543
14911	12807	93873	80971	93657	80802
		22238	19437	22234	19437
		8624	7050	8624	7050
		15319	15202	15319	15202
1714	229	142856	117981	140895	116693
		10147	8702	10147	8702
		194491	159442	192573	157910
3076	2589	176710	179038	175850	178156
		2168	2756	2168	2756
4066	3226	134564	89660	134541	89647
		3839	3556	3839	3556
		16285	15552	16285	15552
		8186	7311	8186	7311
		11810	11057	11810	11057
		8076	8149	8076	8149
		1797	1468	1797	1468
484	430	835	754	835	754
975	924	5459	4670	5459	4670

4—23 续表1

快餐

项目	商品购进总额		统一配送商品购进额		自有配送中心配送商品购进额	
	2007年	2006年	2007年	2006年	2007年	2006年
全国	**1056761**	**868769**	**987277**	**810898**	**612306**	**511674**
北京	191667	151052	174293	135438	86001	66559
天津	51421	38987	49604	37357	49604	37357
河北						
山西	12877	9660	12877	9660	12877	9660
内蒙古						
辽宁	97340	81375	79340	62375	21526	18551
吉林						
黑龙江	2597	2300	2597	2300	2597	2300
上海	92855	101086	92263	100760	11624	11076
江苏	138863	110200	129826	101681	59171	70911
浙江	61509	70054	61422	69602	60936	67973
安徽	4980	4426	4980	4426	189	88
福建	33726	28825	32719	28642	14739	10326
江西	10692	7888	10011	7467	29	8
山东	9176	7453	9147	7424	8133	6882
河南	27418	18103	25983	17442	19838	11850
湖北	883	763	883	763	883	763
湖南	27431	21682	27431	21682	27431	21682
广东	222426	154897	213130	152321	200349	143023
广西	12017	7891	12017	7891		
海南						
重庆	4349	3996	3925	3472	800	699
四川	28984	25511	28984	25511	19874	17449
贵州						
云南	9611	7325	9362	7160	9362	7160
西藏						
陕西	9456	7769				
甘肃						
青海	140	169	140	169		
宁夏						
新疆	6345	7360	6345	7360	6345	7360

单位:万元

非自有配送中心配送商品购进额		营业收入		餐费收入及商品销售额	
2007 年	2006 年	2007 年	2006 年	2007 年	2006 年
208721	**170905**	**2797430**	**2228191**	**2796746**	**2228154**
6860	5055	431183	348505	431183	348505
		150150	116412	150111	116374
		36250	28014	36250	28014
374	200	232614	187538	232614	187538
		5987	5704	5987	5704
80639	89684	294018	255458	294018	255458
69947	30192	352972	290507	352972	290507
225	272	260211	210074	259575	210074
4791	4338	12580	10283	12580	10283
17179	16980	115701	95855	115701	95855
9982	7459	27684	21726	27684	21726
		24497	21762	24497	21762
5995	5592	37423	25585	37423	25585
		3695	3278	3687	3278
		71941	56916	71941	56916
496	299	568593	420824	568593	420824
		31133	18104	31133	18104
3125	2773	16819	16060	16819	16060
9109	8062	63352	48636	63352	48636
		24605	20031	24605	20031
		20865	17674	20865	17674
		307	270	307	270
		14852	8977	14852	8977

4—23 续表 2

茶馆

项 目	商品购进总额		统一配送商品购进额		自有配送中心配送商品购进额	
	2007 年	2006 年	2007 年	2006 年	2007 年	2006 年
全 国	**1048**	**891**	**1048**	**891**	**1048**	**891**
北 京	367	271	367	271	367	271
天 津						
河 北						
山 西						
内 蒙 古						
辽 宁						
吉 林						
黑 龙 江						
上 海						
江 苏						
浙 江	681	621	681	621	681	621
安 徽						
福 建						
江 西						
山 东						
河 南						
湖 北						
湖 南						
广 东						
广 西						
海 南						
重 庆						
四 川						
贵 州						
云 南						
西 藏						
陕 西						
甘 肃						
青 海						
宁 夏						
新 疆						

单位:万元

非自有配送中心配送商品购进额		营业收入		餐费收入及商品销售额	
2007年	2006年	2007年	2006年	2007年	2006年
		2915	**2702**	**2915**	**2702**
		700	695	700	695
		2215	2007	2215	2007

4—12 续表 3

咖啡店

项目	商品购进总额		统一配送商品购进额		自有配送中心配送商品购进额	
	2007 年	2006 年	2007 年	2006 年	2007 年	2006 年
全国	**12397**	**27775**	**10890**	**27609**	**4562**	**3717**
北京	750	454	750	454	85	81
天津						
河北						
山西						
内蒙古						
辽宁						
吉林						
黑龙江						
上海	5009	23240	5009	23240		
江苏	611	236	611	236		
浙江	1500		180		180	
安徽						
福建						
江西						
山东						
河南	230	210	43	43		
湖北						
湖南						
广东	4297	3636	4297	3636	4297	3636
广西						
海南						
重庆						
四川						
贵州						
云南						
西藏						
陕西						
甘肃						
青海						
宁夏						
新疆						

单位:万元

非自有配送中心配送商品购进额		营业收入		餐费收入及商品销售额	
2007年	2006年	2007年	2006年	2007年	2006年
5673	**23613**	**101682**	**67136**	**101682**	**67136**
665	373	22999	18829	22999	18829
5009	23240	46036	33963	46036	33963
		11766	4551	11766	4551
		5760		5760	
		793	624	793	624
		14328	9169	14328	9169

4—23 续表4

其他餐饮

项目	商品购进总额		统一配送商品购进额		自有配送中心配送商品购进额	
	2007年	2006年	2007年	2006年	2007年	2006年
全国	**25499**	**21202**	**13909**	**11255**	**11375**	**9110**
北京	2315	1759	1902	1572	223	164
天津	10381	8848				
河北						
山西						
内蒙古						
辽宁						
吉林						
黑龙江						
上海						
江苏	30	28	30	24	20	10
浙江	9731	7501	9731	7501	9731	7501
安徽						
福建						
江西						
山东						
河南						
湖北						
湖南						
广东	1642	1631	846	723		
广西						
海南						
重庆						
四川	1400	1435	1400	1435	1400	1435
贵州						
云南						
西藏						
陕西						
甘肃						
青海						
宁夏						
新疆						

单位:万元

非自有配送中心配送商品购进额		营业收入		餐费收入及商品销售额	
2007 年	2006 年	2007 年	2006 年	2007 年	2006 年
1757	**1426**	**48964**	**43657**	**47921**	**42822**
1679	1408	5048	4693	5048	4693
		22795	21569	21752	20735
9	8	40	30	40	30
		13056	10272	13056	10272
70	10	4025	2993	4025	2993
		4000	4100	4000	4100

4—24 按业态分各地区连锁餐饮

正餐

项目	商品购进总额		统一配送商品购进额		自有配送中心配送商品购进额	
	2007年	2006年	2007年	2006年	2007年	2006年
全国	**847051**	**952637**	**223524**	**312061**	**156258**	**213049**
北京	33720	26477	39	19		
天津	603	500				
河北	480	292				
山西	2163	1912				
内蒙古	308768	452881	91486	175760	66191	114244
辽宁						
吉林						
黑龙江	887	762	740	521	740	521
上海						
江苏						
浙江	602	586	602	586		
安徽	3730	5125	416	1937	416	790
福建						
江西	953	960				
山东	8025	8956	7357	696	306	696
河南	321	292	99	100	99	100
湖北						
湖南						
广东	3279	3296				
广西						
海南						
重庆	479439	446697	120859	130642	87373	95607
四川	1841	1917	585	657	585	657
贵州						
云南	1453	1152	851	675	443	305
西藏						
陕西						
甘肃	402	490	106	129	106	129
青海						
宁夏	386	341	386	341		
新疆						

企业加盟门店经营情况

单位:万元

非自有配送中心配送商品购进额		营业收入		餐费收入及商品销售额	
2007年	2006年	2007年	2006年	2007年	2006年
42862	**74523**	**1638097**	**1766837**	**1637956**	**1766697**
		76156	58584	76156	58584
		1042	977	1042	977
		1200	760	1200	760
		3687	3297	3687	3297
25295	61516	637198	876800	637198	876800
		1810	1854	1810	1854
602	586	935	894	935	894
		9150	9579	9150	9579
		1893	1936	1893	1936
7051		21550	20897	21550	20897
		381	383	381	383
		22736	20751	22736	20751
		10595	9463	10595	9463
9528	12080	739386	681383	739244	681242
		3266	3320	3266	3320
		2714	2978	2714	2978
		102960	71280	102960	71280
		750	1083	750	1083
386	341	689	620	689	620

4—24 续表1

快餐

项目	商品购进总额		统一配送商品购进额		自有配送中心配送商品购进额	
	2007年	2006年	2007年	2006年	2007年	2006年
全国	**42139**	**34130**	**30427**	**26096**	**22614**	**18298**
北京	7256	6464	7107	6180	6997	6012
天津	174	163				
河北						
山西						
内蒙古						
辽宁	2000					
吉林						
黑龙江						
上海	690	80	662	68	527	
江苏	1096	5355	930	3937	795	2081
浙江	4051	1391	3298	1113	1040	278
安徽	15	12	15	12	15	12
福建	3017	3154	2105	2057	1454	980
江西	130	11	130	11	4	
山东	124	82				
河南	7249	4618				
湖北						
湖南						
广东	7470	6100	7470	6100	6840	5600
广西						
海南						
重庆						
四川	3767	3284	3767	3284		
贵州						
云南	5101	3417	4942	3334	4942	3334
西藏						
陕西						
甘肃						
青海						
宁夏						
新疆						

单位:万元

非自有配送中心配送商品购进额		营业收入		餐费收入及商品销售额	
2007年	2006年	2007年	2006年	2007年	2006年
4925	**6008**	**153472**	**109228**	**153472**	**109228**
110	168	13793	10381	13793	10381
		16375	10652	16375	10652
		1189		1189	
135	68	2170	147	2170	147
136	1856	9615	9456	9615	9456
		10167	2520	10167	2520
		37	29	37	29
651	621	34555	31611	34555	31611
126	11	300	20	300	20
		213	140	213	140
		21847	14549	21847	14549
		11300	9400	11300	9400
3767	3284	10764	9384	10764	9384
		21146	10940	21146	10940

4—24 续表2

咖啡店

项 目	商品购进总额		统一配送商品购进额		自有配送中心配送商品购进额	
	2007年	2006年	2007年	2006年	2007年	2006年
全 国	**17840**	**13204**	**5291**	**3661**	**2557**	**2077**
北 京	910	820	910	820	910	820
天 津						
河 北						
山 西						
内蒙古						
辽 宁						
吉 林						
黑龙江						
上 海						
江 苏	2734	1584	2734	1584		
浙 江	14196	10800	1647	1257	1647	1257
安 徽						
福 建						
江 西						
山 东						
河 南						
湖 北						
湖 南						
广 东						
广 西						
海 南						
重 庆						
四 川						
贵 州						
云 南						
西 藏						
陕 西						
甘 肃						
青 海						
宁 夏						
新 疆						

单位:万元

非自有配送中心配送商品购进额		营业收入		餐费收入及商品销售额	
2007年	2006年	2007年	2006年	2007年	2006年
		44199	**35315**	**44199**	**35315**
		5139	3935	5139	3935
		5580	3300	5580	3300
		33480	28080	33480	28080

4—12 续表3

其他餐饮

项　目	商品购进总额		统一配送商品购进额		自有配送中心配送商品购进额	
	2007年	2006年	2007年	2006年	2007年	2006年
全　国	**16427**	**15116**	**6144**	**4729**	**6104**	**4698**
北　京						
天　津	10243	10357				
河　北						
山　西						
内蒙古						
辽　宁						
吉　林						
黑龙江						
上　海						
江　苏	100	87	60	56	20	25
浙　江	5024	3708	5024	3708	5024	3708
安　徽						
福　建						
江　西						
山　东						
河　南						
湖　北						
湖　南						
广　东						
广　西						
海　南						
重　庆						
四　川	1060	965	1060	965	1060	965
贵　州						
云　南						
西　藏						
陕　西						
甘　肃						
青　海						
宁　夏						
新　疆						

单位：万元

非自有配送中心配送商品购进额		营业收入		餐费收入及商品销售额	
2007年	2006年	2007年	2006年	2007年	2006年
11	**7**	**30994**	**28511**	**30994**	**28511**
		15729	15804	15729	15804
11	7	140	135	140	135
		6525	4672	6525	4672
		8600	7900	8600	7900

4－25 35城市连锁餐饮企业基本情况

项　目	连锁总店数（个）	门店数（个）		年末从业人员（人）		年末营业面积（平方米）		年末餐位数（个）	
	2007年	2007年	2006年	2007年	2006年	2007年	2006年	2007年	2006年
合　计	**292**	**9659**	**8642**	**480864**	**418831**	**5179948**	**4657466**	**1998616**	**1860199**
北　京	73	1502	1329	66886	56241	872200	713914	248762	222424
天　津	13	928	888	14111	12272	282763	246047	47995	44496
石家庄									
太　原	3	46	42	3431	3254	33002	32052	11329	10939
呼和浩特	1	5	4	260	262	2300	2150	680	615
沈　阳	2	217	188	10790	9850	42000	39650	13430	13662
大　连	3	65	59	3382	2591	21526	17988	9776	8561
长　春	2	11	11	700	650	18500	18500	2080	2080
哈尔滨	2	21	17	1426	1441	10360	6299	5699	3974
上　海	10	732	620	43892	40051	266407	235051	103507	90420
南　京	8	194	181	11059	10443	83825	71800	29439	26713
杭　州	17	623	506	31028	22898	344061	235292	115186	80884
宁　波	4	22	21	4011	4584	88970	86310	19525	19315
合　肥	4	99	83	5390	5028	141680	127623	20135	17589
福　州	5	370	348	9947	8726	100267	91640	49630	41390
厦　门	9	165	148	5420	3792	34270	30870	12891	11267
南　昌	6	46	41	3502	3250	38852	36205	10443	10278
济　南	1	19	16	1153	1015	8221	6909	3095	2691
青　岛	12	343	295	14466	12358	231886	205000	126353	120922
郑　州	4	383	359	4216	2986	34611	28510	16892	14474
武　汉	20	218	197	25621	23660	252699	214623	75563	61588
长　沙	3	50	48	2627	2556	30876	28995	10140	9693
广　州	31	594	498	38273	39588	341077	352846	110924	105812
深　圳	11	404	317	18653	16862	134978	103427	209749	198410
南　宁	2	42	36	2310	1732	15417	12790	5563	4989
海　口	1	2	2	210	230	1500	1500	850	850
重　庆	15	2088	1951	136176	112359	1501046	1485309	653171	655255
成　都	4	165	142	10432	8529	56732	49222	31387	28648
贵　阳	2	16	16	1347	1456	40139	32670	4569	5157
昆　明	8	165	155	4812	4773	69264	61474	30517	28225
西　安	4	51	46	2507	2183	41362	39117	7466	6470
兰　州	3	20	25	1114	1262	10200	11248	3055	3441
西　宁	2	11	11	243	283	3360	6810	810	960
银　川	1	6	6	258	240	4000	3460	2200	1800
乌鲁木齐	6	36	36	1211	1426	21597	22165	5805	6207

4—26　35城市连锁餐饮企业直营门店基本情况

项　目	门店数（个）		年末从业人员（人）		年末营业面积（平方米）		年末餐位数（个）	
	2007年	2006年	2007年	2006年	2007年	2006年	2007年	2006年
合　计	**5966**	**5244**	**315719**	**283696**	**3128493**	**2821315**	**1167290**	**1094166**
北　京	1321	1167	57063	47954	634496	547439	210335	191299
天　津	288	274	12160	10411	255534	222158	38075	35936
石家庄								
太　原	39	34	2841	2594	27262	26052	7789	7339
呼和浩特	5	4	260	262	2300	2150	680	615
沈　阳	216	188	10700	9850	41550	39650	13230	13662
大　连	65	59	3382	2591	21526	17988	9776	8561
长　春	11	11	700	650	18500	18500	2080	2080
哈尔滨	18	13	1283	1202	9309	4492	4912	3147
上　海	726	618	43679	40014	264277	234041	102691	90128
南　京	191	178	10969	10353	83125	71100	29139	26413
杭　州	383	337	21260	16583	174476	140632	56900	47584
宁　波	22	21	4011	4584	88970	86310	19525	19315
合　肥	86	69	4280	3690	103878	92678	15619	13203
福　州	115	104	5068	4341	35760	29444	17390	14970
厦　门	161	144	5420	3792	33070	29670	12323	10699
南　昌	44	39	3287	3014	32370	29867	9463	9262
济　南	19	16	1153	1015	8221	6909	3095	2691
青　岛	255	208	10972	9056	197886	174030	113163	108622
郑　州	312	300	2583	1813	22185	18811	9125	8016
武　汉	195	173	21963	20051	216799	182683	63702	52233
长　沙	50	48	2627	2556	30876	28995	10140	9693
广　州	540	456	35185	37122	303652	321810	103906	98370
深　圳	404	317	18653	16862	134978	103427	209749	198410
南　宁	42	36	2310	1732	15417	12790	5563	4989
海　口	2	2	210	230	1500	1500	850	850
重　庆	174	168	16296	15486	177505	205573	47529	67315
成　都	83	70	8887	7162	38239	32552	16609	15630
贵　阳	16	16	1347	1456	40139	32670	4569	5157
昆　明	73	68	2234	2341	38794	29314	12411	11399
西　安	51	46	2507	2183	41362	39117	7466	6470
兰　州	11	12	925	987	8580	8988	2371	2441
西　宁	11	11	243	283	3360	6810	810	960
银　川	1	1	50	50	1000	1000	500	500
乌鲁木齐	36	36	1211	1426	21597	22165	5805	6207

4—27 35城市连锁餐饮企业加盟门店基本情况

项　目	门店数（个）		年末从业人员（人）		年末营业面积（平方米）		年末餐位数（个）	
	2007年	2006年	2007年	2006年	2007年	2006年	2007年	2006年
合　计	**3693**	**3398**	**165145**	**135135**	**2051455**	**1836151**	**831326**	**766033**
北　京	181	162	9823	8287	237704	166475	38427	31125
天　津	640	614	1951	1861	27229	23889	9920	8560
石家庄								
太　原	7	8	590	660	5740	6000	3540	3600
呼和浩特								
沈　阳	1		90		450		200	
大　连								
长　春								
哈尔滨	3	4	143	239	1051	1807	787	827
上　海	6	2	213	37	2130	1010	816	292
南　京	3	3	90	90	700	700	300	300
杭　州	240	169	9768	6315	169585	94660	58286	33300
宁　波								
合　肥	13	14	1110	1338	37802	34945	4516	4386
福　州	255	244	4879	4385	64507	62196	32240	26420
厦　门	4	4			1200	1200	568	568
南　昌	2	2	215	236	6482	6338	980	1016
济　南								
青　岛	88	87	3494	3302	34000	30970	13190	12300
郑　州	71	59	1633	1173	12426	9699	7767	6458
武　汉	23	24	3658	3609	35900	31940	11861	9355
长　沙								
广　州	54	42	3088	2466	37425	31036	7018	7442
深　圳								
南　宁								
海　口								
重　庆	1914	1783	119880	96873	1323541	1279736	605642	587940
成　都	82	72	1545	1367	18493	16670	14778	13018
贵　阳								
昆　明	92	87	2578	2432	30470	32160	18106	16826
西　安								
兰　州	9	13	189	275	1620	2260	684	1000
西　宁								
银　川	5	5	208	190	3000	2460	1700	1300
乌鲁木齐								

4—28　35城市连锁餐饮企业经营情况

项　目	商品购进总额		统一配送商品购进额		自有配送中心配送商品购进额	
	2007年	2006年	2007年	2006年	2007年	2006年
合　计	**2199088**	**1867989**	**1412007**	**1185367**	**941700**	**760541**
北　京	394512	319960	257440	199574	113548	88222
天　津	90252	73353	65422	50388	49604	37357
石家庄						
太　原	17301	12767	13638	10250	13638	10250
呼和浩特	900	700				
沈　阳	77440	62624	57440	43624		
大　连	21900	18751	21900	18751	21526	18551
长　春	2233	2042	2233	2042	1104	1042
哈尔滨	5458	4574	4984	4227	4984	4227
上　海	142424	161371	134585	152785	48803	39793
南　京	51555	41344	51295	40964	38175	29496
杭　州	104239	101611	86332	89583	81352	85338
宁　波	32417	28667	19366	17328		
合　肥	14690	14209	7427	9029	1515	2601
福　州	23245	18753	20654	16801	11286	8350
厦　门	18499	17305	15934	14940	5185	3327
南　昌	19408	17462	12897	10805	2789	3336
济　南	5709	4391	5709	4391	5709	4391
青　岛	137584	91465	133738	79683	124974	79454
郑　州	33199	22134	25833	17442	19838	11850
武　汉	883	763	883	763	883	763
长　沙	27431	21682	27431	21682	27431	21682
广　州	196980	158915	122809	90248	122248	89680
深　圳	105236	76076	103220	74883	100139	72553
南　宁	12017	7891	12017	7891		
海　口	1296	1602				
重　庆	570596	509183	142316	150818	97228	105846
成　都	34782	30797	34782	30797	21906	19451
贵　阳	10446	9862				
昆　明	21149	13494	19606	13246	18696	13246
西　安	10786	9104	67	73	67	73
兰　州	4216	4222	1741	1445	1741	1445
西　宁	1130	1006	1130	1006		
银　川	871	771	871	771		
乌鲁木齐	8306	9139	8306	9139	7331	8216

4—28 续表

单位:万元

项目	非自有配送中心配送商品购进额		营业收入		餐费收入及商品销售额	
	2007年	2006年	2007年	2006年	2007年	2006年
合计	**211720**	**218902**	**5159003**	**4254419**	**5151988**	**4249165**
北京	13113	10334	917819	751729	917721	751416
天津			247476	198930	246325	198013
石家庄						
太原			53947	41028	53947	41028
呼和浩特			1300	600	1300	600
沈阳			181320	146594	181320	146594
大连	374	200	52484	40945	52484	40945
长春	1129	1000	4232	3905	4232	3905
哈尔滨			11821	10339	11821	10339
上海	85782	112992	483234	406722	483234	406722
南京	13013	11465	148491	118578	148491	118578
杭州	2461	2053	352606	276576	351970	276576
宁波	13276	11612	54973	48938	54757	48768
合肥	4791	4338	34304	29748	34304	29748
福州	8860	7122	88023	75511	88023	75511
厦门	8970	10479	70857	59005	70857	59005
南昌	10108	7469	42785	37349	42785	37349
济南			14003	10379	14003	10379
青岛	8764	229	164949	139800	162987	138512
郑州	5995	5592	57101	39475	57101	39475
武汉			219896	182447	217970	180916
长沙			71941	56916	71941	56916
广州	561	568	487746	392512	486886	391630
深圳	3081	2330	258413	206135	258413	206135
南宁			31133	18104	31133	18104
海口			2168	2756	2168	2756
重庆	16719	18079	890769	787103	890604	786950
成都	12877	11346	77939	61685	77939	61685
贵阳			16285	15552	16285	15552
昆明			56651	41260	56651	41260
西安			31575	27811	31575	27811
兰州			8826	9232	8826	9232
西宁			2103	1738	2103	1738
银川	871	771	1524	1374	1524	1374
乌鲁木齐	975	924	20310	13647	20310	13647

4—29 35城市连锁餐饮企业直营门店经营情况

单位:万元

项目	商品购进总额		统一配送商品购进额		自有配送中心配送商品购进额	
	2007年	2006年	2007年	2006年	2007年	2006年
合计	**1598060**	**1322132**	**1248561**	**1026114**	**827272**	**643700**
北京	352627	286198	249384	192554	105641	81390
天津	79233	62333	65422	50388	49604	37357
石家庄						
太原	15138	10855	13638	10250	13638	10250
呼和浩特	900	700				
沈阳	75440	62624	57440	43624		
大连	21900	18751	21900	18751	21526	18551
长春	2233	2042	2233	2042	1104	1042
哈尔滨	4571	3812	4244	3706	4244	3706
上海	141734	161291	133923	152717	48276	39793
南京	51305	41099	51045	40719	37925	29251
杭州	85391	88834	80786	86627	78666	83803
宁波	32417	28667	19366	17328		
合肥	10945	9072	6996	7080	1084	1799
福州	20228	15600	18549	14745	9832	7370
厦门	18499	17305	15934	14940	5185	3327
南昌	18325	16491	12767	10794	2785	3336
济南	5709	4391	5709	4391	5709	4391
青岛	130199	83149	126548	79143	124834	78914
郑州	26395	17939	25833	17442	19838	11850
武汉	883	763	883	763	883	763
长沙	27431	21682	27431	21682	27431	21682
广州	186861	150019	115969	84648	115408	84080
深圳	105236	76076	103220	74883	100139	72553
南宁	12017	7891	12017	7891		
海口	1296	1602				
重庆	91157	62486	21458	20175	9855	10239
成都	30430	26856	30430	26856	21321	18795
贵阳	10446	9862				
昆明	14595	10332	13813	10011	13311	9853
西安	10786	9104	67	73	67	73
兰州	3814	3732	1636	1316	1636	1316
西宁	1130	1006	1130	1006		
银川	484	430	484	430		
乌鲁木齐	8306	9139	8306	9139	7331	8216

4—29 续表

单位:万元

项目	非自有配送中心配送商品购进额		营业收入		餐费收入及商品销售额	
	2007年	2006年	2007年	2006年	2007年	2006年
合计	**189364**	**201743**	**4071377**	**3295556**	**4064504**	**3290443**
北京	13004	10166	822731	678829	822633	678516
天津			214331	171496	213180	170580
石家庄						
太原			50261	37731	50261	37731
呼和浩特			1300	600	1300	600
沈阳			180130	146594	180130	146594
大连	374	200	52484	40945	52484	40945
长春	1129	1000	4232	3905	4232	3905
哈尔滨			10011	8485	10011	8485
上海	85648	112924	481063	406575	481063	406575
南京	13013	11465	147991	118088	147991	118088
杭州	1859	1468	308024	245083	307388	245083
宁波	13276	11612	54973	48938	54757	48768
合肥	4791	4338	25117	20140	25117	20140
福州	8209	6501	53468	43900	53468	43900
厦门	8970	10479	70857	59005	70857	59005
南昌	9982	7459	40592	35393	40592	35393
济南			14003	10379	14003	10379
青岛	1714	229	146273	121528	144312	120240
郑州	5995	5592	35838	25493	35838	25493
武汉			197160	161696	195234	160165
长沙			71941	56916	71941	56916
广州	561	568	467451	375049	466591	374167
深圳	3081	2330	258413	206135	258413	206135
南宁			31133	18104	31133	18104
海口			2168	2756	2168	2756
重庆	7191	5999	151384	105720	151360	105708
成都	9109	8062	66074	51082	66074	51082
贵阳			16285	15552	16285	15552
昆明			32791	27342	32791	27342
西安			31575	27811	31575	27811
兰州			8076	8149	8076	8149
西宁			2103	1738	2103	1738
银川	484	430	835	754	835	754
乌鲁木齐	975	924	20310	13647	20310	13647

4—30 35城市连锁餐饮企业加盟门店经营情况

单位:万元

项目	商品购进总额		统一配送商品购进额		自有配送中心配送商品购进额	
	2007年	2006年	2007年	2006年	2007年	2006年
合计	**601029**	**547264**	**163446**	**160027**	**114428**	**117088**
北京	41886	33761	8056	7019	7907	6832
天津	11019	11020				
石家庄						
太原	2163	1912				
呼和浩特						
沈阳	2000					
大连						
长春						
哈尔滨	887	762	740	521	740	521
上海	690	80	662	68	527	
南京	250	245	250	245	250	245
杭州	18848	12777	5546	2955	2687	1535
宁波						
合肥	3745	5137	431	1949	431	802
福州	3017	3154	2105	2057	1454	980
厦门						
南昌	1083	971	130	11	4	
济南						
青岛	7385	8316	7191	540	140	540
郑州	6804	4195				
武汉						
长沙						
广州	10119	8896	6840	5600	6840	5600
深圳						
南宁						
海口						
重庆	479439	446697	120859	130642	87373	95607
成都	4353	3941	4353	3941	585	657
贵阳						
昆明	6554	4569	5793	4009	5384	3640
西安						
兰州	402	490	106	129	106	129
西宁						
银川	386	341	386	341		
乌鲁木齐						

4—30 续表

单位:万元

项目	非自有配送中心配送商品购进额		营业收入		餐费收入及商品销售额	
	2007 年	2006 年	2007 年	2006 年	2007 年	2006 年
合计	**22355**	**17159**	**1087626**	**958863**	**1087484**	**958722**
北京	110	168	95088	72900	95088	72900
天津			33146	27433	33146	27433
石家庄						
太原			3687	3297	3687	3297
呼和浩特						
沈阳			1189		1189	
大连						
长春						
哈尔滨			1810	1854	1810	1854
上海	135	68	2170	147	2170	147
南京			500	490	500	490
杭州	602	586	44582	31494	44582	31494
宁波						
合肥			9187	9607	9187	9607
福州	651	621	34555	31611	34555	31611
厦门						
南昌	126	11	2193	1956	2193	1956
济南						
青岛	7051		18675	18272	18675	18272
郑州			21263	13982	21263	13982
武汉			22736	20751	22736	20751
长沙						
广州			20295	17463	20295	17463
深圳						
南宁						
海口						
重庆	9528	12080	739386	681383	739244	681242
成都	3767	3284	11865	10603	11865	10603
贵阳						
昆明			23861	13918	23861	13918
西安						
兰州			750	1083	750	1083
西宁						
银川	386	341	689	620	689	620
乌鲁木齐						

第五部分

连锁零售企业情况

5—1 销售额10亿元以上连锁零售企业

企业名称	业态	所在地
100亿元以上		
中石化股份有限公司广东石油分公司	加油站	广东省广州市荔湾区
苏宁电器股份有限公司	专业店	江苏省南京市鼓楼区
中石化股份有限公司江苏石油分公司	加油站	江苏省南京市鼓楼区
中石化股份有限公司浙江石油公司	加油站	浙江省杭州市
中石化股份有限公司山东分公司	专业店	山东省济南市历下区
联华超市股份有限公司	超级市场	上海市虹口区
中石化股份有限公司上海石油分公司	专业店	上海市黄浦区
上海大润发有限公司	超级市场	上海市闸北区
中石化股份有限公司河北石油分公司	加油站	河北省石家庄市裕华区
中石化股份有限公司北京石油分公司	加油站	北京市朝阳区
苏果超市有限公司	超级市场	江苏省南京市白下区
中石油股份有限公司辽宁销售分公司	加油站	辽宁省沈阳市皇姑区
重庆商社集团有限公司	百货商店	重庆市渝中区
中石化股份有限公司安徽石油分公司	专业店	安徽省合肥市包河区
江苏五星电器有限公司	专业店	江苏省南京市鼓楼区
中石油股份有限公司内蒙古销售公司	专业店	内蒙古呼和浩特市新城区
中石化股份有限公司湖南石油分公司	加油站	湖南省长沙市开福区
中石化股份有限公司福建石油分公司	加油站	福建省福州市鼓楼区
上海农工商超市有限公司	超级市场	上海市普陀区
新一佳超市有限公司	超级市场	广东省深圳市罗湖区
安利(中国)日用品有限公司	专卖店	广东省广州市越秀区
合肥百货大楼集团股份有限公司	百货商店	安徽省合肥市庐阳区
上海华联超市股份有限公司	超级市场	上海市杨浦区
沃尔玛深国投百货有限公司	超级市场	广东省深圳市福田区
江苏文峰大世界连销发展股份有限公司	百货商店	江苏省南通市崇川区
物美控股集团有限公司	超级市场	北京市石景山区
中石油股份有限公司江苏销售分公司	加油站	江苏省南京市鼓楼区
青岛利群集团股份有限公司	百货商店	山东省青岛市崂山区
广东物资集团汽车贸易公司	专业店	广东省广州市白云区
中石油股份有限公司甘肃销售分公司	加油站	甘肃省兰州市城关区
三联商社	专业店	山东省济南市历下区
中石油股份有限公司浙江销售分公司	加油站	浙江省杭州市西湖区
中百集团	超级市场	湖北省武汉市江汉区
中石油股份有限公司重庆销售分公司	加油站	重庆市渝中区
中石油股份有限公司上海销售分公司	专业店	上海市浦东新区
中石化股份有限公司股份有限公司贵州分公司	加油站	贵州省贵阳市贵阳市
锦江麦德龙现购自运有限公司	超级市场	上海市普陀区
北京王府井百货(集团)股份有限公司	百货商店	北京市东城区

5—1 续表1

企业名称	业态	所在地
50—100亿元		
中石油股份有限公司大连销售分公司	加油站	辽宁省大连市中山区
中石化股份有限公司森美(福建)石油有限公司	专业店	福建省福州市鼓楼区
山东银座商城股份有限公司	百货商店	山东省济南市历下区
武商集团	百货商店	湖北省武汉市江汉区
上海永乐家用电器有限公司	专业店	上海市南汇区
江苏时代超市有限公司	超级市场	江苏省南通市崇川区
江苏省新华书店集团有限公司	其他	江苏省南京市玄武区
江苏宏图三胞科技发展有限公司	专业店	江苏省南京市玄武区
中石油股份有限公司河南销售分公司	加油站	河南省郑州市
中石化股份有限公司天津石油分公司	其他	天津市南开区
中石油股份有限公司湖南销售分公司	加油站	湖南省长沙市开福区
上海易初莲花连锁超市有限公司	超级市场	上海市闵行区
潍坊百货集团股份有限公司	超级市场	山东省潍坊市奎文区
北京市大中电器有限公司	专业店	北京市石景山区
武汉中商集团股份有限公司	百货商店	湖北省武汉市武昌区
国美电器有限公司	专业店	北京市朝阳区
安徽商之都有限责任公司	百货商店	安徽省合肥市庐阳区
中石化股份有限公司郑州石油公司	加油站	河南省郑州市
浙江省新华书店集团有限公司	专业店	浙江省杭州市西湖区
中石油股份有限公司北京销售分公司	加油站	北京市朝阳区
中石油股份有限公司广西销售分公司	加油站	广西南宁市青秀区
深圳天虹商场有限公司	百货商店	广东省深圳市福田区
中石油股份有限公司海南分公司	加油站	海南省海口市美兰区
中石油股份有限公司沈阳销售分公司	加油站	辽宁省沈阳市沈河区
中石油股份有限公司安徽销售分公司	专业店	安徽省合肥市庐阳区
上海苏宁电器有限公司	专业店	上海市虹口区
安徽辉隆农资集团有限公司	专业店	安徽省合肥市庐阳区
中石油股份有限公司宁夏销售分公司	专业店	宁夏银川市兴庆区
中石油股份有限公司冀东销售分公司	专业店	河北省唐山市路南区
华润万家有限公司	超级市场	广东省深圳市罗湖区
中石化股份有限公司昆明分公司	加油站	云南省昆明市官渡区
10—50亿元		
中石油股份有限公司天津销售分公司	其他	天津市和平区
南京金鹰国际集团购物中心有限公司	百货商店	江苏省南京市白下区
上海好德便利有限公司	便利店	上海市普陀区
山东家家悦集团有限公司	超级市场	山东省威海市环翠区
中油有限公司广州分公司	加油站	广东省广州市海珠区
浙江银泰百货有限公司	百货商店	浙江省杭州市下城区
青岛市烟草专卖局青岛烟草有限公司	其他	山东省青岛市市北区
步步高商业连锁股份有限公司	超级市场	湖南省湘潭市雨湖区
浙江惠多利农资连锁有限公司	专业店	浙江省杭州市

5—1 续表2

企业名称	业态	所在地
北京苏宁电器有限公司	专业店	北京市通州区
武汉工贸有限公司	专业店	湖北省武汉市江汉区
中石化股份有限公司广西南宁石油分公司	加油站	广西南宁市西乡塘区
中石油股份有限公司黑龙江分公司	加油站	黑龙江省哈尔滨市道里区
福中信息产业集团有限公司	专业店	江苏省南京市玄武区
济南人民大润发商业有限公司	超级市场	山东省济南市历下区
北京京客隆商业集团股份有限公司	超级市场	北京市朝阳区
上海国美电器公司	专业店	上海市长宁区
华联集团吉买盛购物中心有限公司	超级市场	上海市闸北区
深圳茂业商厦有限公司	百货商店	广东省深圳市罗湖区
山东新星购销总部	超级市场	山东省淄博市淄川区
成都红旗连锁有限公司	超级市场	四川省成都市
宁波三江购物俱乐部有限公司	超级市场	浙江省宁波市海曙区
中石化销售有限公司西北新疆分公司	加油站	新疆乌鲁木齐市新市区
中石化股份有限公司湖北石油直属销售分公司	加油站	湖南省长沙市
中石化股份有限公司武汉石油分公司	专业店	湖北省武汉市江汉区
中石油股份有限公司云南销售分公司	专业店	云南省昆明市五华区
北京家乐福商业有限公司	超级市场	北京市丰台区
天津国美电器有限公司	专卖店	天津市南开区
广州易初蓬花连锁超市有限公司	超级市场	广东省广州市白云区
中石化股份有限公司安阳石油分公司	加油站	河南省安阳市
山东临沂汽车工业贸易有限公司	专业店	山东省临沂市兰山区
佛山市顺德区新协力集团有限公司	专业店	广东省佛山市顺德区
中石化股份有限公司江西南昌石油分公司	加油站	江西省南昌市青山湖区
深圳市国美电器有限公司	专业店	广东省深圳市福田区
好美家装潢建材有限公司	专业店	上海市黄浦区
北京北星行汽车销售中心	专卖店	北京市海淀区
福建永辉集团有限公司	超级市场	福建省福州市鼓楼区
广州市好又多百货商业广场有限公司	超级市场	广东省广州市天河区
江苏省食品集团有限公司	专卖店	江苏省南京市鼓楼区
广州市国美电器有限公司	专业店	广东省广州市萝岗区
青岛维客集团股份有限公司	百货商店	山东省青岛市李沧区
上海联华快客便利有限公司	便利店	上海市虹口区
上海可的便利店有限公司	便利店	上海市静安区
上海家得利超市有限公司	超级市场	上海市徐汇区
广州屈臣氏个人用品商店有限公司	百货商店	广东省广州市越秀区
广州百佳超级市场有限公司	超级市场	广东省广州市海珠区
浙江话机世界数码连锁集团有限公司	专业店	浙江省杭州市拱墅区
成都国美电器有限公司	专业店	四川省成都市金牛区
深圳市人人乐商业有限公司	超级市场	广东省深圳市南山区
中石化股份有限公司广西柳州石油分公司	加油站	广西柳州市柳南区
华糖洋华堂商业有限公司	超级市场	北京市朝阳区

5—1 续表3

企业名称	业态	所在地
广州友谊商店股份有限公司	百货商店	广东省广州市越秀区
新疆生产建设兵团石油有限公司	加油站	新疆乌鲁木齐市天山区
中石油股份有限公司新疆乌鲁木齐销售分公司	加油站	新疆乌鲁木齐市新市区
北京易初莲花连锁超市有限公司	超级市场	北京市朝阳区
中石油股份有限公司贵州销售分公司	加油站	贵州省贵阳市贵阳市
湖南老百姓大药房连锁有限公司	专业店	湖南省长沙市开福区
奥康鞋业销售有限公司	专卖店	浙江省温州市永嘉县
北京菜市口百货股份有限公司	专业店	北京市宣武区
广东苏宁电器有限公司	专业店	广东省广州市海珠区
中石化股份有限公司河南新乡石油公司	专业店	河南省新乡市
中石化股份有限公司河南洛阳石油公司	加油站	河南省洛阳市
雅芳(中国)有限公司	专卖店	广东省广州市天河区
江苏明都汽车摩托车有限公司	专业店	江苏省常州市武进区
北京翠微大厦股份有限公司	百货商店	北京市海淀区
广州友谊班尼路服饰有限公司	专卖店	广东省广州市天河区
郑州丹尼斯百货有限公司	百货商店	河南省郑州市
西安开元控股集团股份有限公司	百货商店	陕西省西安市碑林区
中石化股份有限公司桂林石油分公司	加油站	广西桂林市叠彩区
上海太平洋百货有限公司	百货商店	上海市徐汇区
中石化股份有限公司广西百色石油分公司	加油站	广西百色市右江区
中石化股份有限公司江西吉安分公司	加油站	江西省吉安市吉州区
中石化股份有限公司南阳石油分公司	加油站	河南省南阳市
南昌百货大楼股份有限公司	百货商店	江西省南昌市东湖区
北京美廉美连锁商业有限公司	超级市场	北京市海淀区
石家庄北国商城有限责任公司	百货商店	河北省石家庄市桥东区
天津华润万家生活超市有限公司	超级市场	天津市东丽区
东莞市金叶珠宝有限公司	专卖店	广东省东莞市东莞市
广东吉之岛天贸百货有限公司	百货商店	广东省广州市天河区
中石化股份有限公司广西北海石油分公司	加油站	广西北海市北海市
浙江华润慈客隆超市有限公司	超级市场	浙江省宁波市慈溪市
中石化股份有限公司江西宜春石油公司	加油站	江西省宜春市袁州区
中石化股份有限公司河南平顶山分公司	加油站	河南省平顶山市
北京超市发连锁股份有限公司	超级市场	北京市海淀区
中石化股份有限公司广西梧州分公司	加油站	广西梧州市长洲区
中石化股份有限公司广西玉林石油分公司	加油站	广西玉林市玉州区
中石油股份有限公司新疆库尔勒销售公司	加油站	新疆库尔勒市
中石化股份有限公司河南焦作石油分公司	专业店	河南省焦作市
重庆国美电器有限公司	专业店	重庆市沙坪坝区
浙江雄风实业集团有限公司	专业店	浙江省绍兴市诸暨市
广东本草药业连锁有限公司	专业店	广东省广州市越秀区
江西洪客隆投资集团有限公司	百货商店	江西省南昌市东湖区
中国天然气股份有限公司山西销售分公司	专业店	山西省太原市小店区

5—1　续表 4

企业名称	业态	所在地
南昌洪城大厦股份有限公司	百货商店	江西省南昌市西湖区
北京市西单商场股份有限公司	百货商店	北京市西城区
中石化股份有限公司江西九江分公司	加油站	江西省九江市浔阳区
北京沃尔玛百货有限公司	仓储会员店	北京市石景山区
上海欧尚超市有限公司	超级市场	上海市杨浦区
中石化股份有限公司广西贵港石油分公司	加油站	广西贵港市港北区
东方家园有限公司	家具建材商店	北京市丰台区
深圳市苏宁电器有限公司	专业店	广东省深圳市福田区
绍兴供销超市有限公司	便利店	浙江省绍兴市越城区
深圳市顺电连锁股份有限公司	其他	广东省深圳市福田区
华润万家生活超市广州有限公司	百货商店	广东省广州市越秀区
中石油股份有限公司阿克苏分公司	其他	新疆阿克苏市
安徽国美电器有限责任公司	专业店	安徽省合肥市庐阳区
中石化股份有限公司广西河池分公司	加油站	广西壮族自治区河池市金城江区
青岛北方国贸大厦股份有限公司	百货商店	山东省青岛市李沧区
黑龙江黑天鹅家电有限公司	专业店	黑龙江省哈尔滨市南岗区
成都苏宁电器连锁加盟有限公司	专业店	四川省成都市金牛区
深圳岁宝百货有限公司	百货商店	广东省深圳市福田区
中石化股份有限公司河南三门峡石油分公司	加油站	河南省三门峡市
北京市顺义国泰商业大厦	百货商店	北京市顺义区
安徽徽商农家福有限公司	专业店	安徽省合肥市包河区
湖南长沙新一佳商业投资有限公司	超级市场	湖南省长沙市开福区
中石化股份有限公司河南信阳分公司	加油站	河南省信阳市平桥区
哈尔滨中央红集团股份有限公司	百货商店	黑龙江省哈尔滨市道里区
重庆苏宁电器连锁加盟有限公司	专业店	重庆市渝中区
天津苏宁电器连锁加盟有限公司	专业店	天津市和平区
中石化股份有限公司许昌石油分公司	专业店	河南省许昌市
中石油股份有限公司广州分公司	加油站	广东省广州市天河区
西安市人人乐超市有限公司	超级市场	陕西省西安市莲湖区
捷强烟草糖酒(集团)连锁有限公司	超级市场	上海市徐汇区
中石化股份有限公司河南商丘分公司	加油站	河南省商丘市梁园区
深圳市深长实业股份有限公司	加油站	广东省深圳市罗湖区
广州家广超市有限公司(家乐福万国店)	超级市场	广东省广州市海珠区
西安爱家商贸有限公司	超级市场	陕西省西安市新城区
上海百安居建材超市有限公司	专业店	上海市浦东新区
福州国美电器有限公司	专卖店	福建省福州市晋安区
永旺东泰商业有限公司	其他	山东省青岛市市南区
新疆兵团农业生产资料供应公司	其他	新疆乌鲁木齐市新市区
长沙通程实业集团有限公司	百货商店	湖南省长沙市雨花区
青岛国美电器有限公司	专业店	山东省青岛市四方区
湖南家润多超市有限公司	超级市场	湖南省长沙市雨花区
中山市壹加壹商业连锁有限公司	超级市场	广东省中山市

5—1 续表 5

企业名称	业态	所在地
中石化股份有限公司濮阳石油分公司	加油站	河南省濮阳市
武汉汉福超市有限公司	超级市场	湖北省武汉市汉阳区
宁波市北仑加贝购物俱乐部	超级市场	浙江省宁波市北仑区
武汉国美电器有限公司	专业店	湖北省武汉市江岸区
山西美特好连锁超市股份有限公司	超级市场	山西省太原市杏花岭区
青岛利客来商贸股份有限公司	百货商店	山东省青岛市李沧区
中石化股份有限公司周口分公司	加油站	河南省周口市川汇区
上海易买得超市有限公司	超级市场	上海市虹口区
沈阳家乐福商业有限公司	超级市场	辽宁省鞍山市
中石化股份有限公司湖北高速公路油站管理分公司	加油站	湖北省武汉市硚口区
重庆和平药房连锁有限责任公司	专业店	重庆市渝中区
云南沃尔玛百货有限公司	超级市场	云南省昆明市五华区
浙江人本超市有限公司	超级市场	浙江省温州市鹿城区
中石化股份有限公司开封分公司	加油站	河南省开封市鼓楼区
深圳虎威制衣有限公司广州分公司	专卖店	广东省广州市越秀区
中石油股份有限公司昌吉销售公司	专业店	新疆昌吉市
昆明家乐福超市有限公司	超级市场	云南省昆明市五华区
上海良友金伴便利连锁有限公司	便利店	上海市徐汇区
北京欧尚超市有限公司	超级市场	北京市海淀区
上海伍缘现代杂货有限公司	其他	上海市卢湾区
中石油股份有限公司新疆哈密销售分公司	专业店	新疆哈密市
北京迪信通电子通信技术有限公司	专业店	北京市海淀区
河北保龙仓商业连锁经营有限公司	超级市场	河北省石家庄市裕华区
中石化股份有限公司河南漯河石油分公司	加油站	河南省漯河市
北京华普联合商业投资有限公司	超级市场	北京市朝阳区
上海宏图三胞电脑发展有限公司	专业店	上海市长宁区
西安民生集团股份有限公司	百货商店	陕西省西安市新城区
天津壳牌石油有限公司	其他	天津市和平区
深圳市海王星辰医药有限公司	便利店	广东省深圳市南山区
中石化股份有限公司上饶分公司	加油站	江西省上饶市信州区
中贸联万客隆商业有限公司	仓储会员店	北京市朝阳区
河南永乐生活电器有限公司	超级市场	河南省郑州市
东莞市励骏实业有限公司	专卖店	广东省东莞市
东莞喜威液化石油气有限公司	加油站	广东省东莞市
北京宜家家居有限公司	家具建材商店	北京市朝阳区
新合作常客隆连锁超市有限公司	超级市场	江苏省常熟市

5—2 100门店以上连锁零售企业

企业名称	业态	所在地
2000个以上		
雅芳(中国)有限公司	专卖店	广东省广州市天河区
中石化股份有限公司山东分公司	专业店	山东省济南市历下区
安徽辉隆农资集团有限公司	专业店	安徽省合肥市庐阳区
上海华联超市股份有限公司	超级市场	上海市杨浦区
奥康鞋业销售有限公司	专卖店	浙江省温州市永嘉县
中石化股份有限公司河北石油分公司	加油站	河北省石家庄市裕华区
1000～1999个		
中石化股份有限公司江苏石油分公司	加油站	江苏省南京市鼓楼区
中石化股份有限公司广东石油分公司	加油站	广东省广州市荔湾区
联华超市股份有限公司	超级市场	上海市虹口区
重庆和平药房连锁有限责任公司	专业店	重庆市渝中区
上海联华快客便利有限公司	便利店	上海市虹口区
中石化股份有限公司浙江石油分公司	加油站	浙江省杭州市
绍兴供销超市有限公司	便利店	浙江省绍兴市越城区
苏果超市有限公司	超级市场	江苏省南京市白下区
安徽徽商农家福有限公司	专业店	安徽省合肥市包河区
上海东方书报刊服务有限公司	专业店	上海市静安区
河北好日子商业股份有限公司	便利店	河北省石家庄市桥西区
中石化股份有限公司湖南石油分公司	加油站	湖南省长沙市开福区
中石油内蒙古销售公司	专业店	内蒙古呼和浩特市新城区
中石化股份安徽石油分公司	专业店	安徽省合肥市包河区
上海可的便利店有限公司	便利店	上海市静安区
上海好德便利有限公司	便利店	上海市普陀区
云南东骏药业有限公司	专业店	云南省昆明市西山区
广州黄振龙凉茶公司	其他	广东省广州市天河区
上海古今内衣有限公司	专卖店	上海市卢湾区
广东本草药业连锁有限公司	专业店	广东省广州市越秀区
500～999个		
中石油股份有限公司辽宁销售分公司	加油站	辽宁省沈阳市皇姑区
红蜻蜓集团营销有限公司	专卖店	浙江省温州市永嘉县
浙江惠多利农资连锁有限公司	专业店	浙江省杭州市
东莞市以纯集团有限公司	专卖店	广东省东莞市东莞市
中石油股份有限公司甘肃销售分公司	加油站	甘肃省兰州市城关区
上海农工商超市有限公司	超级市场	上海市普陀区
江苏文峰大世界连销发展股份有限公司	百货商店	江苏省南通市崇川区
青岛利群集团股份有限公司	百货商店	山东省青岛市崂山区
青岛维客集团股份有限公司	百货商店	山东省青岛市李沧区
广州市宝生园有限公司	专卖店	广东省广州市越秀区
广东国药医药连锁企业有限公司	专业店	广东省广州市天河区
新疆兵团农业生产资料供应公司	其他	新疆乌鲁木齐市新市区
成都红旗连锁有限公司	超级市场	四川省成都市
中石化股份有限公司贵州分公司	加油站	贵州省贵阳市贵阳市
河南众品商业发展有限公司	专业店	河南省许昌市长葛市
宁夏中邮物流有限责任公司	其他	宁夏银川市兴庆区
苏宁电器股份有限公司	专业店	江苏省南京市鼓楼区

5—2 续表1

企业名称	业态	所在地
江苏省食品集团有限公司	专卖店	江苏省南京市鼓楼区
物美控股集团有限公司	超级市场	北京市石景山区
广州友谊班尼路服饰有限公司	专卖店	广东省广州市天河区
宁夏中农金合农业生产资料有限公司	其他	宁夏银川市兴庆区
中石油股份有限公司河南销售分公司	加油站	河南省郑州市
云南鸿翔药业有限公司	专业店	云南省昆明市西山区
上海良友金伴便利连锁有限公司	便利店	上海市徐汇区
中百集团	超级市场	湖北省武汉市江汉区
重庆昌野药房连锁有限公司	专业店	重庆市南岸区
中石化股份有限公司北京石油分公司	加油站	北京市朝阳区
中石油股份有限公司江苏销售分公司	加油站	江苏省南京市鼓楼区
中石化股份有限公司上海石油分公司	专业店	上海市黄浦区
深圳虎威制衣有限公司广州分公司	专卖店	广东省广州市越秀区
中石油股份有限公司重庆销售分公司	加油站	重庆市渝中区
辽宁成大方圆医药连锁有限公司	专业店	辽宁省沈阳市和平区
绍兴大通超市有限公司	便利店	浙江省绍兴市上虞市
中石化森美(福建)石油有限公司	专业店	福建省福州市鼓楼区
深圳市海王星辰医药有限公司	便利店	广东省深圳市南山区
新合作常客隆连锁超市有限公司	超级市场	江苏省苏州市常熟市
江西黄庆仁栈华氏大药房有限公司	专业店	江西省南昌市西湖区
100～499个		
重庆长龙天圣大药房连锁有限公司	专业店	重庆市南岸区
中石油股份有限公司湖南销售分公司	加油站	湖南省长沙市开福区
四川省互惠商业有限责任公司	超级市场	四川省成都市新都区
中石化股份有限公司天津石油分公司	其他	天津市南开区
山东家家悦集团有限公司	超级市场	山东省威海市环翠区
珠海嘉伦药业集团光彩大药房连锁有限公司	专业店	广东省珠海市香洲区
陕西伟志集团股份有限公司	专卖店	陕西省西安市
北京福兰德连锁超市	超级市场	北京市通州区
捷强烟草糖酒(集团)连锁有限公司	超级市场	上海市徐汇区
邓州市土产果品公司	其他	河南省南阳市邓州市
广东赛壹便利店有限公司	便利店	广东省广州市越秀区
沂南县佳乐商贸有限公司	超级市场	山东省临沂市沂南县
江山市左邻右舍便利商店有限公司	便利店	浙江省衢州市江山市
山东新星购销总部	超级市场	山东省淄博市淄川区
辽宁亿家商业集团有限公司	便利店	辽宁省鞍山市海城市
上海伍缘现代杂货有限公司	其他	上海市
唐河县新合作商贸有限责任公司	百货商店	河南省南阳市唐河县
湖州老大房超市有限公司	超级市场	浙江省湖州市吴兴区
中石油股份有限公司上海销售分公司	专业店	上海市浦东新区
金华市华洲连锁超市有限公司	超级市场	浙江省金华市婺城区
山西金虎便利连锁有限公司	便利店	山西省太原市杏花岭区
淇县供销社工业品公司	百货商店	河南省鹤壁市淇县
漯河双汇商业连锁有限公司	专卖店	河南省漯河市
梅林正广和便利连锁有限公司	便利店	上海市杨浦区
中石油股份有限公司安徽销售分公司	专业店	安徽省合肥市庐阳区
重庆市万州区江南大药房连锁有限责任公司	专业店	重庆市万州区

5—2　续表2

企业名称	业态	所在地
阜阳华联超市有限公司	超级市场	安徽省阜阳市
福中信息产业集团有限公司	专业店	江苏省南京市玄武区
杭州华辰超市有限公司	便利店	浙江省杭州市富阳市
山西省太原唐久超市有限公司	便利店	山西省太原市杏花岭区
重庆新华书店(集团)有限责任公司	专业店	重庆市渝中区
湖北富迪实业有限公司	超级市场	湖北省省直辖县级行政单位仙桃市
北京金象大药房医药连锁有限公司	专业店	北京市西城区
平顶山市农业生产资料总公司	专业店	河南省平顶山市
杭州余杭禹倡商厦有限公司	便利店	浙江省杭州市余杭区
上海华联罗森有限公司	便利店	上海市静安区
中石油股份有限公司大连销售分公司	加油站	辽宁省大连市中山区
北京隆华顺平副食品批发中心	其他	北京市顺义区
广州市堡狮龙实业有限公司	专卖店	广东省广州市越秀区
中石化股份有限公司河南焦作石油分公司	专业店	河南省焦作市
中石化股份有限公司河南信阳石油分公司	加油站	河南省信阳市平桥区
新疆农资(集团)有限责任公司阿克苏配送中心	专业店	新疆阿克苏地区阿克苏市
潍坊百货集团股份有限公司	超级市场	山东省潍坊市奎文区
广东林和药业有限公司	专业店	广东省广州市荔湾区
浙江省新华书店集团有限公司	专业店	浙江省杭州市西湖区
临沂市正元超市连锁有限公司	百货商店	山东省临沂市兰山区
武汉班尼路商贸有限公司	专卖店	湖北省武汉市江岸区
淅川县万客来供销商贸有限责任公司	超级市场	河南省南阳市淅川县
吉林大药房药业股份有限公司	专卖店	吉林省长春市南关区
天津市津工超市有限责任公司	超级市场	天津市和平区
辉县市金城量贩有限公司	超级市场	河南省新乡市辉县市
宝丰县恒丰工业品配送中心	便利店	河南省平顶山市宝丰县
衢州供销超市有限责任公司	便利店	浙江省衢州市
中石油股份有限公司海南分公司	加油站	海南省海口市美兰区
上海雷允上药品连锁经营有限公司	专业店	上海市黄浦区
杭州蜂之语健康食品有限公司	专业店	浙江省杭州市下城区
浙江人本超市有限公司	超级市场	浙江省温州市鹿城区
鄢陵县安顺有限公司	超级市场	河南省许昌市鄢陵县
中石油股份有限公司浙江销售分公司	加油站	浙江省杭州市西湖区
张家口佳美连锁超市有限公司	超级市场	河北省张家口市桥西区
云南健之佳健康药房有限公司	其他	云南省昆明市盘龙区
中石化股份有限公司郑州石油分公司	加油站	河南省郑州市
云阳县腾龙商贸有限公司	超级市场	重庆市县云阳县
中石油股份有限公司宁夏销售分公司	专业店	宁夏银川市兴庆区
蒙阴县瑞丰农资有限公司	百货商店	山东省临沂市蒙阴县
邓州市农业生产资料公司	专业店	河南省南阳市邓州市
济源鑫鑫旺连锁超市配送有限公司	其他	河南省
广州市萍果牌服装连锁店有限公司	专卖店	广东省广州市越秀区
重庆商社集团有限公司	百货商店	重庆市渝中区
广西一心医药有限责任公司	专业店	广西南宁市西乡塘区
江苏海王星辰健康药房连锁有限公司	专业店	江苏省苏州市平江区
中石化股份有限公司河南洛阳石油分公司	加油站	河南省洛阳市
宁波市北仑加贝购物俱乐部	超级市场	浙江省宁波市北仑区

5—2 续表 3

企业名称	业态	所在地
深圳市一致医药连锁有限公司	专卖店	广东省深圳市福田区
中石化股份有限公司福建石油分公司	加油站	福建省福州市鼓楼区
深圳市南北医药有限公司	专业店	广东省深圳市福田区
浙江华联商厦有限公司	超级市场	浙江省宁波市余姚市
肥城市银宝食品有限公司	专业店	山东省泰安市肥城市
浙江东兴商厦股份有限公司	超级市场	浙江省嘉兴市桐乡市
河南家天下商贸有限公司	超级市场	河南省鹤壁市浚县
建德市供销超市有限公司	便利店	浙江省杭州市建德市
青岛利客来商贸股份有限公司	百货商店	山东省青岛市李沧区
海宁市农业生产资料有限公司	专业店	浙江省嘉兴市海宁市
红黄蓝集团温州服饰有限公司	专卖店	浙江省温州市永嘉县
广州市海王星辰医药连锁有限公司	专业店	广东省广州市海珠区
南京桂花鸭集团有限公司南京销售点	专卖店	江苏省南京市玄武区
新野县新福源量贩	百货商店	河南省南阳市新野县
上海新华传媒股份有限公司	专业店	上海市黄浦区
四川新华文轩连锁股份有限公司	专业店	四川省成都市锦江区
哈尔滨人民同泰医药连锁店	专业店	黑龙江省哈尔滨市道里区
安利(中国)日用品有限公司	专卖店	广东省广州市越秀区
华氏大药房	专业店	上海市虹口区
北京京客隆商业集团股份有限公司	超级市场	北京市朝阳区
浙江话机世界数码连锁集团有限公司	专业店	浙江省杭州市拱墅区
中石化股份有限公司广西南宁石油分公司	加油站	广西南宁市西乡塘区
洛阳华卫药业零售连锁有限公司	专业店	河南省洛阳市西工区
中石油股份有限公司天津销售分公司	其他	天津市和平区
嘉事堂药业股份有限公司(嘉事堂)	专业店	北京市海淀区
新疆生产建设兵团石油有限公司	加油站	新疆乌鲁木齐市天山区
北京农业生产资料有限公司(北京农资连锁店)	专业店	北京市西城区
江苏五星电器有限公司	专业店	江苏省南京市鼓楼区
北京京西鑫维康商贸有限责任公司	便利店	北京市门头沟区
宁波新江厦连锁超市有限公司	超级市场	浙江省宁波市鄞州区
重庆桐君阁大药房连锁有限责任公司	专业店	重庆市渝中区
广东济和堂药业连锁有限公司	专业店	广东省广州市白云区
重庆市万州区中兴医药有限责任公司	专业店	重庆市万州区
江西煌上煌集团食品有限公司	专卖店	江西省南昌市南昌县
三联商社	专业店	山东省济南市历下区
步步高康乐福便民配送中心	百货商店	河南省平顶山市汝州市
太原市六味斋实业有限公司	专卖店	山西省太原市
昆明福林堂药业有限公司	专业店	云南省昆明市五华区
北京吴裕泰茶业股份有限公司	专卖店	北京市东城区
中石油股份有限公司辽宁沈阳销售分公司	加油站	辽宁省沈阳市沈河区
中石油股份有限公司广西销售分公司	加油站	广西南宁市青秀区
金华市太和堂医药连锁有限公司	专业店	浙江省金华市婺城区
四川省富江商贸有限公司	超级市场	四川省德阳市旌阳区
山东翔龙实业集团有限公司	其他	山东省临沂市兰山区
重庆太乙堂大药房连锁有限公司	专业店	重庆市县大足县
山东德州扒鸡集团有限公司	专业店	山东省德州市德城区
中石化股份有限公司昆明分公司	加油站	云南省昆明市官渡区

5—2 续表4

企业名称	业态	所在地
中石化股份有限公司江西吉安分公司	加油站	江西省吉安市吉州区
中石化股份有限公司河南商丘分公司	加油站	河南省商丘市梁园区
渑池县新生活日用品连锁配送中心	便利店	河南省三门峡市渑池县
成都红艳超市有限公司	超级市场	四川省成都市温江区
哈尔滨中央红集团股份有限公司	百货商店	黑龙江省哈尔滨市道里区
洛阳鼎信御安药业连锁有限公司	专业店	河南省洛阳市西工区
广东大地通讯连锁服务有限公司	其他	广东省东莞市东莞市
重庆药上堂药房连锁有限责任公司	便利店	重庆市南岸区
北京医保全新大药房有限责任公司	专业店	北京市东城区
青海省富康医药连锁有限公司	专业店	青海省西宁市城北区
上海家得利超市有限公司	超级市场	上海市徐汇区
泸州宝光药房连锁有限公司	专业店	四川省泸州市江阳区
厦门银祥食品有限公司	专卖店	福建省厦门市同安区
中石化股份有限公司河南新乡石油公司	专业店	河南省新乡市
石石油股份有限公司黑龙江分公司	加油站	黑龙江省哈尔滨市道里区
溧阳市扬子广场有限公司	超级市场	江苏省常州市溧阳市
中石油股份有限公司北京销售分公司	加油站	北京市朝阳区
上海巴黎三城眼镜有限公司	专业店	上海市嘉定区
舞钢市万客来量贩	百货商店	河南省平顶山市舞钢市
中石油股份有限公司贵州销售分公司	加油站	贵州省贵阳市贵阳市
临安市昌化百货有限公司	超级市场	浙江省杭州市临安市
湖南时代阳光养天和大药房连锁有限公司	专业店	湖南省长沙市雨花区
宿迁市千百美超市有限公司	超级市场	江苏省宿迁市宿城区
北京港佳好邻居连锁便利店有限责任公司	便利店	北京市西城区
佛山市顺德区乐从供销集团顺客隆商场有限公司	其他	广东省佛山市顺德区
中石化股份有限公司许昌石油分公司	专业店	河南省许昌市
江山市新红塔商贸有限公司	超级市场	浙江省衢州市江山市
湖南老百姓大药房连锁有限公司	专业店	湖南省长沙市开福区
中石油股份有限公司阿克苏分公司	其他	新疆阿克苏地区阿克苏市
中石化股份有限公司广西柳州石油分公司	加油站	广西柳州市柳南区
台州华联超市有限公司	超级市场	浙江省台州市椒江区
东莞市励骏实业有限公司	专卖店	广东省东莞市东莞市
苏州可的便利店有限公司	便利店	江苏省苏州市沧浪区
湖南千金大药房零售连锁股份有限公司	专业店	湖南省株洲市天元区
上百贸易公司一百超市有限公司	便利店	浙江省绍兴市上虞市
湖北中联大药房连锁有限公司	专业店	湖北省武汉市武昌区
商丘市百川药业有限公司	其他	河南省商丘市睢阳区
华润万家有限公司	超级市场	广东省深圳市罗湖区
广东赛壹便利店有限公司深圳公司	便利店	广东省深圳市罗湖区
中石化股份有限公司南阳石油分公司	加油站	河南省南阳市
河南思达连锁商业有限公司	超级市场	河南省郑州市
青岛国风大药房连锁有限公司	其他	山东省青岛市市南区
深圳市中联大药房有限公司	专卖店	广东省深圳市罗湖区
西安中药集团公司藻露堂连锁店	专卖店	陕西省西安市碑林区
四川省荣县泰康大药房	专业店	四川省自贡市荣县
河南九州通医药有限公司	专业店	河南省郑州市
北京迪亚首联商业零售有限公司	便利店	北京市朝阳区

5—2 续表5

企业名称	业态	所在地
长治昂生大药房零售连锁有限公司	专业店	山西省长治市城区
永州恒康药品零售连锁有限公司	专业店	湖南省永州市冷水滩区
浙江江南大厦股份有限公司	超级市场	浙江省嘉兴市南湖区
北京迪信通电子通信技术有限公司(迪信通)	专业店	北京市海淀区
杭州五丰食品有限公司	专业店	浙江省杭州市上城区
龙游惠中超市有限公司	便利店	浙江省衢州市龙游县
南通市超越超市有限公司	超级市场	江苏省南通市崇川区
桐乡市农业生产资料有限责任公司	专业店	浙江省嘉兴市桐乡市
江西开心人控股股份有限公司	专业店	江西省南昌市青山湖区
中国石油天燃气股份有限公司新疆库尔勒销售	加油站	新疆巴音郭楞蒙古自治州库尔勒市
云南白药大药房有限公司	其他	云南省昆明市盘龙区
无锡可的便利店有限公司	便利店	江苏省无锡市北塘区
中石化股份有限公司桂林石油分公司	加油站	广西桂林市叠彩区
北京嘉事堂龙翔连锁药店有限公司	专业店	北京市平谷区
商丘市京港超市	便利店	河南省商丘市梁园区
福建惠好医药连锁有限公司	专业店	福建省福州市晋安区
中石化股份有限公司江西宜春石油公司	加油站	江西省宜春市袁州区
北京联华快客便利超市有限公司	便利店	北京市朝阳区
通州仁寿大药房连锁有限公司	专业店	江苏省南通市通州市
广州市汉兴实业有限公司	专卖店	广东省广州市天河区
唐河县医药公司	专业店	河南省南阳市唐河县
中油碧辟石油有限公司广州分公司	加油站	广东省广州市海珠区
深圳市民润农产品配送连锁商业有限公司	超级市场	广东省深圳市福田区
武汉煤气(集团)公司	专业店	湖北省武汉市江汉区
大足唯一食品有限公司	便利店	重庆市县大足县
中石化股份有限公司上饶分公司	加油站	江西省上饶市信州区
郏县万客来商贸有限公司	便利店	河南省平顶山市郏县
中石化股份有限公司江西九江分公司	加油站	江西省九江市浔阳区
中石化股份有限公司湖北石油直属销售分公司	加油站	湖南省湖南省
广州明廊眼镜技术有限公司	专业店	广东省广州市白云区
江苏宏图三胞科技发展有限公司	专业店	江苏省南京市玄武区
仙桃市丰联农业生产资料有限公司	专业店	湖北省仙桃市
中石化股份有限公司河南鹤壁石油分公司	加油站	河南省鹤壁市
中石化销售有限公司西北新疆分公司	加油站	新疆乌鲁木齐市新市区
上海华联超市南京有限公司	超级市场	江苏省南京市鼓楼区
常州市信特超市有限公司	超级市场	江苏省常州市天宁区
新一佳超市有限公司	超级市场	广东省深圳市罗湖区
广州城建开发宏城连锁超级市场有限公司	超级市场	广东省广州市天河区
辽宁福缘堂大药房连锁有限公司	专卖店	辽宁省鞍山市海城市
重庆勿忘我商贸有限公司	超级市场	重庆市北碚区

第六部分

连锁餐饮企业情况

6—1 营业收入亿元以上连锁餐饮企业

企业名称	业态	所在地
内蒙古小尾羊餐饮连锁有限公司	正餐	内蒙古包头市青山区
内蒙古小肥羊连锁有限公司	正餐	内蒙古包头市昆都仑区
杭州肯德基有限公司	快餐	浙江省杭州市西湖区
百胜餐饮(广东)有限公司	快餐	广东省广州市越秀区
重庆德庄饮食连锁有限公司	正餐	重庆市南岸区
上海肯得基有限公司	快餐	上海市卢湾区
北京肯德基有限公司	快餐	北京市东城区
重庆秦妈餐饮管理有限公司	正餐	重庆市渝北区
百胜餐饮(沈阳)有限公司	快餐	辽宁省沈阳市和平区
重庆陶然居饮食文化(集团)有限公司	正餐	重庆市九龙坡区
天津肯德基有限公司	快餐	天津市南开区
中国全聚德(集团)股份有限公司	正餐	北京市宣武区
广东三元麦当劳食品有限公司	快餐	广东省广州市越秀区
上海必胜客有限公司	正餐	上海市徐汇区
北京麦当劳食品有限公司	快餐	北京市东城区
百胜餐饮(深圳)有限公司	快餐	广东省深圳市罗湖区
重庆小天鹅餐饮连锁经营管理有限公司	正餐	重庆市江北区
咸阳阿瓦餐饮文化连锁有限公司	正餐	陕西省咸阳市秦都区
青岛肯德基有限公司	正餐	山东省青岛市市南区
南京肯德基有限公司	快餐	江苏省南京市白下区
重庆骑龙饮食文化有限责任公司	正餐	重庆市北碚区
苏州肯德基有限公司	快餐	江苏省苏州市虎丘区
北京必胜客比萨饼有限公司	正餐	北京市东城区
麦当劳餐厅(深圳)有限公司	快餐	广东省深圳市福田区
百胜餐饮(武汉)有限公司	正餐	湖北省武汉市江汉区
重庆东方菜根香餐饮连锁管理有限公司	正餐	重庆市渝中区
上海华联麦当劳有限公司	快餐	上海市卢湾区
无锡市肯德基有限公司	快餐	江苏省无锡市崇安区
长沙肯德基有限公司	快餐	湖南省长沙市天心区
重庆和之吉饮食文化有限公司	正餐	重庆市渝中区
上海统一星巴克咖啡有限公司	咖啡店	上海市长宁区
江苏大娘水饺餐饮有限公司	快餐	江苏省常州市天宁区
宁波市彩虹向阳渔港酒店有限公司	正餐	浙江省宁波市江东区
福州曼伯罗食品有限公司	快餐	福建省福州市鼓楼区
百胜餐饮(成都)有限公司	快餐	四川省成都市青羊区
北京吉野家快餐有限公司	快餐	北京市崇文区
厦门肯德基有限公司	快餐	福建省厦门市思明区
浙江两岸食品有限责任公司	咖啡店	浙江省杭州市下城区
天津麦当劳食品有限公司	正餐	天津市河西区
顺峰饮食酒店管理有限公司	正餐	北京市朝阳区
北京郭林家常菜食品有限责任公司	正餐	北京市西城区
太原肯德基有限公司	快餐	山西省太原市迎泽区
天津市桂发祥麻花饮食集团有限公司	其他餐饮	天津市河西区
广州市广州酒家	正餐	广东省广州市荔湾区
东莞肯德基有限公司	快餐	广东省东莞市东莞市
南京麦当劳餐饮食品有限公司	快餐	江苏省南京市玄武区
深圳面点王饮食连锁有限公司	正餐	广东省深圳市福田区
大连肯德基有限公司	快餐	辽宁省大连市中山区
武汉麦当劳餐饮食品有限公司	正餐	湖北省武汉市江汉区
百胜餐饮(福州)有限公司	快餐	福建省福州市鼓楼区
武汉市亢龙太子酒轩有限责任公司	正餐	湖北省武汉市江岸区
浙江麦当劳餐饮食品有限公司	快餐	浙江省杭州市下城区
北京好伦哥餐饮有限公司	快餐	北京市海淀区

6—1 续表

企业名称	业态	所在地
南昌肯德基有限公司	快餐	江西省南昌市青山湖区
厦门麦当劳食品发展有限公司	快餐	福建省厦门市思明区
南宁肯德基有限公司	快餐	广西南宁市青秀区
上海美林阁餐饮经营管理有限公司	正餐	上海市静安区
北京美大星巴克咖啡有限公司	咖啡店	北京市朝阳区
郑州德克士食品开发有限公司	快餐	河南省郑州市
天津德克士食品开发有限公司	快餐	天津市塘沽区
昆明德克士食品开发有限公司	快餐	云南省昆明市五华区
青岛摸错门饮食文化有限公司	正餐	山东省青岛市市南区
重庆苏大姐餐饮文化有限公司	正餐	重庆市沙坪坝区
武汉小蓝鲸健康美食管理有限公司	正餐	湖北省武汉市江岸区
陕西松茂食品餐饮有限公司	快餐	陕西省西安市碑林区
常州市丽华快餐有限公司	快餐	江苏省常州市天宁区
四川麦当劳餐厅食品有限公司	快餐	四川省成都市锦江区
上海新亚大家乐餐饮有限公司	快餐	上海市虹口区
上海麦当劳食品有限公司	快餐	上海市黄浦区
郑州肯德基有限公司	快餐	河南省郑州市
杭州知味观	正餐	浙江省杭州市上城区
浙江五芳斋实业公司五芳斋粽子总	其他餐饮	浙江省嘉兴市秀城区
重庆君之薇餐饮文化有限公司	正餐	重庆市沙坪坝区
广州市越秀区艺都燕窝鱼翅酒家	正餐	广东省广州市越秀区
沈阳麦当劳(餐厅食品)有限公司	快餐	辽宁省沈阳市皇姑区
广州市绿茵阁发展有限公司	正餐	广东省广州市海珠区
北京金白领餐饮有限公司	快餐	北京市海淀区
北京便宜坊烤鸭集团有限公司	正餐	北京市崇文区
昆明肯德基有限公司	快餐	云南省昆明市五华区
湖北三五酒店有限公司	正餐	湖北省武汉市江汉区
湖南麦当劳(餐厅食品)有限公司	快餐	湖南省长沙市天心区
福州麦当劳餐厅食品有限公司	快餐	福建省福州市鼓楼区
武汉艳阳天商贸发展有限公司	正餐	湖北省武汉市硚口区
北京东来顺集团有限责任公司	正餐	北京市东城区
大连麦当劳餐厅有限公司	快餐	辽宁省大连市西岗区
上海永和大王餐饮有限公司	快餐	上海市长宁区
安徽省金满楼饮食集团有限公司	正餐	安徽省合肥市庐阳区
贵州雅园饮食娱乐有限公司	正餐	贵州省贵阳市贵阳市
河南麦当劳(餐厅食品)有限公司	快餐	河南省郑州市
山东麦当劳(餐厅食品)有限公司	快餐	山东省济南市历下区
四川德克士食品开发有限公司	快餐	四川省成都市锦江区
北京永和大王餐饮有限公司	快餐	北京市崇文区
广州市海珠区东江饮食有限责任公司	正餐	广东省广州市海珠区
北京万龙洲饮食有限责任公司	正餐	北京市东城区
四川德阳谭氏餐饮连锁有限公司	其他餐饮	四川省德阳市旌阳区
新疆肯德基有限公司	快餐	新疆乌鲁木齐市天山区
安徽麦当劳(餐饮食品)有限公司	快餐	安徽省合肥市庐阳区
重庆肯德基有限公司	快餐	重庆市渝中区
南昌市西湖区独一处海鲜城	正餐	江西省南昌市西湖区
山西太原江南餐饮集团有限公司	正餐	山西省太原市迎泽区
北京大董烤鸭店有限责任公司	正餐	北京市朝阳区
杭州德克士食品有限公司	快餐	浙江省杭州市上城区
青岛良友金都美食城有限公司	正餐	山东省青岛市市南区
苏州迪欧餐饮管理有限公司	咖啡店	江苏省苏州市沧浪区
北京京日餐饮有限公司	正餐	北京市丰台区
北京乐杰士餐饮有限公司	快餐	北京市西城区

6—2　50门店以上连锁餐饮企业

企业名称	业态	所在地
内蒙古小尾羊餐饮连锁有限公司	正餐	内蒙古包头市青山区
天津市桂发祥麻花饮食集团有限公司	其他餐饮	天津市河西区
重庆德庄饮食连锁有限公司	正餐	重庆市南岸区
重庆秦妈餐饮管理有限公司	正餐	重庆市渝北区
内蒙古小肥羊连锁有限公司	正餐	内蒙古包头市昆都仑区
常州亿家乐早餐工程有限公司	快餐	江苏省常州市戚墅堰区
福州曼伯罗食品有限公司	快餐	福建省福州市鼓楼区
咸阳阿瓦餐饮文化连锁有限公司	正餐	陕西省咸阳市秦都区
重庆骑龙饮食文化有限责任公司	正餐	重庆市北碚区
郑州迪欧餐饮管理有限公司郑州分公司	咖啡店	河南省郑州市二七区
重庆小天鹅餐饮连锁经营管理有限公司	正餐	重庆市江北区
百胜餐饮(广东)有限公司	快餐	广东省广州市越秀区
重庆君之薇餐饮文化有限公司	正餐	重庆市沙坪坝区
浙江两岸食品有限责任公司	咖啡店	浙江省杭州市下城区
苏州市百分百餐饮服务有限公司	快餐	江苏省苏州市平江区
杭州肯德基有限公司	快餐	浙江省杭州市西湖区
广东杏林春凉茶有限公司	其他餐饮	广东省东莞市东莞市
上海肯得基有限公司	快餐	上海市卢湾区
重庆东方菜根香餐饮连锁管理有限公司	正餐	重庆市渝中区
百胜餐饮(沈阳)有限公司	快餐	辽宁省沈阳市和平区
青岛肯德基有限公司(肯德基)	正餐	山东省青岛市市南区
北京肯德基有限公司(肯德基)	快餐	北京市东城区
上海必胜客有限公司	正餐	上海市徐汇区
江苏大娘水饺餐饮有限公司	快餐	江苏省常州市天宁区
重庆苏大姐餐饮文化有限公司	正餐	重庆市沙坪坝区
天津肯德基有限公司	快餐	天津市南开区
上海统一星巴克咖啡有限公司	咖啡店	上海市长宁区
百胜餐饮(深圳)有限公司	快餐	广东省深圳市罗湖区
广东三元麦当劳食品有限公司	快餐	广东省广州市越秀区
北京麦当劳食品有限公司	快餐	北京市东城区
浙江五芳斋实业公司五芳斋粽子总	其他餐饮	浙江省嘉兴市南湖区
南京肯德基有限公司	快餐	江苏省南京市白下区
北京必胜客比萨饼有限公司	正餐	北京市东城区
青岛摸错门饮食文化有限公司	正餐	山东省青岛市市南区
四川德克士食品开发有限公司	快餐	四川省成都市锦江区
厦门市思明区妙香扁食店	正餐	福建省厦门市思明区
苏州肯德基有限公司	快餐	江苏省苏州市虎丘区
百胜餐饮(武汉)有限公司	正餐	湖北省武汉市江汉区
麦当劳餐厅(深圳)有限公司	快餐	广东省深圳市福田区
北京龙盛众望早餐有限公司	快餐	北京市顺义区
北京好伦哥餐饮有限公司	快餐	北京市海淀区
北京吉野家快餐有限公司	快餐	北京市崇文区
郑州德克士食品开发有限公司	快餐	河南省郑州市
常州市丽华快餐有限公司	快餐	江苏省常州市天宁区
苏州迪欧餐饮管理有限公司	咖啡店	江苏省苏州市沧浪区
重庆陶然居饮食文化(集团)有限公司	正餐	重庆市九龙坡区
上海新亚大家乐餐饮有限公司	快餐	上海市虹口区
天津德克士食品开发有限公司	快餐	天津市塘沽区
北京美大星巴克咖啡有限公司	咖啡店	北京市朝阳区
中国全聚德(集团)股份有限公司	正餐	北京市宣武区
上海华联麦当劳有限公司	快餐	上海市卢湾区
北京上岛餐饮有限公司	咖啡店	北京市朝阳区
重庆和之吉饮食文化有限公司	正餐	重庆市渝中区
无锡市肯德基有限公司	快餐	江苏省无锡市崇安区
深圳嘉旺饮食连锁有限公司	快餐	广东省深圳市南山区
深圳面点王饮食连锁有限公司	正餐	广东省深圳市福田区
安徽蜀王饮食服务有限责任公司	正餐	安徽省合肥市
广州市绿茵阁发展有限公司	正餐	广东省广州市海珠区
马兰拉面快餐连锁有限责任公司	快餐	北京市朝阳区

附录　连锁零售和餐饮企业主要统计指标解释

连锁企业(或称连锁店、连锁公司):指在核心企业或总店的领导下,由分散的、经营同类商品或服务的企业或活动单位,采取共同方针,实行集中采购和分散销售的有机结合,通过规范化经营,实现规模效益的经济联合组织形式。一般连锁店应由若干个分店组成。其经营特征:(1)经营同类商品;(2)使用统一商号;(3)统一采购配送,采购与销售相分离(部分商品可根据物流合理和保质保鲜原则由供应商直接送货到门店,其余均由总部统一配送)。通过规范化经营,实现规模效益。

连锁店分为三种形式:直营连锁、特许经营连锁(也可以叫特许加盟)和自由连锁:

(1)直营连锁:也叫正规连锁。指总公司直接经营的连锁店,即由公司总部直接经营、投资、管理各个零售点的经营形态。总部采取纵深似的管理方式,直接下令掌管所有的零售点,零售点也必须完全接受总部指挥。他是大型垄断商业资本通过吞并、兼并或独资、控股等途径,发展壮大自身实力和规模的一种形式。本质上是处于同一流通阶段,经营同类商品和提供相同服务,并在同一经营资本及同一总部集权性管理机构统一领导下进行共同经营活动。直营连锁主要特点:所有权和经营权集中统一于总部。其所有权和经营权的集中统一表现在:所有成员企业必须是单一所有者,归一个公司,一个联合组织或单一个人所有;由总部集中领导、统一管理,如人事、采购、计划、广告、会计和经营方针都集中统一;实行统一核算制度;各直营连锁店经理是雇员而不是所有者;各直营连锁店实行标准化经营管理。

直营连锁的人员组织形式是由总公司直接管理.直营连锁的组织体系,一般分为3个层次:上层是公司总部负责整体事业的组织系统;中层是负责若干个分店的区域性管理组织和负责专项业务,下层是分店或成员店。

(2)加盟连锁:也称特许连锁。各连锁门店(被特许人)通过合同形式,取得使用总部(特许人)商标、商号、经营技术和销售总部开发的商品的特许权,加盟者得到上述权利,必须支付给总部(特许人)一定加盟费,并根据总部(特许人)的指导、培训及协助,使用相同商标,全部或部分使用相同商品、服务和经营技术,同时,加盟店设立所需资金及人员大部分(或全部)由加盟者负责。实行加盟连锁对加盟店而言:总部提供一整套经营模式、人员培训、商标和商誉、广告及商品供应,降低时间与资金成本并迅速提高和扩大了知名度,从而大幅度地提高了创业成功率。对总部而言:在减少资金和人力开拓市场的同时,有更多更快的机会扩展其业务。对消费者而言:可以享受品质标准化、价格大众化的商品及服务。

特许经营是以特许经营权的转让为核心的一种经营方式。其基本质特征:1、特许经营是利用自己的专有技术与他人的资本相结合来扩张经营规模的一种商业发展模式。因此,特许经营是技术和品牌价值的扩张而不是资本的扩张。2、特许经营是以经营管理权控制所有权的一种组织方式,被特许者投资特许加盟店并对店铺拥有所有权,但该店铺的最终管理权仍由特许者掌握。3、成功的特许经营应该是双赢模式,只有让被特许者获得比单体经营更多的利益,特许经营关系才能有效维持。

(3)自由连锁:也称自愿连锁,连锁公司的店铺均为独立法人,各自的资产所有权关系不变,在公司总部的指导下共同经营。各成员店使用共同的店名,与总部订阅有关购、销、宣传等方面的合同,并按合同开展经营活动。在合同规定的范围之外,各成员店可以自由活动。根据自愿原则,各成员店可自由加入连锁体系,也可自由退出。

连锁店总店(总部):指连锁店的核心企业或管理中心。

连锁店分店:指连锁店所属各分散经营的企业或活动单位,也可称分店或成员店。

门店总数:指该连锁企业所拥有的全部连锁门店数量,包括总店(如果总公司有门店的话)和全部直营分店、加盟分店数。其中,总店作为一个直营店处理。此外,有的地区分出控股店,控股店按直营店统计。直营店和加盟店之和应小于等于门店总数。

年末营业面积：指零售企业按建筑面积计算的直接对顾客销售商品的固定场地，不包括办公室、仓库、加工场地等面积。

经营餐饮业务餐位数：指住宿和餐饮业法人企业、产业活动单位为顾客提供就餐服务时，正常可同时容纳就餐人员的餐位数量，不包括临时加的餐位。该指标按年内正常情况下的实有数统计。

年末从业人员：指在该连锁企业工作并取得劳动报酬的年末实有人员数。包括在岗职工、再就业的离退休人员、在该企业工作的外方人员、港、澳、台方人员、兼职人员、借用的外单位人员和第二职业者。不包括离开本单位但仍保留劳动关系的职工。从业人数包括总店和全部门店以及自有配送中心的从业人员数。

商品购进总额：指从本企业以外的单位和个人购进作为转卖或加工后转卖的商品，包括从生产者购进、从批发零售贸易业购进、进口等，反映批发零售贸易业从国内、国外市场上购进商品的总量。

统一配送商品购进额：指企业统一购进商品后，配送到门店（包括加盟店）的商品金额（按购进价计算）。非自有配送中心配送比重指由第三方物流配送的商品购进额。直营店和加盟店的配送商品购进额，是指由总部统一配送或接受统一配送的商品购进额，而不是直营店和加盟店对外的配送商品购进额。

自有配送中心配送商品购进额：指连锁总部从自有配送中心购进商品的金额。

非自有配送中心配送商品购进额：指连锁总部从第三方物流配送中心购进商品的金额。

商品销售额：指售予本企业以外的单位和个人的商品金额（含增值税）。销售额包括零售额和批发额两部分，其中零售额包括：售予居民和社会集团商品的金额；批发额包括：售予生产经营单位商品的金额和出口商品的金额。这个指标反映批发零售业在国内市场上销售商品以及出口商品的总量。

商品零售额：指批发和零售业售予城乡居民用于生活消费和社会集团用于公共消费的商品金额。是按含税价计算。

营业收入：指住宿和餐饮业法人企业、产业活动单位在经营活动中因提供服务或销售商品等取得的收入。包括：客房收入、餐费收入、商品销售收入和其他收入。

餐费收入：指住宿和餐饮业法人企业、产业活动单位因为顾客提供就餐服务取得的收入。包括：经烹饪、调制加工后出售的各种食品，如主食、炒菜、凉拌菜等的收入。

商品销售收入：指住宿和餐饮业法人企业、产业活动单位伴随服务而出售商品所取得的收入。

配送中心：是连锁企业的物流机构，承担着各门店所需商品的进货、库存、分货、加工、集配、运输、送货等任务。配送中心主要为本连锁企业服务，也可面向社会。如本企业没有配送中心而是利用本企业以外的物流中心配送，可不填自有配送中心数、配送中心面积和运输车辆，但应填统一配送商品购进额。

百货商店：指在一个建筑物内，集中了若干专业的商品部并向顾客提供多种类、多品种商品及服务的综合性零售业态。其基本特征为：(1)选址在城市繁华区和交通要道；(2)商品结构以经营服装、服饰、衣料，家庭用品为主，种类齐全，少批量，高毛利；(3)注重商店环境的布置和设计；(4)以柜台销售为主，明码标价，可以退换货物。

超级市场：指采取自选销售方式，以销售大众化生活用品为主，包括食品、副食品、日用生活品、服装衣料、文具、家用电器和室内装饰用品等，满足顾客日常生活需求的零售业态，包括各种类型的超级市场、大型综合超市和仓储式商场。其基本特征：(1)选址在居民区、商业区或交通要道；(2)目标顾客兼顾居民、中小零售商、餐饮店和集团消费者；(3)营业面积相对较大；(4)采取自选销售方式，出入口分设，结算由设在出口处的收银机统一进行；(5)营业时间每天不低于11小时。

专业店：指专门经营某类商品或某一类商品中的某种商品，满足消费者对某类（种）商品多样性选择需求的零售业态。其基本特征：(1)选址多样化，营业面积根据主营商品特点而定；(2)商品结构体现专业性较强，品种丰富，选择余地大，主营商品占经营商品的90%以上；(3)采取定价销售和开架面售方式；(4)从业人员具有丰富的专业知识。

加油站：指经营石油、石化商品的零售门店。

专卖店：指专门经营或授权经营某一主要品牌的系列商品，满足消费者对品牌选择需求的零售业态。其基本特征：(1)选址大多在繁华商业区、商业街或百货商店、购物中心内，营业面积根据主营商品特点而定；(2)商品结构以同一品牌的多种商品为主，体现品牌商品的深度开发；(3)采取定价销售和开架面售方式；(4)从业人员具有丰富的专业知识。

便利店（方便店）：指满足顾客应急性、便利性需求为目的的零售业态。其基本特征:(1)选址在居民住宅区、公路边,以及车站、医院、学校、娱乐场所所在地;(2)商店营业面积较小,但利用率高;(3)商品结构以速成食品、饮料、小百货为主,有即时消费性、小容量、应急性等特点;(4)80%的顾客为有目的购买;(5)营业时间长,一般在15小时以上,甚至24小时,终年无休日。

仓储会员店:以会员制为基础,实行储销一体、批零兼营,以提供有限服务和低价格商品为主要特征的零售业态。

家居建材商店:以专门销售建材、装饰、家居用品为主的零售业态。

其他:指上述业态未包括的连锁零售形式。

正餐:指提供各种中西式炒菜和主食,并由服务员送餐上桌的餐饮服务。包括各种中式正餐和西式正餐。

快餐:指服务员不送餐上桌,由顾客自己领取食物的一种自我服务的餐饮活动。包括各种中式快餐和西式快餐。

茶馆:以现场提供现场消费茶饮料为主,兼卖各式点心和小食品。包括各种茶艺馆、茶楼、茶铺等。

咖啡馆:以现场制作现场消费咖啡饮料为主,兼卖各式点心和小食品。包括各种咖啡馆、咖啡厅、咖啡屋等。

酒吧:以出售各种酒及酒精饮料为主,兼卖各式点心和小食品。

其他:指上述业态未包括的连锁餐饮形式。

登记注册类型:指企业或企业产业活动单位的登记注册类型,按其在工商行政管理机关登记注册的类型填写。所有单位均填报本项。

机关、事业单位和社会团体及其他组织的登记注册类型,按其主要经费来源和管理方式,根据实际情况,比照《企业登记注册类型与代码》确定。

工商行政管理部门对企业(单位)登记注册的类型分为以下几种:

(1)国有企业:指企业全部资产归国家所有,并按《中华人民共和国企业法人登记管理条例》规定登记注册的非公司制的经济组织。不包括有限责任公司中的国有独资公司。

(2)集体企业:指企业资产归集体所有,并按《中华人民共和国企业法人登记管理条例》规定登记注册的经济组织。

(3)股份合作企业:指以合作制为基础,由企业职工共同出资入股,吸收一定比例的社会资产投资组建,实行自主经营,自负盈亏,共同劳动,民主管理,按劳分配与按股分红相结合的一种集体经济组织。

(4)联营企业:两个及两个以上相同或不同所有制性质的企业法人或事业单位法人,按自愿、平等、互利的原则,共同投资组成的经济组织称为联营企业。联营企业包括国有联营企业、集体联营企业、国有与集体联营企业和其他联营企业。

国有联营企业:指所有联营单位均为国有。

集体联营企业:指所有联营单位均为集体。

国有与集体联营企业:指联营单位既有国有也有集体。

其他联营企业:指上述三种联营企业之外的其他联营形式的企业。

(5)有限责任公司:根据《中华人民共和国公司登记管理条例》规定登记注册,由两个以上,五十个以下的股东共同出资,每个股东以其所认缴的出资额对公司承担有限责任,公司以其全部资产对其债务承担责任的经济组织称为有限责任公司。有限责任公司分为国有独资公司以及其他有限责任公司。

国有独资公司:指国家授权的投资机构或者国家授权的部门单独投资设立的有限责任公司。

其他有限责任公司:指国有独资公司以外的其他有限责任公司。

(6)股份有限公司:指根据《中华人民共和国公司登记管理条例》规定登记注册,其全部注册资本由等额股份构成并通过发行股票筹集资本,股东以其认购的股份对公司承担有限责任,公司以其全部资产对其债务承担责任的经济组织。

(7)私营企业:由自然人投资设立或由自然人控股,以雇佣劳动为基础的营利性经济组织称为私营企业。包括按照《公司法》、《合伙企业法》、《私营企业暂行条例》以及《个人独资企业法》规定登记注册的私营独资企业、私营有限责任公司、私营股份有限公司、私营合伙企业和个人独资企业。

私营独资企业:指按《私营企业暂行条例》的规定,由一名自然人投资经营,以雇佣劳动为基础,投资者对企业债务承担无限责任的企业。

个人独资企业:指按《个人独资企业法》、《个人独资企业登记管理办法》的规定,由一个自然人投资,财产为投资人个人所有,投资人以其个人财产对企业债务承担无限责任的经营实体。个人独资企业填表时归入私营独资企业。

私营合伙企业:指按《合伙企业法》或《私营企

业暂行条例》的规定，由两个以上自然人按照协议共同投资、共同经营、共负盈亏，以雇佣劳动为基础，对债务承担无限责任的企业。

私营有限责任公司：指按《公司法》、《私营企业暂行条例》的规定，由两个以上自然人投资或由单个自然人控股的有限责任公司。

私营股份有限公司：指按《公司法》的规定，由五个以上自然人投资，或由单个自然人控股的股份有限公司。

(8)其他内资企业：指上述第(1)条至第(7)条之外的其他内资经济组织。

(9)与港澳台商合资经营企业：指港澳台地区投资者与内地的企业依照《中华人民共和国中外合资经营企业法》及有关法律的规定，按合同规定的比例投资设立，分享利润和分担风险的企业。

(10)与港澳台商合作经营企业：指港澳台地区投资者与内地企业依照《中华人民共和国中外合作经营企业法》及有关法律的规定，依照合作合同的约定进行投资或提供条件设立，分配利润、分担风险和亏损的企业。

(11)港澳台商独资经营企业：指依照《中华人民共和国外资企业法》及有关法律的规定，在内地设立的由港澳台地区投资者在内地全额投资设立的企业。

(12)港澳台商投资股份有限公司：指根据国家有关规定，经商务部(原外经贸部)批准设立，并且其中港、澳、台商的股本占公司注册资本的比例达25%以上的股份有限公司。凡其中港、澳、台商的股本占公司注册资本的比例小于25%的，属于内资中的股份有限公司。

(13)中外合资经营企业：指外国企业或外国人与中国内地企业依照《中华人民共和国中外合资经营企业法》及有关法律的规定，按合同规定的比例投资设立，分享利润和分担风险的企业。

(14)中外合作经营企业：指外国企业或外国人与中国内地企业依照《中华人民共和国中外合作经营企业法》及有关法律的规定，依照合作合同的约定进行投资或提供条件设立，分配利润、分担风险和亏损的企业。

(15)外资企业：指依照《中华人民共和国外资企业法》及有关法律的规定，在中国内地设立的由外国投资者全额投资设立的企业。

(16)外商投资股份有限公司：指根据国家有关规定，经商务部(原外经贸部)批准设立，并且其中外资的股本占公司注册资本的比例达25%以上的股份有限公司。凡其中外资股本占公司注册资本的比例小于25%的，属于内资中的股份有限公司。

连锁统计的有关规定

限额以上连锁零售业：是指该连锁企业的全部门店的销售额合计达到限额标准的，作为限额以上填报。

限额以上连锁餐饮业：是指该连锁企业的全部门店的营业收入达到限额标准的，作为限额以上填报。

连锁年报由限额以上连锁零售业、餐饮业的总公司或总店或外资企业的中国总部填报。

关于系统内企业，如新华书店、烟草公司、石油公司等，应特别注意是否是真正的连锁，否则不能纳入连锁统计范畴。

关于不规范连锁问题，如老字号开出的自称是特许连锁店，但实际上不规范管理也不统一配送商品的，统一配送商品购进额按零处理。